大清一統志

第十一册

河南（一）

河南（一）

目録

河南全圖

天壇嶺
直隸沙河界
直隸邯鄲界
直隸成安界
直隸清豐界
直隸開州界
直隸長垣界
山東單縣界
山東曹縣界
江蘇碭山界
安徽宿州界
亳州界
安徽潁上界
靈璧界
安徽六安界
湖北羅田界
湖北麻城界
湖北黃安界
湖北應山界
武安
涉
清漳
濁漳
林慮山
太行山
林
彰德府
安陽
臨漳
漳河
衛河
內黃
新河
永通河
湯陰
濬
滑
輝
淇
淇河
獲嘉
新鄉
衛輝府
汲
考城
原武
延津
封邱
滎陽
滎澤
惠民河
蘭陽
儀封
寧陵
虞城
開封府
祥符
陳留
汴河
杞
睢
歸德府
商邱
夏邑
永城
柘城
渦河
澮河
汴河
鹿邑
包河
新鄭
鄭
中牟
沙河
通許
太康
蔡河
洧川
尉氏
扶溝
潁河
長葛
清水
禹
許州
直隸州
鄢陵
陳州府
淮寧
沈邱
西華
襄城
臨潁
郾城
商水
項城
汝河
葉
上蔡
新蔡
淮河
舞陽
西平
汝寧府
汝陽
固始
泌陽
遂平
確山
息
沙水
淮水
正陽
光州
直隸州
光山
桐柏
武勝關
信陽
羅山
商城

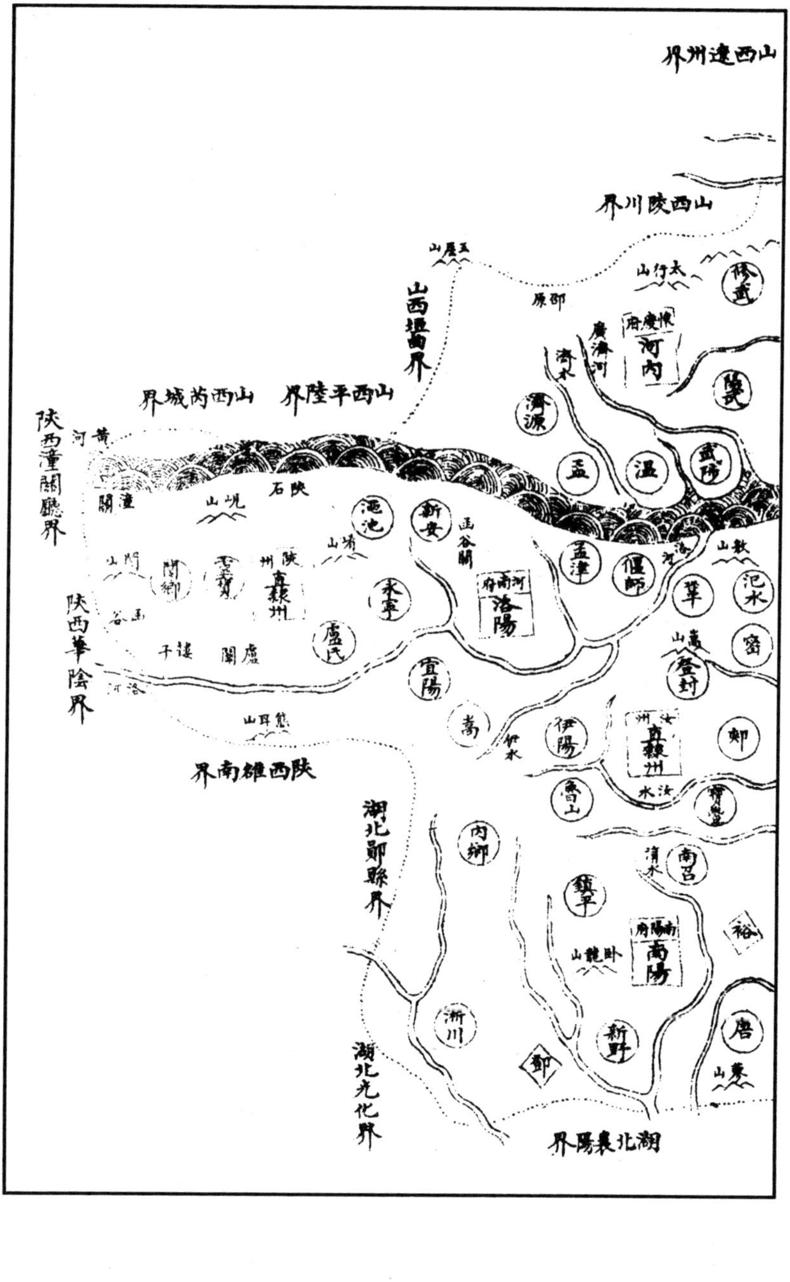
山西遼州界
山西陵川界
王屋山
太行山
邵原
修武
懷慶府
河內
濟水
廣濟河
山西垣曲界
山西平陸界
山西芮城界
黃河
陝西潼關廳界
濟源
孟
溫
武陟
陝石
潼關
峴山
澠池
新安
函谷關
孟津
偃師
洛河
敖山
汜水
鞏
陝州
靈寶
閿鄉
永寧
河南府
洛陽
盧氏
盧關
陝西華陰界
熊耳山
陝西雒南界
宜陽
嵩
嵩山
登封
密
伊陽
伊水
汝州
郟
汝水
寶豐
魯山
內鄉
湖北鄖縣界
南召
淯水
鎮平
南陽府
南陽
臥龍山
裕
淅川
新野
鄧
唐
湖北光化界
湖北襄陽界

河南統部表

	河南省
秦	置三川、潁川、南陽、碭四郡。
兩漢	司隸及豫、兗、荆、冀四州地。
三國	屬魏，景元中改置司州。
晉	初分屬司、豫、兗、荆四州，永嘉後陷，義熙末劉裕復司州。
南北朝	魏爲洛州，增置相、懷、陝、豫、東豫、荆、郢、襄、廣諸州。梁置光州、西淮、西楚、南郢、南建、南朔諸州。東魏都鄴，增置梁、鄭、陽、蔡、析義、北豫、北荆、北揚、南襄諸州。周置東京於洛州。
隋	大業元年建東都，二年改爲河南、滎陽、梁郡、襄城、潁川、汝南、淮陽、弘農、淅陽、南陽、淯陽、淮安等郡，屬豫州；魏郡、汲郡、河內、弋陽等郡屬冀州及揚州。
唐	武德初改諸郡爲州，顯慶二年復置東都，開元中分屬都畿及河南、河北、淮南諸道。
五代	梁都開封，曰東都，以河南爲西都。唐復以河南爲東都。晉復都開封，曰東京，以河南爲西京。
宋金附	大中祥符七年以應天爲南京。皇祐中增置京畿路。熙寧中分京東、西及西南、西北等路。金改西京曰汴京，貞元初改置南京路及河北西、河東南等路。
元	置河南江北行中書省。
明	河南布政使司，洪武九年置。

續表

開封府	陳州府	歸德府
三川郡地。	**陳縣** 屬潁川郡。	**碭郡**
陳留郡 兗州部治陳留。	**淮陽國** 高帝置。後漢章和二年改陳國。	**梁國** 高帝五年改置，屬豫州。
陳留郡	**陳國**	**梁國**
陳留國 改國，徙治小黄。	**陳郡** 初廢國，惠帝復(治)〔置〕郡。	**梁國**
汴州陳留郡 宋復爲郡，治倉垣城。魏孝昌中移治郡東，魏天平初增置梁州。周改名。	**陳郡**	**梁郡** 宋改郡，屬徐州。周改名梁州。
開皇初廢郡，大業初廢州，義寧初復置汴州。	**淮陽郡** 開皇初罷郡，十六年移陳州來治，大業初改郡。	**梁郡** 開皇初廢郡，十六年置宋州，大業初復。
汴州陳留郡 屬河南道。興元初移宣武節度來治。	**陳州淮陽郡** 武德初復置州，天寶初仍爲郡，乾元初復州名。	**宋州睢陽郡** 武德初復置州，屬河南道。天寶初改郡，建中初置宣武軍節度，興元初移軍治汴州。
東京開封府 梁建東都，升府。晉建東京。	**陳州** 晉開運初置鎮安軍，漢廢，周復置。	**宋州** 梁復爲宣武軍治，唐改歸德軍。
東京開封府 宋建都。金改南京，貞祐初復建都。	**淮寧府** 初曰陳州淮陽郡鎮安軍，宣和初升府，屬京西北路。金屬南京路。	**應天府** 景德三年升府，大中祥符七年建爲南京。金改名歸德，屬南京路。
汴梁路 初曰南京路，至元中改名爲河南河北行省治。	**陳州** 屬汴梁路。	**歸德府** 初置京東行省，尋罷，屬河南行省。
開封府 洪武初建北京，旋罷，仍曰開封府，爲河南布政司治。	**陳州** 屬開封府。	**歸德府** 洪武中降州，嘉靖中復升府，屬布政司。

續表

彰德府	衛輝府
邯鄲、上黨二郡地。	東郡及三川郡地。
魏郡 治鄴，屬冀州。後漢初平中爲冀州治。	河内郡地。
魏郡 魏建鄴都。	朝歌郡 魏初置，後廢。
魏郡 屬司州。	汲郡 泰始二年置。
司州魏尹 魏天興中置相州。東魏天平初建都，改名。齊改爲清都尹。周復名相州魏郡，大象初移治安陽。	義州伍城郡 東魏興和二年置州，併改郡名。齊廢州。周改置衛州及修武郡，治朝歌。
魏郡 初廢郡，大業初廢州，復置郡。	開皇初廢郡，大業初以州爲汲郡，治衛縣。
相州鄴郡 武德初復置州，天寶初改郡名。乾元初復曰相州。	衛州汲郡 武德初復置義州，旋廢。貞觀初移衛州來治，屬河北道。
相州 晉天福二年置彰德軍節度。	衛州
相州鄴郡 屬河北西路。金明昌三年升爲彰德府。	衛州 屬河北西路。金明昌三年升爲河平軍節度。
彰德府 初屬真定路，至元初屬中書省。	衛輝路 中統初升路，屬中書省。
彰德府 屬布政司。	衛輝府 改府，屬布政司。

續表

懷慶府	河南府
三川郡地。	三川郡 莊襄王元年置。
河內郡 高帝二年置。	河南郡 漢二年改置。後漢建武初建都，十五年改河南尹，兼移司隸校尉治。
河內郡 屬魏。	司州河南尹 魏置州。
河內郡 徙治野王，屬司州。	司州河南尹
懷州河內郡 魏天安二年置州，太和八年廢。東魏天平初復置。	洛州洛陽郡 魏初置洛州，太和十七年建都，仍曰司州河南尹。東魏天平初復曰洛州，改置郡，又分置河南郡。周建東京。
河內郡 開皇初廢郡，大業初廢州復郡。	東都河南郡 開皇初罷郡，改置東京尚書省，旋罷。大業初建東都，改豫州。三年改郡，五年改東都。
懷州河內郡 武德二年復置州，屬河北道。	東都河南府 初置洛州總管府，後又置都督府。顯慶二年復爲東都。開元初改州爲河南府。天寶初改東京，上元二年罷京。寶應初復爲東都。
懷州河內郡	西京河南府 梁建西都。唐同光初復爲東都。晉天福三年又曰西京。
懷州河內郡 屬河北西路。金天會六年曰南懷州，天德三年復舊名，屬河東南路。	西京河南府 熙寧五年分爲京西北路。金初曰河南府，興定初升中京金昌府，屬南京路。
懷慶路 憲宗七年改懷孟路，延祐六年更名，屬中書省燕南河北道。	河南路 屬行中書省。
懷慶府 屬布政司。	河南府 屬布政司。

續表

南陽府	汝寧府	許州直隸州
南陽郡		潁川郡地。
南陽郡治宛。	汝南郡治平輿。	潁川郡
南陽郡魏置荆州。	汝南郡	潁川郡
南陽國	汝南郡東晉治懸瓠城。	潁川郡
南陽郡宋仍名郡，魏屬荆州。	汝南郡宋元嘉末僑置司州。魏改名豫州。周改舒州。	鄭州潁川郡東魏武定七年自長社移潁州及郡來治，改州名。周又改名許州。
開皇初廢。	汝南郡開皇初廢郡，復曰豫州，大業初改蔡州，尋復爲郡。	潁川郡開皇初廢郡，大業初廢州，復爲郡。
武德三年置宛州，貞觀八年廢。	蔡州汝南郡初曰豫州，寶應初更名，屬河南道。後置彰義軍。	許州潁川郡武德四年復置州，屬河南道。貞元中置忠武軍節度使。
	蔡州汝南郡	許州梁改軍名匡國。唐復曰忠武。
金末置申州。	蔡州汝南郡淮康軍屬京西北路。金曰蔡州鎮南軍，屬南京路。	潁昌府元豐三年升府，屬京西北路。金曰許州昌武軍，屬南京路。
南陽府至元八年升府，屬河南行省。	汝寧府至元三十年升府，屬河南行省。	許州仍改名，屬汴梁路。
南陽府屬布政司。	汝寧府屬布政司。	許州屬開封府。

續表

陝州直隸州	光州直隸州
三川郡地。	九江郡地。
	汝南郡地。
	弋陽郡魏置。
苻秦移弘農郡來治。	弋陽郡
陝州恒農郡魏太和十一年置州，十八年罷，天平初復。西魏大統三年罷。周明帝二年復置。	弋陽郡治北弋陽。
開皇初郡廢，大業初州廢。義寧初復置弘農郡	弋陽郡
陝州陝郡武德初復置州，屬河南道。天寶初改郡。天祐初升興唐府，昭宣帝初罷。	光州弋陽郡武德三年置弦州，貞觀初廢。太極初移光州來治。天寶初復置弋陽郡。乾元初復曰光州，屬淮南道。
陝州梁開平二年更軍名鎮國。唐復曰保義。	光州弋陽郡
陝州太平興國初改保平軍節度，爲永興路。金曰陝州，屬南京路。	光州弋陽郡紹興二十八年更名蔣州，尋復故。
陝州屬河南路。	光州屬汝寧府。
陝州屬河南府。	光州

汝州
三川郡地。
河南、潁川兩郡地。
魏因舊。
潁川、襄城二郡地。
汝北郡魏孝昌二年置，天平二年罷。武定元年復置。齊改名汝陰郡。周廢。
襄城郡開皇初移伊州來治，大業初更名汝州，尋改爲郡。
汝州臨汝郡武德四年復置伊州，貞觀八年改汝州，天寶初改郡名，屬河南道。
汝州臨汝郡
汝州政和四年升陸海軍節度，屬京西北路。金曰汝州，屬南京路。
汝州至元八年改屬南陽府。
汝州

大清一統志卷一百八十五

河南統部

在京師西南一千五百四十里。東西距一千二百二十里，南北距一千二百九十里。東至江蘇徐州府碭山縣界三百六十里，西至陝西同州府潼關廳界八百六十里，南至湖北黄州府黄安縣界八百五十里，北至直隸廣平府成安縣界四百四十里。東南至安徽潁州府潁上縣界五百六十里，西南至湖北襄陽府襄陽縣界八百二十里，東北至山東曹州府曹縣界二百里，西北至山西遼州界七百四十里。

分野

天文角、亢、氐、房、心、室、壁、柳、星、張分野，壽星、大火、娵訾、鶉火之次。唐書天文志：角、亢，壽星也。初軫十度，中角八度，終氐一度。氐、房、心，大火也。初氐二度，中房二度，終尾六度。營室、東壁，娵訾也。初危十三度，中營室十二度，終奎一度。柳、七星、張，鶉火也。初柳七度，中七星七度，終張十四度。按：角、亢爲鄭分野，屬古兖州，今開封、陳州、汝寧、光州及懷慶之南境、南陽之北境當其地。氐、房、心爲宋分野，屬古豫州，今歸德及開封之東南境當其地。室、壁爲衛分野，屬古并州，今衛輝、彰德、懷慶當其地。柳、七星、張爲周分野，屬古三河，今河南、南陽、許陝汝三州當其地。

建置沿革

禹貢荆、河惟豫州。風俗通：稟中和之氣，生理安舒，故云「豫」也。按：今光州兼古揚州域，懷慶、衛輝、彰德三府古冀州域。周禮職方：河南曰豫州。春秋爲周畿内，及宋、衛、鄭、許、陳、蔡諸國地，兼秦、晉、楚之疆。戰國爲東、西周及韓、趙、魏諸國地。按：河南，春秋時畿内地，戰國時半屬韓。許州，春秋時許地，戰國爲韓、魏二國之境。開封、歸德、衛輝，春秋時鄭、宋、衛三國地。彰德、懷慶，春秋時晉地。後俱屬魏。陳州、汝寧，春秋時陳、蔡二國地。南陽、光州，春秋時申、鄧諸國地。後俱屬楚。南陽爲楚、韓分界。汝州，戰國屬韓。陝州，春秋時晉地，後屬韓，又屬秦。秦并天下，置三川、潁川、南陽、碭四郡。

漢元封五年，置十三部刺史，分屬司隸及豫、兖、荆、冀四州，司隸領河内、河南、弘農，豫州領潁川、汝南、梁國，而魏郡屬冀州，陳留郡、淮陽國屬兖州，南陽郡屬荆州。後漢都洛陽，移司隸治焉。時豫州刺史治譙，爲今安徽亳州。建安中，冀州治鄴，爲今彰德府。三國屬魏，景元中，改司隸置司州。晉初分屬司、豫、兖、荆四州。司州治洛陽，領河南、滎陽、弘農、汲、河内、魏郡。豫州治陳，領潁川、汝南、襄城、汝陰、梁國、弋陽郡，而陳留仍屬兖州，南陽仍屬荆州。永嘉後，爲劉聰、石勒所據。永嘉五年，劉聰陷洛陽。大興元年，李矩爲司州刺史。太寧三年，石勒盡陷司州之地。咸康三年，石虎分司州之河南、河内、弘農、滎陽，兖州之陳留，爲洛州；改陳留爲建昌郡。永和七年，司州來歸，尋復陷。興寧三年，陷於慕容燕。太和四年，入於苻秦。隆安三年，又入於姚秦，仍置洛州。義熙十二年，劉裕克復，仍置司州。

治虎牢，領河南、滎陽、弘農實土三郡。劉宋景平後，入於後魏。後魏初爲洛州，增置相、天興四年置，治鄴。懷、天安二年置，治野王。陝、太和十一年置，治陝。豫即宋司州，皇興中改治懸瓠。諸州。太和十七年，移都洛陽，改洛州爲司州，尋又增置東豫、十九年置，治新息。荆、太和末置，治穰。郢、正始元年，改梁司州置。襄、孝昌中置，治襄城。廣永安中置，治魯陽。諸州。東魏天平初，移都於鄴，以相州爲司州，改故司州爲洛州，增置梁、鄭、陽、蔡，析義、北揚、北豫、北荆、南襄諸州。按：自孝昌以後，梁、魏争持，東魏始盡得其地。地形志又有光州、西淮、西楚、南郢、南朔等州，皆仍梁置。北齊因之。後周平齊，於相州置六府。宣政初，移六府於洛州，置東京及總管府。

隋開皇二年，廢總管府，置河南道行臺。三年廢。大業元年，建東都。三年，改諸州爲河南、滎陽、本管州，大業初改鄭州。梁郡、本宋州。襄城、本汝州。潁川、本許州。汝南、本蔡州。淮陽、本陳州。弘農、淅陽、本淅州。南陽、本鄧州。淯陽、本淯州。淮安、本顯州。已上十二郡屬豫州。魏郡、本相州。汲郡、本衛州。河内、本懷州。已上三郡屬冀州。弋陽本光州，屬揚州。等郡。唐武德初，復改諸郡爲州，於洛、陝、汴、豫、懷、相六州皆置總管府。七年，改都督府。後罷。顯慶二年，於洛陽置東都。開元二十一年，分屬都畿採訪使，河南、河北、淮南、山南東道，都畿治河南府，領汝州。河南道治汴州，領陝、虢、鄭、許、蔡、陳、宋七州。河北道領相、磁、懷、衛、孟五州。而唐、鄧二州屬山南東道。光、申二州屬淮南道。至德以後，分置宣武、陝西、淮西、河陽、忠武等節度使。唐書方鎮表：至德元年，置河南節度使，治汴州，乾元元年廢。置豫許節度使，治豫州。二年，又置陝虢節度使，治陝州；陳鄭節度使，治陳州。上元元年，改陝虢節度曰陝西，尋罷。寶應元年，復置河南節度使，又改豫許節度曰蔡汝。廣德元年，置相衛節度使，治相州。大曆元年，賜號昭義軍節度。八年，廢蔡汝節度，徙淮西節度治汴州。十四年，還治蔡州，更號申光蔡節度。建中元年，徙昭義節度治潞州。二年，置宣武軍節度，治宋州。又置河陽三城節度使，四年復置陝西節度使，興元元年罷；又移宣武節度治汴州。貞元二年，賜陳鄭節度號忠武軍。十四年，賜申光蔡節度號彰義軍。元和十二年，復爲淮西節度，十三年廢。移忠武節度治許州。中和二年，復以蔡州置奉國軍節度使，又置陝虢節度使。龍紀元年，賜號保義軍節度。五代梁始都開封，曰東都，以河南爲西都。後唐復以河南爲東都。晉復都開封，曰東京，以河南爲西京。漢、周至宋因之。

太平興國二年，罷諸節度領州，分諸府州軍仍屬河南等道。至道三年，分置京東、京西及陝西、河北諸路之地。大中祥符七年，以應天府爲南京。皇祐五年，增置京畿路。熙寧中，又分京東、西及西南、西北等路。京畿路領開封府，陳、許、鄭州。京東西路領應天府、拱州。京西南路領鄧、唐二州。京西北路領河南府，孟、蔡、汝三州及信陽軍。而相、磁、懷、衛四州則屬河北西路，陝、虢二州則屬陝西路，光州則屬淮南西路。南渡後，惟存信陽、光州。金初曰汴京。貞元元年，改置南京路，及河北、河東之地。南京路治開封，領河南、歸德二府，睢、陝、鄧、唐、裕、嵩、汝、許、鈞、陳、蔡、息、鄭十三州，而彰德府濬、衛、輝、滑四州屬河北西路，懷、孟二州屬河東南路，虢州屬京兆府路。元置河南江北行中書省。治汴梁路，領河南、歸德、南陽、汝寧四府，鄭、許、陳、鈞、睢、陝、嵩、汝、裕、唐、鄧、信陽、光、息十四州，兼有今江南、湖廣之地。而河北彰德、衛輝、懷慶三路，磁、林、輝、淇、孟、滑、濬七州，則統於中書省。

明洪武元年，置中書分省於汴梁，以汴梁爲北京。二年，改分省爲行省。九年，改河南等處承宣布政使司。領開封、彰德、衛輝、懷慶、河南、南陽、汝寧七府。成化中，升汝州爲直隸州。嘉靖二十四年，升歸德州爲府，共領八府一州。本朝因之，爲河南省。雍正二年，升開封府之陳、許、鄭三州，河南府之陝州，汝寧府之光州，爲直隸州。十二年，升陳州、許州爲府，鄭州仍屬開封。乾隆六年，改許州府仍爲直隸州。今領府九，直隸州四。

開封府，陳州府，歸德府，彰德府，衛輝府，懷慶府，河南府，南陽府，汝寧府，許州直隸州，陝州直隸州，光州直隸州，汝州直隸州。

形勢

東連齊、楚，歸德府東境接江蘇徐州府、山東曹州府界，古齊、楚地也。西阻函、潼，函谷故關在靈寶縣南，潼關在閿鄉縣西，濱河相連，與陝西接界。南據淮，淮水出南陽府桐柏縣，東流，經信陽、羅山北，正陽南，又東經息縣南、光州北，又東北經光州西北，至固始縣北，而入安徽壽州界。北逾衡、漳。漳水自彰德府涉縣入境，西接山西潞安府界，東流至臨漳縣出境，接直隸廣平府界。河南地實逾衡、漳而北。其名山則有嵩高、在河南府登封縣，五嶽之中嶽也。太行、在懷慶府城北。三崤、在河南府永寧縣。底柱。在河南府陝州大河中。大川則有大河、河自陝西潼關東流入，經陝州，而横亘於河南、開封、歸德三府之北，幾千五百里。淮水、見上。汴水、自河水分流，東經開封、歸德二府，入江蘇徐州府、安徽宿州界。唐、宋漕運之道。洛水、出陝西商州，流入陝州盧氏縣境，經河南府城東南，至鞏縣北入大河。伊、瀍、澗水俱流入之。潁水、出河南府登封縣，流至陳州府南境，合蔡河。蔡河首受汴，自祥符縣東南流，合潁水，入安徽潁州府。汝水。出汝州魯山縣，下流逕汝寧府，至安徽潁州，南注於淮。其重險則有虎牢、在鄭州汜水縣。一名成皋關。黽阸。即信陽之平靖、武陽、黄峴三關，所謂義陽三關者也。

文職官

巡撫。雍正五年，升河南巡撫爲河南總督。六年，兼轄河南、山東，爲河東總督。十三年省，仍設巡撫兼提督銜。
提督學政。駐開封府。
布政使。駐開封府。經歷。舊設理問，乾隆七年裁。都事。庫大使。巨盈。
按察使。駐開封府。經歷。司獄。
鹽法水利糧務道。駐開封府。舊爲驛鹽糧務道，乾隆四十三年改今名。
分巡開、歸、陳、許河務兵備道。駐開封府。
分守河北兵備道。駐懷慶府武陟縣。
分巡河、陝、汝道。駐陝州。
分巡南、汝、光道。駐汝寧府信陽州。
開封府知府。理事同知。蘭儀同知。舊設儀考通判，乾隆四十八年改蘭儀通判，五十二年升爲同知。鹽捕同知。駐祥符縣朱仙鎮。上南河同知。駐中牟縣楊橋鎮。下南河同知。駐府城。祥符北岸河務同知。駐懷慶府屬陽武縣太平鎮。舊爲上北河同知，嘉慶八年改今名。下北河同知。駐祥符縣陳橋鎮。中河通判。嘉慶十一年裁管糧通判設。儀封廳撫民通判。舊爲縣，乾隆四十九年升廳。府學教授。訓導。照磨。儀封廳學教諭。乾隆四十九年設。廳經歷。乾隆五十一年設。知州二員。鄭、禹。州學學正二員。訓導二員。吏目二員。知縣十四員。祥符、陳留、杞、通許、尉氏、洧川、鄢陵、中牟、蘭陽、滎陽、滎澤、汜水、密、新鄭。舊設十六員，乾隆六年以許州之密、新鄭來屬。三十年裁河陰縣。四十八年，以陽武改隸懷慶、封丘改隸衛輝。四十九年，升儀封縣爲廳。縣丞八員。祥符二，陳留一，中牟二，蘭陽二，滎澤一。舊設十一員，乾隆九年裁通許、滎陽、汜水三員，增祥符一員。四十六年，裁杞縣一員，增中牟一員。四十八年，陽武改隸懷慶。四十九年，裁儀封一員。五十六年，增蘭陽一員。縣學教諭十四員。鄉學教諭。舊爲河陰縣學教諭，乾隆三十年改屬滎澤，更今名。訓導十三員。舊有汜水一員，乾隆十六年裁。管河主簿四員。祥符南岸、北岸，蘭陽，滎澤。巡檢四員。祥符屬祥陳北岸、朱仙鎮，蘭陽屬蘭考北岸，滎澤屬河陰。典史十四員。

陳州府知府。糧捕水利通判。駐商水縣周家口。府學教授。訓導。司獄。兼經歷事。知縣七員。淮寧、西華、商水、項城、沈丘、太康、扶溝。縣丞二員。淮寧、沈丘。縣學教諭七員。訓導七員。典史七員。

歸德府知府。糧捕水利通判。商虞管河通判。駐商丘城外劉家口，乾隆四年設。舊有儀考管河通判，乾隆四十八年裁。睢寧通判。乾隆四十八年設。儀睢通判。乾隆五十一年設。歸河通判。嘉慶十六年設。府學教授。訓導。經歷。知州一員。睢。州同。乾隆四十八年設。州判。管河州判。乾隆五十二年設。州學學正。訓導。吏目。知縣七員。商丘、寧陵、鹿邑、夏邑、永城、虞城、柘城。舊設八員，乾隆四十八年以考城改隸衛輝府。縣丞五員。舊設商丘、虞城二員，乾隆九年增鹿邑、夏邑、永城三員。縣學教諭七員。訓導七員。管河主簿三員。舊設商丘、虞城二員，乾隆四十八年增寧陵一員。典史七員。舊有稅大使一員，乾隆十八年裁。

彰德府知府。糧捕通判。舊有管河同知，乾隆七年裁。府學教授。訓導。經歷。知縣七員。安陽、湯陰、臨漳、林、武安、涉、内黄。縣丞三員。安陽、湯陰、内黄。縣學教諭七員。訓導六員。舊有涉縣一員，乾隆十六年裁。主簿。内黄，嘉慶十九年設。典史七員。驛丞。湯陰屬宜溝，兼巡檢。

衛輝府知府。上北衛糧河務通判。舊爲河務通判，兼管鹽糧捕務，嘉慶八年改今名。府學教授。訓導。經歷。知縣十員。汲、新鄉、獲嘉、淇、輝、延津、濬、滑、封丘、考城。舊設八員，乾隆四十八年以歸德之考城、開封之封丘來屬。縣丞四員。汲、濬、滑、封丘。舊設五員，乾隆四十五年裁新鄉、淇縣、獲嘉三員，設封丘一員。嘉慶十八年，設滑縣一員。縣學教諭十員。訓導九員。舊有淇縣一員，乾隆七年裁。主簿三員。輝、封丘、考城。巡檢二員。滑縣老岸鎮、考城。典史十員。驛丞。獲嘉屬亢村，兼巡檢。

懷慶府知府。黄沁同知。舊有沁河通判，乾隆七年裁，歸懷河同知兼理，改今名。糧捕水利通判。駐河内縣清化鎮。府學教授。訓導。經歷。知縣八員。河内、濟源、原武、修武、武陟、孟、温、陽武。舊設七員，乾隆四十八年以開封之陽武來屬。縣丞二員。河内、武陟。舊有修武一員，嘉慶四年裁。縣學教諭八員。訓導八員。主簿四員。原武、武陟、孟、陽武。巡檢。濟源屬邵源鎮。典史八員。舊有税大使一員，乾隆二十八年裁。

河南府知府。糧捕水利通判。府學教授。訓導。經歷。知縣十員。洛陽、偃師、鞏、孟津、宜陽、登封、永寧、新安、澠池、嵩。縣丞二員。洛陽、宜陽。舊有偃師一員，乾隆九年裁；鞏縣一員，乾隆二十年裁。縣學教諭十員。訓導八員。舊設十員，乾隆十六年裁澠池、鞏縣二員。巡檢二員。澠池屬南村，嵩屬舊縣。典史十員。舊有税大使一員，乾隆十八年裁。

南陽府知府。軍捕水利同知。駐淅川。舊有管糧水利通判，乾隆四十八年裁，歸同知兼理。府學教授。訓導。經歷。知州二員。鄧、裕。州同。鄧州。舊有裕州州判，嘉慶十九年裁。州學學正二員。訓導二員。吏目二員。知縣十一員。南陽、南召、鎮平、唐、泌陽、桐柏、内鄉、新野、淅川、舞陽、葉。縣丞二員。南陽、唐。縣學教諭十一員。訓導九員。舊設十一員，乾隆十六年裁桐柏、淅川二員。巡檢三員。南陽屬賒旗店，南召屬李青店，内鄉屬西峽口。舊設二員，乾隆十八年增賒旗店一員。典史十一員。驛丞三員。南陽屬林水、博望，葉縣屬保安，保安兼巡檢。

汝寧府知府。糧捕水利通判。府學教授。訓導。經歷。知州。信陽。州同。駐平昌關。州學學正。訓導。吏目。知縣八員。汝陽、正陽、上蔡、新蔡、西平、遂平、確山、羅山。縣丞。汝陽。縣學教諭八員。訓導六員。舊設八員，乾隆十六年裁正陽、確山二員。巡檢三員。汝陽屬廟灣、信陽屬楊家堂、羅山屬大勝關。舊設一員，乾隆十八年增楊家堂、大勝關二員。典史八員。驛丞。信陽屬明港，兼巡檢。

許州直隸州知州。州判。州學學正。訓導。吏目。知縣四員。臨潁、襄城、郾城、長葛。縣學教諭四員。訓導四員。典史四員。

陝州直隸州知州。州判。駐盧氏朱陽關。州學學正。訓導。吏目。驛丞。硤石，兼巡檢。知縣三員。靈寶、閿鄉、盧氏。縣丞二員。靈寶，兼管巡檢事；閿鄉。縣學教諭三員。訓導二員。舊有盧氏一員，乾隆十六年裁。巡檢。盧氏屬朱陽。典史三員。

光州直隸州知州。州判。駐烏龍集。州學學正。訓導。吏目。知縣四員。光山、固始、息、商城。縣丞。固始。縣學教諭四員。訓導四員。巡檢二員。固始屬往流集、商城屬牛食畈〔一〕。舊設一員，乾隆十八年增牛食畈一員。典史四員。

汝州直隸州知州。州同。駐楊家樓。州學學正。訓導。吏目。知縣四員。魯山、郟、寶豐、伊陽。縣學教諭四員。訓導二員。舊設四員，乾隆十六年裁寶豐、伊陽二員。巡檢。魯山屬趙家村，乾隆三年設。典史四員。

武職官

城守尉。駐開封府。八旗佐領八員，防尉八員，驍騎校八員。前後蒙古佐領二員，防尉八員，驍騎校二員。隨印九品筆帖式。

撫標。左、右二營。中軍兼左營參將。舊設遊擊，雍正五年升巡撫爲總督，改設督標中軍副將。十三年，仍專設巡撫，改今名。守備二員。千總六員。舊設四員，嘉慶十年增二員。把總十二員。九駐本營，三分防尉氏、通許、鄭州各汛。舊設八員，嘉慶十年增四員。經制外委十二員。舊設六員，嘉慶十年增六員。額外外委六員。舊設三員，嘉慶十年增三員。

河北鎮總兵官。駐懷慶府，左、右二營。中軍兼左營遊擊。右營都司。左右營守備二員。千總四員。一駐本營，三分防濟源、武陟〔二〕、陽武各汛。把總七員。三駐本營，四分防濟源、修武、考城、扶溝各汛。經制外委十員。四駐本營，四分防河南，二分防嵩縣、王禄店各汛。額外外委七員。六駐本營，一分防王禄店汛。

南陽鎮總兵官。駐南陽府，左、右二營。中軍兼左營遊擊。右營都司。舊設遊擊，乾隆三十六年改。左營守備。左、右營千總四員。一駐本營，三分防桐柏、裕州、葉縣各汛。把總七員。二駐本營，五分防舞陽、泌陽〔三〕、唐縣、内鄉、淅川各汛。經制外委十一員。七駐本營，四分防葉縣、李青店、高丘鎮、西峽口各汛。額外外委十員。

以上河北、南陽二鎮，均聽巡撫兼提督節制。

荆關協副將。駐淅川縣荆子關，左、右二營。中軍兼左營都司。右營守備。左、右營千總二員。二駐本營，一分防西坪鎮汛。把總五員。三駐本營，二分防淅川、穆家埡各汛。經制外委四員。三駐本營，一分防李官橋汛。額外外委四員。

歸德營參將。駐歸德府。守備。千總二員。分防永城、寧陵二汛。把總四員。分防虞城、鹿邑、睢州、商丘各汛。經制外委三員。分防夏邑、柘城、商丘各汛。額外外委二員。

考城營遊擊。駐考城縣。守備。把總。經制外委。

以上荆關一協，歸德、考城二營，均隸巡撫管轄。

衛輝營參將。駐衛輝府。守備。千總二員。一駐本營，一分防淇縣汛。把總五員。一駐本營，四分防獲嘉、汲縣、新鄉、老岸鎮各汛。經制外委四員。額外外委二員。

河南營參將。駐河南府。守備。千總二員。把總三員。一駐本營，二分防偃師、魯山各汛。經制外委四員。額外外委三員。舊設二員，嘉慶十一年增一員。

彰德營參將。駐彰德府。舊設都司，嘉慶七年改。守備。千總二員。舊設一員，嘉慶七年增一員。把總四員。舊設三員，嘉慶七年增一員。三駐本營，一分防郭村汛。經制外委三員。舊設二員，嘉慶七年增一員。額外外委二員。

開封營遊擊。駐開封府。舊設都司，嘉慶七年改。守備。千總二員。一駐本營，一分防朱仙鎮汛。把總三員。一駐本營，二分防滎澤、滎陽各汛。經制外委六員。額外外委三員。

内黄營都司。駐内黄縣，嘉慶七年設。千總。把總。經制外委。額外外委。嘉慶十一年增設。

滑縣營都司。駐滑縣。舊設把總，嘉慶十九年改。千總。把總二員，一駐本營，一分防道口鎮汛。

陜州營都司。駐陜州。舊設守備，雍正九年改。千總。把總三員。一駐本營，二分防靈寶、閿鄉各汛。經制外委二員。額外外委。

嵩縣營守備。駐嵩縣。把總二員。一駐本營，一分防永寧汛。

王禄店營守備。駐滎澤縣。

以上衛輝等九營，均隸河北鎮管轄。

汝寧營參將。駐汝寧府。守備。千總。分防汝南埠汛。把總三員，一駐本營，二分防正陽、西平二汛。經制外委三員。分防新蔡、羅山、上蔡各汛。

光州營都司。駐光州。守備。分防商城汛。舊隸汝寧營，嘉慶二十五年改。把總二員。一駐本營，一分防固始汛。經制外委四員。一駐本營，三分防息縣、商城、光山新店集各汛(四)。

鄧新營遊擊。駐鄧州。舊設守備，嘉慶七年改。守備。分防新野汛。千總。分防鄧州汛。把總四員。一駐本營，三分防孟家樓、新店鋪、李青店各汛。經制外委四員。二駐本營，二分防鄧州、新野各汛。額外外委四員。舊設三員，嘉慶十一年添設一員。

陳州營都司。駐陳州府。千總。把總三員。分防太康、西華、商水各汛。經制外委三員。分防沈丘、扶溝、項城各汛。額外外委二員。一駐本營，一分防周家口汛。

襄城營都司。駐襄城縣。千總二員。分防禹州、許州各汛。把總四員。分防新城、襄城、郾城、洧川各汛。經制外委五員。分防長葛、密縣、臨潁、鄢陵、襄城各汛。額外外委二員。分防洧川、許州各汛。

新野營守備。駐新野縣。經制外委。

信陽營守備。駐信陽州。千總。把總二員。經制外委二員。額外外委。

以上汝寧等七營，均隸南陽鎮管轄。

盧氏營守備。駐盧氏縣。千總。分防朱陽關汛。把總。經制外委二員。一駐本營，一分防欒川鎮汛。額外外委。

以上盧氏一營，隸荆關協管轄。

懷河營祥河都司。河北道管轄。舊爲上北河汛，嘉慶八年改。守備。分防下北河汛。協辦守備三員。分防陽封、曹考、曹沁各汛〔五〕。舊設二員，嘉慶八年增陽封一員。千總二員。分防蘭陽北汛、封丘下汛。把總二員。分防祥符上汛、武滎汛。經制外委八員。分防祥陳下汛、蘭陽下汛、封丘上汛、考城汛、原武汛、武陟汛〔六〕、陽武汛、陽封汛。額外外委十二員。分防祥符上汛、祥陳下汛、蘭陽北汛、蘭陽下汛、武滎汛、封丘上汛、封丘下汛、考城汛、原武汛、武陟汛、陽武汛、陽封汛。

豫河營蘭儀都司。開歸陳許道管轄。舊爲儀考汛，乾隆四十八年改。守備。分防上南河汛，舊爲南岸，乾隆四十七年改。協辦守備六員。分防下南河、中河、儀睢、睢寧、商虞、歸河各汛。舊設商虞一員，乾隆四十七年增下南河，四十八年增睢寧，五十六年增儀睢，嘉慶十一年增中河，十六年增歸河。千總四員。分防祥符上汛、蘭陽汛、鄭中汛、商丘上汛。把總四員。分防祥符下汛、儀封汛、滎鄭汛、睢州上汛。外委八員。分防祥陳下汛、陳留汛、中牟下汛、儀封下汛、寧陵汛、虞城上汛、虞城下汛、睢州下汛。額外外委十七員。分防滎澤，鄭州上汛、下汛，中牟上汛、下汛，祥符上汛、下汛，儀封上汛、下汛，睢州上汛、下汛，虞城上汛、下汛，陳留，蘭陽，寧陵，商丘各汛。以上懷河、豫河二營，均隸山東河道總督統轄。

户口

康熙五十二年原額人丁二百二十八萬九千八百七十五，乾隆三十七年停編丁，今滋生男婦大小共二千三百五十九萬八千八十九名口，計四百七十三萬二千九十七户。

田賦

田地七十七萬五千四百九十一頃一十七畝，額徵地丁正、雜銀三百四十七萬九千十四兩有奇，正兑、改兑米四萬一千二百七十二石二斗有奇，麥三萬八千九百一十石二斗有奇，豆九萬七千七百四十八石三斗有奇，耗米九千四百五十九石五斗有奇，耗麥九千八十石有奇，耗豆二萬三千七十四石四斗有奇。

税課

闗税無。開封、彰德、衛輝、陳州、懷慶五府，南陽府屬之舞陽縣，許州並所屬之臨潁、郾城、長葛三縣，行長蘆正引，鹽課載直隸省税課門。歸德府行山東正引，鹽課載山東省税課門河南府，南陽府屬之南陽、南召、鎮平、唐縣、泌陽、桐柏、鄧州、内鄉、新野、淅川、裕州、葉縣十二州縣，汝州、陝州，許州所屬之襄城縣，行河東正引餘引，鹽課載山西省税課門。汝寧府、光州，行淮北綱引，鹽課載江蘇省税課門。

名宦

漢

張敞。平陽人。宣帝時，以切諫顯名，擢爲豫州刺史。數上事，有忠言，帝徵爲大中大夫。

後漢

楊秉。華陰人。順帝時，爲豫州刺史。計日受俸，餘禄不入私門。有故吏齎錢百萬遺之，秉閉門不受。以廉潔稱。

周景。廬江舒人。桓帝時，爲豫州刺史。好賢愛士，拔才薦善，常恐不及。每至歲時，延請舉吏入後堂，與共宴會，如此數四，乃遣之，贈送什物，無不充備。既而選其父兄子弟，事相優異，嘗稱曰：「臣子同貫，若之何不厚！」

黄琬。江夏安陸人。中平初，爲豫州牧。時寇賊陸梁，州境凋殘。琬討擊平之，威聲大振，政績爲天下表，封關内侯。

王允。太原祁人。中平初，黄巾賊起，拜豫州刺史。辟荀爽、孔融等爲從事，奏除禁黨。討擊黄巾别帥，大破之，受降數十萬。

三國　魏

賈逵。襄陵人。文帝時，爲豫州刺史。考績二千石以下，阿縱不如法者，悉奏免之。帝曰：「逵真刺史。」布告天下，當以豫州爲法，賜爵關内侯。州南與吴接，逵明斥堠，繕甲兵，爲守戰之備，賊不敢犯。外修軍旅，内治民事，遏鄢、汝，造新陂，斷山溜長溪水，造小弋雁陂，又通運渠二百餘里，所謂賈侯渠者也。

王淩。太原祁人。明帝時，爲豫州刺史。得軍民歡心，旌先賢之後，求未顯之士，各有條教，意義甚美。

王沈。晉陽人。正元中，爲豫州刺史。按賈逵以來法制禁令，諸所施行，擇其善者而從之。於是九郡之士咸悦道教，移風易俗。

晉

祖逖。范陽人。元帝時，拜豫州刺史。會石勒縱兵掠境，逖追擊於汴水，進鎮雍丘，歸附者甚衆。逖愛人下士，雖疏交賤隸皆恩禮遇之，由是黄河以南皆爲晉土。百姓感悦，置酒歌曰：「幸哉遺黎免俘虜，三辰既朗遇慈父。玄酒忘勞甘瓠脯，何以詠恩歌且舞。」其得人心如此。已而卒於雍丘，豫州士女若喪考妣，譙、梁百姓爲立祠。

南北朝　梁

夏侯夔。譙郡人。大通六年，爲豫州刺史。豫州積歲連兵，人頗失業。夔乃率軍於蒼陵立堰，溉田千餘頃，歲收穀百餘萬石，以充儲備，兼贍貧民，境内賴之。夔兄亶，先任此州，並有惠政。百姓歌之曰：「我之有州，頻得夏侯。前兄後弟，布政優優。」在州七年卒。

後魏

于栗磾。代人。永興中，爲河南鎮將。劉裕伐姚泓，栗磾慮其北擾，遂築壘於河上，禁防嚴密，裕不敢進。遷豫州刺史，洛陽雖歷代所都，久爲邊裔，城闕蕭條。栗磾刊闢榛荒，勞來安集，德刑既設，甚得百姓之心。

高道悦。遼東新昌人。太和間，以御史中尉留守洛京。時宫極初基，廟庫未構，車駕將水路幸鄴，已詔都水官營構大材，以造舟檝。道悦表諫，以爲「缺居宇之功，作嬉遊之用，損耗殊倍，更爲非務。深薄之危，古今共慎」。於是帝遂從陸路還。

隋

于仲文。洛陽人。高祖爲丞相，尉迥作亂，遣將檀讓收河南之地。仲文領河南道行軍總管，發兵討讓，進擊，破之。獲讓，檻送京師，河南悉平。勒石記功，樹於泗上。

唐

任瓌。合肥人。武德初，爲河南安撫大使。王世辨以徐州降瓌，瓌至宋州。會徐圓朗反，副使柳璿勸退保汴。瓌笑曰：「公何怯，老將居邊久，自當有計。」俄而賊陷楚丘，將圍虞城，瓌遣崔樞、張公謹守之，圓朗不能拔。賊平，遷徐州總管。

夏侯端。壽州人。高祖時，爲河南道招慰使。會亳、汴二州已降王世充，道塞無所歸。世充遣人以河南郡公、尚書吏部印綬召端，端曰：「吾天子使，豈污賊官耶？非持首去不可見。」即焚其書，因解節旄懷之，間道走宜陽。比到，體髮癯焦，入謁，帝憫之，拜秘書監。

宋務光。西河人。神龍初，以監察御史巡察河南道。時滑州七縣，而分封者五，王賦少於侯租，入家倍於輸國。務光請以封户均餘州，又請食賦附租庸歲送，停封使，息傳驛之勞，不見納。以考最，進殿中侍御史。

張介然。猗氏人。天寶末，安禄山反，授河南節度採訪使，守陳留。陳留據水陸劇，居民孳夥，而太平久，不知戰。介然居屯不三日，賊已渡河，士聞鉦鼓聲，皆褫氣不能授甲。凡旬六日，城陷，介然死之。

魯炅。幽州薊人。天寶末，安禄山反，炅爲山南節度使，保南陽。潼關失守，城中食盡，斗米五十千，一鼠四百，餓者相枕藉。被圍凡一年，晝夜戰守，卒無救。至德二載，乃率衆突圍，走襄陽。田承嗣尾擊，炅殊死戰二日，斬獲甚衆，賊引去。拜御史大夫、襄鄧十州節度使。

張鎬。博州人。肅宗時，以同平章事兼河南節度使、都統淮南諸軍事。賊圍宋州，張巡告急，鎬倍道進，檄濠州刺史閭丘曉趨救之，曉逗留不進。比鎬至，而巡已陷。鎬怒，杖殺曉。帝還京師，封南陽郡公。詔以本軍鎮汴州，捕平殘寇。

李光弼。柳城人。肅宗時，爲河北節度使，與九節度兵圍安慶緒於相州，大戰鄴西，敗之。既而史思明來援，光弼拒賊，戰尤力。進都督府、知諸道節度行營事。未幾爲天下兵馬副元帥。會汴滑節度使許叔冀戰不利，降賊，思明乘勝西嚮。光弼悉軍據河陽，部曲重堅，賊憚不敢犯，屯白馬寺，築城以守。已而與戰中潬，大破逆黨。賊又合衆攻北城，光弼登陴望曰：「彼軍雖鋭，然方陣而囂，不足虞也。」乃督將出戰，自麾旗者三。諸軍争奮，賊衆奔敗，斬萬餘級，俘八千人。以功進臨淮郡王。

令狐彰。富平人。肅宗時，拜滑亳魏博節度使。始滑當寇衝，城邑墟榛，彰躬訓吏下，檢軍力農，法令嚴，無敢犯者。田疇大闢，庫委豐餘，歲時貢賦如期。

田神功。南宫人。肅宗時，爲河南節度、汴宋八州觀察使。初，賊圍宋州急，李光弼奏遣神功往救，賊解去。又破法子營，攻敬釭，降之。既寢疾，宋之將吏爲祈禱報恩。後力疾入朝，卒。代宗爲撤樂，贈司徒。

李勉。高祖子。鄭王元懿曾孫。代宗時，爲汴宋節度使。時汴將李靈耀反，魏將田悦以兵來，叩汴而屯。勉與李忠臣、馬燧合討之，戰於匡城。賊潰，悦走河北，靈耀奔韋城。勉擒縛以獻，斬闕下。德宗立，詔勉爲汴宋、滑亳、河陽等道都統。

劉晏。曹州南華人。代宗時，領東都、河南、江淮轉運租庸鹽鐵常平使。時大兵後，京師斗米千錢，農挽穗以輸。晏自按行，由汴入河，觀三門遺跡。至河陰、鞏、洛，見梁公堰、通濟渠及李傑新隄，盡得其利病，歲致粟四十萬斛，關中雖水旱，物不翔貴。帝勞曰：「卿，朕鄭侯也。」

張延賞。猗氏人。大曆初，除河南尹、諸道營田副使。河洛當兵衝，邑里墟榛，延賞政簡約，輕徭賦，疏河渠，築宫廟。數年，流庸歸附，都闕完雄，有詔褒美。既而留守東都，治行第一。

曲環。安邑人。建中時，以討李希烈功，授陳許節度使。二州比爲寇衝，民苦剽鹵，客他縣。環勤身節用，寬賦斂，簡條教。不三歲，歸者繈係，訓農治兵，穀食豐衍。轉檢校尚書左僕射。

李泌。京兆人。貞元初，拜陝虢觀察使。始鑿山開車道，至三門，以便饟漕。以勞，進檢校禮部尚書。

賈耽。南皮人。德宗時，遷義成節度使。淄青李納陰蓄奸謀，冀有以逞。其兵數千，自行營還，道出滑，或請館於外。耽曰：「與我隣道，奈何疑之，使暴於野？」命館城中，宴廡下，納士皆心服。耽每獵，從數百騎，往往入納境。納大喜，然畏其德，不敢謀。

李復。貞元十年，鄭滑軍亂，以復爲節度使。下令墾營田，以廩其軍，而賦不及民。衆悅。

劉昌裔。陽曲人。德宗時，從曲環軍。環卒，上官涚知後務，吴少誠引兵薄城。涚欲遁去，昌裔曰：「受詔而守死，其職也。」賊攻堞壞，昌裔密造飛棚聯柵，即募突將千人，鑿城以出，擊賊走之，涚遂領陳許節度使。涚卒，昌裔代之。命境上吏不得犯蔡人，有來犯者，縛送使自治。少誠慚，亦禁境上暴掠。

裴度。聞喜人。元和十二年，拜彰義節度使，討蔡，屯郾城。是時諸道兵悉中官督監，度奏罷之，使將得專制決事。一戰氣倍，未幾蔡平。度以蔡牙卒侍帳下，或謂反側未安，不可去備，度笑曰：「元惡已擒，蔡人即吾人也。」衆感泣。

李光顔。太原人。元和九年，討蔡，擢爲忠武節度使。時諸鎮兵環蔡十餘屯，各相顧不肯前，獨光顔先敗賊，以功進尚書左僕射。都統韓弘素蹇縱，陰挾賊以自重，且惡光顔忠力。乃飾名姝以遺之，光顔曰：「戰士皆棄妻子，冒白刃，奈何獨以女色爲樂？天子於光顔恩厚，誓不與賊同生。」指心曰：「雖死不貳。」因嗚咽泣下，將卒皆感激流涕。於是士氣益勵，賊至，力戰卻之。蔡平，加檢校司空。

烏重胤。張掖人。憲宗時爲河陽節度使。王師討蔡，詔重胤以兵壓賊境。割汝州隸其軍，與李光顔相犄角。大小百餘戰，凡三年。賊平，遷檢校司空，進封邠國公。初，蔡將李端降重胤，蔡人執其妻殺之，妻呼曰：「善事烏僕射。」其得士心如此。

李愬。洮州臨潭人。憲宗時，爲唐鄧節度使。討蔡，獲賊將李祐。愬待以客禮，問襲蔡之謀。謀既定，遣告裴度師期，愬乃率中軍三千夜起。會大雨雪，天晦，夜半至懸瓠城，賊晏然無知者。黎明雪止，愬入駐元濟外宅，火南門。元濟請罪，檻送京師，其黨二萬皆降。

袁滋。朗山人。憲宗時爲義成節度使。滑，用武地，東有淄、青，北魏、博。滋嚴備而推誠信，務在懷來。李師道、田季安畏服之。居七年，百姓立祠祝祭。

薛平。龍門人。憲宗時，爲鄭滑節度使。始河溢瓠子，東泛滑，距城纔二里所。平按求故道，出黎陽西南，因命其佐裴宏泰，往請魏博節度使田弘正。弘正許之。乃籍民田所當者易以他地，疏道二十里以釃水悍。還壖田七百頃於河南，自是滑人無患。

吕元膺。東平人。憲宗時，拜東都留守。東都有李師道留邸兵，與山棚謀竊發。事覺，元膺擒破之。始盜發，都人震恐，守兵弱不足恃，元膺坐城門，指縱部分，意氣閑舒，人賴以安。

韓充。匡城人。穆宗時，詔充以宣武節度使統義成兵討李岕。戰郭橋，破之。會李質斬岕，先入汴。充馳至城下，汴人望見充，歡躍無復貳者。始，帝遣人問破賊期，充對以一月可破。方二旬即克，帝喜曰：「充料敵如神。」加檢校司空。籍岕所脅爲兵者悉縱之，責首亂者，斥出境。由是内外安堵，汴人愛賴之。

李珏。趙郡人。宣宗時，爲河陽節度使。罷横征宿逋百餘萬，後召珏去鎮，而府庫十倍於前。

五代　周

王朴。東平人。世宗征淮，朴留京師。廣新城，通道路，壯偉宏闊。天曆六年，世宗遣朴行視汴口，作斗門。還，過故相李轂第，疾作，仆於坐上，舁歸而卒。

宋

程能。建隆中，爲京西轉運使，請定諸州户爲九等，著於籍，上四等量輕重給役，餘五等免之，後有貧富，隨時升降。詔加裁定。

李符。内黄人。乾德中，以京西諸州錢帛不登，選知京西南面轉運事。奏便宜百餘條，命著爲令者凡四十八事。

盧之翰。祁州人。太宗時，遷太常博士，爲京西轉運副使。建議導溵河合於淮，達許州，以便漕運。

陳靖。莆田人。太宗務興農事，靖議兩京東、西千里，檢責荒地及逃民産籍之，募耕作，賜耕者室廬牛犂，種食不足，則給以庫錢。别其課爲十分，責州縣勸課，分殿最爲三等，視殿最行賞罰。候數歲，盡罷屯田，悉用賦民，然後量人授田，爲定以法。下三司雜議，以靖爲京西勸農使。真宗時，徙河南轉運使。極論前李氏横賦十七事，詔罷其尤甚者。

劉綜。虞鄉人。咸平初，爲河北轉運副使。河北承兵寇之後，民户凋敝，州縣官皆四方之人，不習風俗，且有懷土之思，以是政事多因循不舉。綜建議請自今並以河朔人充之，冀其安居，勤於職事。從之。再爲河北轉運使，時邊事煩急，轉漕之任，尤所倚辦。綜繼領其職，號爲詳練。

李若谷。豐人。真宗時，爲京東轉運使。會河決白馬，調取芻楗，同列盧士倫協三司意，趣刻擾郡縣，而若谷寬之。

陳堯叟。閬中人。真宗時，權東京留守。每裁制刑禁，雖大辟亦止面取狀，亟決遣之，以故獄無繫囚。

楊告〔七〕。綿竹人。除京西轉運副使。屬部歲饑，所至發公廪，又募富室出粟賑之。

陳希亮。眉州人。嘉祐間，爲京西轉運使。石塘河役兵叛，震動汝、洛間。希亮輕騎出按，賊道遇希亮，相與列訴道周。

希亮徐問其所苦，命一老兵送之曰：「以付葉縣，聽吾命。」既至，曰：「汝以自首皆無罪，然必有首謀者。」衆不敢隱，乃斬元以徇，流軍校一人，餘悉遣赴役如初。

韓宗彥。雍丘人。歷提點京西、京東刑獄。應天府失入平民死罪，獄成未決，通判孫世安辨正之，獄吏當坐法，尹劉沆欲宥之。宗彥舉按其事，沆復止之。宗彥疏沆於朝，抵吏罪。

王舉元。真定人。仁宗時，爲京東轉運使。沙門島多流人，守吏顧貨橐陰殺之，舉元請立監以較賞罰，自是全活者衆。

趙滋。開封人。仁宗時，京西軍賊張海久未伏誅，命滋都大提舉陝西京西路，捉賊數月，賊平。

富弼。河南人。皇祐中，爲京東安撫使。河朔大水，民流京東。弼擇所部豐稔者五州，勸民出粟，得十五萬斛，益以官廩，隨所在貯之。得公私廬舍十餘萬區，散處其人，以便薪水。官吏自前資待缺寄居者，皆給其禄，使即民所聚，選老弱病瘠者廩之。山林河泊之利，有可資以爲生者，聽流民取之，其主不得禁。官吏皆書其勞，約爲奏請，他日得以次受賞於朝，率五日輒遣人以酒肉糗飯勞之，出於至誠，人人爲盡力。流民死者，爲大冢葬之。明年麥大熟，流民各以遠近受糧而歸，凡活五十餘萬人。募爲兵，又萬餘人。

夏安期。德安人。爲京西轉運使。盜起部中，剽刼州縣，光化軍戍卒相繼叛，勢且相合。安期督將吏，捕斬殆盡。

鮮于侁。閬州人。神宗時，徙京東西路轉運副使。河決澶淵，議欲弗塞，侁言東南匯澤惟兩濼，夏秋雨霪，猶溢而害，若縱大河注其中，民爲魚矣。作議河書上之，神宗嘉納。後兩路合爲一，以侁爲轉運使。

唐義問。江陵人。熙寧中，移京西轉運判官。時陝西大舉兵，多亡卒，所至成聚。義問請令詣官自陳，給券續食，人以爲便。

張景憲。河南人。爲京西東轉運使。王逵居鄆，專持吏短長，景憲疏論其惡，編置宿州。

余良肱。分寧人。提舉汴河司。汴水澱淤，流且緩，執政舉狹河議。良肱謂方冬水涸，宜自京左浚治，以及畿右，三年，可使水復行地中。又議伐汴堤木，以資狹河。良肱言：「自泗至京千餘里，江淮漕卒接踵，暑行多病暍，藉蔭以休，又其根盤錯，與堤爲固，伐之不便。」

喬執中。高郵人。神宗時，提點京西北路刑獄。時河決廣武，埽危甚，相聚莫敢登。執中不顧，立其上，衆隨之如蟻附，不日埽成。

李周。馮翊人。神宗時，除提點京西刑獄。時方興水利，或請釃湍河爲六渠，以益鉗盧陂水，度用工八十萬。周曰：「湍河原高委下，捍以堤，猶患決溢，若又導之，必致爲害。」乃疏言其未便。明年河溢，鄧城幾沒，始思其議。

范純粹。吴縣人，吴居厚爲京東轉運使，數獻羨賦。哲宗立，居厚敗。命純粹以直龍圖閣往代之，盡革其苛政。時蘇軾自登州召還，同建募役之議，軾謂純粹講此事精詳。

吴擇仁。永興人。徽宗時，爲京畿都轉運使。鄭州城惡，受命更築之。或讒於帝曰：「新城雜以沙土，反不如故。」帝怒，密遣人取塊城上，緘以來，令衛卒三投之，堅緻如削鐵，讒不能售。

程振。樂平人。徽宗時，提舉京東西路學事。請立廟於鄒，祀孟子，以公孫丑、萬章、樂正子等配食。從之。

李綱。邵武人。宣和末，爲東京留守。金兵攻汴，綱身自督戰，募壯士縋城而下，殺傷數千人，金兵乃退求和。綱議阨要害、絶糧道，以復畿北郡縣。執政不許。既而言者謂綱喪師費帑，於是罷謫。高宗即位，詔以資政殿大學士、領開封府事。綱在長沙聞命，率湖南勤王之師入援，條陳時政凡百餘疏，俱不能行。

宗澤。義烏人。靖康初，除京城留守，兼開封尹。乃渡河，約諸將共議事宜，以圖收復。於京城四壁各置使以領招集之兵。又據形勢，立堅壁二十四所於城外，沿河爲連珠砦，連結河東、河北山水砦忠義民兵。於是諸路人馬咸聽節制。烏珠謀攻汴京，澤戒諸將竭力保護河梁，以俟大軍之集。金兵聞之，夜斷河梁遁去。「烏珠」舊作「兀术」，今改正。

孫昭遠。眉山人。建炎元年，遷河南尹、西京留守、西道都總管。至洛收集散亡，得義兵萬餘人。栅伊陽，使民入保。金兵來攻，其下欲擁昭遠南還。昭遠罵曰：「若等平日衣食縣官，不以此時報國，南去何爲？」叛兵怒，反擊昭遠，遂遇害。

向子諲。臨江人。爲京畿轉運副使，兼發運副使。建炎初，康王次濟州，子諲獻金帛錢穀以助軍費。張邦昌僭位，使其甥劉達賫手書來，子諲焚之，械繫達於獄。復遣子請康王率諸將渡河。

劉汲。眉州人。建炎中，爲京西安撫使。金兵急攻京西，汲下令城中有才武願殺敵者聽留，餘從便。得敢死士四百人，助守禦。金兵攻益力，或請汲去，不許。城破死之。

李迨。東平人。紹興九年，金人歸三京，命迨爲京畿都轉運使。孟庾時爲權東京留守，潛通北使。迨察其隱微，庾不能平，訟於朝，且使人告迨曰：「北兵至矣。」迨曰：「吾家食禄二百年，首可斷，膝不可屈也。如果然，吾將極罵以死。」告者悚然而去。後迨罷職，庾遂以京師降金。

翟興。伊陽人。高宗時，爲京西北路安撫制置使兼招討。叛賊楊進屯鳴皋山，興擊敗於魯山縣，西京平。又王俊據汝州，興引兵攻破之。金兵攻河陽，遣將邀擊，俘獲甚衆。劉豫將遷汴，以興屯伊陽，憚之。遣人啗其將楊偉以利，偉乘間殺興，攜首奔豫。弟進驍勇善戰如興，追楊偉於汝、洛間，馬驚墜塹，爲賊所害。

岳飛。湯陰人。紹興十年，爲河南北諸路招討使，所遣諸將相繼奏捷。飛自以輕騎駐郾城，兵勢甚鋭。烏珠合兵逼郾城，飛大敗之。累戰皆捷，中原大振。飛進軍朱仙鎮，父老百姓輓車牽牛，載餽饍以餽義兵，頂盆焚香迎候者充滿道路。自燕以南，金號令不行。

李植。臨淮人。金人敗盟，朝廷將大舉，以植漕運有才略，授京西河北路計度轉運使。措畫有方，廷議倚重。

金

龎迪。正安人。大定初，遷南京路都轉運使。以省事、惜費、安静爲政，河南稱之。

李愈。正平人。明昌中，爲河南路提刑使〔八〕。上言隨路提刑司，乞留官一員，餘分部巡按。又言本司見置許州，乞移置南京爲便。並從之。憲臺廉察九路提刑司，以愈爲最。

璞薩揆。上京人。章宗時，爲河南路統軍使。陝西提刑司舉揆「剛直明斷，獄無滯冤，禁戢家人，百姓莫識其面。積石、洮二州舊寇皆遁，商旅得通」。於是進官一階，仍詔褒諭。「璞薩揆」舊作「僕散揆」，今改正。

胥鼎。繁峙人。貞祐中，爲河東南路兵馬都總管，擢宣撫使。建言利害十三事，若積軍儲、修黄河、選官讞獄、簡將練卒、鈔法版籍之類，朝廷頗採用焉。正大二年，以平章政事行尚書省於衛州，力疾赴鎮，州郡來歸者甚衆。鼎通達吏事，有度量，爲政鎮静，所在無賢不肖皆得其歡心。南渡以來，書生鎮方面者，惟鼎一人耳。

元

楊奂。乾州奉天人。太宗時，授河南路徵收課税所長官，兼廉訪使。奂既至，招致一時名士，與之議政事，約束簡易，按行境内。親問監務，月課幾何？難易若何？有以增額言者，奂責之曰：「剥下欺上，我不爲也。」即減元額四之一，公私便之。時論以爲前此漕司所未有。

楊惟中。弘州人。憲宗初，立河南經略司於汴梁，以惟中爲使。屯田於唐、鄧、申、裕、嵩、汝、蔡、息、亳、潁諸州。初，萬户劉福爲河南道總管，貪鄙殘酷，虐害遺民二十餘年。惟中至，召福聽約束，福稱疾不至。惟中設大梃於坐，復召之，使謂福曰：「汝不奉命，吾以軍法從事。」福不得已，乃至。惟中即握大梃擊仆之，數日福死。河南大治。

趙璧。懷仁人。憲宗時，爲河南經略使。先是，劉萬户貪淫暴戾，郡中嫁娶，必先賂之，得請而後行，咸呼之爲「翁」。其黨董主簿尤恃勢爲虐，强取民女有色者二十餘人。璧至，按其罪，立斬之，盡還民女。

崔斌。馬邑人。至元六年，僉河南行省事。時調曹、濮民丁屯田南陽，斌議罷屯民，以近地兵多者補之，民以爲便。又議給濱、棣、青、滄鹽券，募民以米貿之，仍增價和糴，遠近輸販輻輳，餽餉不勞而集。有旨籍河南四路兵二萬，以益襄樊，斌奏河南户少而調繁，實不堪命，請減其半。從之。

瑚遜。回回人。至元十五年，爲河南宣慰司同知。羣盜憑依山澤，刼奪行路，官軍收捕失利。瑚遜遣士豪持檄諭之，未幾賊二人來歸，瑚遜賜之冠巾，令徧諭其黨。數日後，招集爲首者十輩來，羅拜庭下，顧瞻異常。遜命吏籍其姓氏爲民，留之，使侍左右，夜則令卧户外，時時飲食之。吏皆懼甚，而羣盜自是相繼款服。「瑚遜」舊作「忽辛」，今改正。

程思廉。東勝州人。哈達行省河南，署爲都事。時方規取襄樊，使任轉餉。築城置倉以受粟，轉輸者與民争門，不時至。思廉令行者異路。粟至，多露積，一夕大雨，思廉安卧不起，省中召詰之，思廉曰：「此去敵近，中夜騷動，衆必驚疑，縱有漂濕，不過軍中一日糧耳。」聞者韙之。至元中，遷河北河南道按察副使。道過彰德，聞兩河歲饑，徵租益急，欲止之。有司謂法當上請，思廉曰：「若然，民已不堪命矣。」即移文罷徵，後果得請。二十年，河北復大饑，流民渡河求食，朝廷遣使絶河止之。思廉曰：「河南、河北，皆吾民也。」亟令縱之。且曰：「雖得罪，死不恨。」章上，不之罪。衛輝、懷孟大水，思廉臨視賑貸，全活甚衆。水及城，不没者數版，即修隄防，露宿督役，水不爲患。衛人德之。「哈達」舊作「哈丹」，今改正。

王忱。寧晉人。世祖時，爲河北河南道提刑按察副使。忱以江南人鬻子北方，名曰養子，實爲奴也，乞禁之。潁州朱喜嘗俘於兵，既自贖，主家利其貲，復欲以爲奴。又有誣息州汪青爲奴，殺而奪其妻子及田宅者，獄久不決。忱皆止之。

張庭珍。臨潢全州人。世祖時，拜南京路總管兼開封尹。有控鶴軍士十餘人縱横街陌，庭珍至，察其必爲盜，急捕之，得寶玩器服子女滿室，窮索其黨，俱殺之。河決，灌太康，漂溺千里，庭珍括商人漁子船，及縛木爲筏，載糗糧四出救之，全活甚衆。水入善利門，庭珍親督夫運薪出捍之，不能立，乃頹城爲堰。水既退，即發民增外防百三十里，人免水憂。

尚文。保定人。元貞二年，授河北、河南肅政廉訪使。大德元年，河決蒲口，臺檄令文防之。文言：「蒲口已決千有餘步，迅疾東行，得河舊瀆行二百里，至歸德橫堤之下，復合正流，或强湮遏，上決下潰，功不可成，蒲口不塞便。」朝廷從之。會河朔郡縣爭言塞之便，帝復從之。明年，蒲口復決，塞河之役，無歲無之。是後水北入，復河故道，竟如文言。

額森布哈。蒙古人。大德八年，平章河南行省。河決落黎堤，勢甚危，督有司先士卒以備之，汴以無患。「額森布哈」舊作「也先不花」，今改正。

王約。正定人。仁宗初，拜河南行省右丞。有詔更銅錢銀鈔法，且令天下税盡收至大鈔。約度河南歲用鈔七萬錠，必致上供不給，乃下諸州，凡至大、至元鈔相半。衆以妨詔命爲言，約曰：「吾豈不知？第歲終諸事不集，責亦非輕。」丞相伯勒齊泰贊曰：「善！」遣使白中書，省臣大悦，遂遍行天下。「伯勒齊泰」舊作「卜憐吉台」，今改正。

阿勒哈雅。蒙古人。至治初，爲河南行省平章政事。有惠政，汴人懷思之。天曆元年，復鎮汴省，時當艱難之際，阿勒哈雅高價糴粟，以峙糧儲。命近郡分治戎器，閲士卒，括馬民間，以備不虞。先是，文宗即位之詔已播告天下，而陝西奉靖安王起兵，擊潼關，掠閿鄉，披靈寶，盪陝州、新安〔九〕，放兵四劫，汴人大恐。阿勒哈雅親出行撫其民，修城闕以備衝突，立四門以通往來，戒卒伍以嚴守備，出入怡然如平時，衆賴以安。已而靖安王軍散去，解嚴報捷。「阿勒哈雅」舊作「阿里海牙」，今改正。

齊里克特穆爾。蒙古人。天曆二年，爲河南行省平章政事。黄河清，有司以爲瑞，請聞於朝。齊里克特穆爾曰：「吾知爲臣忠、爲子孝、天下治、百姓安爲瑞，餘何益於治？」歲大饑，議賑之，其屬以爲必自縣上之府，府上之省，然後以聞。齊里克特穆爾慨然曰：「民饑死者已衆，欲拘以常格，則往復累月，民存無幾矣。」即發倉廩賑之，乃請專擅之罪。文宗聞而嘉之。「齊里克特穆爾」舊作「徹里帖木兒」，今改正。

多爾濟。蒙古人。順帝至元六年，遷河南行省左丞相。先是，河南范孟爲亂，以詿誤連繫者千百計。多爾濟至，知其冤，欲直之。平章納麟乃原問官，執其説不從。已而納麟還言於朝，謂「多爾濟心狗漢人」。多爾濟亦不恤也。「多爾濟」舊作「朵兒只」，今改正。

賈魯。高平人。至正四年，河決白茅堤，又決金堤，命魯行都水監。魯循行河道，考察地形，往復數千里，備得要害，爲圖上，進二策。其一，議修築北堤，以制橫潰，則用功省；其一，議疏塞並舉，挽河東行，使復故道，其功數倍。會遷右司郎中，議未及竟。十一年，命魯以工部尚書總治河防使，四月鳩工，至十一月諸埽隄皆成，水土工畢，河復故道。

歸暘。汴梁人。至正五年，除僉河南廉訪司事，行部西京。以法繩趙王府官屬之貪暴者，王三遣使請，不爲動。宣寧縣有殺人者，蔓引數十人，一讞得其情，盡釋之。沁州民郭仲玉爲人所殺，有司以富察山爾當之，暘察其誣，蹤跡得其殺人者，山爾遂不死。「富察山爾」舊作「蒲察山兒」，今改正。

董摶霄。磁州人。至正十八年，拜河南行省右丞。甫拜命，毛貴兵已至，而營壘猶未完，諸將謂摶霄曰：「賊至當如何？」摶霄曰：「當以死報國耳。」因拔劒督兵以戰，賊兵突至摶霄前，捽而問曰：「汝爲誰？」摶霄曰：「我董右丞也。」衆刺殺之，無血，惟見白氣沖天。是日，其弟昂霄亦死之。

明

郭英。臨淮人。洪武初，以指揮僉事從大軍北定中原，進河南都指揮使。時河南新罹兵燹，邑井蕭然，盜賊充斥。英至，綏緝流亡，申明約束，境内大治。

陳貞。華亭人。洪武中，爲河南右參政。時黄河決，貞勞來有方，民不失業。盜發汝寧，將窺汴，貞以計離其黨，困其首張子誠等於均山，降之，亂平。帝嘉其功，降璽書褒勞之。

李昌祺。廬陵人。宣德初，爲河南左布政使。繩豪猾，去貪殘，疏滯舉廢，救災恤貧，與右布政使蕭省身共爲治，政化大行。憂歸，詔以侍郎魏源代。而是時河南大旱，廷臣請起復昌祺，奪喪赴官，撫恤甚至。省身，泰和人。居河南二十年，治行與昌祺等。

于謙。錢塘人。宣德中，以兵部侍郎巡撫河南。河南歲苦河患，厚築堤障之，五里置亭，亭有長，以時督治；植榆柳，鑿井以蔭行旅而飲渴者，民皆稱便。六年，疏言河南積穀數百萬計，請於每歲三月，令府州縣申報缺食下户，隨分支給，俟秋成償官，而免其老疾及貧不能償者，詔可。自是儲峙充溢，境内無水旱憂。在官九載，入朝，中官王振惡之，諷其私人劾謙繫獄。河南吏民伏闕上書請留者以千數，乃赦謙，以大理少卿復往巡撫。會山、陝流民來就食者二十餘萬，謙以河南、懷慶二府積粟賑之，又令布政使年富安集其衆，給牛種以耕，流民皆得其所。前後在任十九年，政績大著，河南民世祀之。

王來。慈谿人。正統中，遷河南左布政使。黄河溢，且齧汴城，築堤捍之。改左副御史，巡撫河南。額森内犯，督兵勤王，渡河，聞寇退，乃還。「額森」舊作「也先」，今改正。

年富。懷遠人。正統中，遷河南右布政使。歲饑，流民二十餘萬，公肆剽敚。巡撫于謙委富撫之，皆定。土木之敗，邊境道阻，富奉檄轉餉，無後期者。

王恕。三原人。成化初，爲河南左布政使。南陽、荆襄流民嘯聚爲亂，擢右副都御史撫治之。恕與尚書白圭共平大盜劉通，復討破其黨石龍。嚴束所部，無濫殺，流民復業。

陳選。臨海人。成化六年，以河南副使督學政。汪直出巡，撫臣以下皆拜謁，選獨長揖。直曰：「君何官？」曰：「提學副使。」曰：「大於都御史耶？」選曰：「提學何可比都御史，業忝人師，不敢自詘辱。」直氣慴，好語遣之。久之，進按察使。決遣輕繫數百人，重囚多所平反，囹圄爲空。治尚簡易，獨於贓吏無所假，然贓百金以上者，坐六七鍰而止。或問之，答曰：「奸人惜財亦惜命，若盡挈所賂以貨要人，即法撓矣。」

原傑。陽城人。成化時，荆襄流民數十萬，朝廷以爲憂。十二年，命傑出撫，傑宣布朝廷德意，令附籍，乃於南陽增置南召、桐柏二縣，於汝州置伊陽縣，擇隣境良吏以撫之。流民得所，四境亦皆帖然。

張瑄。江浦人。成化中，巡撫河南。薦按察使何喬新、副使陳選，人服其明。河南軍糧先在元城交兑，不便鈐制。瑄乃置倉於彰德水次，軍民稱便。值歲大饑，瑄發廩賑濟，設粥食饑者，出官庫衣布給寒者，全活數萬人。

何喬新。廣昌人。成化中，遷河南按察使。歲大饑，故事賑貸迄秋止，喬新曰：「止於秋，謂秋成可仰也。今秋可但已乎？」賑至明年麥熟乃止。時方驅流民過當，民竄山谷，喬新躬往招之，附籍者六萬餘户。

朱瑄。鄞縣人。成化時，爲左參議，累遷右布政使。撫輯流庸復業甚衆。以河南地多平陸，踰時不雨，即赤地千里，因考求古蹟，濬渠置牐，藩府豪右兼并者，悉爲釐正，水利大興。河決張秋，與都御史劉大夏悉心築塞黄陵岡口，河患遂息。

舒清。德興人。成化時，爲右參議。黄河溢，灌開封城，同列多具舟自濟，清獨率吏民防禦。二日，水降，城卒無虞。歲饑，請輸漕米數十萬石賑之。

徐恪。常熟人。弘治初，爲河南巡撫。恪素剛直，所部多王府，持法尤嚴。因災傷奏寬民力，多所蠲豁。及移撫湖廣，吏民罷市泣送者數千里不絶。屬吏以羡金三千爲贐，恪揮去，且自責曰：「吾不爲人所信如此。」

劉大夏。華容人。弘治六年，河決張秋。詔博選才臣往治，王恕以大夏薦，乃擢右副都御史以行。大夏於孫家渡、四府營疏上流以分水勢，而築長堤捍之。堤起胙城，抵徐州，亘三百六十里。決口既塞，更修築黄陵岡，水乃大治。孝宗嘉之，璽書褒美。

張鼐。歷城人。弘治初，爲河南僉事，以協治黄陵岡功，累遷至按察使。鼐官河南久，屢遭河患，督治有方，民爲立祠。

龐泮。天台人。弘治時，河南右布政使。首革鎮守中官劉瑯及馬尚書家私役錢。中旨取洛陽牡丹，疏奏罷之。司禮中官李榮索古銅器鏡物，泮曰：「物非土産而官取之，民無以應，則發及冢墓。」卒不予。

孫需。德興人。弘治十五年，巡撫河南。時歲凶，汴溢，城且壞，民懼。需以平賈募民築堤，堤成，饑者亦濟。中旨取河南牡丹三百本，需言：「不宜以耳目玩勞民力。」鎮守中官劉瑯爲民患，需裁抑之，瑯請曰：「公盍少縱繩墨，使瑯得飲勺水。」需執不聽。

劉俊。深州人。河南副使。有重獄，同列不能決者，多推俊。俊發伏鈎隱，盡法乃止。前後巡大梁、河内，所至弊絶。及代去，奸吏酌酒相慶。

彭澤。蘭州人。正德時，賊劉惠、趙鐩等亂河南，澤以右副都御史，與咸寧伯仇鉞提督軍務討之。陳便宜十一事，務厚賞峻罰以激勸將吏。鼓行薄賊，大小數十戰，連破之。甫四月，賊盡平。

秦金。無錫人。正德初，河南提學副使。與前使邵寶齊名，稱秦邵。改右參政，分守開封。賊趙鐩剽掠河洛，將犯封丘，金率民兵，偕參將宋振合擊於陳橋，大破之。

李充嗣。内江人。正德九年，巡撫河南。歲大祲，請發帑金移粟賑之，不足，則勸貸富室、煮糜哺之，踰月，資遣還鄉。初，鎮守中官廖堂假進貢名，要求百端，繼者以爲常。充嗣極言其弊。睢陽盜張鋭、淅川盜王泰等相繼起，皆應時討平。

楊志學。徐州人。正德時，爲河南左參政。河北久不雨，條上救荒十二事，彰德諸府兑運糧當徵者二十萬石，志學不俟報，下令停之。驛傳舊以二户供一役，民多破家，志學令一大户，佐以四中户，民咸感悦。

何孟春。郴州人。正德時，爲河南參政。廉公有威，政績大著。

王以旂。江寧人。正德中，出按河南。宸濠反，鎮守太監劉璟倡議停鄉試，以旂言河南去江西遠，罷試無名，乃止。璟又言帝親征，道且出汴，牒取供頓銀四萬兩。巡撫議予之，以旂執不予。

陶諧。會稽人。嘉靖初，爲河南管河副使。命沿河植柳，夾以葭葦，有事采以爲埽，民間得無擾。總理都御史請推行之諸道，歲省費巨萬。

潘恩。上海人。嘉靖時，巡撫河南。徽王載埨貪虐，與按臣共劾之。伊王典楧驕横，恩一切裁之。河南素苦藩府，自恩連制兩悍王，民甚賴焉。

張永明。烏程人。嘉靖時，巡撫河南，伊王典楧恣横，永明首發其罪，後竟伏誅。帝好祥瑞，汝寧獲白鹿，或請上之，永明謝曰：「吾不能遺後世嗤。」卒不獻。

顧璘。上元人。嘉靖時，河南副使。與巡按御史論事不合，封還其牒，或尤之。璘曰：「天子置按察司爲外臺，寧令其枉法媚人耶？」信陽故有官租，充監司私費，璘獨不取。時稱其介。

劉天和。麻城人。嘉靖中，總理河道。黄河南徙，歷濟、徐，皆旁溢。天和疏汴河，自朱仙鎮至沛飛雲橋，殺其下流。疏山東七十二泉，自鳧、尼諸山達南旺河，濬其上流。役夫二萬，不三月，訖工。故事，南河八府歲役民治河，不赴役者人各出銀。天和因歲饑請盡蠲旁河受役者課，遠河未役者半之。詔可。

王儀。文安人。嘉靖中，巡按河南。趙府輔國將軍祐椋數殺人〔一〇〕，招亡命劫敓，積十餘年，莫敢發。儀偕巡撫吴山奏之，奪爵禁錮。

顔鯨。慈谿人。嘉靖末，以御史按河南。伊王典楧結嚴嵩父子，養礦盜爲爪牙。鯨密奏記徐階，説諸大璫絶其内援，又盡捕王偵事飛騎，託言防寇，檄諸府分兵屯要害，乃疏劾其罪。帝震怒，廢爲庶人，錮之高墻，兩河人鼓舞稱慶。

鍾化民。仁和人。萬曆二十二年，河南大饑。化民以光禄丞兼河南道御史往賑，荒政具舉。既竣，繪圖以進。尋以都御史撫河南，討平南陽礦盜，及夾河羣賊，力諫礦使擾民。遍歷八府，延父老問疾苦。以勞瘁卒官，士民相率請於朝，詔賜祠曰忠惠。

程紹。德州人。天啓中，巡撫河南。宗室居儀封者爲盜窟，紹列上其狀，廢徙高墻。臨漳民耕地得玉璽，文曰「受命於天，既壽永昌」。紹聞於朝，言：「秦璽出，適在臣疆。欲遣官恭進闕庭，跡涉貢媚。且至尊所寶，在德不在璽，方今名賢如鄒元標、馮從吾等，並王國禎祥珍寶，不能汲至明庭，徒獻符貢瑞，臣竊羞之。」時中官魏忠賢方斥逐耆碩，不悦，命賫表官進之〔一一〕。後忠賢勢日益張，紹遂引疾歸。

范景文。吳橋人。崇禎二年，巡撫河南。練兵繕器，爲保障計。京師戒嚴，帥所部八千人勤王，餉皆自齎。四方援兵多剽掠，獨河南軍無所犯。又以河南苦徭役，力爲釐革。慮代者更己法，上疏請有司實行一條鞭法，徭役俱歸之官，而令民稍助其費。供應以市直平賈，不立官價名。帝令永著爲例。

吳光義。涇縣人。崇禎三年，巡撫河南。參劾藩宗，除民害。調兵助民夫，築塞河決，獎廉鋤强，禦寇有方，賊不敢犯。本朝康熙十六年，祀名宦。

蔡懋德。崑山人。崇禎中，遷河南右布政使。時田荒穀貴，吏日急催科，賊流言先服者不輸租，民日望其至。懋德亟檄州縣停征，上疏自劾。

高名衡。沂州人。崇禎中，巡按河南。十四年，李自成圍開封，巡撫李仙風在河北，名衡集衆堅守。賊穴城將入，守者投以火，賊死無算，始解去。即擢名衡撫河南。自成復悉衆來，名衡固守。會楊文岳以援兵至，賊解圍去。

祝萬齡。咸寧人。崇禎中，遷河南副使，監軍磁州。輝縣之北有村曰水谷，回賊竊據數十年。萬齡合軍夾擊，焚其巢三百餘，賊遂平。

王漢。掖縣人。崇禎十五年，巡按河南。督諸將復開封，追賊至朱仙鎮，連戰皆捷，擢右僉都御史、撫河南。總兵劉超反於永城，漢聲言招撫，與諸軍入城，天忽雨，賊乘而衝之，遂遇害。河南北士民，聞之皆泣。

李乘雲。高陽人。崇禎十四年，以僉事道分巡大梁，行抵禹州。李自成擁衆十餘萬薄南城，乘雲率衆拒守。城陷被執，罵不絶口，賊支解之。

闞永傑。隴西人。睢陳兵備道，守陳州。手刃賊，被執，舉手指賊，罵不絶口而死。

艾毓初。米脂人。分守汝南道。南陽陷，死於城門。後守道王世琮亦被賊執，罵賊而死。世琮，達州人。

本朝

張應祥。奉天蓋州人。仕明爲副將，入本朝，累遷汝南總兵官。南陽數遭寇亂，所在荒殘。應祥修城郭，築廬舍，設營房，掩骼埋胔，翦除叛賊王光泰等。威惠甚著，疆宇肅清。

吴景道。漢軍正黄旗人。順治二年，由河南布政使遷巡撫，駐節杞縣。歷任十載，招撫流民，開墾荒蕪，擒南陽大盜闞索等。曹、濮之亂，委總兵高第綏輯歸德，秋毫不擾，潛擒李化鯨餘黨。加尚書歸。

許得功。奉天開原衛人。順治二年，以左都督鎮汝南。時軍壘初立，諸多草創，得功竭力經營，什伍精嚴，遂成巨鎮。御下有紀，民間不知有兵。

金玉和。遼東人。順治元年，以副都統署懷慶總兵事。李自成黨掠河南，犯濟源。玉和領兵趨援，至則城陷，夜與賊戰，遇害。賞二等男爵世襲，祀昭忠祠。

申朝紀。漢軍鑲藍旗人。順治元年，以河北道駐懷慶。李自成餘黨二萬餘來犯，朝紀登城守禦，晝夜不懈。每女牆兵一民一，戒勿譁，譁者死。賊周走呼曰：「城陷矣。」一人動，朝紀手斬以狥，守者益肅。賊首於濠間指揮，朝紀以飛礮斃之，賊黨悉驚竄。後祀名宦。

亢得時。崞縣人。順治二年，任巡撫。號令嚴明，吏民守法。置學田，延師造士，文風蔚起。

塗廓。奉天人。順治四年，分巡河北道副使。爲政一本至誠。時山東賊劫武安一路，廓率兵勦殺，躬冒矢石，遂遇害。

張存仁。漢軍鑲藍旗人。順治七年，總督直隸、河南、山東三省。時山東榆園寇聚，蔓延河南。存仁勦撫有方，寇賊屏跡，百姓安堵。

樓希昊。奉天人。順治九年，以參政分守南汝。時賊黨吴加寬、于七等煽亂，希昊率葉令許鴻翔勦平之。

胡士梅。錦州人。順治十年，爲河南屯道。闢荒地千餘里，增課至二十七萬兩，舉治行卓異。

李蔭祖。漢軍正黄旗人。順治十一年，總督河南等三省。疏請蠲賑，安集流民。劾管河道方大猷，侵蝕工銀巨萬，逮治以除民害。後調任去。卒祀名宦。

桑芸。榆次人。順治十二年，以參政守南汝。鋤暴恤良，逮積蠹白福德，斃杖下，歡頌載路。十六年，遷河南右布政使。

沈荃。華亭人。順治十三年，爲河南按察司副使，分巡大梁。時學宫多毀圮，荃捐俸新之，並修復聖賢祠墓。頻年河夫、柳束及軍需浩繁，荃爲申請，禹、鄭十餘州縣得減三分之一。以憂去，士民爲建碑立祠。

于鵬舉。金壇人。順治十五年，任睢陳兵巡道。招集流亡，給牛種，墾田萬餘頃，民獲其利。

張瑞徵。萊陽人。順治十六年，任南汝道，受事不數月，平光、商巨寇，士民賴以安輯。

李昌祚。漢陽人。順治十六年，任河北道參議。除奸蠹，禁私派，築堌陽堤，以禦河患。濬廣濟渠，以分沁水，民賴其利。

徐化成。奉天人。順治十六年，任河南左布政。藩署自罹河患，移駐雍丘。康熙二年，始歸省會。化成捐俸更建，民無所擾。

蔡含靈。寧晉人。康熙元年，分巡睢陳道。釐正賦役，户口均平。署臬篆，熱審三百六十餘案，多所平反。以勞瘁卒官。

張九徵。丹徒人。康熙三年，提學河南。取士公明，不受請託。檄各郡邑修葺學宫，增設社學，廣置書册於庠序，聽諸生就讀。凡境内陵墓、祠宇，有關名教者，並加葺治。搜訪殉難名臣姓氏，爲表章之。舉卓異。

史逸裘。金壇人。康熙七年，提學河南。考校公明，所拔多單寒士，教諸生以孝弟忠信爲首務。又檄郡縣有立行者，申請題旌以彰潛德〔二二〕。

朱昌祚。漢軍鑲白旗人。總督河南等三省。秉性忠耿，端己率屬，嚴飭將士，兵民戢和。

佟鳳彩。漢軍正藍旗人。康熙十一年，巡撫河南。疏請修築河工，盡出官傭，不費民力。又請罷協濟輓豆之役，民甚德之。

范周。吴縣人。康熙十一年，任糧儲道。節減漕項耗羨銀三萬餘兩。以内升去任。

王永譽。奉天人。康熙十三年，任提督。時遣禁旅勦叛賊蔡禄于懷慶。永譽由孟津渡河爲犄角勢，兵至擒之，不煩血刃。嚴戢部伍，閭里晏然。懷人德之，爲生祠以祀。

郎永清。奉天人。康熙十三年，任河南布政使，護理撫篆。題豁靈寶荒地宿逋，又力請撥協楚米，改解折色，民便之。

石琳。漢軍正白旗人。康熙十三年，任河南按察使。禁旅南征，駐牧於汴。時當麥秋，琳與統軍約令次於野，不得入廛市。琳坐其帳中四十餘日。及去，民得獲麥，琳之力也。

王日藻。華亭人。康熙二十一年，巡撫河南，先任管河道。素知中州民困，以兑運爲累，乃抗疏請永改折色。得報之日，八郡若更生。又恤堡夫，樹堤柳，人皆呼爲王公新柳云。

蔣伊。常熟人。康熙二十四年，提學河南。嚴絶苞苴，有暮夜投金者，面唾之，愧服而去。學宫及名賢祠墓，多捐俸葺治。以勞卒官，士人皆爲盡傷。

李國亮。漢軍鑲黄旗人。康熙三十五年，由河南布政使擢任巡撫。首務教化，建修書院，延名宿以訓課士子。嚴飭武備，禁除一切陋規。河工、夫役、柳稍，俱出官辦，不以累民。時稱賢大吏云。

周銓元。奉天錦州人。康熙三十五年，授河北道。詳豁協辦江南柳束，改河夫派協民間者，官自僱覓，民獲更甦。因小灘窵遠，運米未便，議改衛河水次，官民便之。

徐潮。錢塘人。康熙三十九年，巡撫河南。性清介，極力興利除弊。屬官有貪虐者，輒參劾不少貸，吏治爲之丕變。

甘國基。漢軍正藍旗人。康熙四十二年，任河南布政使。專意愛民造士，減重耗，懲貪酷。延名師教士，置義田，以資諸生膏火，一時成就者甚衆。

李苾。大興人。康熙五十一年，任河南布政使。廉明仁恕。時春、夏亢旱，二麥不登。苾查勘成災州縣，轉請題報，得減錢糧若干。其不成災者，亦量加賑濟，一時民慶更生。

陳鵬年。湘潭人。康熙六十年，授河道總督。值河決武陟，鵬年親往堵禦，風餐露處，竟以勞瘁卒於其地。

尹會一。博野人。乾隆二年，授河南巡撫。崇學校，教民務本。以樹畜爲王政所先，廣栽樹木一百九十餘萬株。立社學以教士，置營倉以裕兵。開封水，奏請賑恤，全活甚衆。

胡寶瑔。婁縣人。乾隆十七年，爲河南巡撫。整飭吏治，人舉其職。豫省多積潦，寶瑔請濬賈魯、惠濟、渦河、巴溝四大幹河，又於各邑開支河百餘，以利疏洩而滋灌溉。旋調江西巡撫。後以楊橋河溢，董理需人，仍調河南巡撫。尋卒於官，贈太子太保、兵部尚書，謚恭靖。

馬慧裕。漢軍正黄旗人。嘉慶五年，任河南布政使。擒獲逆首劉之協，勦除寶豐、郟縣匪徒。七年，擢巡撫。操守廉潔。十三年，以擢任去。卒，謚清恪。

校勘記

〔一〕商城屬牛食畈　「畈」，原作「皈」，乾隆志卷一四八河南省文職官（下同卷簡稱乾隆志）作「畈」，皆誤，據乾隆朝實録卷四三三「乾隆十八年二月」條改。下文同改。

〔二〕武陟　「陟」，原作「涉」，據雍正河南通志卷一一兵制改。

〔三〕泌陽　「陽」，原作「縣」，據乾隆志改。按，泌陽縣不當省「陽」字，據例可省「縣」字。此蓋涉下「唐縣」二字而誤書。

〔四〕三分防息縣商城光山新店集各汛　「光山」，原作「光州」，顯誤，上文已言一駐本營（即光州），不應又有分防，且合息縣、商城、新店集爲四汛，三員外委如何分防？考乾隆朝實録卷四三三「乾隆十八年二月」條云：兵部議，「至光山縣之新店集地方，即將南陽鎮抽撥餘兵四十名並歸德營睢州外委一員改設駐防」。蓋「光州」乃「光山」之誤，因據改。

〔五〕分防陽封曹考曹沁各汛　「沁」，原作「心」。按，清爲防黄河、沁水之患，文職設同知，武職設協守。此「心」字顯係「沁」之誤省，今據改。

〔六〕武陟汛　「陟」，原作「涉」，誤，據本志上下文改。

〔七〕楊告　「楊」，原作「揚」，據乾隆志及宋史卷三〇四楊告傳改。

〔八〕爲河南路提刑使　「使」，原作「司」，據乾隆志及金史卷九六李愈傳改。

〔九〕盪陝州新安　「州」原作「西」，乾隆志同；「新」，原作「陜」，乾隆志作「新」。據元史卷一三七阿禮海牙傳改。

〔一〇〕趙府輔國將軍祐椋數殺人　「椋」，原作「掠」，乾隆志同，且置「數」字下，均誤，據明史卷二〇三王儀傳改。

〔一一〕命賫表官進之　「賫」，原作「賚」，據乾隆志改。

〔一二〕申請題旌以彰潛德　「題」，原闕空，據乾隆志補。

開封府圖

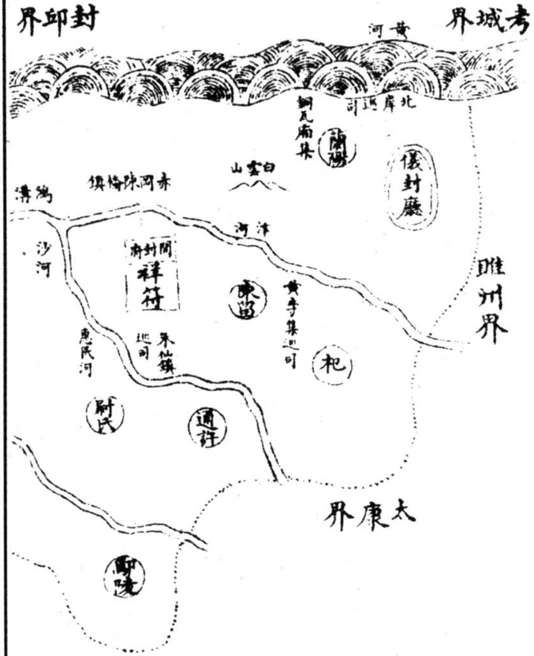
封邱界
考城界
黃河
北岸巡司
銅瓦廂集
蘭陽
儀封廳
白雲山
赤岡陳橋鎮
鴻溝
沙河
津河
開封府
祥符
陳留
黃寺集巡司
杞
睢州界
惠民河
朱仙鎮巡司
尉氏
通許
太康界
鄢陵
西華界

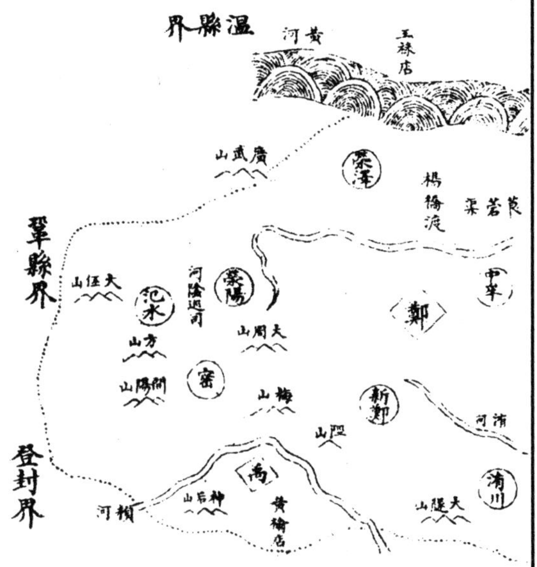
温縣界
黄河
廣武山
滎澤
鞏縣界
汜水
河陰巡司
滎陽
大周山
鄭
中牟
方山
密
梅山
新鄭
洧河
登封界
禹
洧川
神后山
大隗山

開封府表

	開封府	祥符縣
秦	三川郡地。	
兩漢	陳留郡初置,治陳留。	浚儀縣屬陳留郡。
三國	陳留郡	浚儀縣
晉	陳留國改國,徙治小黄。	浚儀縣初屬陳留國,後廢。
南北朝	汴州陳留郡宋復爲郡,治倉垣城。魏孝昌中移治郡東。魏天平初增置梁州。周改名。	浚儀縣魏孝昌初復置,郡治。東魏爲梁州治。後周爲汴州治。
隋	開皇初廢郡,大業初廢州,義寧初復置汴州。	浚儀縣屬滎陽郡。
唐	汴州陳留郡屬河南道。興元初移宣武節度來治。	浚儀縣武德四年移置,州治。
五代	東京開封府梁建東都,升府。晉建東京。	浚儀縣府治。
宋金附	東京開封府宋建都。金改南京,貞祐初復建都。	祥符縣大中祥符初更名。
元	汴梁路初曰南京路,至元中改名,爲河南江北行省治。	祥符縣路治。
明	開封府洪武初建北京,旋罷,仍曰開封府,爲河南布政司治。	祥符縣府治。

續表

	陳留縣
	陳留縣 陳留郡治。
開封縣 屬河南郡。	陳留縣
開封縣	陳留縣
開封縣 屬滎陽郡。	廢入小黃。
開封縣 魏太平真君八年省，景明初復。東魏太平初增置，屬開封郡。齊廢郡。	
新里縣 開皇中分置，大業初廢。 開封縣 屬滎陽郡。	陳留縣 開皇六年復置，屬梁郡。
武德四年復置，貞觀年廢。 開封縣 貞觀初省。延和初復移治州郭。	陳留縣 初屬杞州，貞觀元年屬汴州。
開封縣 府治。	陳留縣 屬開封府。
開封縣	陳留縣
開封縣	陳留縣 屬汴梁路。
省入祥符。	陳留縣 屬開封府。

	杞縣
	雍丘縣
小黃縣屬陳留郡。	雍丘縣屬陳留郡。 外黃縣屬陳留郡，都尉治。 圉縣屬濮陽國。後漢屬陳留郡。
小黃縣	雍丘縣 外黃縣 圉縣
小黃縣國治。	雍丘縣 外黃縣屬陳留國。 圉縣屬陳留國。
小黃縣魏太平真君八年省，太和中復。齊廢。	陽夏郡魏孝昌四年置。 雍丘縣郡治。 外黃縣魏廢。 圉城縣魏更名，屬陽夏郡。齊廢。
	開皇初郡廢，十六年改置杞州，大業初廢。 雍丘縣屬梁郡。 外黃縣復置，屬濟陰郡。 圉城縣開皇六年復置，屬梁郡。
初復置小黃縣，屬汴州。貞觀初又省。	雍丘縣屬汴州。 初屬杞州，貞觀六年廢。 初屬杞州，貞觀六年廢。
	雍丘縣晉改杞縣。漢復屬開封府。
	雍丘縣金復曰杞縣。
	杞縣屬汴梁路。
	杞縣屬開封府。

續表

通許縣	尉氏縣	洧川縣
陳留、扶溝二縣地。	尉氏縣 屬陳留郡。	尉氏、長社、苑陵三縣地。
	尉氏縣	
	尉氏縣	
	尉氏縣 魏興安初省入苑陵，大安三年復置。東魏天平初屬開封郡。齊省。	宋屬南梁郡。東魏屬許昌郡。
	尉氏縣 開皇六年復置，屬潁川郡。 蔡陂縣 開皇十六年置，大業初廢入鄢陵。	
	尉氏縣 武德四年置洧州，貞觀初州廢，省縣屬汴州。	屬尉氏縣。
	尉氏縣 屬開封府。	
咸平縣 咸平中置，屬開封府。金改名通許。	尉氏縣	洧川縣 宋屬尉氏縣。金興定二年置，屬開封府。
通許縣 屬汴梁路。	尉氏縣 屬汴梁路。	洧川縣 屬汴梁路。
通許縣 屬開封府。	尉氏縣 屬開封府。	洧川縣 屬開封府。洪武二年徙治。

續表

鄢陵縣	中牟縣
鄢陵縣屬潁川郡。	中牟縣屬河南郡。
鄢陵縣	中牟縣
鄢陵縣	中牟縣屬滎陽郡。
鄢陵縣東魏屬許昌郡。齊省入許昌。	廣武郡東魏天平初置。 中牟縣魏太平真君八年省入陽武，景明初復。東魏郡治。
鄢陵縣開皇七年復置，十六年置洧州。大業初州廢，屬潁川郡。	開皇初廢。 圃田縣開皇初更名内牟，十八年又改屬滎陽郡。
鄢陵縣武德初置洧州，貞觀初州廢，屬許州。	中牟縣武德三年復改名，並置牟州。四年州廢。貞觀初屬汴州，龍朔初屬鄭州。 清池縣武德四年置，屬管州。貞觀初省。
鄢陵縣屬開封府。	中牟縣梁屬開封府。唐屬鄭州。晉仍屬開封府。
鄢陵縣	中牟縣屬開封府。
鄢陵縣屬汴梁路。	中牟縣屬汴梁路。
鄢陵縣屬開封府。	中牟縣屬開封府。天順中移治。

續表

	蘭陽縣	儀封廳	鄭州
			三川郡地。
	東昏縣屬陳留郡。	東昏縣地。	河南郡地。
	東昏縣		
	廢。		滎陽郡地。
			周滎州地。
郟城縣開皇中分置，大業初省。			滎陽郡開皇十六年置管州，大業初移置鄭州，旋改郡。
		考城縣地。	鄭州武德四年置管州，貞觀初廢，七年移置鄭州。
			鄭州
	東明縣乾德元年置，屬開封府。金初徙，後改置蘭陽縣，屬曹州。	儀封縣東明縣地。金置屬曹州。	鄭州滎陽郡熙寧五年州廢，元豐八年復置，屬京西路。金曰鄭州，屬南京路。
	蘭陽縣屬汴梁路。	儀封縣屬睢州。	鄭州屬汴梁路。
	蘭陽縣屬開封府。	儀封縣屬開封府。	鄭州屬開封府。

續表

	滎陽縣
中牟縣地。 故市縣 屬河南郡。後漢省。	京縣 屬河南郡。
	京縣
	京縣 屬滎陽郡。
	滎陽郡 魏太和中移置。齊改名咸皋。 滎陽縣 太和中移置，郡治。 京縣 齊省入滎陽。
管城縣 開皇十六年置。	開皇初廢。 滎陽縣 開皇初屬鄭州，大業初屬滎陽郡。
管城縣 初爲管州治，貞觀初爲鄭州治。	滎陽縣 屬鄭州。天授初改曰武泰。神龍初復故。又武德初置須水縣，屬管州，貞觀初省入。
管城縣	滎陽縣
管城縣	滎陽縣 熙寧五年省入管城，元祐初復置，屬鄭州。
管城縣	滎陽縣 屬汴梁路。
初省入州。	滎陽縣 屬鄭州。

滎澤縣		
	滎陽縣屬河南郡。後漢建安中置滎陽都尉。	
魏置滎陽郡，尋罷。	滎陽縣	
滎陽郡泰始二年復置。	滎陽縣	
太和中徙廢。	太和中徙廢。	
	滎澤縣開皇四年置廣武縣，仁壽初更名，屬滎陽郡。	
	滎澤縣屬鄭州。	河陰縣開元二十二年析置。
	滎澤縣	河陰縣
	滎澤縣熙寧中省入管城，元祐中復置，屬鄭州。	河陰縣
	滎澤縣屬汴梁路。	河陰縣初徙治。
滎澤縣復屬鄭州。成化八年移治。		河陰縣又徙治。

汜水縣	
成皋縣 屬河南郡。	
成皋縣	
成皋縣 司州治。	義熙中置司州。
成皋縣 東魏州郡治。	北豫州 成皋郡 魏泰常末改豫州，太和十九年罷。東魏天平初復置北豫州及郡。周改置滎州。
汜水縣 開皇十八年改名，屬滎陽郡。	開皇初改鄭州，大業初徙治滎陽。
汜水縣 武德初復置鄭州，七年移州治管城，以縣屬之。顯慶中屬洛州。乾元後屬河陽三城使，後屬孟州。	
汜水縣	
汜水縣 慶曆初屬河南府，熙寧五年省入河陰，元豐初復置，屬孟州。金改屬鄭州。	
汜水縣	
汜水縣	

續表

禹州			
潁川郡			
潁川郡高帝初爲韓國，尋復故。	陽翟縣郡治。		
	陽翟縣		
徙治許昌。	陽翟縣屬河南郡。		
陽翟郡東魏興和初置。	陽翟縣東魏郡治。	黃臺縣東魏興和初分陽翟縣置，屬陽翟郡。	康城縣魏孝昌中置，屬陽城郡。
廢。	陽翟縣屬許州。	大業初廢入陽翟。	仁壽中廢入陽城。
	陽翟縣初屬嵩州，貞觀初屬許州，龍朔二年屬洛州，會昌三年仍屬許州。	武德四年復置，屬許州，貞觀初廢。	武德四年復置，屬嵩州。貞觀三年省入陽翟。
	陽翟縣		
鈞州金大定二十二年置潁順州，後更名，屬南京路。	陽翟縣屬潁昌府。		
鈞州屬汴梁路。	陽翟縣州治。		
禹州萬曆三年改名，屬開封府。	洪武初省入州。		

密縣	新鄭縣
	新鄭縣 苑陵縣
密縣 屬河南郡。	新鄭縣 屬河南郡。 苑陵縣 屬河南郡。
密縣	新鄭縣 苑陵縣
密縣 屬滎陽郡。	省入苑陵。 苑陵縣 屬滎陽郡。
密縣 周改屬滎州。 曲梁縣 魏分密縣置。齊廢。	苑陵縣 東魏天平初改屬廣武郡。
密縣 大業初省，十二年復置，屬滎陽郡。	新鄭縣 開皇十六年復置，屬管州。大業初屬滎陽郡。 大業初省入新鄭。
密縣 武德三年置密州，四年州廢，縣屬鄭州。龍朔二年改屬洛州，開元初屬河南府。	新鄭縣 初屬管州，貞觀初改屬鄭州。
密縣	新鄭縣
密縣 崇寧四年改屬鄭州，宣和二年屬河南府。金復屬鄭州。	新鄭縣 熙寧中屬開封府，元豐中仍屬鄭州。金改屬鈞州。
密縣 屬鈞州。	新鄭縣
密縣 屬禹州。	新鄭縣 隆慶中屬開封府。

大清一統志卷一百八十六

開封府一

河南省治。東西距三百七十里，南北距二百八十六里。東至歸德府睢州界一百四十里，西至河南府鞏縣界二百三十里，南至陳州府西華縣界二百三十六里，北至衛輝府封丘縣界五十里。東南至陳州府太康縣界一百四十里，西南至河南府登封縣界三百十五里，東北至衛輝府考城縣界一百五十三里，西北至懷慶府温縣界二百六十五里。自府治至京師一千五百八十里。

分野

天文角、亢分野，壽星之次，兼氐、房、心分野，大火之次。

建置沿革

禹貢豫州之域。周爲鄭、杞二國地。戰國爲魏國都，曰大梁。秦爲三川郡地。漢元狩元年，分置陳留郡，屬兖州。後漢因之。晉改曰陳留國。晉書地理志：石季龍改爲建昌郡。劉宋復曰陳留郡。

後魏太和十八年，郡廢，孝昌中復置。東魏天平初，於郡置梁州。後周改州曰汴州。隋開皇初，郡廢。大業初，州廢，爲滎陽郡地。郡治府西境。義寧元年，復置汴州。唐武德四年，置總管府。七年，改爲都督府。天寶初，復曰陳留郡。乾元初，復曰汴州，屬河南道。興元二年，徙宣武軍節度來治。唐書方鎮表：至德元年，置河南節度，治汴州。乾元元年廢。寶應元年復置。大曆十一年廢。興元二年，自宋州徙宣武軍節度治汴州。五代梁建東都，升爲開封府。後唐復曰汴州宣武軍。晉、漢、周復都之，曰東京開封府。宋因之。金初曰汴京，貞元元年改曰南京。貞祐二年，復都焉。元初曰南京路，至元二十五年改曰汴梁路，爲河南江北行中書省治。明洪武元年建北京，十一年罷，仍曰開封府，爲河南布政司治。

本朝爲河南省治，領州四，陳州、許州、鄭州、禹州。縣三十。祥符、陳留、杞縣、通許、太康、尉氏、洧川、鄢陵、扶溝、中牟、陽武、原武、封丘、延津、蘭陽、儀封、西華、商水、項城、沈丘、臨潁、襄城、郾城、長葛、滎陽、滎澤、河陰、汜水、密縣、新鄭。雍正二年，陞陳、許、鄭、禹四州爲直隸州，割西華、商水、項城、沈丘四縣屬陳州，臨潁、襄城、郾城、長葛四縣屬許州，滎陽、滎澤、河陰、汜水四縣屬鄭州，密縣、新鄭二縣屬禹州，以延津縣改屬衛輝府，原武縣改屬懷慶府。十二年，以太康、扶溝二縣改屬陳州府，降鄭州爲散州，並舊屬之滎陽等四縣來隸。禹州於是年亦降爲散州，並舊屬之二縣俱隸許州府。乾隆六年，禹州及密縣、新鄭二縣來隸。三十年，裁河陰縣。併入滎澤。四十八年，以陽武縣改屬懷慶府，封丘縣改屬衛輝府。四十九年，升儀封縣爲廳。今領州二、廳一、縣十四。

祥符縣。附郭。東西距七十里，南北距一百五里。東至陳留縣界三十五里，西至中牟縣界三十五里，南至尉氏縣界六十五里，北至衛輝府封丘縣界四十里。東南至通許縣界三十五里，西南至尉氏縣界三十五里，東北至蘭陽縣界四十里，西北至懷慶府陽武縣界六十里。戰國時魏大梁地。漢置浚儀縣，屬陳留郡。後漢因之。晉初屬陳留國，後廢。後魏孝昌二年復置，并移陳留郡治此。東魏爲梁州治。後周爲汴州治。隋屬滎陽郡。唐仍爲汴州治。延和元年，又分置開封縣與浚儀，并爲州治。五代及宋俱爲開封府治。大中祥符三年，改浚儀曰祥符。金因之。元爲汴梁路治。明初省開封縣入祥符，仍爲開封府治。本朝因之。

陳留縣。在府東少南五十里。東西距六十五里，南北距七十里。東至杞縣界三十里，西至祥符縣界三十五里，南至通許縣界四十里，北至蘭陽縣界三十里。東南至杞縣界二十里，西南至祥符縣界十五里，東北至蘭陽縣界四十里，西北至祥符縣界十五里。春秋時鄭留邑。戰國魏小黄邑。秦置陳留縣。漢元狩元年，於縣置陳留郡，兼領小黄縣。後漢因之。晉曰陳留國，移治小黄縣，省陳留入之。後魏太平真君八年，省小黄。太和中，復置小黄縣，屬陳留郡。北齊又省。隋開皇六年，復置陳留縣，屬宋州。大業初，屬梁郡。唐武德四年屬杞州，貞觀元年屬汴州。五代屬開封府。宋因之。元屬汴梁路。明屬開封府，本朝因之。

杞縣。在府東一百里。東西距六十里，南北距一百二十里。東至歸德府睢州界三十里，西至陳留縣界三十里，南至陳州府太康縣界七十里，北至蘭陽縣界五十里。東南至歸德府柘城縣界一百十里，西南至通許縣界六十里，東北至儀封廳界七十里，西北至陳留縣界五十里。周初爲杞國。春秋爲宋雍丘邑。秦置雍丘縣。漢屬陳留郡。後漢及晉因之。後魏孝昌四年，於縣置陽夏郡。隋開皇三年郡廢，十六年改置杞州。大業初，州廢，縣屬梁郡。唐初仍爲杞州。貞觀元年，州廢，縣屬汴州。五代晉改曰杞縣，漢、周仍曰雍丘，屬開封府。宋因之。金正隆後，復爲杞縣。元屬汴梁路。明屬開封府，本朝因之。

通許縣。在府東南九十里。東西距五十里，南北距八十里。東至杞縣界三十里，西至尉氏縣界二十里，南至陳州府扶溝縣界四十里，北至陳留縣界四十里。東南至陳州府太康縣界五十里，西南至鄢陵縣界三十里，東北至杞縣界三十里，西北至祥符縣界三十里。漢陳留、扶溝二縣地。宋建隆初，置通許鎮。咸平五年，升爲咸平縣，屬開封府。金大定二十九年，改曰通許。元屬汴梁路。明屬開封府，本朝因之。

尉氏縣。在府西南九十里。東西距七十里，南北距七十里。東至通許縣界二十里，西至中牟縣界五十里，南至鄢陵縣界四十里，北至祥符縣界三十里。東南至陳州府扶溝縣界九十里，西南至洧川縣界三十里，東北至陳留縣界一百里，西北至中牟縣界三十里。春秋時鄭尉氏邑。漢置縣，屬陳留郡。後漢及晉因之。後魏興安初，省入苑陵，太安三年復置。東魏天平初，改屬開封郡。北齊縣廢。隋開皇六年復置，屬許州。大業初，屬潁川郡。唐武德四年，於縣置洧州；貞觀元年，州廢，縣屬汴州。五代屬開封府。宋因之。元屬汴梁路。明屬開封府，本朝因之。

洧川縣。在府西南一百五十里。東西距五十里，南北距八十里。東至尉氏縣界三十里，西至新鄭縣界二十里，南至許州界二十里，北至中牟縣界六十里。東南至鄢陵縣界三十五里，西南至許州長葛縣界十二里，東北至尉氏縣界六十里，西北至鄭州界七十里。漢陳留郡之尉氏、潁川郡之長社、河南郡之苑陵三縣地。劉宋爲南梁郡地。東魏爲許昌郡地。唐、宋爲尉氏縣地。金興定二年，置洧川縣，屬開封府。元屬汴梁路。明屬開封府。本朝因之。

鄢陵縣。在府南一百六十里。東西距五十五里，南北距一百二十里。東至陳州府扶溝縣界二十里，西至許州界三十五里，南至陳州府西華縣界八十里，北至尉氏縣界四十里。東南至西華縣界九十里，西南至許州界七十里，東北至通許縣界九十里，西北至洧川縣界七十里。春秋鄭鄢邑。漢置鄢陵縣，屬潁川郡。後漢、魏、晉因之。東魏屬許昌郡。北齊省入許昌縣。隋開皇七年復置，十六年於縣置洧州。大業初州廢，縣屬潁川郡。唐武德四年，復置洧州。貞觀初州廢，縣屬許州。五代屬開封府。宋因之。元屬汴梁路。明屬開封府，本朝因之。

中牟縣。在府西七十里。東西距七十里，南北距一百十里。東至祥符縣界三十五里，西至鄭州界三十五里，南至洧川縣界六十里，北至懷慶府陽武縣界五十里。東南至尉氏縣界六十里，西南至新鄭縣界五十五里，東北至祥符縣界三十五里，西北至懷慶府原武縣界五十五里。春秋鄭原圃地。漢置中牟縣，屬河南郡。後漢因之。晉屬滎陽郡。後魏太平真君八年省入陽武，景明元年復置。東魏天平初，於縣置廣武郡。隋開皇初郡廢，改縣曰内牟，屬鄭州；十六年，析置郟城縣；十八年，改内牟曰圃田。大業初，併郟城入圃田，屬滎陽郡。唐武德三年，復改圃田曰中牟，併置牟州。四年，州罷，縣屬管州。貞觀元年屬汴州，龍朔二年改屬鄭州。五代梁屬開封府，唐復屬鄭州，晉仍屬開封府。宋因之。元屬汴梁路。明屬開封府，本朝因之。

蘭陽縣。在府東北九十里。東西距三十五里，南北距一百里。東至儀封廳界十五里，西至陳留縣界二十里，南至杞縣界五十里，北至直隸大名府長垣縣界五十里。東南至歸德府睢州界九十里，西南至陳留縣界八十里，東北至大名府東明縣界一百二十里，西北至衛輝府封丘縣界九十里。春秋户牖邑。漢置東昏縣，屬陳留郡。後漢因之。晉廢。五代爲東昏鎮。宋乾德元年，置東明縣，屬開封府。金徙東明縣於河北，後以故地改置蘭陽縣，屬曹州。元屬汴梁路。明屬開封府，本朝因之。

儀封廳。在府東北一百二十里。東西距五十里，南北距四十五里。東至衛輝府考城縣界三十五里，西至蘭陽縣界十五里，南至杞縣界十五里，北至直隸大名府長垣縣界三十里。東南至歸德府睢州界十五里，西南至陳留縣界八十里，東北至山東曹州府曹縣界五十里，西北至長垣縣界三十五里。春秋衛儀邑。漢爲東昏縣地。唐爲考城縣地。宋爲東明縣地。金於東明故地析置儀封縣，屬曹州。元屬睢州。明屬開封府。本朝乾隆四十九年升爲廳。

鄭州。在府西少南一百四十里。東西距五十三里，南北距六十五里。東至中牟縣界三十五里，西至滎陽縣界十八里，南至新鄭縣界三十五里，北至懷慶府原武縣界三十里。東南至洧川縣界七十里，西南至密縣界一百五十里，東北至原武縣界三十里，西北至滎澤縣界三十五里。周初管國。春秋屬鄭。戰國屬韓。秦屬三川郡。漢屬河南郡，爲京、中牟二縣地。晉爲滎陽郡地。後周爲滎州地。隋初爲鄭州地，開皇十六年，始分置管城縣，於縣置管州。大業初，廢管州，移鄭州來治，尋改爲滎陽郡。唐武德四年，徙鄭州治虎牢，復置管州。貞觀元年，州廢。七年，復移鄭州來治。天寶初，改曰滎陽郡。乾元初，復曰鄭州。五代因之。宋曰鄭州榮陽郡。景祐元年，置奉寧軍節度。熙寧五年，州廢，屬開封府。元豐八年復置，屬京西路。金曰鄭州，屬南京路。元屬汴梁路。明初，省管城縣入州，屬開封府。本朝雍正二年，升爲直隸州，領滎陽、滎澤、河陰、汜水四縣。十二年仍屬開封府。

滎陽縣。在府西二百十里。東西距六十里，南北距七十五里。東至鄭州界五十里，西至汜水縣界十里，南至密縣界五十里，北至滎澤縣界二十五里。東南至新鄭縣界一百十里，西南至密縣界七十里，東北至滎澤縣界五十里，西北至懷慶府溫縣界八十里。春秋鄭京邑。漢置京縣，屬河南郡。後漢因之。晉改屬滎陽郡。宋爲滎陽郡治。後魏太和中，移滎陽郡及滎陽縣治此，以京縣屬焉。北齊省京縣入滎陽，改郡曰成皋。隋開皇初，郡廢，縣屬鄭州。大業初，屬滎陽郡。唐屬鄭州。天授二年，改曰武泰。萬歲通天元年復曰滎陽，二年又曰武泰，神龍初復故。五代因之。宋熙寧五年，省入管城。元祐元年復置，屬鄭州。元屬汴梁路。明屬鄭州。本朝初屬開封府，雍正二年屬鄭州，十二年仍屬開封府。

滎澤縣。在府西一百四十里。東西距六十五里，南北距三十五里。東至懷慶府原武縣界十五里，西至汜水縣界五十里，南至鄭州界十里，北至衛輝府獲嘉縣界二十五里。東南至中牟縣界一百十里，西南至滎陽縣界五十里，東北至原武縣界四十里，西北至懷慶府武陟縣界六十里。春秋滎澤地。戰國韓滎陽邑。漢置滎陽縣，屬河南郡。後漢因之。建安中，置滎陽都尉。三國魏置滎陽郡，尋罷。晉泰始二年，復置郡，宋因之。後魏太和中，移郡縣皆治京縣界。隋開皇四年，復於故滎陽地置廣武縣。仁壽元年，改曰滎澤，屬滎陽郡。唐屬鄭州，五代因之。宋熙寧五年，省入管城縣。元祐元年復置，屬鄭州，金因之。元屬汴梁路。明屬鄭州，成化八年移治。本朝初，屬開封府，雍正二年屬鄭州，十二年仍屬開封府。

汜水縣。在府西二百五十里。東西距四十五里，南北距六十五里。東至滎陽縣界三十里，西至河南府鞏縣界十五里，南至河南府登封縣界五十里，北至懷慶府溫縣界十五里。東南至密縣界四十五里，西南至登封縣界一百三十里，東北至滎澤縣界二十里，西北至溫縣界三十五里。春秋鄭虎牢邑。戰國韓成皋邑。秦置成皋縣。漢屬河南郡，後漢、魏、晉因之。義熙中，於縣置司州。後魏泰常末，改豫州。太和十九年，罷州，置東中府。東魏天平初，復置北豫州，兼置成皋郡。後周改置滎州。隋開皇初改曰鄭州，十八年改成皋縣曰汜水，大業初屬滎陽郡。唐武德四年，復置鄭州。七年，移州治管城，以汜水屬之。顯慶二年，改屬洛州。垂拱四年，改縣曰廣武。神龍元年，復曰汜水。乾元後，屬河陽三城使。會昌三年，屬孟州。五代因之。宋慶曆三年，屬河南府。熙寧五年，省入河陰。元豐二年，復置，仍屬孟州。金改屬鄭州，元、明因之。本朝初屬開封府，雍正二年屬鄭州，十二年仍屬開封府。

禹州。在府西三百二十里。東西距九十里，南北距八十五里。東至許州界三十里，西至河南府登封縣界六十里，南至許州襄城縣界四十里，北至新鄭縣界四十五里。東南至許州臨潁縣界一百里，西南至汝州郟縣界七十里，東北至新鄭縣界七十里，西北至密縣界六十里。古夏禹國。春秋時鄭櫟邑。戰國曰陽翟，爲韓都。秦始皇十七年，置潁川郡。漢元年爲韓國，六年復爲潁川郡。後漢因之。晉移郡治許昌，以陽翟縣屬河南郡。東魏興和元年，分置陽翟郡。隋開皇初，郡廢，縣屬許州。唐初屬嵩州，貞觀元年改屬許州，龍朔二年屬洛州，會昌三年仍屬許州。五代因之。宋元豐三年，縣屬潁昌府。金初於縣置潁順軍，大定二十二年改軍爲潁順州，二十四年又改爲鈞州，屬南京路。元屬汴梁路。明初省陽翟縣入州，屬開封府。萬曆三年，改爲禹州。本朝雍正二年升爲直隸州，十二年改屬許州府，乾隆六年仍屬開封府。

密縣。在府西二百二十里。東西距八十里，南北距七十里。東至新鄭縣界四十里，西至河南府登封縣界四十里，南至禹州界四十里，北至滎陽縣界三十里。東南至新鄭縣界五十五里，西南至登封縣界二十五里，東北至新鄭縣界五十里，西北至汜水縣界三十里。周密國。春秋爲鄭新密邑。漢置密縣，屬河南郡。後漢因之。晉屬滎陽郡。宋、魏因之。後周改屬鄭州。隋大業初省入新鄭，十二年復置。唐武德三年，於縣置密州。四年，州廢，縣屬鄭州。龍朔二年，改屬洛州。開元元年，屬河南府。五代因之。宋崇寧四年，改屬鄭州。宣和二年，屬河南府。金復屬鄭州。元至元二年，改屬鈞州。明萬曆三年，屬禹州。本朝初屬開封府，雍正二年屬禹州，十二年屬許州府，乾隆六年仍屬開封府。

新鄭縣。在府西南一百六十里。東西距七十里，南北距七十里。東至洧川縣界三十里，西至密縣界四十里，南至許州長葛縣界二十里，北至鄭州界五十里。東南至長葛縣界二十里，西南至禹州界二十里，東北至中牟縣界四十里，西北至滎陽縣界一百十里。周初鄶國。春秋爲鄭國都。戰國屬韓，嘗都之。秦置新鄭縣，又分置苑陵縣。漢二縣皆屬河南郡。後漢因之。晉省新鄭入苑陵，屬滎陽郡。東魏天平初，改屬廣武郡。隋開皇十六年，復置新鄭縣，屬管州。大業初，省苑陵縣入之，屬滎陽郡。唐初屬管州，貞觀元年屬鄭州。五代因之。宋熙寧五年改屬開封府，元豐八年復屬鄭州。金改屬鈞州，元因之。明隆慶五年屬開封府。本朝雍正二年改屬禹州，十二年屬許州府，乾隆六年仍屬開封府。

形勢

天下之衝，四通八達之郊。史記酈生傳。舟楫車馬，商賈輻輳，爲一大都會。圖經。岡阜繚轉，龍盤虎伏。宋李清臣汴都記。城浚而都，派河而渠。結坤之絡，振乾之樞。宋梁周翰五鳳樓賦。

風俗

地居土中，物受正氣，其人性和而才慧，其地產厚而類繁。通典。地爲四戰，其俗右武；人具五都，其氣習豪。唐劉禹錫汴州廳壁記。梁魏之墟，人多俊髦，好儒雅，雜以游豫，有魏公子之風。難動以非，易感以義。寰宇記。重禮義，勤耕紝。宋史地理志。俗尊年齒，學尚經術。明統志。

城池

開封府城。周二十里有奇，門五，池廣五丈。唐建中二年建。明洪武初，甃以甎石。崇禎末，爲河水灌圮。本朝康熙初重建，乾隆二十二年修，二十九年重修。祥符縣附郭。

陳留縣城。周七里，門四，池廣一丈五尺。隋大業十年築。明崇禎初甃甎。本朝順治元年修，乾隆三十年重修。

杞縣城。周九里，門五，池廣二丈。元初築。明洪武初修，崇禎八年甃甎。本朝康熙三十年修，乾隆三十年重修。

通許縣城。周四里，門六，池廣二丈。唐建，明末燬。本朝康熙二十一年修，乾隆二十九年重修。

尉氏縣城。周七里，門六，池廣二丈。漢建，明末燬。本朝順治三年重築，乾隆二十九年修。

洧川縣城。周七里，門四，池廣五丈。舊在縣南，即唐廢州基址，明洪武初以水患遷築於此。本朝順治五年修，康熙二十二年、雍正六年重修。

鄢陵縣城。周六里，門四，池廣二丈。明景泰初因舊修築，崇禎六年甃甎。本朝順治十五年修，雍正七年、乾隆二十九年重修。

中牟縣城。周六里，門四，池廣一丈二尺。明天順中改築，崇禎七年甃甎。本朝順治二年修，康熙十一年、乾隆二十六年、二十九年重修。

蘭陽縣城。周五里，門四，池廣一丈五尺。宋建隆中築，崇禎八年甃甎。本朝康熙九年修，雍正七年、乾隆二十七年重修。

儀封廳城。周八里，門六，池廣八尺。明洪武中增築。本朝康熙二年修。

鄭州城。周九里有奇，門四，池廣四丈。唐武德四年築。明崇禎十二年甃甎。本朝順治二年修，乾隆三年重修。

滎陽縣城。周五里，門五，池廣二丈。後魏建。明洪武初修。本朝順治二年修，乾隆二十八年重修。

滎澤縣城。周四里，門四，池廣五丈。明成化中徙築，崇禎六年建重城、複濠，遶以土隄。本朝順治十二年修，康熙二十一年、二十九年、三十八年、乾隆十年重修。

汜水縣城。周五里，門五，池廣二丈。明洪武初築。崇禎十六年，移治縣西北摩天寨，依成皋舊址築新城。本朝順治二年復還舊城，乾隆二十七年修。

禹州城。周十里，門四，引潁水至南濠。明正統中築。本朝康熙五十二年修。

密縣城。周七里，門四，池廣二丈。明洪武三年增築。本朝順治六年建門樓、角樓，乾隆二十八年修。

新鄭縣城。周九里，門四，池廣一丈四尺。明宣德元年因舊址修。本朝順治六年修，十五年、乾隆十年重修。

學校

開封府學。在府治東南。舊在城南，明洪武二十四年徙建，天順五年重建，于謙有碑記。明末圮。本朝順治九年重建。入學額數二十名。

祥符縣學。在縣治東南。舊在西北，明洪武五年建，本朝順治十一年徙建。入學額數二十名。

陳留縣學。在縣治西北。明洪武十三年建。本朝順治八年修。入學額數十五名。

杞縣學。在縣治西。明洪武三年建。本朝順治十六年重建。入學額數二十名。

通許縣學。在縣治東北。明洪武三年建。本朝順治十年修。入學額數十五名。

尉氏縣學。在縣治東南。明洪武三年建。本朝康熙二十二年修。入學額數十二名。

洧川縣學。在縣治東南。明洪武三年建。本朝順治六年修。康熙十二年、三十年重修。入學額數十二名。

鄢陵縣學。在縣治東南。明洪武三年建。本朝順治、康熙間屢修。入學額數十五名。

中牟縣學。在縣治東南。明洪武三年建。本朝康熙二十二年修。入學額數十五名。

蘭陽縣學。在縣治東。明洪武三年建。本朝順治、康熙中屢修。入學額數十二名。

儀封廳學。在廳治東南。明洪武二十二年建。本朝順治三年修。入學額數十二名。

鄭州學。在州治東。元建。明洪武三年重建。本朝順治六年修。入學額數十五名。

滎陽縣學。在縣治東北。金承安中建。明洪武三年重建。本朝順治十四年修。入學額數十二名。

滎澤縣學。在縣治東南。明成化十五年，自縣治東徙建於此。本朝康熙三十八年修。入學額數十二名。

河陰鄉學。在河陰廢縣城內。明洪武三年建。本朝順治十年修。乾隆三十年，裁河陰縣，歸併滎澤，改爲鄉學。入學額數八名。

汜水縣學。在縣治西。明洪武中建。本朝康熙四十一年修。入學額數八名。

禹州學。在州治西。舊在東北，金貞元中徙建。明洪武三年重建。本朝順治十六年修。入學額數十五名。

密縣學。在縣治東。元至正中建。明洪武三年重建。本朝順治三年修。入學額數十二名。

新鄭縣學。在縣治東南。明洪武三年重建。本朝順治十年修。入學額數十二名。

大梁書院。在府城内西南隅。舊名麗澤。本朝康熙三十五年改建,五十八年賜書「兩河文教」額。

游梁書院。在府學明倫堂後,祀孟子。本朝康熙二十八年建。三十三年賜書「昌明仁義」額。

鯤化書院。在陳留縣學東北隅。本朝乾隆十八年建。

東樓書院。在杞縣治東。舊名志學,本朝乾隆五十三年改建,易今名。

文清書院。在鄢陵縣東關外。舊名龍岡。本朝乾隆十六年建,二十七年修,改今名。

豹陵書院。在蘭陽縣。本朝乾隆十年建。

東里書院。在鄭州。本朝乾隆十九年建。

人龍書院。在滎澤縣署内。本朝康熙二十九年建。

汴源書院。在滎陽縣。本朝康熙十五年建。

成皋書院。在汜水縣西關。本朝康熙十五年建。

丹山書院。在禹州東南隅。本朝康熙五十五年建。

東峯書院。在禹州西順店。本朝康熙五十五年建。

檜陽書院。在密縣治西。本朝乾隆九年建。

茨山書院。在新鄭縣北門外。舊名興學,本朝乾隆十一年重修,改今名。

户口

原額人丁三十三萬三千八百四十一，今滋生男婦大小計三百四十二萬七千六百六十名口，共七十一萬八千三百七十一户。

田賦

田地十二萬八千五百五十頃七十三畝，額徵地丁正、雜銀六十二萬一千二百九十八兩一錢四分有奇，正兑、改兑米五千四百八十五石九斗有奇，麥一萬二千三百八十八石有奇，豆二萬六千八百八十六石一斗有奇，耗米一千一百一十四石六斗有奇，耗麥二千八百八十七石有奇，耗豆六千三百二十三石六斗有奇。

山川

夷門山。在祥符縣城内東北隅。一曰夷山，以山勢平夷而名。大梁舊有夷門，蓋以山名。

五鳳山。在尉氏縣南。其西舊有響臺，遺址僅存。山之前三里有紫鹿岡。

大隧山。在洧川縣西南十里。一名牛脾山。高二十餘仞，長七八里。其中斷處爲大隧澗，兩崖壁立，中有坦途，可容方軌。相傳即鄭莊公見母處。

牟山。在中牟縣北五里。高丈餘，長數十里。上有牟山廟。又土山，在縣南三十里。

白雲山。在蘭陽縣西十二里。土山無石。通志：每旦有雲氣上騰，故名。下有張良洞，世傳爲子房辟穀處。

豹陵山。在蘭陽縣東北。寰宇記：在東明縣東南二十里。皇覽云蘭陽城西有土山名豹陵。舊志有韓陵，在今縣東北五里。上有曉月臺，相傳韓王成葬處。

梅山。在鄭州西南三十五里，與新鄭縣接界。左傳襄公十八年：楚蔿子馮、公子格率鋭師右回梅山，侵鄭東北。杜預注：「在滎陽密縣東北。」元和志：山在管城縣西南三十里。舊志：峯巒尖秀峭拔數十丈，西北麓有深澗，澗中有洞，洞前泉水極甘。山東南有峯，高廣多雲氣，俗稱爲泰山。三面皆斷崖絶壁，惟東南隅疊石爲磴道。

紫荆山。在鄭州城北。東西横亘。

大周山。在滎陽縣南三十五里。中有三泉九峪，汴水發源於此。宋仁宗時，曹皇后建塔其上。又嵩渚山，在滎陽縣東南二十五里。一名小陘山，京水出焉。萬山在縣南二十里，嵩渚山之西，須水出焉。清水嶺在縣東南，索水出焉。賈峪山亦在縣東南，賈峪水出焉。按舊志云：水經注索水出京縣西南嵩渚山，器難水出小陘山，本二山二水也。元和志「索水出縣南三十里小陘山」，是合器難、索水爲一水。寰宇記「嵩渚山，一名小陘山，俗名周山，在縣南三十五里」，是併合嵩渚、小陘爲一山矣。明統志「大周山在縣東南三十五里，一名小陘山」，又與寰宇記不同，疑皆有誤。今據輿圖詳考。滎陽縣山勢緜延，峯巒錯列，皆在城南一帶。分之則名目衆異，合之亦未始不可相通，故水經注、元和志、寰宇記、明統志所載各殊。今據府志詳載名目，以便稽考。

廣武山。在滎澤縣西，河陰廢縣北五里。東連滎澤，西接汜水。史記：漢四年，項王與漢俱臨廣武而軍。孟康注：「於滎陽築兩城相對，曰廣武，在敖倉西三皇山上。」後漢書劉昭注：「西征記曰：滎陽有三皇山，或謂三室山。上有二城，東曰東廣武，西曰西廣武。各在一山頭，相去二百餘步，其間隔深澗。漢高祖與項籍語處。」水經注：西廣武城，漢所築。山下有水，北流入濟，謂之柳泉。東廣武城，項羽所築，今名其壇曰項羽堆。夾城之間有絶澗斷山，謂之廣武澗。括地志：廣武山在滎澤縣西二十里。元統志：山在河陰縣北一里，東連滎澤，西連汜水縣界。汜水縣志：廣武山沿河東趨，延袤六十餘里，西盡於玉門，與大伾相對。東過河陰，盡於滎澤之西、官渡之濱。河陰縣志：山在縣東北十里，外捍大河，内包原壤。上有九頂十八峪，旁有小山，曰金山。

武濟山。在滎澤縣西，河陰廢縣北十餘里，即廣武山支隴。相傳爲周武王濟河處。宋元豐中范子淵等議導洛通汴，屢請於武濟山麓修隄置埽。

敖山。在滎澤縣西北、河陰廢縣境内。尚書序：「仲丁遷囂。」史記作「隞」。詩小雅：搏獸于敖。左傳宣公十二年：晉師在敖、鄗之間。史記：漢三年，漢王軍滎陽，築甬道屬之河，以取敖倉粟。孟康曰：「敖，地名。在滎陽西北山上，臨河有大倉。」水經注：濟水東逕敖山北，其山上有城，即仲丁所遷。秦置倉其中，故曰敖倉。括地志：敖倉在滎澤縣西北十五里，石門之東北，臨汴水，南帶三皇山。河陰縣志：敖山沿河入境，約二里許。峯巒特起，兩岸壁立，中僅容輪蹄，蓋懷河之門户也。

金龜山。在汜水縣東郊外。磴道數百級，懸崖深洞，杳不可測。其上有仙井，山之東澗下有王母洞。

五雲山。在汜水縣東南四十二里。亦名塔山，與三峯、蘭若東西相對。山頂有野狐泉，其南巖有白猿洞，又東六里爲三峯山。

翠屏山。在汜水縣南汜水外，西連睡虎山，南接金谷堆。層巒疊嶂，聯絡如屏。

案山。在汜水縣南。峭壁面城，狀如几案。

方山。在汜水縣南四十里。山海經：浮戲之山，汜水出焉。水經注：浮戲山，世謂之方山。元和志：方山在汜水縣東南三十二里。縣志：山週迴數百里，嶙峋萬仞，勢出天表。自山麓循溪而入，其西有馬跑泉，東爲龍窩、豹窩。南曰漢家泉，乃光武遺蹟也。又西爲抱纍峯，峯半有仙人洞。又南則羣峯拱向，中爲環翠峪，下有神母祠。祠下有泉，名柏池。北爲紫玉巖，一名玉仙山，上有玉仙元君祠。祠前有二泉，一爲小龍池，一爲黄龍池，即汜水源也。是山東南屬密，西南屬登封，東北屬滎陽，西北屬鞏。中有五至嶺，以兼五邑之勝，故名。又禹州西六十里亦有方山，其西有虎蟠嶺、羊背嶺。

印山。在汜水縣西南。北拱太和，東對案山，勢如鼎峙。又卧龍山，在縣治東，縣城跨其上，形如龍眠。又有睡虎山，在縣西汜水外。舊志：相傳袁、曹築壘其上，以敵吕布，俗呼張飛城。

蘭若山。在汜水縣西南三十里。俗名佛兒山。

大伾山。在汜水縣西北一里。有大澗九曲，又名九曲山，上有成皋舊城。山之東盡於玉門山，爲汜水入河處。西去洛口裁四十里。按：禹貢之大伾，漢書音義以爲黎陽縣山，在今衛輝府濬縣。水經以爲在成皋，非是。

伏蛟山。在汜水縣西迤北汜水中。北塞玉門，南對睡虎，砥柱汜流，岡脊穹然如鼉。唐書地理志汜水縣西一里有伏鼉山。即此。

太和山。在汜水縣北。城堞繞其麓，高幾百尋。

金牛山。在禹州東二十五里。濺溝水出其下。又州東四十里有小黄山。

吕梁山。在禹州南三十五里。塘口河出其下。

三封山。在禹州西南二十里。上有三峯，亦名三峯山。水經注：潁水故瀆，東南逕三封山北。金史地理志：陽翟有三封山。州志：「山半崖有燕王洞，最深邃。山下復有洞，深數里。又有分水嶺，嶺下有二泉，東西分流。

九山。在禹州西南二十五里。魏書地形志：陽翟有九山祠。水經注：白相水北流逕九山東。仲長統曰，昔密有十城者，身遊九山之上，放心不羈之境，即此山也。又故潁川城水側有九山祠碑，叢柏猶茂，北枕山流。又五里有崑崙山。又三十里有牛頭山。

石崖山。在禹州西四十里。臨河壁立，其相近有介子山、邵弘山。其東十里爲鳳翅山。

夾龍山。在禹州西四十里。山下有張八河。

三磴山。在禹州西五十里。山高低若三磴，上下俱有龍潭，又有風洞。又西爲接御山。

神后山。在禹州西六十里。一名大鎦山，南有高崖。

玲瓏山。在禹州西六十里，一名輞山，湧泉水出於此。山石多孔，如雕鑿者然。

諸侯山。在禹州西北四十里。山出青石，可爲碑。

荆山。在禹州西北五十里。通典：陽翟有荆山出玉，齊武帝於此採玉，其下即潁川郡地。

大龜山。在禹州西北五十里，接密縣界。魏書地形志滎陽郡密有大龜山，疑即此。又十二里有大龍山，半崖有泉湧出，俗名海眼。

崆峒山。在禹州西北五十里，接密縣界。一名大仙山，懸崖絶壑，石澗瀑布，淙淙有聲。山巔有石洞，人莫敢登。

鐵母山。在禹州西北六十里。相近有鑛山，舊俱産鐵。

石梯山。在禹州西北六十五里。山甚高峻，有石磴層累而上。其相近有雪山、磨窩山，趙家河水出其下。

六盤山。在禹州北十里。上有泉。又雲斗山、三臺山俱在州北。

杏山。在禹州北二十里。寰宇記：洛陽記云，仙人劉根隱於此中。

大騩山。在禹州北。亦曰具茨山。國語：「史伯謂鄭桓公曰：『主芣騩而食溱洧。』」注：「芣騩，山名，即大騩也。」山海經：大騩之山，其陰多鐵，美玉青堊。有草焉，其狀如蓍而毛，青華而白實，其名曰蒗。服者不夭。莊子：黄帝將見大騩於具茨之山。漢書地理志：密縣有大騩山。水經注：大騩即具茨山也。黄帝登具茨之山，升於洪隄上，受神芝圖於黄蓋童子，即是山也。元和志：在密縣東南五十里，亦謂之大騩山。開封府舊志：大騩山，在禹州北四十里，接密縣東界、新鄭縣西南界。有軒轅避暑洞，其巔有風谷。明統志：在新鄭縣西南四十里。

牧牛山。在禹州東北四十里。山下有九十六泉，即溱水之源。又有馬鞍山、黄山，俱在州東北。

紫金山。在禹州東北四十五里。下有小紅河，東流注潩水。

孝山。在禹州東北五十里。舊志：山下有黄香墓，故名。

馬嶺山。在密縣南。水經注：洧水出山下。亦言出潁川陽城山，山在陽城縣之東北，蓋馬嶺之統目焉。元和志：在密縣南十五里。

開陽山。在密縣西北二十里。魏書地形志：密縣有開陽山。通志：開陽山，冬時雪降即消。又五里爲龍巖山。

横山。在密縣西北三十里。有大小二山，東西對峙。又有香鑪山，亦在縣西北三十里。

蘭巖山。在密縣西北五十里，接汜水縣界。一名香峪山。峭拔千丈，中有聖水峪，賈魯河西源出焉。

青屏山。在密縣北八里。又五里爲石樓山，山勢重疊如樓。

雲瓏山。在密縣北三十里。一名侵雲山，山下有交花泉。

承雲山。在密縣東北十八里。山有石穴，雲從此起，故名。魏書地形志：密有承雲山。

陘山。在新鄭縣西南。亦作邢山，與大騩山並峙，接長葛縣西界。爾雅疏：山形連延，中忽斷絶者，名陘。左傳隱公十一年：王與鄭人蘇忿生之田：陘。又僖公四年：齊侯伐楚師，進次于陘。戰國策：蘇秦説楚威王曰：「楚地北有分陘之塞。」又説韓王曰：「韓南有陘山。」史記：魏襄王六年，伐楚，敗之陘山。後漢書郡國志密有陘山是也。水經注：溱水東逕陘山北。括地志「陘山在鄭州新鄭縣西南三十里」。通鑑地理通釋：汾陘之塞〔一〕，其説有三：山海經有少陘之山，太平御覽謂在滎陽，則正義新鄭近之。滎陽，春秋爲鄭，戰國爲韓，蓋南北之隘道，楚爲塞以禦北方，故於韓曰「南有陘山」，於楚曰「北有陘塞」，其地一也。縣志：自陘山西南達於襄、鄧，羣山延亘，故以陘山爲南北之塞。

自然山。在新鄭縣西。一名太山。黃水發源於此。

抱獐山。在新鄭縣北二十里。一名捕章山。水經注：捕章山水出東捕章山。又黃溝水出捕章山。

清水嶺。在滎陽縣東南五十里。

横嶺。在滎陽縣南二十里。以其横在羣山之中，故名。下有渠。

分水嶺。在汜水縣東南五雲三峯之間。嶺有二泉，南流爲桃花河，北流爲竹葉河。

孤柏嶺。在汜水縣東北二十里。一峯北出，砥柱河流，其上有古柏一株，因名。宋祥符四年，白波發運判官史瑩〔二〕，請於孤柏嶺下，緣南岸山址開汴口以均水勢，即此。

白石岡。在祥符縣東二十五里。石皆白色。又東二十五里爲萬龍岡，亦名望龍岡。

赤蒼岡。在祥符縣東南四十五里。一名鬬頭岡。

鳳城岡。在祥符縣南十里。通志：世傳金章宗時有鳳凰集於此。

鵲村岡。在祥符縣南五十里。相傳宋養鷹鵲處。

望牛岡。在祥符縣西南十三里。東京夢華録：都人轉龍灣探春，西去至望牛岡。

葛家岡。在祥符縣西。宋嘉祐三年，大水入京城，有司請自祥符西葛家岡開新河。又藥局岡，在縣西二十里，宋時設藥局於此。又西十里爲狼城岡，明萬曆末河決於此。

駝牟岡。在祥符縣西北十五里。宋牧養之所。靖康元年，金斡里布軍抵汴，據駝牟岡、天駟監。河決後，久爲平陸矣。「斡里布」舊作「斡離不」，今改正。

黑岡。在祥符縣西北二十五里。其土黑色，下有池多魚，今涸。亦名涸魚岡。明崇禎九年河決於此。

赤岡。在祥符縣東北二十里。水經注：渠水東南逕赤城北，即赤岡也。唐光祐三年，秦宗權寇汴州，其黨分屯赤岡。五代石晉末，遼主駐馬赤岡。

槐疙疸岡。在祥符縣東北三十里。元延祐五年，修河隄，北至槐疙疸岡。明萬曆二十九年，河決於此，斷堤成潭。

韓岡。在陳留縣東二十五里。東至杞縣三十里，爲往來孔道。

韋政岡。在陳留縣西十二里。臨黄河故道，每遇河決，平地水深數尺，惟此岡不没。

土山岡。在陳留縣東北二十里。疊阜如山。又潘岡，在縣東北四十里。

鸑鷟岡。在通許縣東南四十里。相傳有鳳集此，故名。又吴召岡，在縣西南三十里。

鳳形岡。在通許縣北一里許。又有山龍岡、李大岡，皆在縣北十里。盧氏岡，在縣北二十里。皆故河流所經。

錦被岡。在尉氏縣東十五里。以形似名。下有古黄河渡。又錦屏岡，在縣南五里，東西亘五里，望之如屏。上有冢類筆架，亦名筆架山。又青龍岡，在縣東南二十五里，蜿蜒如龍。營盤岡，在縣西南二十五里。

三亭岡。寰宇記：在尉氏縣西南三十七里。史記：秦昭王使謁者王稽於魏，夜與范雎言：「先生待我於三亭之南。」即此。

東里岡。在洧川縣東十五里朱曲鎮東。高二十餘仞，南北長五六里，爲邑東鎮。其中斷處，對峙如門。

赤坂岡。在洧川縣東南二十里。高十餘仞，蟠踞二三里，土色如赭。又塔兒岡，在縣東南十五里，上有浮屠。

延秀岡。在洧川縣南十里。西起長葛，東至故縣南。屈而南行，至許田鎮北，復屈而東，經鄢陵縣治北，東逾扶溝。上下數百里，蜿蜒如游龍。又卓岡，在縣西南十里，近許州長葛縣境。

鴻臺岡。在洧川縣西半里。高十餘仞，南北長十餘里，首踞洧城，爲邑之巨鎮。上有鴻臺二，各高數丈。戰國策：張儀説韓王曰：「鴻臺之宫，非大王有。」即此。

馬陵岡。在洧川縣西北三十里。高十餘仞，南北長五十餘里，接中牟、新鄭二縣界。又柏岡，在縣北十里，峻坂孤峙，高二十餘仞。

彪岡。在鄢陵縣東北，以形似名。又縣東有樂陵岡，南有孝子岡、曲岡、河岡、野岡、三岡，西北有黨家岡、文家岡，北有彭祖岡、楊村岡，聯絡聳峙，環拱縣治。

白茂岡。在蘭陽縣東北二十里。又梓岡，在縣南十里。

青陵岡。在儀封廳北十五里。

黄陵岡。在儀封廳東北五十里。與考城及山東曹縣接界，爲黄河要害。

猴岡。在鄭州西十里。相傳舊多栗樹，猴巢穴其中。宋太祖令民間採用，其山遂童。

馬頭岡。在鄭州北二十里。元季河決滎陽，此爲北馬頭岸。

檀山岡。在滎陽縣東十里。山多檀木，延亘三十餘里。水經注：索水經檀山岡東。即此。一名永清岡。

伯牛岡。在汜水縣東北三十里。有冉伯牛廟。

琅城岡。在禹州東三十里。州志：自東北馬家岡起，高二十餘丈，延袤五十餘里，環抱州城。岡上舊有城址，故名。又州城東四里爲望城岡，其東南爲虎頭岡。

福勝岡。在禹州南三十里。一名三進岡，延袤二十餘里。

七女岡。在禹州東北三十里。相近爲狼馬岡。寰宇記：陽翟縣七女岡，下有七女泉，流至長葛入洧川。

臺子岡。在密縣東三十里。又縣南十里爲石羊岡。

桃陵。在杞縣東南十里。唐至德初，張巡守雍丘，擊賊衆於白沙渦，還至桃陵，遇賊救兵，悉擒之，即此。又縣東南三十五里曰青陵，西南五十里曰翟陵，又十里曰石陵，又縣東北二十里曰武陵，皆土阜也。俗亦謂之五陵。陳留風俗傳：雍丘有五陵之名。

函陵。在新鄭縣北十三里。左傳僖公三十年：晉侯、秦伯圍鄭，晉軍函陵。寰宇記：函陵在新鄭縣北。

蓼子峪。在汜水縣西十二里，即成皋關口。南迫峭壁，北逼大河，以界鞏、洛，極爲陡險。

牛口峪。在汜水縣西北二十五里。唐武德四年，竇建德軍至成皋，軍中謠曰：「豆入牛口，勢不能久。」及戰，大敗。建德竄於牛口，爲秦王所擒。

石棚。在滎陽縣南大周山北。有石平坦如盤，其下空洞如屋，可容百餘人，故名。明崇禎間，石裂爲二，半傾於地。

石嘴。在汜水縣東南十里，古名石砥山。汜東兩岸皆土阜，惟此連山大石，阯盤水中。上有王仙祠，祠左有泉，匯爲深潭。

滑濟坡。在禹州西十二里。坡平廣爲大道所經。又灰坡，在州西七十二里，産石灰。

陰坂。在新鄭縣西。左傳襄公九年：晉人以諸侯伐鄭，濟于陰坂，次于陰口而還。注：「陰坂，洧津。」水經注：洧水又東經陰坂北，水有梁焉，俗謂是濟爲參辰口。

天仙洞。在密縣東五里。元許有壬記略：四山平旋，高嶂復擁於外。中多奇石，瑩如玉，世傳漢有女仙化葬焉。

雲巖洞。在密縣東四十里。一山突起，四水環之。高下巖洞十餘，惟雲巖爲深廣，巖石皆玲瓏斑駮。

靈羊洞。在密縣南二十三里〔三〕。深窅莫測。

織錦洞。在密縣西北五十里。中有井水，常溢出洞中，仰觀有孔如梭，因以「織錦」名。

黄河。自河南府鞏縣流入，經汜水縣北，與懷慶府温縣分界。又東經滎澤縣北，又東經鄭州北，與懷慶府原武縣分界。又東南流經中牟縣北，與懷慶府陽武縣分界。又東經祥符縣北，與衛輝府封丘縣分界。東經陳留縣北，又東經蘭陽縣、儀封廳北，入衛輝府考城縣界。自宋以前，由河陰、滎澤，又東北經原武、陽武、延津、胙城之北，新鄉、汲縣之南，去府治遠。水經注：河自洛口又東，逕懷縣南，與成皋分水。又逕黄馬坂北〔四〕，又東逕旋門坂北，東逕成皋大伾山下，濟水注之。河水南對玉門，又東合汜水，又東逕板城北，又東逕五龍塢北，又東過滎陽縣〔五〕，蒗蕩渠出焉〔六〕。此滎澤以上之故道也。又云濟水與河合流，自廣武東逕敖山北，又東逕滎陽縣北，又東南礫石溪水注之，又東索水注之，又東逕滎澤北，濟水自是分爲南、北濟焉。南濟又東南經釐城東，又合黄水，又東入陽武縣。此滎澤以上濟水合河之故道，亦即鴻溝、汴水、蒗蕩渠經流之處也。又云河水又東北經卷之扈亭北，又東逕八激隄北，又東逕卷縣北，又東北過武德縣東，沁水從之，又東至酸棗縣，此原武以下之故道也。宋時漸徙而南，金明昌五年河決陽武故隄，灌封丘而東徙，始經蘭陽縣境，於是汲、胙之流塞，河益東南下。元至元中，河徙陽武南，始全經府境，奪渦入淮，而新鄉之流亦塞。泰定元年，河從汴渠至徐城，東北入泗入淮，即今通行之河也。至正中，以河屢決，命賈魯治之，自黄陵岡達白茅。明洪武二十四年，河決原武之黑洋山，東經府城北五里，南至項城，經潁、壽入淮。永樂九年，命尚書宋禮濬祥符魚王口至中灤二十餘里。正統十三年，河決滎陽東，經府城西南，又東南經陳留入渦口達淮。是時中牟、開封遂在河北。景泰初，始復故。弘治二年，河決原武，從汴城東北過沁水，溢流爲二：一自于家店經蘭陽，徙縣南三里，東至歸德，由徐、邳入淮；一自封丘縣之荆隆口，漫祥符，潰儀封之黄陵岡，東經曹、濮入張秋，命尚書白昂治之。四年，河決蘭陽，復北徙，經城北十里。五年，復決荆隆口，副都御史劉大夏濬祥符四府營淤河，及滎陽孫家渡口賈魯舊河，以殺其勢。正德五年，復自儀封北徙，衝黄陵岡，入賈魯河。嘉靖七年，開蘭陽北趙皮寨口，達寧陵，至亳州渦河。十三年，河決流徙，趙皮寨口復塞。十九年，開蘭陽李景高口支河，引河至徐州入淮。已而復淤。萬曆十五年，瀍、洛、沁水泛漲，決劉獸醫口、銅瓦厢、荆隆口，南溢府城隄。十七年，河決蘭陽李景高口。四十四年，河決開封，由護城隄下經陳留等處入亳州渦河。是冬，決口淤，河復故道。天啓元年，河決陽武脾沙岡。三年，開蘭陽曹良口東至儀封縣界。崇禎十五年，李自成圍開封，城中不能支，決朱家寨口河灌賊，賊亦決馬家口灌城。城壞，百萬衆爲魚，潁、亳以東皆受其患。本朝順治元年，河自復故道。七年，河決封丘，築荆隆口隄。九年，河決封丘大王廟口，從長垣趨東昌，北入海。十一年，決口塞。十四年，河決祥符之槐疙疸岡。是年，黄河南徙，陳留孟家埠口潰決。知縣張重潤濬河一道，引河北入新河，又浚儀封三家莊河以殺北來水勢。十五年，河復決陽武縣城南，築慕家樓河隄。康熙元年，開封黄練口河決，屢加堵築。二十三年以後，聖祖仁皇帝南巡，指授治河方略，淮、徐入海之道，通流迅駛，開封一帶，隄防益固。間有漲溢，不甚爲害。四十四年，築祥符、陳留、蘭陽大隄。六十一年，於儀封白家樓北岸挑引河。雍正元年，總河齊蘇勒奏築滎澤以下、陳留以上兩岸子隄、隔隄，以束分流。乾隆元年，挑濬鄭州一帶河道，自大淩莊至中牟合河口，復爲建築隄堰。又自懷慶府孟津而下，南北兩岸大隄，增高培厚，并填實鄭州南土壩夾塘，加築祥符、蘭陽、儀封三縣月隄、尾隄，以爲重障。四年，又以鄭州之黄岡廟當黄河之衝，加修大隄，及創築月隄，建設壩臺。五年，開蘭陽縣朱家莊引河。六年，修北岸鄭州、中牟交界大隄。又開中牟九堡引河。七年，開南岸來童寨對岸引河，又加修儀封楊家橋大隄，南面增設壩臺。八年，封丘荆隆口全河水勢自正南趨注西北，大溜搜刷，挑引河以順河溜。九年，挑儀封北岸引河，分順水勢，保護楊家橋埽工。又以蘭陽北岸耿家寨河身坐灣，大溜衝激，下埽保護，加修月隄。十年，以祥符南岸十三堡臨河埽壩坐當大溜，挑引河分洩東趨。十三年，修儀封北岸二十三堡大堤，北面搶幫，南面河身坐灣處，東西各建挑水壩。又以祥符十九堡河身北趨，大溜側注，南面建築壩臺。十四年，中牟縣九堡河流坐灣，挑出河心，遏溜南趨，建設木龍，開挑大溜。十六年，以蘭陽耿家河道全行北注，造六楞障、排木障，當溜護埽，下柳簰挑溜開行，上游下三楞障以防旁溜。是年，陽武漫溢，命大臣相度堵築，不日工成。十七年，搶護陽武十三堡隄工。十八年，滎澤魏家莊河道大溜南趨，移中牟九堡木龍以禦。又祥符北岸馬坊村河道上游南岸坐灣，挑溜北注，搶築埽工夾壩。又祥符平家寨河溜北趨，搶築順隄埽壩。十九年，祥符陳橋等處河勢北趨，加修隄工，并於古城前建築支河土壩。二十六年，祥符黑岡口等處河溢，楊橋漫水奪溜，遣大臣指授方略，於楊橋上游對岸處開挑引河，河唇建設大壩，以洩水勢，掣挽大溜，堵築漫口二百七十七丈，旋即竣工。又於滎澤、陽武，祥符二十一堡、時和驛、二堡、三堡、焦橋、五堡、灣莊、九堡，蘭陽頭堡、二堡等處漫口，俱圈築月隄。四十三年，儀封口決，命大臣董率堵築。尋議於儀封七堡築順黃壩，又於王家莊展開引河，以掣溜勢，接築挑水壩，逼溜北趨。黄水始掣入引河，復歸故道。至四十五年，金門合龍。四十六年，因青龍岡口屢築屢圮，命大臣於上游南岸履勘地勢，爲改絃更張之計。尋議於青龍岡迤上，自蘭陽三堡，至商丘七堡一帶，南隄外添築大隄，開挑引渠，長一百六十餘里，導河水入渠，下至商丘，歸入正河故道入海。四十八年，人工告成。開放新河，掣溜南下，暢流入海。五十四年，自銅瓦廂舊月隄、黑岡工後舊月隄，均加培高厚。又於蘭陽新河頭、蔡家樓，續添新埽七段。嘉慶二十四年八月，黄河盛漲，蘭陽汛八堡漫口七十餘丈，儀封上汛三堡漫口一百餘丈，兩汛相距二十餘里。命大臣會同河臣次第堵禦堅實。自是每年隨時防護，而河流永慶安瀾矣。　按：靳輔治河書云：「開封南岸從汴達淮，與運道無係。惟北岸一有潰決，則延津、長垣、東明、曹州胥受其害，近則注張秋，由鹽河入海，遠則直趨東昌、德州赴溟渤。而濟寧上下，無運道矣。開封地皆浮沙，一經潰決，瞬息數百丈，工大而下埽難。故河決之害，北岸爲大。而北岸之害，莫大於開封。」通志：杞縣有蒲口，通許縣有山龍口、清水口，封丘縣有金龍口、大王廟口，蘭陽有曹良、耿金諸口，皆昔時黄河潰決處。又有大黄寺河，一名埽頭河，在祥符縣東北三十五里，亦河之分流也。

汴河。故道自懷慶府原武縣流入，東南流經中牟縣北，又東南流經府城南，又東逕陳留縣北，又東至杞縣北，入歸德府界，即古蒗蕩渠也。漢書地理志：滎陽縣汴水在西南，又有蒗蕩渠首受泲，東南至陳入潁。後漢書明帝紀：永平十二年，遣將作謁者王吴修汴渠，自滎陽至於千乘海口。水經注：陰溝水出河南陽武縣蒗蕩渠，首受於大河卷縣故瀆。故瀆東分爲二，世謂之陰溝水，俱東絶濟，東北會左瀆，又東合右瀆，又東南逕封丘縣絶濟瀆，東南至大梁，合蒗蕩渠。梁溝既開，蒗蕩渠故瀆實兼陰溝、浚儀之稱。逕大梁城北左屈，溝與渠合，俱東南流，同受鴻溝、沙水之目。其川流之會左瀆東導者，即汳水也。又汳水出陰溝於浚儀縣北，即蒗蕩渠也。亦言汳受旃然水而東，自王賁灌大梁，水出縣南而不逕其北，夏水洪泛，則是瀆津通，故渠即陰溝也。隋書煬帝紀：大業元年，開通濟渠，自西苑引穀洛水達於河，自板渚引河達於淮。通典：通濟渠即蒗蕩渠也。宋史河渠志：汴河自隋疏爲永濟渠，唐改名廣濟。宋都大梁，以孟州河陰縣南爲汴首受黄河之口，屬於淮、泗，歲漕江淮湖浙米數百萬以輸京師，内外仰給焉，故於諸水莫此爲重。至道元年，問侍臣汴水疏鑿之由，張洎曰：「禹於滎澤下分大河爲陰溝，引注東南，以通淮、泗。至大梁浚儀縣西北，復分爲二渠，一渠元經陽武縣中牟臺下爲官渡水，一渠始皇疏鑿以灌魏郡〔七〕，謂之鴻溝。蒗蕩渠自滎陽五出池口來注之。其鴻溝即出河之溝，亦曰蒗蕩渠。漢明帝時，始作浚儀渠。靈帝建寧四年，於敖城西北壘石爲門，以遏渠口，故世謂之石門。渠外東合濟水，濟與河、渠渾濤東注，至敖山北，渠水至此又兼邲之水。邲又音汳，即『汴』字，古人避『反』字，改從『汴』字。渠水又東經滎陽北，旃然水自縣東流入汴水〔八〕。滎陽西有二廣武城，汴水自兩城間小澗中東流而出〔九〕，而濟流自兹乃絶。惟汴渠首受旃然水，謂之鴻渠。晉太和中，桓温北伐，將通之，不果。劉裕西征，復浚此渠而漕運焉。隋煬帝詔皇甫誼開爲永濟渠，自後利於轉輸。」元豐元年，内供奉宋用臣自任村沙谷口至汴口開河五十里〔一〇〕，引伊、洛水入汴河以通漕運〔一一〕。改名清汴。金史地理志：開封府開封、陽武、中牟、陳留有汴河。府志：元至元二十七年，黄河決，汴始淤塞。舊府治南有汴渠故蹟，即其地也。按：汴河源出滎陽，爲蒗蕩渠。東流曰官渡水，曰陰溝，曰汳水，曰浚儀渠。其自大梁城南分流者爲鴻溝。鴻溝南流，兼沙水之目。沙水支津又爲睢水、渦水，名雖不一，實則委别而源同也。今大河所經，即古汴水故道。宋時又導汴入蔡，以通陳、潁之漕，則在汴渠之南，别爲蔡河，即古鴻溝及沙水故道。舊志混汴、蔡爲一，非是。

蔡河。上流即汴河。自中牟縣流經祥符縣南分流，又東南流逕通許縣北，又東南逕尉氏縣東，入陳州府扶溝縣界。即古鴻溝，亦名河溝，又名沙水。史記河渠書：禹治水之後，滎陽下引河東南爲鴻溝，以通宋、鄭、陳、蔡、曹、衛，與濟、汝、淮、泗會於楚。又蘇秦説魏王曰：「大王之地，南有鴻溝。」秦始皇二十二年，王賁攻魏，引河溝灌大梁。水經注：渠水自中牟注大梁，逕西赤城北，左則故瀆出焉。秦王賁斷故渠，引水東南出，以灌大梁，謂之梁溝。又東逕大梁城南，分爲二水。續述征記曰：汴、沙到浚儀而分，汴東注，沙南流，其水更南流，逕梁王吹臺東，有陰溝、鴻溝之稱焉。項羽與漢高分王，指是水以爲東西之别。渠水右與汜水合，又東南逕開封縣，睢、渙二水出焉。渠即沙水也，音「蔡」，許慎正作「沙」音。沙水又東南逕牛首鄉東南，魯渠水出焉。又南逕斗城西，又東南逕牛首亭東，又東南，八里溝出焉。又東南逕陳留縣裘氏亭西，又逕澹臺子羽冢東，與八里溝合。又南逕扶溝縣故城東。魏書地形志：汴水在大梁城東，分爲蔡渠。通鑑：周顯德六年，自大梁城東導汴水入於蔡，以通陳、潁之漕。三朝會要：惠民河與蔡河一水，建隆元年導閔河自新鄭與蔡水合，貫京師，南歷陳、潁，達壽春以通淮右。於是以西南爲閔河，東南爲蔡河。至開寶六年，始改閔河爲惠民河。宋史河渠志：蔡河貫京師，兼閔水、洧水、潩水以通舟。閔水自尉氏歷祥符、開封合於蔡，是爲惠民河。洧水自許田注鄢陵東南，歷扶溝合於蔡。潩水出鄭之大隗山，注臨潁，歷鄢陵、扶溝，合於蔡。凡許、鄭諸水合堅白雁、丈八溝〔一二〕，京、索合西河、褚河、湖河、雙河、欒霸河皆會焉。金史地理志：祥符有蔡河，尉氏有惠民河。舊志：元至元二十七年，黄河決祥符義塘灣，蔡水上源堙。明洪武八年，大河南決，挾潁入淮，蔡河之下流亦絶。又蔡河舊自祥符縣流入通許縣北，分爲二道，名雙溝河。下至縣西，復合爲一，下入扶溝。明初混入黄河。今縣西北十里有西水窩，其東二里有東水窩，又縣北有七里灣，皆蔡河瀦流之處也。

過河。汴河支流也。水經注：陰溝始亂蒗蕩，終别於沙，而過水出焉。俗作「渦」。今由通許、杞縣及陳州府之太康、淮寧，歸德之鹿邑，入江南境，下達於淮。本朝乾隆二十二年，挑濬深通。

乾河。在祥符縣南門外。自城濠起，至高家樓入惠濟河。本朝乾隆二十二年，挑濬深通。又萬壽觀東溝、浚儀渠俱在城內，宣洩積水入乾河。陳家墳溝，自陳家墳起，至紅沙灣莊，入乾河。俱於二十二年挑濬。

五丈河。在祥符縣北，由府城北流入陳留縣界。五代史：周顯德四年，詔疏汴水北入五丈河，由是齊魯舟楫皆達於大梁。九域志：五丈河，即禹貢之菏澤，從都北歷陳留及鄆〔一三〕，其廣五丈。舊名五丈河，開寶六年，詔改名廣濟河。宋史河渠志：廣濟河，導菏水，自開封歷陳留、曹、濟、鄆。建隆二年，遣使浚之。先是，五丈河泥淤，不利行舟，遂詔陳承昭於京城之西，夾汴水造斗門，引京、索、蔡河水通城濠，入斗門，俾架流汴水之上，東進於五丈河，以便東北漕運，公私咸利。」按宋會要：汴都以惠民、金水、五丈、汴爲四渠，而汴、黄、惠民、廣濟亦曰四河。時汴河自城西大通水門入，分流出城東上善、通津二水門。惠民河自城南廣利水門入，出普濟水門。五丈河自城北永順水門入，出城東咸通水門。而金水河復貫注於皇城内，河流環繞，舟楫畢通。自元、明以來，累經黄河泛溢，河渠遂多淤塞。又有六丈河，在城北五里，宋時所開，今亦堙。

白溝河。在祥符縣北，今堙。唐書地理志：開封有湛渠，載初元年，引汴注白溝，以通曹、兖賦税。宋史河渠志：白溝無山源，每歲水潦甚則通流，纔勝百斛船。踰月不雨，即竭。至道二年，博士邢用之請開白溝，自京師抵彭城吕梁口，凡六百里，以通長淮之漕。詔發諸州丁夫治之，尋罷其役。咸平六年，用之又自襄邑下流治白溝河，導京師積水，而民田無害。熙寧六年，都水監丞侯叔獻請儲三十六陂及京、索二水爲源〔一四〕，置牐，則四時可行舟。從之。七年廢。政和二年，都水丞孟昌齡言開濬含暉門外白溝河，開堰放水，仍舊流通。

楊柳河。在杞縣北，睢水支流也。自十八郎廟，由儀陽堌南東經冉賢岡，入歸德府睢州界。俗名挑河。歲久淤塞。本朝雍正六年曾經疏通，乾隆二十二年復加挑濬。

萬彩河。在杞縣北。上自通許縣入境，下入陳州府太康縣境。本朝乾隆二十二年挑濬深通。

青岡河。在通許縣東南。自大青岡起，下入杞縣萬彩河。本朝乾隆二十二年挑濬。又柏子岡溝〔一五〕、劉彥莊溝、楚家莊溝、小青河溝、仲家莊溝、陳家莊溝、栗七岡溝、羅家莊溝、茶芽岡溝，俱由涵洞入河。

海子河。在中牟縣城內。上有海子橋，橋南、北各有河。舊有南、北二水門，欄以鐵牕，引水於城濠，歸小清河。明成化間，黄河水溢，灌入城内，故道遂淤。尋開漁津以洩水，久就堙。萬曆中，自海子河以下濬爲支河者凡五十七道，爲溝者凡一百三十九道，後俱塞。

惠濟河。即汲水也。自中牟縣西十里鋪，出賈魯河，經祥符、陳留、杞，入歸德府睢州、柘城，至安徽亳州，下達於淮。本朝乾隆六年，開濬兩岸，賜名惠濟。二十二年、三十七年、嘉慶十八年，復加挑濬。按：河道舊在中牟縣十五里堡。乾隆二十六年，因黄水漫溢，淤成平陸。二十七年，於西十里鋪改建滚水壩。二十九年，因壩底高出水面，河身淤塞，不能分洩賈魯河之水，改建石閘。

小清河。在中牟縣西南五十里。源出新鄭縣佛潭，東北流至縣西，入丈八溝，即古清池水，亦名清口水。後漢書郡國志：中牟有清口水。水經注：清池水出清陽亭西南平地，東北流逕清陽亭南，又屈而北流，至清口澤，七虎澗水注之。又東北白溝水注之，亂流經魯恭祠南，又北注渠，謂之清溝口。

周家河。在儀封廳西南。宣洩蘭陽、儀封交界溝潦之水。又廳東岔溝，宣洩十五里鋪一帶積水，歸入歸德府考城縣。又盤馬寺溝、廳東南牛家莊溝，宣洩牛家莊後陂水，亦入歸德府考城縣境。俱於本朝乾隆二十二年挑濬深通。

黄渡河。在儀封廳東北。舊志：縣有七河：曰黄陵岡河，在縣東北五十里，一名北舊黄河，俗名黄渡河；曰南舊黄河，在縣西南三里；曰賈魯河，在黄陵岡南二里；曰龐家口河，在縣北八里；曰圈頭河，在縣北五里；曰巴河，在縣南八里；曰新河，在黄河南新挑以分殺水勢者。皆黄河轉徙所經，忽南忽北，穿縣境殆徧。今惟賈魯、巴河故道湮没，圈頭、龐家二河隄岸如故。黄渡河源深勢闊，明初遂成匯澤，周六十餘里。又有三家莊河，在廳東北五十里，本朝順治十四年創浚，由中莊南出，長一千丈，以分殺北來水勢，而黃渡河涸爲田。

須河。在滎陽縣東四十里，鄭州西二十里。源出縣南萬石山，東北流，合京、索二水，入賈魯河。水經注：須水近出京城東北二里榆子溝，亦曰柰榆溝，或謂之小索水。東北流，木蓼溝水注之。又東北流於滎陽城西南，東注索。元一統志：須水發源滎陽，在縣東南三十五里。流經須水鎮之西。舊志：明正德八年，嘗濬此以分決河之流。

賈魯河。源出滎陽縣東南，東北流至滎澤縣西南，合索水，東經滎澤縣南，又東經鄭州北，又東經中牟縣北，又東南經祥符縣之朱仙鎮西，又南經尉氏縣東，入陳州府扶溝縣界。自鄭州以上爲京水，自中牟至祥符名金水河。宋建隆初始開，後淤。元賈魯治之，今自鄭州以下通名賈魯河。水經注：黃水發源京縣黃堆山，東南流，名祝龍泉，泉勢沸湧，狀若巨鼎揚湯。西南流謂之龍項口，世謂之京水也。又屈而北注，逕高陽亭東，又北至故市縣，又東北經故市縣故城南〔一六〕。又東北至滎澤南，分爲二水：一水北入滎澤，一水東北流，即黃雀溝。又東北與靖水枝津合〔一七〕，二水之會爲黃淵〔一八〕，北流注於濟水。宋史河渠志：金水河，一名天源，本京水。導自滎陽黃堆山，其源曰祝龍泉。宋建隆三年，命陳承昭鑿渠引水，過中牟，名曰金水河。凡百餘里，抵都城，架其水，横絶於汴，設斗門，入浚溝，通城濠，東匯於五丈河，公私利焉。乾德三年，又引灌皇城。大中祥符三年，復引東，由城下水竇入於濠。元豐五年，金水河由副隄入於蔡，以源流深遠，與永安青龍河相合，故賜名天源。鄭州志：賈魯河有三源：西二源出滎陽界，東源出梅花山北麓，合流於張家村。下流至京水鎮爲京水河。又北受須、索二水，爲雙橋河。元季因漕運不便，令賈魯疏治。起鄭州下至朱仙鎮，皆名賈魯河。中牟縣志有小清河，在縣北五里，即古金水河。從縣東北環繞二十里，達祥符縣界。又有灘頭河，亦在縣北，自滎澤縣流入，東南流入尉氏縣界。本朝乾隆二年，修築賈魯河隄堰，自張家橋東至新河口，加修民堰，建築圈隄。二十二年，復修濬寬深，以達沙河，西岸加隄，以防旁溢。又河道之在中牟縣者，原在城北。二十六年，黃水漫溢，地勢趨高，改趨中牟縣城南，沖刷成河。二十七年，修隄堰二道。五十一年，自鄭州京水莊至中牟張胡橋，又自祥符縣至扶溝縣雙泊河，又自中牟至祥符，皆挑浚深通。嘉慶十八年，復加挑濬。按：元賈魯所開河，在儀封廳黄陵岡南，故道湮没，今所云賈魯河，蓋即宋時蔡河故道。府志云「沙河一名賈魯河，又名小黄河，受京、須、索、鄭諸水，經朱仙鎮、吕家潭，至扶溝」者是也。其自中牟横貫開封城内者爲金水河。至元豐時，由副隄入蔡，而横貫之道漸微，迄今遂無遺跡矣。舊志名目錯列，水道幾不可辨，今據輿圖考訂，通爲一條。

索河。源出滎陽縣南。北流經縣東，屈而東，經河陰廢縣南，又東合京水，東經滎澤縣南，匯於賈魯河。左傳襄公十八年：楚伐鄭，右師涉潁，次於旃然。杜預注：「旃然水出滎陽成皋縣，東入汴。」水經注：索水出京縣西南嵩渚山，與東關分水〔一九〕，即古旃然水也。東北流，器難之水注之。亂流北逕小索亭西，又爲索水。索水又北逕大柵城東，又屈而西流，與梧桐澗水合。又北屈，東經大索城南，又東經虢亭南，又東北流，須水右入焉。又東經滎陽縣故城南，又東經周苛冢北，又東流，北屈西轉，北經滎陽城東，北流注濟。寰宇記：索水在滎陽縣南三十五里。五代唐同光二年，詔蔡州刺史朱勍濬索水以通漕。宋建隆二年，導索水自旃然與須水合，入於汴，其後復導入金水河。元至元十一年，命賈魯治河，引京、索水，通陳、潁，入江、淮，通名賈魯河。鄭州志：賈魯河西源出方山聖水峪，中源出方山暖泉，二水合流曰合河口，即索水也。

賈峪河。在滎陽縣東南五十里。源出縣南賈峪山，東北流入賈魯河。又五通河，源出縣西南土溝，東北流經縣北入索河。

鄭河。在鄭州東二十五里。源出梅山，東北流至中牟縣，入賈魯河，溉田甚廣。水經注：汴家溝出京縣東南梅山北溪，其水自溪東北流，經管城西，俗又謂之管水。東北分爲二水，一水東北流，注黄雀溝，謂之黄淵，淵周一百步；其一水東越長城，東北流，水積爲淵，南北二里，東西百步，謂之百尺水。北入圃田澤，分爲二水，一水東北經東武强城北，又東北流，左注於渠，爲汴家水口也；一水東流，又屈而南轉，東南注白溝也。隋書地理志：管城有鄭水。寰宇記：鄭水，一名汴家水。金史地理志：中牟縣有鄭河。

東京河。在鄭州西南二十五里。源出梅山，東北流入賈魯河。

金水河。一名泥河，在鄭州西一里許，鄭水之西派也。源出梅山北黄龍池，以其來自金方，故名。舊渠自回回墓東北，遶舊城，與祭城水合，總名鄭河。後知州趙鼎陳請自西關改入城濠，遂棄舊渠。今河道由菜園、王莊、西關、北關，至僕射陂、光禄陂，入賈魯河。

洧河。自河南府登封縣流入，經密縣南，又東經新鄭縣北，又東南經許州長葛縣北，又東入洧川縣西南，受大沼水爲雙洎河。東南流經尉氏縣南、鄢陵縣北，東入陳州府扶溝縣界。左傳襄公元年：晉伐鄭，入其郛，敗其徒兵于洧上。昭公十九年：鄭大水，龍鬬于時門之外洧淵。戰國策：蘇秦説韓王曰：「東有宛穰、洧水。」漢書地理志：洧水東南至長平入潁水。水經：「洧水出河南密縣西南馬嶺山，又東南過其縣南，又東過鄭縣南，又東南過長社縣北。」注：「洧水東流，綏水會焉。又東，襄荷水注之，又東會滴瀝泉水，又東流，南與承雲二水合，又東，微水注之，又東逕密縣故城南，又左會璅泉水，又東南與馬關水合，又東合武定水，又東與虎牘山水合，又東南，赤澗水注之，又東南流，潧水注之，又東南逕鄶城南，又東經陰坂北，又東逕新鄭故城中，又東爲洧淵水。今洧水自鄭城西北入，而東南流逕鄭城南，又東與黄水合，又東南流，南濮、北濮二水入焉，又東南與龍淵水合，又東南分爲二水，其枝水東南流注沙，一水東經許昌縣，又東入汶倉城内，又東經鄢陵縣故城南，又東，鄢陵陂水注之。」括地志：洧水在鄭州新城縣北三里古新鄭城南，與溱水合。元和志：洧水在新鄭縣西北二十里。按：洧水舊自許州流經鄢陵縣南，其在洧川南者，本洧水支流康溝水。水經注云康溝水首受洧水於長社縣，東北流逕向岡西，後人遏其上口，今水盛則北注，水耗則輟流，是也。自宋人通惠民河，引洧水自許田注鄢陵，歷扶溝，合蔡水，始經洧川城南、鄢陵縣北。明時謂之雙洎河。舊志：今水自長葛東北，迤邐逕大隊山南，延秀岡側，至洧川故縣西南，屈而東南行，經許田店北，入鄢陵縣界，經縣北二十里。明弘治九年，山水泛漲，決洧川栗家口，故道漸淤，水勢趨南，横潰旁溢。嘉靖十年，水決汪家陂，去鄢陵縣僅三里。隆慶三年，改鑿新河，水患稍息。萬曆四十六年，創開支河，自鄢陵縣西莊頭，由舊城西門，經彭祖店南，歷晉家橋、彪岡，至丁家橋而止。上流之水悉歸支河。又有七里河，在鄢陵縣北七里，明弘治中洧水流經此。

清源河。在洧川縣西北二十五里，源出大陵旁。橐駝河，在縣西北十五里，亦名青龍泉，源出中牟縣西南界。蟄龍河，在縣西十里，俗名擡頭河。玉溪在縣西北九里，源出陵谷中、清源下。五水皆東南注大沼。

桃花河。在汜水縣東南，源出分水嶺。西南流經紫金山，過克家寨，名克家河。會徐家泉而西，更名曰泥河，入於汜。又有棘寨河，一名竹葉河，源亦出分水嶺，北流出方山口，入於汜。耿家河，源出蘭若山，東流入竹川，合大溪水，入於汜。

汜河。在汜水縣西。左傳成公四年：晉伐鄭，取汜、祭。杜預注：「成皋縣東有汜水。」史記：漢四年，項羽、大司馬曹咎渡兵汜水。水經注：汜水南出浮戲山，北流，車關水注之〔二〇〕，又北，右合石城水，又北，合鄤水，又北，經虎牢城，又北流注於河。舊志：汜水有二源，俱出縣東南方山，一曰小龍池，北流爲小里河；一曰黃龍池，出小龍池東，既出復伏，至神母泉湧出，東流匯豹窩、馬跑二泉，北出方山口，會小里河，又北受泥河、棘寨河諸水，又北合竹川及耿家河，又北經沙窩，折而西北，達於城南，受磴固川、蓮花池水，襟郭絡隍，名爲錦陽川。又西北抵伏蛟山下，受柳泉水，北出玉門，合洛水，東入大河。

洛河。在汜水縣西北，舊自河南府鞏縣入河。宋元豐五年，張從惠建議，起鞏縣沙谷至河陰縣，穿渠五十二里，引洛水入汴以通漕，謂之新洛口，今東至滿家溝入河。

忠義河。在禹州東二十五里，源出大陵岡，南流入潁。又州西南三十里有塘口、福勝二河，二十五里有南柳河，西三十里有焦村河，下流俱入潁水。

谷水河。發源禹州西五十里輞山，東流六郎臺入潁。

渚河。亦名褚河。源自禹州西北山谷中，東南流經許州東，又東經襄城縣北，又東經臨潁縣東南，合潁河。又東流入陳州府西華縣界。

按：通志云褚河即潁河，舊志又云「褚」當作「渚」，水之歧出者也。今以輿圖考之，石梁河實潁水分流，在潁之南；而渚河別爲一源，又在石梁河之南，流至臨潁，始受潁水，與潁水判不相涉。舊志皆誤。

趙家河。源出禹州西北七十里磨䆗山，南入襄城界，注潁水。

潁河。自河南府登封縣流入，逕禹州北，又東流分爲二，一東經新鄭縣南，入許州界，一東南流，俗曰石梁河，經許州城西南，東流復合潁水，入陳州府西華縣界。詳見河南府許州。

澗頭河。發源禹州佛耳山，南流至紅暢匯西山諸水，過塚頭入於汝。按：水經注藍水出陽翟重嶺山，南流入汝。今塚頭河即藍水，南有長橋，一名藍橋。此水其上流也。又趙家河，發源禹州牛頭山，流至法融寺，入澗頭河。

小紅河。發源禹州紫金山下，東流入溴水。

白龍潭河。發源禹州傘蓋山，流入許州長葛縣界。又煖泉河，發源禹州寇家莊，流入許州長葛縣界。

朝陽河。在密縣東南十五里，流入洧水。

浚水。在祥符縣北，詩：爰有寒泉，在浚之下。水經注：梁惠成王三十一年，爲大溝于北郛，以行圃田之水。陳留風俗傳曰，縣北有浚水，像而儀之，故曰浚儀。又汳水出陰溝於浚儀縣北，汳故渠即陰溝也，於大梁北又曰浚水矣。陳留風俗傳曰浚水經其北者也。寰宇記：寒泉陂在浚儀縣西六十里，其水冬夏長冷，故曰寒泉。

古渙水。自陳留縣流逕杞縣南，又東入歸德府睢州界。陳留記：襄邑，渙水出其南，睢水經其北。傳云：睢、渙之間出文章，故其黼黻絺繡，日月華蟲，以奉於宗廟御服焉。

古魯渠水。在陳留縣西北，東南流經杞縣南，又東南入陳州府太康縣界。漢書地理志：陳留縣魯渠水，首受蒗蕩渠，東至陽夏入渦渠。水經注：沙水東南逕牛首鄉，東南魯渠出焉，亦謂之宋溝也。又經陳留縣故城南，又東南逕圉縣故城北，歷萬人散，又歷魯溝亭，又東南至陽夏縣故城西。

睢水。故汴水分流也。自陳留東至杞縣北，又東入歸德府睢州界。漢書地理志：浚儀縣睢水首受蒗蕩水，東至取慮入泗，過郡四，行千三百六十里。水經注：睢水出陳留縣西蒗蕩渠，東北流逕高陽故亭北，又東經雍丘故城北，又東逕襄邑縣故城北，又東逕寧陵縣故城南。寰宇記：睢溝在陳留縣東南五里。其後開通濟渠而此渠廢。本朝乾隆二十二年修濬。

筆溝水。寰宇記：在尉氏縣東北四十里，與康溝合。端直如筆。舊志有新河在縣北，上承縣北雪水陂，至縣東南合康溝。又大溝河，在縣東南十五里，上承縣南諸陂，東北流入康溝。

潩水。在鄢陵縣南，自許州東南流入，又南入許州臨潁縣界。水經注：潩水東逕許昌城南，又東南與宣梁陂水合，又西南流逕陶城西，又東南逕陶陂東。寰宇記：潩水在鄢陵縣西南四十里。縣志：今有清流河，在縣南五十里，即潩水之別名。又有三道河，在縣西南二十里，自許州東秋湖流入，河本三叉，中央支流並列三渠，東南合清流河。

東汜水。在中牟縣南，東流入祥符縣，久堙。水經注：汜水上承役水於苑陵縣，役水支津東派爲汜水者也，世俗謂之泥溝水〔二二〕。左傳僖公三十年：晉侯秦伯圍鄭，晉軍函陵，秦軍汜南，所謂東汜者也。

華水。在鄭州東。水經注：七虎澗水出華城南岡，一源兩派，津川趣別，西入黃崖溝，東爲七虎溪，亦謂之華水。又東北流，紫光溝水注之。又東逕棐城北，又東北逕鹿臺南岡，北出爲七虎澗，東流期水注之，謂之虎谿水。亂流東注，逕期城北，東會清口水。元一統志有圃田店河，一名欒巴河，源出新鄭縣東北五十里韓村。金時於圃田店修隄堰，入金水河，散爲陂塘。舊志有潮河，在州東三十里，源出新鄭縣東北三十里欒巴廟前，每日三潮，故名。北流合賈魯河。今輿圖作欒河，自新鄭縣流入鄭州，至中牟縣蔣家莊入賈魯河。

承水。在鄭州南。山海經：承水出太山之陰，東北流注於役水。水經注：白溝水有二源，北水出密之梅山東南，而東逕靖城南，與南水合；南水出太山，西北流至靖城南，左注北水，即承水也，世謂之靖澗水。又東北流，太水注之，又東北入黃瓮澗。北逕中陽城西，又東屈逕其城北，東北流爲白溝，又東北經伯禽城北，屈而南流，東注於清水。元統志云有二十里河，源出管城縣西南太山，東北流逕縣南二十里，又東北至縣東南七里，與十八里河合。其十八里河，源出縣西南三十里，東流逕縣南十八里，又東北與二十里河合。蓋即承水南北二流也。舊志：七里河，在州東南七里，有三源，一出梅山，一出太山，一出州南站馬屯，至州東南七里合流，逕水磨祭城而入賈魯河，今俗亦名磨河。

太水。在鄭州南。山海經：太水出於太山之陽，東南流注於役水。水經注：太水出太山東平地，世謂之禮水，東北逕武陵城西，東北流注於承水。

古濟水。故道自懷慶府温縣流入，經汜水縣北，又東逕河陰廢縣北，又東逕滎澤縣北，又東逕懷慶府陽武縣北，皆與河合流。自此分南、北二濟。水經注：南濟水逕陽武縣故城南，又東逕封丘縣南，又東逕大梁城北，東南逕倉垣城，又東逕小黄縣之故城北，又東逕東昏縣故城北。北濟水，東過封丘縣北，又東逕原武縣故城南，又東逕酸棗縣之烏巢澤北，又東逕大梁城之赤亭北而東注。舊志：五丈河即南濟水故道也。自此以上久爲黄河所混。胡三省通鑑注云：自漢築滎陽石門而濟與河合流入海，不復入滎瀆矣。

車關水〔二二〕。在滎陽縣西南。水經注：車關水出於嵩渚之山，泉發於層阜之上，一源兩支，分流瀉注。世謂之石泉水，東流爲索水。西注爲車關，西北流，楊蘭水注之，又西北，蒲水入焉，亂流注於汜。

㟰水。在禹州西南二十里。水經注：陽翟縣有故堰，堰石崩褫，頹基尚存，舊遏潁水支流所出也。其故瀆東南逕三封山北渠中，又有泉流出焉，謂之㟰水。東逕三封山東，東南歷大陵西連山，又東南流積爲陂，俗謂之臺陂，又西南流逕夏亭城西，又屈而東南爲郟之靡陂。按：今志謂三峯山有二泉分流，疑即此水。

古役水。在新鄭縣北，流經中牟縣南，今堙。水經注：水自苑陵東北流，經焦城東，又東北，魯溝水出焉，又東北，汜溝水出焉，又東北經曹公壘南，又東北經中牟澤，又東北流屈注渠。

黑水。在禹州東北。源出州北二十里杏山東之張甕澗。東南流合潁水。

滴瀝泉水。在密縣東五里。水經注：滴瀝泉水出深谿之側，泉流丈餘，懸水散注，故以「滴瀝」稱。南流入清水。

承雲水。在密縣東。水經注：承雲二水，俱出承雲山。二源雙導，東南流注于洧。縣志：今有蘄蛟臺河，源出縣東北十五里雙溝，南流會衆水入洧，今名蛟河。

武定水。在密縣東。水經注：水出北武定岡，西南流，又屈而東南流，逕零鳥隝西，側隝東南流，隝側有水，懸流赴壑，直注澗下，淪積成淵，爲零鳥水，東南流入於洧。縣志：今有楊河源出縣東北二十里，東南流至大隗鎮，又東北入洧。

璅泉水。在密縣東南。水經注：璅泉出玉亭西，北流注於洧水。縣志：泉在大隗鎮西南八里，其水不流亦不涸。

馬闞水。在密縣東南五十里。水經注：馬闞水，出玉亭下，東北流歷馬闞，謂之馬闞水，又東北注於洧。

微水。在密縣南。水經注：水出微山，東北流入於洧。縣志：今有艾坪河，在縣西南二十里，坪下數泉並出，合流至縣東南，東北入洧。

子節水。在密縣西。水經注：襄河水出北山子節溪，亦謂之子節水，東南流注於洧。縣志有青山河，源出青屏山，南流經縣西門外，合十河口入洧。疑即子節水。

綏水。在密縣西北。水經注：水出方山綏谿，即山海經所謂浮戲之山也。東南流經張伯雅墓，又東南流逕上郭亭南，又東南注洧。縣志有十河口，在縣西八里，源出縣西北山澗，皆匯斯口南流入洧。疑即此水。

溱水。在密縣東北，流經新鄭縣西北，又南流合洧水。一名潧水，或又作鄫水。詩：溱與洧，方渙渙兮。説文：溱水，在鄭國，南入於洧。水經：「潧水出鄭縣西北平地，東過其縣北，又東南過其縣東，又南入於洧水。」注：「鄫水出鄶城西北雞絡塢下〔二三〕，東南流經賈復城西，東南流，左合澁水，又南，左會承雲山水，又東南流，歷下田川，逕鄶城西〔二四〕，謂之柳泉水。又南懸流奔壑，其下積水成潭，廣四十步許，淵深難測，又南注於洧。寰宇記：新鄭縣溱水在縣北，洧水在縣南。九域志：密縣有鄫水，即溱水也。縣志：溱、洧自密兩水會合，而東爲雙洎河，後洧流獨盛，溱水漸微，今涸。

黄水。在新鄭縣西北。源出自然山，經縣城北，東南流入於洧。左傳襄公二十八年：公如楚，過鄭，伯有廷勞于黄崖。注：「滎陽宛陵縣西有黄水。」水經注：黄水出太山南黄泉，東南流逕華城西，東南流，又與上水合。又東南流，捕章山水注之。又南至鄭城北，東轉於城之東北，與黄溝合。又東南逕龍淵泉東南，七里溝水注之。又屈而南流逕升城南，又南歷燭城西，又南流注於洧水。

磑固川。在汜水縣南四里。源出川西石洞溝，潛行復出，東北流爲磑固，中有柏柿峪、蕭家溝二溪。

竹川。在汜水縣南二十里。汜水西高岸上有泉曰太溪，一泓澄淨，不見水源，而下自潺湲，居人多引爲沼。汜水地瘠，獨此膏腴，藉此水之利也。

麻地川。在禹州北三十里具茨山西伏流，南踰杏山湧出，入潁川〔二五〕。民常汲以灌麻。

黑峪川。在密縣東北二十五里，東流至鄭州，入京水。又槐峪川，在縣北三十里，北流入滎陽之須水。又龍泉寺泉，在縣北二十里，亦東流入須水。

古逢澤。在祥符縣南。左傳哀公十四年：逢澤有介麇。史記秦本紀：孝公二十年，使公子少官率師會諸侯逢澤。漢書地理志：開封縣逢池在東北，或曰宋之逢澤也。注：臣瓚曰「汲郡古文：『梁惠王發逢忌之藪以賜民。』今浚儀有逢陂忌澤是也〔二六〕」。水經注：新溝水出逢池，池上承役水於苑陵縣，別爲魯溝水。東南流經開封縣故城北，東南入百尺陂，即古之逢澤也。其水東北流爲新溝，又東北注渠。括地志：逢澤，亦名蓬池，在浚儀縣東南十四里。元和志：蓬澤在開封縣東北十四里。舊志有伯俞河，在府城南二十里，東流，一名東溝河，即逢池也。唐書地理志：開封有福源池，本蓬池，天寶六載更名，禁漁採。此別一池，在縣東北。

漸澤。在洧川縣北二十里，廣四里。穆天子傳：「天子飲於洧上，釣於漸澤。」即此。今名指澤陂。

古圃田澤。在中牟縣西。詩小雅：東有甫草。職方氏：豫州其藪，澤曰圃田。爾雅九藪：鄭有圃田。左傳僖公三十三年：鄭皇武子曰：「鄭之有原圃，猶秦之有具囿也。」漢書地理志：中牟縣，圃田澤在西，豫州藪。水經注：圃田澤多麻黃草，詩所謂「東有甫草」也。西限長城，東極官渡，北佩渠水，東西四十餘里，南北二百里許，中有沙岡，上下二十四浦，津流逕通，淵潭相接，各有名焉。有大漸、小漸、大灰、小灰、義魯、練秋、大白楊、小白楊、散嚇、禺中、羊圈、大鵠、小鵠、龍澤、密羅、大哀、小哀、大長、小長、大縮、小縮、伯丘、大蓋、羊眠等浦，水盛則北注，渠溢則南播。故竹書紀年「梁惠成王十年，入河水於甫田，又爲大溝而引甫水」者也，斯圃乃水澤之所鍾，爲鄭隰之淵藪。括地志：圃田澤在管城縣東三里。元和志：在中牟縣西北七里，上承鄭州管城縣界曹家陂，又溢西北流，爲二十四陂，大鵠、小鵠之類是也。名勝志：皇畿賦曰：「八澤九溝，二池三固。」自注云：「八澤者，清口澤、管澤、雁澤、蓼澤、淳澤、畢澤、龍澤、滑澤也。九溝者，醋溝、鸛鳥溝、青陽溝、泥溝、蓼溝、渡没溝、丈八溝、浮家溝、白馬溝也。二池，青陽池、蓮藕池也。三固，潘固、朱固、鄭固也。」

古滎澤。在滎澤縣治南。禹貢：滎波既豬。又：沇水東流爲濟，入於河，溢爲滎。周禮職方氏：豫州其川滎、雒。左傳宣公十二年：楚潘黨逐晉魏錡，及滎澤。後漢書郡國志：滎陽有費澤。劉昭注：「縣東滎澤也。」水經注：濟水又東逕滎陽澤，地故滎水所豬也。京相璠曰：「滎澤在滎陽縣東南，與濟隧合。」鄭康成曰：「自平帝以後，滎澤塞爲平地，滎陽民猶以其處爲滎澤，在其縣東。」括地志：在滎澤縣西北四里，今成平地。

制澤。在新鄭縣東北。左傳成公十六年：諸侯之師次于鄭西，遷于制田。注：「滎陽苑陵縣東有制澤。」水經注：苑陵二城以東，悉多陂澤，即古制澤，春秋之制田也。

沙海。舊志：在祥符縣西北十二里，今無水。元和志：在開封縣北二里。戰國策：齊欲發卒取周九鼎，顔率説曰：「大梁之君臣，欲得九鼎，謀于沙海之上，爲日久矣。」即謂此也。隋文疏鑿舊跡，引汴水注之，習舟師以伐陳。陳平之後，立碑其側以紀功。

絡江。自許州流入鄢陵縣，經城西南隅，入陳州府西華縣境。

大沼。在洧川縣西北三里，亦名白雁陂。穆天子傳：天子飲許男于洧上，乘鳥舟龍卒，浮于大沼。水經注：白雁陂在長社東北，東西七里，南北十里，在林鄉之西南。縣志：大沼縱廣百餘頃，今名爲楊家湖，下流入雙洎河。

坡溝。在陳留縣，宣洩境内積水。又小溝。亦在陳留縣。本朝乾隆二十二年，俱挑濬深通。

長明溝。自許州長葛縣流入洧川縣南，東流至尉氏縣西。水經注：水出苑陵縣故城西北，謂之龍淵泉，南流又東，重泉水注之，又東南入白雁陂，自陂引瀆南流，謂之長明溝，東轉徑向城北，又東，右徑爲染澤陂，又東經尉氏縣故城南，溝瀆自是三分，北分爲康溝。寰宇記：長明溝在縣西南四十五里，與大溝合流。舊志：康溝在縣南門外。東流入白家潭、小黄河。

湯王溝。在汜水縣東二十里。相傳成湯禱雨處。有池一泓，常不溢，溢即大雨。又麒麟溝，在縣西古崤關北。飲馬溝，在大伾山下。犂轅溝，在縣西二里，形勢回曲，如犂轅然。滿家溝，在縣東北四十里，即古五龍隝也。

犢水溝。在禹州城北十里，南流入潁。

濺溝。在禹州城東北二十五里。源出金牛山，合聖水泉東流，可溉田。

牽渠。在鄭州東。魏牽招爲廣武太守，郡城井苦不可食，招爲鑿渠，引城外清泉注之，民以爲便，因名。

西湖。在鄢陵縣西南二里。宋時引城北蔡河水注之。

梁家湖。在鄭州東二十里。又大、小回湖俱在州東三十里，二湖相連，下達中牟縣，入黄河。又螺蛳湖，在州東南三十里。

龍池湖。在鄭州東李魏公廟後。周三里許，居民依水種蓮。

霧澤陂。在祥符縣西南。宋史河渠志：熙寧九年，提轄修京城所請引霧澤陂水至咸豐門，合京、索河。元祐元年，詔斥祥符霧澤陂募民承佃，增置水匱。今涸。舊志又有募天陂，在府舊城西，宋靖康初，李綱與金兵戰於此。

觀省陂。在陳留縣東。唐書地理志：陳留有觀省陂。貞觀十年，縣令劉雅決水溉田百頃。

蔡澤陂。在尉氏縣西南。水經注：蔡澤陂出鄢陵城西北，陂東西五里，南北十里。縣志有大陂，在縣西南四十里。東流入扶溝縣界。蓋即蔡澤陂也。又有聖水、石橋、天支陂、司馬、寄生陂、鴻雁、蓮花渚陂〔二七〕，旱則堅确難耕，潦則汪洋無際。

僕射陂。在鄭州東南四里。唐書地理志：管城有僕射陂，後魏孝文帝賜僕射李沖，因以爲名。天寶六載，更名廣仁池，禁漁採。寰宇記：李氏陂，在管城縣東四里，周圍十八里。曲洧舊聞：僕射陂本以李沖得名，近世訛爲李靖。崇寧中至賜廟額，莫有正之者。舊志：今名城湖，其西有雷家澤，即此湖之源也。

白楊陂。在汜水縣東。魏書地形志：雍丘有白楊陂。水經注：睢水逕雍丘縣故城北，又東，水積成湖，俗謂之白楊陂，方四十里。

板渚。在汜水縣東北二十里。水經注：河水東逕板城北，有津，謂之板城渚口。唐書：武德四年，竇建德救王世充，軍於成皋東原，築宮板渚。元和志：在汜水縣東北三十五里。

凝碧池。在祥符縣東南平臺側，唐牧澤也。宋真宗時鑿爲池，今淤。

金明池。在祥符縣西。五代周顯德四年，世宗謀伐南唐，鑿池習水戰。宋太祖置神衛水軍以習舟師，太宗幸池閱水戰。大中祥符六年，詔諸軍選江、淮習水卒，於金明池試戰棹，立爲虎翼軍，營於池側。政和中，又於池內建殿宇，後燬。又講武池，在南薰門外、故王津園東。宋建隆四年，鑿以習水戰，引蔡水注之，名教戰池。開寶六年，改名講武。今淤。

飲馬池。在陳留縣西七里。明洪武初幸汴駐蹕於此。

蓬池。在尉氏縣東北一里許。寰宇記：池在縣北五里。述征記：「大梁西南九十里尉氏縣有蓬池。」阮籍詩：「徘徊蓬池上，回首望大梁。」即此。

龍女池。在鄢陵縣南馬欄鎮龍女廟前。池周八丈，歲旱，禱雨輒應。

蓮花池。在鄭州東三十里。又一在汜水縣南，西北流，入汜。

龍池。在密縣東北大隗鎮西南。又縣西北藺巖山有黑龍池。

黑龍潭。在洧川縣東十五里。相傳有龍潛伏。又滎陽縣東北二十里，滎澤縣東南五里，皆有龍潭。

温家潭。在鄢陵縣西北十八里。羣岡矗起，其最巔處，津渠浩淼，西折爲淵，澄清深潔，大旱不竭。

龍潭。在密縣東南三十里，近大隗山麓。有數源流注潭口，兩岸皆石，水流倒擊崖竅，飛瀑如雷，潭側峯巒峭拔，其水瑩淨，色如琉璃。

靈泉。在滎陽縣東北二十五里。四時不涸，流入須河。

聖水泉。在禹州北三十里。旱禱輒應。又有靈泉，亦在禹州北，平地湧出，南流入潁。

金花泉。在密縣南，縱廣二畝，自地湧出。又縣北有交花泉。縣北四十里有五龍泉，一名五眼泉。

甘泉井。在祥符縣治北。明統志云：在魏國公徐達故宅〔二八〕。洪武間，河水入城，井苦不能食。永樂初，忽湧此泉，色瑩而味甘，因名。

神井。在杞縣西南。陳留志：雍丘城内有神井，能興霧雹。明統志云：每歲旱，於此取水，禱雨輒應。

龍井。在尉氏縣南岳寨保，旱禱多應。

漆井。在鄢陵縣西七里陳寔祠前。世傳太丘故宅内井，井口内漆以隔鹻，歲旱禱雨於此。

琉璃井。在儀封廳請見亭西。府志：井皆自生琉璃，不假甃造，光耀自然。又名聖井，世傳夫子曾飲於此。

靈仙井。在滎陽縣南二十五里靈仙寺前。元延祐間，龍見於井。

厄井。在滎陽縣西十五里。應劭風俗通：漢高祖與項羽戰敗於京、索，遁入此井，蛛網其口，鳩正鳴其上，追者以爲無人，遂得脱。因名。

湫水井。在禹州城北。省志：世傳井源與靈泉、聖水泉相通。大旱不涸，潦亦不溢。

校勘記

〔一〕汾陘之塞　「陘」，原作「涇」，乾隆志卷一四九開封府山川（下同卷簡稱乾隆志）同，據通鑑地理通釋卷一〇七國形勢考下改。

〔二〕白波發運判官史瑩　「波」原作「坡」，「瑩」原作「滎」，乾隆志同，據續資治通鑑長編卷七六「宋真宗大中祥符四年十月」條及讀史方輿紀要卷四六河南一改。

〔三〕在密縣南二十三里　乾隆志同，雍正河南通志卷五二古蹟下謂在密縣城西南五里超化寺前。

〔四〕又逕黄馬坂北　乾隆志同。按，戴震校水經注，以爲「又」字當作「右」。

〔五〕又東過滎陽縣　乾隆志同。按，戴震校水經注，以爲「縣」下脱「北」字。

〔六〕蒗蕩渠出焉　「蕩」，乾隆志同，戴震校謂當作「碭」。

〔七〕一渠始皇疏鑿以灌魏郡　「郡」，原作「都」，乾隆志同，據宋史卷九三河渠志改。

〔八〕旃然水自縣東流入汴水　「流」，原作「北」，據乾隆志及宋史卷九三河渠志改。

〔九〕汴水自兩城間小澗中東流而出　「間」，原作「門」，乾隆志同，據宋史卷九三河渠志改。

〔一〇〕內供奉宋用臣自任村沙谷口至汴口開河五十里　「村沙」，原誤倒，乾隆志同，據宋史卷九四河渠志乙。

〔一一〕引伊洛水入汴河以通漕運　「引」，原作「因」，乾隆志同，據宋史卷九四河渠志改。

〔一二〕凡許鄭諸水合堅白雁丈八溝　「合」，原作「令」，乾隆志同，據宋史卷九四河渠志改。下句「合」字原亦訛作「令」，據宋史河渠志同改。

〔一三〕從都北歷陳留及鄆　「留」，原作「晉」，據乾隆志及雍正河南通志卷一二河防引九域志改。

〔一四〕都水監丞侯叔獻請儲三十六陂及京索二水爲源　「陂」，原作「坡」，據乾隆志及宋史卷九四河渠志改。

〔一五〕又柏子岡溝　「柏」，原作「构」，據乾隆志改。

〔一六〕又東北經故市縣故城南　「南」下原有「溪」字，乾隆志同，據水經注卷七濟水刪。

〔一七〕又東北與靖水枝津合　「靖」，原作「清」，乾隆志同，據水經注卷七濟水改。

〔一八〕二水之會爲黃淵　「淵」，原作「泉」，乾隆志同，據水經注卷七濟水改。

〔一九〕與車關分水　「車」，乾隆志及水經注卷七濟水作「東」。

〔二〇〕車關水注之　「車」，乾隆志同，水經注卷五河水各本或作「車」，或作「東」。

〔二一〕世俗謂之泥溝水　「泥」，乾隆志同，水經注卷二二渠沙水作「涅」。

〔二二〕車關水　乾隆志同。按，水經注文各本有「車」、「東」之異。太平寰宇記卷九河南道鄭州引水經注作東關水，資治通鑑卷二七三後唐紀莊宗同光二年胡三省注引水經注則作車關水。蓋傳文各異，難究其實。

〔二三〕鄶水出鄶城西北鷄絡塢下　「鄶」，原作「鄫」，乾隆志同，據水經注卷二二潧水改。

〔二四〕逕鄶城西　「鄶」，原作「鄫」，乾隆志同，據水經注卷二二洧水改。

〔二五〕入潁川　「川」，原作「州」，據乾隆志改。

〔二六〕今浚儀有逢陂忌澤是也　「逢」下原衍「澤」字，乾隆志同，據漢書卷二八上地理志臣瓚注删。

〔二七〕蓮花渚陂　「渚」，乾隆志同，疑當作「諸」。按，嘉靖尉氏縣志卷一水利詳列三十七陂，包含本志所録八陂，其中蓮花陂不作「蓮花渚陂」。「渚」當是「諸」字之誤。諸，概言之謂也。又上文兩「陂」字不當出。

〔二八〕在魏國公徐達故宅　「在」，原闕，乾隆志同，據明一統志卷二六河南開封府補。

大清一統志卷一百八十七

開封府二

古蹟

故東京城。今府城故基。五代梁建東都,後唐罷,晉復曰東京,宋因之。侯鯖録:開封舊城,即汴州城。唐建中二年,節度使李勉重築。宋初號曰闕城,亦曰裏城。周顯德三年,詔别築新城,號曰外城,亦曰羅城。皆韓通、王朴二人所經度。宋史地理志:東京舊城,周圍二十里一百五十五步。東二門,北曰望春,南曰麗景;南三門,中曰朱雀,東曰保康,西曰崇明;西二門,南曰宜秋,北曰閶闔〔一〕;北三門,中曰景龍,東曰安遠,西曰天波。新城周圍五十里一百六十五步。大中祥符九年,增築南三門,中曰南薰,東曰宣化,西曰安上;東二門,南曰朝陽,北曰含輝;西二門,南曰順天,北曰金輝〔二〕;北四門,中曰通天,東曰長景,次東曰永泰,西曰安肅。汴河上水門,南曰大通,北曰宣澤;汴河下,南曰上善,北曰通津〔三〕;惠民河,上曰普濟,下曰廣利;廣濟河,上曰咸豐,下曰善利。上南門曰永順。其後又於金輝門南置開遠門。金史地理志:都城門十四。李夢陽修城記:河南省城,即宋之内京城,其外城已毁。

新里故城。在祥符縣東三十里。寰宇記:隋開皇十六年,分浚儀置新里縣。大業二年廢。唐武德四年復置,貞觀元年又廢。

開封故城。在祥符縣南五十里。戰國魏邑。史記：韓釐王二十一年，使暴鳶救魏，爲秦所敗，鳶走開封。秦二世三年，酈商將陳留兵攻開封。漢高祖封功臣陶舍爲侯邑，後爲縣，屬河南郡。後漢因之。晉改屬滎陽郡。後魏太平真君八年，併入苑陵，景明元年復置，孝昌中改屬陳留郡。東魏天平初，增置開封郡。北齊郡廢。隋屬滎陽郡。唐屬汴州。貞觀元年，省入浚儀。延和元年復置，移入州郭，管東界。明初，省入祥符。

浚儀故城。在祥符縣西北。史記：魏惠王三十一年，徙治大梁。秦始皇二十二年，王賁攻魏引河溝灌大梁，大梁城壞，其王請降，盡取其地。漢書地理志：陳留郡浚儀縣，故大梁。水經注：大梁城，本春秋之陽武高陽鄉也。於戰國爲大梁，周梁伯之居也。後魏惠王自安邑徙都之，故曰梁。秦滅以爲縣。漢文帝封孝王於梁，孝王東都睢陽，自是置縣，以大梁城廣，居其東城夷門之東。夷門，即侯嬴抱關處也。舊唐書地理志：汴州浚儀古縣，隋置，在今縣北三十里。爲李密所陷，縣人王要漢率豪族置縣於汴州之内。武德四年，移縣於州北羅城内。貞觀元年，移於州西一里。按：左傳所載梁伯大其城，號曰新里，在今陝西同州，有新里城。水經注即以爲大梁城，誤。

陳留故城。今陳留縣治。公羊傳：古者鄭處於留，後鄭伯取鄶，遷鄭而野留。漢書地理志：「陳留郡陳留」注：「孟康曰：留，鄭邑也，後爲陳所并，故曰陳留。」臣瓚曰：「宋亦有留，彭城留是也。留屬陳，故曰陳留也。」魏書地形志：開封有陳留城。李吉甫元和郡縣志：陳留縣，西至汴州五十里。開皇二年，分浚儀置。寰宇記：小陳留城在縣南三里。晉太康地道記曰「陳留先有陳留縣，以北有大城，故此號小城」。按：陳留，晉志不載，故寰宇記以爲西晉末廢，而隋志謂爲後魏廢。又按：括地志、元和志所記至州道里，俱與今縣合。明統志云在縣北三十里，誤。

小黄故城。在陳留縣東北。戰國魏邑。史記：黄歇説秦昭王曰，王取首、垣以臨平丘。小黄即此。漢置縣。晉泰始元年，封魏廢帝爲陳留王，移治於此。水經注：濟水逕小黄縣故城北，縣故陽武之東黄鄉也，因水以名縣。北齊廢入陳留。唐初復置，屬汴州，貞觀初又省。括地志：小黄故城，在陳留縣東北三十三里。寰宇記：唐初，小黄縣在陳留縣西南四十里。

雍丘故城。今杞縣治。春秋哀公九年：「宋皇瑗帥師取鄭，師於雍丘。」史記：韓景侯元年，伐鄭取雍丘。秦始皇五年，蒙驁攻魏，定雍丘。二世二年，沛公與項羽略地至雍丘，與秦軍戰，大破之。漢書地理志：陳留郡雍丘縣，故杞國也。周武王封禹後東樓公。先春秋時，徙魯東北。魏黄初四年，徙封弟植爲雍丘王。晉太興三年，祖逖爲豫州刺史鎮雍丘。水經注：汳水自鳴雁亭南，又東逕雍丘故城北。元和志：雍丘本漢舊縣，亦古之雍國，其城北臨汴河。元史地理志：元初，於故城北二里，河水北岸，築新城，置縣。繼又修故城，號南杞縣。縣志：張柔城在縣北五里，即元時所築新城。

外黄故城。在杞縣東。左傳：惠公季年，敗宋師於黄。杜預注：「黄，宋邑。陳留外黄縣東有黄城。」史記：魏惠王三十年，齊擊魏，魏太子申爲上將軍，過外黄。秦二世二年，沛公與項羽略地雍丘，還攻外黄。漢書地理志：陳留郡外黄縣，都尉治。張晏曰：「魏郡有内黄，故加『外』。」臣瓚曰：「縣有黄溝，故氏之也。」晉屬陳留國，後魏廢。魏書地形志：濟陽縣有外黄城。隋復置外黄縣，屬濟陰郡。唐初屬杞州，貞觀六年復廢。元和志：外黄故城，在雍丘縣東六十里。又春秋昭公二十五年：宋公佐卒於曲棘。杜預注：「外黄城，中有曲棘里。」

圉縣故城。在杞縣南，春秋時鄭地。左傳昭公五年：韓宣子如楚送女反，鄭伯勞諸圉，後屬魏。史記楚人以弋説襄王曰「王朝張弓而射魏之大梁之南，還射圉之東」是也。漢置圉縣，屬淮陽國。後漢屬陳留郡。晉屬陳留國，後廢。後魏景明元年復置，後改曰圉城，屬陽夏郡。北齊廢。隋開皇六年，復置圉城縣，屬梁郡。唐初屬杞州，貞觀元年廢。蕭德言括地志：故圉城有南北二城，在雍丘縣界。寰宇記：在縣南五十里。金史地理志：杞縣有圉城鎮。縣志：「今名南圉鎮。」

尉氏故城。今尉氏縣治。漢置縣。應劭曰：「古獄官曰尉氏，鄭之别獄也。」臣瓚曰：「鄭大夫尉氏之邑，故遂以爲名。」通鑑：隋義寧元年，尉氏城主時德睿應李密。唐武德二年，德睿降於王世充，以爲尉州刺史。三年，德睿以所部七州來降，改尉州爲南汴州。元和志：縣北至汴州一百里，本漢舊縣。武德四年，置洧州。貞觀元年廢，以縣屬汴州。寰宇記：秦始皇二年置縣，即南阮所居之所。

洧川故城。在今洧川縣南十里。金史地理志：開封府洧川縣，興定二年，以尉氏縣之宋樓鎮升洧川。縣志：明洪武二年，縣令俞廷芳以水患遷今治。

鄢陵故城。在今鄢陵縣西北。春秋隱公元年：鄭伯克段于鄢。成公十六年：晉侯及楚子、鄭伯戰於鄢陵，楚子、鄭師敗績。史記：韓宣惠王十四年，秦伐敗我鄢。漢書功臣表：鄢陵侯朱濞，高帝十二年封。後漢書郡國志：鄢陵，春秋時曰鄢。魏書地形志：鄢陵縣有鄢陵城。括地志：鄢陵故城，在今鄢陵縣西北十五里。元和志：鄢陵縣西北至許州七十五里。縣志：古鄢城在縣西北甘羅保北，又縣南有朱濞城。

中牟故城。在今中牟縣東。水經注：洙水經中牟縣故城。薛瓚注漢書云：「中牟在春秋時，爲鄭之堰也，及三卿分晉，則在魏之境内。」元和志：中牟縣西至鄭州七十里，本漢舊縣，縣理即古中牟故城。寰宇記：後周保定五年，中牟移於今縣西三十里圃田城。隋開皇十七年，於中牟舊城置邴城縣。十八年，改圃田城曰圃田縣。大業二年，廢邴城縣，移圃田縣於中牟城。唐初復改中牟。縣志：故城在今縣東六里，明天順中移今治。按：中牟有二，史記正義云相州蕩陰縣西有牟山，趙中牟邑在山側。此中牟乃鄭地，其名中牟始於漢，非趙中牟也。班志謂趙獻侯自耿徙此，誤。

東昏故城。在蘭陽縣東北二十里。本古户牖鄉。左傳哀公十三年：會於黄池，吴人囚子服景伯以還，及户牖，歸之。史記：陳平，陽武户牖鄉人。索隱曰：「秦時户牖鄉屬陽武，至漢以户牖爲東昏縣，屬陳留。」漢書地理志：東昏縣，莽曰東明。魏書地形志：濟陽縣有東昏城。括地志：東昏故城在陳留縣東北九十里。寰宇記：東明縣在開封縣東九十里，即府界静戎鎮之地，尋爲東明鎮，西南去陳留縣八十里，東昏故城在今縣西北。金史地理志：曹州東明縣，初隸南京，後避河患，徙河北冤句故地，後以故縣爲蘭陽。儀封有舊東明城。明統志：金析東明六鄉爲縣，取其首鄉曰蘭陽以爲名。縣志：縣舊治東北五里，明洪武元年遷今治。

濟陽故城。在儀封廳北。竹書紀年：梁惠成王三十年，城濟陽。史記：蘇代約燕王曰：「決白馬之口，魏無外黄、濟陽。」漢置縣，屬陳留郡。景帝中六年，封梁孝王子明爲濟川王。應劭曰：「今濟陽縣也。」又元帝永元三年，立子康爲濟陽王。後漢書：南頓君初爲濟陽令，以建平元年生光武於縣舍。晉屬陳留國。後魏咸和二年，置徐州於此。皇興初，州廢。孝昌中，改屬陽夏郡。隋屬濟陰郡。唐貞觀初省入冤朐縣。括地志：濟陽故城在冤句縣西南三十五里。舊志：在今儀封廳北五十里。

儀封故城。在儀封廳東北十七里。金廢東明縣爲通安堡，元至大元年於此置縣。明洪武二十二年圮於河，遷於西南通安鄉之白樓邨，即今治也。

管城故城。即今鄭州治。周初管叔封於此。春秋時，鄭地。左傳宣公十二年：楚子圍鄭，晉師救鄭，楚子次於管以待之。韓非子：魏安釐王攻韓，拔管，使縮高守之。漢書地理志：中牟有管叔邑。杜預左傳注：「滎陽京縣東北有管城。」水經注：汴家溝水逕管城西，故管國也。元和志：管城縣自漢至隋皆爲中牟縣地。隋開皇十六年，於此置管城縣。又分置管州。唐貞觀元年廢管。七年，自武牢移鄭州於今理。明初縣省。

古大索城。今滎陽縣治。左傳昭公五年：晉韓宣子如楚送女，鄭子、皮子、太叔勞諸索氏。杜預注：「成皋縣東有大索亭。」水經注：索水北逕小索亭西，世語以爲本索氏兄弟居此，故號小索。又北逕大柵城東，晉滎陽民張卓、董遇等，遭荒流離，鳩聚保固，名爲大柵塢。魏太平真君中，潁州刺史崔白，自虎牢移州治此，開廣舊城，創制改築。太和十七年，遷都洛邑，省州置郡。索水又北屈，東逕大索城南。晉地道記所謂「京有大索、小索亭」，漢書「京、索之間」也。括地志：今滎陽縣即大索城，又有小索城，在縣北四里。按：水經注分大柵、大索爲兩城，括地志、元和志合爲一城。晉灼曰：「索音柵。」蓋大柵即大索之訛，不當分也。

須水故城。在滎陽縣東三十里。唐武德四年，置須水縣，屬管州。貞觀元年，省入滎陽。

京縣故城。在滎陽縣東南。左傳隱公元年：鄭武姜爲叔段請京，使居之，謂之京城太叔。史記：漢二年，楚與漢戰滎陽南京、索間。應劭曰：「京，縣名，屬河南郡。」隋書地理志：後齊省京縣入滎陽。括地志：京縣在滎陽縣東南二十一里，即鄭之京邑。

滎陽故城。在滎澤縣西南，戰國時韓邑。史記：韓桓惠王二十四年，秦拔我滎陽。漢二年，漢王兵大振滎陽，破楚京、索間。後置縣。後漢時兼置都尉。獻帝起居注：建安十八年，省州并郡，豫州得河南、滎陽都尉。魏志：正始中，傅嘏拜滎陽太守。水經注：索水逕滎陽縣故城南，其城跨倚岡原，居山之陽。魏正始三年，詔割河南郡鞏縣，自闕以東創建滎陽郡。蓋魏時已置郡，晉因之也。後魏太和十七年，移郡治大柵城，而此城廢。括地志：滎陽故城在滎澤縣西南十七里。

河陰故城。在滎澤縣西。元和志：河陰縣西南至府二百三十里。本漢滎陽縣地。開元二十二年，以地當汴河口，分汜水、滎澤、武陟三縣地，於輸場東置縣，以便漕運，即侍中裴耀卿所立。舊志：元時徙治廣武山北之大峪口。明初又徙在滎澤縣西十五里。本朝乾隆三十年省入滎澤。

滎澤故城。在今滎澤縣北五里。隋置。明洪武八年，爲河水所圮，遷今治。

成皋故城。在汜水縣西北。本古東虢國，後屬鄭爲制邑，亦曰北制。左傳隱公元年：鄭莊公曰：「制，巖邑也，虢叔死焉。」五年「鄭敗燕師於北制」是也。又名虎牢。穆天子傳：天子射獵於鄭圃，有虎在乎葭中，天子將至，七萃之士高奔戎生捕虎而獻之。天子命之爲柙，畜之東虞，是爲虎牢。左傳莊公二十一年：鄭伯定王室，王與之武公之略，自虎牢以東。襄公二年：孟獻子請城虎牢以逼鄭，遂城虎牢。其後爲成皋。戰國策：三晉已破智氏，將分其地，段規謂韓王曰：「分地必取成皋。」韓王曰：「成皋石溜之地，無所用之。」段規曰：「王用臣言，則韓必取鄭。」王曰：「善。」取成皋。至韓之取鄭，果從成皋始。史記：秦莊襄王元年，使蒙驁伐韓。韓獻成皋。漢三年，漢王從滎陽走成皋。晉書地理志：成皋縣有關。宋書州郡志：武帝北平關、洛，置司州刺史，治虎牢。水經注：河水經成皋縣北，縣治伾山上，縈帶伾阜，岸絶峻，周高四十許丈，即虎牢也。城西北隅又有小城，周三里。魏書地形志：泰常中，置北豫州，治虎牢。元和志：開皇十八年，改成皋爲汜水縣。開元二十九年，自武牢城移於今理，西南至河南府一百八十里。舊志：虎牢城在縣西二里。明洪武二年，改虎牢爲古崤關，置巡司戍守。成化十七年裁。今縣城即故關城，唐時所移也。成皋故城在縣西大伾山上。元至大初，以河患遷治於縣東十里。洪武六年，復舊治，以故縣爲舊城鋪，今名上街鎮。

陽翟故城。即今禹州治。本禹始封邑，周爲鄭櫟邑。春秋桓公十五年：鄭伯突入於櫟。注：「鄭別都也，今河南陽翟縣。」史記：韓景侯九年，鄭圍我陽翟，其後爲韓國都。秦始皇十七年，內史騰攻韓，韓王盡納其地，以爲潁川郡。漢元年，項羽使韓王成因故都都陽翟。六年，韓王信徙太原，復爲潁川郡。地理志：郡治陽翟縣，夏禹國。韓景侯自鄭徙此是也。水經注：潁水東逕陽翟故城北。寰宇記：縣在許州西北九十里。

康城故城。在禹州西北，本夏少康故邑。水經注：潁水東歷康城南，夏少康故邑也。魏明帝封尚書衛臻爲康鄉侯，邑於此。後魏孝昌中，置康城縣，屬陽城郡。隋仁壽四年，廢入陽城縣。唐武德四年復置，屬嵩州。貞觀三年省。梁載言十道志：陽翟有少康城。舊志：在今縣西北三十里。

密縣故城。在今縣東南。春秋僖公六年：「公會伐鄭，圍新城。」左傳：「諸侯伐鄭，圍新密，鄭所以不時城也。」注：「新城，鄭新密。今滎陽密縣，鄭以非時興土功，齊桓聲其罪以告諸侯，故書新城。」漢置縣，屬河南郡。地理志：密縣，故國。水經注：密縣故城，春秋謂之新城，漢置密縣於此。晉永嘉五年，司空荀藩等建行臺於密，亦此城也。寰宇記：今縣東南三十里有古密城，即漢理所，高齊文宣移理於今縣東四十里故密縣古城。隋大業十二年，又移於今理，即古法橋堡城。

新鄭故城。在新鄭縣北。周宣王封其弟於鄭。幽王之亂，桓公寄孥於虢、鄶。平王東遷，武公遂徙於此，仍名曰鄭。左傳隱公十一年：鄭莊公曰：「吾先君新邑於此。」昭公十七年：梓慎曰：「鄭，祝融之墟也。」史記：韓哀公二年，滅鄭，徙都之。秦置新鄭縣。始皇二十一年，新鄭反。漢志：新鄭，詩鄭國也。晉省。杜預左傳注：「鄭國在苑陵縣西南。」永嘉之亂，李矩自滎陽移屯新鄭，即故城也。隋復置縣。括地志：故城在洧水北。今在水南三里。

苑陵故城。在新鄭縣東北。秦置縣。史記：樊噲攻苑陵，先登。正義：「故城在鄭州新鄭縣東北三十八里。」寰宇記：新鄭縣苑陵故城，漢縣。晉末省，後魏於故城東北五里改置苑陵縣城。隋大業末省縣。按：苑陵城，新鄭及尉氏、洧川三縣志並載，今以地度之，新鄭東北即洧川西北，漢以來之苑陵本在於此。唐武德四年，移置於尉氏界。

康陰廢縣。在尉氏縣東南。唐書地理志：武德四年，置洧州，并置康陰縣。貞觀元年省。寰宇記：廢康陰城，在尉氏縣東南四十里。安撫使任瓌於古亭城置，以在康溝南，因名。

苑陵廢縣。在尉氏縣南，即古山氏城。水經注：徐水自陽丘亭東流，逕山氏城。竹書紀年梁惠王十六年秦公孫壯率師城上枳、安陵、山氏者也。寰宇記：廢苑陵縣城，在尉氏縣西四十八里。古苑陵城，今見新城縣。唐武德四年，安撫使任瓌移苑陵於尉氏縣界古山氏城置，屬洧州。貞觀元年廢。

蔡陂廢縣。在尉氏縣西南。隋書地理志：開皇十六年，置蔡陂縣。大業初，省入鄢陵。寰宇記：蔡陂城在尉氏縣西南三十里。隋開皇十六年，分長葛、許昌、鄢陵三縣地置蔡陂縣。大業二年廢。

清池廢縣。在中牟縣西，本古清陽亭。水經注：清池水逕清陽亭南，即古清人城也。詩所謂「清人在彭」，彭爲高克邑，故杜預春秋釋地云「中牟縣西有清陽亭」是也。唐書地理志：武德四年，置清池縣，屬管州，貞觀元年省。

故市廢縣。在鄭州西北三十五里。漢縣，屬河南郡。高帝六年，封功臣閻澤赤爲侯國。後漢省。又建安五年，曹操燒袁紹輜重於故市，在今延津縣界。

黄臺廢縣。在禹州東北。東魏興和元年，分陽翟置黄臺縣，屬陽翟郡。隋大業初，廢入陽翟縣。唐武德四年復置，屬許州。貞觀元年廢。寰宇記：黄臺，在陽翟縣東北四十里。

洧源廢縣。在密縣西。唐書地理志：武德三年，分密縣置零水、洧源二縣。四年省。

曲梁廢縣。在密縣東北。魏書地形志：廣武郡曲梁，孝昌中分密置。隋志：後魏置曲梁縣，後齊廢。按：今縣東北有曲良保，蓋故縣之地，後人誤「梁」爲「良」。

青城。有二：一在祥符縣南門外，宋南郊祭天齋宫也，號南青城。一在北門外，宋北郊祭地齋宫也，號北青城。東京夢華録：青城舊止以青布幕爲之，宣、政間，悉用土石蓋造。

倉垣城。在祥符縣西北。晉永嘉三年，詔將軍王堪等討石勒，勒至黎陽，堪退保倉垣。四年，勒復圍陳留太守王讚於倉垣。五年，苟晞以洛陽饑困，請遷都倉垣。後姚秦置兖州刺史。義熙十二年，劉裕伐秦克倉垣。宋永嘉二年，魏滑稽陷倉垣。水經注：汳水東逕倉垣城南，即大梁縣之倉垣亭也。城臨汳水，陳留相畢邈治此。魏書地形志：浚儀縣有倉垣城。元和志：長垣故城，一名倉垣城，在開封縣北二十里。

張良城。在陳留縣東。寰宇記：在陳留縣東六十里。漢高祖爲張良築。良之世孫德爲兖州刺史，襲封陳留侯，食小黄萬户。殤帝時，葬於城西南三百步。

斗城。在陳留縣南。水經注：沙水東南逕斗城西。左傳襄公三十年：子産殯伯有尸，其臣葬之於是城也。寰宇記：在陳留縣南三十五里。縣志：今爲斗橋集。

空桑城。在陳留縣南。寰宇記：在雍丘縣西二十里。帝王世紀伊尹生於空桑，即此。

臨濟城。在陳留縣西北五十里。史記：秦二世二年，章邯圍魏王咎於臨濟。後漢書郡國志：平丘有臨濟城。

老丘城。在陳留縣北。寰宇記：在陳留縣北四十五里。春秋傳定公十五年：鄭罕達敗宋師於老丘。

莘城。在陳留縣東北。左傳僖公二十八年：晉侯登有莘之虚以觀師。括地志：古莘國在陳留縣東五里，故莘城是也。元和志：古莘城在縣東北三十五里。

高陽城。在杞縣西。漢書：沛公西過高陽。注：「文穎曰：聚邑名，屬陳留圉縣。臣瓚曰：陳留傳在雍丘西南。」後漢書：初平元年，封蔡邕爲高陽鄉侯。水經注：睢水東逕高陽故亭北，俗謂之陳留北城。寰宇記：高陽城在雍丘縣西二十九里。

顓頊高陽氏，佐少昊有功，受封此邑。

祺城。在杞縣西北。寰宇記：在雍丘西北十八里。按：陳思王襲封雍丘王表云：禹祠原在此城。漢光武移在雍丘城内，植請遷於舊館。祺者，吉祥之名。舊志亦名箕城，在杞縣西北三十里。隋末，王世充嘗置縣於此。又有吴起城，在縣東北十里，傳是吴起屯兵處。

肥陽城。在杞縣東北。寰宇記：在雍丘縣東北二十里。城冢記：「禹治洪水，在肥澤之陽，因築此城。」杞縣志：今有肥陽集。

陽樂城。在杞縣東北四十里。水經注：汳水北逕陽樂城南。西征記：「城在汴北一里，周五里，雍丘縣界。」

裘氏城。在通許縣東。水經注：沙水東南逕陳留縣裘氏鄉裘氏亭西。寰宇記：裘氏城在陳留縣南六十里。城冢記云：「秦時故縣也。」金史地理志：通許有裘亭。

煉城。在通許縣東南三十里。相傳高歡所築。

石倉城。在通許縣西。水經注：八里溝水南逕石倉城西。寰宇記：石倉城，在陳留縣西南七十里。城冢記云：「鄭莊公理開封東南，築此城積倉粟，因名盛倉城。盛與石，音相近，故訛爲石倉。」縣志：有上倉城，在今縣西八里。

牛首城。在通許縣西北。左傳桓公十四年：宋人以諸侯伐鄭，取牛首。水經注：沙水東南逕牛首亭東，俗謂之車牛城。寰宇記：城在陳留縣西南十一里。九域志：咸平縣有牛首城。

雞鳴城。在尉氏縣西南。水經注：皇陂水北對雞鳴城，即長社縣之濁城也。寰宇記：城在縣西南三十里。

菟氏城。在尉氏縣西北。寰宇記：在尉氏縣西北四十里。左傳昭公五年：「鄭伯勞屈生於菟氏。」

鍾城。在尉氏縣西北。元和志：在尉氏縣西三十五里。魏太尉鍾繇故里。寰宇記：在縣西北，其城南三里有鍾繇碑。

平陸城。在尉氏縣東北三十五里。漢書王子侯表：平陸侯禮，楚元王子，孝景元年封。水經注：康溝東逕平陸縣故城北，即元王子國。建武元年，口户不滿三千，罷爲尉氏縣之陵樹鄉。又有陵樹亭。建安中封尚書荀攸爲陵樹鄉侯。北有大澤，名曰長樂廄。

向城。在洧川縣西南。左傳襄公十一年：諸侯伐鄭，會於北林，師於向。杜預注：「向地在潁川長社縣東北。」水經注：康溝水東北逕向岡西，即鄭之向鄉也。又白雁陂東逕向城北城側向岡。縣志：古向城在縣南大隧山北洧水滸，俗訛爲上城，又名莊公城。

蔣城。在洧川縣北。寰宇記：在尉氏縣西五十里，其城以西半屬新鄭。

太丘城。在鄢陵縣城外。元和志：在鄢陵縣西南二十里。陳寔嘗爲此縣長。金史地理志：鄢陵有太丘縣。

陶城。在鄢陵縣南。水經注：潩水西南流逕陶城西。元和志：故陶城在鄢陵縣南五十里，相傳晉陶侃征杜弢所築。

安陵城。在鄢陵縣西北。史記：齊宣公四十三年，田莊子伐魯、葛，及安陵。戰國時魏襄王封其弟爲安陵君。後漢書郡國志劉昭注：「李奇曰：鄢陵，六國時曰安陵。」史記正義：「在鄢陵縣西北十五里。」按：安陵當即鄢陵城。水經注分爲二，姑存備考。

焦城。在中牟縣西南。水經注：役水流逕焦城東。竹書紀年梁惠成王十六年秦公孫壯伐鄭，圍焦城不克，即此城也。縣志有焦城寺，在縣西南五十里，尚取古城爲名。

官渡城。在中牟縣東北。北征記：中牟臺下臨汴水，是爲官渡，袁紹、曹操壘尚存。水經注：曹操壘北有高臺，謂之官渡臺。渡在中牟，故世又謂中牟臺。建安三年，紹進臨官渡，起土山地道以逼壘。公亦起高臺以捍之，即中牟臺也。今臺北土山猶在，山之東悉紹舊營，遺臺猶存。

儀城。在蘭陽縣北。寰宇記：儀城在東明縣西北二十里。論語：「儀封人請見。」鄭注：「儀，蓋衛邑也。」釋地續：儀邑城，乃衛西南境，距其國五百餘里。舊志：今縣北有儀封鄉。

韓陵城。在蘭陽縣東北五里。縣志：元時徙縣治此。又縣東南八里有流梁城，舊亦爲縣治，以渠所經而名。

邲城。在鄭州東。春秋宣公十二年：晉荀林父帥師及楚子戰於邲。元和志：邲城在管城縣東六里。

棐城。在鄭州東南。水經注：「華水東經棐城北，即今林亭也。春秋『楚救鄭遇於北林』，注：『滎陽中牟縣西南有林亭，在鄭北。』今是亭南去新鄭故城四十許里，蓋以南有林鄉亭，故杜預據是爲北林。」

衍氏城。在鄭州北三十里。戰國策：蘇秦説魏襄王曰：「北有卷、衍。」史記：魏景湣王五年，秦拔我衍。秦始皇九年，楊端和攻衍氏。正義：「衍，魏邑，在鄭州。」

祭城。在鄭州東北。左傳成公四年：晉伐鄭，取汜、祭。括地志：故祭城在管城縣東北十五里，鄭大夫祭仲邑也。

武彊城。在鄭州東北。史記：曹參擊羽，嬰於昆陽，追至葉，還攻武彊。薛瓚曰：「武彊在陽武。」括地志：武彊城在管城縣東北三十一里。

釐城。在滎澤縣東。春秋隱公十一年：「公會鄭伯於時來。」左傳作「郲」。杜預注：「時來，郲也。滎陽縣東有釐城，鄭地也。」水經注：濟水逕釐城東。京相璠曰：「今滎陽縣東四十里有故釐城。」

平桃城。在滎澤縣東南。漢書地理志：東虢在滎陽。後漢書郡國志：滎陽有虢亭，虢叔國。水經注：索水東逕虢亭南，俗謂之平咷城，或亦謂之號咷城，非也。蓋虢、號字相類，字轉失實也。魏書高祖紀：太和十九年，行幸滑臺，次於石濟，皇太子朝於平桃城。

王宫城。在滎澤縣西北。左傳僖公二十八年：晉文公敗楚師於城濮，還至於衡雍，作王宫於踐土。括地志：故王宫在滎澤縣西北十五里王宮城中。今故城内東北隅有踐土臺。

垂隴城。在滎澤縣東北。左傳文公二年：穆伯會諸侯及晉司空士穀盟於垂隴。襄公二十七年：鄭伯享趙孟於垂隴。水經注：京相璠曰「今滎陽東二十里有故隴城是也。世謂之都尉城，蓋滎陽典農都尉治，故變垂隴之名。

宅陽城。在滎澤縣東北。水經注：濟瀆際有故城，世謂水城，非也。史記秦昭王四十二年，魏冉攻魏走芒卯，入北宅即故宅陽城也。竹書紀年梁惠成王十三年，王及鄭釐侯盟於巫沙，釋宅陽之圍。晉出公六年，齊、鄭伐衛，荀瑶城宅陽，俗言水城，非矣。括地志：宅陽故城在滎澤縣東南十七里。

上棘城。在禹州西北。左傳襄公十八年：楚師伐鄭，右師城上棘，遂涉潁。水經注：潁水逕上棘西，又屈逕其城南。左傳楚師伐鄭，城以涉潁者也。

小韓城。在禹州西北。晉書：李矩屯新鄭，劉聰遣從弟暢屯於韓王故壘，相去七里。舊志：小韓城在州西北十三里，韓哀侯所築。今名韓城里。按：韓王壘故迹久湮。據晉書去舊新鄭城七里，以今地度之，當即州境小韓城。

雍氏城。在禹州東北。本鄭邑，又名雍梁。左傳襄公十八年：楚蔿子馮、公子格率鋭師侵雍梁。注：「河南陽翟縣東北有雍氏城。」又三十年：鄭伯有奔雍梁。史記：蘇代謂韓咎曰：「公何不令楚王築萬室之都，雍氏之旁。」括地志云：故雍氏城在洛州陽翟縣西二十五里，故老云黄帝臣雍父作杵臼也。

鄶城。在密縣東北五十里，接新鄭縣界。周初封國，詩有檜風。國語：史伯曰：「妘姓，鄔、鄶、路、偪陽。」平王時，鄭武公滅鄶而併其地。左傳僖公三十三年：鄭葬公子瑕於鄶城之下。杜預注：「古鄶國在滎陽密縣東北。」詩正義：「鄶即鄭地。」元和志：在鄭州新鄭縣東北三十二里。

林鄉城。在新鄭縣東二十五里。春秋宣公元年：會晉師於棐林，伐鄭。注：「棐林，鄭地，滎陽苑陵縣東南有林鄉。」戰國策：信陵君曰：「從林鄉以至於今，秦七攻魏。」後漢書郡國志：苑陵有棐林。

華城。在新鄭縣東南。亦名華陽亭，古華國，春秋時鄭地，戰國屬韓。晉書：嵇康嘗游洛西，暮宿華陽亭，忽有客詣之，與康共談音律，因索琴彈之，而爲廣陵散，遂以授康。水經注：黄水東南流逕華城西。史伯謂鄭桓公曰：「華君之土也。」韋昭曰：「華，國名。」史記：秦白起攻魏拔華陽，走芒卯。司馬彪曰：「華陽，亭名，在密縣。嵇叔夜嘗採藥於山澤，學琴於古人，即此亭也。」

通許故鎮。今通許縣治。宋置，屬陳留縣。九域志：在開封府東南九十里。舊志：有故城址，在今縣北郭，周十里，明崇禎九年嘗修治之。

河陰倉。在滎澤縣西廢河陰縣西。元和志：開元二十二年，裴耀卿爲相，兼轉運都使，分置河陰縣及河陰倉，於河清縣置柏崖倉，三門東置集津倉，三門西置鹽倉，三門北鑿山十八里，陸行以避湍險。自江、淮來者悉納河陰倉，自河陰候水調浮漕送含嘉倉。又取曉習河水者，遞送太原倉，所謂北運也。自太原倉浮渭以入關中。

石門。在滎澤縣西北。水經注：滎瀆受河水，有石門，謂之爲滎口石門。地形殊卑，蓋故滎波所道，自此始也。又漢建寧四年，於敖城西北壘石爲門，以遏渠口，謂之石門。故世亦謂之石門水。門廣十餘丈，西去河三里，水北有石門亭。劉昭曰：「石門在滎陽水北一里。」

軒轅丘。在新鄭縣西北故城。史記：黄帝居軒轅之丘。後漢書郡國志：河南尹新鄭，黄帝之所都。通典：新鄭，祝融之墟。黄帝都於有熊，亦在此也。

萬人聚。舊志：在杞縣西十五里。王莽將王邑破翟義於此。高二丈餘，俗呼爲烽火臺。按：此即水經注魯溝所經萬人散也。當在縣南圉鎮。

曲遇聚。在中牟縣東。史記曹參世家：西擊秦將楊熊於曲遇。注：「徐廣曰：在中牟。」後漢書郡國志：中牟有曲遇聚。

陽關聚。在禹州西北。後漢書：王莽遣王邑將兵百萬到潁川，光武將數千兵邀之於陽關。注：「聚名也，在今洛州陽翟縣西北。」水經注：潁水東南流逕陽關聚。聚夾水相對，俗謂之東西二土城。

汴故宮。在祥符縣城内正北。五代梁建都，以軍治爲宮。晉爲大安宮。宋時謂之大内，金因舊址少更之，明初建周王府。宋史地理志：建隆三年，廣皇城東北隅，命有司畫洛陽宮殿，按圖修之。宮城周圍五里，南三門，東、西兩門，北一門。正殿曰大慶，正衙殿曰文德。大慶殿北有紫宸殿，視朝之前殿也。西有垂拱殿，常日視朝之所也。次西有皇儀殿，又次西有集英殿，宴殿也。殿後有需雲殿，東有昇平樓，宮中觀宴之所也。宮後有崇政殿，閲事之所也。殿後有景福殿，西有殿北向曰延和，便坐殿也。凡殿門皆隨殿名。宮中又有延慶、安福、觀文、清景、慶雲、玉京等殿；壽寧堂〔四〕、延春閣、福寧殿其東真君殿曰積慶〔五〕，前建感真閣。又有龍圖閣，下有資政、崇和、宣德、述古四殿。天章閣下有羣玉、蕊珠二殿，後有寶文閣，閣東西有嘉德、延康二殿。苑内有崇聖殿、太清樓，其西又有宜聖〔六〕、化成、金華、西涼、清心等殿，翔鸞、儀鳳二閣，華景、翠芳、瑶津三亭。延福宮有穆清殿，延慶殿北有柔儀殿，崇徽殿北有欽明殿，延福宮北有廣聖宮，内有太清、玉清、沖和、集福、會祥五殿，建流杯殿於後苑。又有慈德殿，觀稼殿，延曦閣，邇英殿〔七〕，隆儒殿，慈壽殿，慶壽殿〔八〕，保慈宮，玉華殿，基春殿，睿思殿，承極殿，崇慶、隆祐二宮，睿成宮，宣和殿，聖瑞宮，顯謨閣，玉虚殿，玉華閣，親蠶宮，燕寧殿，延福宮，保和殿，玉清神霄宮，上清寶籙宮。金史地理志：南京正殿曰大慶殿，東廡曰嘉福樓，西廡曰嘉瑞樓，大慶後曰德儀殿，内有隆德殿。隆德之次曰仁安殿，仁安之次曰純和殿，正寢也。西曰雪香亭，亭北則后妃位也，有樓。樓西曰瓊香亭，亭西曰涼位，有樓。樓北少西曰玉清殿。純和之次曰福寧殿，殿後曰苑門，内曰仁智殿，有二太湖石，左曰敷錫神運萬歲峯，右曰玉京獨秀太平巖。苑門東曰仙韶院，院北曰湧翠峯，東連長生殿，又東曰湧金殿，又東曰蓬萊殿。長生西曰浮玉殿，又西曰瀛洲殿。長生殿南曰閲武殿，又南曰安泰門〔九〕。東則壽聖宮，北曰徽音院，又北曰燕壽殿。徽音、壽聖東曰太后苑。苑殿曰慶春。明統志：洪武十一年，即其故址建周王府。

漢武帝行宫。寰宇記：在陳留縣羅城内。漢元狩元年建，今廢爲倉。

逍遥宫。寰宇記：在陳留縣南六里。隋大業二年建，今廢。

艮嶽。在祥符縣城内東北隅。宋徽宗所築。王禹偁東都事略：政和初，作壽山艮嶽於禁城之東陬，高十餘仞，有飛來峯、梅嶺、杏岫、黄楊巘、丁香嶂、椒崖、龍柏坡〔一〇〕。循壽山而西，曰斑竹麓、瀑布屏。從艮嶽之麓，曰朝真磴、海棠川、神運峯，其他軒榭庭徑，各有巨石布列，並與賜名。宋史地理志：政和七年，始作萬歲山，山周十餘里。宣和四年，徽宗自爲記，以在國之艮，故名艮嶽。六年，又改名壽峯，嶽之正門曰陽華，故亦號陽華宫。自政和迄靖康，積累十餘年，四方怪竹奇石悉聚於斯，樓臺亭館不可數計。及金兵圍城日久，欽宗命拆屋爲薪，鑿石爲礮云。

宜春苑。在祥符縣東門外。宋史：建隆元年，幸宜春苑。玉海、玉津、瓊林、瑞聖、宜春，宋時爲四苑園。

瓊林苑。在祥符縣西門外。宋乾德二年置，遇放榜設聞喜宴於此。東京夢華録：瓊林苑與金明池相對。三月一日，開金明池、瓊林苑，池周迴九里，直徑七里，有臨水殿。車駕臨幸，觀争標，賜宴於此。

擷芳園。在祥符縣城内西北隅。宋史地理志：景龍江北有龍德宫，其地歲時次第展拓，後盡都城一隅，名曰擷芳園。通志：本宋徽宗潛邸，即位廣之。

芳林園。在祥符縣城内東北。宋太祖潛邸時園也，即位後號曰潛龍，後改奉真。天聖七年，又改名芳林〔一一〕。

梁園。在祥符縣城東南。一名梁苑，亦名兔園。漢梁孝王遊賞之所。唐李白有梁園吟。

玉津園。在祥符縣南門外。夾道爲兩園，引閔河别流貫之。周顯德中置，宋諸帝常幸此。東京夢華録：都人出城探春，南則玉津園。

瑞聖園。在祥符縣城東北。初爲北園，宋太平興國二年，詔名含芳園，大中祥符三年改名。

東里。在新鄭縣故城内。鄭子産所居。論語何晏集解：「子産居東里，因以爲號。」疏：「東里，鄭城中里名。」按：今州東北有東里村，又有鄭子産里，并近新鄭界。

南里。在新鄭縣故城内。左傳晉悼公四年：荀瑶帥師圍鄭，鄭駟弘乃先保南里以待之。注：「南里在城外。」

石牛莊。在禹州西南十五里。宋崔鷃所居，鷃有閒居石牛莊詩。

蔡邕宅。在尉氏縣南三十五里。

豐樂樓。在祥符縣城内。舊名樊樓，宋徽宗時重建改名。劉子翬詩有「憶得承平多樂事，夜深燈火上樊樓」之句。

遇仙樓。在祥符縣城南薰門内。通志：金時有狂僧李菩薩者，嘗就楊廣道、趙君瑞兩家宿。一日大寒，楊與之酒。若媿無以報者，晨起持酒盌出，聞其噀酒聲，入曰：「花開矣。」已而，牡丹果開兩花。時正大四年十月也。人異其事，因以名樓。趙秉文作滿庭芳詞以記之。

望京樓。在祥符縣城西門。明統志：樓舊無名，唐令狐綯登樓詩有「因上此樓望京國，便名樓作望京樓」之句，因名。

蓮花樓。在祥符縣西門外。宋時士大夫餞飲於此。

潘樓。在通許縣南十里。宋潘美别墅。東京夢華録：七月七夕，潘樓街車馬盈市。

夕陽樓。在滎陽縣城内。唐時建，李商隱有詩。

博文樓。在禹州治西南。明徽王所建。

鳳凰樓。在禹州城西南。寰宇記：在陽翟縣西南一里。漢黄霸守潁川，鳳凰集，嘉禾生，乃起樓郡中。基址猶存。

拱奎堂。在府署内。宋錢藻尹開封時建。

繼聖堂。在府署東。宋真宗尹開封，太宗命創射堂習射。大中祥符三年，真宗臨幸射堂，詔名其堂繼照。景祐元年，改名。

清虚堂。在府署東南隅。宋王鞏建，蘇軾有記。

資善堂。在祥符縣城内。宋仁宗肄業所。大中祥符八年建。

宋明堂。在祥符縣城内。宋政和七年建。

三槐堂。在祥符縣城東門外。宋兵部侍郎王祐手植三槐於庭，曰：「吾子孫必有爲三公者。」其後子旦果爲相，子孫因建三槐堂。蘇軾有銘。

志古堂。在新鄭縣署内。宋劉伯壽建，尹洙有記。

新亭。在祥符縣城内。唐刺史令狐楚建，劉禹錫有記。

流杯亭。在祥符縣城内西北隅。唐李商隱有詩。

信陵亭。在祥符縣城東南隅。相傳爲魏公子無忌勝遊之地。舊有亭，今廢。

大梁亭。在祥符縣大梁門外西偏。唐韋應物有詩。

鳴雁亭。在杞縣北。左傳成公十六年：衛侯伐鄭，至於鳴雁。杜預注：「鳴雁在雍丘縣西北。」水經注：汳水東經鳴雁亭，俗謂之白雁亭。寰宇記：在雍丘縣北四十里。

少曲亭。在尉氏縣東。水經注：康溝又東經少曲亭。陳留風俗傳曰：尉氏縣有少曲亭，俗謂之爲小城也。

潁亭。在禹州西。唐大中四年，陽翟令陳寬建。宋范鎮重修，有潁溪玉亭記。

高氏亭。在禹州西南。左傳成公十七年：衛北宫括救晉侵鄭，至於高氏。杜預注：「高氏在陽翟縣西南。」後漢志：陽翟有高氏亭。

瑣侯亭。在新鄭縣東北。左傳襄公十一年：六月，諸侯會於北林，師於向，右還，次於瑣，圍鄭。注：「滎陽苑陵縣西有瑣侯亭。」按：杜預注：「瑣澤地闕而後人以瑣侯實之，疑屬牽合。」又水經注云：「役水出苑陵縣西隟侯亭東，世謂此亭爲郤城，蓋隟、郤聲相近耳。」瑣侯與隟侯字畫相似，地理亦合，疑即一亭。

陽丘亭。與陵丘亭、凡陽亭俱在新鄭縣東北。水經注：役水逕陽丘亭西。又龍淵泉水流經陵丘亭西，又東南逕凡陽亭。

吹臺。在祥符縣東南六里。水經注：沙水南流，逕梁王吹臺東。陳留風俗傳曰：「縣有蒼頡、師曠城，上有列仙之吹臺，北有牧澤，中出蘭蒲，方十五里，俗謂之蒲關澤，梁王增築以爲吹臺。」今層棲孤立於牧澤之右，晉世乞活憑居，削墮故基，遂成二層，世謂之乞活臺，又謂之婆臺城。册府元龜：梁開平中〔二〕，以高明門外繁臺爲講武臺。九域志：本梁孝王吹臺，其後有繁姓居其側，里人乃以姓呼之。本朝乾隆十五年，高宗純皇帝巡幸河南，御製詩勒石其上。

靈臺。在祥符縣南三十里。梁惠王所築。一名梁惠王臺。

岳臺。在祥符縣西九里。圖經：昔魏王遥事霍山神，築此臺禱於其上，因以爲名。唐書律曆志：測景在浚儀岳臺。宋史：建隆三年，幸岳臺，命諸軍習騎射。

迎秋臺。在祥符縣西。後唐莊宗時築。宋時，都人九日於此登高。

講武臺。在祥符縣西楊邨。宋太宗所築。

宴臺。在祥符縣東北十里。宋時，春耕藉田，宴百官於此。

奉天臺。在布政司治後。明洪武初，幸汴時祭天之所。又有封臺在南門外，亦幸汴時築。

阮籍臺。寰宇記：在尉氏縣東南二十步。阮籍每攜酒登此。

尉繚子臺。在尉氏縣治東北。相傳尉繚子所築。

項羽臺。在滎陽縣東五十里。俗呼霸王臺。京水流經其下。

許由臺。在禹州東。寰宇記：許由臺在陽翟縣東十五里。又巢父臺在縣東十六里，即巢父飲牛處。舊志：二臺在州東潁水上，相去一里。

鈞臺。在禹州南，即夏臺也。左傳昭公四年：楚椒舉曰：「夏啓有鈞臺之享。」注：「河南陽翟縣南有鈞臺陂。」史記夏本紀：桀召湯而囚之夏臺。索隱：「夏曰鈞臺。皇甫謐曰地在陽翟是也。」水經注：大陵西連山，亦曰啓筵亭。啓享神於大陵之上，即鈞臺也。元和志：在陽翟縣南十五里。

黄臺。在禹州東北。亦曰黄臺岡，爲漢潁川太守黄霸築。魏書地形志：陽翟郡黄臺有黄臺岡。水經注：赤澗水逕黄臺岡下，又歷東岡，東岡，東南流注於洧。寰宇記：在陽翟縣東北四里。

卧龍臺。在密縣西。世傳黄帝與廣成子問道處。

望母臺。在新鄭縣南洧水之南。水經注：洧水南有鄭莊公望母臺。

信陵館。省志：在祥符縣城，信陵君延士處。元雷琯有「閒過信陵館，有懷信陵君」之句。

古戰場。在滎澤縣廣武山下，即楚漢戰處。

繫馬樹。明統志：在滎陽東七里。本一古槐，形甚奇怪，世傳漢高祖爲王時繫馬於此。

關隘

臨蔡關。在祥符縣東南。金史地理志：開封縣有古通津臨蔡關。通志：臨蔡關在府東南三十里，以臨蔡河而名，今土人呼其地曰關頭。又通津關在府東北四十里埽頭集，臨五丈河，皆周顯德中置。

旋門關。在汜水縣西南十里。班昭東征賦：望河洛之交流，看成皋之旋門。輿地廣記：後漢中平初，置八關都尉，旋門其一也。縣志：旋門關，今嶠關之南峽口也。自旋門而東，至板城渚〔一三〕，皆成皋關之道。

黄馬關。在汜水縣西十五里。水經注：河水經黄馬坂北，謂之黄馬關。孫登之去楊駿，作書與洛中故人處也。

朱仙鎮巡司。在祥符縣西南四十五里。宋紹興十年，岳飛大敗金兵於郾城，進軍朱仙鎮。今爲水陸舟車會集之所，置巡司。又有鹽捕同知及千總駐此。

祥陳北岸巡司。駐黄李集，在陳留縣東，接祥符縣界。

蘭考北岸巡司。駐蘭陽縣黄河北岸，接考城縣界。

河陰巡司。在河陰故城。本朝乾隆二十年，裁河陰縣併入滎澤，設巡司。

陳橋鎮。在祥符縣東北四十里，亦名陳橋驛。宋太祖爲軍士擁立處。舊爲下北同知駐劄之地。本朝乾隆四十九年，移祥符縣丞駐此。

八角鎮。在祥符縣西南三十里。唐光啓三年，秦宗權敗朱全忠於此。今曰八角店。又郭橋集在縣西北五十里，即郭橋鎮。

盧館鎮。在尉氏縣北十里。九域志：尉氏縣有盧館鎮。

朱曲鎮。九域志：尉氏有朱家曲鎮。舊志：在縣東十五里，洧水於此回曲而東，因名。

馬欄鎮。在鄢陵縣南十里。九域志：鄢陵縣有馬欄橋。縣志：宋都汴，時畿内四鎮，募兵屯守，馬欄鎮其一也。

白沙鎮。在中牟縣西三十里。九域志：縣有白沙、圃田、萬勝三鎮。通鑑注：萬勝在中牟縣東，距大梁不過數十里。又禹州西北四十里，亦有白沙鎮。

須水鎮。在滎陽縣東四十里，即古縣也。有須水橋，爲邑民走集處。明崇禎十年，寇起，築城守禦。

賈峪鎮。在滎陽縣東南賈峪山側。九域志：滎陽有賈峪、永清、須水三鎮。

龍門鎮。在滎陽縣西南方山中，接汜水縣境，俗名王僧店。山畔有石佛泉，匯爲池，潦則成河，旱亦不涸。

高邨鎮。在滎澤縣境，河陰廢縣西南十里。

大隗鎮。在密縣東南大隗山下。相傳即故縣治。金史地理志：鄭州密，鎮：大隗、鏁水。

宣武衛。在祥符縣西北。明洪武六年置，今裁。

杏花營。在祥符縣西二十里。金貞祐元年，元兵襲汴，至杏花營。元至正十九年，察罕討劉福通於汴京，屯杏花營。明成化十四年，河決於此。

岳塞。在尉氏縣南二十里。又有南北二營，皆岳飛屯兵處。

歇馬營。在尉氏縣北二十五里。金哀宗嘗駐蹕。

趙皮塞〔一四〕。在蘭陽縣北十六里。一名張禄口。明嘉靖中，河嘗決於此。

秦王塞〔一五〕。在滎澤縣西街頭堡。唐太宗與竇建德相距屯兵處。

袁紹壘。在氾水縣西睡虎山上。漢末，袁紹起兵討董卓，與卓將吕布争成皋，置壘於此。

摩天寨。在氾水縣西北大伾山上。明崇禎十六年，縣遷治於此。

天鵬寨。在禹州城西六十三里。

靳寨。在密縣東南四十里。縣志：明工部尚書靳于中築寨於此。今爲靳店集。又縣西北四十里有興穀寨，縣南十八里有超化寨。俱昔人避兵處。

蘇邨。在祥符縣東南十里。宋建中靖國元年，修蘇邨西隄。元延祐七年，河決蘇邨，即此。

銅瓦厢集。在蘭陽縣西北二十五里。初名銅牙城，元嘗置縣，明正德六年，設管河主簿於此，尋廢。本朝乾隆四十九年，設蘭陽縣丞駐此。

王禄店。在滎澤縣東北二十里。今設守備駐防。

黄榆店。在禹州城南。金史伊拉布哈傳：軍至黄榆店，望鈞州二十五里。「伊拉布哈」舊作「接剌蒲阿」，今改正。

眉山店。在密縣東。金史武善傳：天興元年，善至密縣，接軍眉山店。按：「眉」當作「梅」，以近梅山而名。「武善」舊作「武仙」，今改正。

大梁驛。在祥符縣治東南。舊有懷遠驛，周顯德五年置。宋景德三年，更置於汴河北。又上源驛，唐中和四年李克用破黄巢，還至汴，朱全忠館之，乘夜掩襲克用處也。

莘城驛。在陳留縣治南。
雍丘驛。在杞縣治東北。
尉氏驛。在縣治東。
洧川驛。在縣治西。
圃田驛。在中牟縣治東。
管城驛。在鄭州治東北。
索亭驛。在滎陽縣治西。
廣武驛。在滎澤縣治西。本原武縣之安城驛也，明正統末移置於此，故名。
清潁驛。在禹州治東。
永新驛。在新鄭縣治西。
郭店驛。在新鄭縣北四十里。金史地理志：鈞州新鄭，鎮一：郭店。

津梁

天漢橋。在祥符縣東南。唐建州橋。宋改名。其西有金梁橋，皆跨汴水上。夢華録：汴河橋十三，蔡河橋十一，五丈河橋五，金水河橋三。今多廢。

雲驥橋。在祥符縣東南麗景門外。元湯鼎有詩。

板橋。在祥符縣北七里。唐大曆十一年，馬燧討平汴州，叛將李靈曜引軍西屯板橋。

羊羔橋。在通許縣東北八里。舊跨黄河。

雙洎橋〔一六〕。在洧川縣南門外。又十里有左家橋，並跨雙洎河。

惠民橋。在鄢陵縣北二十里，跨雙洎河。

蓼澤陂橋。在中牟縣西三十里。又有東五里橋，石橋，並明知縣陳幼學建。

龍木橋。在蘭陽縣北二十里。

迎春橋。在鄭州東門外。又和義橋，在州西門外。

濟橋。在滎陽縣東門外。舊志：唐貞觀中，尉遲敬德監造，制度雄偉。明弘治間廢。

須水橋。在滎陽縣東四十里。

京水橋。在滎陽縣東五十里。

通濟橋。在滎陽縣東。

天橋。在滎澤縣廣武山水峪之南。壁立數仞，僅容一人，往來高郵者，道必出此，險若登天。

虹橋。在汜水縣西北一里。

清潁橋。在禹州城北門外。

浮山雙橋。在密縣治東。舊有橋，歲久圮。本朝康熙八年重建。

溱洧橋。在密縣南二十里。

南關橋。在新鄭縣南門外。

白墓子岡渡。在祥符縣東南十五里。又十五里爲赤倉渡。

清河口渡。在祥符縣南十里。又二十里爲八角渡。

張家灣渡。在祥符縣西北十五里。又黑岡渡，在府西北三十里；於家店渡、劉獸醫口渡，在西北三十五里。

時和驛渡。在祥符縣北十里。又十五里爲柳園渡，其西有翟家口渡。

王家樓渡。在祥符縣東北三十里。又三十五里有灌臺渡。

楊橋渡。在中牟縣北四十里。

孫家渡。在滎澤縣東南五十里。明正統十三年，河決於此。

竹盧渡。在汜水縣東。宋建炎二年，岳飛駐軍於此。

隄堰

臨河隄。府境黄河南北兩岸皆有隄，南岸自滎澤下至鄭州、中牟、祥符、陳留、蘭陽、儀封，接歸德府考城縣界，長二百七十里。北岸自陽武，上接原武縣界，下至祥符縣界，長三十四里；祥符上接封丘，下至陳留，長五十里；陳留上接祥符，下至蘭陽縣界，長一百十丈；蘭陽上接陳留，下至直隸長垣縣界，長四十一里；儀封上接長垣，下至山東曹縣界，長三千九百餘丈。其間有大隄、老隄、新隄、月隄、幫隄。本朝以來，或創或因，歷年修築，詳見「黄河」注中。

蓼隄。元和志：在開封縣東北六里。梁孝王都大梁，以其地卑濕，東徙睢陽，乃築此隄，至宋州，凡三百里。

金隄。水經注：漢明帝永平十二年，築隄修堨，起自滎陽，東至千乘海口，千有餘里。順帝陽嘉中，又自汴口以東，緣河積石爲堰，通古淮口，咸曰金隄。

隋隄。一名汴隄。隋大業元年築。西通濟水，南達淮、泗，幾千餘里，繞隄植柳。明正統、景泰間重築，鎮以鐵犀，亦名三里隄，以去府城三里也。

樂利隄。在祥符縣西水門外。又有高門隄，在舊固子門外西北，連樂利隄。

金郝隄。在祥符縣西北十里。又十八里隄，以去城十八里而名。西北接封丘縣界。

埽頭隄。在祥符縣東北四十里。元至正十一年築，東接陳留縣境，西接陳橋。又有接岡隄，接脾沙岡，故名。其南爲横隄、大隄，又汴護隄，在舊汴河北岸。金水隄，在府舊裏城外。

雙洎隄。在洧川縣西北。隄並雙洎河，至鄢陵縣界，長四十餘里。明正統四年築，又有故隄，在鄢陵縣北。水經注：桐丘城南即長隄，洧水之北防也。

邵公隄。在蘭陽縣南三里。邑人侍郎邵敏建議修築，以障防巴河。

梁公堰。在滎澤縣境，河陰廢縣西，即汴口堰也。隋開皇七年，使梁睿增築漢古堰，遏河入汴，自是更名梁公堰。唐開元二年，河南尹李傑奏：河、汴間有梁公堰，歲久堰破，南方漕不通，請自故渠修之。十四年，洛陽人劉宗器請塞舊汴河，於下流開梁公堰，置斗門通淮、汴。廣德二年，劉晏爲轉運租庸使，親歷河陰、鞏、洛，驗視梁公堰，及李傑新堰，盡得其利病，於是轉運無壅。元和志：汴口堰在河陰縣西二十里。

陵墓

五代　漢

隱帝陵。在禹州城西五十里。五代史漢本紀注：周廣順元年，葬之許州陽翟縣，號隱陵。

後周

太祖嵩陵。在新鄭縣北。寰宇記：在新鄭縣自然山下。文獻通考：先時帝戒晉王，刻石陵前云，周天子平生好儉約，遺令紙衣瓦棺。

世宗慶陵。在新鄭縣北。寰宇記：管城縣周世宗慶陵在邑界。縣志：陵載祀典，春秋致祭。恭帝順陵即葬其側。

古倉頡冢。寰宇記：在開封縣東北二十里。禪通記：倉頡居陽武而葬利鄉。通志：一名造字臺，世傳倉頡造字之所。按：山東壽光縣亦有古倉頡墓。齊乘曰：水經注所謂孔子問經石室者也。謹并存之。

周

信陵君墓。史記信陵君傳：高祖過大梁，爲公子置守冢五家，四時奉祀。魏書地形志：浚儀有信陵君冢。寰宇記：在開封縣南十二里。

朱亥墓。在祥符縣西南朱仙鎮。俗呼屠兒墓。

侯嬴墓。在祥符縣南。寰宇記：在浚儀縣南十二里。

段干木墓。在祥符縣西北二十里。

澹臺子羽墓。水經注：沙水經澹臺子羽冢東。陳留風俗傳曰，裘氏鄉有澹臺子羽冢，又有子羽祠。京相璠曰：泰山南武城有子羽冢。未知孰是。寰宇記：子羽墓在陳留縣南六十里。通志：在通許縣城東三里岡。子羽，鄭行人。

范雎墓。在杞縣北。寰宇記：在雍丘縣北六十八里。

聶政墓。在禹州城西門外。相傳聶政死於韓。土人爲負土成冢，又有姊嫈冢，在政墓後。

子產墓。在新鄭縣西南陘山上。晉書杜預傳：預遺令曰：「吾往過密縣之邢山，山上有冢，問耕夫，云是子產之冢。其造冢居山之頂，四望周達，連山體南北之正，而邪東北向新鄭城，意不忘本也。其隧道唯塞其後而空其前，不填之，示藏無珍寶，不取於重深也。山多美石而不用，必集洧水自然之石以爲冢藏，貴不勞功巧，而此石不入世用也。君子尚其有情，小人無利可動，歷千載無毀，儉之至也。」水經注：陘山上有鄭祭仲冢。冢西有子產墓，累石爲方墳，墳東有廟，並東北向鄭城。

漢

張耳墓。在祥符縣東北。魏書地形志：浚儀有張耳冢。通志：彰德府亦有墓。

昭靈夫人冢。在陳留縣北。後漢書章帝紀：章和元年，遣使者祠昭靈后於小黄園。漢舊儀：昭靈后，高祖母，起兵時死小黄。後爲作園廟於小黄柵。魏書地形志：小黄有昭靈后冢。

邊韶墓。在杞縣東三里。

蔡邕墓。在杞縣南五十里蔡丘。魏書地形志：小黄有蔡邕冢。又明統志：在府東北四十五里。

李左車墓。在通許縣西二十里。宋追封陪昌公，傍有陪昌廟。元、明時，黄河決入縣境，獨祠冢無恙。按：山東樂安縣亦有漢左車墓。

岑彭墓。在尉氏縣東二十里。

韋賢墓。在尉氏縣東北五十里。

魯恭墓。在中牟縣西北二十里魯邨。有祠。按：寰宇記在縣治内，明統志在縣北門外，皆指縣舊治也。

樊噲墓。在滎陽縣東。魏書地形志：京縣有樊噲冢。

紀信墓。在滎澤縣西南。魏書地形志：滎陽有紀信冢。水經注：信冢在城西北三里。宋史：景德四年，幸西京，經漢將軍紀信冢，贈位太尉。

周苛墓。在滎澤縣西南、紀信墓之東。魏書地形志：滎陽有周苛冢。

黄香墓。在禹州東北孝山上。

張德墓。在密縣西北。城冢記：在綏溪側。水經注：綏溪東南流逕漢弘農太守張伯雅墓，塋四周壘石爲垣〔一七〕，隅阿相降，列於綏水之陰。庚門表二石闕，夾對石獸於闕下。冢前有石廟，列植三碑。碑曰：「德，字伯雅。河内密人也。」舊引綏水，南入塋城而爲池沼〔一八〕。沼在丑地，皆蟾蠩吐水，石隍承溜。池之南，又建石樓、石廟。

酈食其墓。寰宇記：在雍丘縣西南二十五里。陳思王集：植獵於高陽之下，過食其墓，以斗水、束藻薦於座，讚曰：「野無厄酒，維兹行潦。食無嘉肴，宴用蘋藻。」舊志：在今杞縣西二十五里高陽岡。

酈商墓。寰宇記：在雍丘縣西南二十八里。

虞延墓。寰宇記：在東明縣西北二十里。

三國　魏

陳羣墓。寰宇記：在陳留縣北二十八里。有碑，篆文。

晉

畢卓墓。在府治北。又陳州府沈丘縣西南亦有墓。

阮籍墓。在尉氏縣東南三十里。有碑。河南通志：河南府新安縣亦有墓。

唐

鄭絪墓。在汜水縣東二十里。

劉文静墓。在尉氏縣東南十五里。石獸斷碑猶存。

任瓌墓。在尉氏縣西大陂之滸。

張公瑾墓。在尉氏縣西沈家邨。

裴度墓。在鄭州南三十里。舊志：僕射陂南二十五里爲裴晉公墓，墓東三百五十步有廟。州人謂以公爲陂〔一九〕，公墓幾湮没。元至正中，州同知蒲理翰訪求得之。

劉禹錫墓。在滎陽縣東檀山原。

鄭善果墓。在滎澤縣西廣武山之原。

孔戣墓。在滎澤縣西廣武原。戣弟緯亦葬此。

五代　梁

王彦章墓。在密縣東南。按：歐陽修彦章畫像記云葬鄭州之管城。今鄭州志不載，而見密縣志，蓋兩地分界，今昔不同也。歐陽記本之彦章家傳甚確。而山東汶上縣西復有其墓，蓋當日中都之人瘞其衣冠者。

周

李穀墓。在府東門外。

宋

王旦墓。在祥符縣東。

潘美墓。在陳留縣北四十里。

王德用墓。在滎陽縣南石棚之東，有碑。

曹彬墓。在汜水縣南八里曹家陂下，高三丈許，俗訛爲鳳凰臺。明隆慶間獵者探狐穴，得石刻一方，乃知爲彬冢也。

晏殊墓。在禹州東南二十里。

鮮于侁墓。在禹州南三十里。

章得象墓。在禹州西南三峯山之原。

宋庠墓。在禹州西南三峯山之原。

田晝墓〔二〇〕。在禹州西南三峯山之原。

蔡齊墓。在禹州西五十里。

孫甫墓。在禹州西塢頭郜北。歐陽修撰墓誌。

楊億墓。在禹州北具茨山下。

曾公亮墓。在新鄭縣東三十里。

吴育墓。在新鄭縣西。歐陽修撰墓誌。

歐陽修墓。在新鄭縣西二十八里。蘇轍撰碑。

吕公著墓。在新鄭縣北三十五里。

魯宗道墓。在新鄭縣西北二十五里。子有方袝。

陳省華墓。在新鄭縣北三十里。省華與子堯叟、堯佐、堯咨，孫希古、學古，曾孫知節，元孫珣，皆葬此。

王曾墓。在新鄭縣東北三十里。宋至和二年，賜葬并建祠，名曰旌賢。

元

馬光祖墓。在禹州南關外十里。

明

周憲王墓。在祥符縣西南朱仙鎮。

張玉墓。在祥符縣西南四十里鳳城岡。

劉理順墓。在杞縣北十里許。

杜邦舉墓。在鄢陵縣。邦舉，明末爲鄢陵典史，殉難，遺骨無歸，葬於郊外，邑人每遇寒食時具麥飯而祭。

梁策墓。在鄢陵縣東南孝子岡。策以孝稱，明大學士沈鯉誌其墓。

張孟男墓。在中牟縣東五里蓼丘。

王廷相墓。在儀封廳東二里。

四安冢。在鄭州東南。

王彰墓。在鄭州西南二里。

周簡王墓。在滎陽縣東南四十五里。倬王墓亦在焉。又靖王墓在縣東北，懿王、惠王、莊王墓皆在縣東。

劉綱墓。在禹州西六十里。

馬文升墓。在禹州北具茨山下。

周定王墓。在禹州北五十里明山。又周恭王墓在禹州北三十里。

祠廟

鍾公祠。在祥符縣内。祀明巡撫鍾化民。

包公祠。在祥符縣署西。明成化中建，祀宋開封尹包拯。

庇民祠。在祥符縣署西。祀明少保于謙，即謙巡撫河南時舊廨也。成化中建，李夢陽有記。

名賢祠。在祥符縣署西。明嘉靖三十九年建，祀宋開封尹錢若水、寇準、畢士安、陳恕、吕夷簡、杜衍、范仲淹、吕餘慶、王巖叟、張方平、陳堯佐、蔡襄、馮京、歐陽修，明開封知府王博、萬信、韓英、孫珍。

宗公祠。在祥符縣署西北。祀宋宗澤。

李公祠。在祥符縣署北。祀宋李綱。

三賢祠。在祥符縣東南吹臺上。祀唐高適、李白、杜甫。明毛伯温有記。

十賢祠。在祥符縣東南大梁書院内。明萬曆十一年建，祀宋周、二程、邵、張五子，司馬光，朱子，吕祖謙，張栻，元許衡。

許忠節公祠。在祥符縣南。祀明副使許逵。

褒忠祠。在祥符縣南。祀明鐵鉉、邊昇、王良、季堅、楊本，皆建文時死難者。

名撫祠。在祥符縣南。明萬曆四年建，祀巡撫王佐、李奎、王暹、王恕、原傑、秦鉉、徐恪、韓文、陶琰〔二二〕、鄧庠、鄧璋、何天衢、徐讚、魏有本、雒昂、章煥，凡十六人。

陸公祠。在祥符縣東北三里。祀陸雲。

忠賢祠。在祥符縣東北陳橋鎮。祀明巡撫王漢，及汴城殉難諸臣。

元聖祠。在陳留縣治後，祀伊尹。又舊有祠在杞縣西二十里空桑城，宋大中祥符七年，真宗幸伊尹廟，立石，御製碑銘并書。

劉文烈公祠。在杞縣西門外。本朝康熙二十五年建，祀明劉理順。雍正六年修，乾隆六年重修。

祖公祠。在杞縣北，祀祖逖。

穎考叔祠〔二三〕。在洧川縣南大隧山上。

薛文清祠。在鄢陵縣東。祀明薛瑄。瑄少隨父任鄢陵教諭，由河南發解，爲世儒宗。嘉靖中，邑人給事中陳棐上疏請建祠鄢陵，詔從之。

陳太丘祠。在鄢陵縣西八里漆井邨。祀漢陳寔，有蔡邕碑記。

魯公祠。在中牟縣三異坊。祀漢魯恭。水經注：清水東逕中牟宰魯恭祠南。宋史：景德四年，幸西京，經漢司徒魯恭廟，贈恭太師。

河神祠。寰宇記：河侯神祠在氾水縣東北四十里。隋開皇七年，開渠之日，於大河分流處立祠。

邵鄭二公祠。在禹州東。祀明知州邵寶、鄭振光。

馬端肅祠。在禹州北門外。祀明馬文升。

遺愛祠。在禹州東北。祀鄭子産、漢黄霸、後漢卓茂。

黄丞相祠。在禹州東北黄臺上。祀黄霸。唐建中初，縣令黄甫曾改建於州西關外。

索長官祠。在密縣西北。又有墓在西南二里許，古碑遺像猶存。梁佐廟記：長官未知何許人，據圖經所述，密有惡獸爲患，長官選膽勇者一人，執牒而往，獸銜牒至訟庭，踞地而伏，長官呵叱出境，自是無患。府志：長官，五代時人。

卓太傅祠。有二：一在密縣東北，一在東南大隗鎮東。魏書地形志：密有卓茂冢、祠。

許魯齋祠。在新鄭縣學宫東南。元大德七年建，祀許衡。後廢。明宣德間重建。薛瑄有記。

高文襄祠。在新鄭縣北門内。祀明高拱。

十賢祠。在新鄭縣北門外。祀唐裴度，宋王曾、吕蒙正、曾公亮、吕公著、陳省華、陳堯佐、吴育、歐陽修、鄭居中。

子産祠。在新鄭縣西北。晉書李矩傳：劉聰遣從弟暢討矩。矩未暇爲備，令郭誦禱鄭子産祠，使巫揚言東里有教，當相助，將士皆踊躍争進。魏書地形志廣武郡苑陵有子産祠，即此。又鄭州東有鄭大夫廟，亦祀子産。

欒巴祠。在新鄭縣北三十里。

三賢祠。在新鄭縣東北。祀鄭子産、唐裴度、宋王曾。三賢冢相近，宋韓琦有贊。

大禹廟。在祥符縣東南吹臺上。本朝康熙三十三年，聖祖仁皇帝御書「功存河洛」廟額。又禹州西南有禹王廟，唐天寶元年建，本朝康熙元年修。

中山王廟。在祥符縣南吹臺西。祀明中山王徐達，以常遇春、李善長、沐英、劉基、馮勝、湯和、胡大海、鄧愈、李文忠配享。

李衛公廟。在祥符縣南六十里。祀唐李靖。

岳忠武廟。在祥符縣西南朱仙鎮。明成化二十一年建，何孟春有記。

信陵君廟。在祥符縣北。

迴龍廟。在祥符縣東北五里。祀各河神。明正統十一年建，本朝康熙三十年修。廟後有鐵犀蹲踞，半出土上，背鑿銘詞，凡二十二句，古雅蒼健，乃正統十一年巡撫于謙所鑄，以鎮水者。

河神廟。在陳留縣西門内。祀黄守才。本朝乾隆二年，敕封靈佑襄濟之神。四十五年，詔擇其子孫内一人爲奉祀生。按：神，偃師人，字英傑，幼時屢落水皆無恙，後築埽治水，累著奇蹟。生於明萬曆時，卒於本朝康熙二年。

董公廟。在杞縣西南圉城内，祀董宣明。弘治九年建。

冉子廟。在杞縣東北伯牛岡上。祀冉伯牛。通志：廟近伯牛墓。

殷高宗廟。在鄢陵縣南二十里。

雙廟。在中牟縣萬勝鎮。祀唐張巡、許遠。

列子廟。在中牟縣西、鄭州界圃田鄉。祀列禦寇。

風神廟。在蘭陽縣西北銅瓦廂集。本朝乾隆四十五年修，有高宗純皇帝御書扁額。

裴晉公廟。在鄭州南。

樊將軍廟。在滎陽縣東南三十里。祀漢樊噲。

紀將軍廟。在滎澤縣西南故滎陽城西。祀漢紀信。明正統三年敕重建，追封滎陽侯，謚忠烈，命有司致祭。

漢高祖廟。在滎澤縣西廣武山上。又禹州西南五十里有漢高祖廟。

盧醫廟。在汜水縣東上街鎮南。載祀典。

晉文公廟。有二：一在汜水縣南五里，一在河陰廢縣西十五里。

昭武廟。在汜水縣西伏蛟山上。唐書地理志：汜水牛口渚西一里伏龜山有昭武廟，會昌五年建。春明退朝録：汜水縣有武牢關城，城內有山數峯，一峯上有唐昭武廟。縣志：昭武廟祀周穆王、惠王、襄王，漢高祖、昭烈，唐高祖、太宗。其配享者，晉文公、悼公等諸侯，知武子、孟獻子諸大夫，共一百二十人，皆有事於武牢者。宋太祖嘗謁此廟，祀以太牢。元時，額森特穆爾據虎牢，毀之，今遺址猶存。「額森特穆爾」舊作「也先帖木兒」，今改正。

湯王廟。在禹州北門內。明嘉靖十年建，本朝康熙元年修。

訾仙廟。在禹州東門外一里許。祀金訾亘。本朝順治十六年修。

神后山神廟。在禹州西神后山前。明永樂二年建。

伯益廟。在密縣東四十里。一名百蟲將軍廟。水經注：密有百蟲將軍顯靈碑。碑云：將軍姓伊氏，諱益。帝高陽之第二子伯益者也。晉元康五年，順人吴義等建立堂廟。縣志：百蟲將軍廟最古，歲祭，縣令必躬親之。

白龍王廟。在密縣南柏崖山。金大定元年建，明永樂間敕修。

開暘廟。在密縣西北開暘山下。邑人祈晴多應。

如堂廟。在密縣東北二十里，亦山神廟也。爾雅：山如堂者曰密。名勝志：山如堂者，大隗足以當之。

寺觀

孝嚴寺。在祥符縣城内西北隅。本宋太尉楊業家廟，業死節朔方，其子請改爲寺以薦父，太宗嘉之，賜額「孝嚴」。明洪武間重修。

大相國寺。在祥符縣東北。齊天保六年始建，名曰建國。唐睿宗改爲相國寺。宋至道二年重建，題寺額曰「大相國寺」。夢華録：相國寺每月五次開放，萬姓交易。又遼使入朝見訖，翌日詣大相國寺燒香。金章宗、元世祖、明太祖相繼重修。成化二十年，改名崇法。崇禎十五年，河水淤没。本朝順治十六年，巡撫賈漢復重建，仍名大相國寺。歲久傾圮。乾隆三十一年，巡撫阿思哈奏請重修，高宗純皇帝御書「古汴名藍」扁額，暨御製碑文。

大延壽甘露寺。即古上方寺。在祥符縣城内東北隅。五代晉天福中，建於明德坊，名等覺禪林。宋乾德中遷此。慶曆中改名上方寺。内有鐵色琉璃塔，又有海眼井。本朝乾隆十六年改修，賜今名，高宗純皇帝御題「華嚴香海」扁額，並御書對聯。

封禪寺。在祥符縣東。石晉末，百官出迎遼王於封禪寺，即此。

清涼寺。有二：一在祥符縣東梳頭岡，明景泰元年建。一在杞縣城西北文郵。

寶相寺。在祥符縣西大梁門外。後唐長興元年建，明洪武三十年重建。

寶峯寺。在陳留縣東十里。宋建。明洪武八年，改爲聖壽寺。今仍名寶峯。

洪福寺。有三：一在杞縣南六十里，東魏武定五年建；一在通許縣西門外；一在中牟縣東南二十里。俱唐時建。

天安寺。在鄢陵縣東南。宋崇寧三年建，本朝順治七年重修。

乾明寺。在鄢陵縣西北。唐時建，内有塔十三層。本朝順治六年重修。

興國寺。在中牟縣南。一名佛道寺。有宋時石幢，高六尺，今存。

興果寺。在中牟縣南畾澤里。明天順間建。鑄銅佛一千一百尊，亦名千佛寺。

東昏寺。在蘭陽縣東城。元時建。寺内有石塔。

開元寺。在鄭州治東。唐開元中建。有塔。

崇聖寺。在鄭州北門外。宋熙寧中創建，明洪武十五年重建。

等慈寺。在汜水縣東北二里。元和志：在縣東七里，王師既破建德，有詔於戰所起寺，立碑記功，顔師古撰文。

天安萬壽寺。在禹州西北。宋崇寧元年建，内有宋仁宗御書。

超化寺。在密縣南十八里。隋開皇元年建。

法海寺。在密縣西。宋咸平四年建。縣志：寺前有塔，青白石雜爲之。高十餘級，四面自基至頂，鑿蓮經一部，字畫遒勁。宋張哲有法海寺石塔記。

香峪寺。有三：上香峪寺，在密縣西北，唐天寶七年建；中香峪寺，亦在縣西北，宋開寶元年建〔二三〕；下香峪寺，在縣西，開寶二年建。

岱嶽觀。在祥符縣東門内。元元統間建。明永樂中重修。

延慶觀。在祥符縣東南。舊爲朝元萬壽宫，明洪武六年改今名。其側有延佑觀。

溥仁觀。在陳留縣。祀河神。本朝乾隆六年，高宗純皇帝御書「惠應安瀾」扁額。又祥符縣程家寨有河神廟，乾隆元年御書「安流應瑞」扁額。

佑安觀。在中牟縣南岸楊橋。祀河神。本朝乾隆二十六年，因修築黄河楊橋渡口，大工迅成，兼有返風之應，命即工所建祠，賜名佑安觀，御書「犨佑金隄」扁額，御製文勒碑觀中，並御製誌事詩三章，鐫碑陰。

惠安觀。在蘭陽縣北岸板廠。祀河神。本朝乾隆四十九年修。

逍遥觀。在汜水縣南。元大德八年修。

大清觀。有二：一在禹州西南角子山，宋宣和中建；一在新鄭西南二十里，觀後鑿土洞極深，建老子祠於其内，名伏陽洞，後改名升陽洞。

清微萬壽宫。在禹州西南。後漢光武時建。明嘉靖九年，改爲宗學，撤神像，内有光武敕書玉璽之文，後復爲宫。

天仙宫。在密縣東五里天仙洞旁。中有白松，大四十圍。

雲巖宫。在密縣東四十里雲巖洞旁。有唐獨孤及風后八陣圖碑。

校勘記

〔一〕北曰閶闔　「閶」，原作「閭」，據乾隆志卷一五〇開封府古蹟（下同卷簡稱乾隆志）及宋史卷八五地理志改。

〔二〕北曰金輝　「金輝」，乾隆志、讀史方輿紀要卷四七河南二同，宋史卷八五地理志作「金耀」。下文「金輝」同。

〔三〕南曰上善北曰通津　「善」下原衍「化」字，「津」原作「澤」，乾隆志同，據宋史卷八五地理志删、改。

〔四〕壽寧堂　「寧」，原作「安」，據乾隆志及宋史卷八五地理志改。按，本志蓋避清宣宗諱改字也。下文「福寧殿」、「燕寧殿」原亦作「安」，同據改。

〔五〕其東真君殿曰積慶　乾隆志同。按，據宋史卷八五地理志，此上脱「觀文殿」名，真君殿乃在觀文殿東，非福寧殿東也。

〔六〕其西又有宜聖　「宜」，原作「宣」，乾隆志同，據宋史卷八五地理志改。按，宋史本紀、續資治通鑑長編屢有宴臣宜聖殿之文，「宜」字是。

〔七〕邇英殿　「殿」，乾隆志同，宋史卷八五地理志作「閣」。

〔八〕慶壽殿　「殿」，乾隆志同，宋史卷八五地理志作「宫」。

〔九〕長生殿南曰閱武殿又南曰安泰門　乾隆志同。按，據金史卷二五地理志閱武殿南爲内藏庫，而安泰門乃在繁禧門之南。蓋修志史臣鈔録金志時錯行所致。

〔一〇〕龍柏坡　「柏」，原作「板」，乾隆志同，據雍正河南通志卷七九藝文所録蜀僧祖秀華陽宫記及宋刻本東都事略卷一〇六引祖秀華陽宫記改。按，其上文云「側柏枝幹柔密，揉之不斷，華華結結，爲幢蓋鸞鶴蛟龍之狀，動以萬數」，故曰龍柏坡也。

〔一一〕又改名芳林　「又」，原作「人」，據乾隆志改。

〔一二〕梁開平中　「開」，原作「孝」，據乾隆志及册府元龜卷一九六閏位部建都後梁太祖開平二年七月條改。

〔一三〕至板城渚　「城」，原作「域」，據乾隆志及讀史方輿紀要卷四七河南二改。

〔一四〕趙皮塞　「塞」，乾隆志作「寨」。

〔一五〕秦王塞　「塞」，乾隆志作「寨」。

〔一六〕雙洎橋　「洎」，原作「泊」，據乾隆志改。按，此橋跨雙洎河而名也，本志上卷山川屢出雙洎河是也。下文「洎」多誤作「泊」，徑改。

〔一七〕塋四周壘石爲垣　乾隆志同。按，戴震校水經注，謂「塋」下脱「域」字。

〔一八〕南入塋城而爲池沼　「城」，乾隆志同。按，戴震校水經注，謂爲「域」字之訛，是也。

〔一九〕州人謁以公爲陂　乾隆志同，疑有訛誤。

〔二〇〕田晝墓　「田晝」，乾隆志及雍正河南通志卷六〇人物、邵氏聞見録卷一二同，宋史卷三四五鄒浩傳附傳作「田畫」。按宋賀鑄慶湖遺老詩集卷一有留别田晝詩，自注云：「田字承君，始名至明，字君義。」其先後名、字意義相承，則以「晝」爲是。

〔二一〕陶琰　「琰」，原作「炎」，據乾隆志及雍正河南通志卷四八祠祀改。按，本志避清仁宗諱改字也。

〔二二〕潁考叔祠　「潁」，原作「穎」，據乾隆志及左傳隱公元年改。

〔二三〕宋開寶元年建　「寶」，原作「皇」，據乾隆志改。

大清一統志卷一百八十八

開封府三

名宦

漢

魏不害。武帝時以圉守尉，捕反者淮陽胡倩〔一〕，封當塗侯。

卜式。河南人。武帝時爲成皋令，兼使領漕，課最上。

韓延壽。燕人。宣帝時爲潁川太守。郡多豪强，自趙廣漢以告訐爲聰明，民多仇怨。延壽欲更改之，教以禮讓，乃歷召郡中長老爲鄉里所信向者數十人，設酒具食，親與相對，人人問以謡俗、民所疾苦，爲陳和睦親愛、銷除怨咎之路，長老皆以爲便。因與議定嫁娶、喪祭、儀品，略依古禮，不得過法。於是令文學、校官、諸生、皮弁執俎豆，爲吏民行禮，百姓遵其教，賣偶車馬下里僞物者，棄之市道。

黄霸。陽夏人。宣帝時爲潁川太守。選擇良吏，分部宣布詔令，令民咸知上意。使郵亭鄉官皆畜雞豚，以贍鰥寡，然後爲條教。置父老、師帥、伍長，班行於民間，勸以爲善防奸之意，及務耕桑，節用殖財，種樹畜養。吏民見者，語次尋繹，問它陰伏，以相參考。咸稱神明。霸力行教化而後誅罰，務在成就安全〔二〕。以外寬内明，得吏民心。户口歲增，治爲天下最。徵守京兆尹，後貶秩。有詔歸潁川太守官，治如其前，前後八年，郡中愈治。天子以霸爲長者，下詔稱揚，賜爵關内侯。而潁川孝弟有行義民、三老、力田，皆以差賜爵及帛。

薛宣。郯人。武帝時爲陳留太守。盜賊禁止，吏民敬其威信。

趙廣漢。蠡吾人。昭帝時爲陽翟令，治行尤異。按：兩漢潁川郡治陽翟縣，今禹州也。許州爲漢潁陰、許二縣地，三國魏改許爲許昌，自晉時始自陽翟移潁川郡來治。是兩漢之潁川太守，當入開封府禹州名宦〔三〕，晉、宋以後之潁川太守，當入許州名宦，謹分載以免混淆。

焦延壽。梁人。成帝時爲小黄令，以候司先知奸邪〔四〕，盜賊不得發；愛養吏民，化行縣中，舉最。當遷，三老、官屬上書願留，詔許，增秩。

卓茂。宛人。成帝時爲密令。視民如子，舉善以教，口無惡言，吏人親愛之，咸不忍欺。數年，教化大行，道不拾遺。平帝時，天下大蝗，河南二十餘縣皆被災，獨不入密縣界。後遷京部丞〔五〕，密人老幼，涕泣隨送。

嚴詡。陵陽人。哀帝時爲潁川太守。詡本以孝行爲官，謂掾吏爲師友。掾吏有過，輒閉閤自責，終不大言。後朝廷遣使徵詡，官屬爲設祖道。詡據地哭，掾吏曰：「明府吉徵，不宜若此。」詡曰：「我憂潁川士，身豈有憂哉！我以柔弱徵，必遷剛猛代。代到，將有僵仆者，故相弔耳。」

何並。平陵人。哀帝時，代嚴詡爲潁川太守。時潁川鍾元爲尚書令，領廷尉，用事有權。元弟威爲郡掾，贓千金。又陽翟輕俠趙季、李款多收賓客，以氣力漁食閭里。並下車敕吏曰：「二人非負太守，迺負王法，不得不治。」即捕三人誅之。及其具獄於市，郡中清静。表善好士，見紀潁川，名次黄霸。性清廉，妻子不至官舍。

寇恂。昌平人。建武二年，潁川人嚴終、趙敦，與密人賈期，連兵爲寇。乃拜恂爲潁川太守，數月間，擊斬期首，郡中悉平。後爲執金吾，而潁川盗賊又起。帝謂恂曰：「潁川迫近京師，當以時定，惟念卿獨能平之耳。」即日車駕南征，恂從，至潁川，盗賊悉降，而竟不拜郡。百姓遮道曰：「願從陛下復借寇君一年。」乃留恂長社，鎮撫吏人，受納餘降。

郭伋。茂陵人。建武九年，潁川盗賊羣起，拜伋潁川太守。召見辭謁，帝勞之曰：「賢能太守，去帝城不遠，河潤九里，冀京師並蒙福也。」伋到郡，招懷山賊數百人，皆束手詣伋降，伋悉遣歸農。其黨聞伋威信，遠自江南，或從幽、冀，不期俱降，絡繹不絶。

杜詩。汲人。建武中，拜成皋令。視事三歲，舉政尤異。

樂俊。建武中爲浚儀令。初，平帝時，河、汴決壞。建武十年，發卒營河功，俊言：「今新被兵革，方興力役，民不堪命。宜須平静，更議其事。」光武遂止。

王況。杜陵人。建武中爲陳留太守，善行德教。永平中，蝗蟲起，過陳留界，飛遊不集，五穀獨豐。

王景。樂浪誹邯人。顯宗時，詔與將作謁者王吴共修浚儀渠，用景堨流法，水乃不復爲害。

馬嚴。茂陵人。建初二年，拜陳留太守。下車，明賞罰，發奸慝，郡界清静。時京師訛言賊從東方來，百姓奔走，轉相驚動，諸郡各以狀聞。嚴察其虚妄，獨不爲備。詔書敕問，嚴固執無賊，後卒如言。

寒朗。薛人。建初中，爲濟陽令。以母喪去官，百姓追思之。章和初，上東巡，過濟陽。三老吏人上書陳朗前政治狀。帝至梁，召見朗，詔三府爲辟首。按：漢濟陽縣屬陳留郡，故城在今儀封廳北。後漢郡國志濟陽有武父城，今武父城在直隸大名府東明縣西南，以地考之，濟陽故城當在今杞縣陳留境内。至山東曹州府菏澤縣之濟陽故城，則唐武德中分冤句縣西界置，貞觀元年廢入冤句者。寒朗於建初中爲濟陽令，當載入開封府名宦。舊志並載山東曹州府名宦中，今改正。

魯恭。平陵人。肅宗時，拜中牟令。專以德化爲理，不任刑罰。訟人許伯等争田，累守令不能決，恭爲平理曲直，皆退而自責，輟耕相讓。建初七年，郡國螟傷稼，獨不入中牟。河南尹袁安，使仁恕掾肥親往廉之。恭隨行阡陌，俱坐桑下，有雉過，止其旁。旁有童兒，親曰：「兒何不捕之？」兒言：「雉方將雛。」親瞿然起曰：「蟲不犯境，此一異也；化及鳥獸，此二異也；豎子有仁心，此三異也。」是歲，嘉禾生恭便坐庭中。在事三年，州舉尤異。

召馴。壽春人，信臣孫。章帝時，拜陳留太守，有治迹，賜刀劒錢物。元和二年，入爲河南尹。

曹褒。薛人。肅宗時爲圉令。以禮理人，以德化俗。時他郡盜徒五人來入圉界，吏捕得之。陳留太守馬嚴風縣殺之，褒敕吏曰：「臯陶不爲盜制死刑，如得全此人命而身坐之，吾所願也。」遂不殺。

秦彭。茂陵人。建初七年，轉潁川太守。有鳳凰、麒麟、嘉禾、甘露之瑞，集其郡境。肅宗巡行，再至潁川，輒賞賜錢穀，恩寵甚異。

朱寵。京兆人。安帝時，爲潁川太守，治理有聲。

繆肜。召陵人。安帝時，遷中牟令。縣近京師，多權豪，肜到，誅諸奸吏，及託名貴戚、賓客者百餘人，威名遂行。

宋登。長安人。順帝時，爲潁川太守，市價無二，道不拾遺。

牛述。隴西人。順帝時爲外黄令。好士知人，禮請爰延爲廷掾，范丹爲功曹，濮陽潛爲主簿。

劉矩。蕭人。順帝時，爲雍丘令。以禮讓化之，其無孝義者皆感悟自革。民有争訟，矩常引之於前，提耳訓告，使歸更尋思。訟者感之，輒各罷去。其有路得遺者，皆推尋其主。

馮岱。桓帝時，爲陳留太守。到官，請符融相見，融薦范冉、韓卓、孔伷三人。岱辟冉爲功曹，卓爲主簿，伷爲上計吏。

宋則。長安人。桓帝時，爲鄠陵令，有名迹。拔同郡韋著、扶風法真，稱爲知人。

楊沛。萬年人。漢初平中，除新鄭長。課民畜乾椹，收𧡦豆〔六〕，積得千餘斛。魏武西迎天子，所將千餘人皆無糧，過新鄭，沛乃進乾椹，軍以不飢。後遷長社令，撾殺曹洪賓客，魏武以爲能。

棗祗。潁川人。建安末，爲陳留太守。時歲旱，軍食不足，祗建置屯田，數年中每歲大收，所在積粟，倉廩皆滿。

三國　魏

司馬岐。温人。明帝時，遷陳留相。梁郡有繫囚，多所連及，數載不決，詔書徙獄於岐屬縣。縣請豫治牢具，岐曰：「囚已倦楚毒，其情易見，豈當復久處囹圄耶？」及至詰之，皆莫敢匿詐，一朝決竟。

劉劭。邯鄲人。明帝時，爲陳留太守。敦崇教化，百姓稱之。

李勝。南陽人。正始三年，爲滎陽太守。政有遺惠，民爲立祠。

殷裒。爲滎陽令。時多雨，裒乃課民穿渠入河，疏導原隰，因致年豐，人號爲殷渠。又廣築學館，會集朋從，民歌之曰：「滎陽令，有異政。立學校，人易性〔七〕，令我子弟恥争訟。」

晉

魏舒。樊人。武帝時，爲滎陽太守，甚有聲稱。

傅祗。泥陽人。武帝時爲滎陽太守。自河、濟汎溢，鄧艾嘗開石門而通之，至是復浸壞，祗乃造沈萊堰，兖、豫間無水患。

何攀。郫人。武帝時爲滎陽令，上便宜十事。

陸雲。吴郡人。泰安間爲浚儀令。縣居都會之要，名爲難理，雲到官肅然，下不能欺，市無二價。人有見殺者，主名不立，雲録其妻而無所問，十許日遣出，密令人隨後，謂不出十里，當有男子候之與語，便縛來。既而果然，問之具服，一縣稱神明。去官，圖畫形像，配食縣社。

李矩。平陽人。元帝時爲滎陽太守，招懷離散，遠近多附之。

郭誦。平陽人。元帝時爲陽翟令。阻水築壘，且耕且戰，爲滅賊之計。賊至，誦設仗破之。

南北朝　魏

王慧龍。晉陽人。世祖時，拜滎陽太守。在任十年，農戰並修，大著聲績。招攜邊遠，歸附者萬餘家。

宋世景。廣平人。永興時，拜滎陽太守。鄭氏豪横，號爲難治。世景繩以法，於是僚屬畏威，莫不改肅。終日坐廳事，來者無不盡其情抱，皆假之恩顔，屏人密語，民間之事，巨細必知，發奸擿伏，有若神明。

辛纂。狄道人。永安中，轉滎陽太守。民有姜洛生、康乞得者，舊是太守鄭仲明左右，豪猾偷竊，境内爲患。纂伺捕擒獲，梟於郡市，百姓忻然。

蘇淑。武邑人。孝静時，歷滎陽太守。清心愛下，爲吏民所思，稱良二千石。

高謙之。遼東人。孝昌中，爲河陰令。時有人囊瓦礫詐市人馬，索弗獲，乃僞枷一人於市，宣言是詐市馬賊，且欲刑之。密遣察市中私議者，得二人，執送按問，悉獲其黨。在任二年，損益政典，多爲故事。

北齊

郎基。中山人。宣帝時爲鄭州刺史。積年滯訟，數日中剖判咸盡。條綱闊疏，獄訟衰息，遠近慶悦。卒於官，柩還，送者莫不攀輀悲慟。

隋

楊達。高祖族子。開皇中，爲鄭州刺史。平陳之後，品天下牧宰，達爲第一。

劉懺。弘農人。大業中，爲成皋令，政有恩惠。時長吏多贓污，懺清節愈勵，風教大洽，獄無繫囚。

令狐熙。燉煌人。開皇中爲汴州刺史。禁遊食，抑工商，民有向街開門者杜之，船客停於郭外星居者勒爲聚落，僑人逐令歸本。其有滯獄，並決遣之。令行禁止，帝聞而嘉之，敕相州刺史豆盧通，令習熙之法。其年來朝考績爲天下最，賜帛三百疋。

張須陁。閿鄉人。大業末，爲滎陽通守。時李密説翟讓取洛口倉，遂逼滎陽，須陁戰死。其所部兵，晝夜號哭，數日不止。

唐

郭志安。武德四年爲管州刺史。竇建德陷管州，志安死之。

李元名。垂拱中爲鄭州刺史。境接東畿，諸王貴戚縱家人暴百姓，元名至，一革之。爲治廉威。

韋安石。萬年人。武后時，拜鄭州刺史。安石性方重，不苟言笑。其政尚清嚴，吏民尊之。

馮元淑。安陽人。中宗時爲浚儀令。右善去惡，人稱爲神明。與奴僕日一食，馬日一秣，不挈妻子，斥俸餘以給貧窮。或譏其近名，元淑曰：「吾性也，不爲苦。」帝降璽書勞勉，付狀史官。

李畬。高邑人。歷汜水主簿。遇事鋒鋭，雖廝豎一閲輒記姓名居業。黜陟使路敬潛薦其清白。

倪若水。藁城人。開元初，爲汴州刺史。政清静，增修學宫，興州縣學廬，勸生徒，身爲教訓，風化興行。明皇遣中人捕鵁鶄鸂鶒南方，若水疏諫。帝手詔褒答，賜帛四十段。

齊澣。義豐人。開元中爲汴州刺史。地當舟車湊集，事浩繁。前刺史數不稱職，惟倪若水與澣以清毅聞，吏民頌美。澣以淮至徐城險急，鑿渠十八里，入清水，人便其漕。

陸景融。吴人。任新鄭令，政有風績。

張巡。南陽人。天寶十五載，起兵討賊，至雍丘。時雍丘令令狐潮舉縣附賊，巡乃屠其妻子磔城上。士奉巡主軍，潮以賊四萬薄城，積六旬，大小數百戰。士帶甲食，裹創鬬，潮遂敗走，追之幾獲。潮怒，復率衆來。大將六人白巡以勢不敵，不如降。巡陽許諾，明日堂上設天子畫像，率衆士朝，人人盡泣。巡引六將至，責以大義，斬之，士心益勸。圍凡四月，賊常數萬，而巡衆纔千餘，每戰輒克。

李勉。鄭惠王元懿曾孫。代宗時爲開封尉，推姦抉隱爲有名。

崔無詖。博陵人。天寶中爲滎陽太守。安禄山攻滎陽，無詖率衆乘城，與官屬皆死賊手。

馬燧。郟城人。代宗時，鄭州刺史。勸督農力，歲一税，人以爲便。

狄兼謨。太原人。太和中，歷鄭州刺史。歲旱飢，發粟賑濟，民人不流徙。

柳仲郢。華原人。宣宗初，出爲鄭州刺史。周墀鎮滑，高其績，及入相，薦授河南尹。

五代

漢

盧億。河内人。魏王承訓爲開封尹，授億水部員外郎，充推官。時侍衛諸軍驕恣，朝廷姑息之。軍士成美以驢負鹽入都門，閽者不敢執，反擒平民孟柔送侍衛司，柔自誣服，論當棄市。億察其冤，言於漢祖而釋之。

李穀。汝陰人。漢初權判開封府。時京畿多盜，中牟尤甚。穀誘邑人發其巢穴，有劉德輿者，梁時屢攝畿佐，居中牟，素有幹材，穀即署攝本邑主簿。浹旬，穀請侍衛兵數千佐德輿，悉擒賊黨，自是行者無患。

宋

宋琪。薊人。乾德四年，拜開封府推官。太宗爲府尹，甚加禮遇。太平興國七年，通判開封府事，京府置通判自琪始。

程羽。陸澤人。開寶八年，領開封府判官。羽性淳厚，莅事恪謹。太平興國初，拜給事中，知開封府。

陳靖。莆田人。太祖時，授陽翟主簿。遼兵侵邊，宋師數不利，靖求入奏機略，詔就問之。上五策，曰：明賞罰、撫士衆、持重示弱、待利而舉、帥府許自辟士而將帥得專制境外。太祖異之，改將作監丞。

吕端。安次人。乾德時，知浚儀縣。秦王廷美尹京，召拜考功員外郎，充開封府判官。太宗征河東，廷美將有居留之命。端白廷美曰：「主上櫛風沐雨，以申弔伐，王當表率扈從，主留務非所宜也。」廷美由是懇請從行。歷知開封縣。許王元僖尹開封，又爲判官。

竇偁。漁陽人。開寶中，太宗領開封府尹，選偁判官。時賈琰爲推官〔八〕，偁不樂其爲人，太宗嘗宴諸王，偁、琰與會。琰言矯誕，偁叱之曰：「巧言令色，心獨不愧乎？」上愕然，因罷宴。

王旦。莘人。太宗時，通判鄭州，表請天下建常平倉。

張詠。鄄城人。太宗時知浚儀縣。李沆、宋湜、寇準連薦其才。

王旭。莘人。太宗時，知雍丘縣，真宗聞其能。

王彬。固始人。淳化間，歷雍丘尉。皇城司陰遣人下畿縣刺事，多厲民，令佐至與爲賓主。彬至，捕鞫之，得所受賂，寘之法。自是詔親事官毋得出都城。

周起。鄒平人。真宗時，擢樞密直學士、權知開封府。起聽斷明審，舉無留事。真宗嘗臨幸問勞。

呂夷簡。壽州人。真宗時，權知開封府，治嚴辨有聲。

姜遵。長山人。真宗時，爲開封府右軍巡判官，有疑獄將抵死，遵辨出之。

石揚休。眉州人。真宗時，知中牟縣。地瘠民貧，賦役煩重，富人隸太常爲樂工，僥倖免役者凡六十餘家，揚休請悉罷之。

樂黃目。宜黃人。咸平中，知浚儀縣。上言：「自今審官院差知州銓曹注縣令，候各及二三十人，一次引見於御前，試時務策一道，察言觀行，取其才識明於吏治、達於教化者充選，其有不分曲直、罔辨是非者，或黜或退，如此則官得其人，事無不治。」

梁灝。鄆城人。景德初，權知開封府。子適亦權知開封府，又知鄭州。有風采，明於法令，條教嚴不可犯。

程琳。博野人。真宗時，權知開封府。王蒙正子齊雄捶老卒死，章獻太后謂琳曰：「齊雄非殺人者，乃其奴嘗捶之。」琳曰：「奴無自專理，且使令與已犯同。」太后默然，遂論如法。外戚吳氏離其夫而挈其女歸，夫訴於府。琳命還女，吳氏曰：「已納宫人矣。」琳請於帝曰：「臣恐天下人有竊議陛下奪人妻女者。」帝亟命歸之。

魏瓘。婺源人。真宗時，爲開封府倉曹參軍。持法精審，明吏事。上元起綵山闕前張燈，與宦官護作，宦者輒誅索侵擾。

璀密以聞，詔杖宦者遣之。後以給事中知開封府，政事嚴明，吏民憚之。

薛奎。正平人。仁宗時，擢龍圖閣待制、權知開封府事。爲政嚴敏，擊斷無所待，帝益加重。

龐籍。武城人。仁宗時爲開封府判官。尚美人遣内侍稱教旨，免工人市租。籍言祖宗以來，未有美人稱教旨下府者，當杖内侍。詔有司自今宫中傳命，毋得輒受。

吴遵路。丹陽人。仁宗時，進兵部郎中、權知開封府。馭吏嚴肅，屬縣無追逮。

杜衍。山陰人。寶元間，權知開封府。權近聞衍名，莫敢干以私。

范仲淹。吴縣人。仁宗時，知開封府。上言：「洛陽險固，而汴州四戰之郊，急難則居洛，太平乃都汴。今洛宫本備巡幸，可漸廣儲蓄，繕修之。」在官明敏通照，決事如神。

寇瑊。臨安人。仁宗時，知開封府。戚里有毆妻至死更赦事發者。太后怒曰：「夫婦齊體，奈何毆至死耶？」瑊對曰：「傷居限外，事在赦前，有司不敢亂法。」卒免死。

吴育。建安人。仁宗時，知開封府。居數日，發大奸吏一人流嶺外。又得巨盗，積贓萬九千緡，獄具而輒再變。帝遣他吏按之，卒伏。時歲飢多盗，育嚴賞功之法，嘗得盗而未賞者，一切賞之，以明不欺。

包拯。合肥人。仁宗時，權知開封府。京師爲之語曰：「關節不到，有閻羅包老。」中官勢族築園榭侵惠民河，河塞不通，拯悉毀去。

李絢。依政人。仁宗時，權知開封府，治有能名。

蔡襄。仙游人。仁宗時以龍圖閣直學士知開封府。襄精吏事，談笑剖決，破姦發隱，吏不敢欺。

張方平。南京人。仁宗時，權知開封府。府事叢集，前尹率書板識之。方平獨默記決遣，無少差忘。

馮京。江夏人。仁宗時，爲翰林學士、知開封府。數月不詣丞相府，韓琦與富弼以京爲傲，弼使往見琦，京曰：「公爲宰相，從官不妄造詣，乃所以爲公重，非傲也。」

王素。莘人。仁宗時，以樞密直學士知開封府。至和中大雨，蔡河裂水入城，詔軍吏障朱雀門。素曰：「兵民廬舍多覆壓，衆心怦怦然，奈何更塞門以動衆？」詔遣止其役，水亦不害。

歐陽修。廬陵人。仁宗時，以龍圖閣學士知開封府。承包拯威嚴之後，簡易循理，不求赫赫名，京師亦治。

吴奎。北海人。仁宗時，拜翰林學士、權知開封府。奎達於從政，應事敏捷，吏不敢欺。富人孫氏辜榷財利負其息者，至評取物産及婦女。奎發孫宿惡，徙其兄弟於淮、閩，豪猾畏斂。居三月，治聲赫然。

蘇舜欽〔九〕。銅山人。天聖中，爲滎陽縣尉。玉清昭應宫災，舜欽詣登聞鼓院，上疏直諫。

康德興。洛陽人。天聖中，遷河陰兵馬都監。建沿汴斗門以節水。會積雨，汴水將溢，德興請自京西導水入護龍河，得不溢。

楊佐。宣州人。仁宗時爲河陰發運判官，幹當河渠司。皇祐中，汴水殺溢不常，漕舟不能屬，佐度地鑿瀆以通河流。

王舉元。鎮定人。仁宗時，爲河陰發運判官。或言大河決，將犯京師，舉元適入對，具論地形，證其妄，已而果然。

宋昌言。平棘人。仁宗時，爲河陰發運判官。自濟源之官，見道上棄尸若剮剥狀者甚衆。既至河陰，得兇盜六輩，掩其家，猶得執縛未殺者七人。縣吏與市井少年共爲胠橐，昌言窮治其淵藪，皆法外行之，而流其家人。

曾公亮。晉江人。仁宗時，以端明殿學士知鄭州。盜悉竄他境，至夜户不閉。嘗有使客亡橐中物，移書詰盜：「公亮報吾境不藏盜，殆從者之廋耳？」索之果然。

吕公綽。壽州人。仁宗時，知鄭州。嘗問民疾苦，父老曰：「官籍民産第賦役重輕，至不敢多畜牛，田疇久蕪穢。」公綽爲奏之，自是牛不入籍。

王疇。濟陰人。皇祐中，爲開封府推官。宦者李允良訴其叔父死，疑爲仇家所毒，請發棺驗視。衆欲許之，疇獨不可，曰：「安知非允良有奸？」窮治，果與其叔父家有怨。

强至。錢塘人。仁宗時，爲開封府倉曹參軍。露積油幕，一夕火，主守者法應死。至疑火所起，召幕工訊之，工言製幕須雜他藥，既久得濕則燔。爲上其事，帝悟，原其罪。

胥偃。長沙人。仁宗時，權知開封府。有衛卒賂庫吏，求揀冬衣，坐繫者三十餘人。偃請從末減，奏可。宦人程智誠與三班使臣馮文獻八人抵罪，帝使赦智誠三人而文獻五人坐如法。偃曰：「恤近遺遠，非政也。况同罪異罰乎？」詔并釋之。

呂公孺。壽州人。仁宗時，爲開封府推官。民鬻薪爲盜所奪，逐之遭傷，尹包拯命笞盜。公孺曰：「盜而傷主，法不止笞。」執不從，拯善其守。元祐初，遷刑部侍郎、知開封府，爲政明恕。

陳希亮。青神人。仁宗時爲開封府司録司事。福勝塔火，官欲更造，度用錢三萬。希亮言：「陝西用兵，願以此餽軍。」詔罷之。青州民趙禹上書言趙元昊必反，徙建州。元昊果反，禹至京自理，宰相怒，下開封獄。希亮言：「禹可賞不可罪。」外戚沈元吉以奸盜殺人，希亮一問得實，自驚仆死。沈氏訴之，詔御史劾希亮及諸掾吏，希亮曰：「殺此賊者獨我耳。」遂引罪坐廢。

王臻。汝陰人。仁宗時，龍圖閣待制、權知開封府。奸人僞爲皇城司刺事，卒嚇良民以取賕。臻購得其主名，黥竄三十餘人，都下肅然。

賈黯。穰人。仁宗時，尚書左司郎中、權知開封府。兩軍獄囚歲瘐死者衆，黯言吏或怠於視囚，請歲計死者多少而賞罰之。府吏額七百人，以罪廢復敘者皆數外補之，黯請敘者須有闕乃補。

滎諲。任城人。仁宗時，爲開封府判官。太康民事祈禳號白衣會，縣捕數十人送府，尹賈黯請殺其爲首者而流其餘。諲持不從，各具議上之。中書是諲議，但流首，杖餘人。

李載。黎陽人。仁宗時，知祥符縣。有巫以井泉飲人，云可愈疾，趨者旁午。載杖巫，堙其井。

張逸。滎陽人。仁宗時爲太常博士、知尉氏縣。後遷尚書兵部郎中、知開封府。有僧求内降免田税，逸固執不許。又言禁中比來稍通女謁，願令官司糾劾。從之。

韓璹。汲人。仁宗時，爲開封府司録。嘉祐寬恤諸道，分遣使者。璹曰：「京師諸夏本，顧獨不蒙惠乎？」乃具徭役利害上之。詔司馬光、陳洙詳定條式，遂革大姓漁并之弊。

楊繪。綿竹人。仁宗時，以集賢校理爲開封府推官。遇事迎刃而解，諸吏惟日不足，繪未午率沛然。仁宗愛其才。

燕度。益都人。仁宗時，知陳留縣。京東蝗，年飢盗發，度勸邑豪出粟六萬以濟民，又行保伍法以察盗。善狀日聞。

張錫。濮陽人。仁宗時，詔選能吏治畿縣，乃以錫知東明。始至，令其下曰：「吾所治者三，恃力、恃富、恃贖者，吾所先也。」歲中，以治迹聞。

沈遘。錢塘人。英宗時，知開封府。蚤作視事，逮午畢，出與親舊往還，從容燕笑，沛然有餘暇。士大夫交稱其能。

竇卞。冤句人。英宗時，爲開封府推官。方禁銷金爲衣，皇城卒捕得之，屬卞治，以中禁爲言。奏曰：「真宗行此制，自掖庭始，今不正以法，何以示天下？且非祖宗立法意。」英宗從其請。

滕元發。東陽人。神宗時，知開封府。民王穎有金爲鄰婦所隱，閲數尹不獲直。穎憤而致傴，扶杖訴於庭。元發一問得實，反其金。穎提杖仰謝，傴疾忽愈。

呂溱。揚州人。神宗時，知開封府。精識過人，辨訟立斷，豪强斂迹。

劉庠。彭城人。神宗時，知開封府。王安石欲見之，戒典謁者曰：「今日客至勿納，惟劉尹來，即告我。」有語庠者，曰：

「盍一往見？」庠竟不往。奏論新法，神宗諭之曰：「奈何不與大臣協心濟治乎？」庠曰：「臣知事陛下，不敢附安石。」

邵亢。丹陽人。仁宗時，提點開封縣鎮公事。比有縱火者，一不獲則主吏坐罪，民或自燔其居以中吏。亢請非延及旁舍者，雖失捕，得勿坐。神宗時，知開封府。亢遇事敏密，吏操辭牘至前，皆反覆閱之。人或以爲勞，亢曰：「決是非於須臾，正當爾。初雖煩，後乃省也。」籍閭里惡少年與吏之廢停者，一有所犯，皆遷處之。畿下鬬訟，爲之衰止。

趙瞻。盩厔人。熙寧三年，爲開封府判官。神宗問：「卿知青苗法便乎？」對曰：「青苗法，唐行之於季世擾攘中，掊民財誠便。今欲爲長久計，愛養百姓誠不便。」

曹孝寬。晉江人。神宗時，知咸平縣。民詣府訴雨傷麥，府以妄杖之。孝寬躬行田，辨其實，即蠲賦。

姜潛。奉符人。神宗時，知陳留縣。青苗令下，潛出錢榜其令於縣門，已徙之鄉落，各三日，無應者。遂撤榜付吏曰：「民不願矣。」司農、開封疑潛阻格，各使其屬來驗，皆如令。而條例司劾祥符住散青苗錢，潛移疾去。縣人詣府請留之，不得。

蘇軾。眉山人。神宗時，權開封府推官。決斷精敏，聲聞益遠。會上元，敕府市浙燈，且令省價。軾疏言：「百姓皆謂耳目不急之玩，奪其口體必用之資。」即詔罷之。

蔡延慶。膠水人。神宗時，歷開封府推官。有衛士告黄衣老卒筒火入直。延慶察卒色辭，疑焉。詢之，果爲所誣，即反坐告者。事聞，帝重之。

王安禮。臨川人。神宗時，知開封府。前滯訟不得其情，及具按而未論者，幾萬人。安禮剖決未三月，三獄院及畿赤十九邑，囚繫皆空。邏者連得匿名書，告人不軌，所涉百餘家。安禮驗所指皆略同，最後一書加三人，有姓薛者。安禮喜曰：「吾得之矣。」呼問薛曰：「若豈有素不快者耶？」曰：「有持筆來售者，拒之，鞅鞅去，其意似見銜。」即命捕訊，果其所爲也。梟其首於市，不逮一人，京師謂爲神明。宗室令騑以數十萬錢買妾，久而斥歸之，訴府督元直。安禮視妾，既炙敗其面矣，即奏言：「此與炮烙之刑何異？請勿理其直而厚加譴以爲戒。」詔從之。

許將。閩人。神宗時，以翰林學士權知開封府，爲同進所忌。會治太學虞蕃訟，釋諸生無罪者，蔡確、舒亶因陷之，逮其父子入御史府，逾月得解。

錢藻。臨安人。神宗時，以樞密直學士知開封府。平居樂易無崖岸，而居官獨立，守繩墨，爲政簡静有條理，不肯徇私。

孫覽。高郵人。神宗時，知尉氏縣。有屯將遇下虐，士卒謀因大閱殺之以叛。覽聞馳往，士猶羣語不顧。覽呼諭之曰：「將誠無狀，然天子何負汝輩，乃欲致族滅耶？」皆感謝去就列。屯將徐至，覽命吏趣具奏，衆意遂安。

章衡。浦城人。熙寧中，知鄭州。奏罷原武建弛牧地四千二百頃以予民。

喬執中。高郵人。神宗時，爲司農丞、提點開封縣鎮〔一〇〕。諸縣牧地，民耕歲久，議者將取之，當夷丘墓、伐桑柘，萬家相聚而泣。執中請於朝，詔復予民。

呂大防。藍田人。哲宗時，爲翰林學士、權知開封府。有僧誑民取財，訟至庭下，驗治得情，命拘具獄，即其所杖之。他挾奸者，皆遁去。

錢勰。臨安人。元祐中，以龍圖閣待制知開封府。訴諜七百，勰隨剖決，簡不中理者，緘而識之，戒無復來。閱月，一人又至，呼詰之，譋曰：「無有。」勰曰：「汝前訴云云，吾識以某字。」啓緘示之，上下皆驚咤。宗室貴戚爲之斂手，雖丞相府謁吏干請，亦械治之。積爲衆所憾，出知越州。後復知開封，臨事益精。

王詔。鎮定人。元祐中，開封府推官。富民貸後絶僧牒爲緡錢十三萬，踰期復責倍輸，身死貲籍，又錮其妻子。詔請免之。

王巖叟。清平人。元祐中，知開封府。都城羣偷所聚，謂之大房，每區容數十百人。巖叟令掩捕撤毁，隨輕重決之，根株一空。供備庫使曹續以產萬緡貿，市儈踰年負其半，續盡力不可取。一日啓户，則所負皆在焉。驚叩其故，儈曰：「王公今日知府矣。」嚴叟嘗謂天下積欠多名，催免不一，公私費擾，乞隨等第立多寡爲催法。朝廷乃定五年十科之令。

范百禄。華陽人。哲宗時，以龍圖閣學士知開封府。勤於民事，獄無繫囚，吏欲以圄空聞。百禄曰：「此至尊之仁，非尹功也。」不許。

任伯雨。眉山人。哲宗時，知雍丘縣。御吏如束濕，撫民如傷。縣枕汴流，漕運不絕，舊苦多盜，然未嘗有獲者，人莫知其故。伯雨下令綱舟無得宿境内，始猶不從，則命東下者斧斷其纜，趣京師者護以出，自是外户不閉。

范正平。吳縣人。紹聖中，爲開封尉。有向氏於其壙造慈雲寺，户部尚書蔡京以向氏后戚，規欲自結，奏拓四鄰田廬。民有訴者，正平按視，以爲所拓皆民業，不可奪民。又撾鼓上訴，京坐罰。

向子諲。臨江人。元符中，知咸平縣。豪民席勢犯法，獄具。上尹盛章方以獄空覬賞，卻不受。子諲以聞，詔許自論決。章大怒，劾以他事，勒停。

吳擇仁。永興人。徽宗時，知開封府。有竇鑑者，以捕盜寵，官諸司使，服金帶。擇仁視事，狃舊態來前，叱而械諸獄，一時大驚〔一一〕。賣珠人居官貨久不返〔一二〕，度事急，匿宦官楊戩第，擇仁取之，竄於遠。

范純禮。吳縣人。徽宗時，以龍圖閣直學士知開封府。前尹以刻深爲治，純禮曰：「寬猛相濟，聖人之訓。今處深文之後，若益以猛，是以火濟火也。」乃務去前之苛，一切以寬處之。

王襄。南陽人。徽宗時，以顯謨閣待制權知開封府。府事浩穰，縲繫滿獄，襄晝夜決遣，四旬俱盡。又閱月，獄再空。

劉汲。丹稜人。徽宗時，辟開封府推官。自盛章等尹京，果於誅殺，率取特旨以快意。汲每白府，奏罷之。

時彥。開封人。徽宗時，爲開封府尹。異時都城苦多盜，捕得則皆亡卒，吏憚於移問，往往略之。彥始請一以公憑爲驗，否則拘繫之以俟報。坊邑少安，獄屢空。

程振。樂平人。靖康中，拜開封尹。故時大辟，有情可矜，多奏取原貸。崇寧以來，率便文殺之。振請復舊制。詔捕亡命卒，得數千人，欲論如法。振曰：「方多事之際，而一日殺千人，必大駭觀聽。」乃盡釋之。

趙伯振。太祖八世孫。靖康末，爲鄭州司録，捍禦有功，就遷通判州事。建炎二年，金兵至鄭州，守臣董庠棄城走。伯振率兵巷戰，中流矢墜馬，遂遇害。

金

李晏。高平人。皇統間，爲中牟令。會海陵方營汴京，運木於河，晏領之。以經三門之險，前後失散者衆，乃馳白行臺，以其木散投之水，使工取於下流，人皆便之。

王若虚。藁城人。承安中，爲管城令。有惠政，秩滿，民攀送不忍別。

王毅。大興人。累官東明令。貞祐二年，東明圍急，毅率民兵願戰者數百人拒守，力窮被執，不屈死。

程震。東勝人。興定中，爲陳留令。治爲河東第一。

元

袁裕。洛陽人。至元六年，爲開封府判官。洧川縣達魯噶齊貪暴，盛夏役民捕蝗，禁不得飲水，民不勝忿，擊之而斃。有司當以大逆，寘極刑者七人，連坐者五十餘人。裕議誅首惡一人，餘各杖之有差。部使者録囚至縣，疑其太寬，裕辨之益力。遂陳其事狀於中書，刑曹竟從裕議。「達魯噶齊」舊作「達魯花赤」，今改正。

陳祐。寧晉人。至元十二年，授南京總管兼開封府尹。吏多震慴失措，祐因謂曰：「何必若是？前爲盜跖，今爲顔子，吾以顔子待之。前爲顔子，今爲盜跖，吾以盜跖待之。」由是吏知修飭，不敢弄法。

卜天璋。洛陽人。至元中，爲南京府史。時河北飢民數萬人，集河上，欲南徙，有詔令民復業勿渡，衆洶洶不肯還。天璋慮其生變，勸總管張國寶聽其渡。國寶從之，遂以無事。河南按察副使程思廉察其賢，辟爲憲史，聲聞益著。

張廷珍。金州人。至元中，拜南京路總管，兼開封府尹。控鶴軍士十餘人賃大宅聚居，縱横街陌。廷珍察其必爲盜，急捕之，得寶玩器服子女滿室，窮索其黨，俱殺之，民以爲神。河決灌太康，漂溺千里，廷珍括商人漁子船，及縛木爲筏，載糗糧四出救之，全活甚衆。水入善利門，廷珍親督夫運薪土，捍之不能止，乃頽城爲堰。水既退，即發民增外防百三十里，人免水憂。

蒲理翰。至元間，知鄭州。崇飭學宫，範銅爲祭器，製革帛爲禮服，善政最多，民爲立碑。

黄廷佐。至元間，知鄭州。廉潔不苟，外寬内明，喜怒不形於色，治行爲一時最。

塔海。武宗時，爲汴梁路總管。先是，朝廷令民自實田土，有司繩以峻法，民多虚報以塞命。其後差税無所徵，民多逃竄。塔海言於朝，省民間虚糧二十二萬，民賴以安。

劉可任。元統初，知鄭州。崇學校，勸農桑，興利除害，民圖像以祀。

明

王博。應天人。洪武初，爲開封知府。時流移新復，博寬其徭役，禁其侵攘，教民闢土地、藝蠶桑。期年之間，獲其利，境内遂安。

齊勉。陽穀人。洪武初，知尉氏縣。清慎莅職，雙洎河水爲患，勉築隄六十餘里。康溝河淤塞，復疏通之。自是尉氏及鄰邑俱免水患。

胡澄。諸暨人。洪武初，爲河陰丞。以德導民，清稱甚著。境内有虎患，澄至皆徙去。時令劉茂，江寧人，亦以善政聞。

鄒俊。洪武中，爲祥符丞。有政績，擢大理卿。

許譽。長山人。洪武中，知儀封縣。邑多游民，譽躬行田畝，勸課農桑，民皆化之。永樂初，秩滿當遷，民乞留，賜襲衣、寶鈔，復留三年。

李遵義。衡水人。洪武中，知新鄭縣。律己以廉，舉政務合民情。暇則巡行閭里，以稽民瘼，民之貧富，與丁之壯弱，纖悉具知，民莫能欺。

程惠民。新泰人。洪武初，知汜水縣。廉潔敦厚，不尚威嚴。公暇輒詣學宫，講析經義，勸勉生徒。秩滿去，士民泣送。

章以善。新昌人。永樂初，知杞縣。民困於賦，以善第爲三等，量貧富以定其程之遠近、役之輕重，民皆稱便。

曾泉。太和人。宣德初，以御史謫汜水典史，卒。正統四年，河南參政孫原貞上言：「泉操行廉潔，服官勤敏，不以降黜故有偷惰心。躬督民，闢荒土，收穀麥，伐材木，備營繕，通商賈，完逋責。官有儲積，然後造舟楫，置棺椁，贍民器用。臣行部汜水，泉殁已三年矣，民懷其惠，言輒流涕。請追復泉爵，褒既往以風方來。」帝從之。

王斆。山西人。宣德中，知中牟縣，稱强項令。時巡案有「魯恭三異書青史，王斆一廉達紫宸」之句，殁後不能歸葬，因殯於邑。人題其墓，曰「明清白吏」。

賈威。束鹿人。正統初，知滎陽縣。扶善懲惡，在任九年，無一民越訴者。巡撫于謙署上考，榜諭屬吏，使共觀法。

魚侃。常熟人。天順初，知開封府。居官清正，苞苴屏絶。秩滿告歸，家益貧，妻子不免飢寒。

周斌。昌黎人。天順中，知開封府。有善政，及遷去，民涕泣追送。

衛英。洪洞人。弘治初，知開封府。居官不以妻子自隨，衣服車器非極敝不更。居九年，致仕去。

王時中。黄縣人。弘治初，知鄢陵縣。嘗出郊，旋風擁馬首。時中曰：「冤氣也。」跡得尸眢井，乃婦與所私者殺之，遂伏辜。

顧璘。上元人。正德中，知開封府。都御史彭澤討平大盗趙鐩，璘籌畫爲多。以直忤鎮守太監廖堂、王宏，謫全州知州。

劉魁。泰和人。正德間，知禹州。興學校，毀淫祠，丈地均糧，俱有成法。數年，教化大行。

王詔。歷城人。嘉靖中，爲開封同知。朱仙鎮盗起，陷尉氏。詔設伏扶溝而身領卒往擊，賊遇伏，執以還。河決金相寺口，時議築孫繼口至清河口百餘里，費十七萬。詔身先徒衆，三月而工成，費不盈萬。

潘恩。上海人。嘉靖中，知鈞州。鈞，徽王封國也，宗戚豪悍，恩約束之。州人爲建祠，配公孫僑、黄霸。

張夢鯉。萊陽人。隆慶初，知開封府。首斥冗役千餘人。藏吏進奇羨，怒笞之，令著之籍。州縣上贖鍰，悉卻不納，使易粟實廩。鑿渠通溱、洧，以資灌溉。有大盗譁於獄，衛卒憚，不敢入捕，夢鯉手劍前趨，曰：「敢後者死。」衆擁入，盗遂伏誅。

龔起鳳。崑山人。隆慶中，知杞縣。初受事，見獄多冤濫，悉縱去，止留重罪數人。諸所興革，直行己意，上官頒令有不便者，輒格之。監司檄讞商丘大猾，致千金不受，窮治伏辜。官舍蕭然，日惟疏食，兩蒼頭不勝困，先後逃去，夜自闔門而寢。

陳登雲。唐山人。萬曆中，知鄢陵縣。政最善，擢御史。

陳幼學。無錫人。萬曆中，知中牟縣。秋將熟，飛蝗蔽天，幼學捕蝗得千百餘石，不爲災。縣故土城，卑且圮，乃集貧民築之，與以粟，工成，民不知役。縣南荒地，多茂草難墾，幼學令民投牒者必入草十斤，未幾草盡，得良田數百頃。縣有大澤，瀦水泛溢三十餘里，害民田。幼學疏爲河者五十七，爲渠者百三十九，俱引入小清河。又以大莊諸里多水，築堤十三道障之。給貧民牛種，貧婦紡具。在任五年，政績茂著。

闕永傑。鞏昌衛人。崇禎中，爲開封推官，攝府事。强直不撓，民愛而畏之。

申佳胤〔一三〕。永年人。崇禎中，知儀封縣。縣素多盜，佳胤嚴保甲法，姦無所容。霪雨河決，艤舟怒濤中，率衆塞其口。捕大猾，置之法。以才調杞縣。八年，賊埽地王率萬人來攻，佳胤固守，募死士擊之，賊遂引去。

顔日愉。上虞人。崇禎中，爲開封同知。嘗攝澠池、滎陽二縣事。撫恤瘡痍，政績甚著。

費曾謀。鉛山人。崇禎中，知通許縣。甫四旬，流賊猝至，曾謀召父老曰：「我死，若輩以城降，可免屠戮。」北向再拜，抱印投井死。

楊一鵬。河津人。崇禎中，知尉氏縣。甫數月，治聲甚著。城破，駡賊死。

魯世任。垣曲人。崇禎中，知鄭州。建天中書院，集士子講肄其中，遠近從者千人。十五年，流賊來犯，親勒民兵禦之河干，戰敗自刎死。士民肖像祀之書院中。

周騰蛟。香河人。崇禎中，知汜水縣。撫字有術，釐定徭役，民甚便之。城孤懸河畔，城南摩天巖最險，土寇李際遇伺騰蛟往河北，急攻據之，遂攻縣城。騰蛟力請援兵至，賊始解去。遷縣治於摩天巖，以扼賊衝。未幾，賊大至，相持十餘日，賊多死，來者益衆，勢不支。砦臨河，可渡以免，騰蛟曰：「吾何忍舍衆而獨生。」遂自投於河。賊退，人從河濱獲其尸，印懸肘間。本朝乾隆五年，祀名宦。

柴薦譚。江山人。崇禎中，知洧川縣。城陷，駡賊死。

劉振之。慈谿人。崇禎中，知鄢陵縣。大將索餉不應，被縛去，父老斂資以犒，始釋歸。李自成陷許州，振之集吏民共守。無何，賊大至，城陷，振之走謁文廟，秉笏坐堂上，賊索印不予，縛置雪中三日夜，駡不絶口，亂刃交下，死。

杜邦舉。富平人。崇禎中，爲鄢陵典史。與知縣劉振之共守拒戰。許州既屠，衆大懼，有遁走者，邦舉捕得立斬之。城既陷，自成欲降之，邦舉大罵曰：「朝廷臣子，豈爲賊用！」自成抉其舌，邦舉以血噴之，仍大罵，遂遇害。

邵大濟。陝西人。崇禎中，陳留縣典史。流賊李自成陷城，大濟不屈，賊怒，臠之，舉家赴井死。訓導楊導升及其子亦死。

吴加增。陽武人。崇禎中，劄委千總。與流寇力戰屢捷，後賊數千薄城，增大戰一日，斬首數百級，乘勝窮追，馬陷地穴中，爲賊所獲，不屈死。邑人立碑誌之，本朝雍正二年祀名宦。

朱敏汀。明宗室。崇禎中，知密縣。流賊陷城，敏汀死之。妾張氏、一女一孫及臧獲數人皆死。

劉孔暉。邵陽人。崇禎十四年，知新鄭縣。流寇掩至，固守不能支，死之。

陳潛夫。錢塘人。崇禎十六年，授開封推官。大河南五郡盡爲賊據，長吏皆寄居封丘，有勸潛夫弗往者，不應。馳之封丘，募民兵，奉周王渡河，居杞縣。檄召旁近長吏，歃血誓固守。賊所設僞巡撫梁啓隆居開封，他僞官散布郡邑甚衆，潛夫轉側杞、陳留間，朝夕不自保。聞西平寨副將劉洪起勇而好義，躬往説之，起兵俘杞僞官，啓隆聞風遁去。

本朝

胡士梅。錦州人。順治初，知祥符縣。時值河患，士梅招流移、問疾苦，新安十三寨之民，賴以全活者甚衆。

牛炳星。大興人。順治十七年，知杞縣。捐俸買穀，代貧民輸租，積累頓除。時霪雨百日，飢民載路，炳星力請蠲免夫柳，賑給無遺。祀名宦。

牟文龍。奉天人。康熙八年，任開封南河同知。值河流衝突，躬自辦料，督工奔走，嚴霜烈日中者四載。又攝府篆，多善政。後以最，遷慶陽。士民遮道攀留，數里不絶。

韓藎光。保定人。康熙九年，知中牟縣。以勤政安民爲己任，每朝夕延接紳士，諮訪利弊，興革不遺餘力。祀名宦。

管竭忠。奉天人。康熙二十五年，知開封府。儉於自奉，勤以盡職。會歲荒，捐俸賑濟貧民。又修隄堰水，施藥療病，人多賴以全活。

胡權。任丘人。康熙二十六年，知祥符縣。聽斷明敏，案無留牘。革除供億，不以累民。扶弱戢强，奸宄悉皆屏蹟。

張國卿。霸州人。康熙三十七年，知開封府。自奉儉素，僚屬皆化。盡職守分，不邀名譽，時有獻諛頌德政者，即嚴行禁絶，民以爲實心實政云。

王典。仁和人。知杞縣。爲政寬仁，不事鈎距。每政事之暇，輒與諸生論文課藝，多所成就。祀名宦。

張國輔。奉天人。知汜水縣。明決果斷，釐弊鋤奸，建義學，置義田，振興文教，勸課農桑。初，汜人不知育蠶，國輔督令宅旁隴畔家樹桑，民享其利。又設立布市，革里長陋規，修城隄，徧栽榆柳。興利除害，有古良吏風。卒於官，士民祀之。

鮑志周。餘杭人。乾隆七年，知祥符縣。夏黑岡口河溜頂衝，下埽輒走，隄幾隤。志周至，不呼而集者數千人，力爲搶護，省金錢無算。嘗辦米麥接濟鄰省，事竣而民不知。

許勉燉。浙江人。乾隆十四年，知陳留縣。十五年夏旱，輒疏通溝渠，增修城垣，人惑之。十九年後，邑數被水，竟不爲患，始服其識。祀名宦。

昌宜泰。滿洲鑲藍旗人。嘉慶十六年，知開封府。十八年，滑縣教匪滋事，大吏悉赴軍營。宜泰留守省垣，於沿河緝獲匪黨，奸宄無由偷渡，大河以南賴以安堵。歲饑，實心賑濟，全活無算。捐修學宫，濬賈魯河，士民交頌。二十一年，卒於官。

人物

漢

張良。其先韓人，世相韓。秦滅韓，良悉家財，求客刺秦王，爲韓報讎。得力士擊秦皇帝博浪沙中，誤中副車。亡匿下邳，遇老父授以太公兵法。陳涉等起，良欲往從景駒，道遇沛公，遂從不去。沛公爲漢王，還定三秦，以良爲成信侯，常爲畫策臣。酈食其謀撓楚權，請立六國後，良借箸陳八不可。追楚至陽夏南，用其計，諸侯皆至。高帝六年，封功臣，帝曰：「運籌帷幄之中，決勝千里之外，吾不如子房。」封留侯。薨，謚文成。

酈食其。陳留高陽人。好讀書，家貧落魄，爲里監門人，皆謂之狂生。沛公略地陳留，至高陽傳舍，食其入謁，長揖不拜。沛公延之上坐，定計下陳留，號爲廣野君，常爲說客，馳使諸侯。漢三年，項羽擊漢，拔滎陽，漢王欲捐成皋以東，屯鞏、洛以距楚。食其說漢王，進兵收取滎陽，請奉詔說齊王，使爲漢而稱東藩。上從其畫，復守敖倉，使食其說齊王，馮軾下齊七十餘城。及韓信夜度兵平原襲齊。齊以食其賣己，迺烹食其。十二年，高祖封其子疥爲高梁侯。

酈商。食其弟。陳勝起時，聚少年數千人〔一四〕，屬沛公。從攻長社，先登，封信成君。破秦軍雒陽，定漢中。沛公爲漢王。商以將軍爲隴西都尉，別定北地、上郡。漢王即帝位，遷爲右丞相，賜爵列侯。與絳侯等定代郡、雁門。以將軍將太上皇衛一歲七月，以右丞相擊陳豨，又從擊黥布，更封爲曲周侯。薨，謚景侯。

鼂錯。潁川人。學申、商刑名，以文學爲太常掌故，受尚書於伏生，累遷太子家令，以辨得幸太子，號曰智囊，數上書言邊事。舉賢良文學士，對策者百餘人，惟錯爲高第，由是遷中大夫。復上書三十篇，孝文奇其才。景帝時爲御史大夫，侵削諸侯，曰：「不如此，天子不尊，宗廟不安。」吴、楚七國反，斬錯東市。

堂溪惠。潁川人。受公羊春秋於貢禹，惠授泰山冥都。

滿昌。潁川人。受詩於匡衡，官爲詹事。

賈山。潁川人。祖父祛，故魏王時博士弟子也。山受學於祛。孝文時，言治亂之道，借秦爲喻，名曰至言。文帝除鑄錢令，山復上書諫，以爲變法非是，言多激切，善指事意。其後復禁鑄錢。

任安。滎陽人。嘗爲大將軍衛青舍人。後青故人門下多去事霍去病，輒得官，獨任安不肯去。後爲益州刺史。

假倉。陳留人。從平陵張山拊受尚書，以謁者論石渠，官至膠東相。

孫寶。鄢陵人。以明經爲郡吏。御史大夫張忠辟爲屬，上書薦寶。累遷丞相司直。劾奏帝舅紅陽侯立懷奸罔上，狡猾不道。哀帝即位，遷司隸。初，傅太后與中山孝王母馮太后，俱事元帝，有郤，使有司考馮太后，令自殺，衆庶冤之。寶請覆治，傅太后大怒，下寶獄，旋復官。鄭崇下獄，寶上書稱崇冤，免爲庶人。平帝立，寶爲大司農。會越嶲郡上黄龍遊江中，太師孔光等咸稱莽功德比周公，宜告祠宗廟。寶曰：「風雨未時，百姓不足，每有一事，羣臣同聲，得無非其美者。」大臣皆失色。因事坐免，終於家。

虞延。東昏人。少爲户牖亭長。王莽貴人魏氏賓客放縱，延率吏突入其家捕之。王莽末，延擁衛親族，捍禦鈔盜，賴以全者甚衆。建武初，除細陽令。太守富宗召署功曹。宗以侈縱被誅，歎曰：「恨不用虞延之諫。」光武聞而奇之。累遷洛陽令、南陽太守。永平三年，徵爲太尉，遷司空，歷位二府十餘年。家至清貧，身殁後，子孫不免寒餒。

侯霸。密人。矜嚴有威容，篤志好學，師事九江太守房元，治穀梁春秋。歷官淮平大尹。建武四年，徵拜尚書令。霸明習故事，收録遺文，條奏前世善政法度有益於時者，皆施行之。每春下寬大之詔，奉四時之令，皆霸所建也。進大司徒，封關内侯。明察守正，奉公不回。薨，帝親湓弔。

劉昆。東昏人，梁孝王裔。平帝時，受施氏易於沛人戴賓。王莽時，教授弟子恒五百餘人。建武五年，舉孝廉，不行，教授於江陵。光武聞之，即除爲江陵令。徵拜議郎，稍遷侍中。弘農太守徵爲光禄勳，詔問昆曰：「前在江陵，反風滅火，後守弘農，虎北渡河，行何德政而致是事？」昆對曰：「偶然耳。」左右皆笑其質訥。帝歎曰：「此長者之言。」顧命書諸策，令入授皇太子及諸王、小侯五十餘人，拜騎都尉。三十年，以老乞骸骨，詔賜洛陽第，以千石禄終其身。

鄭興。開封人。更始時，拜諫議大夫，歷涼州刺史，坐事免。隗囂虚心禮請，而興耻爲之屈，稱疾不起。建武六年，徵爲大中大夫，興數言政事，依經守義，文章温雅。然以不善讖，故不能任。九年，與大司馬吴漢擊公孫述，述死，詔興留屯成都。左轉蓮勺令，以事免。興好古學，尤明左氏、周官，長於曆數，世言左氏者多祖興。三公連辟，不肯應，卒於家。

董宣。圉人。初爲司徒侯霸所辟，舉高第，累遷北海相，左轉懷令，後爲江夏太守。坐輕慢外戚陰氏免。特徵爲洛陽令，搏擊豪强，莫不震慄。京師號爲「卧虎」，歌之曰：「枹鼓不鳴董少平。」在縣五年卒。詔遣使臨視，惟見布被覆尸，妻子對哭，有大麥數斛，敝車一乘。帝傷之曰：「董宣廉潔，死乃知之。」葬以大夫禮，拜子并爲郎中。

張興。鄢陵人。習梁丘易以教授。建武中，舉孝廉爲郎。謝病去，復歸聚徒。永平中，遷侍中祭酒。十年，拜太子少傅，顯宗數訪問經術。弟子自遠至者，著録且萬人，爲梁丘家宗。十四年，卒於官。子魴，傳其業，位至張掖屬國都尉。

鄭衆。興子。年十二，從父受左氏春秋，精力於學。明三統曆，作春秋難記條例，兼通易、詩，知名於時。建武中，皇太子及山陽王荆因梁松以縑帛聘請，衆辭不受。梁氏敗，賓客多坐之，惟衆不染於辭。永平初，以明經給事中持節使匈奴，衆至北庭，欲令拜，衆不爲屈。廼發使隨衆還京師，帝復遣衆報之。上書固争，詔追還，繫廷尉，會赦歸家。其後帝見匈奴來者，言衆意氣壯勇，雖蘇武不過，乃復召爲軍司馬，與馬廖擊車師。建初六年，爲大司農。時肅宗議復鹽鐵官，衆諫以爲不可，詔數切責，衆執之不移。在位以清正稱。後受詔作春秋删十九篇。子安世，亦傳家業，爲長樂未央廄令。

樓望。雍丘人。少習嚴氏春秋。操節清白，有稱鄉閭。建武中，趙節王栩聞其高名，遣使齎玉帛請以爲師，望不受。永平初，爲侍中、越騎校尉，入講省，内遷大司農，代周澤爲太常，後爲左中郎將。教授不倦，世稱儒宗，諸生著録九千餘人。年八十，卒於官。

郭躬。陽翟人。父弘，習小杜律。太守寇恂以爲決曹掾，斷獄三十年，用法平，郡内比之東海于公。躬少傳父業，後爲郡吏，辟公府。明帝時，以躬明法律，召入議獄。累遷至廷尉。家世掌法，務在寬平，及典禮官，決獄斷刑，多依矜恕，乃條諸重文可從輕者四十一事奏之，皆施行，著於令。子晊，亦明法律，官至南陽太守。

郭鎮。躬弟子。少修家業，初辟太尉府，延光中遷尚書。及立濟陰王，鎮率羽林士擊殺衛尉閻景，以成大功。再遷尚書令，封定潁侯。子賀，父殁當嗣爵，讓於弟，時而逃，積數年。詔大鴻臚、州郡追之，賀不得已乃出受封。累遷廷尉。

高慎。圉人。父固，不仕王莽世，爲淮陽太守所害，以烈節垂名。慎敦厚少華，有沈深之量。撫育孤兄子五人，恩義甚篤。歷二縣令、東萊太守，老病歸家，草屋蓬户，甕缶無儲。

李充。陳留人。家貧，兄弟六人，同食遞衣。妻勸充分異，充跪白母曰：「此婦教充離間母兄，罪合斥遣。」便呵斥其婦，逐令出門。延平中，徵爲博士，累遷左中郎將。年八十，爲國三老，安帝常召進見，賜以几杖。卒於家。

高式。慎子。性至孝，常盡力供養。永初中，螟蝗爲害，獨不食式麥。圉令周疆以表州郡，太守楊舜舉式孝子，讓不行。後以孝廉爲郎。

陳弇。陳留人。受歐陽尚書於司徒丁鴻。躬自耕種，常有黄雀飛來，隨弇翱翔。後仕爲蘄長。

楊倫。東昏人。少師事丁鴻，習古文尚書，爲郡文學掾。更歷數將，志乖於時，遂去職。教授於大澤中，弟子至千餘人。

順帝即位，徵拜侍中。陽嘉二年，徵拜大中大夫。倫以直諫不合，既歸，閉門講授，自絶人事，卒於家。

虞放。延從曾孫。少爲太尉楊震門徒，及震被讒自殺，放詣闕追訟震罪，由是知名。桓帝時爲尚書，以議誅梁冀功，封都亭侯。性嫉惡宦官，遂爲所陷。靈帝初，與李膺俱以黨錮被害。

黄真。雍丘人。吴祐舉孝廉〔一五〕，郡中祖道時，真爲小吏。祐越壇共真歡語移時，與結友而别。功曹以祐倨，請黜之。太守曰：「吴季英有知人之明〔一六〕，卿且勿言。」真後舉孝廉，爲新蔡長，世稱其清節。

楊匡。陳留人。常爲杜喬掾，喬與李固坐黨禍死，暴尸城北。匡聞之，號泣星行到洛陽，乃著故赤幘，託爲夏門亭吏，守衛尸喪，驅護蠅蟲。都官從事執之以聞，梁太后義而不罪。匡於是帶鐵鑕上書，并乞李、杜骸骨，太后許之。成禮殯殮，送喬喪還家，葬送行服，隱匿不仕。匡初好學，在外黄、大澤教授門徒。補蘄長，政有異績，遷平原令。時國相徐曾，中常侍璜之兄也，匡恥與接事，託疾牧豕去。

爰延。外黄人。清苦好學，能通經教授。性質慤，少言辭，爲鄉嗇夫，仁化大行。桓帝時，徵博士。太尉楊秉等舉賢良方正，再遷爲侍中。帝嘗問：「朕何如主？」對曰：「爲漢中主。」帝曰：「何以言之？」對曰：「尚書令陳蕃任事則治，中常侍黄門預政則亂，是以知陛下可與爲善，可與爲非。」累遷大鴻臚。乞骸骨，還家病卒。子驥，白馬令，亦稱善士。

范冉。一名丹，外黄人。受業於樊英，又就馬融通經。桓帝時，以爲萊蕪長，遭母憂，不到官。後辟太尉府。議者欲以爲侍御史，因遁身於梁、沛之間，推鹿車，載妻子，捃拾自資，結草廬而居，有時絶粒。閭里歌之曰：「甑中生塵范史雲，釜中生魚范萊蕪。」中平二年卒。陳留太守累行論謚，僉曰宜爲貞節先生。會葬者二千餘人，刺史、郡守各爲立碑表墓。

邊韶。浚儀人。以文學知名，教授數百人。曾晝日假卧，弟子私嘲之曰：「邊孝先，腹便便。懶讀書，但欲眠。」韶應之曰：「邊爲姓，孝爲字。腹便便，五經笥。但欲眠，思經事。」嘲者大慚。桓帝時，爲臨潁侯相，徵拜大中大夫。著作東觀，再遷北地太守，入拜尚書令。後爲陳相，卒官。著詩、頌、碑、銘、書、策凡十五篇。

服虔。滎陽人。少以清苦建志，入太學受業，有雅才，善著文論，作春秋左氏傳解，至今行之。又以左傳駁何休之所駁漢事六十條。舉孝廉。中平末，拜九江太守。所著碑、賦、誄、書、記、連珠、九憤，凡十餘篇。

呂强。成皋人。少爲小黄門，遷中常侍。清忠奉公。靈帝時，封都鄉侯，强辭讓懇惻，帝聽之。因而上疏，極言宦官妄授茅土，後宫衣食之費日數百金，外戚奢麗過禮。不省。中平元年，黄巾賊起，帝問所宜施行。强欲先誅左右貪濁者，大赦黨人，及料簡刺史二千石能否。於是趙忠等遂共搆强，强自殺。

朱震。陳留人。初爲州從事，奏濟陰太守單匡贓罪。并連匡兄、中常侍超。帝收匡下廷尉以譴超。超詣獄謝，三府諺曰：「車如雞棲馬如狗，疾惡如風朱伯厚。」後爲銍令。聞陳蕃死，棄官哭之，收葬蕃尸，并匿其子逸於甘陵界中。事覺繫獄，合門桎梏。震受考掠，誓死不言，故逸得免。

符融。浚儀人。遊太學，師事少府李膺。膺風性高簡，每見融，輒絶他賓客，聽其言論。郭林宗始入京師，時人莫識，融一見嗟服，因以介於李膺，由是知名。州郡禮請舉孝廉，公府連辟，皆不應。會黨事起，亦遭禁錮，終於家。

茅容。陳留人。年四十餘，耕於野。與等輩避雨樹下，衆皆夷踞相對，容獨危坐愈恭。郭泰行見之而奇其異，遂與共言，因請寓宿。旦日，容殺雞爲饌，泰謂爲己設，既而以供其母，自以草蔬與客同飯。泰起拜之，曰：「卿賢乎哉！」因勸令學，卒以成德。

田盛。陳留人。與郭泰同好，亦名知人。優游不仕，以壽終。

庾乘。鄢陵人。少給事縣庭爲門士。郭泰見而拔之，勸遊學宫，遂爲諸生傭，後能講論。自以卑第，每處下坐，諸生博士皆就讐問，由是學中以下坐爲貴。徵辟并不起，號曰「徵君」。

夏馥。圉人。少爲書生，言行質直。桓帝初，舉直言不就。馥雖不交時宦，然以聲名爲中官所憚，遂與范滂、張儉等俱被誣害，詔下州郡，捕爲黨魁。及儉等亡命，所連引布滿天下。馥頓足歎曰：「孽自己作，空汚良善。一人逃死，禍及萬家，何以生爲？」乃自翦鬚變形，入林慮山中，隱匿姓名，爲治家傭，親突煙炭，形貌毀瘁。積二三年，人無知者。黨禁未解而卒。

申屠蟠。外黄人。九歲喪父，哀毀過禮，服除，不進酒肉十餘年，每忌日，輒三日不食。家貧，傭爲漆工。郡召爲主簿，不行。遂隱居精學，博貫五經，兼明圖緯。太尉黄瓊辟，不就；再舉有道，不就。先是，京師遊士范滂等非訐朝政，自公卿以下皆折節下之，太學生争慕其風。蟠乃絶迹於梁、碭之間，因樹爲屋，自同傭人。居二年，滂等果罹黨錮，蟠確然免於議論。大將軍何進連徵不詣。中平五年，復以博士徵，不至。明年，董卓廢立，蟠及荀爽、韓融等復俱公車徵，惟蟠不到。居無幾，爽等爲卓所脅迫，惟蟠終全高志。年七十四，終於家。

張升。尉氏人。少好學，多閲覽而任情不羈。其意相合者，傾身交結，不問窮賤。如乖其志好者，雖王公大人，終不屈從。仕郡爲綱紀，以能出守外黄令。遇黨錮去官，後竟見誅。著賦、誄、頌、碑、書，凡六十篇。升去官，歸鄉里，道逢友人，共班草而言，相抱而泣。有老父趨而過之，植其杖太息，言曰：「夫龍不隱鱗，鳳不藏羽，網羅高懸，去將安所，雖泣何及乎？」二人欲與之言，不顧而去，莫知所終。按：後漢書逸民傳有陳留老父，舊志另載人物，今附注於此。

李曇。潁川人。少孤，繼母嚴酷，曇事之愈謹，爲鄉里所稱法。陳蕃等薦之，曰：「曇德行純備，擢登三事，必能贊宣盛美，增光日月。」桓帝以安車纁幣徵之，不起，養親行道，以終於家。

張元祖。潁川人。時符融妻亡，貧無殯殮，鄉人欲爲具棺服，融不受。元祖弔之，謂言：「禮設棺槨，制杖車，孔子曰我從周。」便推所乘羸車牛，命融以給殯，融受而不辭。

蔡邕。圉人。性篤孝，母常滯病，三年未嘗解襟帶，不寢寐者七旬。與叔父從弟同居，三世不分財。少博學，好辭章、術數、天文，妙操音律。建寧三年，辟司徒橋玄府，召拜郎中。校書東觀，遷議郎。邕與五官中郎將堂谿典等奏求正定六經文字，靈帝許之。邕乃自書丹於碑，使工鐫刻，立於太學門外。於是後儒晚學咸取正焉。光和中，詔引入崇德殿問災異，又特詔邕指陳政要。邕言切直，帝覽而嘆息，左右皆側目思報。中常侍程璜飛章陷邕，與家屬徙朔方。會赦還，董卓辟之，累拜左中郎將，封高陽鄉侯。及卓被誅，王允收邕付廷尉，遂死獄中。所著凡四百篇，傳於世。

鄭泰。衆曾孫。少有才略。靈帝末，舉孝廉，三府辟公車徵，皆不就。何進輔政，以泰爲尚書侍郎，遷侍御史。進將誅閹官，欲召董卓爲助。泰諫不能用，乃棄官去。進尋見害，卓作亂。泰與何顒、荀攸共謀誅之〔一七〕，事洩，顒等被執，泰脱身東歸，道卒。

邊讓。浚儀人。少辯博，能屬文，作章華賦知名於時。大將軍何進聞其才，召署令史。議郎蔡邕深敬之。屢遷九江太守。初平中，去官歸家，恃才氣，不屈曹操，多輕侮之言，操殺之。

三國　魏

任峻。中牟人。寬厚有度而見事理。漢末亂，關東皆震，峻説中牟令楊原權行河南尹事，使諸縣堅守。魏武起關東，入中牟界，峻收宗族、賓客、家兵數百人以從，魏武大悦，表爲騎都尉。每征伐，峻常居守以給軍。時歲飢，軍食不足，潁川棗祗建置屯田，魏武以峻爲典農中郎將，數年中，所在積粟倉廩皆滿。以功封都亭侯，遷長水校尉。於飢荒之際，收恤朋友、孤遺、中外貧宗，周急繼乏，信義見稱。卒，謚曰成。

徐庶。潁川人。原名福。少好任俠擊劍。中平末，嘗爲人報仇，爲吏所得，黨伍共篡解之得脱。於是棄其刀戟，折節學問。客荊州，與諸葛亮相善。昭烈南行，亮與庶并從。魏武獲庶母，庶辭昭烈，指其心曰：「本欲與將軍共圖王霸之業者，以此方寸地也。今已失老母，方寸亂矣，無益於事，請從此別。」遂詣魏，仕至右中郎將、御史中丞。

邯鄲淳。一名竺，潁川人。博學有才，又善蒼、雅蟲、篆、許氏字指。魏武素聞其名，召與相見，甚敬異之。黄初中，爲博士給事中。作投壺賦千餘言奏之，文帝以爲工，賜帛千匹。

繁欽。潁川人。以文才機辨，少即得名汝、潁。長於書記，又善爲詩賦，其所與太子書、記率皆巧麗。後爲丞相主簿。

棗祗。潁川人。本姓棘，先人避難，易爲棗。嘗爲屯田都尉，施設田業，歲則大收，軍用豐足。

郭嘉。陽翟人。初見袁紹，以紹好謀無決，遂去之。先是，潁川戲志才籌畫士也，魏武甚器之，早卒。魏武與荀彧書：「汝、潁固多奇士，誰可繼之？」彧薦嘉，召見論天下事，魏武曰：「使孤成大業者，必此人也。」表爲司空軍謀祭酒。征呂布，説魏武急攻之，遂擒布。孫策將襲許，衆聞皆懼，嘉曰：「策輕而無備，必死於匹夫之手。」策果爲許貢客所殺。從破袁紹，紹死，又從討紹子譚、尚於黎陽。諸將欲乘勝攻之，嘉請緩之以待其變，可一舉而定。冀州平，封嘉洧陽亭侯。魏武將征烏丸，諸侯多懼，劉表使劉備襲許，嘉曰：「表坐談客耳，才不足以御備，公無憂。」嘉深通有算略，達於事情。魏武曰：「惟奉孝爲能知孤意。」年三十八卒。孫敞，有才識，位散騎常侍。

毛玠。陳留平丘人。少爲縣吏，以清公稱。魏武爲司空、丞相，玠嘗爲東曹掾，與崔琰共典選舉，其所舉用皆清正之士。雖於時有盛名而行不由本者，終莫得進。務以儉率人，由是天下之士，莫不以廉節自勵。玠居顯位，常布衣疏食，撫育孤兄子甚篤，賞賜以賑施貧族，家無所餘。遷右軍師。魏國初建，爲尚書僕射，復典選舉。黜免，卒於家。

阮瑀。尉氏人。少受業於蔡邕。建安中，都護曹洪欲使掌書記，瑀不爲屈。魏武以爲司空軍謀祭酒，管記室。始文帝爲五官將，及平原侯植，皆好文學，瑀與山陽王粲、北海徐幹、廣陵陳琳、汝南應瑒、東平劉楨，并見友善。軍國書檄，多琳、瑀所作也。徙爲倉曹掾屬，卒。

辛毗。陽翟人。魏武表爲議郎，遷丞相長史。文帝踐阼，遷侍中。帝欲徙冀州士家十萬户實河南，時連蝗民飢，羣司以爲不可而帝意甚盛。毗求見，帝作色曰：「卿謂我徙之非耶？」對曰：「誠以爲非也。」帝不答，起入内，毗隨而引其裾，帝良久乃出，曰：「卿持我何太急耶？」毗曰：「今徙既失民心，又無以食也。」帝遂徙其半。明帝即位，進封潁鄉侯。時劉放、孫資制斷時政，大臣莫不交好，而毗不與往來。毗子敞諫，毗正色曰：「吾之立身自有本末，就與孫、劉不平，不過令吾不作三公而已。焉有丈夫欲爲三公而毀其高節者耶！」出爲衛尉。卒，謚曰肅。

趙儼。陽翟人。魏武以爲朗陵長，恩威并著。入爲司空掾屬主簿，并參于禁、樂進、張遼三軍。時諸將任氣多不協，儼每事訓諭，遂相親睦。累遷爲關中護軍。明帝時，進封都鄉侯，遷司空。卒。初，儼與同郡辛毗、陳羣、杜襲並知名，號曰「辛陳杜趙」云。

鄭渾。泰弟。避難投華歆。魏武聞其篤行，召爲下蔡長，歷召陵令，辟爲丞相掾屬。時天下未定，民生子率皆不舉。渾所在課耕桑，重去子法，民皆豐贍。所育男女，多以「鄭」爲字。遷左馮翊。平山賊梁興、靳富等。魏武征漢中，以渾爲京兆尹。民安於農，盜賊止息。文帝即位，累遷將作大匠。渾清素在公，妻子不免飢寒。及卒，以其子崇爲郎中。

高柔。圉人。父靖，爲蜀郡都尉，卒於西州。時兵寇縱横，柔冒艱險，詣蜀迎喪，辛苦荼毒，無所不嘗，三年乃還。魏國初建，爲尚書郎。文帝四年，遷爲廷尉，屢上疏諫争。在官二十三年，遷司空，徙司徒，封安國侯，轉爲太尉。卒，謚曰元。

蘇林。陳留人。博學，多通古今字指，凡諸書傳文間危疑，林皆釋之。黄初中，爲博士給事中，官至散騎常侍，以老歸第。帝每遣人就問之，數賜遺。年八十餘卒。

范粲。丹孫。高亮貞正，有丹風。博涉强記，學皆可師，應辟爲治中，歷職皆有聲稱。遭母憂，以至孝稱。服闋，爲太宰中郎。齊王芳被廢，粲素服拜送，哀動左右，稱疾闔門不出。特詔爲侍中，粲因陽狂不言，寢所乘車，足不履地。晉太康六年卒，時年八十四。不言三十六載，終於所寢之車。

晉

阮籍。瑀子。容貌瓌傑，志氣宏放。博覽羣籍，尤好莊、老。嗜酒能嘯，善彈琴。曹爽召爲參軍，以疾辭。及爽誅，時人服其遠識。晉宣帝命爲從事中郎，封關内侯，徙散騎常侍。籍屬天下多故，不與世事，以酣飲爲常。文帝初，欲爲武帝求婚於籍，沈醉六十日，不得言而止。鍾會欲致之罪，皆以酣醉獲免。拜東平相，乘驢到郡，法令清簡。文帝引爲大將軍從事中郎，籍聞步兵厨善釀，貯酒三百斛，求爲步兵校尉。年五十四，卒。子渾，字長成，以閒淡寡欲，知名京邑。

阮咸。籍兄子。任達不拘，與籍爲竹林之遊。歷仕散騎侍郎。咸妙解音律，荀勗與咸論樂，自以爲遠不及也，嫉之。出補始平太守，卒。

庾純。乘之孫。博學有才義，爲世儒宗。補主簿，仍參征南府。歷中書令、河南尹。初，純以賈充奸佞，與任愷共舉充西鎮關中〔一八〕，充由是不平。充嘗宴朝士，而純後至，及純行酒，充不飲。純曰：「長者爲壽，何敢爾乎？」充曰：「父老不歸供養，將何言也！」純因發怒曰：「賈充，天下兇兇，由爾一人。」充曰：「充輔佐二世，蕩平巴蜀，有何罪而天下爲之兇兇？」純曰：「高貴鄉公安在？」衆坐因罷。充慚怒，上表解職。純亦上河南尹印綬，上表自劾。後拜少府，卒。

鄭默。泰孫子〔一九〕。起家祕書郎，考覈舊文，删省浮穢。武帝時，爲散騎常侍，帝出祀南郊，使默驂乘，問以政事，善之。默寬沖博愛，謙虚温謹，不以才地矜物，事上以禮，遇下以和。累官大司農、光禄。卒，謚曰成。

褚䂮。陽翟人。有局量，以幹用稱。嘗爲縣吏，事有不合，令欲鞭之，䂮曰：「物各有所施，榱椽之材，不可以爲藩落也。願明府垂察。」乃舍之。家貧，辭吏，年垂五十，鎮南將軍羊祜與䂮有舊，言於武帝，始被升用，官至安東將軍。

董養。浚儀人。泰始初，到洛下，不干禄求榮。及楊后廢，因著無化論以非之。謂謝鯤、阮孚曰：「易稱知幾其神乎，君等可深藏矣。」乃與妻荷擔入蜀，莫知所終。

阮种。尉氏人。弱冠有殊操，爲嵇康所重。察孝廉，爲公府掾。時召舉賢良方正、直言之士，太保何曾舉种賢良，對策擢爲第一，轉中書郎。种進止有方，正己率下，朝廷咸憚其威容。每爲駁議，事皆施行。遷平原相，卒。

庾旉。純子。少有清節，歷位博士。齊王攸就國，旉上表諫，武帝怒，下廷尉，免死。後數歲，復起爲散騎侍郎，終國子祭酒。

江統。圉人。静默有遠志。除山陰令。時關、隴屢爲氐、羌所擾，統謂宜杜其萌，作徙戎論，時服其深識。遷中郎，選司轉太子洗馬。上書陳五事，朝廷善之。及太子廢徙許昌，賈后諷有司不聽宫臣追送。統冒禁至伊水，拜辭道左，悲泣流漣。收付洛陽獄，尋免。太子薨，統作誄敘哀，爲世所重。官至黄門侍郎、散騎常侍，卒。

庾衮。鄢陵人。少履勤儉，篤學好問，事親以孝聞。咸寧中大疫，二兄俱亡，次兄毗復殆。父母諸弟出次於外，衮獨留不去，親自扶持，晝夜不眠十有餘旬，毗病得差，衮亦無恙。父老咸異之。初，衮諸父並貴盛，惟父獨守貧約，衮躬親稼穡，以給供養。父亡，作筥賣以供母，母終服喪，居於墓側。州郡察孝廉，舉秀才，清白異行，皆不降志，世遂號之爲庾異行。會賊張泓等肆掠於陽翟〔二〇〕，衮乃率族姓保於禹山。賊畏其整，皆退。後攜妻子入林慮山而卒。

潘岳。中牟人。少以才穎見稱，鄉邑號爲「奇童」。辟司空太尉府舉秀才。泰始中，武帝躬耕籍田，岳作賦以美其事，才名冠世，爲衆所疾。栖遲十年，出爲河陽令。勤於政績，遷給事黄門侍郎，後爲孫秀所害。岳美姿儀，辭藻絶麗，尤善爲哀誄之文。

潘尼。岳從子。少有清才，與岳俱以文章見知。性静退不競，惟以勤學著述爲事，常著安身論以明所守。太康中，舉秀才，爲太常博士。元康初，拜太子舍人，上釋奠頌。趙王倫時，託疾歸。聞齊王冏起義，乃赴許昌。冏引爲參軍，封安昌公。累官中書令、太常卿。

高光。柔子。少習家業，明練刑理。累遷廷尉。元康中，從駕討成都王穎，有勳，封延陵縣公。時朝廷咸推光明於用法，故頻典理官。惠帝幸長安，朝臣莫有從者，光獨侍帝而西。遷尚書左僕射，加散騎常侍。及懷帝即位，加光禄大夫，與傅祗並見推崇。終尚書令。

范喬。粲子。好學不倦。父粲陽狂不言，喬與二弟并棄學業，絶人事，侍疾家庭，足不出邑里。凡一舉孝廉，八薦公府，再舉清白異行，又舉寒素，一無所就。所著有劉楊優劣論。

庾珉。鄢陵人。性純和好學，行己忠恕。歷散騎常侍、侍中，封長岑男。懷帝之没劉元海也，珉從在平陽，元海大會，使帝行酒，珉不勝悲憤，因大號哭，賊惡之，遂遇害。太元末，追謚曰貞。

庾敳。珉弟。雅有遠韻，處衆人中，居然獨立。累遷吏部郎，參東海王越太傅軍事，轉軍諮祭酒。時劉輿見任於越，人士多爲所搆，惟敳縱心事外，無跡可間。後以石勒之難，被害。

阮修。咸從子。好易、老，善清言，性簡任，絶不喜見俗人，雖當世富貴不肯顧。家無擔石之儲，晏如也。王衍自以論易略盡，然有未了，研之終莫悟。及與談，言寡而旨暢，乃歎服焉。常作大鵬贊以自況。後爲鴻臚丞，轉太子洗馬。避亂，爲賊所害。

蔡豹。圉城人。有氣幹。元帝時爲振武將軍，官徐州刺史。

阮瞻。咸子。性清虚寡欲，自得於懷。讀書不甚研求，而默識其要。遇理而辯，辭不足而旨有餘。神氣沖和，識者歎其恬澹，不可榮辱。仕爲太子舍人，卒。弟孚，性閑暢。明帝時，官侍中。從平王敦，賜爵南安縣侯。後除都督交、廣、寧三州軍事，鎮南將軍。

庾闡。鄢陵人。幼好學，九歲能屬文。永嘉末，母隨兄肇殁於石勒之亂。闡不櫛沐，不婚宦，絶酒肉，垂二十年，鄰親稱之。蘇峻之難，闡奔郗鑒，爲司空參軍。峻平，以功賜爵吉陽縣男。出補零陵太守，徵拜給事中。卒，謚曰貞。子肅之，亦有文藻，官至湘東太守。

庾亮。衮弟子。明穆皇后兄也。風格峻整，動由禮節，閨門之内，不肅而成，元帝甚器重之。中興初，拜中書郎，侍講東宫。時帝方任刑法，以韓子賜太子。亮諫以申、韓刻薄傷化，不足留聖心，太子甚納焉。累遷中書監，加左衛將軍，以功封永昌縣公。成帝初，徙中書令。蘇峻平，亮鎮蕪湖。郭默叛，亮率步騎二萬討破之。遷都督江、荆、豫、益、梁、雍六州諸軍事，征西將軍，鎮武昌。卒，謚文康。

庾冰。亮弟。以雅素垂風。初徵爲祕書郎，預討華軼，功封都鄉侯，出補吴興内史。累官中書監。既當重任，經綸時務，不舍晝夜，賓禮朝賢，升擢後進，由是朝野注心，咸曰「賢相」。康帝即位，力求外出，領江州刺史，鎮武昌。卒，謚忠成。冰天性清慎，嘗以儉約自居，室無妾媵，家無私積，世以此稱之。

庾翼。冰弟。風儀秀偉，少有經綸大略。初爲太尉府參軍，累遷南蠻校尉，領南郡太守。石城被圍得全，翼之勳也。賜爵都亭侯。授都督江、荆、司、雍、梁、益六州諸軍事，安西將軍，荆州刺史，鎮武昌。戎政嚴明，經略深遠，自河以南，皆懷歸附。康帝即位，翼欲率衆北伐，詔加都督征討軍事，後還鎮夏口。卒，謚曰肅。

褚裒。䂮之孫，康獻皇后父也。少有簡貴之風，桓彝見而目之，曰：「季野有皮裏春秋。」謝安恒曰：「裒雖不言，而四時之氣備矣。」郗鑒辟爲參軍。蘇峻平，封都鄉亭侯。康帝即位，拜江州刺史，在官清約。徵拜侍中、衛將軍，録尚書事。裒以近戚，固請居藩，於是改授都督，出鎮京口。及石虎死，表請伐之，除征討大都督，率衆三萬，徑進彭城。河朔士庶歸降者日以千計，裒撫納之，甚得其心。還鎮，病卒，遠近嗟悼。子歆，以學行知名，歷散騎常侍、祕書監[一二]。孫爽，少有令名，爲義興太守，早卒。

褚翜。裒從兄。以才藝幹略稱，襲爵關内侯。歷官奮武將軍、淮南内史。王敦搆逆，征西將軍戴淵令翜出軍赴難，翜即遣將領五百人從之。成帝初，爲左衛將軍。蘇峻之亂，翜與王導抱帝登殿，侍立左右。峻兵入，翜正立呵之，兵不敢動。賊平，以功封長平縣伯。遷丹陽尹，累遷尚書左僕射，卒。

阮放。修族弟。除太學博士，歷遷吏部郎。在銓管之任，甚有稱績。成帝時，爲揚威將軍、交州刺史，卒。放素知名，而性清約，不營産業，爲吏部郎不免飢寒。王導、庾亮以其名士，常供給衣食。

阮裕。放弟。以德業知名，爲王敦主簿，甚被知遇。裕以敦有不臣之跡，乃終日酣觴，以酒廢職。出爲溧陽令，復免。由是得違敦難，論者貴之。常以人不須廣學，正應以禮讓爲先，故終日静默，無所修綜而物自宗焉。曾有好車，借無不給，有人葬母，意欲借而不敢言，後裕聞之，歎曰：「吾有車而使人不敢借，何以車爲？」遂命焚之。後屢徵不起。

庾龢。好學有文章。叔父翼，將遷襄陽，龢年十五，以書諫，翼甚奇之。升平中，爲丹陽令，表除重役六十餘事。遷中領軍，卒。

江虨。統子。官尚書僕射。簡文帝爲相，每訪政事，多所補益。終國子祭酒。

江惇〔二二〕。虨弟。孝友淳粹，高節邁俗，性好學，每以爲君子立行，應依禮而動。乃著通道崇儉論，世咸稱之。累徵不就。養志二十餘年，卒。

江逌。圉人。少孤，與從弟灌共居，甚相友悌。避蘇峻之亂，屏居臨海，翦茅結宇，耽玩載籍，有終焉之志。征北將軍蔡謨命爲參軍，何充復引爲驃騎功曹。求試守，爲太末令。殷浩北伐，請逌爲諮議參軍，軍中書檄皆以委之。姚襄結營以逼浩，逌以計破之。升平中，遷吏部郎，長兼侍中。穆帝將修後池，起閣道，逌上疏諫，帝嘉其言而止。復領本州大中正，遷太常，在職多所匡諫。

江灌。逌從弟。少知名，才識亞於逌。簡文帝引爲撫軍從事中郎，遷吏部郎。時謝奕爲尚書，銓敘不允，灌每執正不從，奕託以他事免之，受黜無怨色。頃之，簡文帝以爲撫軍司馬，甚相賓禮。遷御史中丞，轉吴興太守。灌性方正，爲桓温所惡，徵拜侍中，以在郡時公事有失，追免之。温卒，遷尚書中護軍，復出爲吴郡太守，卒。

范宣。陳留人。少尚隱遁，加以好學，博綜衆書，尤善三禮。家貧，躬耕供養。親殁，負土成墳，廬於墓側。太尉郗鑒命爲主簿，詔徵太學博士、散騎郎，并不就。所著有禮易論難，行於世。

江績。灌子。有志氣，以父與謝氏不睦，故謝安之世，辟召無所從。安卒，始爲會稽王道子驃騎主簿，多所規諫。出爲南郡相，會荆州刺史殷仲堪舉兵應王恭，要績與殷顗同行，不從。顗慮績及禍，乃於仲堪坐和解之。績曰：「大丈夫何至以死相脅，江仲元行年六十，但未知獲死所耳。」一坐皆爲之懼。仲堪憚其堅正，以楊佺期代之。徵爲御史中丞，奏劾無所屈撓。及卒，朝野悼之。

南北朝　宋

庾登之。冰曾孫。少以强濟自立，初爲宋武帝鎮軍參軍，預討桓玄功，封曲江縣男。謝晦爲荆州刺史，請爲長史，意甚不愜。晦拒王師，欲登之留守，登之不許。晦敗，以無任免官還家。後爲司徒長史。時彭城王義康專攬政事，不欲自下厝意，登之性剛，每陳己意，義康不悦，出爲吴郡太守，坐免。後拜豫章太守。

褚湛之。裒之曾孫。文帝時，拜著作佐郎。謹實有意幹，故爲帝所知，歷顯位。孝武初，累遷尚書左僕射，賜爵關内侯。

阮長之。尉氏人。年十五喪父，有孝性，哀感旁人。服除，疏食者猶積載。閒居篤學，未嘗有惰容。初爲諸府參軍，累遷臨海太守。母亡，葬畢，不勝憂，遂卒。

庾仲遠。登之子。初爲宋明帝府佐。景和中，明帝疑防賓客，故人無到門者，惟仲遠朝謁不替。明帝即位，謂曰：「卿所謂疾風知勁草。」自録軍事參軍擢拜太子中庶子。卒於豫章太守。

褚炤。湛之從子。少有高節。王儉稱炤才堪保傅，召爲國子博士，不拜。常非從兄淵身事二代，淵拜司徒，賓客滿座，炤歎曰：「彦回少立名行，何意披猖至此，門户不幸，乃復有今日之拜。」淵以軺車給炤，炤大怒，曰：「著此辱門户。」索火燒之。

齊

庾道愍。冰元孫。有孝行。所生母漂流交州，道愍尚在襁褓，及長知之，求爲廣州綏寧府佐，至府而去交州尚遠，乃自負擔冒險，求母經年，日夜悲泣。嘗入郵日暮雨驟，乃寄止一家，有一嫗負薪自外還，道愍心動，訪之，即其母也。於是俯伏號泣，遠近聚觀，莫不揮淚。後仕齊至射聲校尉。

蔡薈。陳留人。清抗不與俗人交，李撝謂江斅曰：「古稱安貧清白曰夷，湼而不緇曰白。蔡休明可不謂之夷白乎！」

梁

庾沙彌。冰六世孫。父佩玉爲長沙內史。昇平中，坐誅。時沙彌始生，及年五歲，所生母爲製采衣，不肯服，終身布衣疏食。嫡母劉寢疾，沙彌晨夕侍側，衣不解帶。或應針灸，輒以身先試。及母亡，晝夜號慟，所坐薦淚沾爲爛。墓在新林，忽生旅柏百許株，枝葉鬱茂。劉好噉蔗，沙彌遂不食焉。舉純孝，梁武帝召見，補歙令，遷邵陵王參軍，隨府會稽。復丁所生憂，喪還，濟浙江，中流遇風，舫將覆没，沙彌抱柩號哭，俄而風静，咸謂孝感所致。後卒於長城令。

阮孝緒。尉氏人。幼至孝，年十三，徧通五經。既冠，屏居一室，非定省未嘗出户。外兄王晏貴顯，屢至門，孝緒穿籬逃匿，不與相見。及晏誅，竟獲免。家貧所居，以一鹿牀爲精舍，以樹環繞。天監中，與吴郡范元琰俱徵〔一三〕，並不到。後於鍾山聽講，母王氏忽有疾，兄弟欲召之，母曰：「孝緒至性冥通，必當自到。」果心驚而返。合藥須得生人蓡，舊傳鍾山所出，孝緒躬歷幽險，累日不逢，忽見一鹿前行，孝緒隨至一所，果獲此草，母服之遂愈。大同二年卒。門徒追論德行，謚曰文貞處士。所著七録削繁等一百八十一卷，并行於世。

鄭紹叔。開封人。年二十餘，爲安豐令，有能名。武帝初，起兵爲冠軍將軍，留監江州事，督江、湘糧運，無闕乏。入爲衛尉卿。紹叔少孤貧，事母及祖母以孝聞，奉兄恭謹。及居顯要，糧賜餉遺，悉歸之兄室。忠於事上，所聞纖毫無隱，帝甚親信之。封東興縣侯，累遷司州刺史，徵爲左衛將軍。卒，謚曰忠。

庾仲容。登之從孫。少有盛名，專精博學，晝夜手不釋卷。初爲安西法曹參軍、太子舍人，除安成王記室。太子以舊恩降餞賜詩，時輩榮之。後爲尚書左丞，有文集二十卷行於世。

庾承先。鄢陵人。少沈静，有志操，是非不涉於言，喜愠不形於色，人莫能窺也。受學於劉虬，强記敏識，靡不該悉。辟功曹，不就。大通三年卒，刺史厚有贈賻，門人黄士龍讓曰：「先生平素食不求飽，衣不求輕，凡有贈遺，皆無所受。雖蒙賚及，不敢輕承教旨，以違平生之操。」時論高之。

褚翔。陽翟人。少有孝行。起家秘書郎，累遷義興太守，徵爲吏部郎。居小選，公清自持，不爲請屬易意，號爲平允。遷侍中、守吏部尚書。丁母憂，以毀卒。

陳

阮卓。尉氏人。幼聰敏，篤志經籍，尤工五言詩。性至孝。父問道，卒於江州，卓年十五，自都奔赴，水漿不入口者累日。載柩還渡，彭蠡湖中流遇疾風，船幾没者數四，卓仰天悲號，俄而風息。天康中，爲新安王府記室參軍，奉使招慰交阯。其地多珍怪之產，前後使者皆致之，惟卓挺身而還，衣裝無他，時論咸服其廉。後爲德教殿學士，除南海王府諮議參軍。不之官，退居里舍，以文酒自娱。

褚玠。陽翟人。九歲而孤。及長，博學能屬文，訓義典實，不好艷靡。太建中，除山陰令。去官無還裝，太子手書賜粟二百斛。累遷御史中丞，甚有直繩之稱。卒於官。所著章奏雜文二百餘篇，皆切事理，以此見重於世。子亮，有才學，官至尚書殿中侍郎。

魏

鄭羲。渾八世孫。仕魏爲中書博士，遷中書侍郎。延興初，陽武民田智度妖惑動衆，擾亂京、索。以羲爲河南民望，遣乘傳慰諭。羲至，宣示禍福，重加募賞，旬日之間，衆皆歸散。以功賜爵平昌男，累封滎陽侯。子懿，閑雅有政事材，爲齊州刺史。次子道昭，少好學，綜覽羣言，歷官祕書監。

董養。小黄縣人。事親至孝，三世同居，閨門有禮。景明初，畿内大使王凝奏請標異，詔從之。

王續生。京縣人。遭繼母憂，居喪，杖而後起，及終禮制，鬢髮盡落。世宗詔標門里，甄其徭役。

張昇。滎陽人。喪父哀毁，形骸枯悴，髮落殆盡。盜賊不侵其閭。詔表之。

倉跋。京縣人。喪母，水漿不入口五日，吐血數升。居憂毁瘠，見稱州里。

王崇。雍丘人。兄弟并以孝稱，身勤稼穡以養二親。母亡，杖而後起，鬢髮墜落。廬於殯所，晝夜哭泣。母喪闋，復丁父憂，哀毁過禮。是年夏，風雹所經，草木摧折，至崇田畔便止，禾麥十頃竟無損落，咸稱至行所感。崇雖除服，仍居墓側。州奏標其門閭。

李顯達。陽翟人。父喪，水漿不入口七日，鬢髮墜落，形體枯瘁。六年廬於墓側，哭不絶聲。州牧高陽王雍以聞，詔旌其門。

北齊

鄭述祖。道昭少子。少聰敏，好屬文，有風檢。天保中，爲兖州刺史，遷光州刺史。病篤，自言曰：「吾老矣，富貴已足，以清白之名遺子孫，死無所恨。」前後行瀛、殷、冀、滄、趙、定六州事，正除懷、兖、光及殷、懷、趙等州刺史，所在皆有惠政。卒，謚曰平簡。

鄭子翻。羲曾孫。少有器識，好文章。齊武平末，位司徒記室參軍。齊亡，歷周、隋不仕，隱居滎陽三窟山，遠近欽其高名。累徵不起，終於家。

隋

劉祐。滎陽人。開皇初，爲大都督。其所占候，合如符契。奉詔撰兵書十卷，名曰金韜。後著陰策二十卷、觀臺飛候六卷、玄象要記五卷、律曆術文一卷、婚姻志三卷、産乳志二卷、式經四卷、四時立成法一卷、安曆志十二卷、歸正易十卷，並行於世。

王貞。陳留人。少聰明，七歲好學，通毛詩、禮記、左氏傳、周易，諸史百家，無不畢覽。善屬文，不事産業。開皇初，舉秀才，授縣尉，非其好也，謝病歸。齊王暕鎮江都，聞其名，以書召之。及至，待以客禮，索其文集，貞上三十三卷，王善之。後上江都賦，賜錢十萬貫。以疾還，終於家。

校勘記

〔一〕捕反者淮陽胡倩　「陽」，原作「揚」，據乾隆志卷一五一開封府名宦（下同卷簡稱乾隆志）及漢書卷一七景武昭宣元成功臣表改。

〔二〕務在成就安全　乾隆志同。按，漢書卷八九黄霸傳此句後有「長吏」二字，似不當省。

〔三〕當入開封府禹州名宦　「州」，原作「川」，據乾隆志改。

〔四〕以候司先知奸邪　「候司」，原作「侯司」，乾隆志作「占候」，據漢書卷七五眭兩夏侯京翼李傳改。

〔五〕後遷京部丞　「部」，原作「郡」，乾隆志同，據後漢書卷二五卓茂傳改。按，通鑑胡三省注云：「王莽秉政，置大司農部丞十三人，勸課農桑。京部丞，主司隸所部。」

〔六〕收豋豆　「豋」，原作「暨」，據乾隆志及三國志卷一五魏書裴松之注改。

〔七〕立學校人易性　「易」，原作「異」，乾隆志同，據雍正河南通志卷五六名宦、明一統志卷二六河南開封府及樂府詩集卷八五雜歌謡辭改。「立」上，傳本多有「修」字。

〔八〕時賈琰爲推官　「琰」，原作「炎」，據乾隆志及宋史卷二六三竇偁傳改。按，本志避清仁宗諱改字也。

〔九〕蘇舜欽　「蘇」，原作「蔣」，乾隆志同，據宋史卷四四二蘇舜欽傳改。按，條下文字與蘇舜欽傳全同，乾隆志訛「蘇」爲「蔣」，本志承之未察。

〔一〇〕提點開封縣鎮　「點」，原脱，乾隆志同，據宋史卷三四七喬執中傳補。

〔一一〕一時大驚　「時」，乾隆志同，宋史卷三二二吴擇仁傳作「府」。

〔一二〕賣珠人居官貨久不返　「官」，乾隆志同，宋史卷三二二吴擇仁傳作「民」。

〔一三〕申佳胤　「胤」，原作「允」，乾隆志同，據鄒漪明季遺聞卷一改。按，一統志避清世宗諱改字也。下同改回。

〔一四〕陳勝起時聚少年數千人　「時」，原作「事」，據乾隆志及史記卷九五樊酈滕灌列傳改。按，或「事」不改，「聚」上添「商」字亦不致誤解。

〔一五〕吴祐舉孝廉　「祐」，原作「祜」，據乾隆志及後漢書卷六四吴祐傳改。下文「祜」同改。

〔一六〕吴季英有知人之明　「明」，原作「名」，乾隆志同，據後漢書卷六四吴祐傳改。

〔一七〕泰與何顒荀攸共謀誅之　「顒」，原作「容」，據乾隆志改。按，本志避清仁宗諱改字也。下同改。

〔一八〕與任愷共舉充西鎮關中　「任愷」，原作「任敳」，乾隆志同，據晉書卷五〇庾純傳改。按，任愷晉書卷四五亦有傳。傳云任愷字元裦，樂安博昌人，「惡賈充之爲人，不欲令久執朝政，每裁抑焉」。因薦其鎮撫秦涼，「中書令庾純亦言之，於是詔充西鎮長安」。所述與此合。

〔一九〕鄭默泰孫子　「子」字疑衍，或上脱「袤」字。按，鄭默爲鄭袤之子，鄭泰之孫。史文不當稱孫爲孫子，蓋乾隆志作「鄭默字思元，袤子」，本志承之，添「泰孫」，誤脱「袤」字也。

〔二〇〕會賊張泓等肆掠於陽翟　「泓」，原作「宏」，乾隆志同，據晉書卷八八庾衮傳改。按，此避清高宗嫌諱改字也。

〔二一〕歷散騎常侍祕書監　「監」，原脱，乾隆志同，據晉書卷九三褚裒傳補。

〔二二〕江惇　「惇」，原作「淳」，據乾隆志及晉書卷五六江統傳附江惇傳改。

〔二三〕與吴郡范元琰俱徵　「琰」，原作「炎」，據乾隆志及梁書卷五一阮孝緒傳改。按，本志避清仁宗諱改字也。

大清一統志卷一百八十九

開封府四

人物

唐

鄭元璹。開封人。性察慧，愛尚文藝。隋末，襲父譯沛國公爵，更封莘國公。唐初，授太常卿。突厥處羅可汗寇汾、晉，詔元璹諭罷可汗兵，不聽，因之數年，始得還。帝曰：「卿可輩張騫、蘇武矣。」拜鴻臚卿。突厥提精騎數十萬攻太原。詔元璹持節往，隨語折讓，數其背約，突厥愧服引還。朝廷賜書褒美。後轉左武候大將軍〔一〕，以老致仕。元璹幹敏，所至常有譽。五聘絶域，危不脱，終不自爲解。從孫杲，知名武后世，終天官侍郎。

郭孝恪。陽翟人。少有奇節，不治貲産。隋亂，率少年數百附李密，使與李勣守黎陽。密敗，勣遣孝恪送款，封陽翟郡公，拜宋州刺史，詔與勣經略武牢以東。竇建德之援洛也，孝恪上謁秦王，進計曰：「王世充力竭計窮，建德悉衆遠來，糧餉阻絶，若固守武牢，以軍氾水，隨機應變，擒殄必矣。」秦王然之。賊平，置酒大會，語諸將曰：「孝恪策擒賊王，功固在諸君右。」遷上柱國，歷貝、趙、江、涇四州刺史，所至有能名。貞觀中，拜崑丘道副大總管，進討龜兹，中流矢，卒。

鄭善果。滎澤人。父誠，周大將軍、開封縣公，討尉遲迥，戰死。善果方九歲，襲爵，家人爲其幼，弗告也。及受詔，號泣不自勝。入唐，擢太子左庶子，封滎陽郡公。數爲太子陳得失，檢校大理卿，兼民部尚書。奉法持正，風節顯公卿間。詔與裴寂等十人每奏事得升殿，時以爲榮。

李玄道。世居鄭州。唐貞觀初，累遷給事中、姑臧縣男，出爲幽州長史。都督王君廓不法，每以義裁糾之。嘗遺玄道婢，乃良家子，遣去不納。擢常州刺史，加銀青光禄大夫，以禄歸第，卒。

李日知。滎陽人。及進士第。天授中，歷司刑丞。時法令嚴，吏爭爲酷，日知獨平寬。嘗免一囚死，少卿胡元禮曰：「吾不去曹，囚無生理。」日知曰：「僕不去曹，囚無死法。」皆以狀讞，而武后用日知議。爲給事中。母老病，取急調侍，數日鬢髮輒白。母未及封而卒。方葬，吏乃齎贈制，日知殞絶於道，左右爲泣，莫能視。服除，累遷黄門侍郎。景龍初，同中書門下平章事。初，安樂公主館第成，中宗行幸，燕從官賦詩，日知獨以規戒。睿宗他日謂曰：「嚮非公挺直，何能爾？」即拜侍中。後乞骸骨，許之。開元三年卒。

劉仁軌。尉氏人。少貧賤，好學，以通博聞。爲陳倉尉，部人折衝都尉魯寧豪縱犯法〔二〕，仁軌搒殺之。擢咸陽丞，累遷給事中，爲李義府所惡，出爲青州刺史。時伐遼，使督漕，而船覆没，坐免官，以白衣隨軍。初，蘇定方平百濟，留郎將劉仁愿守其城，後百濟復叛，引兵圍仁愿，詔仁軌檢校帶方州刺史統衆，並發新羅兵爲援。仁軌請所頒曆及宗廟諱，謂人曰：「當削平遼海，頒示本朝正朔。」皆如其言。累功封樂城縣男，拜同中書門下三品。咸亨五年，爲雞林道大總管，東伐新羅，破之，進爵爲公。卒，陪葬乾陵。

崔知温。鄢陵人。仕爲左千牛，稍遷靈州司馬。境有渾、斛薩萬帳，數擾齊民。知温表徙河北，自是人得就耕。遷蘭州刺史，党項羌三萬入寇，知温披闔不設備，羌怪之，不敢進。會將軍權善才率兵至，大破其衆，分降口五百贈知温，知温辭。累遷尚書左丞。永隆初，特詔同門下三品，遷中書令。卒，謚曰忠。

崔知悌。知温兄。爲中書侍郎。與戴至德、郝處俊、李敬玄等同賜飛白書贊，而知悌以忠勤見表。遷尚書左丞。裴行儉之破突厥，斬泥熟匐，殘落保狼山。詔知悌馳往定襄慰將士，佐行儉平夷寇〔三〕，有功。終户部尚書。

格輔元。浚儀人。父處仁，仕隋爲剡丞，與同郡王孝逸、繁師元、靖君亮、鄭祖咸、鄭師善、李行簡、盧協皆有名，號「陳留八俊」。輔元擢明經，累遷同鳳閣鸞臺平章事。忤諸武，來俊臣誣輔元謀反，遂及誅。子遵亦舉明經第，亡命匿中牟十餘年。神龍初，訴父冤，擢贊善大夫。輔元兄希元，洛州司法參軍，同章懷太子注范蔚宗後漢書者。

吴兢。浚儀人。少厲志，貫知經史。方直寡諧，惟與魏元忠、朱敬則游。二人薦兢才堪論撰，詔直史館，修國史，累遷起居郎。明皇時，數陳得失，帝頗納之。進封長垣縣男。卒，年八十。兢敘事簡核，號良史。初與劉知幾撰定武后實録，敘張昌宗誘張説誣證魏元忠事，賴宋璟等激厲，轉禍爲忠。後説爲相，屢以情蘄改。辭曰：「徇公之情，何名實録？」卒不改。世謂今董狐云。

白履忠。浚儀人。貫知文史，居古大梁城，時號梁丘子。景雲中，召爲校書郎，棄官去。開元十年，刑部尚書王志愔薦履忠博學守操，國子監祭酒楊瑒又表其賢，召赴京師，辭疾不任職。詔拜朝散大夫，乞還，手詔許遊京師，徐反里閭。履忠留數月，乃去。

鄭潛曜。滎陽人。父萬鈞，駙馬都尉、滎陽郡公。母代國長公主。開元中，主寢疾，潛曜侍左右，造次不去，累三月不靧面。主疾劇，刺血爲書，請諸神，丐以身代，火書而「神許」二字獨不化。翌日立愈，戒左右無敢言。後尚臨晉長公主。歷太僕光禄卿。

鄭虔。滎陽人。天寶初，爲協律郎。玄宗愛其才，置廣文館，以虔爲博士。虔善圖山水，好書嘗自寫其詩并畫以獻。帝大署其尾，曰「鄭虔三絶」。遷著作郎。安禄山反，僞授虔水部郎中，因稱風緩，求攝市令，潛以密章達靈武。賊平，貶台州司户參軍事。後數年，卒。虔學長於地理，山川險易，方隅物産，兵戍衆寡，無不詳。嘗爲天寶軍防録，言典事該，諸儒服其善著書，時號鄭廣文。

劉昌。開封人。善騎射。天寶末，從張介然討安禄山。史朝義圍宋州，城中食盡且降，昌説刺史李岑以待救。俄而李光弼援兵至，賊夜潰。劉玄佐鎮汴，擢昌左厢兵馬使，以三千兵守寧陵，李希烈衆五萬攻之，相距四十餘日，賊數敗，乃解去。加檢校工部尚書。貞元中，遷四鎮、北廷行營兼涇原節度，以功檢校尚書右僕射，封南川郡王。在邊凡十五年，軍有羨食，邊障以安。

朱忠亮。浚儀人。舉明經不中，往事薛嵩，爲裨將，屯普潤。開田峙糧，以功擢太子賓客。朱泚亂，率麾下四十騎至奉天，封東陽郡王，爲定難功臣。憲宗立，授涇原四鎮節度使。改封丹陽，卒。

鄭雲逵。滎陽人。登進士第，去客燕朔，朱滔辟爲判官。滔助田悦，雲逵諫不從，遂棄室自歸。德宗擢諫議大夫，帝在梁，雲逵依李晟，晟表以爲軍司馬。元和初，爲京兆尹，卒。

鄭餘慶。滎陽人。少善屬文，擢進士第。貞元十四年，拜中書侍郎、同中書門下平章事。每奏對，多傅經義。以事貶柳州司馬。憲宗立，復拜同中書門下平章事。時主書滑涣與宦人劉光琦相倚爲姦，執政頗姑息，至餘慶議事，涣傲然指畫諸宰相前，餘慶叱去。後涣以贓敗，帝寖聞叱去事，善之。累遷尚書左僕射。帝患典制不倫，謂餘慶淹該前載，乃詔爲詳定使，凡增損儀規，號稱詳衷。穆宗立，加檢校司徒。餘慶少砥礪，行己完潔。仕四朝，其禄悉賙所親。後生内謁，必諄諄教以經義。卒，謚曰貞。

鄭珣瑜。滎澤人。少孤。值天寶亂，退耕陸渾山以養母，不干州里。大曆中，以諷諫主文科高第，授大理評事，累遷吏部侍郎，爲河南尹。清静惠下。召進門下侍郎、同中書門下平章事。順宗立，王叔文内交閹人，攘撓政機，韋執誼爲宰相，居外奉行，與叔文同飯閣下。珣瑜曰：「吾可復居此乎！」命左右取馬歸，卧家不出七日。罷爲吏部尚書。卒，謚文獻。

鄭絪。餘慶從父行也。幼有奇志，善屬文。擢進士宏詞高第，累遷中書舍人。德宗置六軍統軍，除制用白麻，中尉竇文瑒陰諷宰相進擬如統軍比。絪當作制，奏言：「陛下特以寵文瑒耶？遂著爲令也？」帝悟，并罷統軍用麻。順宗病，不得語，王叔文與牛美人用事，憚廣陵王雄睿，欲危之。帝召絪草立太子詔，絪輒書曰：「立嫡以長。」帝頷，乃定。憲宗即位，拜中書門下平章事。太和中，以太子太傅致仕。卒，謚曰宣。絪本以儒術進，守道寡欲，所居不爲炟赫事，以篤實稱。善名理學，世以耆德推之。

鄭覃。珣瑜子。以蔭補弘文校書郎，擢諫議大夫。憲宗取五中官爲和糴使，覃奏罷之。寶曆初，擢京兆尹。文宗召爲侍講學士，進工部侍郎。覃於經術該深，醇篤守正，帝尤重之。拜同中書門下平章事，封滎陽郡公。覃既名儒，故以宰相領祭酒，請太學五經經置博士。武宗初，授司空，致仕，卒。覃清正退約，位相國，所居第不加飾，内無妾媵。

鄭朗。覃弟。始辟山南幕府，入遷右拾遺，擢起居郎。文宗與宰相議政，適見朗執筆螭頭下，謂曰：「向所論事，亦記之乎？朕將觀之。」朗曰：「臣執筆所書者，史也。故事，天子不觀史。」帝悦，謂宰相曰：「朗可謂善守職者。」累拜工部尚書、同中書門下平章事。中人李敬實排朗騶導馳去，朗以聞，宣宗即斥敬實。久之，以疾自陳，罷爲太子少師。卒。

鄭澣。餘慶子。本名涵。第進士，累遷右補闕。敢言無所諱。憲宗謂餘慶曰：「涵，卿令子而朕直臣也，可更相賀。」遷考功員外郎。時刺史或迫吏下紀功愛，涵請責觀察使，以杜其欺。文宗立，入爲侍講學士，帝使萃擷經史爲要録，愛其博而精，試舉諸條摘問之，隨即酬析無留答。因賜金紫服，累進尚書左丞，出爲山南西道節度使。以户部尚書召，未拜，卒，謚曰宣。子處誨，文辭秀拔，仕歷宣武節度使。撰明皇雜録，爲時盛傳。

鄭肅。滎陽人。以儒世家。肅力於學，有根柢。第進士，書判拔萃，補興平尉，累擢太常少卿。博士有疑議往咨，必據經條答。開成二年，拜吏部侍郎、兼賓客，爲太子授經。既而太子爲讒所乘，肅因入見，言天下大本不可輕動，意致深切，帝爲動容。朝廷謂肅臨義不可奪，挺挺有大臣節。會昌五年，以檢校尚書右僕射、同中書門下平章事，與李德裕協心輔政。宣宗即位，罷爲荆南節度使。卒，謚文簡。孫仁規、仁表，皆豪爽有文。

劉瑑。仁軌五世孫。第進士，遷左拾遺。諫罷武宗方士，言多懇愊。大中初，擢翰林學士。宣宗始復關隴，書詔夜數十，瑑捉筆遽成，辭皆允切。遷刑部侍郎，乃裒彙敕令可用者，由武德訖大中凡二千八百五十六事，參訂重輕，號大中刑律統類，以聞，法家推其詳。進宣武軍節度使，徙河東節度使。未幾，詔同中書門下平章事，領度支，加工部尚書。卒。

鄭從讜。澣子。及進士第，補校書郎。咸通中，爲吏部侍郎，銓次明允，出爲河東節度，徙定武，以善最聞。改嶺南節度，交、廣晏然。僖宗立，召爲刑部尚書，擢同中書門下平章事。河東兵亂，復拜河東節度，兼行營招討使。既視事，推捕反賊，誅其首惡，士皆寒毛惕伏。中和三年，召拜司空，復秉政，以疾乞骸骨，拜太子太保還第。卒，謚文忠。

鄭亞。滎陽人。爽邁有文，舉進士、賢良方正、書判拔萃，三中其科。李德裕高其才，守浙西，辟置幕府，擢監察御史，累拜給事中。出爲桂管觀察使，貶循州刺史，卒。

鄭畋。亞子。舉進士，以書判拔萃擢渭南尉。宣宗時，入翰林爲學士，知制誥。僖宗立，以兵部侍郎進同中書門下平章事。請以嶺南鹽鐵委廣州節度使，歲煮海取鹽直四十萬緡，市虔、吉米以贍安南，罷荆、洪等漕役。再遷門下侍郎，封滎陽郡侯。乾符六年罷。明年，爲鳳翔、隴西節度使。黄巢陷東都，遣兵戍京師，以家財勞行，妻自紝戎衣給戰士。帝之梁、洋，畋請便宜從事。賊將王璠來攻，畋設伏兵鏖戰，殺賊二萬級，與涇原諸帥約盟，傳檄天下，遠近咸聳，各思治兵立功。巢大懼，因是不敢西謀。復拜司空、門下侍郎、平章事。坐籌帷幄，終能復國。卒，謚文昭。

鄭裔綽。覃子。峭立有父風。以門蔭進，累遷諫議大夫。宣宗初，劉潼授桂管觀察使，裔綽固争：「潼被責，未久，不宜付廉察。」帝追罷之。遷給事中。楊漢公爲荆南節度使，坐貪沓貶，尋拜同州刺史，裔綽與鄭公輿封還制書，諫曰：「同州，太宗興王地，當慎所付。且漢公墨没敗官，奈何以重地私之？」帝變色。翌日，貶商州刺史。後終太子少保。

鄭綮。滎陽人。及進士第，歷廬州刺史。歲滿去，贏錢千緡，藏州庫。後它盗至，終不犯鄭使君錢。遷給事中。杜弘徽任中書舍人，綮以其兄讓能輔政，不宜處禁要，上還制書。不報，輒移病去。昭宗時，拜禮部侍郎、同中書門下平章事。

張士巖。汴州人。性至孝，父病，藥須鯉魚，冬月冰合，有獺銜魚至前，得以供父，父遂愈。母癰，士巖吮血。父亡，廬墓，有虎狼依之。

五代　梁

王延。鄭州長豐人。少好學，嘗以賦謁梁相李琪，琪爲之稱譽。拜中書舍人，權知貢舉，人皆稱其公。累遷刑部尚書，以太子少保致仕，卒。延爲人重然諾，與其弟規相友愛。五代之際，稱其家法焉。

宋

梁周翰。管城人。幼好學，十歲能屬詞。周廣順二年，舉進士。宋初，爲祕書郎、直史館。乾德中，獻擬制二十篇，擢右拾遺。五代以來，文體卑弱，周翰與高錫、柳開、范杲，習尚淳古，齊名友善。當時有「高梁柳范」之稱。改左補闕。會將郊祀，上疏請減諸道租賦，以寬民力。雍熙中，兼史館修撰，復置左右史，命周翰與李宗諤分領之。咸平三年，召入爲翰林學士，受詔與趙安易同修屬籍。唐末喪亂，籍譜罕存，周翰創意爲之，頗有倫貫。遷工部侍郎，卒。有集五十卷，及續因話録。

趙修己。浚儀人。少精天文推步之學。晉天福中，李守真表爲司户參軍，軍中占候多中。守真陰懷異志，修己屢以禍福諭之，不聽，遂辭疾歸。周祖鎮鄴，奏參軍謀，密與決渡河之計。即位，以爲鴻臚少卿，遷司天監。顯德中，累加檢校户部尚書。宋初遷太府卿，判監事。

石守信。浚儀人。仕周，領洪州防禦使。太祖即位，改領歸德軍節度。李筠叛，守信討平之，移鎮鄆州。乾德初，稱疾乞解兵權，帝從之。累拜中書令，加檢校太師，晉封衛國公。卒，謚武烈。

薛居正。浚儀人。少好學，有大志。後唐清泰初，登第。宋建隆三年，爲樞密直學士。乾德初，加兵部侍郎。時河南府饑，逃亡者四萬家，居正馳傳招集，浹旬間，民盡復業。以本官參知政事，監修五代史，逾年畢。進平章事，益修政事，以副上意。太平興國初，進位司空。卒，謚文惠。居正性孝行純，居家儉約，爲相任寬簡，不好苛察，士君子以此多之。好讀書，爲文落筆，不能自休。子惟吉集爲三十卷，上之，賜名文惠集。咸平元年，配享藝祖廟廷。

和峴。浚儀人。父凝，晉宰相。峴歷任著作郎。建隆初，授太常博士。乾德中，詔峴議禮，多所更定。帝以雅樂聲高，詔峴講求其理，以均節之，自是八音和暢。累官太常丞，分司西京。端拱初，以所著奉常集五卷、祕閣集二十卷、注釋武成王廟讚五卷奏御，上甚嘉之。授主客郎中，卒。弟㠓，太平興國八年，擢進士第。增益父凝所著疑獄集爲三卷，并補注古今孝弟集成十卷以獻。累官左正言，與王旦同判吏部銓。

劉廷翰。浚儀人。父紹隱。晉天福中，以隊長戍魏博。范延光反，力戰死。周世宗鎮澶淵，廷翰以膂力隸帳下。即位，累從征伐。宋初，預平上黨、維揚。太平興國時，遷雲州觀察使，率兵屯真定。遼兵南侵，廷翰大敗其衆於蒲城，以功領大同軍節度。累官大名尹、天雄軍節度。廷翰自衛士至上將，寬厚容衆，雖不事威嚴，而長於御下。

高頔。雍丘人。後唐清泰中，舉進士乙科。周顯德中，爲天雄軍掌書記，以病免。雍熙中，宰相宋琪言其素行廉介，老而彌厲，拜左補闕。致仕，卒。頔有清節，力學强記，手寫書千餘卷。符彦卿待之甚厚，或過致優給，岐計口受費，餘皆不納。

孔守正。浚儀人。周世宗征淮南，以材勇選爲東班承旨。宋初，遷驍雄副指揮使。太祖征太原，遼兵來援晉陽，守正大敗之。從征晉陽，率兵力戰，晉軍遂潰。從征范陽，擊敗遼兵，自是遼兵不敢近塞。累官安化軍留後，卒。

許均。開封人。建隆中，應募征遼州，以功補武騎十將。開寶中，從征金陵，率衆陷水寨。從征河東，攻隆州城，先登，遷副都指揮使。出屯杭州。端拱初，從擒趙保忠。咸平初，從殺賊黨於廣都，累遷永興軍部署。車駕將巡澶淵，詔均與向敏中等提總諸州巡檢捕盜事，至河陽，召赴行在。有王長壽者，聚徒剽刦，均以方略擒長壽，斬獲惡黨皆盡。擢本州團練使。尋知代州，代還，卒。子懷德，善騎射擊刺，擢鄜延路副總管。夏人入寇，破之。又解延州圍，累遷保寧、進雄二節度。

周審玉。開封人。父勳，事唐明宗，累立戰功。周顯德初，審玉蔭補殿直，從世宗於瓦橋關，甚見親信。建隆初，累遷西京作坊使。雍熙中，遼兵犯塞，審玉爲監軍，先鋒劉緒陷賊，審玉躍馬趨擊，拔緒而還，以勇敢聞。咸平初，知鳳翔府。代還，俄丁内艱，服闋，拜章請老，得千牛衛大將軍致仕。

盧斌。開封人。以筆札事晉邸。太平興國初，補殿直。雍熙中，領兵屯霸州，會大舉北伐，斌以千弩斫寨，遼兵遁去，遂克涿州。端拱中，累官梓、遂十二州都巡檢使，許便宜從事。在川、陝六年，以孤軍禦寇，累立戰功。還，拜東上閤門使、檢校左僕射。咸平初，卒。

常思德。開封人。周顯德初，以材勇應募，累遷神衛都虞候〔四〕。雍熙初，從曹彬征幽州。淳化中，李順叛蜀，命往夔、峽招捕，盡殲其黨，以功授汝州刺史。初，曹彬北征不利，至涿州，左右皆潰散，獨思德以所部護至易州，語人曰：「既備戎行，則與主帥同死生可也。若視利害以爲去就，將何面目見君父乎？」咸平初，改陳留都監，換左神武大將軍，卒。

尹繼倫。浚儀人。建隆時，爲殿直，預平嶺表，下金陵。太平興國初，充北面緣邊都巡檢使。端拱中，遼兵入寇，繼倫奮擊，殺其將，衆驚潰，死者無數，餘悉引去。遼兵相戒曰：「當避黑面大王。」以繼倫面黑故也。累遷靈慶兵馬副都部署，卒。

袁逢吉。鄢陵人。四歲能誦爾雅、孝經，七歲兼通論語、尚書。開寶八年，擢三傳第，除豐城令。淳化中，歷水部郎中，宰相呂蒙正薦其有經術。至道初，知夔州，累拜鴻臚少卿，卒。逢吉性修謹，練達時務。初，鄆州牧馬草地侵民田數百頃，牒訴連上，凡五遣使按視不決。逢吉受命往，則悉還所侵田，民咸德之。

宋準。雍丘人。開寶中，舉進士，擢甲科，授祕書郎、直史館。使遼，復命稱旨。雍熙中，累遷金部郎中。端拱二年卒。準美風儀，善談論，辭采清麗，莅官所至有聲。盧多遜之南流也，李穆坐同門生黜免，準因奏事盛言穆有檢操，常惡多遜專恣，固非其黨也。帝悟，復穆官，時論以此稱之。

孔維。雍丘人。乾德四年，九經及第。太平興國初，擢授太子左贊善大夫，使高麗。王治問禮，維對以君臣父子之道、升降等威之序，治悦曰：「今日復見中國之夫子也。」雍熙三年，擢國子司業，將有事藉田。維起周禮至於唐書，凡沿革制度，並録以獻，觀者稱其博。又上書請禁原蠶以利國馬。帝嘉其援引經據，以章付史館。拜國子祭酒、兼工部侍郎，卒。維以經術受知，嘗建議乞廣太學，受詔與學官校定五經疏義，未畢卒。

戴興。雍丘人。年十餘歲，以勇力聞。太平興國時，遷御龍直副指揮使。從征太原，先登。端拱中，出師鎮、定二州。時盜賊羣起，會五巡檢兵討之，踰月不能克。興陰勒所部，潛出擊之，擒戮殆盡。淳化五年，爲定武節度使。咸平初，知京兆府，卒。

上官正。開封人。少舉三傳。雍熙中，召授殿前承旨。淳化中，轉作坊副使。李順之亂，正奮勵士氣以禦之，斬馘殆盡，超爲劒門刺史。又擢崇儀使，領昭州刺史。初，川賊甚盛，朝議深以棧路爲憂，正以孤軍力戰，挫賊鋒，自是閣道無壅，師得長驅而入。尋與雷有終並爲西川招討使。景德中，再表引年，授左龍武大將軍、平川防禦使，以本官致仕。 按：正爲作坊副使，在淳化中。舊作雍熙中，誤。今據宋史改正。

畢士安。代州雲中人。少好學，事繼母祝氏以孝聞。祝氏曰：「學必求良師友。」乃與如鄭得楊璞、韓丕、劉錫爲友，因爲鄭人。乾德四年，舉進士。真宗立，拜工部侍郎、樞密直學士。景德初，兼祕書監。應詔陳選將、餉兵、理財之策，真宗嘉納。進參知政事。入謝，真宗曰：「行且相卿。」士安對曰：「臣駑朽不足以勝任，寇準兼資忠義，善斷大事，此宰相才也。」未閲月，以本官與準同拜平章事。二年，卒。謚文簡。士安端方沈雅，有清識，藴藉美風采，善談吐，所至以嚴正稱。嘗權知開封府事。時近臣有恃勢强娶民間定婚女，其家訴於府，士安奏還之。

楊璞。新鄭人。善歌詩，士大夫多傳誦。與畢士安尤相善，每乘牛往來郭店，自稱東野遺民。嘗杖策入嵩山窮絶處，搆思爲歌詩，凡數年，得百餘篇。被召還，作歸耕賦以見志。真宗朝諸陵，道出鄭州，遣使以茶帛賜之。

張煦。開封人。雍熙二年，爲鎮、定、邢、趙、山西、土門路都巡檢使。遼騎兵剽境上，煦以所部走之。咸平中，王均亂蜀，以煦爲綿、漢、劒門路都巡檢使，賊平，以功就遷正使〔五〕，爲邠寧、環慶路鈐轄。累躡寇入賊中，掩殺甚衆，有詔嘉奬。天禧三年，徙并、代鈐轄，以老疾求近郡，得知磁州，卒。煦明術數，善相宅，時稱其妙。

薛惟吉。浚儀人。少有勇力，以蔭累官右千牛衛大將軍。丁父憂，居喪有禮，多接賢士大夫，頗涉獵書史，時論翕然稱之。帝令知澶州，歷遷左領軍衛大將軍。折節下士，輕財好施，所至有能聲。

向敏中。開封人。父瑀，仕漢符離令，性嚴毅，躬自教督。敏中太平興國進士，判大理寺，時没入祖吉贓錢，分賜法吏，敏中引鍾離意委珠事，獨不受。歷知樞密院、同平章事，天禧初加吏部尚書，進右僕射、兼門下侍郎。是日，翰林學士李宗諤當對，帝曰：「朕未嘗除僕射，敏中應喜，賀客必多，卿往觀之。」既至，門闌寂然，宗諤入賀，敏中但唯唯。使人問庖中，今日有親賓飲宴否，亦無一人。明日以所見對，帝曰：「向敏中大耐官職。」三年進左僕射，昭文館大學士，卒。謚文簡。敏中姿表瓌碩，有儀矩，性端厚，豈弟多智，曉民政，善處繁劇，慎於采拔。居大任三十年，時以重德目之。子傳範，以父任歷密州觀察使，以橐中貲千餘萬葬族人在殯者六十四喪。

石保興。浚儀人。父守信，領歸德節度，保興以蔭補供奉官。年最少，應對明白，帝奇之。累遷銀、夏、綏、府都巡檢使。至道初，擊戎伽羅膩數族，殲之。咸平中，知威虜軍。夏人入鈔，保興發官庫給戰士，主者固執不可，保興曰：「城急如此，安假中覆，事定，覆而不允，願以家財償之。」拜棣州防禦使，徙知邢州，改澶州，以疾還京師。未幾，卒。弟保吉，景德初累官武寧軍節度，同平章事。冬幸澶淵，命與李繼隆爲排陣使。遼騎數萬驟至城下，保吉不介馬而馳，當其鋒，遼人引去。大中祥符初，加檢校太師，卒。

李繼宣。浚儀人。乾德中，補右班殿直，裁十七歲。命往陝西捕虎，殺二十餘，生致二虎一豹以獻。雍熙三年，曹彬北伐，繼宣從先鋒，力戰，以功超授崇儀使，累遷鎮州行營鈐轄，屢敗遼兵。咸平四年，累拜西上閤門使，領康州刺史，爲前陣鈐轄。敵至，繼宣整所部與秦翰師合勢大戰，敵走上羊山。繼宣逐之環山麓，馬中矢斃，凡三易馬。進至牟山谷，大克捷。詔書稱奬，加官及食邑。大中祥符初，授西京水南都巡檢使。六年，卒。

蔚昭敏。祥符人。真宗爲襄王，昭敏自東班殿侍選隸府。帝即位，累遷崇儀使，冀貝行營兵馬都監。遼以五千騎突至，昭敏敗之，敵遁去，師不失一人。咸平中，爲鎮、定、高陽關三路先鋒，遼兵退趨莫州，昭敏追至州東三十里，斬首萬餘級，擒生口甚衆，遼人委器甲遁去。累遷保静軍節度使，卒。

張耆。開封人。年十一，給事真宗藩邸。咸平中，爲鎮州行營鈐轄，又徙定州。遼兵圍望都，耆間道往援，城已陷矣。耆與力戰，身被數創，殺其梟將，遷昭州團練使。明年，遼兵復入，帝欲親征，耆奏邊事十餘條，帝東封，遷殿前都虞候。時建玉清宫，耆疏謂「殫國財力，非所以承天意」。景德中，累遷樞密使，加尚書左僕射，封徐國公。耆爲人重密，有智，頗知傳記及術數之學，言象緯輒中。以太子太師致仕，卒。

王顯。開封人。性謹介，不好狎，未嘗踐市肆。累遷至樞密使，加檢校太師，改授山南東道節度、同中書門下平章事、定州路行營都部署、河北都轉運使、兼知定州。吏民言顯治狀，願借留。景德初，徙知天雄軍，卒。子希逸，以蔭補供奉官。好學，尤熟唐史，聚書萬餘卷。咸平初，加祠部員外郎。

崔立。鄢陵人。祖周度，仕周爲泰寧軍節度判官。慕容彦超叛，周度以大義責之，見殺。立舉進士第，累遷太常少卿，歷知棣、漢、相、潞、兖、鄆、涇七州，開河溉田，賑饑弛賦，所全活甚衆。性淳謹，尤喜論事。大中祥符間，帝既封禪，士大夫争奏，上符瑞、獻贊頌，立獨言：「水發徐州，旱連江淮，無爲烈風，金陵失火，天所以警驕惰，戒淫佚也。區區符瑞，何足爲治道言哉？」前後上四十餘事。進尚書、工部侍郎，致仕，卒。

王繼英。祥符人。咸平初，領恩州刺史，拜宣徽北院使、知樞密院事。小心慎靖，以勤敏稱，帝倚賴之。景德初，授樞密使，加特進、檢校太傅，卒。

王延德。東明人。延德總角，宣祖愛其謹重，召置左右。太宗尹京，署爲親校，尤被倚信。咸平初，出知華州，爲東京舊城都巡檢使〔六〕。明年，請告還郡，卒。延德所至，好撰集近事。掌御厨，則爲司饍録；掌皇城司，則爲皇城記事録；從郊祀爲行宫使，則爲南郊録；奉詔修内，則爲版築記；從靈駕，則爲永熙皇堂録、山陵提轄諸司記；及治郡，則爲下車奏報録。先是，詔史官修太祖、太宗實録〔七〕，多以國初事訪延德，又上太宗南宫事迹三卷。

劉師道。東明人。雍熙二年，舉進士。歷幕職十年，擢著作佐郎，出知彭州，就加監察御史。大中祥符二年，以兵部郎中知潭州。敏於吏事，所至有聲。歲滿，加樞密直學士，擢左司郎中，卒。師道性慷慨尚氣，善談世務，與人交敦篤。工爲詩，多與楊億輩酬唱，當時稱之。

李及。其先范陽人，後徙鄭州。及舉進士，再調昇州觀察推官。寇準薦其才，累拜御史中丞。及資質清介，所治簡嚴，喜慰薦下吏，而樂道人之善。在杭州，惡其風俗輕靡，不事宴遊。一日冒雪出郊，衆謂當置酒召客，獨造林逋，清談至暮而歸。

白守素。開封人。以蔭補東班承旨，以善射授供奉官，三遷至供備庫使。真宗以威虜扼北道，要害尤甚，聞守素久練邊計，命爲鈐轄，戍順安。景德元年，遼侵長城，守素發兵破之，斬首級、獲器械甚衆。徙屯冀州，轉運使劉綜舉其智勇，材任將帥，加領康州刺史，俄爲真定鈐轄。遼兵内侵，敗其前鋒。守素居邊歲久，北庭頗畏服之。再遷南作坊使，卒。

史方。開封人。補殿侍。澧州民訴下谿州蠻侵其土地，遣乘驛往視。自竹疏驛至申文崖，復地四百餘里，得所掠五百餘人。又置澧州、武口、楊泉、索谿四寨，以扼賊衝。就知邵州，徙澧州。天禧中，遷愛州刺史、西京作坊使，卒。

陳越。尉氏人。少好學，尤精歷代史，善屬文，詞氣俊拔。咸平中，舉賢良策，入第四等。解褐將作監丞，遷著作佐郎、直史館，預修册府元龜。車駕朝陵，掌留司名表，時稱爲工。自是兩府牋奏，多命草之，勳貴家以銘志請者甚衆。遷太常丞，擢左正言。越耿概任氣，喜箴切朋友，放曠杯酒，家徒壁立，不以屑意。大中祥符五年，卒。

李居正。開封人。七世同居。又張仁遇，亦開封人，四世同居。咸平中旌表，仍蠲其課調。

王世及。河陰人。聚居至七百口，累數十百年。詔加旌表，仍蠲其課調。

張希一。耆之子。以父任累官河北緣邊安撫副使。請徙邊兵內地，以寬糴費；每州歲爲市，平糴邊穀，使人不能高下其價；戍卒之孥，給糧先軍士一日，使其家爲伍保，坐以逃亡之累。皆著爲法。累使遼，遼人嘗以雄州不當禁漁界河，及役白溝兩屬民爲言〔八〕。希一曰：「界河之禁起於大國統和年，移文尚存。白溝本輸中國田租，我太宗特除之，自是大國侵牟立税，故名兩屬，惡有中國不役之理？」遼人詞塞。以均州防禦使提舉集禧觀，卒。弟利一，以蔭累遷西上閤門使、嘉州團練使。遼人刺兩屬民爲兵，民不堪其辱，利一綏徠之。有大姓舉族南徙，慕而來者至二萬，利一發廩賑恤，且移告涿州，自是不敢復刺。終雄州團練使。

鞠詠。開封人。少孤，好學自立。舉進士，試祕書省校書郎，知山陰縣。天聖初，召爲監察御史。錢惟演自亳州來朝，圖入相，詠言惟演憸險，若遂以爲相，必大失天下望。語諫官劉隨曰：「若相惟演，當取白麻廷毀之。」惟演乃亟去。時王欽若復相，詠疾欽若阿倚，數睥睨其短。出通判信州。欽若卒，還詠殿中侍御史。天聖六年夏，大星晝殞，詠條上五事。河北、京師旱饑，奏請出太倉米十萬石賑之。八年，特置天章閣待制，以詠及范諷爲之。明年，詠卒。嘗著道釋雜言數十篇。

魚周詢。雍丘人。早孤好學。舉進士第，累拜右諫議大夫，權御史中丞。慶曆八年，手詔近臣訪天下之務，執政及近臣所對多疏闊，帝頗嘉周詢詳敏。出知永興軍，改知成德軍。周詢性和易，閑見該洽，明吏事。及卒，帝嗟悼之。

韓億。雍丘人。舉進士，歷知永城、洋州、相州，有治聲。仁宗時，判大理寺丞。三司更茶法，歲課不登。億承詔劾之，由丞相而下皆坐罰。以樞密直學士知益州，賑救貧民，疏九升江溉田數千頃。景祐二年，同知樞密院事。時承平久，武備不戒，乃請二府各列上才任將帥者數十人，稍試用之。除戶部侍郎，參知政事，官至尚書左丞，以太子少傅致仕，卒。謚忠獻。億性方重，治家嚴飭，雖燕居未嘗有惰容。親舊之孤貧者，嘗給其婚葬。每見諸路有擿拾官吏小過者，輒顔色不懌，曰：「奈何錮之於盛世？」子綜舉進士中第，通判鄧州、天雄軍。河溢金隄，民依丘冢，綜令曰：「能濟一人，予千錢〔九〕。」民爭操舟栰以濟，已而丘冢多潰。累遷刑部員外郎，知制誥。

張逸。滎陽人。進士及第，知襄州鄧城縣，有能名。知州謝泌將薦逸，先設几筵，置章其上，望闕再拜，曰：「老臣爲朝廷得一良吏。」累遷尚書、兵部郎中，以樞密直學士知益州，卒於官。

楊仲元。管城人。第進士，調宛丘主簿，歷官光禄卿，改中散大夫。戒諸子曰：「吾居官五十年，未嘗以私怒加人，雖杖刑之微，苟有兩比，不敢與重法，以是爲報國耳。」

劉平。祥符人。剛直任俠，善弓馬，讀書強記。進士及第。拜監察御史，數上疏論事，爲丁謂所忌。寶元初，遷鄜延路副總管。元昊盛兵圍延州，平督騎兵晝夜倍道行，至三川口，都監黃德和、巡檢万俟政、郭遵所將兵悉至，結陣東行，與敵遇。德和衆潰，平轉鬬三日，被執，死。贈朔方軍節度使，兼侍中，謚壯武。平弟兼濟，以蔭補三班奉職，善騎射，讀兵書，知大旨。擢左侍禁、鄜延路兵馬都監。夏人寇邊，兼濟敗之。累遷河北緣邊安撫副使，知雄州，徙冀州，改忻州，卒。

郭遵。開封人。家世以武功稱。遵少隸軍籍，稍遷殿前指揮使。乾興中，徙延州西路都巡檢使。元昊寇延，遵遇敵，馳馬入陣，所向披靡。黃德和兵潰，遵奮擊，期必死。敵縱遵，使深入，攢兵注射，馬踠仆地，被殺。特贈果州團練使。

任福。其先河東人，後徙開封。仁宗時，累擢秦鳳路副總管。詔陝西增城壘器械，福受命四十日，而戰守之備皆具。以功累拜賀州防禦使。元昊謀寇渭川，福引輕騎趨戰，斬首數百。夏人棄馬駝佯北，福踵屯好水川，追奔至籠竿城。伏發，自山背下擊，士卒多墜崖塹，相覆壓，福力戰，身被十餘矢。有小校劉進勸福自免，福曰：「吾爲大將，兵敗以死報國耳。」揮四刃鐵簡，挺身決鬬，鎗中左頰，絶其喉而死。子懷亮亦死之。贈武勝軍節度使，兼侍中。

王珪。開封人。少拳勇，善騎射，能用鐵杵鐵鞭。仁宗時，爲涇原路行營都監，至黑山焚敵族帳，獲首級馬駝甚衆。會敵大入，以兵五千，從任福屯好水川，連戰三日，鞭鐵撓曲，手掌盡裂，奮擊自若，馬中鏃凡三易，猶馳擊。殺數十人，矢中目，乃還。夜中卒。贈金州觀察使。

桑懌。雍丘人。勇力過人，有謀略。嘗遭大水，有粟二廩，將以舟載之，見百姓走避水者，遂棄其粟而載之。歲饑，聚人共食其粟，盡而止。擢右班殿直。明道末，京西有惡賊二十三人，樞密院召懌往捕，盡擒諸盜還。樞密吏求銀，爲致閤門祇候。懌曰：「用賂得官，非我欲也。」宜州蠻叛，官軍不能制，因命懌往，盡手殺之。還，授閤門祇候。寶元初，遷鄜延路都監，徙涇原路，屯鎮戎軍。與任福遇敵於好水川，力戰而死。贈解州防禦使。

丁度。祥符人。强力學問。大中祥符中，登服勤詞學科，爲大理評事，判吏部南曹。上書論六事，章獻太后善之。歷遷翰林學士，條上十策，名曰備邊要覽。慶曆中，拜端明殿學士、知審刑院。帝嘗曰：「度在侍從十五年，數論天下事，未嘗及私。」擢樞密副使、參知政事，遷尚書左丞。卒，謚文簡。度性淳質，不爲威儀。居一室十餘年，左右無姬侍。然喜論事，在經筵歲久，帝每以「學士」呼之而不名。

馬遂。開封人。爲北京指揮使。聞王則叛，詣留守賈昌朝請擊賊。昌朝因使持榜入貝州招降，諭以禍福，輒不答，遂奮起扼則喉，毆之流血。賊黨攢刀聚譟，至斷一臂，猶詈則曰：「妖賊，恨不斬汝萬段。」賊支解之。仁宗歎息，贈宮苑使，封其妻，旌忠縣君。官其子五人，後得殺遂者驍捷卒石慶，使其子剖心而祭之。

范恪。開封人。康定元年，以功遷供備庫副使。恪有弓，勝一石七斗，其箭鏃如鏵，名曰「鏵弓」，凡所發必中，至一箭貫二人。臨難敢前，數有戰功。累遷侍衛親軍馬步軍副都指揮使，出爲永興軍副都總管，卒。

孫節。開封人。以才勇補右侍禁，與狄青同在延州，數攻破敵寨有功，累遷西京左藏庫副使。及青討儂智高，辟隸麾下。至歸仁鋪，節爲前鋒，直前搏戰，賊鋭甚，鏖戰山下，中鎗而殁。贈忠武軍節度留後。

宋庠。安州安陸人，後徙開封之雍丘。天聖初，舉進士第一，擢大理評事，遷左正言。郭皇后廢，庠與御史伏閤門争論。久之，知制誥，爲翰林學士。寶元中，以右諫議大夫參知政事。庠儒雅練故事，自執政，遇事輒分別是非。歷官檢校太尉、同平章事，充樞密使，封莒國公。數言：「國家當慎固根本，畿輔宿兵常盈四十萬，羨則出補更戍，祖宗初謀也，不宜輕改。」英宗即位，封鄭國公，判亳州，以鎮静爲治。以司空致仕，卒，謚元獻。庠與弟祁俱以名擅天下，讀書至老不倦。天資忠厚，嘗曰：「逆詐恃明，殘人矜才，吾終身弗爲也。」人以此稱其長者。子充國，性剛介，刻意問學，自謂宰相子，不與寒士競進。仁宗召試，賜進士，累官至太常禮院。以孝稱。

宋祁。庠之弟。與庠同時舉進士，人呼曰「二宋」，以大小别之。釋褐復州推官，遷太常博士，詔定新樂。遷尚書、工部員外郎，權三司度支判官。方陝西用兵，調費日蹙，上疏請去三冗、節三費。爲翰林學士，改龍圖閣學士、史館修撰，修唐書。累遷工部尚書，拜翰林學士承旨，卒。祁兄弟皆以文學顯，而祁尤能文，善議論。修唐書十餘年，出入内外，常以稿自隨。所至，治事明峻，好修條教。追謚曰景文。

王拱辰。咸平人。年十九，舉進士第一。通判懷州。慶曆元年，爲翰林學士、權知開封府，拜御史中丞。夏竦除樞密使，拱辰因對極論之。帝未省，遽起，拱辰前引裾，乃納其説，竦遂罷。熙寧元年，王安石惡其異己，出爲應天府。改武安軍節度使。三路籍民爲保甲，禁令苛急，往往去爲盜。拱辰抗言其害，曰：「非止困其財力，奪其農時，是以法驅之使陷於罪罟也。」上章不已。帝悟，於是第五等户得免。哲宗立，徙節彰德，加檢校太師，卒。

鄭向。陳留人。舉進士，中甲科，累遷兩浙轉運副使。疏潤州蒜山漕河抵於江，人以爲便。擢知制誥，使遼。以龍圖閣直學士知杭州，卒。五代亂亡，史册多漏失，向著開皇紀三十卷，摭拾遺事，稍有補焉。

江休復。陳留人。少强學博覽，爲文淳雅，尤善於詩。進士起家，爲桂陽監藍山尉，騎驢之官，每據鞍讀書，至迷失道。舉書判拔萃，遷殿中丞，累官尚書刑部郎中，卒。休復外簡曠而内行甚飭，事孀姑如母。爲政簡易，嘗著神告一篇，言皇嗣未立，假神告祖宗之意，冀以感悟。又嘗言昭憲太后子孫多流落民間，宜甄録之。著唐宜鑑十五卷、春秋世論三十卷、文集二十卷。

段少連。開封人。美姿表，倜儻有識度。舉服勤詞學科，試祕書省校書郎，累擢天章閣待制、知歷州。范仲淹薦少連才堪將帥，遷龍圖閣直學士，知涇州，改渭州。少連通敏有才，遇事無大小，決遣如流，不爲權勢所屈。既卒，朝廷歎惜之。

郭稹。祥符人。舉進士，中甲科，爲河南縣主簿。除國子監直講，以資淺還。孫奭奏稹學問通博，他選莫及，乃得留。累遷刑部員外郎。康定元年，使於契丹。契丹人與出觀獵，延稹射，稹一發中走兔，衆皆愕視。還，轉兵部，知制誥，擢龍圖閣直學士、權知開封府，卒。稹性和易，文思敏贍，尤刻意於賦。聚古書畫，不計其貲購求之。

劉謙。開封人。少補衛士，數遷至捧日右廂都指揮使，領嘉州團練使。元昊反，改環慶路馬步軍總管、兼知邠州，邠人愛之。徙知涇州，未行，會賊寇鎮戎軍，謙引兵深入，破其聚落而還。以功擢象州防禦使，卒。

程戡。陽翟人。少力學，舉進士甲科，補涇州觀察推官〔一〇〕，通判許州，徙虔州，累進樞密直學士、知成都府，四遷給事中。人言蜀且有變，仁宗自擇戡再知益州。召拜參知政事，奏禁蜀人妖言誣民者。改樞密副使，尋拜鄜延路經略安撫使、判延州。英宗即位，以安武軍節度留再任。告老章累上，召還，道卒。戡久在邊，安重習事，治不近名。

趙滋。開封人。父士隆，爲邠寧環慶路監督〔一一〕，戰没。録滋三班奉職。滋少果敢任氣，有智略。康定初，以右侍禁選捕京西叛卒，有功。後爲涇原儀渭、鎮戎軍都巡檢，歷知雄州。英宗即位，領端州防禦使，卒。滋馭軍嚴，戰卒舊不復役，滋役之如廂兵，莫敢有言。繕治城壁樓櫓，至於簿書米鹽，皆有條法。性尤廉謹，月得公使酒，不以入家。

馬懷德。祥符人。爲延州南安寨主、東路巡檢。以范仲淹、韓琦薦，授閤門祇候，後爲鄜延路都監。時用兵久，民多亡散，懷德招輯有方。英宗即位，遷静難軍節度觀察留後。召還，卒。嘗因戰，流矢中其顙，鏃入於骨，以弩絃繫鏃，發機而出之。

郭恩。開封人。初隸諸班，累遷代、并鈐轄，管勾麟府軍馬事。夏人歲侵屈野河西地，經略使龐籍檄麟州增築二堡，内侍黄道元脅恩率步騎循屈野河北而行，至忽里堆，敵騎交至，恩力戰被執，不肯降，自殺。贈同州觀察使。

張泂。祥符人。幼開悟，卓犖不羣。時元昊擾邊，泂以布衣求上方略，擢試將作監主簿，尋舉進士中第。再調潁州推官，知州歐陽修甚重之。累遷太常博士，在館閣久，數有建明。出知棣州，召權開封府推官。英宗即位，轉司封員外郎，對便殿稱旨，遂欲進用。大臣忌之，出爲江西轉運使，移淮南，卒。

張孜。開封人。補三班奉職，累遷正定路兵馬鈐轄，歷知莫、貝、瀛三州。遼欲背盟，富弼往使，孜爲副。安重習事，以勞遷西上閤門使，拜單州團練使、并代副總管。河東更鐵錢法，人情疑貳，兵相率扣府欲訴，閉門不納，是日幾亂。孜策馬從數卒往諭之，皆散還營。累遷寧遠軍節度使。

楊燧〔一二〕。開封人。善騎射。應募從征貝州，穴城以入，賊平，功第一，補神衛指揮使。又從征儂智高，手殺數十人，衆乘之而捷，遷榮州團練使〔一三〕。英宗時，累拜寧遠軍節度、殿前副指揮使，卒。燧初穴貝州城時爲叛兵所傷，同行卒劉順救之得免。及貴，順已死，訪恤其家甚至。故人妻子貧不能活者，一切收養，人推其義。

馬從先。祥符人。少盡力於學。由進士累官太常少卿、知宿州，代還。知壽州，以老辭，英宗諭遣之曰：「聞卿治行籍甚，壽尤重於宿，姑爲朕往。」轉工部侍郎，致仕。從先性整嚴，雖盛夏不袒跣。晚學佛，預言其終時，年七十六歲而卒。

孫固。管城人。擢進士第，調磁州司户參軍，從平貝州，爲文彦博言脅從罔治之義，但誅首惡，餘無所及。遷祕書丞。宰相韓琦知其賢，諭使來見，固不肯往。琦益器重之。神宗即位，擢工部郎中、天章閣待制。仁宗問王安石可相否，對曰：「安石狷狹少容。必欲求賢相，吕公著、司馬光、韓維其人也。」青苗法出，極陳其不便。元祐二年，拜門下侍郎、知樞密院事，卒。謚温靖。固宅心誠粹，不喜矯亢，與人居，久而益信。故更歷夷險，而不爲人所害。

張茂則。開封人。初補小黄門，五遷至西頭供奉官，領御藥院。仁宗不豫，中夜促召，茂則趨入扶衛，左右或欲掩宫門，茂則曰：「事無可慮，何至使中外生疑？」熙寧初，同司馬光相視恩、冀、深、瀛四州生隄，及六塔、二股河利害。進入内都知，累乞退休。哲宗即位，遷寧國軍留後，卒。茂則性儉素，食不重味，衣裘累十數年不易。崇寧中，入黨籍。

李舜舉。開封人。少補黄門。熙寧中，進内侍押班、制置涇原軍馬。舜舉入奏事，退詣中書，王珪迎勞之，曰：「朝廷以邊事屬押班，無西顧之憂矣。」舜舉曰：「四郊多壘，此卿大夫之辱，相公當國，而以邊事屬内臣，可乎？内臣止供禁廷灑埽，豈可當將相之任？」聞者代珪愧焉。轉嘉州團練使。沈括城永樂，遣舜舉計議，被圍急，斷衣襟作奏曰：「臣死無所恨，願朝廷勿輕此賊。」尋以死聞，贈昭信軍節度使，謚忠敏。舜舉資性安重，與人言，未嘗及宫省事。頗覽書傳，能文辭筆札。神宗嘗書「李舜舉，公忠奉上，恭勤檢身，始終惟一，以安以榮」十九字賜之。

羅拯。祥符人。第進士，歷官江淮發運，所至有政績。加天章閣待制，徙知永興軍、青潁秦三州，卒。拯性和柔，不與人較曲直。爲發運使時，與副使皮公弼不協。公弼徙他道，御史劾其貸官錢，拯力爲辨理。錢公輔爲諫官，嘗論拯短，而公輔姻黨多在拯部内，往往薦進之。或譏以德報怨，拯曰：「同僚不協，所見異耳；諫官所言，職也。又何怨乎？」時人咸服其長者。

吕誨。開封人。性純厚，力學不妄與人交。登進士第，由屯田員外郎爲殿中侍御史、樞密副使。程戡結貴幸，致位政地，誨疏其過。又劾宋庠、陳升之。出知江州，上疏請建皇嗣。英宗即位，都知任守忠間諜東朝，播爲惡言，誨上書開陳大義，詞旨深切，遂論守忠罪惡。内臣王昭明等爲陝西四路鈐轄，誨言自唐以來，舉兵不利，未有不自監軍者。卒罷之。治平二年，遷兵部員外郎，兼侍御史知雜事。濮議起，誨引義固争，下遷知蘄州〔一四〕。神宗立，拜御史中丞。王安石執政，時多謂得人，誨上疏曰：「安石初無遠略，惟務改作立異，罔上欺下，文言飾非，誤天下蒼生，必斯人也。」出知鄧州，改知河南，致仕，卒。

韓絳。綜之弟。舉進士甲科，歷户部判官。江南饑，爲體量安撫使，行便民事數十條。宣州守廖詢貪暴，寘諸理，民大悦。擢右正言，乞守河陽，召判流内銓。河決商胡，李仲昌議開六塔河，而患滋甚，命絳宣撫河北。時宰主仲昌，人莫敢異，絳劾其蠹國害民，仲昌遂竄嶺表。累遷翰林學士、御史中丞。真定守吕溱犯法，從官通章請貰之。絳曰：「法行當自貴者始，更相請援，則公道廢矣。」并劾諸請者，溱遂絀。神宗立，拜同中書門下平章事、昭文館大學士。哲宗立，封康國公，以司空、檢校太尉致仕，卒。

韓維。絳之弟。以進士奏名禮部，方億輔政，不肯試大廷，受廕入官。父没不仕。宰相薦其静退，召試，辭不就。歐陽修薦爲檢討、知太常禮院。神宗封淮陽郡王、潁王，維皆爲記室。王嘗與論天下事，語及功名，維曰：「聖人功名因事始見，不可有功名心。」王稱善。進知制誥、知通進銀臺司。御史呂誨等以濮議得罪，維請追還前詔，復誨等職。不從，遂闔門待罪。熙寧二年，遷翰林學士、知開封府，明年爲御史中丞，以兄絳在樞密，力辭。王安石亦惡其言保甲事，復使爲開封。始分寘八厢決輕刑，轂下清肅。出知襄州，召爲學士承旨。天久不雨，維言當痛自責己，廣求直言。又疏言青苗錢之害。上感悟，即命維草詔，權罷方田、保甲，是日雨。元祐中，拜門下侍郎，以太子少傅致仕。紹聖中，坐元祐黨，謫均州安置。諸子乞納官爵，聽父里居，哲宗許之。元符元年，卒。

韓縝。維之弟。登進士第，簽書南京判官。仁宗以水災求直言，縝上疏曰：「國本未立，無以繫天下之心。」詞極剴切。前此武臣不執親喪，縝言：「三年之喪，古今通制。」遂著令，宗班以上聽持服。累遷龍圖閣直學士。哲宗立，拜尚書右僕射兼中書侍郎。首相蔡確與章惇誣東朝，縝暴其姦狀。以太子太保致仕，卒。

孫甫。陽翟人。少好學，日誦數千言。舉進士及第，爲華州推官，遷大理寺丞。杜衍辟爲永興司録。衍爲樞密副使，薦於朝，授祕閣校理。是歲詔三館臣僚言事，甫進十二事。改右正言，累上疏言事，建議鯁亮不私。出知鄧州，歷江東、兩浙轉運使，卒。甫性勁果，善持論，有文集七卷，著唐史記七十五卷。

陳繹。開封人。中進士第，爲館閣校勘、集賢校理，刊定前漢書。英宗臨政淵默，繹獻五箴，曰主斷、明微、廣攬、省變、稽古。同判刑部獄，訟有情法相忤者，讞之多所平反。帝稱其文學，爲實録檢討官。神宗時，拜翰林學士，後爲大中大夫。

盛陶。鄭州人。第進士。熙寧中，爲監察御史。慶州李復圭輕敵敗國，程昉開河無功，藉水政以擾州縣，皆疏其過。二人實王安石所主，陶不少屈。出簽書隨州判官。久之，入爲太常博士，至侍御史。陳官冗之敝，進權禮部侍郎，以龍圖閣待制知應天府，卒。

畢仲衍。士安曾孫。舉進士第，調沈丘令。歐陽修、呂公著薦入司農爲主簿。吴充引爲中書檢正。奉使至遼，宴射連破的，衆驚異。以祕閣校理同知太常禮院，爲官制局檢討官，制文字千萬計，區別分類，損益删補，曲盡其當。撰中書備對三十卷，士大夫爭傳其書。擢起居郎，卒。

畢仲游。仲衍弟。與仲衍同登第，調壽丘柘城主簿。元祐初，爲軍器衛尉丞〔一五〕。召試學士院，擢第一，加集賢校理、開封府推官，出提點河東路刑獄。韓縝歎爲真清。繼知耀州。歲大旱，揭諭境内，富室相勸發廪，就食者十七萬九千口，無一人去其鄉。徽宗時，入爲吏部郎中。言學宫祀伯魚、子思，野服幅巾，爲不稱，詔皆追侯之。仲游早受知於司馬光、吕公著，不及用。范純仁尤知之，當國時，又適居母喪，故未嘗得尺寸進。仲游爲文，切於事理，而有根柢，不爲游誇詭誕戲弄不莊之語。

王光祖。珪之子。爲供奉官、閤門祗候。熙寧中，改沿邊安撫都監，進副使。界河巡檢〔一六〕。遼以兵數萬壓境，光祖在舟中，盡撤户牖。命子襄往冒白刃，取從約。除真定鈐轄，徙梓夔，積功至四方館使，知瀘州。歷涇原、河東、定州路副總管，卒。

燕達。開封人。以材武隸禁籍，授内殿崇班，爲延州巡檢，累拜忠州刺史。郭逵討安南，爲行營馬步軍副都總管。初渡嶺，聞前鋒遇敵，達卷甲趨之，蠻驚潰請降。拜榮州防禦使。元豐中，進武康軍節度使。哲宗立，徙節武信，卒。達起行伍，喜讀書。神宗嘗稱其忠實可任。

孫路。開封人。進士及第。元豐中，爲御史，言不合新政，下遷通判蘭州。夏人入寇，論捍禦功進伍階，除陝西轉運判官。元祐初，爲禮部員外郎。司馬光將棄河湟，召問路。路挾輿地圖示光，曰：「自通遠至熙州，纔通一逕，熙之北已接夏境，若捐以與敵，一道危矣。」光幡然曰：「賴以訪君，不然，幾誤國事。」議遂止。知慶州，徙熙州，召拜兵部尚書，以龍圖閣學士知成都。徽宗立，歷太原、河南、永興軍、河中府，卒。

向經。敏中孫。以蔭至虞部員外郎。神宗即位，進廣州團練使、知陳州，移知河陽，有善政。遷明州觀察使，召還，提舉景陵宫，復出知青州，卒。經所至勤吏治，事皆自省決，頗欲以才見於用，故數請外補。

向綜。經之弟。知歙縣。歷知隨、鼎、漳、汾、密、棣、沂七州。兵久惰，會初置官提舉，教之急，衆不悦。監兵夜排闥告變，綜就寢自若，明日大閱，申嚴號令，賞其高彊，罰其不進者，卒亦無事。性寬裕，善治劇，於姦惡不少恕。官中散大夫，卒。

賈嵓。開封人。善騎射，起家從戎。神宗選材武，以爲内殿承制。累遷步軍都虞候、濠州團練使，卒。嵓在兵間二十年，有智略，能拊御士卒，所向輒勝。

王恩。開封人。以善射入羽林。神宗偉其貌，補供備庫副使，遷涇原將。守邊有方略，羌人避不敢犯。遷武信軍節度使，以檢校司徒致仕。

劉舜卿。開封人。父鈞，監鎮戎軍兵馬，與子堯卿戰死於好水。舜卿年十歲，録爲供奉官。元祐初，進神龍衛四廂都指揮使、知熙州。夏人連西羌鬼章城洮州，將大舉入寇，舜卿乘其未集擊之，宵濟邦金川〔一七〕，黎明至臨洮城下，一鼓克之。俘鬼章並首領九人，斬馘數千計。遷徐州觀察使，知渭州，卒。謚毅敏。舜卿知書，曉吏事，謹文法，善料敵，著名北州。

安燾。開封人。登第，調蔡州觀察推官，歐陽修薦爲祕閣校理。元豐初，高麗新通使，假燾左諫議大夫往報之。使還，以知禮即授所假官，知審刑院，決剖滯訟五百餘案。元豐六年，同知樞密院。夏人款塞，乞還侵疆，遂欲并棄熙河，燾固争之。爲門下侍郎。徽宗立，上疏言：「自紹聖以來，用事之臣持紹述之名，誑惑君父。」又言「東京黨禍已萌，願戒履霜之漸」。崇寧中，降祁州團練副使，再歲還洛中，卒。

張近。開封人。第進士，累遷大理正、發運使。吕温卿以不法聞，近受詔鞫治。哲宗諭之曰：「此出朕命，卿毋畏惠卿。」對曰：「法之所在，雖陛下不能使臣輕重，何惠卿也？」以集賢修撰知瀛州。遼使爲夏人請命，而宿兵以臨。近請亦出秦甲戍北道，伐其謀。累遷顯謨閣待制、直學士，徙知太原府。卒。

田晝〔一八〕。陽翟人。樞密使况之從子。以任爲校書郎，調磁州録事參軍、知西河縣。議論慷慨，有前輩風。與鄒浩以氣節相激勵。元符中，浩爲諫官，晝監京城門，既而以病歸許。邸狀報立后，晝謂人曰：「志完不言，可以絶交矣。」浩言之得罪，晝迎諸途，浩出涕，畫正色責曰：「使志完隱默官京師，遇寒疾不汗，五日死矣，豈獨嶺海之外能死人哉！願君毋以此舉自滿，士所當爲者未止此也。」浩歎謝曰：「君之贈我厚矣。」建中靖國初，入爲大宗正丞。曾布數羅致之，不爲屈。知淮陽軍，疾卒。

張藴。開封人，將家子也。從軍爲小校，從征安南，次富良江，諸軍猶豫未進，藴褰裳先濟，衆隨之，蠻遁走。知綏德等六城，儲粟至三十萬斛。取宥州，屢破夏人。累遷榮州刺史，開德、河陽馬步軍副總管。顯肅皇后母自鄭氏再適藴，徽宗屢欲以恩進其官，輒力辭不受，人以爲賢。

韓宗武。縝之子。第進士。韓宗彦鎮瀛州，辟爲河間令。徽宗即位，爲祕書丞，因日食上疏，言甚切直。哲宗將祔廟，中旨索省中書畫甚急，宗武言：「先帝祔廟，陛下哀慕方深，而丹青之玩索取不已，播之於外，懼損聖德。」疏入，太后對宰相獎歎。除都官員外郎，爲淮南轉運判官。前使者貸上供錢，禁庭遣使來索，宗武奏其狀，詞極鯁切，坐貶秩。罷歸，卒。

路昌衡。祥符人。起進士，至太常博士。紹聖中，以寶文閣待制知開封府，進直學士、知成都。徽宗立，上書言：「頻年以來，西方用兵，致興大役，利源害政，佞臣蔽主，四者皆陰之過盛。」落職入黨籍。卒。

張克公。陽翟人。起進士。大觀中，遷殿中侍御史。蔡京再相，克公與石公弼論其罪，京罷。累遷右諫議大夫。京猶留京師，會星變，克公復論之，中其隱慝，京致仕。張商英爲相，克公拜御史中丞，疏其罪十，商英罷。京復召，銜克公弗置，徽宗知之，徙吏部尚書。京欲以銓綜稽違中克公，既又擿其知貢舉事，帝以爲所取得人，不問。居吏部六年，卒。

崔鶠。雍丘人。父毗徙居潁州，遂爲陽翟人。登進士第，調鳳州司户參軍、筠州推官。徽宗時，以日食求言，鶠上書極言司馬光之忠，章惇之姦，帝覽而善之，以爲相州教授。後蔡京條籍上書人，以鶠爲邪等，免所居官。久之，調績谿令，移病歸。始居郟城，治地數畝，爲婆娑園，屏處十餘年，人咸尊師之。宣和六年，起通判寧化軍，召爲殿中侍御史。既至而欽宗即位，授右正言，上書極論蔡京之罪，時議重之。忽得攣疾，不能行，三求去，帝惜之，不許。以龍圖閣直學士主管嵩山崇福宫，命下而卒。鶠生平爲文至多，尤長於詩，清峭雄深，有法度。無子。壻衛昂集其遺文三十卷，傳於世。按：崔鶠，舊志開封府、許州府俱載入，詳略各異，而志雍丘者不注明陽翟，志陽翟者不注明雍丘。今據宋史，詳悉載明，歸入杞縣。

郭僎。祥符人。以父任調東海縣尉，權祥符縣尉。時童貫子師閔死，敕葬邑境，僎任道途之役，貫命撤民屋之當道者，僎先籍童氏屋數十間欲毀之，貫遽令勿毀，由是民屋得免。辟權咸平縣丞。靖康初，勤王兵有剽掠邑界者，僎率民擊之，得犯者斬以狥。尋知宣城縣，通判全州，權浮梁宰。未行，有賊張頂花者已逼縣境，衆止之。僎曰：「安逸則就，艱危則辭，非吾所學。」賊僞降，入邑爲變，僎端坐公署，罵賊遇害。詔贈承議郎，録其後二人。

張克戩。耆曾孫。第進士，歷衛尉丞。宣和七年，知汾州。金兵來攻，克戩畢力捍禦，數選勁卒撓敵營，焚其栅，敵引去。靖康元年，金兵復逼城，克戩召令兵民曰：「吾義不忍負國家、辱父祖。」身帥將士，擐甲登陴，敵屢卻而援師不至。金兵入，猶率衆巷戰。金兵募生致之，克戩歸索朝服，南向拜舞，自引決。一家死者八人。贈延康殿學士，紹興中謚忠確。

程迪。開封人。父博古，部鄜延兵，戰死永樂。迪以蔭得官。宣和中，從楊惟中征方臘有功，加武功大夫、榮州團練使。諸使合薦迪忠義謀略，可任將帥。召赴行在。金兵渡河，以迪提舉永興路軍馬，措置民兵。金人急攻，迪率偏裨以下東鄉會盟，危急必以死相應，慷慨嗚咽，同盟皆感泣。城破，迪持短兵接戰，身被創幾徧，絶而復蘇，猶厲聲叱，戰不已，遂死之。贈明州觀察使，謚恭愍。

趙遹。開封人。大觀初，爲梓州路轉運判官，以勞升轉運副使，俄爲正使。政和五年，晏州寇叛，以遹爲瀘南招討使，晏州平，拓地環二千里，加龍圖閣直學士，拜兵部尚書。與童貫有隙，出知成德軍，徙熙州，致仕，卒。

吕由誠。誨之季子。幼明爽，有智略，范鎮、司馬光皆器重之。歷知雅、嘉、温、綿四州，皆有治績。靖康元年，宰相唐恪薦由誠剛直有家法，宜任臺臣。至京，與恪議不合，力辭求退。靖康初，知襲慶府，金兵四集，由誠與判官趙令佳同心誓守。城陷，俱被執，金人欲生降之，由誠不屈，乃殺其子仍於前，由誠不顧，與令佳同遇害。子偰與其家四十口皆被執，無生還者。贈通奉大夫。

張叔夜。耆之孫。少喜言兵，以蔭爲蘭州録事參軍。大觀中，爲開封少尹。獻文，召試制誥，賜進士出身。累進禮部侍郎，爲蔡京所忌，以徽猷閣待制知海州〔一九〕，徙濟南府，屢平山東劇盜，以功進龍圖閣直學士、知青州。靖康改元，金兵南下，乞假騎兵，與諸將併力斷其歸路，不報。徙鄧州，領南道都總管。金兵再至，趨入衛，即自將中軍，子伯奮將前軍，仲熊將後軍，合三萬人，與金兵大戰，斬其金環貴將二人。城陷，叔夜被創，猶父子力戰。車駕出郊，從二帝北行，請立太子道中。不食粟，既次白溝〔二〇〕，馭者曰：「過界河矣。」叔夜矍然起，仰天大呼，遂不復語，明日卒。贈開府儀同三司，謚忠文。

李璆。汴人。登政和進士第，調陳州教授。入爲國子博士。宣和三年，廷議取燕。璆上疏切諫，謫監英州清谿鎮。赦還，試中書舍人，建言元祐名臣子孫久被廢錮，宜少寬之。紹興中，山東盜起，璆條奏十事，忤人臣意，罷。紹興四年，以集賢殿修撰知吉州。累遷徽猷閣直學士、四川安撫制置使。治蜀之政，多可紀。

胡閎休。開封人。靖康初，創知兵科，閎休應試，中優等，補承信郎。二帝詣金營，閎休欲結義士劫之，何㮚禁止之。從辛道宗勤王南渡，以忠義進兩官。湖、湘盜起，岳飛辟閎休爲主管機宜文字。以誅鍾子儀功，進成忠郎。飛被誣死，閎休發憤杜門，佯疾十年，卒。有勤王忠義集藏於家。

何灌。祥符人。武選登第。提舉熙河蘭湟弓箭手，葺渠引水，得美田二萬六千頃。金兵南下，悉出禁旅付梁方平守黎陽，灌請留以衛根本，不從。靖康元年，金兵叩京城，灌守西隅，背城拒戰，凡三日，被創没於陣。子薊，閤門宣贊舍人，從父戰，箭貫左臂，拔出之，病創，死。帳下韓綜、雷彦興、各手殺數人，從以死。

李震。汴人。靖康初，金兵迫京師，震時爲小校，所部三百人，出戰，殺人馬七百餘，已而被執。金兵問欽宗所在，震曰：「我官家非爾所問。」金人怒，絣諸庭柱，臠割膚肉垂盡，腹有餘氣，猶罵不絕口。

李升。汴人。起進士，爲吏有廉名。金兵破汴，以刀砍其父，升前捍之，與父俱死。

謝皋。開封人。爲鎮撫使統制官。李成陷虢州，欲降之，皋指腹示賊，曰：「此吾赤心也。」自剖其心以死。

向子韶。開封人。登元符三年進士第，累官東京轉運副使。屬郡郭奉世進萬緡羡餘，户部請賞之，子韶劾奉世，且言近臣首開聚斂之端，寖不可長，士論韙之。知淮寧府。建炎二年，金兵薄淮寧，子韶率諸弟城守，遣其子赴宗澤乞援兵。未至，城陷，率軍民巷戰，力屈爲所執。金人欲降之，左右抑令屈膝，子韶直立不動，戟手責駡，金人殺之，闔門皆遇害。贈通議大夫，謚忠毅。

閻進。隸宣武。建炎初，遣使通問，進從行。既至雲中府，金人拘留使者，散處之。進亡去，凡三亡，乃見殺。臨刑，謂行刑者曰：「吾南向受刃，南則我皇帝行在也。」行刑者曳其臂，令面北，進踊身直起，盤旋數四，卒南向就死。進武校尉朱勣亦從之，分在尼雅合所，未幾亡去，追還。尼雅合大怒，勣含笑死梃下。「尼雅合」舊作「粘罕」，今改正。

曹勛。陽翟人。父組，以閤門宣贊舍人爲睿思殿應制。勛用恩補承信郎，特命赴進士廷試，賜甲科，爲武吏如故。靖康初，除武義大夫，從徽宗北遷。過河十餘日，出御衣書領中，命勛間行詣康王。勛自燕山遁歸。建炎元年七月至南京，以御衣所書進，並建議募死士航海入金，奉徽宗由海道歸。執政難之，出勛於外，九年不遷。紹興十一年，爲容州觀察使，充金國報謝副使。及見金主，正使何鑄伏地不能言，勛反覆開諭，金主首肯，許還梓宮及太后。勛歸，金遣高居安等衛送太后至臨安，勛充接伴使。後拜昭信軍節度使。孝宗朝加太尉，卒。

趙令衿。德昭元孫。博學能文。靖康初，言事忤旨，奪官。紹興七年，張浚罷。令衿請留浚，言官論之復罷。秦檜嗾令衿，欲置之死。誣與張浚、李光謀逆，會檜死，乃獲免。

趙子崧。燕懿王五世孫。汴京失守，起兵勤王，移檄中外，止諸路毋受張邦昌僞赦。又移書責邦昌。康王即位，子崧請放諸路常平積欠錢，并建三屯之議。除延康學士。

韓公裔。開封人。以三館吏補官充康王府内知客。金兵逼京師，遂從康王出使。王將南，與公裔謀，間道潛師夜起，遲明至相，磁人竟無知者。累遷貴州防禦使，以事忤黄潛善，降三官。帝念其舊勞，召復故官，恩寵優厚。俄除保康軍承宣使〔二一〕，秦檜銜之，與外祠。檜死，復提舉佑神觀，升華容節度使，致仕，卒。

邢焕。開封人。以父任調汜水縣主簿。詔納其女爲康王妃。康王即位，進徽猷閣待制、樞密都承旨。屢奏馬伸言事切當，宗澤忠勞可倚，黄潛善、汪伯彦誤國。尋遷保静軍承宣使，以病免。紹興二年，入對，首陳川、陝形勢利害，請幸荆南，分兵以圖恢復，帝甚嘉之。擢慶遠軍節度使。焕涉學有文，節儉自持，未嘗恃恩私請，識者取焉。卒，謚恭簡。

趙士㒟。鄆康孝王第四子。康王建大元帥府，士㒟請於孟太后，奉王承大統，從之。黄潛善等用事，士㒟論其誤國。苗、劉作亂，士㒟貽書張浚、吕頤浩，趣其勤王。金人歸河南、陝西地，命士㒟謁陵寢。以數言事忤秦檜。岳飛被誣，士㒟以百口保之。檜大怒，奪官謫居於建，凡十二年而薨。

韋璞。開封人。隆興初，以司農少卿爲金國告哀使。金主錫宴，其館使欲用樂，璞不可。及入見，命璞吉服，又不可，乃以凶服見。紹熙初，授明州觀察使。十年不遷，帝嘉其恬遇，授清遠軍節度使。

金

楊伯元。尉氏人。登大定三年進士第。調郾城主簿，累官工部侍郎、安武軍節度使，致仕，卒。伯元以才幹多被委任，兩爲推排定課使，累爲審録官，人稱其平。每有疑獄，必專遣決明，辨多中理。謚曰達。

元

田滋。開封人。至元二年，由汴梁路總管府知事，入爲御史臺掾，拜監察御史。既克宋，滋建言江南新附，民情未安，宜立行御史臺以鎮之。詔從其言，遂超拜行御史臺侍御史。大德二年，遷浙江廉訪使，改濟南路總管，尋拜陝西行省參知政事。時陝西不雨三年，滋禱於神，到官果大雨。即開倉，以麥五千餘石給小民之無種者，俾來歲收成以償，民大悅。卒，謚莊肅。

劉好禮。祥符人。憲宗時，廉訪府辟爲參議。至元五年，應詔建言：凡有司奏請，宜先啓皇太子，俾得閱習庶政，以爲社稷生靈之福；陝西重地，宜封皇子諸王以鎮之；創築都城，宜給直以市民地；選格不宜以中統三年爲限。帝是其言，敕中書施行。遷益蘭州等五部斷事官，以比古之都護。益蘭民俗不知陶冶，水無舟航，好禮請工匠於朝，以教其民。或言榷鹽酒可以佐經費，好禮曰：「朝廷設官要荒，務以綏遠，欲奪其利耶？」言者慚服。歷澧州路總管，入爲户部尚書。

劉德泉。杞縣人。早喪母。父榮再娶王氏，生二子，俱幼，德泉撫之。及王氏病卒，乃益相友愛。至元末，歲饑，父欲使析居，德泉泣止不能得，乃各受其業以去。久之，父卒，弟兄同爨如初。

尹辛。洧川人。至治初，遊學京師，忽夢母病，心怪之，馳歸，母已亡。居廬蔬食，哀毀骨立。每雞鳴而起，手治祭饌，詣墓所哭奠之，風雪不廢。父輔臣嘗病疫，辛侍奉湯藥，衣不解帶，嘗糞以驗差劇，夜禱於天，願代父命，數日愈，鄉里嗟異之。

丁煦。汴梁人。八世同居，州縣請於朝廷，加旌表。

趙毓。管城人。其先三世同爨。毓官福州司獄，滿歸，以母老不復仕。一日，會諸弟，涕申遺訓，願世世無異處。自是大小百口，略無間言。毓長兄端早世，嫂劉氏守志，毓率家人事之甚恭。次兄選繼殁，嫂王氏，毓母以其少，許歸改嫁，王曰：「婦無再嫁之義，願終事姑。」毓妹贅王佑，佑亡，妹念佑母無子，乞歸養之，人謂「孝友節義，萃毓一家」。元貞初表之。

韓因。汴梁人。少習舉子業，負氣不羣。盜據汝寧，官軍討之久不下。會朝廷詔赦叛逆，募可持詔入賊者，因應命，乃借因以唐州判官使焉。賊不聽，因出，乘馬周賊屯，大言曰：「汝輩好百姓，何不出降歸田里，而甘從逆賊驅使耶？」賊渠追因，責其所言，因極口肆罵，賊怒寸割因。

劉源。中年人。母吴氏，年七十餘，病甚不能行。適兵亂，火及其家，鄰里俱逃，源力不能救，乃呼天號泣，趨入抱母，爲火所焚。

扈鐸。蘭陽人。蚤孤，育於伯父。伯父卒，遺腹生一男。鐸嘗自抱哺，與同起卧，十年不少怠。弟有疾，鐸夜稽顙哀禱，曰：「天不伐余家，鐸父子間可去一人，勿喪吾弟，使伯父無後也。」明日，弟愈。母卒，哀毁踰禮，廬於墓側，不理家事，宗族勸之歸。鐸曰：「今歲凶多盜，吾家雖貧，安知墓中無可欲乎？倘驚吾親之靈，雖生何爲？」卒守廬不去。

歸暘。汴梁人。學無師傳，而精敏過人。登至順元年進士第，授同知潁州事。鋤姦擊强，人不敢以年少易之。杞縣人范孟謀不軌，詐爲詔使，至河南省中，殺平章移喇特穆爾，召官屬及去位者置用之。使暘北守黄河口，暘力拒不從，繫於獄。賊敗，污賊者皆獲罪，暘獨免。拜監察御史，入謝帝，賜以上尊。已而辭官歸，養親汴上。親既殁，家食久之。七年，遷右司都事。順江酋長樂孫求内附，請立宣撫司，及置郡縣一十三處〔一二〕。暘言：「郡縣果設，有事不救，則孤來附之意；救之，則罷中國而事外夷。」抗辨甚力，卒從暘言。累遷翰林直學士。至正十二年，除刑部尚書，以疾辭。十七年，以集賢學士致仕，卒。「移喇特穆爾」舊作「月魯帖木兒」，今改正。

陳祖仁。汴人。性嗜學，有文名。至正二年，對策魁多士，授翰林修撰、同知制誥，歷遷翰林直學士，除參議中書省事。帝欲修上都宫闕，工役大興。祖仁上疏極諫，帝嘉納之。二十三年，拜治書侍御史。時宦者包布哈與宣政使託懽，内恃皇太子，外結丞相吹斯佳勒，驕恣不法，祖仁再上疏，斥言其惡。出爲甘肅行省參知政事，拜中書參知政事。遇事敢言，與時宰議論不合。明兵至，爲亂軍所害。祖仁負氣剛正，學博而精，自天文、地理、律曆、兵陣、術數，百家之説，皆通其要。爲文簡質而清麗，世多稱之。「包布哈」舊作「朴不花」，「託懽」舊作「槖驩」，「吹斯佳勒」舊作「搠思監」，今並改正。

張貞。汴人。元統初進士。任高郵令。性剛介，門無私謁。抑豪强，辨冤獄，人稱神明。拜監察御史，累上疏言禍亂之由，不報，辭官去。居河中安邑山谷間，累徵不起。

胡伴侣。密縣人。父實，嘗患心疾數月，幾死，更數醫，俱莫能療。伴侣乃齋沐焚香，泣告於天，剖右脇，割脂一片，煎藥以進。父疾遂瘳，其傷亦旋愈。朝廷旌表其門。

校勘記

〔一〕後轉左武候大將軍　「候」原作「侯」。乾隆志卷一五二開封府人物(下同卷簡稱乾隆志)同，據新唐書卷一〇〇鄭元璹傳改。

〔二〕部人折衝都尉魯寧豪縱犯法　「寧」，原作「凝」，據乾隆志及新唐書卷一〇八劉仁軌傳改。按，本志避清宣宗諱改字也。

〔三〕佐行儉平夷寇　「夷」，乾隆志同，新唐書卷一〇六崔知悌傳作「遺」，義勝。

〔四〕累遷神衛都虞候　「候」，原作「侯」，乾隆志同，據宋史二七五常思德傳改。

〔五〕以功就遷正使　「遷」，原作「還」，據乾隆志及宋史卷三〇八張煦傳改。

〔六〕爲東京舊城都巡檢使　「京」，原脱，乾隆志同，據宋史卷三〇九王延德傳補。

〔七〕詔史官修太祖太宗實録　「史」，原作「使」，乾隆志同，據宋史卷三〇九王延德傳改。

〔八〕及役白溝兩屬民爲言　「民」，原脱，乾隆志同，據宋史卷二九〇張希一傳補。

〔九〕予千錢　「千」，原作「市」，乾隆志同，據宋史卷三一五韓億傳附綜傳改。

〔一〇〕補涇州觀察推官　「州」，原作「川」，乾隆志同，據宋史卷二九二程戡傳改。

〔一一〕爲邠寧環慶路監督　「監督」，乾隆志同，宋史卷三三四趙滋傳作「都監」。按，考宋史職官志、文獻通考，宋於路、州、府置都監，監押之職，掌軍事，無「監督」之職名。此一統志史臣之疏略也。

〔一二〕楊燧　乾隆志同。按，宋史卷三四九有本傳，中華書局點校本據編年綱目、宋史神宗紀、續資治通鑑長編、宋會要輯稿、東都事略、宋大詔令集等改作「楊遂」。

〔一三〕遷榮州團練使　「榮」，原作「嵤」，乾隆志同，據宋史卷三四九楊遂傳改。按，「嵤州」未聞，蓋形似而訛。

〔一四〕下遷知蘄州　「蘄」，原作「鄿」，據乾隆志及宋史卷三二一呂誨傳改。

〔一五〕爲軍器衛尉丞　「衛」，原脱，乾隆志同，據宋史卷二八一畢仲游傳補。

〔一六〕界河巡檢　乾隆志同。按，據宋史卷三五〇王光祖傳，此句作「界河巡檢趙用擾北邊」。一統志史臣以「界河巡檢」屬王光祖，非也。考續資治通鑑長編卷二三六「熙寧五年閏七月庚申」條有「詔緣界河巡檢趙用追一官勒停」之文，可證。

〔一七〕胥濟邦金川　「邦」，原作「拜」，乾隆志同，據宋史卷三四九劉舜卿傳改。

〔一八〕田晝　乾隆志同。按，史文或作「田晝」，參本志卷一八七開封府二校勘記〔二〇〕。

〔一九〕以徽猷閣待制知海州　「待制」上原有「學士」二字，乾隆志同，據宋史卷三五三張叔夜傳刪。按，宋官制，於殿、閣設學士、直學士、待制之官，學士位高，直學士次之，待制又次之。張叔夜官徽猷閣待制，以功進龍圖閣直學士，正依次升之也。「學士」二字顯爲誤衍，因刪。

〔二〇〕既次白溝　「既」，原作「即」，乾隆志同，據宋史卷三五三張叔夜傳改。

〔二一〕俄除保康軍承宣使　「康」，原作「寧」，乾隆志同，據宋史卷三七九韓公裔傳改。按，中興小紀卷三一、建炎以來繫年要録卷一五五皆載韓公裔爲保康軍承宣使。

〔二二〕及置郡縣一十三處　「一」，原作「二」，乾隆志同，據元史卷一八六歸暘傳改。

大清一統志卷一百九十

開封府五

人物

明

任昂。河陰人。早有文譽。元末，舉進士，授晉寧縣，不就，隱居以經史自娱。明洪武初，薦起爲襄垣訓導，擢御史。十五年，拜禮部尚書。帝加意太學，命昂增定監規八條。明年，條上科場成式，取士之制始定。奏毁天下淫祠，其合祀典者，宜正其稱號，皆從之。明年，以鄉飲酒禮頒行天下，復令制大成樂器，分頒天下儒學。旋署吏部，告歸。

趙玨。祥符人。洪武中，舉鄉試，入太學，授兵部職方司主事。圖天下要害阨塞、屯戍所宜以進，帝以爲才，遷浙江右參政。策捕海寇有功。永樂中，使交阯，卻其餽。擢刑部侍郎，改禮部，進尚書，致仕，卒。玨性精敏，歷事五朝，位列卿，自奉如寒素。

丘鐸。祥符人。母疾，晝夜泣禱，乞以身代。及卒，哀慟幾絶，結廬墓側，朝夕上食如生時。當寒夜月黑，悲風蕭瑟，鐸輒遶墓號曰：「兒在斯。」山深多虎，聞鐸哭聲，即避去。時稱真孝子。

張宗魯。鈞州人。四歲失明。年二十，遭亂，負母路氏逃難，其妻扶掖以行。歲饑，宗魯賣卜以爲養。日給不足，妻採野菜以繼之。亂平，宗魯奉母還故鄉，竭力供養。母卒，仍求其前母曹氏、沈氏遺骸，合葬父墓。洪武十七年旌。

王良。祥符人。建文中，歷官刑部侍郎，出爲浙江按察使。燕王即帝位，遣使者召良，良執使者將斬之，衆劫之去。良集諸司印九於私第，遂積薪自焚。後贈副都御史，謚忠毅。

楊本。中牟人。初爲太學生，建文中，以才略應募，授錦衣鎮撫。從李景隆北伐有功，景隆不以聞。尋以孤軍獨出被擒，繫北平獄，後被殺。

邊昇。滎澤人。建文時，爲兵部侍郎。燕兵至，不屈死。追贈太子太保、兵部尚書，謚果愍。

張輔。祥符人。燕師起，從父玉力戰，爲指揮同知。玉歿東昌，輔統其兵，積功封信安伯，進新城侯。永樂五年，安南國亂，輔率兵往討，連戰大捷，平其國，擒其僞主黎季犛父子，檻送京師，振旅還，進封英國公。未幾，賊黨簡定反，僭稱王，輔再討平之。師旋，其黨陳季擴復反，僭稱帝，輔又討平之。凡三出，三擒其酋，威振四夷。洪熙初，進太師，掌中軍都督府事。輔雄毅方嚴，治軍整肅。歷事四朝，連姻帝室，而小心謹慎，善遠權勢，與三楊、蹇、夏等同心輔政，二十餘年，海内晏然，輔有力焉。正統十四年，從征至土木，死於難。追封定興王，謚忠烈。

王彰。鄭州人。洪武舉人，累擢吏科給事中。永樂初，歷禮、户二部侍郎。陝西大疫，奉使祀西嶽。新安民鬻子女償賦，彰奏爲蠲除，贖還所鬻。改右副都御史，諸所論劾甚衆。久之，進右都御史。宣德元年，彰自良鄉抵南京，巡撫軍民。事竣，復命巡視薊州、永平、山海諸關隘。卒於官。

高舉。祥符人。弱冠，代父戍邊。舉永樂進士，選庶吉士，授兵科給事中。持正不阿，慷慨敢言。坐是不合時，解官歸。其居不蔽風日，惡衣菲食，怡怡如也。巡撫于謙過其廬，即止辟道，其見重如此。

邢恭。鄭州人。宣德進士，授編修。恭性孝友。嫡母殁，自京師奔喪，晝夜兼行，不入城郭。既葬，廬墓三年，屢有祥應，朝廷表其門。

王宇。祥符人。正統進士，授南京户部主事，擢撫州知府。歷山東布政使，以右副都御史巡撫宣府、大同。石亨及從子彪驕恣，宇抗疏論其奸，乞寘之法，聞者敬憚。爲大理卿，平反爲多。七年，卒。宇剛介所至，有盛名。

婁良。通許人。正統進士，授刑部主事。從北狩，額森欲降之，不屈。額森怒刃其背，良辭色益厲，重其節，釋之。還，遷郎中，累官右副都御史。「額森」舊作「也先」，今改正。

馬文升。鈞州人。景泰進士，授御史，歷按山西、湖廣，風裁甚著，擢福建按察使。成化中，擢副都御史，巡撫陝西，與總督項忠討平滿四。尋總制三邊軍務，歷兵部侍郎。忤汪直，下詔獄，謫戍。起巡撫遼東，弘治初再遷至兵部尚書，居職十三年，盡心戎務。轉吏部，進退人才，公正無私。正德初，乞歸。卒，謚端肅。文升有文武才，長於應變，功在邊鎮尤多。

解禮。鄢陵人。幼純篤，父母殁，廬於墓。又同邑張縉，幼失怙恃，育於祖母劉。祖母殁，廬於墓次，有赤蛇、蒼兔馴擾之異。天順中旌表。

王繼。祥符人。成化進士，授監察御史，出按山西。時帝遣中使採紫碧山石膽，經年不獲，繼請罷之。中官怒曰：「石膽古書所載，安得云無！」繼曰：「麒麟、鳳凰，非古書所載耶？於何求之？」事遂寢。累遷户部侍郎，進尚書。中官李廣以左道寵，大臣競賄結之，繼不與通。及廣敗，言官并請罪大臣與廣交通者，上宥不問。翌日早朝，空班謝罪，惟繼與馬文升垂紳屹立，無怍色。改南京兵部尚書，卒。

楊謐。儀封人。成化進士，授崑山知縣，治最，擢御史。弘治初，巡撫宣府，在鎮五年，邊備修舉。擢兵部侍郎。與馬文升同心共整兵政。

劉忠。陳留人。成化進士，授編修，進侍讀學士。正德初，劉瑾用事，忠因進講附經義，規帝闕失，指斥近倖尤切。瑾惡之，出爲南京禮部侍郎。擢禮部尚書，就改吏部。瑾誅，以本官兼文淵閣大學士。與張永、魏彬左，疏乞致仕。嘉靖初，屢薦不起。卒，謚文肅。

陳鎧。祥符人。性至孝。家貧，妻死不復娶。父遘痿疾十餘年，躬執炊爨，調湯藥，朝夕扶持，無少懈。比卒，哀毁骨立。季父老無子，鎧請侍養。弘治中旌表。

李鉞。祥符人。弘治進士，除御史。正德初，因災異，偕同官論斥中官李興〔一〕、甯謹、苗逵、高鳳等罪。劉瑾惡之。瑾敗，遷四川副使，敗流賊方四等。嘉靖初，總三邊，料敵多中，寇至輒敗之。累擢兵部尚書，兼都團營。中官刁永請補監局軍匠，鉞言四方饑荒，若冗食不節，太倉儲可立盡。帝頗納其言。已而中官陳乞還至，帝輒許之，鉞連章執奏，失帝意，遂乞歸。卒，謚恭簡。

高朗。杞縣人。父母相繼殁，負土成壟，廬居十餘年。正德中，旌其門。子恵，正德進士，官行人。諫武宗南巡，廷杖死。贈御史。

王廷相。儀封人。弘治進士，選庶吉士，授兵科給事中。嘗上疏陳時政，帝嘉納之。正德初，忤劉瑾，謫亳州判官。以御史按陝西，裁抑鎮守中官廖堂，謫贛榆丞。嘉靖中，巡撫四川，討平芒部賊沙保，累遷南京兵部尚書。初有詔，省進貢快船，守備太監賴義復求增，廷相請酌物輕重以定船數，而大減宣德以後傳旨非祖制者。入爲左都御史，加兵部尚書，提督團營，加太子太保，卒。廷相博學，好議論，以經術稱。隆慶初，追謚肅敏。

李濂。祥符人。少負俊才，馳聲河、雒間。正德中，舉鄉試第一，成進士，授沔陽知州，累擢山西僉事。大計免歸，益肆力於學，遂以古文名於時。初，受知李夢陽，後不屑附和，里居四十餘年。所著有嵩渚集百卷，及汴京遺蹟志行世。

張漢卿。儀封人。正德進士，授魏縣知縣，徵拜刑科給事中。嘗陳杜僥倖、廣儲積、慎刑獄三事，深切時弊。武宗將南巡，偕同官伏闕諫。嘉靖初，興獻帝議加皇號，漢卿力言不可，又倡衆伏闕，兩受杖，斥爲民。

鄭自璧。祥符人。正德進士，選庶吉士，除工科給事中。嘉靖初，后父陳萬言請西安門外新宅，詔予之，自璧疏争。尋以伏闕争大禮，受杖。奄人奪民業爲莊田，自璧備言其弊，帝命勘者嚴治，民患稍除。三遷至兵科都給事中。論中官冒賞，劾郭勛奸貪。桂萼請起王瓊於邊，自璧言瓊罪宜追治，萼引奸邪，請并論，不納。自璧最敢言，權倖側目。謫江陰丞，後廷臣屢論薦，竟不召。

時植。通許人。由國子生授梁山主簿，攝縣事。賊藍四等略地，植拒卻之，斬獲數十級。踰月復至，相拒數日，城陷，説降之，不屈，被殺。又劉嵩高，尉氏人。正德七年，賊破鄢陵及尉氏，嵩高居村，倡衆守禦，被執，怵之使從，嵩高罵愈厲，闔門受害者四十七人。

陳希金。鈞州人。由歲貢爲教諭。父卒，廬墓，流賊入境，終不去。正德中旌表。

張鯤。鈞州人。正德進士，爲吏部主事。嘉靖初，以議禮被杖，瀕死，直氣不屈。歷官布政使。工詩文，與三原馬理等齊名，號稱「八俊」。

高叔嗣。祥符人。嘉靖進士，授工部主事，改吏部，歷遷湖廣按察使。卒。叔嗣少受知李夢陽。及官吏部，與三原馬理、武城王道以文藝相磨切〔二〕，爲詩清新婉約，名著當時。

張鹵。儀封人。嘉靖進士，由知縣治行異等，擢給事中。隆慶初，上新政三事，請預建太子，慎選内侍，帝納之。遼王憲㸅多行不義，鹵具以聞。又劾中官孟冲擅邀内旨罪。累擢右僉都御史，巡撫保定。大璫馮保家保定，使請於鹵，欲爲建坊。鹵曰：「勞民以媚士大夫且不可，況内璫乎？」保銜之。入拜大理卿，尋出爲南京太常卿。以忤張居正致仕。

張孟男。中牟人。嘉靖進士，廣平推官，擢御史，有風節。再遷尚寶丞。高拱以内閣兼吏部，拱妻，孟男姑也，自公事外，無私語。拱憾之，四歲不遷。及拱逐，親知皆引匿，孟男獨留拱邸，爲治裝送之郊。張居正擢孟男太僕少卿，孟男不附，失居正意，不調久之。居正敗，遷南京工部侍郎，就改户部。時留都儲峙耗竭，孟男受事，不再歲，遂有七年之蓄。礦税患日劇，孟男臨卒，草遺疏數千言，極陳其害，屬其子上之。

陳耀文。祥符人。嘉靖進士，歷官陝西行太僕卿。好古，無所不覽。明中葉推博學者無過新都楊慎，耀文摭其謬誤，作正楊，人服其淹洽。所輯有天中記數百卷。

高拱。新鄭人。嘉靖進士，由庶吉士授編修，歷禮部尚書、文淵閣大學士。隆慶初，與首輔徐階不相能，去位。階去，起前官，掌吏部事。時方多故，拱所建白，皆大破常格，明達治體。在吏部，授諸司以籍，使署人才賢否，月要而歲會之，倉猝舉用，皆得其人。進柱國、中極殿大學士。神宗即位，張居正與中官馮保比，逐之。歸，居家數年，卒。謚文襄。

侯于趙。杞縣人。嘉靖進士，歷工科給事中。前後疏數十上，多涉貴近。神宗立，戚畹武清伯李某請帑三萬金營菟裘，帝以太后故，允其請。于趙抗疏極諫，舉朝色動。帝袖其疏，不使太后知，于趙得無恙，而事以寢。尋與張居正忤，出爲江西參政，晋山西巡撫。山西賦重，歲逋常十數萬計，具疏請蠲，得減五之一。以母憂歸，遂不復出。

王述古。禹州人。萬曆進士，歷刑部郎中。力争妖書楚藩之獄，多所全貸。遷陽和兵備道，釐正代藩廢立。預議順義王封事，持議堅正，録功進布政使。將遷巡撫，會河南試官發策言六經亂天下而有餘，述古憤甚，力詆之，忤朝貴意，不果遷而卒。述古與高攀龍、薛敷教同出趙南星門，共相砥礪，以名節顯。

王惟儉。祥符人。萬曆進士，授濰縣知縣，遷兵部職方主事，削籍歸。天啓時，歷官工部侍郎，魏忠賢黨劾之，落職閒居。惟儉資敏嗜學，初被廢，肆力經史百家，苦宋史繁蕪，手加删定，自爲一書。世推博物君子云。

都任。祥符人。萬曆進士，授南京兵部主事，屢遷山西按察使。性剛嚴，多忤物，以大計貶秩歸。後起右布政使、兼副使，飭榆林兵備。崇禎十六年，李自成遣其將來寇，任急集軍民，慷慨流涕，諭以大義，誓死固守。賊遣使招降，斬以狥。城陷，任猶巷戰，力不支，被執。賊曰：「若降，無憂富貴也。」任大罵不屈，遂見殺。本朝乾隆四十一年，賜謚烈愍。

劉之鳳。中牟人。萬曆進士，擢御史。天啓中，魏忠賢開内操，之鳳劾之，遂見斥。崇禎初，起原官，累遷刑部尚書，忤中官鄧希詔，又劾首輔周延儒，遂陷之下獄死。

許可徵。尉氏人。萬曆進士，歷官都御史。旋里。崇禎時，寇至，可徵率衆逆擊，城陷，闔門俱死。同邑死難者，李會，崇禎舉人，城陷，賊迫之降，大罵，自投城下死。又劉文耀，陳留人，以歲貢任鞏縣教諭，致仕里居，罵賊不屈死。劉煋，儀封人，崇禎武進士，授信陽守備守城，城陷，死之。高興，亦儀封人，罵賊死。王有根，祥符諸生，督社兵直入賊營，中箭死。本朝乾隆四十一年，許可徵與劉煋，均賜謚烈愍。李會、劉文耀、王有根，均予祀忠義祠。

毛文炳。鄭州人。崇禎進士，擢吏科給事中，憂歸。與有司禦賊，以全城起故官。楊嗣昌督師，議調民兵討賊，文炳言民可守不可調，帝從之。出爲山西兵備副使，守太原。李自成陷其城，文炳被執，誘以官，不從，抗罵被殺。妻趙氏、妾李氏，亦投井死。本朝乾隆四十一年，賜謚烈愍。

余爵。禹州人。崇禎進士，累遷兵部職方司主事。罷歸。楊嗣昌出督師，請以故官參謀軍事，尋又從督師丁啓睿於河南，破賊鄧州。十五年，開封圍急，監左良玉軍往援，戰敗被執，罵賊死。贈太僕少卿。本朝乾隆四十一年，賜謚烈愍。

魏持衡。密縣人。累官太僕卿，致仕，家居。流賊陷城，執之使跪，持衡挺立抗罵，遂遇害。

馬體健。密縣人。天啓舉人，崇禎末，闖賊圍城，城中食盡，體健盡出家資以餉士卒。城破，被執，與子驤俱不屈死。本朝乾隆四十一年，予祀忠義祠。

劉理順。杞縣人。崇禎進士，帝親擢第一。還宮，喜曰：「朕今日得一耆碩矣。」授修撰。朝退，輒鍵户讀書，非其人不與交。歷右諭德，入侍經筵、兼東宮講官。甲申之變，理順具袍笏，北面再拜，自經死。妻萬氏、妾李氏皆殉。本朝順治十年，賜謚文烈。

鄭封。祥符人。崇禎進士，以御史出巡廣西。甲申流寇破京城，封聞之，不食死。子庚錫，抱父屍哭，八日亦死。

吴傑。杞縣人。性孤介，舉於鄉，猶躬耕不輟。母亡，貧不能葬，適流寇至，居民皆逃，傑獨守母柩不去。賊至，歎曰：「孝哉此子！」戒勿犯。後爲壺關知縣。卒，貧至無以殮。

李光壂。祥符諸生。事親以孝稱。崇禎末，流寇攻汴，光壂充左所總社，率民兵守城。後流寇復攻汴，結義勇社出城與賊戰，屢有斬獲，敘功以知縣用。本朝乾隆七年，祀鄉賢。

本朝

楊鑛。祥符人。任襄陽知府，有政舉。順治三年，總兵王光恩結流寇叛，劫府庫，鑛率民壯禦之，轉戰至北門，力不敵，遂遇害。事聞，贈太僕寺卿。

潘朝佑。杞縣人。順治丙戌進士，授襄陽知縣。四年，賊王關鎖爲變，朝佑罵賊不屈死。事聞，贈按察使僉事。

高元美。祥符舉人，任山東黄河廳同知。順治五年，土寇丁維岳黨李化鯨陷曹縣，元美督工於曹家口，被執，不屈死。

趙翀。鄭州人。順治初，任蘭州知州。七年，狪賊破蘭州，死之。事聞，贈布政司參議〔三〕。

韓范。蘭陽人。少有膽略。明崇禎末，流寇圍城，范募義勇捍禦，捕得城中爲内應者，斬之。又擒斬巨寇明山等四十餘人，城得全。登順治丙戌進士，授廬州府推官。有積蠹久爲民害，范揭其罪，杖殺之。奉檄勦寇二關，渠魁授首，脅從皆免。廬屬轉漕，運弁每以私載留滯。范釐剔有法，運不後期。以卓異内遷，卒。

史載。蘭陽人。順治丙戌進士，授工部主事，治山東河閘。時閘俱頹壞，繕修之費無所出。載取廢石，使夫役刈草燒灰，得數千萬計，親督勸之，旋底成功。後知嘉興府，有巨寇嘯聚太湖，聞載下車，即遠遁去。諸生蔣姓兄弟争財，兄以厚賄求直，載怒擲之於地，曰：「以此金與爾弟，不猶愈乎！」蔣感悟，遂爲兄弟如初。

馬其昌。杞縣人。順治丙戌進士。少孤，事母以孝稱。授平谷知縣。時畿南初定，有巨姦强占民田，其昌申部重懲之，豪强屏息，民情始安。調長沙知縣，長沙版籍新附，民多流亡，其昌還定安集。以勞瘁卒於官。

李登龍。蘭陽人。順治丙戌舉人，己丑會試副榜，授南雄府推官。慎刑罰，恤民命，釋疑獄積滯者數十案，大辟可矜者七人。性耿介，不能承上官風旨，乞歸。書笥外無長物，粵中推爲廉吏焉。

王章炳。通許人。有膽略。兄章燦有婢素怨燦，流寇至，婢爲寇虜，教寇殺燦甚慘。炳潛奔寇壘，誘婢出，手撲殺之。登順治丁亥進士，授鄖陽府推官。執法不撓，民無冤獄。時楚寇未平，竭蹶守城，郡以安堵。致仕歸。

趙耀奎。鄭州人。幼喪母，三年不飲酒茹葷。明末，流寇猖獗，耀奎輸資助郡守葺城，及賊薄城下，耀奎親撫士卒，勞以酒食，衆感奮，無不以一當百，城獲全。入本朝任范縣知縣，兵燹之餘，凋敝殊甚，力勸農桑，漸至富庶。復官襄陽通判，遷泉州同知，卒。

孟學孔。鄭州人。順治丙戌進士，授建寧府推官。值土寇作亂，擒其渠魁。福清賈人爲奸民訐訟，立斷其獄，以金來謝，叱去之。

陳一太。鄭州人。順治己丑進士，授平和知縣。海寇作亂，殉難死。

李光座。祥符人。順治己丑進士，知均州。時流寇餘孽未靖，光座示以恩威，反側悉安。累遷江西按察使，民無冤獄。會滇、閩構逆，愚民陷賊甚衆，光座出被脅者五百餘人。

尚金章。儀封人。順治己丑進士，知沁水縣。時姜瓖雖已授首，而餘黨猖獗如故，金章開誠撫諭，賊衆悉降。因寬徭賦，集流亡，沁民漸以復業。奏最，擢刑部員外郎，進郎中。讞獄多所平反。尋提督廣西學政。

丁敬。杞縣人。順治己丑進士，授海豐知縣。邑多豪横專恣，敬廉得其名，列諸籍，有犯輒數其罪，立斃之。累遷廣西賓州道，賓地界蠻徼，猺、獞雜處，敬恩威並用，邊境以安。時思恩府屬縣有盜入城殺官劫庫者，府鍛鍊平民成獄，敬識其冤，密捕賊，實諸法，而釋其無辜者，一時有神明之頌。

劉嗣美。陳留人。順治己丑進士，由庶吉士改授御史，巡按山西。整飭紀綱，清釐宿弊，疏請免徵貢綢，及發粟賑饑，析居兵民，人皆稱便。旋補荆西道參議，罷歸，閉户講學。

張光祖。新鄭人。順治己丑進士，任恩縣知縣。潔己愛民。時恩多盜，光祖募健勇悉剪除之。恩有河舟役，民苦之，光祖立陳其弊，得免。擢兵部員外郎，軍政嚴肅。後督學四川，剔弊端，絶苞苴，士風丕變。

馮瀚。鄭州人。明末寇亂，父赴中牟，城破，瀚負母逃，路遇父被賊縛，瀚哀懇痛哭，願以身代，賊義而釋之。遂渡河，寄居原武，采樵負擔，以養其親。本朝定鼎後，歸里，年且三十矣。勵志讀書，補州庠生。父母殁，哀毁幾滅性。既葬，廬墓終身。乾隆三年旌。

余正華。禹州人。年未冠，食餼於庠。崇禎壬午，父爵與流賊戰死朱仙鎮。正華奉母轉徙數千里，避寇亂。本朝定鼎，始歸里。旋貢成均，或勸之仕，泣曰：「吾父致身於君，吾獨不當竭力於母乎？」歸侍膝下，食必親嘗，事必稟命。母卒，哀毁骨立。年八十六，病劇，自爲棺三寸，語家人曰：「吾父馬革未獲，吾何忍厚以附身？慎勿違吾意，使吾魂魄不安也。」乾隆八年旌。

王福。杞縣人。善騎射。初任千總，從征曹縣榆園，累立戰功。歷廣東水師都司。康熙七年與海寇力戰死，贈遊擊。子鎮國，襲雲騎尉。

閻閆淳。杞縣人。順治甲午舉人，知平陽縣。地多荒蕪，閆淳設法開墾數百餘頃。擢知涇州，值平涼叛將王輔臣之變，大將軍駐師於涇，閆淳措辦供應無缺。及師罷，尤加意招徠百姓，豁除逋糧，民多復業。

侯元棐。杞縣人。順治辛丑進士，知德清縣。以廉惠稱，嘗卻漕胥餽金，兑運弊絶。值霪雨害稼，條陳事宜，巡撫范承謨悉奏行之。聞父喪，徒跣數千里，嘔血卒。

張心易。杞縣人。拔貢生，除陝西秦州同知。諸生運略陽軍糧二百石，舊多積逋，心易署學篆，乃聚諸生勸諭，役其富者而釋貧者，旬日事集。檄署伏羌縣事。陝例丁税較重，規避百端，心易設法稽核，增丁六千有奇，而豁其中老病殘廢者四千餘丁，民大感悦。

石如璉〔四〕。陳留人。康熙丙辰進士，任崇陽知縣。值夏逆倡亂，守令望風遁。如璉縛逆哨，率兵登陴固守。官兵至，旋平。以養親歸。再補平江知縣，教民禮讓，人以爲有卓、魯之風。

王珽。祥符人。性純孝，年八歲時，侍祖疾，母刲股療翁，珽知之，卒欲泣不言。與子震符同登鄉榜。康熙乙丑進士，入都謁選。一夕夢中忽驚悸，恍惚母刲股時情狀，急馳歸，母疾已劇，人以爲誠孝所感。服除就銓，授新貴知縣，尋告歸。生平學宗程、朱，於易尤稱深邃云。

張伯行。儀封人。康熙乙丑進士，授中書舍人。丁父艱，回籍。戊寅夏，大雨，水泛溢入城，伯行募民夫囊沙土填築，水不爲害。補山東濟寧道，累遷福建巡撫。閩省人稠田寡，歲遣官赴浙江買米平糶，多置社倉以備積貯。永安、大田等邑，奸徒竄伏山谷間，煽惑愚民爲孽，伯行設法招撫其豪陳首魁、吴海等，餘黨解散。治尚嚴明，貪吏姦胥盡寘於法。移撫江蘇，時江南頻歲災祲，伯行疏請賑救。辛卯秋，科場弊發，疏劾督臣噶禮營私壞法，督臣亦馳疏訐之。聖祖鑒伯行清介，仍予留任，而黜噶禮。越三年，入署倉場侍郎，歷官禮部尚書。卒，謚清恪。伯行天性樸誠，而好學不倦，凡所設施，皆本實踐，生平尤以崇程、朱爲己任。

張師載。伯行子。康熙丁酉舉人，蔭授户部員外郎，歷官江南河道總督。指畫修防，洞中肯綮。卒，贈太子少保，謚慤敬。

李長安。密縣貢生。任阜陽知縣，遷廬州府同知。卒，貧不能歸葬，阜陽士民感長安惠政，捐資以助葬。入祀鄉賢。

張星。祥符貢生。事父母先意承志，敦尚實行，學求心得。入祀鄉賢。

劉朝祐。祥符諸生。親疾，籲天願減己算，以延親壽，及殁，哀毁骨立。五世同居，雍睦無間言。雍正三年，舉孝廉方正，授鄢縣知縣。又同邑蘇涓，年十五，母病，嘗糞以驗差劇，雍正中旌。

李鳴德。滎澤諸生。父任徐州訓導，疾作，鳴德扶持調護，垢衣溺器，躬自澣濯。及卒，徒步千里，扶櫬旋葬，廬墓三年。乾隆初旌。又汜水庠生周大訓、監生孫芮，俱以孝友旌。

王道中。禹州人。以孝友教子孫，五世一堂，百口共食，人以爲有張公藝風。乾隆間旌。又蔡元齡，新鄭人，亦以孝友旌。

王玉成。祥符人，任澠池汛千總。嘉慶元年，隨勦湖北教匪，於欒川鎮陣亡。同縣千總程運楝、劉天貴，把總張印，均擊賊陣亡，先後事聞，均廕雲騎尉世職。

張榮標。杞縣武舉，任河北鎮千總。嘉慶元年隨勦湖北教匪，於欒川鎮陣亡。事聞，廕雲騎尉世職。

張東林。祥符人。乾隆庚子武進士，任陝西撫標守備。嘉慶二年，隨勦紫陽一帶邪匪，有功，擢甘肅涇州都司，旋擢西安遊擊。四年，擊賊於馬鬃嶺，力竭陣亡。同縣李隨龍，任南陽鎮千總，二年，隨征陝西教匪，於梅子壩陣亡。孫餘慶任撫標千總，徐秋魁任嵩江把總，四年，隨勦四川賊匪，奮不顧身，遂遇害。事聞，議䘏，均予雲騎尉世職。

牛振標。蘭陽武舉。嘉慶元年，隨勦陝西教匪，殺賊有功，歷任千總。七年，於雁子碥陣亡。事聞，廕雲騎尉世職。

流寓

漢

崔篆。安平人。建武中，客居滎陽。閉門潛思，著周易林六十四篇，用決吉凶，多占驗。

郭泰。介休人。初就成皋屈伯彦學，三年業畢。

唐

盧照鄰。范陽人。客居龍門山，疾甚足攣，一手又廢，乃去具茨山下，買園數十畝，疏潁水周舍，復預爲墓，偃卧其中。

宋

趙開。普州安居人。大觀初，買田尉氏，與四方英俊遊。因詗知天下利弊所當罷行者，如是七年，慨然有通變救弊意。

楊億。浦城人。從祖徽之知許州，億往依焉。務學，晝夜不息。有别墅在陽翟。後以太常少卿分司西京。

朱弁。婺源人。晁説之見其詩，奇之，與歸新鄭，妻以兄女。新鄭介汴、洛間，多故家遺俗，弁遊其中，聞見日廣。

元

羊仁。廬江人。至元初，阿珠兵南下，仁家爲所掠，父被殺，母及兄弟皆散去。仁年七歲，賣爲汴人李子安家奴，力作二十餘年。子安憐之，縱爲良。仁蹤跡得母於潁州，兄於睢州，弟於邯鄲，皆爲役，尚無恙。乃徧懇親故，貸得鈔百錠，詣求贖之。經營百計，更六年乃得遂。大小二十餘口，復聚居，孝友甚篤，鄉里美之。大德十二年旌其家。「阿珠」舊作「阿术」，今改正。

明

薛瑄。山西河津人。父貞，永樂中除鄢陵教諭。時制，郡邑乏科貢之士，司訓者遣戍，貞憂之。瑄於是隨父任，補諸生，登庚子河南鄉試第一，明年成進士。後以理學名於世。

李夢陽。慶陽人。父正，官周王府教授，徙居開封。母夢日墜懷而生，故名。

阮漢文。浙江人。徙居尉氏。積學嗜奇，究心當世之務，中州士翕然師之。崇禎末，寇掠尉氏，必欲生致之。漢文義不忍舍城去，爲賊所得，遂大罵而死。

列女

漢

緱氏女。名玉。陳留外黄人。爲從父報仇，殺夫氏之黨。姑執玉以告令梁配。配欲論殺玉。同郡申屠蟠，年十五，進諫曰：「玉之節義，足以感無恥之孫，激忍辱之子，不遭明時，尚當表旌廬墓，況在清聽，而不加哀矜？」配善其言，乃爲讞得減死論。

三國　魏

辛憲英。陽翟人。侍中毗之女，有才鑒。初，文帝爲太子，抱毗頸曰：「辛君知我喜否？」毗以告憲英，憲英歎曰：「太子代君主宗廟社稷，宜戚而喜，何以能久！」弟辛敞，子辛琇，俱用其言，得免曹爽、鍾會之難。

晉

庾衮妻荀氏、樂氏。荀，衮前妻；樂，衮繼妻。皆宦族富室，及適衮，俱棄華麗，散資財，與衮同安貧苦，相敬如賓。

南北朝　宋

垣曇深妻鄭氏。字獻英，滎陽人。曇深雅有學行。劉楷爲交州刺史，曇深隨楷，未至交州而卒。鄭時年二十，子文凝始生，仍隨楷到鎮，晝夜紡織，傍無親援，自勵冰霜。居一年，告楷求還，間關危險，至鄉葬畢，曰：「可以下見先姑矣。」文凝年甫四歲，親教經禮，訓以義方，州里稱美。

魏

董景起妻張氏。陳留人。景起早亡，張時年十六，痛夫少喪，哀傷過禮。疏食布衣，又無兒媳，獨守貞操，期以闔棺，鄉曲高之，終見標異。

張洪初妻劉氏。滎陽人。年十七，夫亡。遺腹生子，三歲又歿。其舅姑年老，朝夕奉養，率禮無違。兄矜其少寡，欲奪而嫁之，劉氏自誓弗許，以終其身。

史映周妻耿氏。滎陽人。年十七，適映周。映周卒，耿氏恐父母奪其志，因葬映周哀哭而殞，見者莫不悲歎。詔標膀其門。

刁思遵妻魯氏。滎陽人。始笄，適思遵，未逾月而思遵亡。母家矜其少寡，別許他氏，氏聞之以死自誓。父母不達其志，遂經郡訴稱刁氏吝護寡女不使歸，氏乃與老姑步詣司徒府，自告情狀。有司聞奏，詔曰：「貞夫節婦，古今同尚，可令本司依式標膀。」

唐

李氏女。汴人。年八歲，父亡，殯於堂，十年朝夕臨。及笄，母欲嫁之，斷髮乞終養。居母喪，哀號過人，自庀葬具，州里送葬者千餘人。廬於墓，負土成墳，蒔松數百。

鄭善果母崔氏。善果年十四爲沂州刺史，累遷魯郡太守。母崔，賢明曉政事，嘗坐閤内聽善果處決，或當理則悅，有不可則引至牀前，責愧之。故善果所至有績。

賈直言妻董氏。汴人。直言貶嶺南，以妻少，乃訣曰：「生死不可期，吾去可急嫁。」董不答，引繩束髮，封以帛，使直言署曰：「非君手不解。」直言貶二十年乃還，署宛然，及湯沐，髮墮無餘。

五代　漢

趙氏九女。五代時，寇亂中牟，白沙鎮趙氏有九女，逼於寇，皆義不受辱，連縊而死，里人瘞之，號九女塚。

宋

朱氏。開封民婦。家貧，賣巾屨以給其夫。夫犯法徙武昌，父母將嫁之，朱於其夫將行前一日自經死，曰：「及吾夫未去，使知吾義不屈也。」吴充爲開封判官，作詩紀其事。

張晉卿妻丁氏。新鄭人。參知政事度五世孫也。靖康中，與晉卿避兵於大騩山。金兵入山，爲所得，挾之鞍上。丁自投於地，戟手大駡，連呼曰：「我死即死耳，誓不受辱於爾輩。」復挾上馬，再三駡不已，卒乃忿然舉梃縱擊，遂死杖下。

元

霍氏二婦。鄭州人。尹氏夫耀卿殁，姑命其更嫁，尹氏曰：「婦之行，一節而已，再嫁爲失節，妾不忍爲也。」姑不能强。楊氏夫顯慶殁，慮姑逼其嫁，即先白姑曰：「妾聞娣姒猶兄弟也，宜相好焉，今姒既留，妾可獨去乎？願與共修婦道，以終事吾姑。」姑曰：「果能若是，吾何言哉！」於是同處二十餘年，以節孝聞，並命褒美。

丁尚賢妻李氏。汴梁人。年二十餘。至正十五年，賊至欲劫之，李氏怒曰：「吾家六世義門，豈肯從賊以辱身乎？」闔門三百口俱被害。

孟志剛妻衣氏。汴梁人。志剛歿，貧無子，有司給以棺木，氏紿匠者曰：「幸大其棺，吾夫有遺衣，欲盡實其中。」匠從之。是夕，祭其夫，自縊。

萬昱妻范氏。杞縣人。昱事丞相台布哈。被命遠行，屬范曰：「吾兄歿，惟餘一息，必不兩全，當棄己子。」范敬諾。尋遇兵變，遂棄子而存姪。昱後復舉一子，人以爲義感，名之曰義。台布哈舊作泰不華，今改正。

曹德妻侯氏。鈞州人。德病死，侯語人曰：「年少夫亡，婦人之不幸也。欲守吾志，而時值亂離如此，其能免乎？」遂於墓自經死。

明

陳氏女。祥符人。許字楊瑄。瑄卒，女請死，父母不許。請往哭，又不許。私剪髮，囑媒氏，往置瑄懷。女遂素服以居，無何，父謀更許聘，女縊死。正德中，瑄從子永康將改葬瑄，求陳合焉。

賈永昌妻高氏。祥符人。婚三月而永昌歿。高將從死，母泣而止之。高曰：「嗟！母謂百年永耶？」卒就縊。成化末旌。

黄智妻蔣氏。儀封人。年二十而智歿。三日不食，遂自縊。忽迅雷震其室，姑覺而救之，及甦，誓志以終。弘治末旌。

田鋭妻張氏。鋭，祥符人，嘗刲股療母，廬墓者三年。鋭亡，張曰：「吾不愧爲孝子，婦足矣。」遂縊以殉。

李甫二女。尉氏人。正德七年，流賊至，與同邑李傑女及朱宗妻尹氏俱死難。

高安妻楚氏。密縣人。安爲御史，病卒。楚乃引刀刲其右耳，誓不二志。正德中旌。

陳貢女。鈞州人。年十七，流賊趙風子掠鈞州，執之，女厲聲叱駡，賊怒，收父母家屬盡殲之，女駡不絶，乘間投井死。

郜氏女。鈞州人。正德中，流賊將入境，父母欲攜之逃，女辭。賊至，投入井。賊出之，女以汲瓶破賊額，賊怒殺之。

時植妻賈氏。通許人。植爲梁山主簿。城陷，不屈死。賈聞之曰：「夫死忠，吾不能死義乎？」即自縊。女三才，年甫九歲，亦赴火死。事聞，旌表。

史貞女。杞縣人。字孔宏業，未嫁而宏業卒。欲往殉之，母不許。七日不食，母知不可奪，爲製縞衣素裳，送之孔氏，迨暮辭舅姑，整衣自經死。有白氣縷縷騰屋上，達旦始消。縣令劉廷簠爲庀葬，詔旌其門。

四烈女。俱鄭州人。嘉靖間，賊師尚詔作亂，過鄭。有四女偕逃，羣賊執之，女誓不從，賊遂殺之於城東南。屍暴露，俄天大風，覆土成墳，高二丈，周圍數十丈。

武氏四婦。文選妻冉氏，文詔妻劉氏，文質妻王氏，文全妻宋氏，俱鄭州人。四婦並二十餘歲，夫卒守節。知州魯世任旌其門，曰「一醮不改，四婦同心」。

柳金妻張氏。祥符人，居通許。年二十而金死。谷姓者謀娶之，金兄利其財而許之，紿以母病趨歸省。中途覺有變，求死不得，谷欲犯之，唾且罵曰：「吾豈從汝爲狗彘行哉！」谷鞭之數百，卒不從而死。

吉安妻谷氏。蘭陽人。谷生二女，妾張氏生子福。安卒，女向母求其資，谷不許，舉以畀福。偕張嫠居四十餘年。

張駿烈妻趙氏。滎陽人。其舅諸生張拱辰，先已死於賊。後亂甚，父欲挈氏避河北。氏指拱辰之柩，曰：「不守此而遠去求生，不孝莫大焉。」賊至，投崖死。

張紹載妻陳氏。滎陽人。流寇陷滎陽，投井死，兩女與媳馬氏殉之。

王所友妻李氏。鄭州人。城陷，負姑而逃。遇賊將刃其姑，請代，不聽，以身翼姑，罵不絶口，賊殺之，姑得免。同州趙鎔妻王氏，以拒賊被戕。羅奇才妻任氏、媳王氏，賊至，恐見辱，先自縊。

郝鳴鳳妻邢氏。汜水人。寇掠汜，氏負姑走，賊殺姑刦氏行，氏怒曰：「何不殺我！」賊義之，不忍殺。氏大罵，乃見害。同縣張令望妻周氏，爲賊所執，紿曰：「河旁有金。」賊俛求之，氏握刀殺二賊，自沈於河。

陳經濟妻趙氏。禹州人。經濟官至參政，趙封淑人。賊兵犯禹，家人泣勸曰：「微服可生。」趙曰：「正服可死。」冠珮拜闕。賊至，以大義責之，見害。

連健妻劉氏。禹州人。年十七，適健。闖賊破城，逼之，劉堅持姑裾不從，遂遇害。死三日，家人殮之，色如生。

徐宗武女。密縣人。年十六，流寇陷城，女被執，逼之上馬，女不從，自仆於地者三，厲聲罵曰：「我恨不碎汝頭，肯從汝耶？」賊大怒，亂刃之。

阮泰妻朱氏。祥符人。泰任廣靈知縣〔五〕，殉甲申難，朱與同死。其死於京師者朱光晉妻鄭氏，鄭達妻朱氏，皆祥符人。死於寇者：杜堦妻馬氏，杞縣人；王召妻張氏、羅萬一妻李氏，皆通許人；劉竹繼妻趙氏，竹本綿州人，由通許訓導陞任涼州，趙與前妻之子澤遠留通許，寇掠其子，趙以身翼且罵，爲賊攢刺死；侯嘉謨妻郎氏，尉氏人，城陷，召其女及孫女婦張氏、外孫女劉氏，以義訓之，諸女縊，乃從容就繯；趙千里妻盧氏、白賁妻王氏，皆尉氏人，盧罵賊見殺，王拜祖廟就縊；范爲銓妻趙氏，洧川人，事姑孝，城陷，負姑以走，遇賊，焚其姑，氏躍入燄中同死，家人收遺骸，氏猶抱姑屍焉。

本朝

劉文星妻周氏。尉氏人。年二十嫠居，紡織供舅姑。明末寇起，氏縊，救之甦，守志終其身。同縣王宇靜妻馬氏，歸宇靜六年而寡，無子，姑欲嫁之，不從，時時涕泣，爲姑所憎，乃乞歸母家。明末寇熾，避深山，饑寒瀕死，志操愈厲。順治年間旌。

郝聖正妻朱氏。祥符人。夫歿，嘗割臂療姑，闖寇決水灌城，氏扶姑及幼子登鼓樓得免。康熙年間旌。

張穉升妻王氏。祥符人。從舅官陝西，聞穉升卒，投井死，水香三日。陝西撫按題旌。同縣謝士訓妻吳氏、劉起鵬妻李氏，均夫亡殉節，被旌。

于天祥聘妻王氏。祥符人。未嫁夫亡，往哭之，遂留事舅姑。聞天祥嘗有子育於陽武，王氏乞爲嗣不得，比大祥，自縊。同縣張國璽女雪姐，未嫁壻歿，乘間自縊。均康熙年間旌。

李正得女九姐。祥符人。拒暴見戕。同縣劉常玉女老姐，盧廷宣妻靳氏，均康熙年間旌。

張學程妻李氏。陳留人。夫亡守節，孝事孀姑，遇寇亂，攜二子以免。康熙年間旌。

陳寶妻董氏。陳留人。守正被戕，康熙年間旌。

侯希曾妻吳氏。杞縣人，姑有疾，侍奉甚謹，十年不茹葷。康熙年間旌。

陳彬妻張氏。洧川人。夫亡，氏暨妾姚氏守志。康熙年間旌。

郭行襄女朴姐。祥符人。拒暴自盡。雍正年間旌。

王三壽妻崔氏。陳留人。守正捐軀。雍正年間旌。

張纘曾妻朱氏。杞縣人。夫亡殉節。同縣節婦劉塤妻馬氏、何伯齡妻孫氏、鄭四道妻王氏、劉世科妻高氏、孝婦王之俊妻楚氏。均雍正年間旌。

燕鐸妻郭氏。通許人。鐸奠雁時暴卒，氏欲隨以返，父母固止之。越三日，往弔，遂留不去。同縣于躍鑾媳王氏，拒暴見戕，均雍正年間旌。

傅如山女。尉氏人。未嫁壻歿，乘間自縊。同縣任盡性妻竇氏，拒暴見戕。均雍正年間旌。

劉國良妻劉氏。鄢陵人。守正捐軀。同縣路曰成妻張氏，均雍正年間旌。

張舜妻白氏。中牟人。夫亡殉節。雍正年間旌。

李貴妻沈氏。中牟人。守正捐軀。雍正年間旌。

范恪浚妻李氏。蘭陽人。夫亡守節，事盲姑，有孝行。同縣李選妻傅氏，夫亡，毀容以守。均雍正年間旌。

趙正繼妻戴氏。儀封人。夫亡殉節，同縣方良琮妻劉氏、王碧壺妻孔氏，均雍正年間旌。

底二丑妻張氏。儀封人。拒暴自盡，雍正年間旌。

趙景瑞妻連氏。滎澤人。拒暴自盡。同縣王宗聖妻樊氏，均雍正年間旌。

許氏女。河陰人。未嫁壻歿，不食死。

趙嵩蕊妻王氏。汜水人。夫亡，姑繼殞。明末寇亂，攜孤間關兵火中，得免於難，人服其智略。同縣王用章妻周氏，夫歿投繯，以救復甦，引刀刺面，矢志不二。事親以孝聞，撫嗣子如己出。均雍正年間旌。

曹用璧妻王氏。禹州人。夫亡投繯，以救復甦，事舅姑盡孝，家貧嘗夜紡織，雪從破屋落，積肩盈寸，機聲不輟，苦節五十一年。同州貢生羅乾妻張氏，夫歿自縊，以救不死，毀容誓不更適。孝養舅姑，訓子成立。楊敷榮妻趙氏，夫亡殉節。均雍正年間旌。

秦希英妻李氏。禹州人。夫歿，家貧困，事哀翁盡孝，訓子有方，一門六世同居。雍正年間旌。

連浩妻蘇氏。新鄭人。守節五十餘年。嘗夜失火，家人駭竄，蘇閉户不出，曰：「吾豈可夜出閨闥耶？」須臾比户延燒，所居獨無恙。同縣劉熉妻郭氏，夫歿，舅亦繼歿，奉姑盡孝。一日，奸人詐言寇至，閭里咸驚避，氏以姑病，守之不去。均雍正年閒旌。

時來相妻王氏。祥符人。夫亡，守節五十九年，年八十一歲。子時欽妻張氏，十九歲夫亡，守節，事孀姑盡孝。時稱一門雙節。同縣節婦寇天申妻徐氏、寇天禄妻李氏、張永禔妻王氏、張希聖妻陳氏、宋玢妻劉氏、阮縱妻張氏、楊守臻妻王氏、魏興邦妻許氏〔六〕、邵士華妻吴氏、劉鳳鳴妻馬氏、李振邦妻張氏、張崙妻王氏、杜尊會妻姚氏、杜煥妻孫氏〔七〕、湯世祥妻李氏、王鑛妻郭氏〔八〕、于秀生妻陳氏、何一漣妻楊氏、朱勳妻徐氏、李橋妻張氏、蘇成德妻王氏〔九〕、王孫宣妻朱氏、段文炳妻陳氏、朱文錦妻李氏、朱璠妻常氏、王蔚妻徐氏、張經妻秦氏、胡綸妻方氏、楊景芳妻魏氏、劉銓妻阮氏、王文琰妻童氏〔一〇〕、袁晉妻高氏、張明昇妻章氏、吴守印妻謝氏、閔宗聖妻張氏、陶普妻宋氏、方宗堯妻戴氏、關津妻王氏、邢沛妻王氏、魏振邦妻史氏、張佺柯妻李氏、劉卓妻石氏、郭明德妻徐氏、郭喜貴妻陳氏〔一一〕、嚴嘉祥妻徐氏、潘瑨妻趙氏、閻式典妻牟氏、張素德妻田氏、張希栻妻牛氏、劉煥妻段氏、文朝縉妻李氏、李天義妻石氏、高出萃妻張氏、趙崑妻宋氏、秦景濟妻武氏、李恂妻任氏〔一二〕、田治妻鄭氏、黄大忠妻朱氏、段惟燦妻王氏、王秀妻趙氏、張承宗妻王氏、劉宗泗妻曹氏、景致和妻彭氏、景曜妻王氏、申文祥妻楊氏、潘文質妻張氏、李文昇妻劉氏、陳連珠妻劉氏、陳倫妻楚氏、焦之俊妻張氏、許喜民妻吴氏、許承宣妻金氏、李九功妻終氏、劉世輝妻張氏、辛永禄妻李氏、王象震妻范氏、劉昉妻楊氏、何汶妻夏氏，邢溥妻宗氏，劉滜妻徐氏，丁文受妻李氏，黄瑾妻李氏，朱璞妻丁氏，張朝相妻張氏，胡紀妻李氏，姜永德妻盧氏，汪承緒妻張氏、周世徽妻胡氏、朱灝妻蔡氏、詹鍾藻妻馬氏、陳元升妻范氏，烈婦趙永禄妻朱氏、李天法妻萬氏、張尚志妻姚氏、郝盧妻朱氏、朱廷傑妻王氏、董克倫妻王氏、沈朱氏、劉振公妻劉氏、陳紹先妻曹氏、陳法瑞妻陳氏、傅某妻鄭氏、劉得子妻常氏，烈女李貴姐、陳珍姐，均乾隆年間旌。

孫緝淵妻韓氏。陳留人。夫亡守節。同縣節婦王倫妻劉氏〔一三〕、劉則周妻黄氏、李天錫妻董氏、李貞妻葉氏、王肇祥妻張氏、李宻妻劉氏、王君章妻李氏〔一四〕、單應魁妻王氏、田大成妻王氏、朱謨妻高氏、張四德妻王氏、潘宏道妻邵氏、李乾妻李氏、馬非龍妻孫氏、王典誥妻張氏、劉嗣楨妻馮氏、駱龍彩妻王氏、郭永高妻石氏、劉俊妻孫氏、孫拔妻張氏、焦克勤妻石氏、黄鳳禄妻侯氏、左瑄妻康氏、劉翰妻郭氏、馬麟妻劉氏、王楹妻孔氏、沈師文妻許氏、王懿烈妻蔣氏、孫冬元妻許氏、李竹如妻劉氏、于廷選妻石氏、陳麟台妻翟氏、朱俊妻楊氏、王孟科妻段氏，均乾隆年間旌。

劉崍基妻孟氏。杞縣人。夫亡守節。同縣節婦韓化遠妻李氏〔一五〕、汪九疇妻孫氏、張侃妻陸氏、趙雲龍妻朱氏、李千尋妻惠氏、聶成名妻張氏、黄恩妻李氏、邊有恒妻郝氏、劉鑄妻林氏、楚安坦妻侯氏〔一六〕、徐侗繼妻時氏、林廣生妻黄氏、賈維池妻于氏、侯世鉉妻李氏、戴玖妻許氏、蒲質美妻張氏、武生任于吴繼妻周氏、張鼒妻劉氏、耿耕妻李氏、宋典妻徐氏、張文元妻董氏、韓今舉妻李氏、孟大廷妻丁氏〔一七〕、聶大訓妾郭氏、趙灼妻楊氏、田坦妻李氏、秦祁妻李氏、杜上林妻范氏、趙運昌妻劉氏、劉鈿妻徐氏、李貞妻班氏、張克良妻王氏、張莪妻郝氏、孟必禄妻李氏、朱克榮妻賈氏、郝鳴臯妻潘氏、郝上林妻李氏、吴中柱妻王氏〔一八〕、汪子明妻郭氏、董克俊妻陳氏、賈棟妻王氏、魏之璽妻高氏〔一九〕、邵秉倫妻趙氏、張引科妻李氏、林琛妻白氏、王命召妻李氏、趙宣啓妻潘氏、楊登第妻趙氏、張鵬翰妻蔡氏、路生有妻朱氏、張山濤妻陳氏、鄭廷章妻田氏、李韶妻王氏〔二〇〕、張瑞之妻郭氏、韓邦楷妻江氏、李國柱妻孫氏、魏于魯妻徐氏、曹中新妻李氏、張銓妻唐氏、王瑞妻翟氏、王珩妻劉氏、趙昆玠妻吴氏、霍寧世妻鄭氏〔二一〕、邊開域妻張氏、徐國安繼妻袁氏，烈婦潘汝範妾王氏、李嗣堯妻樊氏、趙世禄妻潘氏、陳廷尉妻季氏〔二二〕、張維基妻趙氏、李成桂妻董氏、步公賢妻孫氏、韓福妻韓氏、劉二妮妻武氏、崔進寶妻宋氏，烈女路成姐〔二三〕。均乾隆年間旌。

賀廷瑒妻畢氏。通許人。夫亡守節。同縣節婦廣居妻劉氏、白廣業妻陳氏、白崇明妻王氏、孫克紹妻王氏、萬炳妻吕氏、龐元妻吴氏、賀仕英妻李氏、司奇觀妻劉氏、婁星凱妻毛氏、賀聚堂妻聶氏、婁岡妻李氏、王鶴齡妻劉氏、郭林妻趙氏。烈婦李某妻王氏，烈女師孔女二姐，貞女劉氏女，均乾隆年間旌。

黄鉞妻王氏。尉氏人。夫亡守節。同縣節婦楊有成妻周氏、南映陽妻唐氏、南楚英妻高氏、南佑啓妻盧氏、何維極妻谷氏、何會極妻賀氏、劉通譽妻靳氏、任德裕妻陸氏、靳瑛妻王氏、路天街妻靳氏、劉琠妻谷氏、潘重明妻邵氏、靳綱妻盧氏、高俊妻翟氏、王怡先妻黄氏、蘇淵妻劉氏、楊道明妻劉氏、王振法妻高氏、劉廷旃妻晁氏，烈婦任信良母田氏、李廷舉妻袁氏、馬受有妻王氏，烈女王白姐、徐省姐、古氏女，均乾隆年間旌。

張自奇妻仝氏。洧川人。夫亡守節。同縣節婦薛進寶妻張氏、何孟妻于氏、郭起秀妻馬氏、黄玉几妻鄭氏、石玉美妻馬氏〔二四〕、師朏妻張氏、張璵妻梁氏、馬屏翰妻師氏、張紀妻李氏、鄭履豐妻王氏、馬适妻袁氏、閆法才妻王氏、賈效祖妻馬氏、李周妻蘇氏，烈婦郝賞兒妻蘇氏，烈女劉全姐、楊緑姐、張二姐，均乾隆年間旌。

于祚永妻步氏。鄢陵人。夫亡，事姑以孝聞，姑老不能行，氏相守不去。室焚而氏與姑無恙，人以爲節孝所感。同縣節婦王二酉妻姚氏、曹光彬妻韓氏、韓樹本妻谷氏、裴功臣妻李氏、張其梓妻章氏〔二五〕、王正奇妻張氏、王正順妻司氏、梁易知妻蘇氏、李卓妻胡氏、王琰妻黄氏〔二六〕、李相堯妻劉氏、張作相妻劉氏、王圖妻吴氏、梁鏊妻靳氏、梁純禮妻劉氏、蘇銓妻滕氏、梁銘盤妻何氏、梁域妻于氏、王紹祖妻蘇氏、樊紳甫妻朱氏、晁新武妻韓氏〔二七〕、韓李安妻蘇氏〔二八〕、梁廣印妻司氏、于氏嵋妻常氏，烈婦李喜成妻楊氏、于得玉妻張氏，貞女侯氏女，均於乾隆年間旌。

劉思儉妻岳氏。中牟人。夫亡守節。同縣節婦梁鼎楠妻朱氏、孫秉立妻蔡氏、朱敬妻岳氏、馬瑛妻孫氏、吴越妻白氏、孫德池妻劉氏、劉卜年妻魏氏、李秩德妻曹氏、劉克類妻許氏、婁時敏妻王氏、閆文庚妻武氏，烈婦孫耀宗妻閆氏、婁二小妻蔣氏、白永法妻李氏、董士信妻高氏，均乾隆年間旌。

栗説妻劉氏〔二九〕。蘭陽人。夫亡守節。同縣節婦王士冠妻孫氏、蕭華妻胡氏、賈炳文妻李氏、韓琳妻王氏、邱如妻邵氏〔三〇〕、李協朗妻王氏、盧瀛妻王氏、傅美珏妻范氏、武克振妻王氏、傅秉禮妻李氏、楊晸妻栗氏、牛廷琇妻薛氏、韓琨妻金氏、范洪傑妻傅氏、程登第妻李氏、監生梁燕榮妻惠氏、霍潤妻李氏、栗廷相妻楊氏、彭有成妻陳氏，烈婦張法妻黄氏，均乾隆年間旌。

馬普妻張氏。儀封人。夫亡守節。同縣張法行妻甯氏、李若楠妻汪氏、盧殿臣妻湯氏、李率性妻王氏、劉維穎妻張氏、田文成妻謝氏、郭守城妻蔡氏、邱某妻高氏、孔懷妻楊氏，均乾隆年間旌。

李菁妻陳氏。鄭州人。夫亡守節。同州節婦靳永年妻魏氏、靳永庚妻董氏、馮盼妻劉氏、李振業妻王氏、劉文昌妻張氏、羅憲曉妻焦氏、劉僖妻張氏、王元植妻張氏、劉義妻王氏、王林妻盧氏、荆陽鼎妻張氏、張曰桂妻趙氏、張如玠妻岳氏、弓繩武妻孟氏、宋宏妻李氏，烈婦楊考妻徐氏、牛淑和妻劉氏、宋維芳妹宋氏〔三一〕、師窪兒妻樊氏、郭生金妻趙氏，烈女馬氏女，均乾隆年間旌。

汪中豪妻蔣氏。滎陽人。夫亡守節。同縣節婦張索靈妻王氏、媳王氏、汪立志妻蘇氏、劉善承妻吴氏、馬繼遠妻秦氏、馬文印妻李氏、李霞宸妻徐氏、馬顧祖妻史氏〔三二〕、張子鈍妻李氏〔三三〕、毛文繡妻賈氏、李來復妻田氏、蔡景顔妻賈氏，烈婦趙洪祥妻李氏、袁仁德妻張氏、楚辰妮妻孟氏，均乾隆年間旌。

于振宗妻蔣氏。滎澤人。夫亡守節。同縣節婦祝還元妻王氏、趙瑞妻鄭氏、監生李憲妻樊氏、韓暄妻李氏、闞庸行妻汴氏、王熒妻李氏、王廷弼妻商氏、樊克忠妻張氏、盧印府妻趙氏、庾崇德妻田氏、王起正妻張氏、王學曾妻馬氏、師堯妻閻氏、李克恭妻毛氏、馮振言妻李氏、秦鶴妻聶氏、秦體乾妻張氏、崔凝妻張氏、程雲龍妻荆氏、陳能學妻張氏、王正雲妻宋氏、李其銑妻孟氏、樊克廣妻連氏、樊克淵妻毛氏、沈曰頤妻王氏、李坦妻朱氏〔三四〕、李森妻潘氏、吴景泰妻范氏、劉懷信妻王氏，烈婦李文學妻王氏，何文興妻范氏，烈女焦氏女，均乾隆年間旌。

萇湛妻趙氏。汜水人。夫亡守節。同縣禹城謙妻李氏、周南妻禹氏、禹玠妻許氏、王曰爌妻梅氏、禹謨妾張氏、何喜功妻安氏、吴廷獻妻安氏、吕選妻陳氏、張子元妻傅氏、禹允釐妻王氏、王佶妻朱氏、宋乘時妻李氏、潘士傑妻陳氏、王學武妻高氏、邢鑄妻薛氏〔三五〕、禹牧妻王氏、吴無私妻禹氏、袁成方妻張氏、孫永熙妻禹氏、周祥妻宫氏、季淑思妻孫氏、妾張氏、禹子厚妻時氏、周祥妾尚氏、趙宏壽妻李氏、張東秀妻周氏、吕相宸妻王氏、周傳中妻徐氏、周擇中妻張氏、張謹行妻張氏、張謹身妻高氏、趙文光妻李氏、李成祥妻朱氏、陳正德妻張氏、禹校妻高氏、夏萬禄妻王氏、范曰安妻安氏、張經妻工氏、張振起妻柴氏、禹舜妻王氏，均乾隆年間旌。

方述振妻晉氏。禹州人。夫亡守節，性至孝，親疾刲股以獻，疾遂瘳。同州節婦趙宏欽妻安氏、張連妻李氏、監生馬燿妻趙氏、王格妻焦氏、冀鼎錫妻蕭氏、楊登鰲妻秦氏、周國才妻李氏、趙濂妻郝氏、高佳玉妻田氏、張璣妻陳氏、郭金盤妻朱氏、董文煬妻李氏、黄希孔妻時氏、陳諧妻席氏、余鑒妻馬氏、余濟遠妻李氏、余潤遠妻席氏、余杰妻何氏、王得仲妻姜氏、王得佐妻郭氏、李成實妻劉氏、孫衝遠妻王氏、夏存本妻朱氏、李璟妻陳氏、金光炤妻程氏、冀禹芝妻王氏、趙煦妻申氏、劉世第妻馬氏、李鏡妻趙氏、趙定德妻王氏、劉鳴鐸妻李氏、邢士仁妻劉氏、張開翱妻趙氏、李成實妻劉氏、徐明紀妻郭氏、余梅妻閻氏、李澤妻席氏、翟思古妻和氏、李殿颺妻趙氏、尹謙妻李氏、張五玉妻王氏，烈婦化興南妻霍氏、吴生妻王氏、陳心泰妻劉氏、魏尹妻郭氏，烈女張姐，均乾隆年間旌。

李夢龍妻王氏。密縣人。夫卒痛哭，水漿不入口者七日，姑憫之，勸以飲食，抱姑而泣曰：「兒婦形神已離，不能復事孀姑矣。」卒絶粒而死。同縣節婦項文瑞妻郭氏、屈來同妻李氏、生員蔡體元妻陳氏、張世禄妻盧氏、張瑞光妻侯氏、生員張珂妻蘇氏、李裕昆妻王氏、張可立妻李氏、張容端妻蘇氏、童寇琳妻蘇氏、邢國周妻葛氏、周鍾熊妻錢氏、冉相臣妻陳氏，烈婦趙志妻張氏、黄天誥妻張氏、王陳氏，均乾隆年間旌。

范士楷妻王氏。新鄭人。夫亡守節。同縣節婦許文浩妻靳氏、趙宗德妻杜氏、馮憲妻郭氏、王永瑞妻高氏、張曰良妻趙氏、史雷妻張氏、王毓俊妻亢氏、馮貤妻孫氏、浦城縣丞劉墩妻吴氏、馬辰妻苟氏、李旭妻高氏、郭永昌妻許氏、劉敬一妻孫氏、連溥妻楊氏、馮藴誠妻郭氏、馮性禄妻李氏、劉如金妻高氏、劉繼可妻柳氏、高泰來妻蔡氏、趙君聘妻劉氏、靳坤妻杜氏、張玉鼎妻周氏、董全妻蔡氏、劉發祥妻王氏、劉世澤妻楊氏，烈婦樊氏、連敬路妻喬氏、常自勤妻李氏、薛某妻安氏，均乾隆年間旌。

程鏻妻王氏。祥符人。夫亡守節。同縣節婦段元龍妻張氏、汪永壽妻王氏、宋芝芭妻張氏、楊貴妻張氏、孫應孺妻張氏、張鍾溪妻王氏、高元勳妻竇氏、邵宇明妻周氏、李增妻沈氏、王璠妻原氏，烈婦申貴妻王氏、郭有祥妻侯氏、趙起生媳侯氏、宫楷妻方氏、段克妻張氏、牛根妮母譚氏，均嘉慶年間旌。

劉咸妻王氏。陳留人。夫亡守節。同縣馬應徵妻强氏，烈女吕氏女、王氏，均嘉慶年間旌。

孟縺妻胡氏。杞縣人。夫亡守節。同縣任廷鐸妻吴氏、步公良妻范氏，烈婦江聯蕚妻高氏、左年妻李氏、鄧甫妻劉氏、劉順妻陳氏、張斌妻步氏、徐章吉妻郭氏，貞女張氏女，均嘉慶年間旌。

王學孔妻劉氏。通許人。夫亡守節。同縣劉化南妻郭氏，烈婦張氏、李承伯聘妻，貞女鄭氏，均嘉慶年間旌。

李許氏。尉氏人。守正捐軀。嘉慶年間旌。

李兆鳳妻楊氏。洧川人。夫亡守節。同縣烈婦趙麟瑞妻李氏、師漢妻張氏。烈女孫浮姐。均嘉慶年間旌。

張名標妻吴氏。中牟人。夫亡守節。同縣劉樹功妻王氏、周立業妻張氏、烈婦劉氏、秦氏，均嘉慶年間旌。

傅業澄繼妻王氏。蘭陽人。夫亡守節。同縣節婦粟來喜妻彭氏、袁堦繼妻王氏、張大文妻袁氏、王秉鉞妻范氏，烈婦艾來初妻趙氏，均嘉慶年間旌。

郭學泰妻趙氏。儀封人。夫亡守節。同縣烈婦金氏、張氏，均嘉慶年間旌。

徐文杰妻弓氏。鄭州人。夫亡守節。同州徐某妻陰氏、李惠妻劉氏、王植妻賈氏，烈婦張氏、毛瑾愫妻丁氏，烈女金氏女，均嘉慶年間旌。

蘇漢源妻何氏。滎陽人。夫亡殉節。嘉慶二十年旌。

楊興盛妻程氏。滎澤人。夫亡守節。同縣李秉旺妻闞氏，烈婦何文興妻范氏，均嘉慶年間旌。

王發祥妻禹氏。汜水人。夫亡守節。同縣李守仁妻張氏、禹席珍妻孫氏、楊崇韜妻王氏、禹葆成妻萇氏、禹滄州妻秦氏，均嘉慶年間旌。

劉宜妻冀氏。禹州人。夫亡守節。同州節婦程本妻侯氏、張漢妻駱氏、邵伯龍妻張氏、方元凱繼妻羅氏、方元臣妻宋氏、金鎮西妻佘氏、賈松年妻江氏、王敦倫妻楊氏、李煃妻馬氏、仝太安妻張氏、趙臨乙妻張氏、周恭元妻葛氏、沈厚妻徐氏、朱倫彦妻周氏、耿程翟妻雷氏、白卓妻賈氏、白素妻婁氏、馬維貞妻程氏、孟註妻董氏、朱冕妻孫氏、田逢年妻宋氏，烈婦趙某氏、韓元士妻袁氏、袁大柱妻趙氏、楊丙聘妻張氏。均嘉慶年間旌。

楊延寬妻閆氏。密縣人。夫亡守節。同縣張鳳翩妻周氏、李白貞妻張氏，均嘉慶年間旌。

高士妻李氏。新鄭人。夫亡守節。同縣沈增妻侯氏，烈婦張氏、霍五妻王氏，均嘉慶年間旌。

仙釋

漢

上成公。密人。其初出行，久而不還，後歸，語其家曰：「我已得仙。」因辭家而去，家人見其舉步漸高，良久乃没。陳寔、韓韶同見其事。

唐

神秀。尉氏人。少親儒業。訪道至蘄州雙峯東山寺，禮五祖忍師爲弟子。武后召至都，命舊山置度門寺以旌異之。張説問法，秀曰：「一切佛相自心本有，將心外求，舍父逃走。」神龍初入滅，謚曰大通禪師。

宋

張拱。汴人。舉進士不第，賣藥宜春門。忽有道士抵其肆，授以棗七枚，食之，自是不食。踰二年，神氣明爽，日可行數百里。後遊名山，不知所終。

郭上竈。天僖中，傭於汴梁茶肆中。遇異人，隨去，十餘年始歸。謁趙長官，曰：「大數垂盡，願施小棺，棺首穿一穴。」許之，汲水自濯，卧槐下，遂絶。葬河岸，水漲棺啓，不見其尸。

張九哥。汴人。慶曆中，居京師。雖盛冬單衣。燕王奇之，嘗召見，與之酒。歲餘見王，曰：「將遠遊，故來別，有小伎欲以悦王。」乃取羅重疊爲蜂蝶狀，皆飛去，莫知其數。少頃呼之，蜂蝶皆來，復爲羅。王曰：「吾壽幾何？」九哥曰：「與開寶寺浮圖齊堅。」其後，浮圖災，王亦薨。

侯先生。不知何許人。慶曆間，賣藥京師。年四十餘，無鬚眉，瘤贅隱隱徧肌體。嘗半醉。遇夜，與丐者同處。有馬元者，盛夏隨之，出閶闔門，浴池中，元因就視，乃一蝦蟆。元遽別退，候浴出著衣，元前揖之，笑曰：「子適見我乎？」乃召元飲酒肆中，出藥一粒，曰：「服之，令子壽百歲。」自此不復見。有自蜀中來者，見其貨藥於市云。

張潤子。新鄭人。少耽玄學，結菴於縣西興福寺，練精服氣四十餘年。政和間仙去。

金

訾亘〔三六〕。博州人。自號守真子。遊歷濟南，抵鄭之釣臺。泰和間，大雪丈餘，亘不出者十餘日，除雪視之，端坐儼然。貞祐間，關陝被兵，人皆恐懼，亘曰：「無妨。」已而果然。

元

洪山真人。密縣人。元初，溷跡耕牧，以所得易豆餇牛。或不行，跪拜於前，牛即解意。一日，力拽牛後，趺坐瞑目而化。密人葬其遺骨，號牛郎廟。

土産

綾。開封府出，時稱汴綾。

梨。鄭州出。有二種：一曰香水梨，一曰鵞梨。鵞梨尤甘脆。

石榴。滎澤出，實大而甘。瑣碎録：河陰石榴名「三十八」者，蓋一房止三十八子。

薯蕷。蕪菁。藍。諸縣皆有。

紅花。鄢陵出。

藥。遠志，祥符出。麻黄，中牟龍脊山出。威靈仙，尉氏出。全蠍，陳留出。

瓷器。禹州出。按：山海經：「大騩之山，多美玉，其陰多鐵。」唐書地理志汴州、鄭州皆貢絹。又鄭州貢龍莎。宋史地理志鄭州貢黄麻。寰宇記：鄭州土産鳳翮席。並附録。

校勘記

〔一〕偕同官論斥中官李興 「李」，原作「季」，乾隆志卷一五三開封府人物（下同卷簡稱乾隆志）同，據明史卷一九九李鉞傳改。

〔二〕與三原馬理武城王道以文藝相磨切 「武城」，原作「武成」，乾隆志同，據明史卷二八七高叔嗣傳改。

〔三〕贈布政司參議 「司」，原作「使」，據乾隆志改。按，乾隆志作「賜葬，贈陝西布政司右參議」。

〔四〕石如璉 「璉」，原作「連」，據乾隆志及雍正河南通志卷五七人物改。下同改。按，本志蓋避乾隆太子永璉諱改字也。

〔五〕泰任廣靈知縣 「靈」，原作「臺」，據乾隆志及雍正河南通志卷六七列女改。按，明史卷二九三忠義傳：「有洛陽阮泰，知廣靈，解職歸，聞京師陷，不食死，妻朱氏從之。」

〔六〕魏興邦妻許氏 「興」，乾隆志作「希」。

〔七〕杜焕妻孫氏 「焕」，乾隆志作「英」。

〔八〕王鑛妻郭氏 「鑛」，原作「鐄」，據乾隆志改。按，本志襄陽府名宦劉開文條下有王鑛，任襄陽府知府，祥符人，蓋其人。

〔九〕蘇成德妻王氏 「成德」，乾隆志作「德成」。

〔一〇〕王文琰妻童氏 「琰」，原作「炎」，據乾隆志改。按，本志避清仁宗諱改字也。「童氏」，乾隆志作「董氏」，未知孰是。

〔一一〕郭喜貴妻陳氏 「喜貴」，乾隆志作「善果」。

〔一二〕李恂妻任氏 「恂」下，乾隆志有「如」字，疑是。

〔一三〕王倫妻劉氏 「倫」，乾隆志作「掄」。

〔一四〕王君章妻李氏 「李」，乾隆志作「季」。

〔一五〕韓化遠妻李氏 「化」，乾隆志作「道」。

〔一六〕楚安坦妻侯氏 「坦」，乾隆志作「垣」。

〔一七〕孟大廷妻丁氏　「廷」，乾隆志作「朝」。
〔一八〕吴中柱妻王氏　「王」，乾隆志作「黄」。
〔一九〕魏之亹妻高氏　「妻」、「高」，乾隆志作「妾」、「喬」。
〔二〇〕李軺妻王氏　「軺」，乾隆志作「輅」。
〔二一〕霍寧世妻鄭氏　「寧」，原作「安」，據乾隆志改。按，本志避清宣宗諱改字也。
〔二二〕陳廷尉妻季氏　「季」，乾隆志作「李」。
〔二三〕烈女路成姐　「成」，原作「戍」，據乾隆志改。
〔二四〕石玉美妻馬氏　「美」，乾隆志作「輪」。
〔二五〕張其梓妻章氏　「章」，乾隆志作「張」。
〔二六〕王琰妻黄氏　「琰」，原作「炎」，據乾隆志改。按，本志避清仁宗諱改字也。
〔二七〕晁新武妻韓氏　「妻」，原作「氏」，據乾隆志改。
〔二八〕韓李安妻蘇氏　「李」，乾隆志作「履」。
〔二九〕栗説妻劉氏　「栗」，乾隆志作「粟」。
〔三〇〕邱如妻邵氏　「邱如」，乾隆志作「邱如臯」。
〔三一〕宋維芳妹宋氏　「妹」，原作「妻」，據乾隆志改。
〔三二〕馬顧祖妻史氏　「顧」，乾隆志作「繼」。
〔三三〕張子鈍妻李氏　「鈍」，乾隆志作「純」。
〔三四〕李坦妻朱氏　「坦」，乾隆志作「垣」。
〔三五〕邢鑄妻薛氏　「邢」，原作「刑」，據乾隆志改。
〔三六〕訾亘　「訾」，原作「砦」，據乾隆志及明一統志卷二七開封府仙釋改。

陳州府圖

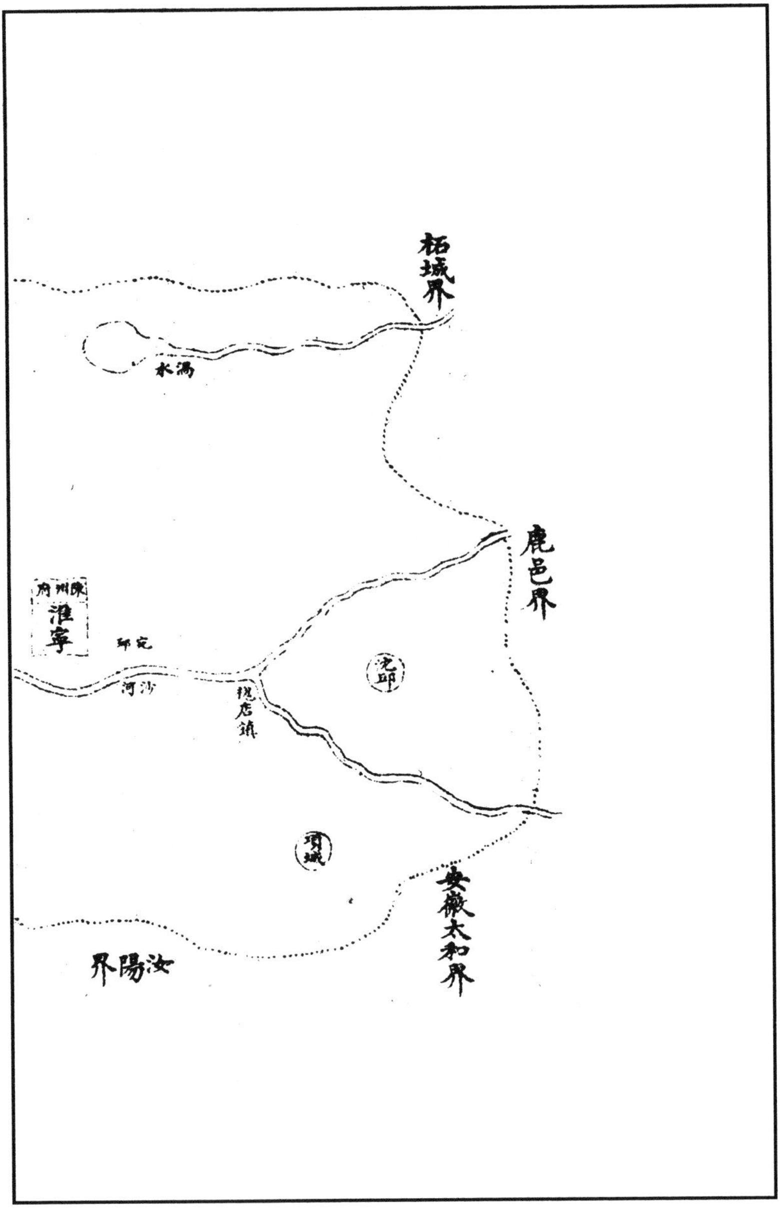
柘城界
渦水
鹿邑界
陳州府
淮寧
宛邱
沙河
槐店鎮
沈邱
項城
安徽太和界
汝陽界

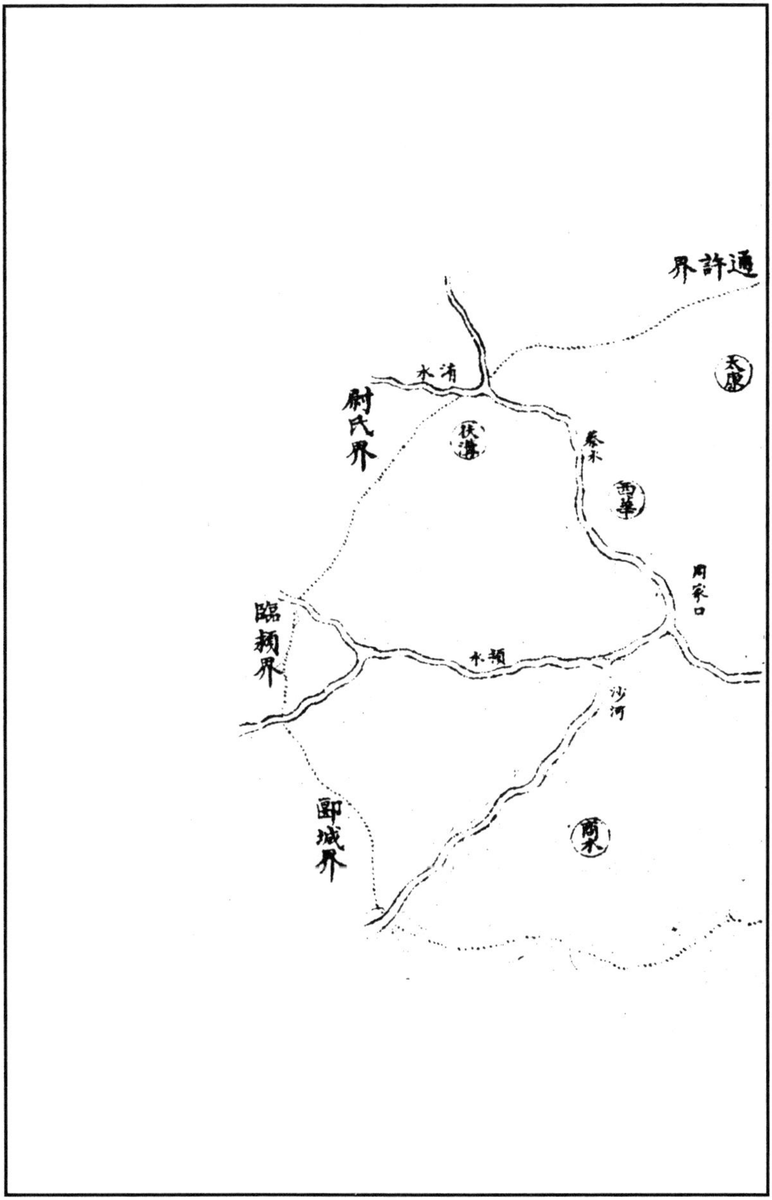
通許界
太康
清水
尉氏界
扶溝
蔡水
西華
周家口
臨潁界
潁水
沙河
郾城界
商水

陳州府表

	陳州府	淮寧縣
秦	屬潁川郡。	陳縣
兩漢	淮陽國 高帝置。後漢章和二年改陳國。	陳縣 國治。
三國	陳國	陳縣
晉	陳郡 初廢國，惠帝置郡。	陳縣 晉初屬梁國，後爲郡治。
南北朝	陳郡	項縣 宋移郡治項城，以陳縣屬南梁郡。魏省縣入項，仍爲郡治。齊移項來治。
隋	淮陽郡 開皇初罷郡，十六年移陳州來治。大業初改郡。	宛丘縣 開皇初改名，郡治。
唐	陳州淮陽郡 武德初復置州，天寶初仍爲郡。乾元初復州名。	宛丘縣 屬陳州。
五代	陳州 晉開運初置鎮安軍。漢廢。周復置。	宛丘縣
宋金附	淮寧府 初曰陳州淮陽郡鎮安軍，宣和初升府，屬京西北路。金復爲陳州，屬南京路。	宛丘縣
元	陳州 屬汴梁路。	宛丘縣
明	陳州 屬開封府。	省入州。

	商水縣
屬淮陽國。後漢省。 新平縣 屬淮陽國。後漢屬陳國。 宜祿縣 屬汝南郡。後漢初廢，永元中復。	汝陽縣 屬汝南郡。 博陽縣 屬汝南郡。後漢廢。
新平縣	汝陽縣
省。	汝陽郡 東晉置，咸康三年廢，後復。 汝陽縣
後漢改置臨蔡縣。 南陽縣 後魏置，屬丹陽郡，旋廢。 廢。	齊廢。 汝陽縣
大業初省入宛丘。	溵水縣 開皇十六年置，屬淮陽郡。 大業初省入溵水。
武德初復置新平縣，屬陳州，貞觀初省。	溵水縣 武德四年屬沈州，後屬陳州。
	溵水縣
	溵水縣 更名，仍屬陳州。
	商水縣
	商水縣

西華縣		項城縣
	長平縣	
西華縣 屬汝南郡。	長平縣 屬汝南郡。後漢屬陳國。	
西華縣	長平縣	
西華縣 初省，永康初復，屬潁川郡。	長平縣 屬潁川郡。	陳郡 惠帝置。
西華縣 魏屬陳郡。	長平縣 宋屬陳郡。魏太平真君七年并入扶溝，後復置。齊省。	北揚州 丹陽郡 東魏改置。梁改殷州。齊改信州。周改陳州。
西華縣 開皇十六年改置鴻溝縣，大業初復舊名，屬淮陽郡。		開皇十六年改置沈州，大業初廢。
西華縣 武德初改名箕城，貞觀初省入宛丘，長壽初置武城縣，神龍初復曰箕城，景雲初又改名，屬陳州。		武德初復置沈州，貞觀初廢，並置潁東縣，尋省入項城。
西華縣		
西華縣		
西華縣		
西華縣		

續表

	沈丘縣
項縣 屬汝南郡。 南頓縣	寢縣 屬汝南郡。後漢更名固始。
項縣 南頓縣	固始縣
項縣 初屬梁國，後爲陳郡治。 南頓郡 惠帝置。 南頓縣 郡治。	固始縣 屬汝陰郡。咸康二年省入新蔡，後復置，屬新蔡郡。
秣陵縣 東魏改置，州郡治。 齊廢。 和城縣 齊改名。 平鄉縣 魏置，屬南頓郡。齊廢。	財州 東魏武定八年置。齊廢州，改置褒信縣。
項城縣 開皇初改名，屬淮陽郡。 南頓縣 大業初復舊名，屬淮陽郡。	開皇初省入銅陽縣。
項城縣 屬陳州。 南頓縣 武德六年省入項城。證聖元年析置光武縣。景雲初復舊名，屬陳州。	沈丘縣 神龍二年始置縣，屬潁州。
項城縣 南頓縣	沈丘縣
項城縣 南頓縣 熙寧六年省入商水、項城二縣，元祐初復置。金屬陳州。	沈丘縣
項城縣 初省入商水，尋復置，屬陳州。 南頓縣 至元初省，後復置。	沈丘縣 至元二年省入潁州，尋復。
項城縣 宣德三年移置，仍屬陳州。 省入項城。	沈丘縣 初廢，弘治中復置，屬陳州。

太康縣	扶溝縣
陽夏縣	
陽夏縣屬淮陽國。後漢屬陳國。 扶樂縣後漢置，屬陳國。	扶溝縣屬淮陽國。後漢改屬陳留郡。 新汲縣屬潁川郡。
陽夏縣 扶樂縣	扶溝縣 新汲縣
陽夏縣屬梁國。惠帝時屬陳郡。 省。	扶溝縣初省，後復。 新汲縣
陽夏縣魏太平真君中省入扶溝。太和中復置，屬陽夏郡。齊置淮陽郡。	扶溝縣魏屬許昌郡。 新汲縣
太康縣開皇初廢郡，七年更縣名，屬淮陽郡。 扶樂縣開皇十六年復置，屬淮陽郡。	扶溝縣屬潁川郡。 廢。
太康縣屬陳州。 貞觀初省入太康。	扶溝縣武德初置北陳州，旋廢，以縣屬洧州，尋屬許州。 武德初復置，屬洧州，貞觀初省。
太康縣梁屬開封府。	扶溝縣梁屬開封府。
太康縣崇寧四年改屬拱州，宣和中仍屬開封府。	扶溝縣
太康縣屬汴梁路。	扶溝縣
太康縣屬開封府。	扶溝縣

續表

大清一統志卷一百九十一

陳州府一

在河南省治東南三百里。東西距一百九十里，南北距二百九十里。東至歸德府鹿邑縣界四十里，西至許州臨潁縣界一百五十里，南至汝寧府汝陽縣界一百三十五里，北至開封府通許縣界一百五十五里。東南至安徽鳳陽府太和縣界一百九十里，西南至許州郾城縣界一百三十里，東北至歸德府柘城縣界五十里，西北至開封府尉氏縣界二百十里。自府治至京師二千一百里。

分野

天文角、亢分野，壽星之次。

建置沿革

古太昊氏之墟，周初爲陳國，戰國屬楚。秦置陳縣，屬潁川郡。漢高帝十一年置淮陽國。後漢章和二年，改曰陳國，後爲郡。元和志：後漢陳國。獻帝末除爲郡。曹魏復爲國，後又爲郡。晉初罷，屬梁國。惠帝復置陳郡，劉宋、後魏因之。隋開皇初郡廢，十六年置陳州。治宛丘。大業初，改曰淮陽郡。唐武德初，復爲陳州。天寶初，仍爲淮陽郡。乾元初，復曰陳州，屬河南道。貞元中，爲忠武軍節度使治所。唐書方鎮表：貞元三年，置陳許節度使。二十年，賜號忠武軍。元和十三年，移治許州。龍紀初，還治陳州。五代唐廢軍。晉開運二年，置鎮安軍。漢廢，周廣順二年復置。宋初曰陳州淮陽郡鎮安軍。宣和初，升爲淮寧府，屬京西北路。金復爲陳州，屬南京路。元屬汴梁路。明屬開封府。本朝雍正二年，升爲直隸州，領縣四。商水、西華、項城、沈丘。十二年，升陳州府，置淮寧縣，以舊屬開封府之太康、扶溝二縣來隸。今領縣七。

淮寧縣。附郭。東西距一百里，南北距九十五里。東至歸德府鹿邑縣界四十里，西至西華縣界六十里，南至項城縣界六十里，北至太康縣界三十五里。東南至沈丘縣治一百五十里，西南至商水縣治七十里，東北至歸德府柘城縣界五十里，西北至扶溝縣界九十里。古宛丘地。秦置陳縣。漢爲淮陽國治。後漢爲陳國治。晉初屬梁國，後爲郡治。劉宋移郡治項城，以縣屬南梁郡。後魏省縣入項，仍爲陳郡治。北齊移項縣於故陳城。隋開皇初，改縣曰宛丘，屬淮陽郡。唐屬陳州。五代、宋、金、元因之。明洪武初省入州。本朝雍正十二年置淮寧縣，爲陳州府治。

商水縣。在府西南七十里。東西距一百里，南北距五十里。東至項城縣界二十里，西至許州郾城縣界八十里，南至汝寧府上蔡縣界三十里，北至西華縣界二十里。東南至項城縣治九十里，西南至上蔡縣治九十里，東北至淮寧縣治七十里，西北至西華縣治五十里。漢置汝陽縣，屬汝南郡。後漢、魏、晉因之。東晉於縣置汝陽郡，咸康三年郡廢，尋復置。後魏因之。北齊郡廢。隋開皇十六年，分置溵水縣。大業初，省汝陽縣入之，屬淮陽郡。唐武德四年屬沈州，貞觀元年屬陳州，建中二年屬溵州，興元元年還屬陳州。五代因之。宋建隆元年，改曰商水，仍屬陳州。金、元、明因之。本朝雍正十二年，屬陳州府。

西華縣。在府西北八十里。東西距一百二十里，南北距六十里。東至淮寧縣界二十里，西至許州臨潁縣界一百里，南至商水縣界三十里，北至扶溝縣界三十里。東南至項城縣治一百里，西南至臨潁縣治一百三十里，東北至太康縣界六十里，西北至開封府鄢陵縣治九十里。戰國魏長平邑。秦置長平縣。漢分置西華縣，並屬汝南郡。後漢以長平屬陳國。晉初省西華入長平，永康元年復置，屬潁川郡。東晉屬陳郡，後魏因之。北齊省長平。隋開皇十六年，改置鴻溝縣。大業初，改鴻溝曰西華，屬淮陽郡。唐武德元年改曰箕城，貞觀初省入宛丘縣，長壽初又改置武城縣，神龍初復曰箕城，景雲初復曰西華，屬陳州。五代、宋、金、元、明因之。本朝雍正十二年，屬陳州府。

項城縣。在府南一百二十里。東西距九十里，南北距一百四十五里。東至沈丘縣界二十里，西至商水縣界七十里，南至汝寧府新蔡縣界八十五里，北至淮寧縣界六十里，東南至安徽潁州府阜陽縣治一百五十里，西南至汝寧府上蔡縣治一百二十里，東北至潁州府太和縣治一百五十里，西北至商水縣治九十里。春秋項國。漢置項縣，屬汝南郡。後漢因之。晉初屬梁國，惠帝時屬陳郡。後魏因之。東魏天平二年，改置秣陵縣，爲揚州丹陽郡治。梁太清初改曰殷州，尋還屬東魏，曰北揚州。北齊改曰信州。後周改曰陳州。隋開皇初，始改秣陵曰項城。十六年，改置沈州。大業初，州廢，屬淮陽郡。唐初復置沈州，貞觀元年州廢，屬陳州。五代、宋、金因之。元至元二年，省入商水，尋復置，仍屬陳州。明因之。本朝雍正十二年，屬陳州府。

沈丘縣。在府東南一百五十里。東西距九十里，南北距六十八里。東至安徽潁州府太和縣界五十里，西至項城縣界四十里，南至潁州府阜陽縣界十八里，北至淮寧縣界五十里。東南至潁州府阜陽縣治一百五十里，西南至汝寧府新蔡縣治一百里，東北至歸德府鹿邑縣治一百四十里，西北至項城縣治九十里。春秋楚寢丘邑。漢置寑縣，屬汝南郡。後漢爲固始侯國。晉屬汝陰郡，咸康初省入新蔡，後復置，屬新蔡郡。後魏因之。東魏武定八年，置財州。北齊州廢，改置褒信縣。隋開皇初，廢入鮦陽縣。唐神龍二年，始置沈丘縣，屬潁州。五代、宋、金因之。元至元二年，省入潁州，後復置。明初又省，弘治十一年復置。屬陳州。本朝雍正十二年，屬陳州府。

太康縣。在府北五十里。東西距一百一十里，南北距一百二十里。東至歸德府柘城縣界五十里，西至扶溝縣界六十里，南至淮寧縣界五十里，北至開封府杞縣界七十里。東南至歸德府鹿邑縣界六十里，西南至西華縣界六十里，東北至歸德府睢州界六十里，西北至開封府通許縣界八十里。秦置陽夏縣。漢屬淮陽國。後漢屬陳國。晉屬梁國，惠帝時屬陳郡。後魏太平真君七年，省入扶溝。太和十二年復置，屬陽夏郡。高齊置淮陽郡。隋開皇初郡廢。七年，改縣曰太康，仍屬淮陽郡。唐屬陳州。五代梁屬開封府。宋崇寧四年，改屬拱州。大觀四年，還屬開封。宣和二年，又屬拱州。六年，仍屬開封。元屬汴梁路。明屬開封府。本朝雍正十二年，改屬陳州府。

扶溝縣。在府西北一百二十里。東西距六十里，南北距一百里。東至太康縣界三十五里，西至開封府鄢陵縣界二十五里，南至西華縣界四十里，北至開封府通許縣界六十里。東南至淮寧縣界三十里，西南至許州臨潁縣治一百十里，東北至開封府杞縣治一百五十里，西北至開封府尉氏縣治九十里。漢置扶溝縣，屬淮陽國。後漢改屬陳留郡。晉省，後復置。東魏天平初，屬許昌郡。隋屬潁川郡。唐武德四年，於縣置北陳州，旋廢，以縣屬洧州。九年，屬許州。五代梁屬開封府。宋、金、元、明因之。本朝雍正十二年，改屬陳州府。

形勢

梁、宋、吴、楚之衝，齊、魯、汴、洛交道。陶弘景信州記。南襟淮、蔡，北枕魏、梁。荆、塗諸山，遥拱於前；河、濟諸流，近繞其後。舊志。舟車駢會，財賦之區。西華縣志。

風俗

好節義而尚廉恥，屏奢華而勤耕織，婚喪多儉，有古風焉。舊志。

城池

陳州府城。周七里有奇，門四，池廣二丈，外有護城隄。明洪武四年建。本朝順治三年修，乾隆二十七年重修。淮寧縣附郭。

商水縣城。周四里有奇，門四，池廣二丈。明崇禎九年甃甎。本朝順治三年修，乾隆二十八年重修。

西華縣城。周五里有奇，門四，池廣二丈五尺。明隆慶二年甃甎。本朝康熙二十八年修，乾隆三十年重修。

項城縣城。周七里，門四，池廣一丈二尺。明嘉靖三十六年增築，本朝順治十三年修，乾隆二十九年重修。

沈丘縣城。周四里，門四，池廣一丈五尺。明正德二年甃甎。本朝順治十三年修，乾隆三十年重修。

太康縣城。周九里，門四，池廣四丈。明崇禎中甃甎。本朝順治三年修，康熙二十四年、乾隆三年、十二年、二十八年重修。

扶溝縣城。周九里，門四，池廣五丈二尺。明隆慶中甃甎。本朝順治十三年修，康熙四年、乾隆二十七年重修。

學校

陳州府學。在府治東南。宋熙寧八年建，明洪武三年重建，本朝順治十五年修。入學額數二十名。

淮寧縣學。附府學内。本朝雍正十二年設。入學額數十五名。

商水縣學。在縣治東。宋大觀二年建，明洪武四年重建，本朝順治間修。入學額數二十名。

西華縣學。在縣東南。元大德中建，明洪武三年重建，本朝順治七年修，乾隆十年重修。入學額數十五名。

項城縣學。在縣治東南。明洪武三十一年建，本朝順治十八年修，乾隆九年重修。入學額數十二名。

沈丘縣學。在縣治西南。明弘治十一年建，本朝康熙、雍正間修，乾隆十二年重修。入學額數十二名。

太康縣學。在縣治東北。明洪武三年建，嘉靖中重建，本朝順治五年修，康熙、雍正、乾隆間重修。入學額數二十名。

扶溝縣學。在縣治東南。元延祐中建，本朝順治七年修，乾隆二十七年重修。入學額數十二名。

絃歌書院。在淮寧縣南。舊名知德，明嘉靖七年建，本朝康熙年間修，乾隆五年改今名，十九年重修。

興賢書院。在太康縣學宫東。

大程書院。在扶溝縣内。舊名明道。本朝乾隆十三年，改今名。

户口

原額人丁十六萬三千九百三十五，今滋生男婦大小共二百二十萬九千五百三十五名口，計四十四萬五千三百六十四户。

田賦

田地五萬六千九百四十九頃六十八畝，額徵地丁正、雜等銀二十二萬三百六十兩八錢二分有奇，正兑、改兑米六百三十五石五斗有奇，麥一千三百六十四石四斗有奇，豆二千七百三十七石三斗有奇，耗米一百二十三石七斗有奇，耗麥三百一十七石有奇，耗豆六百八十七石七斗有奇。

山川

西銘山。在淮寧縣西北五里。

宜山。在西華縣南三十里。

鞍子嶺。在淮寧縣北二十五里，灌河之南。

山子嶺。在西華縣東北三里。高十餘丈，上多桃，仲春之際，爛若紅霞。

杏岡。在淮寧縣西北。

思都岡。在西華縣北二十里。通志：女媧氏之遺民思故都，因名。後訛爲思犢岡。又道陵岡，在縣北三十里，與扶溝太康接界。

長陵岡。在太康縣西南三十五里。明初置遞運所於此，久廢。

大吉岡。在太康縣西北四十里。又西北四里有小吉岡。

柏子岡。在扶溝縣東二十里，即大扶城。岡之東有渦河遺跡。

長岡。在扶溝縣南。脈自嵩少，由鄢陵東至縣治，折而南，城跨其上。

天井岡。在扶溝縣西二十里。水經注：洧水東徑桐丘南，俗謂之天井陵。

雕陵岡。在扶溝縣西北二十里。魏書地形志：扶溝有刁陵岡。寰宇記：縣有雕陵亭，莊子遊乎雕陵之樊，覩一異鵲，蓋即此。

三晉岡。在扶溝縣西北二十五里。三岡並峙，形勢相銜。

秦家岡。在扶溝縣西北四十里，接開封府鄢陵縣境。岡之西，三陂相連，接三十六陂水。

會岡。在扶溝縣東北三十里。岡西有湖水，前代通漕。

宛丘。在淮寧縣東南。詩陳風：宛丘之上兮。詩譜：陳都於宛丘之側。爾雅釋丘：丘上有丘，爲宛丘。陳有宛丘。水經注：宛丘在陳城南道東。王隱云：「漸欲平，今不知所在矣。」寰宇記：在宛丘縣南三里，高二丈。

硯丘。在淮寧縣東南。寰宇記：在宛丘縣東南四十里。高五丈，古老傳云，楚王滅陳，於此讌會軍士，遂名讌丘。後人語訛爲硯丘。

清丘。在淮寧縣東北。寰宇記：在宛丘縣東北五十里，高二丈五尺，古傳漢淮陽王嘗登此丘遊望。聞漢中有清丘，故遥取爲名。

棗丘。在商水縣東北三十里。隋圖經云：其原丘塘，多生棗棘。

秦丘。在項城縣西南四十七里。古傳秦苻堅南征駐此，故名。丘側有秦母城，亦名秦王城。

高陽丘。在項城縣北。元和志：在南頓縣南四十里。魏應瑒兄弟俱有名，自比高陽氏才子，故號高陽丘。

沈丘。在沈丘縣東南二十里。春秋或作寢丘，因丘以立縣。

水丘。在沈丘縣南二十里。相傳漢光武與莽將王尋戰於水丘，即此。

武丘。在沈丘縣東北。本名丘頭。三國魏甘露三年，司馬昭平諸葛誕，詔曰：「克敵之地，宜有令名。其改丘頭爲武丘。」晉太和五年，桓温部將竺瑶破燕兵於武丘。水經注：潁水又東，逕丘頭，丘頭枕水。元和志：武丘，在項城縣東南四十里。通典：丘頭，即潁州沈丘縣。寰宇記：在項城縣東南四十里，沈丘縣東六十里。

古黄河。在淮寧縣西。本朝乾隆十六年、十七年，於淮寧縣境之五里口至牛溝口開濬四十里，河寬四丈，深七尺，培築兩岸。舊志：州舊無河，金明昌五年，河決陽武，由太康逕州東南至潁州。明洪武二十四年，河決原武，逕汴城至州城西，又東南逕項城入淮。三十年，河徙入州境。永樂九年，濬入故道。正統九年，又決滎陽，逕州境，由項城入淮。弘治中北徙，而州境之河遂涸。沈丘縣志：明洪武初，黄河自通許縣之西支分陳州商水入南頓，混潁水東流。逕項城，入沈丘新治。東過舊沈丘，遶西古城，折而東北爲長灣。又折而南，爲私擺渡，遶北城門外，依黄壩堆而東，入舊黄河。宣德五年淤塞。

沙河。自淮寧縣南受古黄河水，又東受蔡渠水，又東經項城縣東北，又東經沈丘縣新安集南，又東受枯河水，又東經界首集南，又東入安徽潁州府太和縣界。蓋即蔡、潁分流也。按：水經注有新溝水，首受交口，東北流至新陽。宋元祐元年，知陳州胡宗愈言，沙河合入潁處有古八丈溝，可以開濬，分決蔡河之水，自爲一支，由潁、壽界直入於淮。詔可。功既成，謂之新河。通志未載。考其原委，蓋與此河相合。

灌河。在淮寧縣北，蔡河支津也。自太康縣流入，又東經鞍子嶺，又東經臨蔡城北，又東入歸德府鹿邑縣界，注於渦河。一名典水，一名涸河，俗謂之黑河。本朝乾隆九年開濬，計長五千七百五十一丈，兩岸並築堤埝。

潤河。在商水縣南十里。自許州郾城縣流入。又有龍塘河，在縣西南十二里，俱入沙河。

清泥河。在西華縣西四十里。自開封府鄢陵縣流入，合於潁，即濮水也。又有柳社河，在縣西北六里。北新河，在縣東北一里。

渚河。自許州臨潁縣流入西華縣境。有二口，一自西北入，一自正西入，至縣西南十八里合流，曰棗祇口，入於潁水。

虹河。在項城縣西南。本上蔡縣包、沙諸水之餘流。舊闊十餘丈，流逕城内，下流經沈丘縣，西南入潁。又有縷堤河在縣北二十里，舒陽河在縣西門外，流鞍河在縣西南，俱入潁。

瓦溝河。在項城縣東北八十里。黄河支流，經縣東復入黄河。

燕城河。上源自太康縣西北境，流經縣西南，又東南流入淮寧縣渦河，長百餘里。本朝雍正五年濬，乾隆二十二年復濬，兩岸並築土堤。

潁水。自許州臨潁縣流入，經西華縣西南，東流至商水，又東經府城南，與項城縣分界。又東經沈丘縣南，至安徽潁州府阜陽縣界入淮。水經注：潁水自濦陽東南合潩水，又東過西華縣北，洧水注之。又南過汝陽縣北，又東大濦水注之，又東南逕博陽故城東，又東南過南頓縣北，又東南逕陳縣南，又東南左會交口，新溝東出焉。自堰東南流，經項縣故城北，又東，右合谷水，又東逕臨潁城北，又東逕雲、陽二城間，又東至丘頭，又東南至胡城〔一〕。元和志：潁水在南頓縣西北三十里。元和十一年，置淮潁水運使，運揚院米，自淮入潁，至項城入溵。金史地理志：陳州宛丘、項城、商水、西華有潁水。舊志：潁水自商水縣周家口合沙水，又東入州界合清水、柳社河水爲白馬溝。又南爲潁岐口，分爲二：東流者爲沙河，入沈丘界；其潁水南流經南頓鎮，又東南經項城北，受穀水、汾水，又東入沈丘境，受虹河水，又東南經沈丘縣南，又東南經故沈丘縣北，入潁水。

蔡水。一名小黄河，亦名惠民河。自開封府尉氏縣流入，經扶溝縣東，又南流經西華縣界，又東流經府城南，合於潁，即沙水也，水經注：沙水自合八里溝，又南逕扶溝故城東，又東南與康溝水合，又南與蔡澤陂水合，又南逕小扶城西，又東南逕大扶城西，渦水於是分焉。沙水又東南逕東華城西，又東南有沙水枝瀆，西南達洧，又東南與廣漕渠合，又東逕長平縣故城北，又東南逕陳城北，又東而南屈，逕陳城東，謂之百尺溝。南分爲二水，新溝水出焉。溝水東南流，谷水注之。又東南注於潁，謂之交口。元和志：蔡水在宛丘縣東一里。舊志：沙水自扶溝受溱、洧，東南流，自西華縣境繞城之西、北、東三面，又東南經李方口，又東南入潁，亦謂之小黄河。按：五代周顯德六年，引河入蔡，以通陳、潁之漕。宋時導閔水合於蔡，爲惠民河，陳、蔡之粟自此入汴。元時爲河水所奪，賈魯治之，故自朱仙鎮以上通名賈魯河。自朱仙鎮以下，昔由通許流入扶溝，今則近尉氏而遠於通許，於水經及元和志故道不能盡合，然大略可考。又按：蔡本音沙，而府境別有沙河，舊志或混爲一，今爲考正。

洧水。自開封府鄢陵縣東流，至扶溝縣北入蔡，亦名雙洎河。漢書地理志：洧水東南至長平入潁。水經注：洧水南逕長平縣故城西。元和志：洧水在縣西二十里。舊志：舊自扶溝縣之西，迤南流入西華縣界，又東入陳州界，今自扶溝入蔡，不經西華縣界。按：洧水本至西華入潁。宋時導之，自扶溝入蔡。明時河道漸微，旁溢爲害。嘉靖初，疏河由扶溝城東北轉而南，至王潁店入西華縣界。十三年復淤，自扶溝北反流。萬曆三十三年，疏雙洎故道，以分水勢，又爲西華人所阻，復東引入蔡。今有史家河，在西華縣西南，即洧之餘流也。

渦水。即蔡水分流，自太康縣北東南流，經淮寧縣東北，入歸德府柘城縣界。本朝乾隆二十二年挑濬，計長二萬二千三百餘丈，兩岸並築堤埝，以資捍衛。漢書地理志：扶溝縣渦水，首受狼湯渠〔二〕，東至向入淮。水經注：渦水首受沙水於扶溝縣，流逕大扶城西，東南流逕陽夏縣西，又東逕邈城北，又東至大棘。元和志：渦水首受蔡水，東流經太康縣北。舊志：今扶溝縣柏子岡東尚有渦河故道。又有魯溝水，在太康縣西北，自開封府杞縣流入，又南入渦，今涸。

谷水。自商水縣東南流，經項城縣境入潁水，亦名瀫河。水經注：谷水上承平鄉諸陂，東北逕南頓縣故城南，側城東注，又東逕項城中、小城北，又東流，出城東注潁水。舊志：在項城縣北五十里，源出商水縣召陵岡，東流入潁。其南又有汾河，亦自商水縣流入，東入潁。

溵水。即古㶏水。自許州郾城縣流逕西華縣南，又東入商水縣北，合於潁。俗亦名沙水。水經注：大㶏水，自征羌合小㶏水，東逕西華縣故城南，又東逕汝陽縣故城北，東注於潁。元和志：溵水，經商水縣北，去縣三里。

小汝水。汝水支流也。自許州郾城縣流入，經商水縣南，又東經項城縣北，又東經沈丘縣南，入安徽潁州府阜陽縣界。水經注：汝水別瀆，自征羌城，又東，出南北二利之間，關汝陽之縣〔三〕，縣取名焉。又東逕南頓縣故城南，又東南逕鮦陽城北〔四〕，又東逕固始縣故城北，又東北至胡城。元和志：小汝水，在南頓縣西南四十里，流逕項城縣，去縣五十里，又流逕沈丘縣北。

康溝南水。在扶溝縣北，自開封府尉氏縣流入。水經注：南水，自康溝南流，分爲二水，又東南合流，亦謂之雙溝，又東南入沙水。舊志有太溝河，源出尉氏縣南岳寨諸陂，東流至白家澤，入惠民河。

柳湖。在淮寧縣西北隅。又城東南有南壇湖。

北池湖。在商水縣北十五里，匯上游諸水而成，方四十里，又東合潁水。

棉塜湖。在沈丘縣東十里。又十五里爲白楊湖，即沙水故道，潦則與界首湖相通。

楊家湖。在沈丘縣北十五里。又有迷艇湖，在縣北二十里。

界首湖。在沈丘縣東北四十里，亦沙水舊道，淤隔成湖，長三十餘里。南二里又有小湖，長三里，明成化中，曾開渠以洩水。縣境又有鄭家、范家等湖，今大半淤爲民田。

會岡湖。在扶溝縣東北三十里，舊通漕舟。又白沙湖，在縣東北二十五里，舊入惠民河。又馬家湖，在縣西北十五里，一名曹臺陂。翟家湖，在縣西南十八里。

秋江泊。在太康縣東南二十里渡，通歸德府柘城。

滂陂。在淮寧縣西。水經注：谷水源上承滂陂，陂在陳城西北，南暨犖城，皆爲陂矣。陂水東流，謂之谷水，東逕滂城北，又東流逕陳城南，又東流入於沙。舊志有七里河，其水無源，自州西北上承諸陂，微有水道。明隆慶三年，僉事傅霖疏此水，經州南，東入蔡河，蓋即此陂故道也。

鄧門陂。在西華縣西二十里柳城側，以鄧艾故址，因名。唐志：陳州西華有鄧門廢陂，神龍中邑令張餘慶復開，引潁水溉田。縣志：柳城側有陂，魏鄧艾營稻陂也。

鴨子陂。在扶溝縣南。水經注：庚溝水，上承洧水於大穴口，東逕洧陽故城南，又東南爲鴨子陂，陂廣十五里，水南入甲庚溝，西注洧。舊志：鴨岡陂，在縣南三十五里，即鴨子陂。又護陵陂，在縣西南二十里，即濩陂。

蔡澤陂。在扶溝縣北，自開封府尉氏經鄢陵縣流入。水經注：水自鄢陵東逕匡城北，又東南至扶溝城北，又東南入沙。舊志又有七里河，在縣西北，自開封府洧川縣南席陂，經鄢陵縣，流入境，與雙洎故道接，至縣北更連大溝溢水，漫爲一陂。

八字溝。在淮寧縣東南八里，宋知州陳襄開以洩水。又縣東十八里有狼兒溝，四十五里有吕長溝。

五梁溝。自西華縣流至淮寧縣西南入谷水，本洧水之支流也。水經注：洧水，南逕長平縣故城西，又南分爲二水，枝水東出，謂之五梁溝，逕習陽城北，又東逕赭丘南，又東逕長平城南，東注滂陂。寰宇記：在宛丘縣西南十里，從西華縣界洧水出，東流入谷水。舊傳有五橋渡，因名。

陳佗溝。在淮寧縣北十里，亦名九里溝。寰宇記：陳佗溝，上承安仁溝，流入宛丘郭，世傳陳公子佗所開。

驛馬溝。在商水縣西南十三里，舊傳楚相孫叔敖截汝墳之水以作塘，下有柘塘陂九百頃，遂鑿此溝。其湍急如驛馬，故名。水發孫塘，屈曲六十里入潁水。

黄草澗。在西華縣南里許。一名黄巢澗。

翟王渠。在淮寧縣東。唐書趙犨傳：犨子珝爲忠武軍節度使，按鄧艾故蹟，決翟王渠溉稻以利農。

賈侯渠。在淮寧縣西北。三國魏初，賈逵爲豫州刺史，開運渠二百里，謂之賈侯渠。又水經注沙水南合廣漕渠，即賈侯渠也。水上承龐官陂，云鄧艾所開。

東門池。在府城内東北隅。詩陳風：東門之池，可以漚麻。水經注：陳城東門内有池，池水東西七十步，南北八十許步，水至清潔，不耗竭，不生魚草，水中有故臺處。通典：陳州宛丘有東門池。元和志：池在陳州城東門内道南。

白龜池。在淮寧縣東北隅。相傳伏羲於蔡水得白龜，遂以名池。

畢卓池。在沈丘縣西南三十五里。相傳爲畢卓飲處。

湯井。在淮寧縣。寰宇記：舊傳殷湯時大旱，民穿此井。又河東三里有鳴井，投以物，有聲如鐘。

古蹟

宛丘故城。今淮寧縣城，古陳國。左傳昭公十七年：梓慎曰：「陳，太皞之墟。」史記：武王克殷，求虞舜後，得嬀滿，封之於陳。漢高帝十一年，置淮陽國。後漢改爲陳國。漢志：淮陽國，陳故國，舜後胡公所封。水經注：沙水東南逕陳城北，故陳國也。伏羲、神農並都之，城東北三十許里猶有羲城。元和志：宛丘縣，本漢陳縣，高齊文宣帝移項縣理於此。隋文帝改項縣爲宛丘縣。通志都邑略：伏羲都陳，宛丘城是也。神農都魯，或云始都陳。詩地考：今陳州城，在古陳城内西北隅。

淮陽故城。在淮寧縣西南，漢淮陽王所封國也。後漢改曰陳國。晉罷。漢書諸侯王表：梁孝王武，文帝子，二年立爲代王，三年徙爲淮陽王。又淮陽憲王欽，元康三年立。地理志注：孟康曰：「淮陽國，孝明帝史名陳國。」晉地道記：陳城西南角有淮陽城，漢淮陽故治也。水經注：陳城南郭裏又有一城，名淮陽城，子産所置。通典：漢淮陽城，在今理西南，莽曰陳陵。

固始故城。在淮寧縣西北。舊曰固陵，漢縣也，屬淮陽國。史記：漢五年，漢王追項王至固陵。晉灼曰：「即固始也。」後漢改寢縣曰固始，而此城廢。括地志：固陵，在宛丘縣西北四十二里。寰宇記：固陵，高一丈二尺，俗呼爲穀林。

新平故城。在淮寧縣東北，漢縣也，屬淮陽國。後漢屬陳國。晉省。後魏改置臨蔡縣。隋大業初省。唐武德元年，析宛丘，復置新平縣，屬陳州，貞觀初省。寰宇記：新平故城，在縣東北二十五里。隋於故城置臨蔡縣，唐改置新平縣。

溵水故城。即今商水縣治。隋置縣，宋改今名。元和志：溵水縣，北至陳州八十四里，溵水經縣北，去縣三里。金史地理志：陳州商水本溵水，宋避宣祖諱改。

汝陽故城。在商水縣西北，漢置縣。三國魏正元二年，司馬師討毌丘儉，自㶏橋進屯汝陽。晉元康中，封汝南王亮子熙爲汝陽公。光熙初，進爵爲王，蓋自是置爲郡也。宋、魏因之。水經注：潁水又南過汝陽縣北，縣故城南有汝水枝流，故縣符厥稱矣。隋省入溵水，此城遂廢。

博陽故城。在商水縣東北四十里。漢縣，屬汝南郡。元康三年，封丙吉爲侯邑。王莽改曰樂嘉。後漢省。水經注：博陽城，在南頓縣北四十里。寰宇記：博陽城在宛丘縣西南四十里。魏正元中，兖州刺史鄧艾擊毌丘儉於項城，進至樂嘉，作浮橋潁水上，以待司馬師，師遂自汝陽潛兵就艾於樂嘉，即其地也。

西華故城。在今西華縣南。漢置縣。後漢建武十九年，封鄧晨爲侯邑。宋書州郡志：西華縣，晉初省，永康元年復置。水經注：潁水又東過西華縣北，有東，故言西也。隋改置於潁水北長平縣界。元和志：縣東至州八十里，即今治。

長平故城。在西華縣東北十八里，本魏地。戰國策：魏芒卯曰，秦王欲魏長平。史記：秦始皇六年，蒙驁攻魏，拔長平。漢武帝元朔二年，封衛青爲侯邑。後漢建武十九年，封劉隆爲侯邑；三十年，以汝南之長平益淮陽國。晉哀帝時，燕慕容塵攻陳留太守袁披於長平。魏書地形志：長平縣，晉初省。永康元年，復有長平城。隋志：西華有舊長平縣，齊廢。括地志：長平城，在宛丘縣西北六十六里。王存九域志：西華縣有長平鎮。

南頓故城。在項城縣北五十里，故頓子國。左傳僖公二十三年：楚伐陳，城頓而還。注：「頓國，今汝陰南頓縣。」漢書地理志：頓，姬姓。注：「應劭曰：頓迫於陳，其後南徙，故號南頓，故城尚在。」後漢書光武紀：南頓令欽，生光武。注：「南頓縣故城，在今項城縣西。」三國魏正元二年，司馬師討毌丘儉，王基進據南頓。晉惠帝時，置南頓郡。水經注：谷水東北逕南頓縣故城南，今其城在南頓西三十餘里。北齊郡廢，改縣曰和城。隋大業初復故，屬淮陽郡。唐武德六年，省入項城。證聖元年，析置光武縣。景雲元年，復爲南頓。元和志：南頓城，令尹子玉所築，北至陳州七十五里。宋熙寧六年，省入商水、項城二縣，元祐初復置。金屬陳州。元至元二年廢，後復置。明初又省。

項縣故城。在今項城縣東北。故項子國，爲魯所滅，後屬楚。春秋僖公十七年：夏，滅項。注：「項國，今汝陰縣。」史記項羽本紀：項氏世世爲楚將，封於項，故姓項氏。漢置項縣，宋爲陳郡治。水經注：潁水自東堰南流，逕項縣故城北。又谷水東逕項城中，楚襄王所郭以爲別都，都内西南小城，項縣故城也。東魏天平二年，於縣置北揚州。梁太清初，侯景以北揚州來歸，改爲殷州，自是齊信州、周陳州皆治此。隋始移陳州於宛丘。隋志淮陽郡項城：有項城郡，開皇初分陳郡立。元和志：項城縣，西北至陳州一百里。寰宇記：項國城，在今縣北一里。縣志：明宣德三年，以河患遷今治，本南頓縣之殄寇鎮也。槐坊店，即舊縣治，今半在沈丘縣界。

寢丘故城。在沈丘縣東南，楚封邑。吕氏春秋：楚孫叔敖戒其子曰：「荆、楚間有寢丘者，前有妬谷，後有戾丘，其名惡，可長有也。」史記：楚莊王召孫叔敖子，封之寢丘四百户以奉其祀。漢置寢縣。後漢光武更名固始。建武二年，封李通爲侯邑。水經注：固始縣故城，故寢也。寢丘在南，城北猶有叔敖碑。建武二年，司空李通又慕叔敖受邑，光武嘉之，更名固始。唐置沈丘縣，屬潁州。元和志：沈丘縣，漢爲寢縣，後漢加「丘」字。東魏於此置財州。高齊文宣廢州，改置褒信縣。隋不置縣邑，至神龍二年，十道使唐儉奏請分汝陰置沈丘縣。宋、元因之。明初廢。縣志：明弘治中，改置縣於今治，本乳香臺巡司地也。臺在今縣南二里，故城在縣東南三十里。

陽夏故城。即今太康縣治，秦縣也。史記：二世二年，陽夏人吴廣起兵。漢元年，楚發兵距漢於陽夏。後漢初平初，陳王寵屯陽夏。晉永康五年，石勒攻陳留太守王讚於陽夏。皆即此。水經注：魯溝東南至陽夏故城西。舊唐書：隋改太康，以縣東有太康城。元和志：縣理城即漢陽夏縣城，夏后太康所築。

扶樂故城。在太康縣西北。後漢置。建武十七年，封劉隆爲扶樂鄉侯。郡國志：縣屬陳國，晉省。魏書地形志：陽夏有大、小扶城。水經注：沙水南逕小扶城西，城即扶溝縣之平周亭。又東南逕大扶城西，城即扶鄉故縣也。後漢世祖封劉隆爲扶樂侯，即此城也。隋開皇十六年復置縣，屬淮陽郡。唐貞觀元年省入太康。寰宇記：扶樂故城，在太康縣西北四十里。府志：大扶城，在太康縣西北三十五里。小扶城，在縣西三十里。

新汲故城。在扶溝縣西南。春秋鄭曲洧地。左傳成公十七年：公會諸侯伐鄭，自戲童至於曲洧。漢置新汲縣，屬潁川郡。後漢、晉因之。杜預左傳注：「今新汲縣治曲洧城，臨洧水。」闞駰曰：「新汲，本汲鄉也。漢宣帝神爵三年置，以河内有汲縣故加『新』。」隋廢，唐武德初復置，屬洧州。貞觀元年省。章懷太子曰：「新汲故城，在扶溝縣西。」舊志：今在縣西南二十里，今名離下村。或曰在洧川，誤。

扶溝故城。在扶溝縣東北五十里。漢置。後漢建武初，封朱鮪爲扶溝侯。水經注：故潁川之穀平鄉有扶亭、洧水溝，故名。元和志：扶溝，本漢舊縣。高齊文宣帝自今縣北移於今理，西至許州一百十里。寰宇記：故城在縣東北二十里。

南陽廢縣。在淮寧縣東。魏書地形志：丹陽郡南陽。隋志：宛丘有魏置南陽郡，東魏廢。寰宇記：在州東三十里，後魏太和三年，於此置南陽、武定等縣，七年廢。

潁東廢縣。在項城縣東。唐志陳州項城：武德四年，置沈州，並置潁東縣。貞觀元年，州廢，省潁東入項城。

平鄉廢縣。在項城縣西北七十里，後魏置，屬南頓郡。北齊廢入南頓。隋志：淮陽郡南頓，後齊廢郡及平鄉縣入。

宜禄廢縣。在沈丘縣北。漢置縣，屬汝南郡。後漢初廢，永元中復置。魏、晉間廢。水經注：明水上承沙河之津，東出逕汝南郡之宜禄縣故城北。

方城。在淮寧縣東南四十里。魏書地形志：陳郡項有方城。

犖城。在淮寧縣西北，一作「檉」，或又作「澇」。春秋僖公元年：「公會齊侯、宋公、鄭伯、曹伯、邾人於檉。」左傳：「楚人伐鄭，盟於犖。」注：「檉，宋地，陳國陳縣西北有檉城。犖，即檉也，地有二名。」水經注：谷水東逕澇城北。王隱曰犖北有谷水是也。

古糧城。在淮寧縣北一里許蔡河濱，門上有樓，繞以周垣，蓋宋時築以貯江、淮漕運之所。

南利城。在商水縣南。漢本始元年，封廣陵厲王子昌爲南利侯。水經注：汝水别瀆東逕西門城，即南利也。城北三十里有孰城，號北利。括地志：南利城，在上蔡縣東北八十五里。

扶蘇城。在商水縣西南三十五里，見寰宇記。又王象之輿地紀勝：在縣南十二里。秦二世時，陳涉詐稱公子扶蘇，此城蓋涉所築，故名。隋越王侗皇泰元年於此置扶蘇城。唐武德初廢。

溉灌城。在商水縣東北。元和志：溉灌城，在溵水縣東北二十五里。魏鄧艾開築陂塘，大興溉灌，軍儲豐足，因名此城。舊志又有鄧城，一在縣西北四十里潁水濱，一在縣東南十五里，皆鄧艾築。

夾河月城。在商水縣東北潁岐渡。唐貞元元年，刺史曲環築以備李希烈，與扶蘇城相對，互爲犄角，見寰宇記。

習陽城。在西華縣西南十里，即漢習陽城故地。魏書地形志：陳郡長平有習陽城。水經注：西華縣北有習陽城，潁水逕其南。又五梁溝逕習陽城北是也。今俗以其地有石羊二，遂訛爲石羊集，失其舊矣。

夏亭城。在西華縣西南，即夏氏邑，亦曰株林。詩陳風：胡爲乎株林。寰宇記：南頓縣西南三十里有夏亭城，城北五里有株林。

護當城。在西華縣西十里，魏鄧艾護守營田處。元和志：鄧艾營田，築之貯糧，亦名集糧城。

柳城。在西華縣西二十里。舊傳女媧氏所都，本名媧城。魏鄧艾營稻陂時，柳舒爲陂長，後人因目爲柳城。隋開皇元年，於此置柳城縣，隋末廢。縣志：北柳城，在縣西北十里；南柳城，在縣南三十里。皆以柳舒而名。見寰宇記。

閻倉城。在西華縣東北，即閻亭。左傳昭公二十年：宋公子城、公孫忌出奔鄭，其徒南華氏戰於鬼閻。注：「長平西北有閻亭。」隋圖經：閻倉城，在扶溝縣西南五十里許。寰宇記：在西華縣東北三十里。

德勝城。在項城縣西三十里。後唐李克用所築。

潁陰城。在項城縣西北。魏書地形志：南頓有潁陰城。括地志：在南頓縣西北十三里。

互鄉城。在項城縣東北一里。即論語所謂互鄉難與言者。州志：在州南百里許。見寰宇記。

公路城。在項城縣東北潁水側。水經注：潁水東側有公路城，袁術所築也，故世以「術」字名城。元和志：城在項城縣東四里。

誘城。在項城縣東北。元和志：故誘城，在項城縣北三十里。魏毌丘儉作亂，西至項，鄧艾督軍至樂嘉以誘之，後人因謂之誘城。

武陰城。在沈丘縣東。皇甫鑒城塚記：周武王登南嶽，回至汝水西，野宿於武丘，夜夢築城於此，遂城於武丘，因名武陰城。寰宇記：城在沈丘縣東六十里。按：武丘之名，陳壽謂曹魏時所改，與城塚記所載異。

沈城。在沈丘縣東南。通志氏族略：楚有沈邑，楚莊王之子公子貞封於沈，故爲沈氏。其地在今潁州沈丘。

磚城。寰宇記：在沈丘縣東北四十五里。魏鄧艾屯田置戍處，城址猶存。

募城。在太康縣東。相傳光武募軍於此。又縣北四十五里有料城，亦光武積料處。

牛頭城。在太康縣西五十里，扶溝縣西二十里。水經：沙水東經牛首城。見寰宇記。

洧陽城。在扶溝縣南。水經注：庾溝水逕洧陽故城南。漢建安中，封郭奉孝爲侯國。

桐丘城。在扶溝縣西二十里。左傳莊公二十八年：楚侵鄭，鄭人將奔桐丘。注：「許昌縣東北有桐丘城。」水經注：洧水東南經桐丘城，俗名曰「隄」，其城南即長隄，固洧水之北防也。

匡城。在扶溝縣西。左傳文公元年：衛孔達侵鄭，伐綿、訾及匡。注：「匡邑在新汲縣東北。」水經注：蔡澤陂水，東逕匡城北，即扶溝之匡亭也。

固城。在扶溝縣北十五里。今名固寺城。通典：在縣西北，周迴皆水，勢甚固，故名。

白亭城。在扶溝縣北四十五里，楚白公勝故城也。舊志：白亭集在縣西北四十里。魏書地形志：扶溝有白亭城。

陳州故衛。在淮寧縣西。明洪武六年建。本朝順治十六年廢。

固陵聚。在太康縣西。史記：漢五年，漢王追項羽至陽夏南固陵。後漢志：陽夏有固陵聚。

淩雲栅。在商水縣故溵水城西南，當郾城之東。唐元和十一年，李光顔破淮西兵於淩雲栅，拔之。

時曲栅。在商水縣西南五十里，一名洄曲。唐李光顔敗吴元濟於時曲。胡三省通鑑注：時曲在溵水縣西南，即洄曲水也。溵水於此洄曲，故名。按：洄曲河，今見郾城縣。

鍾鎮倉。在商水縣西南三十里。相傳魏鍾會屯兵於此。明初設倉貯糧，今廢。

張王里。在淮寧縣西。東坡志林：予舊過陳州張王里，俗傳張耳爲里監門，陳餘少從之遊，甚驩，予往弔之，而爲之欷歔焉。

故陽里。在淮寧縣北。通鑑：唐中和四年，黄巢圍陳州，諸軍拔太康、西華，巢懼，退軍故陽里。

張公藝故里。在西華縣西四十五里叢桑村，有清神祠、顧會臺、河濱書院諸舊蹟。唐高宗幸其宅，即此。今名張家灣，後人居焉。按：張公藝，壽張人，其事蹟已載山東泰安府東平州人物，不應西華又有故里。因舊志所載，姑存之，而附注於此。

西園。在淮寧縣西。宋張詠知陳州時建。中有七亭，曰流芳、中讌、流盃、香陰、環翠、洗心、望京，有閣曰泠風，堂曰清思，臺曰望湖。後晏殊以故相守陳，見園中隙地有莎叢生，築爲莎場。既成，作庭莎記。

大邸閣。在項城縣北，三國魏正元二年，毌丘儉、文欽作亂，王基言於司馬師曰：「南頓有大邸閣，計足軍人四十日糧。」遂輒進據南頓。通志：大邸閣，在南頓城内。

辰亭。在淮寧縣西六十里。亦曰辰陵亭。春秋宣公十一年：楚子、陳侯、鄭伯盟於辰陵。注：「辰陵，陳地。」後漢書郡國志：陳國長平有辰亭。水經注：洧水又東南，逕辰亭東，俗謂之田城，非也。京相璠曰：「潁川長平有故辰亭。」杜預曰：「長平東南有辰亭。」今此城在長平城西北。

子由亭。在淮寧縣西北隅柳湖中。宋蘇轍讀書之所。

駐蹕亭。在淮寧縣北門外。明洪武初，幸汴梁駐此。

防亭。在淮寧縣北。詩陳風：防有鵲巢，邛有旨苕。傳：「防，邑也；邛，丘也。」後漢書郡國志注：「博物記曰：邛，地在縣北，防亭在焉。」

貯糧臺。在淮寧縣東南一十里。相傳魏將伐陳，於此築臺，以貯糗糧。北臨蔡水。州志：貯糧臺，俗呼平糧塚，其高二丈，大頃餘，有四門，林木鬱然。見寰宇記。

厄臺。在淮寧縣南一里許，即孔子絶糧處。又名弩臺。元和志：弩臺，在宛丘縣故陳城南八十步，後漢陳王寵善射，嘗於此教弩。開元九年，移孔子廟於臺上。宋莊綽雞肋編：陳州城外有厄臺寺，乃夫子絶糧之地。今其中有一字王佛，舊榜文宣王，因風雨洗剥，但存一「王」字，而釋氏附會爲一字王佛也。其侍者冠服，猶是顔淵之狀。通志：陳州厄臺，明嘉靖間改曰絃歌臺。

按：八卦臺、厄臺，汝寧府上蔡縣俱有遺蹟。

偶臺。在淮寧縣西北二十五里。寰宇記：二臺相向，高二丈，舊傳淮陽王試妓樂處。一名偶仙臺，又名舞妓臺。

八卦臺。在淮寧縣北一里。亦名爲八卦壇。壇後又有畫卦臺。元和志：古者伏羲氏始畫八卦於此。

乾谿臺。在商水縣西北三里。亦曰章華臺，相傳楚襄王所築。輿地紀勝：楚靈王築章華臺於華容城。及襄王爲秦將白起所迫，北保於陳，更築此臺。

叢臺。在商水縣北二十里沙河之陽。按春秋襄公十七年：楚靈王築章華臺，并築此。圖經：有嘉禾叢生，因名。舊志有范臺，在縣西南十五里，舊傳范蠡曾至此。又白帝臺，在縣西北三十里，即故白帝鎮也。

箕子臺。在西華縣儒學内。相傳西華城本箕子所居，唐改名箕城縣以此。明萬曆中，建演疇亭、洪範堂於城内，以祀箕子。本朝乾隆十三年重修。

涼馬臺。在西華縣西南。寰宇記：陳靈公涼馬臺，東南去靈公墓五百七十步。

丁蘭臺。在西華縣東北十八里。慎蒙名勝志：蘭刻木爲母像，築臺以事之，即此處。

晉王臺。在項城縣西三十三里，與德勝城相近。上有古井，四門空洞，乃唐李克用屯兵之所。碑刻猶存。

光武臺。在項城縣北。寰宇記：在南頓縣北四十里。相傳光武幸南頓時築。又縣北四十里有瞻星臺，亦光武築。

乳香臺。在沈丘縣南二里。舊産乳香，故名。

五子臺。在太康縣西。太康弟五人，御其母徯於洛水之濵，因築是臺。上有五子廟，今廢。

扶臺。在扶溝縣治後。明道程子所築。

關隘

瓦關。在淮寧縣南。舊傳春秋時陳侯與頓子國相鄰，立此爲界。

水關。在淮寧縣西南。舊傳楚頃襄王立，以備秦兵。

項關。在項城縣西北五十里。晉永嘉五年，劉聰遣王彌等陷洛陽，彌東屯項關。舊志：即今南頓鎮。明景泰初置巡司，今裁。

界首關。在沈丘縣東五十里。路通安徽潁州府太和縣，明置巡司，今裁。

谷陽鎮。在商水縣南，以在谷水之陽爲名。九域志：商水縣有南頓、白帝、谷陽三鎮。

常社鎮。在西華縣西南五十里。明初置巡司，今裁。又關口鎮，在縣西北。舊亦置巡司，後移於常社。

槐店鎮。在項城縣東北六十里黄河之濱，接淮寧及沈丘縣界。設有沈項縣丞駐此。

紙店鎮。在沈丘縣東北四十里。明設巡司〔五〕，今裁。

崔橋鎮。在太康縣西北七十里。九域志：縣有崔橋、高柴、青銅三鎮。舊志：接扶溝、通許、杞三縣，舊爲水陸通衢。

建雄鎮。在扶溝縣東三十五里。九域志：縣有建雄、義聲二鎮。

吕家潭鎮。在扶溝縣東北十八里，有橋，商旅輻輳。

項城營。在項城縣西南二十五里。明宣德中，嘗議遷縣於此。

思陵戍。在淮寧縣南三里。劉宋元嘉三年，謝晦起兵江陵，魏遣將王慧龍援之，拔思陵戍。

馮唐集。在淮寧縣東南四十里。九域志：州有馮唐、子公二鎮。

連塚集。在商水縣東十八里，與淮寧、項城二縣接界。

永寧集〔六〕。在商水縣北十八里潁河北岸。東西五里，南北二里，商賈輻輳，爲縣巨鎮。對岸即周家口集，設糧捕水利通判駐此。

李家方口集。在西華縣東南，與淮寧縣接界。又縣西南有宿寨集，與許州郾城縣接界。

馬廠集。在太康縣東三十里。

商水驛。在西華縣治。舊有清河驛，在縣東。

津梁

通濟橋。在淮寧縣東蔡河上。

㶏橋。在商水縣東㶏水上。魏正元中，司馬師禦毋丘儉、文欽，嘗次師於此。

王溝橋。在商水縣東北五里。又有穀河橋，在縣西北。冲石橋，在縣南一十二里。

喜岡橋。在西華縣西南十里。又李家方口有通津橋。又紅花石橋，在縣西二十里。

南頓橋。在項城縣南二十里。

項水橋。在項城縣西十里。

安濟橋。在太康縣南。明洪武元年建，今淤。

谷陽橋。在太康縣西。

白家潭橋。在扶溝縣西北四十里，跨惠民河。始建無考，本朝乾隆二十六年修。

通汴橋。在扶溝縣北郭外雙洎河上。

孟亭橋。在扶溝縣北三十里。

潁岐渡。在商水縣東北三十里。

蓮池渡。在項城縣東五十里。地窪下，多蒲荷，俗呼爲蓮池陂。

潁河渡。在項城縣南十二里。又澱河渡，亦在縣南十二里。

潁陰渡。在項城縣西北八十里。

沙河渡。在項城縣東北六十里。

周家埠口。在商水縣東北十八里潁河渡口，南通汝、蔡，北通陳、汴，爲往來要衝。又趙老人埠口，在西北二十里。

三岔口。在項城縣西北。縣地卑下沮洳，黄河支流自朱仙鎮來者，復折而東，與沙、穀諸水合，是爲三岔口，實要津也。

隄堰

吴公隄。在商水縣東北十八里周家口河南岸。本朝雍正元年，黄水泛漲，由汴水而下，隄當其衝，邑令吴耀修之，隄賴以固，遂名吴公隄。

郭埠口河隄。在項城縣東，長二十里。又有來家埠河隄，在縣東北，長二十五里。俱明萬曆二十三年築。

青陵閘。在太康縣西南三十五里。又學河閘，在縣西南三十里。皆明初建，河淤後廢。

董家橋閘。在扶溝縣北二十五里。本朝乾隆二十二年建。又龍堂閘，在縣東三十里。快活林閘，在縣東北三十里。馮陵閘，在縣東北五十里。崔橋閘，在縣東北六十里。皆沙河水下注渦河者，久廢。

陵墓

古

太昊陵。在淮寧縣西北三里。有廟在其側，今載祀典，本朝乾隆十年奉敕修。

夏

太康陵。在太康縣東南二里。明統志又有少康陵、周平王陵，恐皆附會。

商

高宗陵。在西華縣北二十里。今載祀典。陵前有宋王汾碑記。本朝乾隆十六年修。

周

陳胡公墓。在淮寧縣東南柳湖旁。城濠水注，嚙其趾。見有鐵錮之，俗謂之鐵墓。蘇軾詩「太昊祠東鐵墓西」是也。

雙塚。在淮寧縣南五里。寰宇記：舊傳衛莊公妾厲嬀、戴嬀卒，還葬於陳，此其故塚云。

陳懷公墓。在商水縣西二十里。寰宇記亦名懷丘。俗呼爲南陵。

楚懷王墓〔七〕。在商水縣西二里。

陳亢墓。在太康縣西北十里。本朝乾隆九年，增修墓廟。

高柴墓。在太康縣西北四十里。本朝乾隆九年修。按：家語：「高柴，齊人。」鄭康成曰衛人。其墓疑因高柴店而傅會也。

秦

扶蘇塚。在商水縣西南三十里。舊志：史記秦始皇使太子扶蘇監蒙恬築長城，及二世立，賜死，葬於此。按：史記秦始皇本紀：使扶蘇北監蒙恬於上郡，更爲書賜公子扶蘇、蒙恬，數以罪，賜死。又蒙恬傳：因蒙恬於陽周，又遣使者之陽周，令蒙恬死。則扶蘇之死於上郡，而蒙恬死於陽周，並距河南甚遠，不應商水有扶蘇、蒙恬二墓，且一統志於綏德州、西安府、平涼府並載有扶蘇、蒙恬二墓，慶陽府又載有扶蘇墓，彼此互見，大抵出於附會者多。因係舊志所載，姑存之，而按史傳考正，附注於此。

蒙恬塚。去扶蘇塚六十步。

漢

馮唐墓。在淮寧縣東南四十里。

汲黯墓。在淮寧縣東北三十里。

耿弇墓。在商水縣東十八里。

封觀墓。在項城縣北。寰宇記：在縣西十里。

應奉墓。在項城縣北三十里。寰宇記有柏塚，在南頓縣南二十里，相傳爲奉塚，多生柏樹，因名。

袁滂墓。在太康縣西北。水經注：大扶城東北悉諸袁墓，碑字傾滅，惟司徒滂、蜀郡太守騰、博平令光，碑字僅存。

三國 魏

曹植墓。在淮寧縣南三里。

華佗墓。在項城縣東六十里。

賈逵墓。在項城縣東北，項縣故城東南三里。逵遷豫州刺史，卒，葬此。

晉

何曾墓。在太康縣西北二十里。見寰宇記。

畢卓墓。在沈丘縣西南三十五里。

唐

趙犨墓。在淮寧縣東北永安鄉。弟昶、子珝祔。

五代　晉

陸思鐸墓。在淮寧縣北。五代史本傳：思鐸爲陳州刺史，臨終戒其子曰：「陳人愛我，我死則葬焉。」遂葬於陳州。

宋

張詠墓。在淮寧縣西。州志：詠知陳州，卒，葬宛丘縣孝悌鄉謝村。古孝悌鄉在州西，今爲平信鄉。

段少連墓。在淮寧縣西，有范仲淹墓銘。

狄青墓。在淮寧縣西北柳湖濱。青以樞密副使判陳州，卒，葬此。

丁度墓。在扶溝縣東。

元

徐世隆墓。在西華縣南朱石村。

韓元善墓。在太康縣西十里。

明

董烈婦墓。在淮寧縣西北。

祠廟

四賢祠。在府治西。祠祀漢汲黯，宋范仲淹、包拯、岳飛。

趙公祠。在淮寧縣北門内。祀唐將趙犨，宋熙寧間建。

晏公祠。在淮寧縣西南。祀宋晏殊。

忠義祠。在西華縣治後。明正德間建，祀縣令李景、教諭孔環、典史楊紹龍。

賈公祠。在項城縣舊城東。祀賈逵。三國魏志本傳：逵卒，豫州吏民追思之，爲刻石立祠。青龍中，帝東征。乘輦入逵祠，詔曰：「昨過項見賈逵碑像，念之愴然。」干寶晉紀：王淩爲司馬宣王所執，到項，見賈逵祠，呼曰：「賈梁道，王淩固忠於魏者，惟汝有神知之。」王隱晉書：永嘉初，陳國項縣賈逵石碑中生金，人鑿取賣，賣已復生。水經注：谷水東逕刺史賈逵祠北。

楊烈婦祠。在項城縣舊城西，祀唐縣令李侃妻楊氏。明隆慶初，改建於縣城西門外。

程明道祠。在扶溝縣治南。

光武廟。有三：一在府城東，一在扶溝縣西北，一在項城縣北南頓故城内。魏書地形志：南頓有漢光武廟。唐書地理志：南頓，證聖元年復置，曰光武，以縣有光武祠名。寰宇記：光武廟，在宛丘縣西南一里。

伏羲廟。在淮寧縣西北五里。明正統間重建。又有伏羲、神農、黄帝祠，在商水縣東北。

高宗廟。有二：一在商水縣西南，一在西華縣北二十里。

箕子廟。在西華縣治内。

軒轅廟。在扶溝縣西北十里軒莊。

馬太守廟。在扶溝縣東北二十里白沙岡。祀漢馬巖。

寺觀

洪福寺。在淮寧縣北。宋仁宗嘗幸此寺祭告。

開元寺。在淮寧縣東北，一云在宛丘下。宋蘇轍有詠宛丘開元寺殿下山茶詩。

光武寺。在西華縣南長樂鄉。明永樂六年建，成化七年修。相傳光武微時常止宿於此。

慧辨寺。在西華縣西七里。宋紹興三年建。

隄城寺。在西華縣西北。元延祐六年建。

大吉寺。在項城縣東南。唐時建，明成化二年修，本朝康熙二十五年重修。

鹿苑寺。在項城縣北南頓街。梁武帝建，有碑記。

白塔寺。在項城縣北六十里。有塔高出層雲。

香臺寺。在沈丘縣南小河岸。

天安寺。在扶溝縣儒學後。宋崇寧元年建，明嘉靖間重修。劉自强有記。

三清觀。在州城西北三里太昊陵旁。明商輅有碑記。

校勘記

〔一〕又東南至胡城　「胡」，原作「湖」，乾隆志卷一七〇陳州府山川（下同卷簡稱乾隆志）同，據水經注卷二二潁水改。按，水經注云，胡城「故胡子國也。春秋定公十五年楚滅胡，以胡子豹歸是也」。

〔二〕首受狼湯渠　「渠」，原作「河」，乾隆志同，據漢書卷二八下地理志改。

〔三〕鬬汝陽之縣　乾隆志同。按，戴震校水經注謂「鬬」上脱一「間」字。

〔四〕又東南逕鯛陽城北　「南」，原脱，乾隆志同，據水經注卷二二潁水補。

〔五〕明設巡司　乾隆志「明」下有「初」字。

〔六〕永寧集　「寧」，原作「安」，據乾隆志改。按，本志蓋避清宣宗諱改。

〔七〕楚懷王墓　「懷」，原作「淮」，據乾隆志及雍正河南通志卷四九陵墓改。

大清一統志卷一百九十二

陳州府二

名宦

漢

申屠嘉。梁人。孝惠時，爲淮陽守。剛毅守節，不受私謁。

汲黯。濮陽人。武帝時，拜爲淮陽太守，政清。令黯以諸侯相秩居淮陽，十歲而卒。

韓延壽。燕人。遷淮陽太守，治甚有名。

鄭弘。山陰人。顯宗時，遷淮陽太守。消息繇賦，政不煩苛。行春天旱，隨車致雨，白鹿方道，挾轂而行。主簿黄國拜賀曰：「聞三公車轓畫作鹿，明府必爲宰相。」

戴封。剛人。永元初，爲西華令。時汝、潁有蝗災，獨不入西華界。會督郵行縣，蝗忽大至，督郵其日即去，蝗亦頓除，一境奇之。是歲大旱，封禱請無獲，乃積薪坐其上以自焚，火起，而大雨暴至，於是遠近歎服。

周磐。安成人。和帝時，遷陽夏令。有惠政。

韋義。平陵人。順帝時，爲陳令。政甚有績，官曹無事，牢獄空虚。及卒，吏民爲義舉哀。

駱俊。烏傷人。擢拜陳相。值袁術僭號，羣盜並起。陳與比界，奸慝四布，俊勵威武，保疆境，賊不敢犯。養濟百姓，災害不生，歲獲豐稔。

李祥。趙郡人。建安中，爲淮陽太守。時經喪亂之際，民多流徙，祥循撫有方，歸者萬餘家。

晉

鍾雅。長社人。舉四行，除汝陽令。

南北朝　宋

李熙國。元嘉初，爲鮦陽令。任事有方，人思其政。

魏

辛穆。隴西人。静帝時，爲汝陽太守。遇水潦，民饑，請輕租税，帝聽以小絹爲調。

唐

陸景倩。吴人。爲扶溝丞。按察使畢構覆州縣，殿最，欲必得其實。有吏言狀曰某彊清，某詐清，惟景倩曰真清。

劉昌裔。陽曲人。德宗時，爲陳州刺史。韓全義敗於溵水，引軍走陳，求入保。昌裔登陴，揖曰：「天子命軍討蔡，何爲來陳？且賊不敢至我城下，君其舍外無恐。」明日，從十餘騎，持牛酒，抵全義營勞軍，全義迎拜嘆服。

五代

晉

陸思鐸。澶州人。高祖時，爲陳州刺史，有善政。

周

王明。成安人。廣順初，藥元福奏署陳州判官，會劉崇入寇，元福將兵援之，事多咨於明。先是，州縣吏部送丁壯餉糧，一夕丁夫盡遁去，元福怒，盡驅官吏將就戮。明馳白元福，曰：「今軍儲無闕，丁夫數萬人，文吏懦不能制，斬之何益？不如寬以待之。賊敗凱旋，公無專殺之名，不亦善乎？」元福感悟，盡免其死。

宋

韓億。雍丘人。真宗時，通判陳州。會河決，治隄費萬計，億不賦民而營築之。

范仲淹。吴縣人。天聖中，由秘閣校理改通判河中府，徙陳州。上疏請罷修寺觀，減常歲市木之數，以蠲除積負。召爲右司諫。

陳鑄。興化人。仁宗時，通判陳州。會有水患，悉力拯援，全活甚衆。部使者上其勞，朝廷嘉之。

李仕衡。成紀人。仁宗時，知陳州。州大水，築隄以障水患。

魏琰〔二〕。仁宗時，通判陳州。適歲饑，百姓相率强取人粟，坐死者甚衆。炎曰：「此迫於窮餓，豈得已者。」坐其首，黥之。

張孜。開封人。仁宗時，爲陳州兵馬都監。築隄袁家曲捍水，陳以無患。

孫思恭。登州人。知宛丘縣。轉運使以水災時調春夫，思恭争之弗能得，乃棄官去。

范鎮。華陽人。英宗時出知陳州。陳方饑，視事三日，擅發錢粟以貸民。監司繩之急，即自劾，詔原之。是歲大熟，所貸悉還。

向經。開封人。知陳州。歲終閲囚，活重辟三人。西華令掠人至死，誣以疾，經得其情，窮治如法。歲大雪，輒弛公利僦錢以寬民，有司持不可，經曰：「民窮蓋我責，我自爲此，不爾累也。」方鎮别賜公使錢，例私以自奉，經斥歸有司，惟以供享勞賓客、軍師之用。

楊仲元。管城人。調宛丘主簿。民訴旱，守拒之曰：「邑未嘗旱，校吏導民而然。」仲元白之曰：「野無青草，公日宴黄堂，宜不能知，但一出郊可見矣。校吏非他，實仲元也。」竟免其税。

張方平。南京人。神宗時，知陳州。時韓絳主西師，慶卒亂，京西轉運使令一路各會兵於州，民大駭。方平持檄不下而奏之，帝曰：「守臣不當爾耶？」命罷諸郡兵。

程顥。河南人。知扶溝縣。瀕河惡子無生理，脅取行舟財貨。顥捕得一人，使引其類，貰宿惡，分地處之，令以挽繂爲業，且察其爲奸者。自是境無焚剽患。

吴擇仁。永興人。建中靖國初，畿内多盜，以擇仁知太康縣。始至，令賊曹曰：「民窮而盜，非天性也。吾以静鎮之，若亡命椎埋故犯，我一切誅之。」羣盜相戒不入境。中貴人譚稹奴犯法，按致於理，稹羞恚造譖，詔郎中宋喬年往鞫。喬年慮囚摘隱，剔抉帑庾出入，不能得毫毛罪，遂薦擢之。

霍端友。武進人。徽宗時，知陳州。爲政以寬聞，不立聲威。陳地汙下，久雨則積潦，時疏新河八百里而去淮尚遠，水不時洩。端友請益開二百里，徹於淮，自是水患遂去。內侍石燾傳詔索瑞香花數十本，端友疏罷之。

趙子崧。宣和末，知淮寧府。汴京失守，子崧與潁昌府何志同等盟，傳檄中外，起兵勤王。又請濟王進兵南京，以號召四方豪傑。

向子韶。開封人。知淮寧府。建炎中，金兵至淮寧，子韶率諸弟守城。城陷，率軍民巷戰，力屈爲所執，闔門皆遇害。

陳亨祖。淮寧大豪也。紹興末，領民兵據淮寧，以城來歸，命知淮寧府。金兵攻城，亨祖力戰死之。舉家五十餘人皆死。贈容州觀察使。

金

武都。東勝州人。大定間，爲商水令。縣素多盜，凡奸民嘗縱火行刼、椎埋發塚者，都皆廉得姓名，榜之通衢，約毋再犯。盜悉奔他境。

趙重福。豐州人。章宗時，同知陳州防禦事。宋諜人蘇泉入河南，重福迹之至魚臺。將渡河，見前一舟且渡，令從者大呼泉姓名，前舟中忽有倉惶失措者，執之果泉也。

王浩。南遷後，爲扶溝令。開興元年正月，民錢大亨等執縣官送款於北，以浩有恩，不忍加刃，日勸之降，終不聽。於是殺之，無血。主簿劉坦、尉宋乙並見害。棄屍道路，自春徂夏，獨浩屍儼然如生，目且不瞑，鳥犬莫敢近，殆若有神護者。

葉赫納慎。天興初，擢陳州防禦使。時兵戈搶攘，道路不通。葉赫納慎受命，毅然策孤騎由間道以往。陳自兵興，軍民皆避他郡，葉赫納慎爲之擇官吏，明號令，完城郭，立廬舍，實倉廪，備器械。未幾，聚流亡數十萬口。明年，哀宗改陳州爲金興軍，馳使獎諭，以爲節度使。「葉赫納慎」舊作「粘葛奴申」，今譯改。

明

劉恭獻。陝西人。洪武初，爲陳州知州。平傜均税，撫綏勞來，流民復業者五百餘户。復立社學，擇師以教幼稚，民知向學。

李子義。江西人。洪武中，爲陳州知州。勸農興學，教民節儉。以地多卑下，督民築隄防之，由是州無水患。

孫元仁。丹徒人。洪武中爲商水縣丞。導民以德，不任刑罰。有兄弟争田者，元仁以義諭之，感泣相讓，教化大行。

黄福。昌邑人。洪武中爲項城主簿。臨政公廉，吏民懷畏。邑有好訟者，福捕寘之法，獄訟遂清。

張志道。武進人。正統初，爲陳州知州。涖政廉勤，教民耕織。值歲多蝗，鄰邑被災者甚衆，州境獨不爲害。

周庠。麻城人。正統中，爲陳州知州。緩刑罰，興學校，其復業之民，計口授田，教以種植。居數年，州漸富庶。

朱祥。盱眙人。成化間，知陳州。勤明有爲，仁慈撫下，興學校，捍水患，稱一時賢守。

萬宣。當塗人。景泰中，爲陳州知州。涖政剛明，約束吏胥，無敢鴟張蠹民者。時境内多盗，宣捕得之，悉寘於法，合境宴然。立四社學，選州之俊秀者教之。部使者上其績，賜詔旌異。

李景。廣靈人。正德初，爲西華知縣。涖政明敏，吏民畏服。時巨寇劉六等攻城，景率衆拒之，力屈被擒，駡賊死。詔贈光禄寺丞。

孔環。南宫人。正德初，爲西華教諭。流賊陷城，環被執，賊欲屈之，環厲聲曰：「我恨不碎汝萬段，肯媚汝求活耶？」遂被殺。典史楊紹龍，大理人，亦爲賊脅降不從，見殺。

杜斌。大寧人。正德中，爲沈丘縣丞。賊攻縣急，斌同都指揮王寶督衆出禦，失利，俱死之。詔贈知縣。

王良輔。鞏昌人。正德中，爲沈丘訓導。賊至，被執，與長子禮俱死於難。事聞，詔廕一子。

劉世光。山陰人。萬曆中，爲沈丘知縣。倣常平社倉法，置倉七所，勸民粟實之。並益以公廩羨餘，擇耆老有士行者司其出入。會潁州饑民倡亂，突至沈丘，世光單騎諭降，給以社米，衆歡然散去。

孫紹武。崇禎中，爲陳州衛指揮。闖賊攻沈丘，紹武奉檄守禦。城陷，死之。子璉，赴援亦死。

侯君擢。成安人。崇禎中，爲陳州知州。賊圍城時，身先士卒，運木石擊賊。後被縛，駡不絶口死。贈布政使右參議。

王化行。崇禎中，爲商水知縣。賊陷城，被害。姚文衡代之，賊復至，赴水死。並獲贈卹。

劉伯騶。河間人。崇禎中，爲西華知縣。賊圍城急，有勸出降者，立斬之。登陴死守。城陷，伯騶抗節死。士民立廟以祀。

魏令望。武鄉人。崇禎中，知太康縣。賊至固守，及城陷，闔門自焚死。

本朝

田六善。山西人。順治中，知太康縣。招集流亡，振興學校，恤良鋤暴，治稱第一。

劉允謙。壽州人。順治四年，知沈丘縣。英敏廉介，以教養士民爲務，邑人德之。

劉嗣理。全州人。康熙四十六年，知扶溝縣。渾厚精敏，案無留牘，積訟數年，片言而決，刁健斂跡。尤留心民瘼。四十八年，麥秋被水，設法賑貸，全活無算。

吴本涵。當塗人。雍正十一年，知太康縣。撫良除暴，爲政嚴明，奸棍蠹胥，一時斂跡。康邑素不諳蠶織，本涵捐俸買桑，諭民種植，教以養蠶之法。又創設書院，捐俸爲膏火資。

人物

漢

鄭當時。陳人。少以任俠自喜，聲聞梁、楚間。孝景時，爲太子舍人，置驛馬長安諸郊，請謝賓客，常恐不偏。孝武時，遷爲大司農。客至無貴賤，執賓主之禮，以其貴下人。每朝，候上間説〔二〕，未嘗不言天下長者。其推轂士，常引以爲賢於己。聞人之善言，進之上，惟恐後。仕終汝南太守。

黄霸。陽夏人。少學律令，武帝末，以待詔入錢賞官，補侍郎謁者，後爲河南太守丞。時吏尚嚴酷，而霸獨用寬和爲名。宣帝即位，召爲廷尉正，數決疑獄，廷中稱平。坐夏侯勝事繫獄，霸因從勝受尚書獄中。出，復爲諫大夫，擢揚州刺史。三歲爲潁州太守，累遷爲丞相，封建成侯。漢世言治民吏，以霸爲首。甘露三年，薨，謚曰定侯。

彭宣。陽夏人。治易，事張禹。舉爲博士，遷東平太傅。禹薦宣明經，有威重，可任政事。累官大司農、光禄勳、右將軍。哀帝即位，徙爲左將軍。歲餘，以關内侯歸家。元壽元年，用鮑宣薦，召爲光禄大大，遷御史大夫，轉大司空，封長平侯。王莽秉政專權，宣上書乞骸骨，歸鄉里。

鍾興。汝陽人。少從丁恭受嚴氏春秋。恭薦興學行高明，光武召見，拜郎中。稍遷左中郎將，詔令定春秋章句，以授皇太子及宗室諸侯。封關内侯，興以讓其師丁恭，於是更封恭，而興遂固辭不受。

薛漢。陳人。世習韓詩，父子以章句著名。漢尤善説災異，教授常數百人。建武初，爲博士，當時言詩者推漢爲長。永平中，爲千乘太守，政有異迹。

周防。汝陽人。年十六，爲郡小吏。世祖召掾史試經，防尤能誦讀，拜爲守丞，防以未冠謁去。師事徐州刺史蓋豫，受古文尚書。舉孝廉，拜郎中，撰尚書雜記三十二篇。太尉張禹薦補博士，稍遷陳留太守。

汝郁。陳郡人。性仁孝，親没，遂隱處山澤。以賈逵薦，累遷魯相。

郤巡。陳郡人。從樊英學，傳其業。官至侍郎。

袁安。汝陽人。祖良，習孟氏易，舉明經，至成武令。安少傳良學，爲人嚴重有威，見敬於州里。舉孝廉，累遷太僕。章和元年，拜司徒。竇憲北征，安等上書諫，輒寢。安與任隗免冠朝堂，固争者十上。衆皆爲之危懼，安正色自若。又劾竇景罪，舉奏諸二千石，免官四十餘人，竇氏大恨。安以天子幼弱，外戚擅權，每進見，及與公卿言，未嘗不噫嗚流涕，自天子及大臣皆恃賴之。四年，薨。子京，習孟氏易，作難記三十萬言，官至蜀郡太守。

何熙。陽夏人。少有大志。永元中，爲謁者。身長八尺五寸，善爲威容，贊拜殿中，音動左右，和帝偉之。歷司隸校尉、大司農。永初三年，南單于與烏桓俱反，以熙行車騎將軍事，進擊，大破之。卒於軍。三子，臨、瑾、阜，臨、瑾並有政能，阜俊才早殁。臨子衡爲尚書，以正直稱。坐訟李膺等，免官。

袁敞。京之弟。少傳易經教授，以父任爲太子舍人。和帝時，歷位太僕、光禄勳。元初三年，爲司空。敞廉勁，不阿權貴，失鄧氏指，遂自殺，朝廷以三公禮葬之，復其官。

應順。南頓人。事母孝。和帝時，爲河南尹、將作大匠。公廉約己，明達政事。生十子，皆有才學。

袁原。汝陽人。安帝時，拜司徒。忠蹇匪躬，盡誠事國。中興以來，最爲名宰。

周舉。防之子。博學洽聞，爲儒者所宗。京師語曰：「五經縱横周宣光。」順帝初，舉茂才，爲平丘令。上書言當世得失，辭甚切正。陽嘉中，拜尚書，與僕射黄瓊同心輔政，名重朝廷。時數有災異，詔書以舉才學優深，特下策問，後詔遣八使巡行風俗，皆選素有威名者。乃拜舉侍中，與杜喬等分行天下，舉劾奏貪猾，表薦公清，朝廷稱之。累拜光禄大夫。卒，詔賜錢十萬，以旌其節。

袁彭。京之子。少傳父業。歷廣漢、南陽太守。順帝時，爲光禄勳，行至清，爲吏粗袍糲食，終於議郎。尚書胡廣等追表其有清潔之美，比前朝貢禹、第五倫，未蒙顯贈，當時皆嗟嘆之。

蔡叔陵。南頓人。學通五經，門徒著録者萬六千人。順帝時，詔徵拜議郎，講論五經異同，甚合帝意。遷侍中，出爲弘農太守。

蔡衍。項人。少明經講授，以禮讓化鄉里。有争訟者，輒詣衍決之，其所平處皆無怨。舉孝廉，稍遷冀州刺史，徵拜議郎。梁冀聞衍賢，請欲相見，辭疾不往。後以表救成瑨等，言甚切厲，坐免官。靈帝即位，復拜議郎。

袁湯。彭之弟。少傳家學，諸儒稱其節。桓帝初，爲司空。以豫議定策，封安國亭侯。累遷司徒、太尉。子二：逢，寬厚篤信，著稱於時。後爲司空，卒於執金吾。靈帝嘗以逢爲三老，特優禮之。隗，少歷顯官，獻帝初，拜太傅，爲董卓所害。

袁盱。敞之子。官至光禄勳。時梁冀擅朝，内外莫不阿附，惟盱與邯鄲義正身自守。及桓帝誅冀，使盱持節收其印綬。

周勰。舉之子。以父任爲郎，自免歸家。梁冀貴盛，前後三辟，竟不能屈，常隱處竄身，杜絶人事，巷生荆棘，十有餘歲。

至延熹二年，乃開門延賓遊宴。及秋，梁冀誅。年終，勰卒，時年五十，蔡邕以爲知命。

李巡。汝陽人。爲中常侍。時宦官縱横，巡獨守清忠，不争威權。見諸博士試甲乙科，争第高下，至有行賂定蘭臺漆書經字以合其私文者，乃白帝與諸儒共刻五經文於石。於是詔蔡邕等正其文字，五經一定，争者頓息。

應奉。順之曾孫。少聰明，讀書五行並下。著漢書後序，多所述載。舉茂才，拜武陵太守。後爲司隸校尉，糾察奸違，不避豪威，以嚴厲爲名。田貴人見幸，桓帝有建立之議，奉以田氏微賤，不宜起登后位，上書諫，帝納其言。黨事起，奉慨然引疾自退。著感騷三十篇。

袁紹。湯之孫。壯健有威容，愛養名士，爲軍校尉。將兵誅宦官，拜渤海太守。起兵誅董卓。後引兵攻曹操，軍潰疾作，卒。

袁閎。彭之孫。少勵操行，苦身修節。父賀，爲彭城相。閎徒行省謁，比返無知者。及賀卒，縗絰扶柩，體貌枯毁，見者傷之。累徵不應。桓帝末，黨事將作，閎欲投跡深林，以母老不宜遠遁，乃築土室，四周於庭，不爲户，自牖納飲食而已。旦於室中東向拜母，潛身十八年。黄巾賊起，不入其閭，鄉人就閎避難者，皆得全免。

袁忠。閎之弟。與同郡范滂爲友，俱證黨事得釋。初平中，爲沛相，乘葦車到官，以清亮稱。後客會稽上虞，見太守王朗徒從整飾，心嫌之，遂稱病自絶。孫策破會稽，忠浮海南投交阯。獻帝都許，徵爲衛尉，未到卒。弟弘，字邵甫。以門族貴勢，乃變姓名，徒步從師，不應徵辟，終於家。

封觀。南頓人。有志節，當舉孝廉，以兄名位未顯，恥先受之，遂稱風疾，喑不能言。後數年兄得舉，觀乃稱損，仕郡爲功曹。從太守趙謙擊黄巾，軍敗，以身捍刃死。

袁秘。忠之子。爲郡門下議生。黄巾起，從太守趙謙擊之，軍敗，秘與功曹封觀等七人以身捍刃，皆死於陳，謙以得免。

詔表秘等門閭，號曰「七賢」。

應劭。奉之子。少篤學，博聞多覽。靈帝時，舉孝廉，累官太山太守。劭凡爲駮議三十篇。又删定律令爲漢儀，奏之，獻帝稱善。後爲軍謀校尉。時遷都於許，舊章湮没，書計罕存，劭乃綴集漢官禮儀故事，凡朝廷制度，百官典式，多劭所立。又著中漢輯序，撰風俗通，後世服其洽聞。

潁容。長平人。博學多通。師事太尉楊賜，善春秋左氏，著條例五萬餘言。郡舉孝廉，州辟公車，皆不就。初平中，避地荆州，劉表以爲武陵太守，不肯起。建安中卒。

三國　魏

袁渙。扶樂人。父滂爲漢司徒。渙清净，舉動必以禮。劉備爲豫州，舉渙茂才，後爲吕布所拘留，使渙作書詈辱備，渙不可。布以兵脅之，渙曰：「渙他日之事劉將軍，猶今日之事將軍也。如一旦去此，復詈將軍可乎？」布慚而止。歸魏武爲諫議大夫、丞相軍諮祭酒。前後得賜甚多，皆散盡之，家無所儲。乏則取之於人，不爲皦察之行，然時人服其清。魏國建，爲郎中令，行御史大夫事。請大收籍篇，明先聖之教，以易民視聽。居官數年，卒。

袁徽。渙從弟。以儒素稱。初，天下將亂，渙慨然嘆曰：「惟强而有禮，可以庇身乎！」徽曰：「見幾而作，君子所以元吉也。徽將遠迹，以求免身。」及亂作，各行其志。

應瑒。奉之孫。爲五官將文學，多諳朝廷制度。文帝與吴質書，稱應瑒常斐然有述作意，其才學足以著書。

何夔。陽夏人。幼以孝友稱，魏武辟爲司空掾屬，出爲城父令，遷長廣太守，徵還，參丞相軍事。海賊郭祖寇暴樂安、濟南界，魏武以夔前在長廣有威信，拜樂安太守。到官數月，諸賊悉平。入爲丞相東曹掾。魏國既建，拜尚書僕射。文帝踐祚，封成陽亭侯。

袁亮。渙從子。父霸公恪有功幹，魏初爲大司農，及同郡何夔並知名於時。亮貞固有學行，疾何晏、鄧颺等，著論以譏切之。位至河南尹、尚書。

應璩。瑒之弟。博學好屬文，善爲書記。明帝時，歷官散騎常侍，遷侍中。後曹爽秉政，多違法度，璩爲詩以諷焉。其言多切時要，世共傳之。

袁侃。渙之子。精粹閑素，有父風。歷位黄門選部郎，號爲清平。稍遷至尚書，早卒。侃議論清當，柔而不犯，善與人交，在廢興之間，人之所趨騖者，常謙退不爲也。弟準，忠信公正，不恥下問，以世事多險，不敢求進，著書十餘萬言，論治世之務，爲易、周官、詩傳，及論五經滯義。官至給事中。

吴

程秉。南頓人。逮事鄭康成，仕吴爲太子太傅。著周易摘、商書駮、論語弼，凡三萬餘言。

胡綜。汝南固始人。仕吴爲鄂長，後典軍國密事。蜀漢聞孫權踐阼，遣使申前好，綜爲盟文，文義甚美。官至偏將軍，兼左執法。自權統事，諸文誥策命、鄰國書符，略皆綜所爲也。

鄭泉。陳郡人。博學有奇志，爲吴大中大夫。孫權嘗與之言：「卿好於衆中面諫，或致無禮，不畏龍鱗乎？」對曰：「臣聞君明臣直，今值朝廷上下無諱，實恃鴻恩，不畏龍鱗。」

晉

應貞。璩之子。善談論，以才學稱。初爲武帝參軍，及帝踐阼，遷給事中。帝於華林園宴射，貞賦詩甚美。初置太子中庶子官，以貞爲之。後遷散騎常侍，以儒學與太尉荀顗撰定新禮。卒，有文集行世。

太宰。

何曾。夔之子。好學博聞，性至孝。閨門整肅，自少至老，無聲樂嬖倖之好，夫妻相見如賓。仕魏入晉，爵朗陵公，進位

王銓。陳人。少好學，有著述之志。仕爲歷陽令。每私録晉事，及功臣行狀，未就而卒。

王瑚。銓之子。少重武節。成都王穎舉兵向洛，以爲冠軍參軍。累官遊擊將軍，與司隸校尉滿奮等屯大司馬門，以衛宫掖。時上官巳縱暴，瑚與奮等謀除之，反爲所害。

應詹。璩之孫。幼孤，居祖母喪，以孝聞。性質素宏雅，犯而不校。以學藝文章顯。初辟公府，鎮南將軍劉弘請爲長史，委以軍政，著績漢南。遷南平太守，聞洛陽傾覆，詹攘袂流涕，勸王澄赴援，澄不能從。後與陶侃破杜弢於長沙，賊中金寶溢目，詹一無所取，唯收圖書。累遷光禄勳。王敦作逆，詹慷慨請討之，假節都督朱雀橋南，斬賊帥杜發。賊平，封觀陽縣侯。遷使持節、都督江州諸軍事、平南將軍、江州刺史。卒。次子誕，有器幹，歷六郡太守、龍驤將軍。

謝鯤。陽夏人。父衡，以儒素顯，仕至國子祭酒。鯤少知名，通簡有高識，任達不拘，恬於榮辱。王敦引爲長史，知敦有不臣之迹，每從容諷議。及敦至石頭，鯤力勸入覲，不從。時朝望被害，皆爲其憂，而鯤推理安常，時進正言。出爲豫章太守，卒。

王隱。瑚之弟。以儒素自守，不交勢要。博學多聞，受父銓遺業，西都舊事，多所諳究。太興初，召爲著作郎。令與郭璞撰晉史。預平王敦功，賜爵平陵鄉侯。

袁瓌。陽夏人，渙曾孫。南渡後，累官臨川太守，以功封長合鄉侯，徙大司農，尋除國子祭酒，加散騎常侍。於時喪亂之後，禮教陵遲，瓌上疏請備學徒博士，成帝從之，國學之興自瓌始。弟猷，少與兄齊名，歷位侍中、衛尉卿。

袁耽。準之孫。耽少有才氣，俶儻不羈，爲士類所稱。蘇峻之役，王導引爲參軍，隨導在石頭，路永、匡術等皆峻心腹，耽

潛説永等使歸順。峻平，封秭歸男，拜建威將軍、歷陽太守。子質，以孝行稱，歷官琅邪内史、東陽太守。

建武將軍，封宜城縣伯。鄧嶽。陳郡人。少有將帥才略，司徒王導命爲從事中郎，遷西陽太守。平蘇峻，討郭默，嶽俱有功。遷督交、廣二州軍事、咸康中，嶽遣軍伐夜郎，破之，加督寧州。遷平南將軍，卒。子逸，亦有武幹，監交、廣二州，建威將軍。

州軍事。殷浩。長平人。識度清遠，弱冠有美名。建元初，徵爲建武將軍、揚州刺史，累遷中軍將軍，假節都督揚、豫、徐、兖、青五浩以中原爲己任，上疏北征，開江西𠵿田千餘頃，以爲軍儲；請屯洛陽，修復園陵。既至許昌，會姚襄反，浩擊之失利，爲桓温所廢。浩雖被黜，口無怨言，談咏不輟。

咸亭侯，累遷尚書僕射，進號鎮西將軍，鎮壽陽。謝尚。鯤之子。幼有至性，七歲喪兄，哀慟過禮。及長，辨悟絶倫。善音樂，博綜衆藝，司徒王導深器之，辟爲掾。襲父爵於是採拾樂人，並制石磬，以備太樂。江表有鐘石之樂，自尚始。徵拜衛將軍，加散騎常侍，卒。

袁喬。瓌之子。初拜著作佐郎。桓温鎮京口，引爲司馬，領廣陵相。尋督沔中諸戍，江夏、隨、義陽三郡軍事。時温謀伐蜀，衆以爲不可，喬獨勸之。温使喬領二千人爲軍鋒，進逼成都，與賊大戰。前鋒失利，矢及馬首，左右失色，喬因麾而進，聲氣愈厲，遂大破之。進號龍驤將軍，封湘西伯。尋卒。喬博學有文才，注論語及詩，並諸文筆，皆行於世。子方平，亦以軌素自立，歷官義興、瑯琊太守。

有蛟，常爲人患，遐遂拔劒入水，蛟繞其足，遐揮劒戮蛟數段而出。鄧遐。嶽之子。勇力絶人，氣蓋當時，桓温以爲參軍。數從温征伐，歷冠軍將軍、數郡太守，號爲名將。襄陽城北沔水中後温憚遐勇果，因免遐官。尋卒。

無異常日。謝奕。尚之從弟。父裒，太常卿。奕少有名譽，初爲剡令，與桓温善。温辟爲安西司馬，猶推布衣好。在温坐，岸幘笑詠，遷都督豫、兖、冀、并四州軍事，豫州刺史。未幾，卒官。長子泉，有名譽，歷義興太守。

謝安。奕之弟。少有重名，累徵不起。年四十餘，始爲桓温司馬。除吴興太守，徵拜侍中。遷吏部尚書、中護軍。簡文帝崩，桓温入赴山陵，大陳兵衛，呼安及王坦之，欲於坐害之。坦之見温，流汗沾衣，安從容就席，笑語移日。温威振内外，人情噂喈，互生同異。安與坦之盡忠匡翼，終能輯穆。進中書監、驃騎將軍，録尚書事，加侍中，都督揚、豫、徐、兖、青五州，幽州之燕國諸軍事。時苻堅强盛，諸將敗退相繼，安遣弟石及兄子玄等，應機征討，所在剋捷。堅後率衆號百萬，次於淮、肥，京師震恐。加安征討大都督，玄入問計，安夷然無懼色，指授將帥，各當其任。既破堅，有驛書至，安方對客圍碁，了無喜色。進拜太保，後出鎮廣陵，薨。贈太傅，謚曰文靖。又以平苻堅勳，更封廣陵郡公。

謝萬。安之弟。才器儁秀，早有時譽，工言論，善屬文。簡文帝作相，召爲撫軍從事中郎，累遷豫州刺史、監司、豫、冀、并四州軍事。子韶，少有名，位車騎司馬。孫恩，宏達有遠略，爲黄門郎、武昌太守。

謝石。萬之弟。初拜秘書郎，累遷尚書僕射。征苻堅將句難，以功封興平縣伯。淮、肥之役，詔石以將軍假節征討大都督，與兄子玄等破堅。遷中軍將軍、尚書令，更封南康郡公。於時學校陵遲，石上疏請復興國學，以訓冑子，頒下州郡，普修鄉學。孝武帝納焉。後爲衛將軍，加散騎常侍，卒。

袁宏。猷之孫。有逸才，謝尚引爲參軍，累遷大司馬桓温記室。性彊正亮直，雖被温禮，每不阿屈。卒於東陽太守。撰後漢紀三十卷，及竹林名士傳三卷、詩賦誄表等雜文三百首，傳於世。幼子明子，有父風，最知名，官臨賀太守。

袁山松。喬之孫。博學有文章，著後漢書百篇。襟情秀遠，善音樂。歷位吴郡太守。孫恩作亂，山松守滬瀆城，城陷被害。

謝朗。石兄子。善言玄理，文義豔發，名亞於幼度。仕至東陽太守。子重，明秀有才名，爲會稽王驃騎長史。

謝玄。奕之子。少穎悟，爲叔父安所重。及長，有經國才略，爲桓温掾，轉征西司馬，監北征諸軍事。時苻堅彊盛，數侵邊境。朝廷求文武良將，安以玄應，拜兗州刺史，兼江北諸軍事，屢破賊衆。及堅自率兵次項城，衆號百萬，詔以玄爲前鋒。堅列陣淝水，玄以精鋭八千決戰，堅中流矢，臨陣斬苻融，衆遂奔潰。復遣諸將分攻兗、青、司、豫，平之，加都督徐、兗、青、司、冀、幽、并七州軍事，封康樂縣公。還鎮淮陰，轉授散騎常侍、左將軍、會稽内史。卒。孫靈運，少好學，博覽羣書，文章之美爲江左第一，襲封康樂縣公，累官永嘉太守。

謝琰度。安之子。弱冠以幹貞稱，拜著作郎，累遷散騎常侍、侍中。苻堅之役，出爲輔國將軍，與從兄玄俱陷陣破堅。封望蔡公。太元末，爲右將軍，假節都督前鋒軍事，討平王恭。孫恩作亂，以琰度爲會稽内史，與賊戰於千秋亭，敗績，爲帳下都督張猛所害。二子肇、峻，俱被害。詔以琰度父子隕於君親，贈琰度侍中、司空，謚忠肅。贈肇散騎常侍，峻散騎侍郎。

謝邈。石弟子。性剛鯁無所屈撓，頗有理識。累遷侍中。後爲吴興太守。孫恩之亂，爲賊所執，逼令北面。邈厲聲曰：「我不得罪天子，何北面之有？」遂爲所害。

謝混。琰度子。少有美譽，善屬文。父及兩兄爲張猛所害，後劉裕生擒猛送混，混剖肝生食之。襲父爵，歷官中書令、中領軍、尚書左僕射。

袁湛。耽之孫。少有操植，以沖粹自立。與弟豹俱爲謝安所知，累官尚書右僕射，封晉寧縣男。

袁豹。湛之弟。好學博聞，喜談雅俗，每商較今古，兼以誦詠，聽者忘疲。仕爲御史中丞、丹陽尹，卒官。以參伐蜀謀，追封南昌縣子。

謝裕。朗弟子。博聞强識，爲著作佐郎。義熙中，累遷左僕射。先是，宋武帝欲伐慕容超，朝議不可，裕獨曰：「公建桓、文之烈，應天人之心，宜推亡固存，廣振威略，豈容縱敵貽患哉！」宋武從之。

殷顗。浩之從子。性通率，有才氣，少與從弟仲堪俱知名。太元中，以中書郎擢爲南蠻校尉，涖職清明，政績肅舉。及仲堪將與王恭興兵南伐，顗密諫，辭甚切至，仲堪不從，遂以憂卒。

南北朝　宋

謝述。裕之弟。少有至行。父純在江陵遇害，述奉喪還都，喪舫遇風流漂，述乘小船冒浪尋求，見純喪幾没，述號叫呼天，幸而獲免。常不爲裕所愛，及裕疾，述衣不解帶、不盥櫛者累旬，裕深感愧，友愛甚篤。爲彭城王義康長史，涖官清約，宅無私舍。卒於吳興太守。初，述唯勸義康退。及義康得罪，文帝嘆曰：「謝述若存，義康必不至此。」

謝澹。安之孫。任達仗氣，不營當世，與范泰爲雲霞交。歷位尚書。武帝受禪，以澹方外士，不以任寄，嘗因侍飲，謂帝曰：「陛下用羣臣，委順者乃見貴，汲黯之徒無用也。」景平中，累遷光禄大夫。常憂從弟混終當破家，混尋誅，朝廷以澹先言不及禍。元嘉中，位侍中，卒。

謝方明。安之從孫。父沖爲孫恩所害。方明屯苦備嘗，而貞履之操，在約無改。爲宋武中軍主簿，嚴恪自居，雖暗室未嘗有惰容。累遷驃騎長史、南郡相，位侍中、丹陽尹。有能名，轉會稽太守，東土稱咏之。卒於官。

謝瞻。安之從曾孫。六歲能屬文，與從叔混、族弟靈運俱有盛名，爲武帝相國從事中郎。時弟晦爲宋臺右衛，權遇已重，賓客輻輳。瞻驚駭謂晦曰：「此豈門户福耶？」乃籬隔門庭，曰：「吾不忍見此。」及晦建佐命功，瞻愈懼。臨終遺晦書曰：「吾得歸骨山足，亦何所恨？弟思自勉，爲國爲家。」

謝皭。瞻之弟。年數歲，所生母郭氏疾，皭晨昏温凊，勤容戚顔，未嘗暫改。恐僕役懈倦，躬自執勞。母爲疾畏驚，一家尊卑，感皭至性，咸納屨行，屏氣語，如此者十餘年。位終黄門侍郎。

謝密。萬之曾孫。幼時精神端審，時然後言，爲叔父混所重。起家散騎常侍、瑯琊王參軍。性嚴正，舉止必修禮度，事繼親之黨，恭謹過常。伯叔二母，歸宗兩姑，晨夕瞻奉，盡其誠敬。僕婢之前，不妄言笑，由是尊卑大小，敬之若神。元嘉中，歷位中庶子，加侍中。志在素宦，畏忌權寵，每獻替及陳事，必手書焚草，人莫知之。

謝惠連。方明子。十歲能屬文，族兄靈運嘉賞之。後爲彭城王義康法曹行參軍。卒年三十七，文章並行於世。

殷景仁。長平人。少有大成之量，國典朝議、舊章記注，莫不撰録。爲武帝太尉參軍，歷位黄門侍郎。文帝即位，遷侍中，與王華等以風力局幹，冠冕一時。嘗薦劉湛共參朝政。湛入，結彭城王義康以傾之。景仁稱疾家居，文帝待之甚隆，凡朝政大小必密函問之。累遷尚書僕射，後拜揚州刺史，卒。

袁淑。豹之子。博學多通，不爲章句學，爲司徒祭酒。劉湛欲其附己，淑不爲改意。以疾免官。元嘉中，累遷太子左衛率。太子劭將爲逆，淑不從，被害。孝武即位，贈侍中、太尉，謚忠憲，有文集傳於世。

謝莊。密之子。七歲能屬文。孝武時，累遷左將軍。於時搜才路狹，莊表陳求賢之義。拜吏部尚書，再遷侍中，領前軍將軍。時孝武夜行出還，敕開門，莊居守，以棨信或虛，須墨詔乃開。帝後因宴從容曰：「卿欲效郅君章耶？」後爲中書令、散騎常侍，卒。所著文章四百餘首，行於世。

謝孺子。裕之孫。父恂，鄱陽太守。孺子少與族兄莊齊名，多藝能，尤善聲律。車騎將軍王彧與孺子宴桐臺。孺子吹笙，彧自起舞，既而嘆曰：「使人飄飄有伊、洛間意。」除廬江郡主簿，後以家貧求西陽太守，卒官。子璟，亦知名，仕梁至侍中。

殷淳。景仁從祖弟。父穆，以和謹致稱，宋特進光禄大夫。淳少好學，有美名，歷中書黄門侍郎。高簡寡言，早有清尚，愛好文義，未嘗違捨。在秘書閣，撰四部書大目，凡四十卷，行於世。子孚，有父風，位吏部郎。

殷孝祖。長平人。少有氣幹，以軍功累遷兖州刺史。明帝初即位，四方多叛，司徒參軍荀僧韶請徵孝祖入朝。孝祖聞命，即日棄妻子，率文武二千還都，人情大安。拜冠軍將軍。時賊據赭圻，孝祖與戰，中流矢，卒。贈建安縣侯，謚曰忠。

袁粲。湛之從孫。少好學，有清才，以操行見知。孝武時，歷遷司徒右長史。泰始末，爲尚書令，受顧命。元徽元年，丁母憂，居喪毁甚。桂陽王休範爲逆，粲扶曳入殿。時兵難危急，咸莫能奮，粲慷慨謂諸將，當以死報，因命左右被馬，衆感激出戰，賊即平殄。順帝即位，遷中書監，鎮石頭。及齊革命，粲自以身受顧託，不欲事二姓，與劉彦節、王藴等謀攻齊主道成，不克，遇害。

袁最。粲之子。昇平初，粲謀攻齊不克，戴僧静奮力直前。最年十七，大叫抱父，乞先死，兵士莫不隕涕。粲謂最曰：「我不失爲忠臣，汝不失爲孝子。」遂俱遇害。

齊

袁彖。粲從子。少有風概，善屬文。仕齊爲中書郎，累遷冠軍將軍。性剛，常以微言忤武帝，爲王晏所譖。免官付東冶，久之得釋。後爲侍中。彖幼而母卒，養於伯母王氏，事之如親。伯父顗見誅，投屍江中，彖微服求屍，四十餘日乃得，密瘞石頭後岡，人稱其孝義焉。

袁廓之。宏之曾孫。父景雋，仕宋爲淮南太守，以非罪見誅。廓之終身不聽音樂，布衣蔬食，足不出門，時人以比晉王裒。齊國建，方出仕，官太子洗馬。何澗爲文惠太子作楊畔歌〔三〕，太子甚悦。廓之諫曰：「殿下當降意簫韶，奈何聽亡國之響？」太子改容謝之。

謝超宗。靈運孫。少隨父鳳徙嶺南，元嘉末乃還。好學有文辭，盛得名譽，補新安王國常侍。王母殷淑儀卒，超宗作誄奏之。帝大嗟賞，謂謝莊曰：「超宗殊有鳳毛，靈運復出矣。」入齊爲黄門郎。

謝朓。述之孫。少好學，文章清麗，執筆便成，善草隸。長五言詩，沈約見之嘆曰：「二百年無此作矣。」累遷尚書吏部郎。

朓好獎人才，謂孔珪曰：「士子聲名未立，應共獎成，無惜齒牙餘論。」其好善如此。嘗輕江祏爲人，後卒爲祏所害。

梁

謝朏。莊之子。幼聰慧，莊撫之曰：「真吾家千金。」仕宋爲侍中，領祕書監。入齊，累徵不起。梁天監初，徵爲侍中、司徒、尚書令，改中書監，卒。著書及文章行於世。子諼，不妄交接，門無雜賓，位右光禄大夫。

謝幾卿。超宗子。幼號「神童」。超宗徙越嶲，詔家人不得相隨，幾卿年八歲，别父於新亭，不勝慟，遂投江，救之得免。居父憂，哀毁過禮。及長，博學有文采。入梁，累遷尚書左丞。幾卿詳悉故實，僕射徐勉每有疑滯，多詢訪之。後爲左光禄長史，卒。有文集行世。

袁昂。彖之從弟。父顗，宋雍州刺史，爲明帝所誅。昂以父亡不以理，終身不聽音樂。仕齊，歷遷御史中丞，劾奏不憚權豪，當時號爲正直。出爲豫章内史。丁所生母憂，以喪還，江路風潮暴駭，昂乃縛衣著柩，誓同沈溺。及風止，餘船皆没，惟昂獲全，咸謂精誠所致。入梁，累遷尚書令。在朝謇諤，雅有人鑒，入其門者，號爲登龍門。進司空，卒。

袁峻。陽夏人。篤志好學，家貧無書，每從人假借抄寫，自課日五十紙，紙數不登則不止。訥言語，工文辭。梁武帝雅好辭賦，峻乃擬揚雄言箴奏之〔四〕，帝嘉焉。除散騎常侍，直文德學士省，抄史記、漢書各爲二十卷。

謝微。孺子孫。好學善屬文，爲中書舍人。武帝餞魏中山王元略於武德殿，賦詩三十韻，限三刻成，微二刻便就，辭甚美。仕至尚書左丞，卒於南蘭陵太守。

謝覽。朏弟子。父瀹，齊太子詹事。覽仕齊爲太子舍人。梁武帝平建鄴，諸公卿皆拜，覽獨長揖，意氣閑雅。帝謂徐勉曰：「覺此生芳蘭竟體。」歷遷吏部尚書，出爲吴興太守，卒官。

謝舉。覽之弟。幼好學，與覽齊名。弱冠丁父憂，幾致毀滅。起家秘書郎，爲豫章内史，晉陵、吴郡太守。甚得民心，歷官尚書令。

謝藺。安之八世孫。五歲時，父未食，乳媪欲令先飯，藺終不進。舅阮孝緒聞之，嘆曰：「此兒在家則曾子之流，事君則藺生之匹。」因名曰藺。授以經史，過目能誦。及丁父憂，晝夜號慟，毁瘠骨立。後爲散騎常侍，使魏，母在家卒。及藺還入境，夜夢不祥，旦便投劾馳歸。號慟幾絶，水漿不入口，親友勸以飲粥，藺勉受之，終不能進，經月餘，卒。

殷鈞。長平人。九歲以孝聞。及長，恬静好學，善隸書，爲當時楷法。武帝時，歷祕書丞，遷侍中、東宫學士，出爲臨川内史。母憂去職，居喪過禮，昭明太子手書戒諭。官至國子祭酒。

殷芸。長平人。倜儻不拘細行，然不妄交遊，門無雜賓，勵精勤學，博洽羣書。位秘書監、司徒左長史〔五〕，後直東宫學士省，卒。

周興嗣。項人。博學善屬文。天監初奏休平賦，其文甚美，武帝嘉之。拜安成王國侍郎，直華林省。其年，河南獻舞馬，詔興嗣與待詔到沆、張率爲賦，帝以興嗣爲工，擢拜散騎侍郎。次韻王羲之書千字，使興嗣爲之，帝稱善，賜金帛。後遷給事中，直西省，卒。所撰實録、皇德記、起居注、職儀等百餘卷〔六〕，文集十卷。

陳

殷不害。長平人。性至孝，居父憂過禮，由是知名。家貧，有弟五人，皆幼弱，不害事母養弟，勤劇無所不至。以篤行稱。仕梁爲廷尉平，名法有輕重不便者，輒上書言之，多見納用。侯景陷臺城，帶甲入朝，過謁簡文。景兵士衝突不遜，侍衛莫不驚恐辟易，唯不害與徐摛侍側不動。元帝時，爲中書郎，兼廷尉卿。魏克江陵，不害督兵他所，失母所在，時甚寒雪，凍死者滿溝壑，不害行哭求之，見死人溝中，即投身捧視，水漿不入口七日，始得母屍。每慿而哭，輒氣絶，行者皆流涕。入陳，累遷光禄大夫。

殷不佞。不害弟。少立名節，居父喪，以至孝稱。好讀書，尤長吏術。仕梁爲武康令。會魏克江陵而母卒，道路隔絶，久不得奔赴，四載之中，晝夜號泣，居處飲食，常爲居喪之禮。及第四兄不齊迎喪歸葬，不佞身自負土，手植松柏，每歲伏臘，必三日不食。入陳，累遷尚書左丞，加通直散騎常侍，卒。

袁敬。昂之子。純素有風格，幼便篤學，老而無倦。仕梁爲太子中舍人。魏克江陵，流寓嶺表。高祖受禪，敬在廣州，依歐陽頠。及頠卒，其子紇據州有異志，敬爲陳順逆之理，紇不從而敗。朝廷義之，徵爲太子中庶子。歷金紫光禄大夫，加特進，卒。

謝哲。朏之孫。舉止醖藉，襟情豁朗，爲士君子所重。仕梁至廣陵太守，入陳歷吏部尚書、司徒左長史。

袁樞。昂之孫。父君正，吴郡太守。樞性沈静，少好學，居父喪以孝聞。仕梁爲吴興太守。入陳累遷吏部尚書，領丹陽令。謹慎周密，清白自居，文武職司，鮮有遊其門者。官至尚書左僕射。

謝貞。藺之子。幼聰敏，有至性。祖母阮氏苦風眩，每發便一二日不能飲食。貞年七歲，見祖母不食，貞亦不食。年十三，善左氏春秋，工草隸蟲篆。丁父艱，號頓於地，絶而復蘇數矣。及江陵陷，没入長安，周趙王厚相禮遇。聞貞獨處，晝夜涕泣，因訪知其母老在南，乃奏放還國。始興王叔陵辟爲主簿，貞度叔陵將有異志，每有宴遊，未嘗參預，及叔陵肆逆，貞獨不坐。遷南平王長史，以母憂去職。哀毁羸瘠，遂卒。

魏

袁式。陽夏人。式在南，歷武陵王諮議參軍。歸魏爲上客，賜爵陽夏子。與司徒崔浩，盡國士之交，朝儀典章，浩所草創，恒顧訪之。性長者，雖羈旅飄泊，而清貧守度，不失士節，時皆呼曰袁諮議。沈静樂道，周覽書傳，至於訓詁倉、雅，偏所留懷，作字釋，未就，卒。子濟襲父爵，爲魏郡太守，政有清稱。

袁翻。項人。宣武帝時，歷官豫州中正。是時修明堂辟雍，翻議明堂五室，請同周制，郊建三雍，求依故所。又議選邊戍。神龜末，遷涼州刺史。孝昌中，拜都官尚書，加撫軍將軍。建義初，遇害河陰。

袁躍。翻之弟。博學儁才，性不矯俗，篤於孝友。翻常謂人曰：「躍，我家千里駒也。」歷仕尚書都兵郎中、散騎常侍。將立明堂，躍乃上議，當時稱其博洽。蠕蠕主阿那瓌亡破來奔，朝廷矜之，送復其國。既而辭旨頗不盡禮，躍爲朝臣書與瓌，陳以禍福，其辭甚美。遷車騎將軍。有文集行世。

齊

袁聿修。翻之子。七歲遭喪，居處禮若成人。性深沈，有鑒識。清静寡欲，與物無競。天保初，除太子庶子，行博陵太守，遷秘書監。天統中，出爲信州刺史，即其本鄉也。爲政清靖，不言而化。自長史以下，爰逮鰥寡孤獨，皆得其歡心。還除都官尚書。聿修和平温潤，素流之中，最爲規檢。以名家子，歷仕清華，時望多相器待。

唐

甄權。扶溝人。以母病，與弟立言究習方書，遂爲高醫。仕隋爲秘書省正字，稱疾免。唐貞觀中，權已百歲，帝幸其舍，視飲食，訪其術，擢朝散大夫，賜几杖衣服。尋卒，年一百三歲。所撰脉經、鍼方、明堂等圖，傳於時。立言仕爲太常丞。

殷侑。陳州人。通經術。貞元末，及五經第。其學長於禮，擢太常博士。元和八年，使回鶻可汗，不爲屈。再遷諫議大夫，論時政得失，前後凡八十四通。文宗即位，拜義昌軍節度使，以仁惠爲治。累官刑部尚書。時李訓、鄭注已誅，文宗問侑治安術，侑言朝廷宜任耆德，毋輕用新進，帝善之。終忠武軍節度使。侑以經術進，臨事鋭敏，有彊直名。

殷盈孫。侑之孫。廣明初，爲成都諸曹參軍。僖宗至蜀，聞有禮學，擢太常博士。昭宗郊祠，中尉及樞密皆以宰相服侍，盈孫奏非令典，當隨所攝資品，猶免僭逼。從之。時喪亂後，制度彫紊，追補容典，皆所折衷。終大理卿。

趙犨。宛丘人。資警健，善騎射，世爲忠武軍牙將。黄巢亂，陳人請授爲刺史，犨乃培城疏塹，實倉庫，峙稾薪，爲守計。未幾，巢將孟楷寇項城，犨擊擒之，拜檢校司空。巢聞楷死，乃悉軍攻之。州人大恐，犨曰：「士貴建功立名節，徒懼無益，且死國不愈生爲賊乎？」引鋭士大小數百戰，會汴軍至，犨因急擊賊，破之，圍凡三百日而解。累遷檢校司徒，加彰義軍節度使，卒。

趙昶。犨之弟。神采軒異，而内沈厚，有法度。破孟楷功多。犨領泰寧節度使，以昶爲州刺史。及犨老，昶授留後，遷忠武節度使，亦留陳。勸課農桑，於人有恩惠。加同中書門下平章事，卒。

趙珝。犨之子，雄毅喜書，善騎射。黄巢圍城，珝激勵麾下，約皆死。庫有巨弩，機牙壞不能張，珝以意調治，激矢至五百步，人馬皆洞，賊畏不敢逼。以勞授檢校尚書右僕射。昶卒，爲忠武節度使。陳州土惡，善圮，珝疊甓表墉，遂無患。光化中，封天水郡公。按鄧艾故蹟，決翟王渠，溉稻以利農。一家三節度使，相繼二十餘年，陳人宜之。位至右金吾衛上將軍，卒。

五代　唐

符存審。宛丘人。晉王克用以爲義兒軍使，賜姓李氏。爲將有機略，從莊宗破梁軍，走遼兵，敗劉鄩，大小百餘戰，未嘗敗衂。與周德威齊名。

宋

常真。項城人。父母死，廬墓終喪，負土成墳，不茹葷血，開寶中詔旌其門。真妻病，子晏割股肉以療疾。及死，次子守規徒跣，日一食，廬墓三年，太平興國中旌表。

沈倫。太康人。少習三禮。周顯德中，太祖領節鎮，署從事，掌留後財貨，以廉聞。及受禪，召爲户部郎。奉使至越，歸奏便宜十數事，皆從之。揚、泗饑，倫白太祖，以軍儲賑饑民。王師伐蜀，爲隨軍水陸轉運使，入成都，獨居佛寺。東歸，篋中所有纔圖書數卷而已。太祖知之，以倫爲户部侍郎、樞密副使。倫第卑陋，太祖遣中使督工治之。倫私告使者，願得制度狹小，帝亦不違其志。歷官右僕射、門下侍郎。以左僕射致仕，卒。

喬維岳。南頓人。治三傳，明習吏事，有治劇才。太平興國中，爲泉州通判。會盜起攻城，維岳抗議堅守，民賴以全。詔褒之，爲淮南轉運副使，累遷太常少卿。京府事繁，維岳評處詳敏。真宗立，拜給事中，知審官院。以年衰乞外遷，上嘉其静退，歷壽州刺史，卒。

萬適。宛丘人。六歲能詩，及長，喜學問，精於道德經，與高冕、韓伾交遊唱酬。不求仕進，專以著述爲務。有狂簡集百卷、雅書三卷、志苑三卷、雍熙詩二百首、經籍摘科討論四十卷。淳化中，伾任翰林學士，帝問嵩陽遺逸，伾以適對。召至闕下，特授慎縣主簿。

樊可行。陳州人。五世同居，真宗時旌表，仍蠲其課調。

李宗易。宛丘人。少好學，爲詩效白樂天。詳於吏治。慶曆間，官至太常少卿。晏殊相知尤深。後歸，優遊林泉者十六年，時蘇轍爲宛丘博士，常與之遊。

姚仲孫。商水人。父曄〔七〕，舉進士第一，官著作佐郎。仲孫早孤，事母孝，擢進士，補許州司理參軍、通判彭州。嘗以天下不可弛兵備，上防邊龜鑑。入爲右司諫。閻文應求爲都知，仲孫數其罪出之。兼侍御史，論諫議大夫不宜以歲月序進，請覈其選以處材望，乃詔當選者奏聽旨。後權三司使事。屬西北備邊，募兵益屯，仲孫悉心經度，雖病未嘗輒廢事。出知蔡州，卒。

黄寔。陳州人。舉進士。哲宗時，累遷寶文閣待制，知定州，卒。寔孝友敦睦，世稱其内行。蘇轍在陳，與結婚，又與軾友善，故不得久於其朝。

謝文瓘。陳州人。舉進士，爲大名教授。元豐中，上疏言新法不便。哲宗時，遷考功右司員外郎。時建廣武四埽石岸，黄流湍悍，役人多死。文瓘條別利害，罷其役。徽宗立，擢爲給事中。後入名黨籍，帝披籍，曰：「朕究知文瓘本末。」命出籍，乃以爲集英殿修撰，知濟州。

謝晛。文瓘子。宣和中，爲駕部員外郎，知汝州。欽宗時，上封事十篇，論事切至，擢提點京西北路刑獄。會金師攻汝州，晛自襄陽領兵往援，戰死。

元

徐世隆。西華人。弱冠登金正大進士，辟爲縣令。其父戒曰：「汝年少學未至，毋急仕進。」世隆遂辭官，益篤於學。元世祖在潛邸，召見於日月山，時方圖征雲南，以問世隆。世隆對以不嗜殺人之語。及即位，擢燕京等路宣撫使，召爲翰林、集賢學士，以疾辭。卒年八十。所著有瀛州等集百餘卷。

邵敬祖。宛丘人。父喪廬墓，母繼歿，河決不克葬，殯於城西，敬祖露宿於其側，風雨不去。友人哀之，爲縛草舍庇之，前後居廬六年，兩體俱成濕疾。至治三年，旌其家。

韓元善。太康人。父克昌，監察御史，以論事有名聲。元善由國子監生，積分中程，釋褐除新州判官。歷中書左丞，同知經筵事。至正十二年卒。元善性純正，明達政體，以文學治才，羽翼廟謨。論議之際，秉義陳法，不偭鄉上官。國是所在，倚之以爲重。嘗效范文正公遺規，置田爲義莊，以周貧族，爲義塾以教族人子弟。

明

王鈍。太康人。元至正間進士，知猗氏縣。洪武中，徵授禮部主事。遷吏部郎中、福建右參政，以廉慎聞。遣諭麓川，卻其贈金，或曰遠人疑且貳，鈍乃受之，以輸雲南官庫。遷浙江左布政使，在浙十年，帝嘗稱於朝以勸庶僚。歷官户部尚書。

傅安。太康人。洪武時爲禮科給事中。奉使西番，羈留十三年，執節不屈。永樂中始歸。

宋伯義。西華人。剛介有守。洪武中入太學，以才行，選擢山東右參政。永樂初，轉陝西布政使，清譽益彰。

劉逵。項城人。性寡默，善書翰，鄉邦稱之。洪武中，以人材薦舉，累官刑部尚書。

古樸。陳州人。洪武中，由鄉舉，歷兵部郎中。建文時，擢兵部侍郎。成祖即位，調户部。宣德初，拜南京户部尚書。入仕四十年，持身廉介，家無贏資。

顧佐。太康人。由進士歷御史、兩京府尹，並有聲。累遷通政使。宣德初，以朝臣貪污，擢佐爲都御史，奏黜不職朝臣二十餘人。正身率屬，百僚肅然，非議政不與諸司同坐，人皆稱爲獨坐云。

婁志德。項城人。正德進士，知趙州。有惠政，累遷福建布政使，巡撫山東。嘗著兩浙賦役全書，卓有實濟。京師語曰：「天下清官婁志德。」穆宗特賜敕褒美。

何出光。扶溝人。萬曆進士，任監察御史。時巨璫連結外戚，互相黨援，權傾内外。出光抗疏劾之，抵羣姦法。再按山東，發京考預洩之弊，爲忌者所中，奪職歸。

張維世。太康人。萬曆進士，歷官平陽知府。公正廉潔，大得民和。崇禎九年，巡撫宣府，坐事遣戍。已釋還，明年，李自成陷太康，抗節死。

宋一韓。陳州人。萬曆中，任漢中推官，遷兵科給事。立朝忠直，每疏論時事，切中利弊，號爲「諫垣鳴鳳」。

李胤嘉〔八〕。沈丘人。剛方好俠。崇禎間，薦授潛山知縣。甫三月，張獻忠兵至，力戰被執，遂遇害。贈太僕寺卿。

張質。商水人。官臨汾知縣，解職歸。崇禎中，流賊陷商水，質抗賊死。

劉恩澤。扶溝舉人。慷慨能任事。崇禎中，流賊逼城，衆議守禦，而縣令騃不解事。恩澤蹶起，痛哭曰：「我不幸從汝曹木偶而死。」自題樓壁曰：「千古綱常事，男兒肯讓人。」城陷，墜樓而死。本朝乾隆四十一年，予祀忠義祠。

王受爵。陳州人。崇禎中，以舉人偕知州侯君擢守城。城陷，受爵擊殺數賊，大罵死。贈宛平知縣。本朝乾隆四十一年，予祀忠義祠。

龔作梅。陳州人。年十七，父母俱亡，殯於舍。賊火民居，作梅跪柩前，焚死。

馬呈瑞。西華人。天啓甲子舉人。崇禎中，城陷，不屈死。本朝乾隆四十一年，予祀忠義祠。

王繼東。沈丘人。流賊猖獗，倡士民築壘固守，寇力攻，衆寡不敵，遂遇害。本朝乾隆四十一年，予祀忠義祠。

耿燿。太康人。少從異母兄光學，事之如父，凡事諮而後行。光嘗與之財，燿曰：「家有長兄，我無用此爲也。」闖賊陷太康，燿與弟炳奉母避河朔，孝養備至。容城孫奇逢高其行，爲作傳。

耿於彝。燿從子。有學行。父喪未葬，闖賊陷城，居民逃竄，於彝抱父柩號泣不去。賊推墜城下，幾斃。歲大祲，人相食，邑令餉穀四十斛，悉推以賑貧者。耿氏自光兄弟以孝友著名，子姪守其家法，中州稱禮讓者，首耿氏。

劉璞。沈丘人。拔貢生。事母以孝聞。崇禎末，流寇猖獗，璞椎牛享士，日夕守陴，城賴以全。設義塾，延名師，課里中子弟，多所成就。

本朝

李渙。沈丘人。歲貢生。父胤嘉，明季殉難。渙匍匐叩閽，疏三上，卒得贈太僕少卿。事母以孝聞。入本朝，歷任睢、鄧、陝三州訓導，勤於教士。晚居林下，敦宗族，樂施予。

李鼎玉。渙弟。父胤嘉殉難，鼎玉扶柩還。時寇氛未靖，晝夜露處，資野蔬澗水以給。母病，衣不解帶。事兄渙如父，年逾七十，猶朝夕省視，寒暑不輟。順治壬辰進士，累官御史。

柳同春。太康人。順治初，授江西都司。金聲桓叛，同春夜越城變服，晝夜馳三百里，引兵進勦，身爲軍鋒陷陣，妻子留省城者殲焉。賊平，擢狼山鎮總兵，妻安氏得旌。

孫馥。沈丘人。性孝友，好讀書，精研經義。爲文闡濂、洛、關、閩之旨。嘗因盜賊竊發，散資招募鄉勇，助守孤城，城賴以全。順治己亥進士。生平好義樂施，族中幼弱無依者，收養之，教以成人。祀鄉賢。

王輔運。太康人。順治丁亥進士，官禮部郎中。議祀典，黜張浚，進于謙從祀，時論韙之。終湖廣提學副使。

杜俊彦。扶溝人。由拔貢，除廣西賀縣知縣。出穀以賑凶荒。僞帥投誠者，爲督撫所疑，俊彦單騎叩壘，撫定其衆，卒無他變。其幹略類如此。

盧愈奇。扶溝人。康熙戊戌進士，授平凉府通判。疏理鹽法，擢知涇州。涇糧賦多逋欠，愈奇設法勸諭，不事敲撲，人争輸納。時西陲用兵，愈奇辦運軍需，既不誤公，民亦不擾。

程孔述。淮寧人。性好善。康熙四十八年，賈魯河決，溺死者甚衆，孔述駕舟渡活人無算。是年鄰人有因貧鬻妻者，孔述悉贖歸之。

崔吉士。襄城人。乾隆三十九年，爲襄城營把總。值山東壽張逆匪王倫倡亂，吉士隨河北鎮總兵在臨清舊城堵禦，陣亡。事聞，廕卹。

何之璞。扶溝人。乾隆甲辰武進士。嘉慶元年，任上江協遊擊，隨勦湖南苗匪有功。二年，隨勦貴州狆苗，先後擒獲甚多，斬馘尤衆，自捧鮓至黄草壩一帶悉平。得旨獎勵，旋擢撫標參將。四年，隨勦四川邪匪於忠州，陣亡。事聞，議卹，予雲騎尉世職。

張遠覽。西華人。乾隆己卯舉人。少孤，事母盡孝，母喪廬墓三年。仕正陽教諭，擢貴州鎮遠知縣，攝黎平府通判，所至有聲。致仕歸。嘉慶六年，邑中土棍東玉林滋事，遠覽與縣令密謀擒獲，復躬率紳民嚴緝餘黨，不以老疾辭，鄉里賴之。卒，入祀鄉賢祠。

曾禮廷。沈丘人。武生。嘉慶十八年，隨勦滑縣教匪，在道口鎮擊賊陣亡。賞卹如例。

流寓

漢

魏朗。會稽上虞人。以報讐亡命到陳國，從博士郤中信學春秋圖緯。

丁蘭。河内人。寄居西華縣東北，築臺以祀母木像。今有丁蘭冢。

宋

張耒。淮陰人。遊學於陳，學官蘇轍愛之。

列女

漢

陳孝婦。淮陽人。年十六，嫁而無子，其夫當戍，囑曰：「吾生死未可知，幸有老母在，無他兄弟備養，吾不還，汝養吾母乎？」婦應曰：「諾。」後夫果不還。婦紡績織紝，養其姑二十有八年。姑卒，盡賣其財物田宅以葬，終奉祭祀。淮陽守以聞，賜金四十斤，號曰「孝婦」。

唐

殷敬仲妻顔氏。長平人。敬仲官吏部郎中，爲酷吏所陷，顔率二女割耳爲敬仲愬冤，敬仲得減死。

李侃妻楊氏。侃，項城令。建中末，李希烈謀襲陳州，分兵略諸縣。侃欲逃去，楊曰：「君，縣令，寇至當守。力不足，死焉，職也。君如逃，尚誰守？」李從之。楊請重賞募死士，侃率以乘城，楊身爨以享衆。報賊曰：「項城父老，義不下賊矣。」侃中流矢還家，楊責曰：「君不在，人誰肯守？死於城，不猶愈於家乎？」侃遽登城。會賊將中流矢死，遂散去，城賴以全。

陳之胥妻。佚姓氏。建炎中，統制王淵討東州賊杜用，軍於鄧灣。從賊中得之，見婦美，欲與通，不允。又逼之，婦曰：「統制軍官隨都統來破賊，本爲百姓除害。若要新婦充婢使，則可。若欲見私，則不願也。」淵強之，且曰：「我當殺汝。」婦曰：「若此，統制亦賊爾，死何懼？」淵命擁出斬之。

明

孟七保妻張氏。名鍼姑，陳州人。年十四，許同郡孟七保。未幾，七保輸税於開封，卒，葬祥符之蘇村。父母欲嫁之，鍼姑曰：「既許孟氏，今雖亡，其母無所依，願歸以養。」父母從之。乃與姑詣祥符，負其夫骨還葬。守節終身。永樂中旌表。

常友妻盧氏。名温柔，陳州人。祖母張氏，寢疾三年，温柔事奉甚謹，親戚異之。後字太康常友，未及婚，友卒。温柔往弔之，遂潛自縊死，鄉人爲合葬焉。天順末，詔旌其門。

樊亨妻翟氏。名粉兒，陳州人。年十七，字樊亨。未幾，亨卒。父母往弔，粉兒入房縊死。

杜維訥妻董氏。陳州人。訥家徒四壁，董安之。訥死，即其旁自縊。州守洪蒸爲具棺，給地以葬。

魏氏三烈。陳州人。一魏體坤女，適劉忠貞。劉死無子，魏年二十二，家有庶姑袁氏，生二歲子，魏泣屬曰：「幸姑善視劉氏後，婦從夫死矣。」尋自縊。一魏體泰女，適謝用賓。謝死，竟以腰絰縊死，年亦二十二。一魏體咸女，適朱試。不數年，試病卒，魏以身殉，年亦二十二。三婦皆產於魏，而死時年齒相同，競稱魏氏三烈云。

張氏女。名合兒，沈丘人。弘治中，合兒年十四，饁父於田，途遇里人武鑑，欲强污之，合兒不從，遂投河死。

姜國才妻姚氏。沈丘人。女年十六，字姜國才，未婚而國才歿，女聞訃，紿父同母往弔，遂縊死。縣令申請建坊。

馬旺妻楊氏。西華人。正德七年，流賊陷城，旺夫婦俱爲所獲，義不從賊，皆被害。詔旌其門。

李時蘭妻高氏。商水人。時蘭卒，高潛入隱室縊死。時蘭復甦，聞高死，流涕曰：「待我與汝俱行。」須臾亦死。事聞，旌其門。

本朝

李賢相妻聶氏。項城人。賢相商於外，鄰人潛入室，拒之得免，誓自殺以滅恥，姑防之甚謹。得間，卒行其志。雍正年間旌。

張氏女。淮寧人。許聘田鼇。鼇亡，女投繯以殉。同縣節婦焦維正妻李氏、徐之龍妻于氏、孫夢雷妻張氏、許長祚妻李氏、高洪遠繼妻王氏、許如義妻鄭氏、竇瑶妻李氏、竇瑜妻何氏、竇琰妻龔氏〔九〕、孟國瑞妻王氏、孟誥繼妻王氏，烈婦杜注妻王氏、任黑妻石氏、王士坤妻馬氏、陳某妻葛氏，貞女劉正聘妻崔氏、阮永登聘妻鄭氏，烈女羣姐、張二姐、趙氏女、尤氏女、欒氏女，均乾隆年間旌。

李太璞妻安氏。商水人。夫亡，守節。同縣節婦李紫袍妻王氏、李紫衣妻雷氏，烈婦高黑妻吴氏、胡曰仁妻康氏、王忠妻李氏、文某妻王氏，烈女福姐、焕姐，均乾隆年間旌。

李洵妻徐氏。西華人。夫亡，守節。同縣節婦金相鼎妻紀氏、金鶴妻祁氏〔一〇〕、金文鼎妻張氏、胡緒虞妻于氏、胡士介妻屈氏、胡作舟妻朱氏、胡曰璞妻淩氏、劉珩妻朱氏、劉璘妻王氏、劉琪妻馮氏、王向哲妻李氏，烈婦徐二尼妻王氏、畢氏、尹氏、劉氏，烈女愛姐、李拘姐，婢李蘭香，均乾隆年間旌。

閻永言妻艾氏。項城人。夫亡，守節。同縣節婦閻煦妻王氏、衛濬哲妻閻氏、衛堦妻張氏、閻培仁妻孫氏、衛增妻趙氏、閻熾妻趙氏、胡子旭妻周氏、王允仁妻郭氏、王弘璠妻錢氏、閻懋第妻張氏、竇漁妻朱氏、閻太妻馬氏、田謨妻師氏〔一一〕、田世南妻馬氏，烈婦胡德富妻王氏、郭三妻夏氏、朱四海妻張氏、趙某妻胡氏、張某妻楊氏、楊某妻戚氏、劉某妻任氏，貞女闕培璵聘妻劉氏、李紹朱聘妻田氏，烈女張氏，均乾隆年間旌。

海化龍妻解氏。沈丘人。夫亡，守節。同縣節婦劉申妻閻氏、劉中岱妻王氏、王德敬妻蕭氏、普鵬翼妻李氏、韓秉彝妻吴氏、趙儀妻李氏、普重熙妻劉氏、王輔弼妻趙氏、于得貞妻張氏、劉世聞妻王氏、張德音妻王氏、李爂妻劉氏、馬大安妻李氏、劉學謙妻王氏、程登臨妻普氏、劉三遜妻王氏、劉勤妻程氏、張悦妻李氏、劉雲鵬妻李氏、劉光藜妻程氏、劉誌妻趙氏、趙竚妻李氏、李成立妻楊氏、孫焜燿妻張氏、楊念之妻蘇氏，烈婦原介妻孫氏、程介齡妻郭氏、李某妻崔氏、張某妻于氏，又張氏烈女武正姐、張紀姐，均乾隆年間旌。

張有造妻王氏〔一二〕。太康人。夫亡，守節。同縣節婦王濬妻劉氏、王澐妻汪氏、張永謙妻李氏、劉士舜妻焦氏、耿存訥妻蔣氏、商景星妻王氏、周廣德妻孫氏、馮大成繼妻楊氏、王明文妻孫氏、李環妻張氏，烈婦鄭西廣妻江氏、翟榮妻汪氏、韓山妻宋氏、張增瑞妻王氏、張崇朔妻李氏、李澤珩妻韓氏、黄永海妻張氏、張二妮妻李氏、楊天位妻南氏、高興旺妻孫氏、王甲妻王氏，烈女李氏女，均乾隆年間旌。

陳中振妻弋氏。扶溝人。夫亡，守節。同縣節婦李琚妻董氏、張念兹妻聶氏、張肄經妻何氏、路克配妻盧氏、郭學閔妻林氏、齊望裔妻熊氏、李基高妻鄭氏、孫纘續妻劉氏、郝育禮妻薄氏、郝永年妻王氏、郝永寧妻劉氏〔一三〕、郝永静妻高氏、張廷玫妻蔡氏、李節貞妻陳氏、邢珍妻郝氏、盧梠妻谷氏、張含章妻郝氏、郭永良妻盧氏、王汝翼妻盧氏、徐天成妻王氏、盧維宗妻寇氏、盧允恭妻李氏、賈雲龍妻楊氏、王保成妻淩氏、王克昌妻楊氏、李生京妻王氏、齊中興妻王氏、杜宗工妻張氏、妾張氏、王士奇妻田氏、魏義妻李氏、嚴聖基妻萬氏、盧傳學妻劉氏、盧生光妻馬氏、方之緒妻嚴氏、李之菘妻杜氏、李樞妻曹氏、陳可學妻樊氏、何奎麟妻杜氏、郝榮光妻何氏、劉顯祖妻田氏，烈婦孟興順妻邵氏，又宋氏、梁氏、尹氏、周良柱妻嚴氏、黄成玉妻高氏、陳氏、李氏，烈女李氏女。均乾隆年間旌。

齊丙妻龐氏。淮寧人。夫亡，守節。同縣節婦穆燦妻方氏，烈婦張涿魁妻周氏，烈女張氏女、吴氏女，均嘉慶年間旌。

李氏。西華人。守正，捐軀。同縣張淳妻袁氏、劉三春妻胡氏、馬成龍妻蘇氏、李某妻許氏、趙某妻許氏，均嘉慶年間旌。

閻懋衍妻田氏。項城人。夫亡，守節。同縣節婦張春融妻郭氏，烈婦鄒某妻吕氏、孫某妻李氏，均嘉慶年間旌。

王喬年妻張氏。沈丘人。夫亡，守節。同縣節婦王召陸妻楊氏，烈婦張天有妻柳氏，貞女張氏女，烈女石蘭姐，均嘉慶年間旌。

黄清漣妻畢氏。太康人。守正，捐軀。同縣劉成妻李氏，烈女師愛姐、張氏女，均嘉慶年間旌。

何麟妻路氏。扶溝人。夫亡，守節。同縣節婦孫起瑞妻張氏、郭天府妻陳氏，烈婦賈元麟妻惠氏、周福妻田氏、蕭雙妻吕氏、聶句妻李氏、王宗培妻趙氏，又梁氏，均嘉慶年間旌。

仙釋

商

宛丘先生。失其名，居宛丘，故號宛丘先生。殷湯之末，已千餘年，弟子姜若春亦三百歲，視之如嬰兒狀，彭祖師之。

土産

藍。府志有三種：蓼藍染緑、大藍染碧、槐藍染青，俗名靛。

梨。出西華。縣志：夏亭有梨，甘脆異常。土人名曰「袁家梨」，疑即「哀家梨」之譌。

蕪菁。一名蕵蕪。詩疏：坊記註云：「陳、宋之間，謂之葑。」方言云：陳、楚謂之蘴。

綬草。本名鷊，一作虉。詩陳風：「邛有旨鷊。」傳：「鷊，綬草也。」

鮦魚。出沈丘縣鮦陽城。

漆。史記云：陳夏千畝漆，今太康間有之。按：唐書地理志：陳州土貢絹。宋史地理志：淮寧府貢紬絹。

校勘記

〔一〕魏琰　「琰」，原作「炎」，據乾隆志卷一七一陳州府名宦(下同卷簡稱乾隆志)及宋史卷三〇三魏琰傳改。按，本志避清仁宗諱改字。

〔二〕每朝候上間説　「間」，原作「問」，乾隆志同，據漢書卷五〇鄭當時傳改。

〔三〕何澗爲文惠太子作楊畔歌　「何澗」，乾隆志同。按，南史卷二六袁廓之傳亦作「何澗」，中華書局點校本據王鳴盛十七史商榷六十「何遜傳作『從叔僩字彦夷』，作『澗』誤」，改作「何僩」。

〔四〕峻乃擬揚雄言箴奏之　「言箴」，乾隆志同。按，南史卷七二袁峻傳舊刻本亦作「言箴」，蓋一統志所據。然當作「官箴」，中華書局點校本南史據梁書卷四九袁峻傳及册府元龜卷一九二、八三九改作「官箴」，是也。

〔五〕位秘書監司徒左長史　「左」，原脱，乾隆志同，據梁書卷四一殷芸傳補。

〔六〕所撰實録皇德記起居注職儀等百餘卷　「儀」，原脱，乾隆志同，據梁書卷四一周興嗣傳及南史卷七二周興嗣傳補。

〔七〕父曄　「曄」，原作「煜」，乾隆志作「某」，據宋史卷三〇〇姚仲孫傳改。按，一統志避清聖祖嫌名改字也。

〔八〕李胤嘉　「胤」，原作「引」，乾隆志同，據明史卷二九三忠義傳改。按，一統志避清世宗諱改字也。下文同改。

〔九〕竇琰妻龔氏　「琰」，原作「炎」，據乾隆志改。按，本志避清仁宗諱改也。

〔一〇〕金鶴妻祁氏　「鶴」下，乾隆志有「鼎」字，疑是。

〔一一〕田謨妻師氏　「謨」，乾隆志作「模」。

〔一二〕張有造妻王氏　「王氏」，乾隆志作「李氏」。

〔一三〕郝永寧妻劉氏　「寧」，原作「安」，據乾隆志改。按，本志避清宣宗諱改字也。

歸德府圖

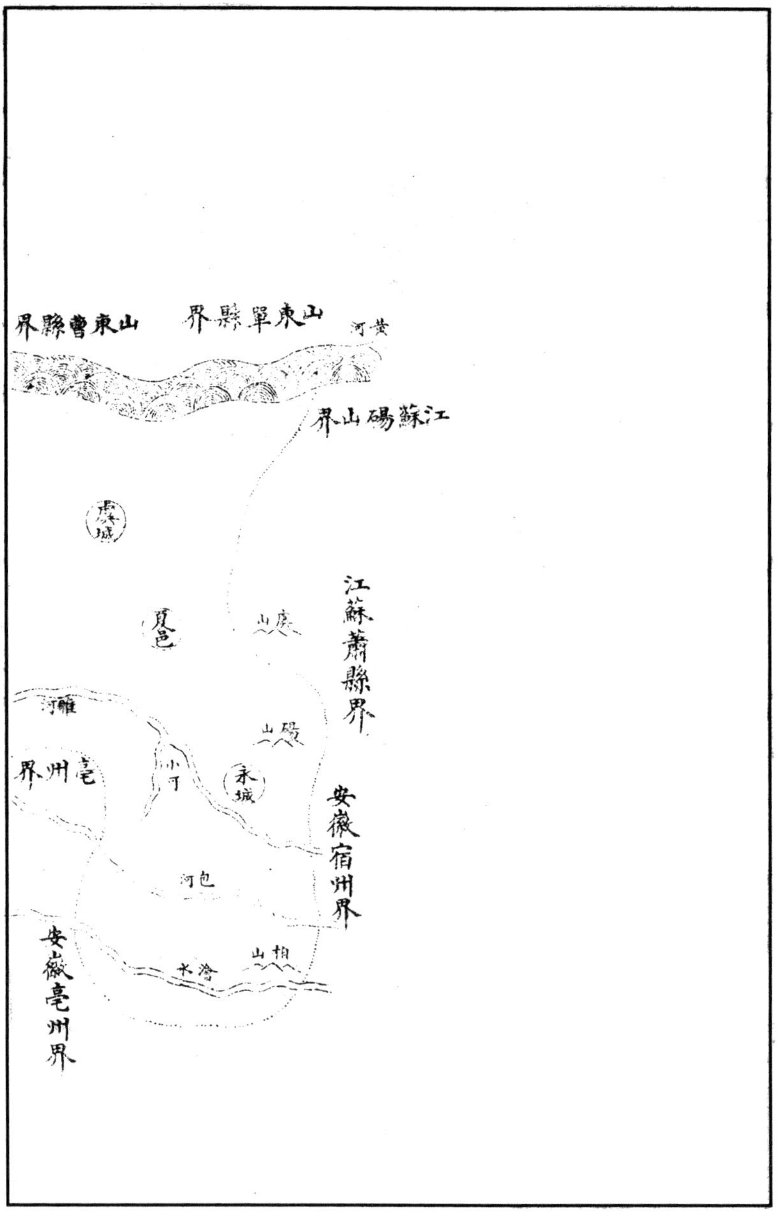
山東曹縣界
山東單縣界
黃河
江蘇碭山界
虞城
夏邑
江蘇蕭縣界
碭山
濉河
亳州界
小河
永城
安徽宿州界
包河
柏山
澮水
安徽亳州界

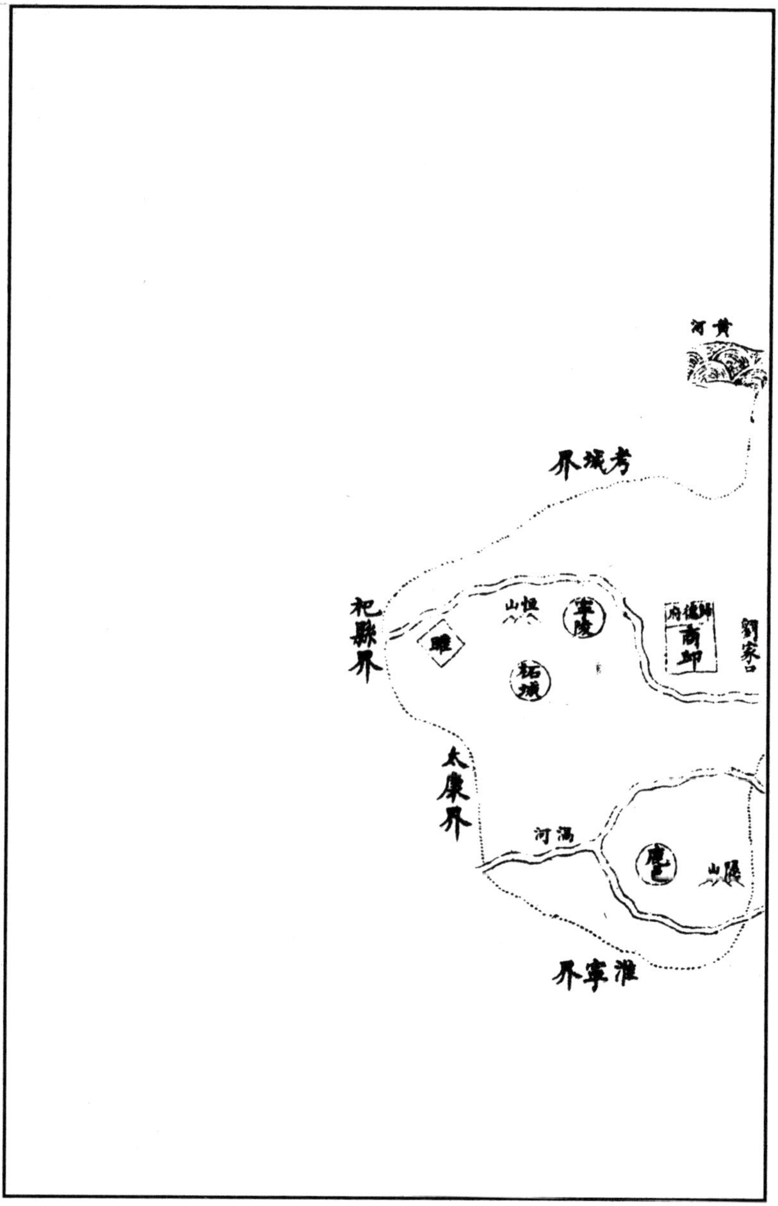
黃河
考城界
杞縣界
睢
恒山
寧陵
柘城
歸德府
商邱
劉家口
太康界
渦河
淮寧界

歸德府表

	歸德府	商丘縣
秦	碭郡	
兩漢	梁國 高帝五年改置，屬豫州。	睢陽縣 初屬梁國，尋爲國治。 穀熟縣 後漢置，屬梁國。
三國	梁國	睢陽縣
晉	梁國	睢陽縣 穀熟縣
南北朝	梁郡 宋改郡，屬徐州。周改名梁州。	睢陽縣 宋屬梁郡。魏爲郡治。 宋初屬平昌郡治，元徽初改置。
隋	梁郡 開皇初廢郡，十六年置宋州，大業初復。	宋城縣 開皇十八年更名，郡治。 穀熟縣 開皇十六年復置，屬梁郡。
唐	宋州睢陽郡 武德初復置州，天寶初改郡，建中初置宣武軍節度，興元初移軍治汴州。	宋城縣 州治。 穀熟縣 武德三年置南穀州，四年州廢。
五代	宋州 梁復爲宣武軍治，唐改歸德軍。	宋城縣 穀熟縣
宋金附	應天府 初曰宋州睢陽郡歸德軍，景德三年升府，大中祥符七年建爲南京。金改名歸德，屬南京路。	宋城縣 府治。金承安五年復名睢陽。 穀熟縣 開寶五年徙宋州城南。
元	歸德府 初置京東行省，旋罷，屬河南行省。	睢陽縣 穀熟縣 至元二年省入睢陽。
明	歸德府 洪武中降州，嘉靖中復升府，屬河南布政司。	商丘縣 初省縣入州，嘉靖中復置，改名，府治。

	寧陵縣
蒙縣 屬梁國。 薄縣 屬山陽郡。後漢屬梁國。	寧陵縣 屬陳留郡。後漢建初四年屬梁國。 己吾縣 後漢永元十一年分置，屬陳留郡。
蒙縣 薄縣	寧陵縣 己吾縣
蒙縣 省入蒙縣。	寧陵縣 省。
蒙縣 宋移譙郡來治。齊省。	寧陵縣 宋屬譙郡，齊省。 己吾縣 魏復置，屬馬頭郡。興和中徙平石城。齊省入下邑。
	寧陵縣 開皇六年復置，屬梁郡。
	寧陵縣 屬宋州。
	寧陵縣
	寧陵縣 崇寧四年屬拱州，宣和六年還屬應天府。金大定中移治，屬歸德府。
	寧陵縣
	寧陵縣

續表

鹿邑縣			夏邑縣
苦縣			栗縣
苦縣 後漢屬陳國。	武平縣 後漢置，屬陳國。	寧平縣 屬淮陽國。後漢屬陳國。	栗侯國 屬沛郡。後漢省。
苦縣	武平縣	寧平縣	
谷陽縣 初屬梁國，咸康三年更名，屬陳郡。	武平縣 屬梁國，後省。	省入苦縣。	
谷陽縣 魏屬陳留郡。齊省入武平。	武平縣 魏正始中復置，屬陳留郡。		下邑縣 魏移置，屬馬頭郡。
谷陽縣 開皇六年復置，屬譙郡。	鹿邑縣 開皇中改置，屬淮陽郡。	鄲縣 開皇六年置，屬淮陽郡。	下邑縣 開皇初屬亳州，後屬梁郡。
真源縣 屬亳州。乾封初更名，載初元年改曰仙源，神龍初復名。	鹿邑縣 屬亳州。		下邑縣 屬宋州。
真源縣	鹿邑縣		下邑縣
衛真縣 大中祥符七年更名，屬亳州。	鹿邑縣		下邑縣 屬應天府。金屬歸德府，興定中屬永州。
鹿邑縣 併衛真入鹿邑，移縣來治，仍屬亳州。	徙。		下邑縣 至元初仍屬歸德州。
鹿邑縣 屬歸德府。			夏邑縣 洪武初改名。

續表

	永城縣			
		芒縣	酇縣	
祁鄉侯國 屬沛郡。後漢省。		芒縣 屬沛郡。後漢建武中更名臨睢。	酇縣 屬沛郡。	敬丘侯國 屬沛郡。後漢更名太丘。
		臨睢縣	酇縣	太丘縣
		省。	酇縣 屬譙郡。	省。
			宋屬歷陽，後改屬平昌。魏廢。	
	永城縣 大業六年置，屬譙郡。		酇縣 開皇十六年復置，屬譙郡。	
	永城縣 屬亳州。		酇縣 屬亳州。	
	永城縣		酇縣	
	永城縣 金興定五年升爲永州。		酇縣 金興定初改屬永州。	
	永城縣 至元初復爲縣，屬歸德府。		酇縣 至元初省入永城。	
	永城縣			

	虞城縣
	虞縣
建成侯國 屬沛郡。後漢省。 建平侯國 屬沛郡。 酇縣 屬沛郡。	虞縣 屬梁國。
建平侯國 酇縣	虞縣
省。 省。	虞縣
馬頭郡 東魏天平後移郡來治。齊廢。	蕭縣 魏初廢，延昌中僑置。齊又廢。
	虞城縣 開皇十六年復置，屬梁郡。
	虞城縣 武德四年於縣置東虞州，五年州廢，縣屬宋州。光化初改屬輝州。
	虞城縣
	虞城縣 屬應天府。金廢。
	虞城縣 初復置，屬東平路。至元二年省入單父，三年復置，屬濟州。
	虞城縣 嘉靖九年移治。

續表

續表

	睢州
	襄邑縣
	襄邑縣 屬陳留郡。
	襄邑縣
	襄邑縣 屬陳留國。
沛郡 魏延昌中置。齊廢。	襄邑縣 宋初屬譙郡，後省。魏景明初復置，屬梁郡。東魏屬陽夏郡。齊又省。
	襄邑縣 開皇十六年復置，屬梁郡。
	襄邑縣 初屬杞州，貞觀中屬宋州。
	襄邑縣 梁屬開封府。唐徙屬宋州。晉又改屬開封。
	拱州 保慶軍 崇寧四年置，大觀中州廢，政和四年復屬京東西路。金改名睢州，屬南京路。 襄邑縣 州治。
	睢州 屬汴梁路。 襄邑縣 屬汴梁路。
	睢州 屬歸德府。 省入州。

續表

柘城縣	
柘縣	
柘縣 屬淮陽國。後漢屬陳國。	傿縣 屬陳留郡。後漢屬梁國。
柘縣	傿縣
省。	省。
柘城縣 開皇六年復置，屬梁郡。	
柘城縣 貞觀初省入穀熟、寧陵二縣。永淳初復置，屬宋州。	
柘城縣	
柘城縣 初屬應天府，後改屬拱州。金屬睢州。	
柘城縣	
柘城縣 洪武中省入寧陵，旋復置。嘉靖中移治。	

大清一統志卷一百九十三

歸德府一

在河南省治東二百八十里。東西距四百七十里，南北距三百二十里。東至江蘇徐州府蕭縣界二百九十里，西至開封府杞縣界一百八十里，南至陳州府淮寧縣界二百五十里，北至山東曹州府曹縣界七十里。東南至安徽鳳陽府宿州界二百二十五里，西南至陳州府太康縣界一百三十里，東北至山東曹州府單縣界一百十里，西北至衛輝府考城縣界六十里。自府治至京師一千八百里。

分野

天文房、心分野，大火之次。

建置沿革

禹貢豫州之域。商爲亳都地。史記殷本紀：湯始居亳。注：「皇甫謐曰：梁國穀熟爲南亳，即湯都也。」周爲宋國。戰國屬魏。漢書地理志：周封微子于宋。今之睢陽是也。後爲齊、楚、魏所滅，三分其地，魏得梁地。元和志：梁，即今宋州也。秦置碭郡，水經注：秦始皇二十二年，以爲碭郡。漢高帝五年，改置梁國，屬豫州。後漢及晉因之。劉宋曰梁郡，屬徐州。宋書州郡志：梁郡，孝武大明元年，度徐州二縣還豫。按：二縣，謂下邑及碭也。漢碭縣，晉已省入下邑。漢下邑在今江南碭山。宋之梁郡，必非舊治，其大明元年，度徐還豫之郡縣，乃僑置也。尋入於魏，亦曰梁郡。北周改曰梁州。隋開皇初，郡廢。十六年，置宋州。大業初，復曰梁郡。唐武德四年，復曰宋州。天寶元年，改睢陽郡。乾元初，復曰宋州，屬河南道。建中二年，置宣武軍節度使。興元初，移軍治汴州。五代梁復爲宣武軍治。時改汴州爲東京，因移軍於此。後唐改爲歸德軍。宋曰宋州睢陽郡歸德軍，至道中屬京東路。景德三年，陞爲應天府。大中祥符七年，建爲南京。熙寧五年，分屬西路。金天會八年，改曰歸德府，并置宣武軍，屬南京路。元仍曰歸德府，置京東行省。尋罷，屬河南行省。明洪武初，降爲歸德州，屬開封府。嘉靖二十四年，復陞爲府，隸河南布政使司。本朝因之，屬河南省，領州一、睢。縣八。商丘、寧陵、鹿邑、夏邑、永城、虞城、考城、柘城。乾隆四十八年，以考城縣改隸衛輝府，今領州一、縣七。

商丘縣。附郭。東西距一百五里，南北距一百四十里。東至夏邑縣界六十里，西至寧陵縣界四十五里，南至鹿邑縣界七十里，北至山東曹州府曹縣界七十里。東南至安徽潁州府亳州界九十里，西南至柘城縣界六十里，東北至虞城縣界三十五里，西北至衛輝府考城縣界六十里。古閼伯之墟曰商丘。周爲宋國都。秦置睢陽縣，爲碭郡治。漢初屬梁國，文帝時爲梁國都。後漢及晉因之。劉宋屬梁郡，後魏爲梁郡治。隋開皇十八年，改縣曰宋城，爲宋州治。大業初，爲梁郡治。唐爲宋州治。五代因之。宋爲應天府治。金爲歸德府治，承安五年，復曰睢陽。元因之。明洪武初，省入歸德州。嘉靖二十四年，州陞爲府，置縣，改曰商丘，爲歸德府治。本朝因之。

寧陵縣。在府西六十里。東西距三十八里，南北距七十里。東至商丘縣界十八里，西至睢州界二十里，南至柘城縣界四十里，北至衛輝府考城縣界三十里。東南至鹿邑縣治一百三十里，西南至陳州府太康縣治一百十里，東北至山東曹州府曹縣治一百里，西北至開封府儀封廳治一百十里。古葛國，戰國屬魏，爲寧邑。漢置寧陵縣，屬陳留郡。後漢建初四年，改屬梁國。晉因之。劉宋屬譙郡。後魏因之。北齊省。隋開皇六年，復置，屬梁郡。唐屬宋州。五代因之。宋屬應天府，崇寧四年改屬拱州，大觀四年還屬，政和四年又屬拱州，宣和六年還屬。金大定二十二年，移治屬歸德府。元因之。明初屬歸德州，嘉靖中屬歸德府。本朝因之。

鹿邑縣。在府南一百二十里。東西距九十里，南北距一百七十里。東至安徽潁州府亳州界二十里，西至陳州府太康縣界七十里，南至陳州府項城縣界一百十里，北至商丘縣界六十里。東南至安徽潁州府太和縣界八十里，西南至陳州府淮寧縣界九十里，東北至夏邑縣界六十五里，西北至柘城縣界四十五里。春秋楚苦邑。秦置苦縣。漢屬淮陽國。後漢屬陳國。晉初屬梁國，咸康三年，改曰谷陽，屬陳郡。宋因之。後魏屬陳留郡。北齊省入武平。隋開皇六年，復置谷陽縣，屬譙郡。十八年，改武平曰鹿邑，屬淮陽郡。唐武德初，二縣皆屬亳州。乾封元年，改谷陽曰真源。載初元年，又改曰仙源。神龍元年，復曰真源。五代因之。宋大中祥符七年，又改真源曰衛真。金因之。元并衛真入鹿邑，移鹿邑治衛真，仍屬亳州。明初屬歸德州，嘉靖中屬歸德府。本朝因之。

夏邑縣。在府東一百二十里。東西距一百二十里，南北距七十里。東至江南徐州府蕭縣界六十里〔一〕，西至商丘縣界六十里，南至永城縣界三十五里，北至虞城縣界三十五里。東南至永城縣界九十里，西南至鹿邑縣治一百八十里，東北至徐州府碭山縣治七十里，西北至虞城縣界七十里。戰國楚下邑地。秦置栗縣。漢爲栗侯國，屬沛郡。後漢省。後魏孝昌二年〔二〕，始移置下邑縣於此，屬馬頭郡。隋開皇三年，屬亳州，十六年屬宋州，大業初屬梁郡。唐仍屬宋州。五代因之。宋屬應天府。金屬歸德府，興定五年，改屬永州。元至元二年，還屬歸德府。明初改曰夏邑縣，屬歸德州，嘉靖中屬歸德府。本朝因之。

永城縣。在府東南一百八十里。東西距一百十里，南北距一百十里。東至安徽鳳陽府宿州界五十里，西至商丘縣界六十里，南至宿州界四十里，北至江蘇徐州府碭山縣界七十里。東南至宿州治一百三十里，西南至江南潁州府亳州界八十里〔三〕，東北至徐州府蕭縣治九十里，西北至夏邑縣治五十里。秦置芒、酇二縣。漢屬沛郡。後漢建武中，改芒曰臨睢，屬沛國。晉省臨睢，以酇屬譙郡。後魏并廢酇縣。隋大業六年，始置永城縣，屬譙郡。唐初屬譙州，貞觀十七年，屬亳州。五代及宋因之。金興定五年，陞爲永州。元至元二年，復降爲永城縣，屬歸德府。明初屬歸德州，嘉靖中屬歸德府。本朝因之。

虞城縣。在府東北七十里。東西距一百里，南北距五十里。東至江南徐州府碭山縣界五十里，西至衛輝府考城縣界五十里，南至夏邑縣界二十里，北至山東曹州府單縣界三十里。東南至夏邑縣治七十里，西南至商丘縣治一十五里，東北至單縣治七十里，西北至山東曹州府曹縣治一百十里。夏時虞國。秦置虞縣。漢屬梁國。後漢及晉因之。後魏省。延昌初，僑置蕭縣，兼置沛郡。北齊廢。隋開皇十六年，復置虞城縣，屬宋州，大業初屬梁郡。唐武德四年，置東虞州，五年州廢，縣屬宋州。光化二年，改屬輝州。五代因之。宋屬應天府。金屬歸德府，後廢。元初復置，屬東平路。至元二年，并入單父縣。三年復置，屬濟州。明嘉靖九年，移治屬歸德府。本朝因之。

睢州。在府西一百十里。東西距一百二十里，南北距一百十里。東至寧陵縣界五十里，西至開封府杞縣界七十里，南至陳州府太康縣界五十里，北至開封府儀封廳界六十里。東南至柘城縣界四十五里，西南至太康縣界四十里，東北至衛輝府考城縣界四十五里，西北至開封府蘭陽縣界五十里。春秋宋襄牛邑。秦置襄邑縣。漢屬陳留郡。後漢因之。晉屬陳留國。劉宋屬譙郡，後省。後魏景明元年復置，屬梁郡。東魏屬陽夏郡，北齊省。隋開皇十六年復置，屬宋州。大業初屬梁郡。唐武德二年屬杞州，貞觀初屬宋州。五代梁改屬開封府，後唐還屬宋州，晉仍屬開封府。宋崇寧四年，於縣置拱州保慶軍節度，建爲東輔。大觀四年州廢，縣屬開封府。政和四年復置，仍爲輔郡。宣和二年罷輔郡，屬京東西路。金天德三年，改曰睢州，屬南京路。元屬汴梁路。明初，省襄邑縣入州，屬開封府。嘉靖中改屬歸德府。本朝因之。

柘城縣。在府西南九十里。東西距八十五里，南北距六十里。東至商丘縣界四十五里，西至陳州府太康縣界四十里，南至鹿邑縣界二十里，北至寧陵縣界四十里。東南至安徽潁州府亳州界五十里，西南至陳州府淮寧縣治一百二十里，東北至商丘縣界四十里，西北至睢州界四十五里。春秋陳株野地。秦置柘縣。漢屬淮陽國。後漢屬陳國，晉省。隋開皇六年，置柘城縣，屬宋州。大業初，屬梁郡。唐貞觀元年，省入穀熟、寧陵二縣。永淳元年復置，屬宋州。五代因之。宋屬應天府。崇寧四年，改屬拱州。宣和二年，還屬應天府。六年，又屬拱州。金、元屬睢州。明洪武中，省入寧陵，旋復置。嘉靖中，移治。本朝屬歸德府。

形勢

梁爲天中，居天下膏腴地。史記。帶以黍丘之野，包以閼伯之疆。盟豬出其右，汳水亘其旁。宋王仲旉南都賦。平衍四達，控江、淮，聯蕭、碭，袛河脇汴。府志。

風俗

睢陽猶有先王遺風，厚重多君子，好稼穡，惡衣食，以致蓄藏。漢書地理志。習俗淳厚，喜勤尚質。元史地理志。

城池

歸德府城。周七里有奇，門四，池廣五丈二尺。明洪武二十二年，因舊基修築，正德中改築。本朝順治初修，康熙二十六年、乾隆十一年、十三年、二十九年重修。商丘縣附郭。

寧陵縣城。周五里，門四，池廣八尺。明成化十八年改築。本朝雍正七年修，乾隆二十八年重修。

鹿邑縣城。周九里有奇，門四，池廣八尺。明洪武二年增築。本朝順治十六年修，乾隆二十三年、二十五年重修。

夏邑縣城。周五里，門四，池廣八尺。明正統十四年增築，崇禎十一年改建。本朝康熙二十七年修，乾隆三十一年重修。

永城縣城。周五里有奇，門五，池廣二丈三尺。明景泰元年增築。本朝順治十六年修，乾隆十一年、二十九年重修。

虞城縣城。周四里，門四，池廣二丈五尺，外爲護城堤。明嘉靖中改築，崇禎十一年甃甎。本朝乾隆二十八年修。

睢州城。周十里有奇，門四，池廣三丈。明洪武元年增築。本朝康熙二十一年修，乾隆二十七年重修。舊志有舊城，亦周十里，宋崇寧中建，與新城相屬。

柘城縣城。周四里，門四，池廣三丈。明嘉靖二十一年改築。本朝順治十四年修，康熙二十八年、四十二年、乾隆十年、二十八年重修。

學校

歸德府學。舊在府治東北。宋初爲應天書院。大觀中，改南京國子監。明洪武六年建爲學。弘治中圮於水，始遷府治東。正德、嘉靖中修。本朝順治三年修，十四年重修。入學額數二十名。

商丘縣學。在縣治北。明萬曆元年建，崇禎七年修。本朝順治六年修，雍正六年重修。入學額數二十名。

寧陵縣學。在縣治後。明洪武三年建，成化十四年改建。本朝順治六年修，康熙十七年、三十年重修。入學額數十二名。

鹿邑縣學。在縣治東，元舊址。明洪武三年重建，嘉靖、萬曆間修。本朝順治六年修，康熙四十四年重修。入學額數二十名。

夏邑縣學。在縣治東南金舊址。明洪武三年，主簿紀懋重建，嘉靖四年修。本朝順治中修。入學額數十五名。

永城縣學。在縣治西南。元延祐三年建。明洪武三年重建，正德、嘉靖間修。本朝順治十五年修，十七年重修。入學額數二十名。

虞城縣學。在縣治西元舊址。明洪武四年重建，成化、萬曆間修，本朝順治七年修。康熙二十二年、五十二年重修。入學額數十二名。

睢州學。在州治西。明洪武三年建，嘉靖二十一年修。本朝順治二年徙建南城。康熙十年修，湯斌爲記。入學額數二十名。

柘城縣學。在縣治東南。明洪武三年建，後圮於水，成化三年重建。本朝順治二年修，十年重修。入學額數十二名。

范文正公書院。在府城東門內。明萬曆三十九年建。

寧城書院。在寧陵縣治東。本朝乾隆十二年建。

鳴鹿書院。在鹿邑縣治東。本朝康熙二十八年建。

崇正書院。在夏邑縣治西。明嘉靖中建。

澮濱書院。在永城縣南二十五里，澮河之濱。元縣尹張思立建。

錦襄書院。在睢州治東北駱駝岡上。祀二程子，明嘉靖四年建。本朝康熙九年修。

户口

原額人丁二十一萬二千三百九十八，今滋生男婦大小共三百二十八萬七千八百八十六名口，計六十五萬二千一百一十户。

田賦

田地八萬八千二百七十六頃五十六畝，額徵地丁正、雜銀三十五萬四千五百二十四兩一錢三分，正兑、改兑米一百三石一斗有奇，麥三千八百八十九石一斗有奇，豆五千三百四十九石一斗有奇，耗米三十石四斗有奇，耗麥六百六十二石二斗有奇，耗豆一千一百二十四石四斗有奇。

山川

隱山。在鹿邑縣東十三里。巑岏起伏，望之常有雲氣。世傳陳摶鍊丹處。又陰靈山，在縣東十一里，與隱山對峙。

柏山。在永城縣東南二十五里，澮水北。

碭山。在永城縣北八十里。與江南碭山縣接界，亦曰宕山。上有紫氣巖。史記高祖本紀：高祖隱於芒、碭山澤巖石之間。漢書地理志：梁國碭山出文石。元和志：碭山縣碭山，南去永城縣五十里，爲二縣之界。詳見江南徐州府。按：碭山又有磨山、白毛、石洞、黄土、戲山之稱，延亘幾二十里。唐咸通九年，龐勛作亂，居民逃匿磨山上，即此。

虞山。在永城縣北九十里。一名魚山，山前有釣臺存焉。亦與江南碭山縣接界。隋書地理志：碭山有魚山。

恒山。在睢州西北十二里。崒嵂南向，爲州主山。

廓山。在柘城縣東北二里。

甘露嶺。在寧陵縣西五里。寰宇記：隋開皇十三年辛岱，至此甘露降，因名。

横嶺。在鹿邑縣西南二十五里。縣志：自西北而東南，延亘二十餘里。

金鎖嶺。在睢州治後。其形窿然而高，避水患者多趨其上。

河隄嶺。在睢州東南三十里。

杏岡。在商丘縣東南十五里。又青岡，在縣南十八里。

三王岡。在商丘縣西北。寰宇記：三王陵，在宋城縣西北四十五里。

鎮頭岡。在寧陵縣南三十五里。又駝腰岡，在縣西南十里。

虎頭岡。在鹿邑縣西四十里。

稍岡。在虞城縣東南二十五里。又大岡，在縣西北三里。柱岡，在縣東北四十里。縣地平衍無山，惟三岡有環繞屈曲之勢。

黄岡。在睢州東南四十里。又三里有安陵岡。其州南四十里爲平岡，西七里爲黎岡，西南三十里爲長岡，相近有中岡、厚臺岡。又恒山之西有青岡，山北二里有澗岡。其州北爲龍塘岡、曠德岡。二十五里有荆山岡，五十里有野鷄岡。

駱駝岡。在睢州東北。名勝志：壁立蒼翠，起伏如駝。其北有桃花洞。

曲岡。在柘城縣北三十里。西三十里有霸王岡，西北四十里有褚岡、明浄岡。又有山臺，以高廣如山而名。

夫子巖。在永城縣北。名勝志：述征記云，碭山南嶺有夫子石室，約三楹，世傳夫子經此，避雨其中，後人肖像於壁。

商丘。在商丘縣西南三里。周三百步，相傳即閼伯所居。

穀丘。在穀熟故城。

黎丘。在虞城縣北二十里。高二丈。寰宇記：梁地有黎丘鬼，善效人。即此。縣志：今有黎丘村。

黄河。自開封府儀封廳界流入，東逕睢州、考城、商丘、虞城、夏邑縣北，又東入江南碭山縣界。胡渭禹貢錐指：元至元中河徙，出陽武南，由渦至懷遠入淮，及泰定元年，改從汴渠至徐城東北，合泗入淮，即今河所行也。自蘭陽、儀封，又東南逕睢州北，河去州七十里。又東南逕考城縣北，河去縣三里，賈魯河在縣北四十里。又東南逕商丘縣北，城舊在河北，自元至元迄明正德，屢經河決，城或南或北，今河在城北三十里，賈魯河在城北四十里。其新集口、丁家道口皆河濱衝要也。又東逕虞城縣北，河去縣十五里。又東逕夏邑縣北，河去縣二十二里。 按：宋開寶四年，河決穀熟，又汴決宋城。此河決歸德之始也。太平興國四年、淳化二年，河兩決宋城縣。金大定二十年，河決衛州，瀰漫至歸德，詔自衛州埽下接歸德，南北兩岸增築堤以捍湍怒，遂於歸德創設巡河官，自是河流逕府城之北。正大九年，蒙古攻歸德，決河灌城。水從西北而下，至城西南，入睢水故道，城反以水爲固，自是河流在府城之西南。元大德三年，河決蒲口，浸歸德郡縣。至大二年，河決歸德，隨塞隨決，歸德常在河北。至順以後，河決而北，歸德仍在河南。至正九年，賈魯議疏塞並舉，挽河北行，以復故道。歸德自哈只口至徐州路三百餘里，修完缺口一百七處，水復故道。明正統十三年，河決而南，歸德又在河北。弘治三年，河決原武，支流爲三，氾溢於考城、歸德以至於宿，乃浚宿州古睢河以達泗，從小河抵歸德飲馬池中，經符離橋而南，皆浚深廣。又築月河十餘，以殺其勢。自後河復故道，歸德仍在河南。嘉靖十九年，河決睢州野鷄岡，經渦入淮。三十七年，河北徙，舊河淤而爲陸。隆慶五年，河決雙溝。萬曆二十五年，河大決山東單縣之黄堌口，溢於河南之夏邑、永城界。次年，劉東星由趙家圈尋賈魯老黄河故道開挑。三十一年，河決歸德，曾如春挑北河，引水入淮，下流淤淺，水遂四溢。天啓三年，河決睢陽。崇禎六年，北築太行堤，西起虞城界，東抵沛縣。本朝康熙四年，河決虞城、永城、夏邑三縣。十一年，虞城河溢。二十五年，築商丘傳家莊月堤。三十四年，築虞城黄堌壩堤。六十一年，於黄堌壩對岸挑引河，長一百六十丈，河流自是通暢。乾隆五十四年，於睢州下汛七堡新南堤前，添做六段，并於工尾築挑水壩，以資挑護。嘉慶十八年，沁、黄二河水勢異漲，南岸睢工、下汛二堡漫口，築堤挑濬，於二十年合龍。 又按：舊黄河在府境者有三。一在商丘縣北三十里，合賈魯河、沁河諸水，流入虞城縣北，又流入夏邑縣北，又流入永城縣北，又東入碭山界，今淤。一在寧陵縣界，明正德四年，於寧陵西五里鋪開地四十里，接黄河故道，尋罷。一在睢州北七十里，又東南流入柘城縣界，分爲二：其一南逕柘城西，屈而東，逕石城南，入磚橋；其一名清水河，東南流會於磚橋，渦水二派亦會焉，合流入鹿邑縣界，逕縣北二十里賈家灘，東南至兩河口，合渦水入亳州界。又睢州更有舊黄河，自州西北渾子集北分爲二流：一東流逕野雞岡、龍箱集北，又東逕荆山岡南，始東南流；一南流逕奉家店北，又東南逕河陽集南，又東流至雙冢北，合東水，入柘城縣界，今湮。

古汴河。舊自開封府杞縣流入，逕睢州北，又東逕考城縣南，又東逕寧陵、商丘、虞城縣北，又東南逕夏邑縣北，又東入江蘇碭山縣界。隋後改流，逕商丘縣南，又東南逕夏邑、永城縣南，又東南入安徽宿州界，即古汳水，亦名獲水。今湮。漢書地理志：蒙獲水首受甾獲渠，東北至彭城入泗，過郡五，行五百五十里。水經注：汳水東逕濟陽、考城縣故城南，爲甾獲渠。又東逕寧陵縣之沙陽亭北，又東逕黄蒿塢北，又東逕斜城，又東逕周塢側，又東逕葛城北，又東逕神坑塢，又東逕夏侯長塢，又東逕梁國睢陽縣故城北，而東歷襄鄉塢南，又東逕貰城南，又東逕違縣故城北〔四〕，又東逕大蒙城北。又獲水出汳水於梁郡蒙縣北〔五〕，亦稱丹水，蓋汳水之變名也。自蒙東出，東逕長樂固北、已氏縣南，東南流逕於蒙澤，又東逕虞縣故城北，又東南逕空桐澤北，又逕龍譙國，又東合黄水口，又東入櫟林，又東南逕下邑縣故城北。隋大業開河記：煬帝以麻叔謀爲開河都護，既達睢陽界，令自睢陽西穿渠南去〔六〕，回屈東行，過劉趙村連延而去。元和志：汴水逕宋州城南。寰宇記：古汴渠在襄邑縣北四十五里。按：汴水本在睢水北，隋疏汴渠，南通睢水，即水經所謂餘波南入睢陽城之故道也。又東南逕夏邑、永城，則又絶睢水使南出。考水經注，睢水南分爲蘄水，是又因蘄水故迹疏導耳。

陳梁沙河。自開封儀封廳流入，逕寧陵縣，入商丘縣，合古宋河，至鹿邑縣，入渦河，下達安徽亳州界。本朝乾隆二十二年，開濬深通，水流暢利。

豐樂河。在府城東商丘縣。舊志：牧馬集溝，長一里半，即其地。自商丘縣朱家雙廟，流至焦家莊，入夏邑縣界，名曰響河。又東流至朱家橋，入永城縣界，名曰巴溝河。又流至梁家橋，入江南境，出睢河，以達洪澤湖，此爲商丘、夏邑、永城受水洩水之幹河，名雖有三，其實一河也。本朝乾隆十七年、二十二年兩經挑濬。又毛家河，自夏邑縣八吉村流入響河。岐河自夏邑縣響鈴村流入永城縣巴溝河。亦於乾隆二十二年修濬。

古宋河。在府治南門外。自古宋集北接引河，流至趙家口西南，入陳梁沙河。本朝乾隆十七年，挑濬深通。又南門外東引河，自南門外城濠，流至古宋舊河。又西南門外引河，自城濠迤東南，流入古宋河。俱於乾隆十七年挑濬。

何家窪河。在寧陵縣城東，流入商丘縣爲安家河，下入陳梁沙河。又冀家河，亦自寧陵縣流入商丘縣界，入陳梁沙河。又馬三河，在商丘縣西流入冀家河。五里堡河，自寧陵縣五里堡東，流入商丘縣馬三河。本朝乾隆二十二年，並加濬築，水流通暢。

八里屯河。在寧陵縣南八里。又縣南三十里有張公河，縣西二十里有陽驛河，縣北十二里有韋家河，三十里有桃園河，皆趙皮寨支河所分注也。

刺河。在鹿邑縣。一名茨河。鹿邑縣志：上承偃王陂水，東流逕唐橋店南，灌河注之。刺河南流，逕丁村東，又東南流至安徽潁州，入潁河。本朝乾隆二十二年修濬。

急三道河。鹿邑縣志：急三道河舊逕鹿邑城中，今塞。至城東隄外，分而爲三，東南復合，又東南逕陳家橋，合南八里河北支，東南逕鄭家橋，復分爲三，又東過斑竹簾寺，入於白河。本朝乾隆二十二年修濬。

明河。在鹿邑縣南，沙水支流也。亦自陳州府淮寧縣流入，又東流入安徽亳州界。水經注：明水上承沙水枝津東出，逕宜禄縣故城北，又東北流注於陽都陂〔七〕。九域志：鹿邑縣有明水。鹿邑縣舊志：沙水發源於滎陽渠，南逕陳留，又東南逕扶溝，又東南至陳州北，而明水稱焉。曲而南流，逕陳州城東，又東逕鄲城北，又東逕雙樓北，又北逕寧平城南，以上闊不盈丈。又東逕丁村南，注於陽都陂。又東逕白馬驛，又東南入淝河。新志：明河今分爲東、西明河。西明河自汲家集北，至傅家集入刺河。東明河自刺河之張胖店入淝河。東西止一水，中逕刺河，因分爲二。本朝乾隆二十二年開濬。

白河。在鹿邑縣南十五里，渦水支流也。逕夏邑、永城達於小黄河。又有南八里河，在縣南八里，自黄堌渦河故道南出，分而爲二，俱流入白河。

楝溝河。在鹿邑縣南四十里。受偃王陂水，東南流至十字河集，入肥水。

清水河。在鹿邑縣西南二十里。縣志：清水河上受渦水之津於太康之馬廠，東逕鹿邑故城北，又東入於九龍口，衆水匯焉。其一枝自九龍口東流，逕鳳凰嶺北，又南逕生鐵塚，又東南至汲水集，復合於清水河。清水河自九龍口曲而南流，逕鳳凰嶺西，又東逕清河寺西，分爲二：其一枝南流入於偃王陂，清水河東逕橫嶺店北，又東南逕汲水集北，又東南至半陂堌堆，入江南淝河。本朝乾隆二十二年，挑濬深通。又北清水河在縣北十里，自柘城縣磚橋南流入渦河。近經黄河淤塞，磚橋水合流賈家灘，清水多涸。

巴清河。在夏邑縣，亦名巴河。上承虞城縣惠民溝，自八吉村流入，逕王家口、白岡村，入桶子河，由陳家橋至羅家口，入横河。俗名老黄河。本朝乾隆二十二年修濬。

小黄河。在永城縣北二十里。上承白河，自夏邑縣流入，又東入安徽宿州界，達於睢。明嘉靖十二年開，尋淤。

澮河。在永城縣。自永城、商丘交界之馬頭寺，流逕商丘順河、和順、新橋諸集，至李家口，入安徽宿州界。本朝乾隆十七年濬。

巴河。在睢州北五十里。自開封府儀封廳流入，又東逕寧陵縣北入河，今湮。其餘流入考城縣界，亦名沁河。明正統中濬。又巴河，在夏邑縣北二十二里，自虞城縣流入，東經永城縣北，又東入江南碭山縣界，本黄河支流也。今湮。

會河。在柘城縣東北。自寧陵縣流入，逕胡襄集北，西抵黄岡集。又有劉家河，在縣東北四十里，亦自寧陵界東流入焉。

惠濟河。自開封府杞縣流入，逕睢州、柘城至鹿邑，由太清宫東北兩河口與渦河會，入安徽亳州北，迤邐至荆山，達於淮。本朝乾隆二十二年，開濬淤淺，水流無阻。

横河。自開封府杞縣流入睢州，合惠濟河。又姬家河，亦自杞縣流入睢州惠濟河。又康家河，自睢州護城堤流至李家口，入惠濟河。本朝乾隆二十二年修濬。

睢水。自開封府杞縣流入，逕睢州北，又東逕寧陵縣南，又東逕商丘縣南，又東逕夏邑縣北，又東南逕永城縣北，又東南入安徽宿州界。今上流漸淤，夏邑以東久湮。左傳僖公十九年：「宋公使邾文公用鄫子於次睢之社。」注云：「睢水受汴，東逕陳留、梁、譙、沛、彭城縣，入泗。」漢書地理志：「芒，睢水出焉。」水經注：「睢水東逕襄邑縣故城北，又東逕雍丘城北，又東逕寧陵縣故城南，歷鄢縣北，又東逕横城北，又逕新城北，又東逕高鄉亭北，又東逕亳城北，又東逕睢陽縣故城南，積而爲逢洪陂。陂之西南有陂，又東合明水，又東南歷竹圃，又東逕穀熟縣故城北，又東蘄水出焉。又東逕栗縣故城北，又東逕太丘縣故城北，又東逕芒縣故城北，與碭縣分水。」元和志：「襄邑縣睢水，西自雍丘縣界流入；寧陵縣睢水，西北自襄邑縣界流入；宋城縣睢水，西南自寧陵縣界流入。」寰宇記：「睢水，在拱州北三十里〔八〕，在宋城縣南五里。」

古涣水。自開封府杞縣流入，逕睢州南，又東逕柘城縣北、寧陵縣南，又東逕商丘縣南，又東南逕永城縣南，又東入安徽宿州界。一名濊水。今湮。戰國策：「楚宣王伐魏，取睢、濊之間。」水經注：「涣水東南流逕雍丘縣故城南，又東逕承匡城，又東逕襄邑縣故城南，又東逕已吾縣故城南，又東逕鄫城北，又東南逕鄢城北、新城南，又東南，左合明溝水，又逕亳城北，又東逕穀熟城南，又東逕楊亭北，又東逕建平縣故城南，又東逕酇縣故城南，又東南逕費城南。」元和志：「寧陵縣涣水，西自襄邑界流入；柘城縣涣水，在縣北二十九里；宋城縣涣水，西南自寧陵界流入；穀熟縣涣水，在縣南三十八里。」按：述異志云，睢、涣二水謂之澮水。府志「今武津關有澮水故道」。又永城縣志「澮河，在縣南二十里，東流入淮」，當即涣水遺跡也。

古蘄水。本睢水支流。自商丘縣南分流，東逕夏邑縣南，又東南逕永城縣南，又東入安徽宿州界。水經注：「蘄水首受睢水於穀熟城東北，東逕建城縣故城北。」按：水經注又曰「睢水逕穀熟兩分，而睢水爲蘄水〔九〕，故二水所在枝分，通爲兼稱〔一〇〕。穀水之名，蓋因地變，然則穀水即睢水也。」九域志、金志亦皆曰穀水即睢水之變名。舊志蘄水故道，已不可考。而隋唐時汴水絶睢水而南流，蓋即蘄水故道也。

渦水。自陳州府太康縣流入，逕柘城縣南，又東逕鹿邑縣北，又東入安徽亳州界。本朝乾隆二十二年，於鹿邑境内開濬淤淺，修築堤岸，水流深通無滯。水經注：渦水受沙水於扶溝縣，逕大扶城西，又東南逕陽夏縣西，又東逕邈城北，又東逕大棘城南，又東逕安平縣故城北，又東逕鹿邑城北，又東逕武平縣故城〔一一〕，又東逕苦縣西南，分爲二水，枝流注於東北賴城入谷〔一二〕，爲死渦也。又東南屈逕苦縣故城南，又東北屈至賴鄉，谷水注之。又屈東逕相縣故城南，又東逕譙縣故城北，東南逕層丘北，又東南逕城父縣故城〔一三〕，又東逕下城父北〔一四〕，又東南逕渦陽城北，又東南逕龍亢縣故城南。元和志：鹿邑縣渦水，西自太康縣流入。舊志：元至元初，張柔守亳州，於今城北四里開東西直河，上下通渦口，以便饋餉。明初，因黄河衝決，水道大變，惟城東尚循故道，其城西與北雖有數支旁出，皆隨地易名，直趨東南，不復屈而東北與城東之渦水合矣。至所謂苦縣西南至相城縣南者，久塞無復舊迹。

沙水。在鹿邑縣南五十里。一名蔡河。自陳州府淮寧縣流入，又東南入安徽潁州府阜陽縣界。水經注：沙水自陳城百尺溝東流，逕寧平縣故城南，又東分爲二水，即春秋所謂夷濮之水也。按：鹿邑縣新志，今自陳以至寧平故城東者，不名爲沙水，而稱明河。其下流至太和境尹家橋，入於淝河。詳見「明河」。

濯水。自陳州府淮寧縣流入鹿邑縣境。縣志：濯河發源於扶溝縣蒗蕩渠，今謂之黑河。上流淤塞，但承陳州西北明馬集諸坡水，東流由唐橋店南入刺河。本朝乾隆二十二年，特加開濬，深通無阻。寰宇記：鹿邑縣有濯水，一名曲水，源從陳州宛丘縣東北涸河出，至縣界入真源縣。按：漢書溝洫志，漢武帝元光五年，河水泛溢，使汲黯疏決數十道。濯水即陳郡内舊引水瀆也。

苞水。在永城縣南五十里，今名包河。自安徽亳州流入，又東入安徽宿州界。水經注：苞水出譙城北，自汀陂東流逕酇縣南，又東逕鄲縣故城南，又東至稽山。

古谷水。本渙水支流。自睢州東南分而南流，逕柘城縣北，又東南逕鹿邑縣北，入渦河。水經注：谷水首受渙水於襄邑縣東，東逕承匡城東，又東南逕己吾縣故城西，又東逕柘縣故城東，又東逕苦縣故城中。水泛則四周隍塹〔一五〕，耗則孤津獨逝。又東逕賴鄉城南，東入渦水。寰宇記：谷水於苦縣界相縣故城西南五里分流，入靈溪池，東入渦水。九域志：衛真縣有谷水。

古泓水。在柘城縣西。春秋僖公二十二年：宋公及楚人戰於泓。注：「泓，水名。」寰宇記：在柘城縣西三十五里。金史地理志：柘城有泓水。舊志：即渙水支流也。

孟諸澤。在商丘縣東北，接虞城縣界，亦名望諸。書禹貢：導菏澤，被孟豬。周禮職方氏：青州其澤藪曰望諸。疏：「望諸，即孟諸也。」爾雅：十藪，宋有孟諸。郭璞注：「今在梁國睢縣東北。」左傳僖公二十八年：楚子玉夢河神謂己曰，賜汝孟諸之麋。注：「孟諸，宋藪澤。水草之交曰麋。」漢書地理志：睢陽盟諸澤在東北。元和志：在虞城縣西北二里，週迴五十里，俗號盟諸澤。寰宇記：今俗呼爲湄臺。禹貢錐指：今虞城縣西北十里有孟諸臺，接商丘縣界，即湄臺也。梁孝王築東苑方三百里，孟諸澤皆在其中。

蒙澤。在商丘縣東北。左傳注：蒙澤，宋地蒙縣也。後漢書郡國志：蒙縣有蒙澤。水經注：獲水東南流逕於蒙澤。闞駰十三州志曰，在蒙縣東。寰宇記：在宋城縣北三十五里。

空桐澤。在虞城縣南。左傳哀公二十六年：宋景公遊於空澤。注：「空澤，宋邑。」水經注：獲水又東南，逕空桐澤北，澤在虞城東，上有空桐亭。

焦州湖。在永城縣東南十里。俗名焦種湖。又縣西南六十里有白泠湖，西北十里有柳園湖，十三里有大鴨湖。

西湖。在睢州北駱駝岡後，週迴十四里。

陽都陂。在鹿邑縣南四十里。水經注：沙水又東，積而爲陂，謂之陽都，明水汴之。陂水東南流，謂之細水。魏書地形志：谷陽有陽都陂。

偃王陂。在鹿邑縣西南四十里。縣志：明隆慶六年，自偃王陂東至神蟲窪開溝十餘，達楝溝河。又自多迷店至棉家窪開溝十餘，達淝河。其上自華家窪開八里，達黑河。虎八里口開十里，達刺河。王家窪上受戴家窪之水，開數里，亦達黑河。萬曆元年，續開大溝，上自十家河，下至三丈口，長四十八里。自是縣境積水得由亳入渦而達淮。

新溝。有二。一在商丘縣東，一在鹿邑縣南。商丘縣志：邑東四十里有流臘陂，地最卑下，秋雨河漲，往往成川。明萬曆八年，濬溝長十五里，上通湖提控寨，受黄河支流，下引文家集河，入於淮、泗，自是水有所洩。鹿邑縣志：新溝在縣南，自陳州流入，與沈丘縣接界。潁水支流也。

誌溝。在商丘縣西南。按：舊志有婁家店溝、毛堌店溝，皆其故道。自司家集起，流逕扳繒口入河〔一六〕。又睦鄰溝，在商丘縣東南，自虞城縣豐家窪流入豐樂河。俱於本朝乾隆二十二年修濬。

漆溝。在商丘縣北。元和志：隕石水，源出宋城縣北四十里。春秋時，隕石於宋，其處爲潭。寰宇記：隕石水，一名漆溝。

吕家窪溝。在寧陵縣南。自吕家窪流逕王家莊、高家樓，入商丘縣西南王家橋河。又郭家樓溝，在寧陵縣東南，自郭家樓流入商丘縣西南賈家河〔一七〕。本朝乾隆十七年濬。

試量集溝。在鹿邑縣西。縣志：明萬曆三十二年，自試量集東南至太和縣界，開溝洫三萬一千九百餘步，下通偃王陂以下。續又改濬刺河，使鹿邑之水由刺達潁，不復由亳入渦，縣境水患漸平。

城北溝。在鹿邑縣北。縣志：明崇禎五年，開濬城北溝數道，引水入清水河。并開近城溝數道，引水入渦河及急三道河。

小引溝。在夏邑縣。自會里村觀音閣，流逕太平村，至虬龍橋，入永城縣巴溝河。本朝乾隆二十二年修濬。

減水溝。在永城縣。本朝乾隆五十五年修。

大澗溝。在永城縣西南，相近又有小澗溝，俱流入澮河。本朝乾隆二十二年修濬。

白洋溝。在永城縣東北，接巴河，南入澮水。又縣東南有清溝，南有黃溝、九里溝，北有漬溝、大溝、洪溝，東北有陶洫溝、挑溝、張村溝，縣境凡十有餘溝，俱入澮河。

惠民溝。在虞城縣東南。明邑人楊東明與知縣王納言開濬。本朝康熙二十九年重濬，自城東南郭外流逕陽堌寺、秦家莊，至王家口下，入夏邑縣巴清河。乾隆二十二年，挑濬深通。又小引河，自苑家隄口，流入惠民溝，亦於二十二年挑濬深通。又支溝，自惠民溝支分小渠，由吳家堂逕玉堂閣，東至橫河。又坡河，自縣西義元村流至李家橋，東入惠民溝。又洪益溝，自王家窪流逕李家莊，入坡河。永豐溝，自范家莊流逕朱家廟，迤東入坡河。俱乾隆十七年濬。

永便溝。在虞城縣。自汪家隄口，流入商丘縣睦鄰溝。本朝乾隆二十二年修濬。

蔡家橋溝。在睢州。自蔡家橋流逕平岡後，入惠濟河。又古路溝，自平岡集流入沙河。申家屯溝，自柘城縣官溝流入十八里河。潘家河溝，由七里河入惠濟河。寄岡集溝，由鹿家河入惠濟河。本朝乾隆六年、十六年、十七年，俱開濬深通。

仵家集溝。在柘城縣自仵家集起，流入鹿邑縣界。又胡襄集溝，自胡襄集流入商丘縣河。周家莊北溝，上接商丘縣，下至柘城縣南，仍入商丘縣河。王需堂溝，自王需堂坡窪下入仵家集溝。官莊溝，自縣東下入仵家集溝。葉家堂溝，自縣東坡窪下至徐家樓官路。王家集溝，自縣東坡窪流逕商丘縣十字河集，西至單家墳。明浄岡溝，由紅廟後入商丘縣河。開化店溝，自縣東流逕徐家橋，入商丘縣河。褚岡寺溝，上自睢州界起，下入惠濟河。伯岡集溝，自寶臺廟西北，流逕三孔橋入沙河。山臺寺窪溝，由楊家橋流逕袁家莊南，入鹿邑縣草寺河。李灘店溝，自縣西流逕程家溜，入沙河。鷲老店溝，自鷲老店廟前流入惠濟河，八里營溝，自吳家樓流入老黃河。魏家樓溝，自魏家樓東北下逕王家樓，入八里營溝。劉家屯溝，上接睢州界，下入橫溝。橫溝，自縣北西逕惠濟河，東入老黃河。雙廟集溝，自縣北坡窪下至半坡店後，入老黃河。慈勝集溝，自集南坡窪流至牛家店後，入老黃河。李鐵集溝，自高八寨流至鄭家樓，南入王需堂溝。本朝乾隆十六年、十七年，次第開濬。

白沙渠。在商丘縣東。有税課司。又有石梁渠，宋張亢知應天府，治此二渠，民無水患。

黑龍潭。在商丘縣西北二十里。

白龍潭。在永城縣界。金史地理志：酇有白龍潭。

皇城潭。在柘城縣舊柘城西南。縣志：宋真宗幸太清宮，駐蹕於此。

楊家窪。在柘城縣東二里。又縣南有祁家窪、百萬窪、司家窪、周家窪，西有炒鐵窪，北有閻王窪，東北有郭家窪，縣界共有八窪。

清泠池。在商丘縣東。元和志：清泠池，在宋城縣東二里。寰宇記：梁孝王故宫内有釣臺，謂之清泠臺，下有池，號清泠池。

鷹鷺池。一名南湖。在商丘南五里。宋晏殊放馴鷺於湖中。蘇轍有記。金史地理志：睢陽有鷹鷺池。

黃池。在商丘縣西三十里。明統志：梁惠王十六年，侵宋黃池，宋復取之，即此。

觀渙池。在鹿邑縣城内西北隅。

蓮花池。在永城縣南城濠外，東西二里許，南北亦如之。

濯錦池。在睢州西。漢書地理志：襄邑有服官。魏都賦：錦繡襄邑。水經注：睢渙之間出文章，天子郊廟御服出焉。

蛟龍池。在睢州北。寰宇記：在襄邑縣北七十五里。春秋龍鬬于時門之外洧淵，即此。按：洧淵在新鄭縣，寰宇記誤。

燕子池。在柘城縣城内東南隅。

濟瀆池。在柘城縣西濟瀆廟前，遇旱禱雨多應。

靈井。在商丘縣南四十里帝嚳廟中。府志：井始有四，今存其一，遇旱取水，禱雨多應。

黄龍井。在寧陵縣東。明統志：魏甘露四年，有黄龍二見於井中。

九龍井。在鹿邑縣老子廟中。後漢書郡國志注：伏滔北征記曰：「老子廟中有九井，水相通。」元和志：九井，隋季皆竭。自武德以來，清泉沁溢。或云，汲一井，而八井皆動。

李令泉。在虞城縣治内。以唐縣令李錫得名。李白虞城李令去思頌序：官宅舊有井，水清而味苦，公下車，嘗之曰：「既清而苦，是以符吾志。」汲用之，遂變爲甘泉。

校勘記

〔一〕東至江南徐州府蕭縣界六十里　「江南」，乾隆志同，當改作「江蘇」。考江南省康熙時一分爲二，乾隆志已分列江蘇省與安徽省，本志同，且行文中亦分别言之。乾隆志修志史臣偶爾沿襲前志之文而稱「江南」，本志多隨文改正，此處蓋疏漏之失。下文亦有類似失誤，姑仍之。

〔二〕後魏孝昌二年　「孝昌」，原作「孝平」，據乾隆志改。按，後魏無孝平年號。又按，下文言「始移置下邑縣於此，屬馬頭郡」，考魏書卷一〇六中地形志，馬頭郡領縣三，下邑其一，其注云：「孝昌元年置臨涣郡，縣屬。興和中罷郡，屬。」則下邑屬改馬頭郡乃在東魏孝静帝興和年間，非北魏孝明帝孝昌二年。

〔三〕西南至江南潁州府亳州界八十里　「江南」，乾隆志同，當改「安徽」。參本卷校勘記〔一〕。

〔四〕又東逕違縣故城北　「違」，乾隆志同。按，戴震校水經注改「違」爲「蒙」，是。

〔五〕又獲水出汳水於梁郡蒙縣北　「汳」，原作「汲」，據乾隆志及水經注卷二三汳水改。

〔六〕令自睢陽西穿渠南去　「令」，原作「今」，乾隆志同，據煬帝開河記（元明善本叢書歷代小史卷七收）改。

〔七〕又東北流注於陽都陂　「陂」，原作「坡」，據乾隆志及水經注卷二二渠沙水改。

〔八〕睢水在拱州北三十里　「北」，原脱，據乾隆志補。按，太平寰宇記撰於宋太宗時期，拱州乃宋徽宗崇寧四年建於襄邑縣（參宋史卷二〇徽宗本紀），此引寰宇記，不當記以後稱，「拱州」應作「襄邑縣」。寰宇記卷二河南道二東京下：「襄邑縣睢水，在縣北三十里，西自雍丘界入寧陵。」

〔九〕而睢水爲蘄水　「而」，乾隆志脱，戴震校水經注移「而」字於「爲」之上。

〔一〇〕通爲兼稱　「爲」，乾隆志同，戴震校水經注改「爲」作「謂」。

〔一一〕又東逕武平縣故城　乾隆志同。按，戴震校水經注，「故城」下增「北」字。

〔一二〕枝流注於東北賴城入谷　乾隆志同。按，戴震校水經注，移「注於」二字於「東北」下。

〔一三〕又東南逕城父縣故城　乾隆志同。按，戴震校水經注，「故城」下增「北」字。

〔一四〕又東逕下城父北　「城父」，原作「父城」，乾隆志同，據水經注卷二三陰溝水乙。按，史記索隱謂下城父「在城父縣東，今蒙城縣西八十里」。後漢書郡國志山桑縣有下城父聚。

〔一五〕水泛則四周隍塹　「隍」，原脱，乾隆志同，據水經注卷二三陰溝水補。

〔一六〕流逕扳繒口入河　「繒」，原作「繪」，據乾隆志改。

〔一七〕自郭家樓流入商丘縣西南賈家河　「樓」下原有「溝」字，顯爲衍文，據乾隆志删。

大清一統志卷一百九十四

歸德府二

古蹟

穀熟故城。在商丘縣東南。春秋桓公十二年：盟於穀丘。注：「穀丘，宋地。」後漢建武二年，封更始子歆爲穀熟侯。尋置縣，屬梁國。晉因之。宋屬平昌郡。永初，郡國屬南梁，元徽元年廢。隋開皇十六年復置。唐武德三年，於縣置南穀州，四年州廢。元和志：穀孰縣西北至宋州五十七里，縣理置於古穀城，亦殷之所都，謂之南亳。宋開寶五年，汴水決，遷治城南。寰宇記：穀熟縣在宋州東南四十里。有穀丘，在縣南二百步。縣志：穀熟故城，元至元二年併入睢陽，置巡司於此。明洪武初廢。

睢陽故城。在商丘縣南。左傳襄公九年：士弱曰：「陶唐氏火正閼伯居商丘，相土因之。」注：「商丘在宋地。」史記：命微子代殷後，國於宋。注：「世本曰：宋更名商丘曰睢陽。」秦置縣。漢高祖三年，彭越攻下梁地睢陽，十一年爲梁王都。景帝時，吳、楚七國反，梁孝王守睢陽拒之。明年，孝王廣睢陽城七十里。後漢書郡國志注：戴氏北征記曰：「城周三十七里，凡二十四門。」地道記曰：「梁孝王築城十二里，自鼓唱節，杵下而和之，稱睢陽曲。」水經注：睢水經睢陽縣故城南。元和志：隋開皇三年，廢梁郡以縣屬亳州。十六年，於此置宋州，睢陽屬焉。十八年，改爲宋城。王應麟通鑑地理通釋：州南二里外城中〔二〕，本漢睢陽縣。張、許守一城捍天下，蔽遮江、淮，即此地也。按：宋城，唐爲宣武軍治，有三城。長慶二年，李齐攻宋州，陷南城，刺史高承簡保北二城，與戰卻之是也。宋爲南京城，宮城周二里三百一十六步，京城周十五里四十步，中有隔城。明弘治中，稍徙而北，其南門，即故城北門廢址也。

薄縣故城。在商丘縣西北，與山東曹縣接界。本商景亳，三亳之一也，亦作薄。尚書伊訓：朕哉自亳。史記殷本紀注：宋州北五十里，大蒙城爲景亳，湯所盟地，因景山爲名。水經注：汳水又東逕大蒙城北。疑即蒙薄也。所謂景薄，爲北薄矣，椒舉云成湯有景薄之命者也。春秋爲宋邑。左傳莊公十二年：宋公子御説奔亳。又僖公二十一年：楚執宋公以伐宋，冬會於薄以釋之。漢屬山陽郡。後漢屬梁國。晉省入蒙縣。按：左傳及水經注，縣爲北亳，而元和志誤以爲南亳。漢屬梁國，而梁節王傳謂以濟陰之薄益梁國，應自山陽改屬濟陰，後改梁國也。又見山東曹州府。

蒙縣故城。在商丘縣東北。左傳莊公十二年：宋萬弑閔公於蒙澤。注：「蒙澤，宋地。」漢置縣，屬梁國。晉因之，苟晞自倉垣徙屯蒙城，置行臺，尋爲石勒所陷，縣遂廢。宋移譙郡治此。後魏因之，北齊省。水經注：汳水逕蒙縣故城北，俗謂之小蒙城。盧思道西征記：城在汳水南十五六里，即莊周之本邑也。元和志：蒙故城在宋城縣北二十二里。

寧陵舊城。在寧陵縣南。戰國魏安釐王以弟無忌爲信陵君，而食邑於寧。史記：秦二世二年，周市至魏〔二〕，立故魏公子寧陵君咎爲王。漢置縣曰寧陵。後漢建初四年，以陳留之寧陵益梁國。舊唐書地理志：寧陵，漢縣，久廢，隋時置。貞觀元年，併柘城縣入。元和志：寧陵縣，東至宋州五十九里。金史地理志：寧陵，大定二十二年徙於汴河堤南古城。縣志：故城在南關外，俗呼寧王城。

已吾舊城。在寧陵縣西南。後漢永元十一年分置，屬陳留郡。陳留風俗傳：故梁國寧陵縣之徙種龍鄉也〔三〕。永元十一年，以大棘鄉、直陽鄉自鄢隸之，命以嘉名曰已吾。晉初省。後魏復置縣，屬馬頭郡。興和中，徙治平石城。隋志：齊併入下邑縣。元和志：故城在寧陵縣西南四十里。

苦縣故城。在鹿邑縣東十里。史記：老子，楚苦縣厲鄉人。注：「苦縣本屬陳，楚滅陳而苦又屬楚。」漢置縣，晉成帝更名谷陽。水經注：渦水東屈逕苦縣故城南。高齊省入武平縣。隋開皇六年，復置理苦城。乾封元年，高宗幸賴鄉，以玄元皇帝生於此，遂改曰真源。載初元年，又改仙源。神龍元年，復曰真源。宋改衛真。九域志：縣在亳州西六十里。元併入鹿邑，移縣治此。　按：谷陽，宋志誤作父陽。苦縣，前漢屬睢陽國，宋志謂前漢屬陳，亦誤。

寧平舊城。在鹿邑縣西南五十里。漢置縣，屬睢陽國。後漢屬陳國。晉省入苦縣。一作甯平。東海王越傳：石勒追及於苦縣甯平城。元和志：寧平舊城，在真源縣西南五十五里。

鄲縣故城。在鹿邑縣西南七十里。漢置縣，屬沛郡，在今永城界。後漢因之。晉省。水經注：苞水逕鄲縣故城南。隋開皇六年，復置，屬淮陽郡，在今鹿邑界。唐初省。九域志：鹿邑縣有鄲城鎮。縣志：今爲鄲城集。

鹿邑故城。在今縣西。春秋陳鳴鹿地。左傳成公十六年：晉知武子以諸侯之師侵陳，至於鳴鹿。注：「武平縣西南有鹿邑。」水經注：渦水逕鹿邑縣城北，世謂之虎鄉地，非也。隋改武平置鹿邑縣。元和志：故城在縣西十三里，俗名牙鄉城。寰宇記：鹿邑縣有鳴鹿臺，在城內。明統志：故城在今縣西六十里許。縣志又有虎鄉城，在縣西七十里，訛爲護相集。

武平故城。在鹿邑縣西北四十里。後漢置縣，屬陳國。建安元年，以封曹操。晉初屬梁國，後省。後魏正始中復置，屬陳留郡。隋開皇中，改置鹿邑縣，此城遂廢。水經注：渦水逕武平縣故城。元和志：武平故城，在鹿邑縣東北十八里。

栗縣故城。今夏邑縣治。史記：章邯軍至栗。注：徐廣曰：「縣名，在沛。」漢征和元年，封趙敬肅王子爲侯國，後漢省。後魏改置下邑縣。寰宇記：下邑在宋城東一百二十里。魏孝昌二年，置碭郡於下邑城，移下邑縣於此，即古栗城也。按：隋志「酇縣」注云，後魏又置下邑縣，後齊廢。考水經注，栗與酇相去至近，是今縣實魏所置。元和志以爲漢縣，非也。漢下邑縣詳江南「碭山」。

祁鄉故城。在夏邑縣東北，秦縣。史記：曹參擊秦司馬尼軍碭東，破之，取碭、狐父、祁善置。注：「穀熟有祁亭。」漢永始二年，封梁夷王子賢爲祁鄉侯國，屬沛郡。後漢省。括地志：故祁城在宋州夏邑縣東北四十九里。縣志：今縣北有祁邑鄉。

建成故城。在永城縣東南，秦縣。史記曹參世家：楚懷王封參爲執帛，號建成君。注：「建成縣屬沛郡。」漢高祖元年封曹參，六年封呂釋之，五鳳元年封黃霸，皆爲侯國。後漢省。

酇縣故城。在永城縣西南。春秋襄公十年：會吳於柤。注：「柤，楚地。」秦置酇縣。史記陳涉世家：葛嬰將兵狥蘄以東，攻酇，下之。注：徐廣曰：「在沛。」漢書地理志「沛郡酇」，注：「此縣本爲䣜，借酇字爲之耳。」後漢建武十三年，封臧宮爲侯國。晉屬譙郡，宋元嘉八年，屬歷陽。元徽元年，改屬平昌郡。後魏廢。水經注：渙水逕酇縣故城南。春秋襄公十年，公會諸侯及齊世子光於酃〔四〕，今其地酃聚是也。隋開皇十六年復置。屬譙郡。唐屬亳州。舊唐書地理志：開元二十六年，移於汴城洹陽驛置。元和志：酇縣，西南至亳州七十里，宋因之。金興定五年，改屬永州。元至元八年，併入永城。縣志：今爲酇縣鄉。

建平故城。在永城縣西南，漢縣。景帝六年封程嘉，元鳳元年封杜延年，皆爲侯國，屬沛郡。後漢因之。晉省。後魏正光中，移馬頭郡治此。北齊郡廢。九域志：酇縣有馬頭鎮，即故縣也。府志：建平故城，在永城縣西南酇縣鄉。按：晉置馬頭郡，舊治當塗。魏天平後，始移治建平。後漢書注云「建平故城，一名馬頭城，在酇縣西北」是也。

太丘故城。在永城縣西北三十里。左傳襄公元年：鄭子然侵宋，取太丘。注：「酇縣東北有太丘城。」爾雅注：宋有太丘。漢書郊祀志周顯王四十一年，宋太丘社亡是也。漢武帝元朔三年，封魯恭王子節侯政爲敬丘侯國，屬沛郡。後漢明帝改曰太丘，陳寔爲太丘長即此。晉省。寰宇記：太丘故城，在今永城縣西北。按：漢表作瑕丘侯政，元朔三年封。史記表注云屬山陽。考山陽郡之瑕丘並不言侯國，蓋表誤。

芒縣故城。在永城縣東北。秦縣。漢屬沛郡。高祖六年，封耏跖爲侯國。後漢世祖改臨睢。晉省。元和志：隋大業六年，於馬甫城東北三里，割彭城、睢陽置縣，屬譙郡。武德五年，移於馬甫城，即今理。寰宇記：芒縣故城，在今永城縣地。永城故城，在今縣東北三里。縣志：故芒城，俗呼爲大睢城，在縣東北甫城鄉。按：永城，舊唐書曰隋縣，元和志云大業六年置，屬譙郡，而隋志失載。今縣係唐武德五年移治。寰宇記作大業十二年，亦誤。

虞縣故城。在虞城縣西南，古虞國，商均所封。左傳哀公元年：伍員曰「少康逃奔有虞」是也。史記：漢王乃西過梁地，至虞。又曹參攻下邑以西，至虞。注：「虞城縣在宋州北五十里。」舊唐書地理志：虞城，隋分下邑縣置。元和志：虞城縣西南至宋州七十里。縣志：明嘉靖十年，改築今城，故城在縣西南三里。

襄邑故城。在睢州西一里。春秋宋地。本承匡襄陵鄉也。宋襄公所葬，故曰襄陵。戰國時屬魏。史記魏惠王十九年，諸侯圍我襄陵；又楚懷王六年，柱國昭陽將兵攻魏，破之於襄陵是也。秦始皇以承匡卑濕，故徙縣於襄陵，謂之襄邑縣。漢屬陳留郡。後漢更始二年，立成丹爲襄邑王。建武二年，封更始子求爲侯邑。初平四年，袁紹自封丘走襄邑。晉仍二漢，不改。宋屬譙郡。後魏屬梁郡。魏書地形志：襄邑治胡城。水經注：故宋承匡、襄牛之地。元和志：襄邑縣東至宋州一百一十四里，高齊省入雍丘。隋開皇十六年復置，屬杞州。大業三年，割屬梁郡。武德六年，復置杞州，以縣屬焉。貞觀元年州廢，縣隸宋州。宋因之。金、元屬睢州。明省入州。州志：古城在今城西一里許，避黄河，遷今治。按：應劭以襄陵爲襄牛，顔師古已辯其非。金史「襄邑」注云「古襄牛地」，殆沿應説而誤也。魏志陽夏郡亦有襄邑，後罷，景明元年復。應是初屬梁，孝昌中分立陽夏改隸。又襄邑屬杞州，舊唐書作武德二年；其屬宋州，新唐書作貞觀九年。皆與元和志異。

柘縣故城。在柘城縣北。秦置縣。史記：陳涉使葛嬰將兵狥蘄以東，攻柘下之。注：徐廣曰：「柘屬陳。」水經注：谷水逕柘縣故城東。元和志：柘城東北至宋州一百十里，羅城即古株邑城也。寰宇記：柘城縣，即古朱襄氏邑，以縣有柘溝而名。府志：明洪武十年，省入寧陵縣。十三年，復置柘城縣。舊城在今城北，嘉靖中始築今城。

傿縣故城。在柘城縣北，亦作「隝」，通作「鄢」。漢縣，屬陳留郡。後漢屬梁國。晉省。漢書地理志注：應劭曰：「鄭伯克段於鄢是也。」元和志：故傿城，在寧陵縣南五十三里。寰宇記：在柘城縣北二十九里。按：潁州有鄢陵，故屬鄭地，在今開封鄢陵縣西北，此陳留之傿非也，應劭説誤。元和志、寰宇記俱仍其謬。

考城故城。在黄河北岸，明正統中建。本朝乾隆四十八年，黄河漫溢，城没於水。

高辛城。在商丘縣南，今名高辛里。元和志：高辛故城，在穀熟縣西南四十五里。帝嚳初封於此。

新城。在商丘縣南。左傳文公十四年：同盟于新城。注：「新城，宋地，在梁國穀熟縣西。」後漢志：穀熟有新城。括地志：在宋州宋城縣界。

南亳城。在商丘縣西南。帝王世紀：穀熟爲南亳，三亳之一。水經注：睢水又東逕亳城北，南亳也，即湯所都矣。寰宇記：亳城在穀熟縣西南三十五里，與寧陵葛城相去八十里。

橫城。在商丘縣西南。左傳昭公二十一年：宋華、向入，樂大心、豐愆、華牼禦諸橫。水經注：杜預曰：「梁國睢陽縣南有橫亭。」今在睢陽縣西南，世謂之光城，蓋光、橫聲相近，習傳之，非也。括地志：故橫城，在宋州宋城縣西南三十里。

貰城。在商丘西北，與山東曹縣接界。左傳僖公二年：齊侯、宋公、江人、黃人盟於貰。杜預注：「宋地。」公羊作貫澤，「貰」與「貫」字相似。水經注：汳水又西逕貰城南，俗謂之薄城，非也。十三州志以爲貰城也，在蒙縣西北。括地志：貰城今名蒙澤城，在濟陰縣南五十六里，又見山東曹州府。

汋陵城。在寧陵縣東南。左傳成公十六年：鄭子罕伐宋，宋將鉏、樂懼敗諸汋陂，退，舍於夫渠，不儆，鄭人敗諸汋陵。注：「汋陂、夫渠、汋陵，皆宋地。」元和志：汋陵在寧陵縣南二十五里。

期城。有二。寰宇記：東期城，在寧陵縣南三十里；西期城，在縣南二十五里。賈子曰：梁、楚邊亭皆種瓜，梁數灌而美，楚稀灌而惡。楚乃夜搣梁瓜，梁邊令乃竊灌楚瓜，瓜亦美。楚人恠而問之，及見，自謝以重幣而交於梁國。故曰期城，俗猶呼爲瓜城也。

沙隨城。在寧陵縣西北。左傳成公十六年：晉會諸侯於沙隨。注：「宋地。梁國寧陵縣有沙隨亭。」水經注：汳水東逕寧陵縣之沙陽亭北，古沙隨國，世以爲堂城，非也。寰宇記：在寧陵縣西北七十里。

葛城。在寧陵縣北。書仲虺之誥：葛伯仇餉。孟子：湯居亳，與葛爲鄰。注：「葛，夏諸侯，嬴姓之國。」漢書地理志「寧陵」，注：孟康曰：「故葛伯國，今葛鄉是。」杜預：左傳桓公十三年「葛人來朝」注：葛國，在梁國寧陵縣東北。水經注：汳水東逕葛城北。葛於六國屬魏，魏以封信陵君，其地葛鄉即是城也。元和志：故葛城在寧陵縣北十五里。

賴鄉城。在鹿邑縣東十里，亦名厲鄉。史記：老子，楚苦縣厲鄉曲仁里人。注：正義曰：「厲音賴。晉太康地記：苦縣東有賴鄉村〔五〕，老子所生地。」魏書地形志：武平有賴鄉城。水經注：谷水東逕賴鄉城南。

相城。在鹿邑縣東十五里。秦時故縣，非漢沛郡治之相縣。後漢書郡國志：苦，春秋時曰相。水經注：渦水東逕相縣故城南，其城卑小實中。邊韶老子碑云：老子，楚相縣人也。相縣虛荒，今屬苦。故城猶在賴游鄉之東。渦水處其陽，即此城也。寰宇記：相縣在瀨水東。

欒城。在鹿邑縣南十八里。魏書地形志：谷陽有欒城。

廣鄉城。在鹿邑縣西。水經注：渦水東逕廣鄉城北。圈稱曰，襄邑有虵丘亭，故鄉矣〔六〕。改曰廣世。後漢順帝陽嘉四年，封侍中摯填爲侯國，即廣鄉也。

安平城。在鹿邑縣西北。水經注：渦水東逕安平縣故城北。陳留風俗傳曰：大棘鄉，故安平縣也。縣志：安平集在縣西北七十里。

譙城。在夏邑縣北。元和志：故譙城，在夏邑縣北三十一里。祖逖進據太丘城，遂克譙城而居之，謂此。

棘城。在永城縣南。左傳襄公二十六年：聲子曰，子靈通吴於晉，使其子狐庸爲吴行人，吴於是克棘。注：「棘，楚邑。」譙國酇縣東北有棘亭。寰宇記：棘城在酇縣東北十八里。

費城。在永城縣南。後漢書郡國志：酇縣有費亭。水經注：漢建和元年，封中常侍沛國曹騰爲侯國。此地即其所食之邑也。寰宇記：費城在永城縣西南二十五里，南臨涣水。

綸城。在虞城縣東南。左傳哀公元年：伍員曰：「少康逃奔有虞，虞思於是妻之以二姚，而邑諸綸。」注：「綸，虞邑。」後漢書郡國志：虞有綸城，少康邑。括地志：故綸城，在虞城縣東南三十五里。

廣樂城。在虞城縣西。後漢書光武帝紀：建武三年，吴漢率七將軍與劉永將蘇茂戰於廣樂，大破之。注：「廣樂，地闕。今宋州虞城縣有長樂故城，蓋避隋煬帝諱也。」

承匡城。在睢州西。春秋宋地。左傳文公十一年：叔仲彭生會晉郤缺於承匡。戰國策：犀首以梁與齊戰於承匡。後漢書郡國志：襄邑有承匡城。注：「地道記曰在縣西。」水經注：京相璠曰：「今陳留襄邑西三十里有故承匡城。」元和志：在襄邑縣西南二十五里。

始基城。在柘城縣南。元和志：始基故城，在寧陵縣南九十里。晉都護衛策所築。初，乞活魁陳川遣將魏碩於谷水南立營，祖逖遣策等追戰，大破之，因即立戍留守。策曰：「從祖公北伐數年，功始基此。」因名。寰宇記：在柘城東南十里。

大棘城。在柘城縣西北。左傳宣公二年：宋華元及鄭公子歸生戰於大棘。注：「大棘在陳留襄邑南。」史記：吴、楚先擊梁棘壁。注：「宋華元戰於大棘，蓋即棘壁是也。」括地志云：大棘故城，在宋州寧陵西南七十里。」後漢書郡國志：己吾有大棘鄉。水經注：過水東逕大棘城南，故鄢之大棘鄉也。元和志：故城在寧陵縣西南七十里。寰宇記：在柘城縣西北三十里。

鄫城。在柘城縣北。左傳襄公元年：東諸侯之師次於鄫，以待晉師。注：「鄫，鄭地，在陳留襄邑縣東南。」水經注：渙水東逕鄫城北。

仇留城。在柘城縣北。元和志：仇留故城在寧陵縣南六十五里。初，陳川自始基敗後，遣將仇留伐鄢，以逼蔡州。祖逖遣衛策進伐谷水北高丘，以禦仇留，故呼爲仇留城。寰宇記：在柘城縣北五十里。

頤鄉。在鹿邑縣南。史記灌嬰列傳：嬰攻苦、譙，復得亞將周蘭，與漢王會頤鄉。注：徐廣曰：「苦縣有頤鄉。」

首鄉。在睢州東南。左傳僖公五年：會王世子於首止。注：「首止，衛地。陳留襄邑縣東南有首鄉。」後漢書郡國志：已吾有首鄉。注：「襄邑東南有首止城。」金史地理志：柘城，首止地在焉。

陽梁聚。在商丘縣東南三十里。左傳襄公十二年：楚子囊、秦庶長無地伐宋師於陽梁。注：「梁國睢陽縣東有地名陽梁。」後漢書郡國志：睢陽有陽梁聚。水經注：睢陽東南三十里有故陽梁，今曰陽亭。

郥聚。在永城縣南。後漢書郡國志：酇有郥聚。

夏侯塢。在商丘縣西北。水經注：夏侯塢至周塢，各相距五里。

襄鄉塢。在商丘縣東北。水經注：西去夏侯塢二十里。

黄蒿塢。在寧陵縣北。水經注：堂城至黄蒿二十里。

曜華宫。在商丘縣。漢梁孝王建。西京雜記：梁孝王作曜華宫。三輔黄圖：王作此宫，與諸宫觀相連，延亘數十里。

宋故宫。在商丘縣城内。宋志京城：内爲宫城，殿曰歸德。

沃宫。在商丘縣南舊城内。左傳哀公二十六年：宋大尹奉景公如沃宫。注：「沃宫，宋都内宫名。」

鴻慶宫。在商丘縣西南隅。府志：宋之原廟也。真宗以聖祖殿爲鴻慶宫，奉祀太祖、太宗像，侍於聖祖之側，名神御殿，又曰三聖殿。

梁苑。在商丘縣東。一名兔園，亦名修竹園。史記：梁孝王築東苑，方三百餘里。西京雜記：梁孝王苑中，有白靈山、落猨巖、棲龍岫、雁池、鶴洲、鳧島，諸宫觀相連，奇果佳樹，瑰禽異獸，靡不畢備。水經注：睢水又東南流，歷於竹圃，水次緑竹蔭渚，菁菁實望，世人言梁王竹園。元和志：兔園在宋城縣東南十里。九域志：兔園中有修竹園。

漆園。在商丘縣東北蒙縣故城中。史記莊子列傳：周嘗爲漆園吏。注：括地志云：「漆園故城，在曹州冤句縣北十七里，其城古屬蒙縣。」水經注：莊周爲蒙之漆園吏，郭景純所謂漆園有傲吏也。王嘉拾遺記：「莊周隱濠上漆園。」

碎錦園。在夏邑縣舊東門外。

杜衍宅。在商丘縣城内。宋史杜衍傳：衍致仕，寓南都凡十年，第室卑陋，才數十楹。

老子宅。在鹿邑縣東。括地志：苦縣有老子宅。古史考：苦縣有曲仁里，老子里也。

照碧堂。在商丘縣南舊城上。明統志：宋建南都，作堂於城上，以臨南湖。元祐六年〔七〕，留守曾肇重建，晁補之有記。

五老堂。在商丘縣城内。明統志：宋慶曆中，少師杜衍、侍郎王渙、司農卿畢世長、郎中朱貫、馮平致仕里居，年俱八十餘，用香山九老故事，作五老堂，結社賦詩。

去思堂。在虞城縣治。縣志：唐天寶中，縣令李錫有清操，李白爲撰去思頌，後人因建此堂。

觀光亭。府志：觀光亭、望雲亭俱在舊城内，宋留守王勝之建。南都賦云：「聯觀光與望雲，指中天之魏闕。」又妙峯亭，亦勝之建。

新亭。在商丘縣城外。府志：王勝之建新亭，曰流觴、緑波、檜陰、四合、照碧、妙峯、朝雨、暮雲、暖風、殘月、玉燭、金縷、光華、燕喜、嘶馬、落帆、芳草、柳枝，合前觀光、望雲、妙峯亭，凡十有二。秦觀詩云：「宋都隄上十二亭，一一飛驚若鸞鳳。」即此。

鴻口亭。在商丘縣東。左傳昭公二十一年：齊師、宋師敗吳師於鴻口。注：「梁國睢陽縣東有鴻口亭。」

黍丘亭。在夏邑縣西。左傳襄公七年：宋圍曹，築五邑於其郊，黍丘其一也。杜預曰：「下邑縣西南有黍丘亭。」

空桐亭。在虞城縣南。左傳哀公二十六年：宋大尹興空澤之士千甲，奉景公自空桐入。注：「梁國虞城東南有地名空桐。」後漢書郡國志：虞有空桐，地有桐亭。寰宇記：在虞城縣南五里。

巢亭。在睢州南。左傳哀公十一年：城鉏人攻太叔疾，衛莊公復之，使處巢。注：「巢，衛地。」寰宇記：巢亭在襄邑縣南二十里。

滑亭。在睢州西北。左傳莊公三年：公次於滑。注：「滑，鄭地，在陳留襄邑西北。」後漢書郡國志：襄邑有滑亭。

寶墨亭。府志：在睢州舊城西北濠外乾明寺。宋蘇軾適嶺表，信宿於此，書洞庭春色、中山松醪二賦。後人刻於石，建亭以覆之。

蠡臺。在商丘縣城内。晉書姚襄載記：殷浩遷襄於梁國蠡臺。水經注：睢陽城内有高臺甚秀廣，謂之蠡臺，亦曰升臺。續述征記曰迴道似蠡，故謂之蠡臺，非也。余按闕子稱宋景公登虎圈之臺，蠡臺即虎圈臺也。蓋宋世牢虎所在。臺西又有一臺，俗謂之女郎臺。臺之西北城中有涼馬臺。臺東有曲池，池北列兩釣臺，水周六七百步。蠡臺直東又有一臺，世謂之雀臺。池東又一臺，世謂之清泠臺。

文雅臺。舊志：在商丘縣東南里許。孔子適宋，與弟子習禮大樹下，即此。

閼伯臺。在商丘縣西南三里。

清涼臺。在商丘縣西北十八里。相傳宋太祖避暑於此。

平臺。在商丘縣東北。史記：梁孝王大治宮室爲複道，自宮連屬於平臺三十餘里。注：「平臺在梁東北，離宮所在也。」水經注：晉灼曰：「或説平臺在城中東北角，亦或言兔園在平臺側。」如淳曰：「城東二十里有臺，寬廣不甚高，俗謂之平臺。」按複道自宮東出楊州之門左，陽門即睢陽東門也〔八〕。連屬於平臺側近矣〔九〕，屬之城隅則不能，是知平臺不在城中也。元和志：平臺在虞城縣西四十里。縣志：縣東北十七里有平臺集，接虞城界。

陳摶臺。在鹿邑縣東十二里隱山下。

造律臺。在永城縣北三里，上有漢蕭何廟。

儀臺。在虞城縣西南。史記：魏惠王六年，伐宋取儀臺。注：「表亦作義臺。義臺，見莊子。郭象曰：義臺，靈臺也。」寰宇記：靈臺在虞城縣西南四十里。

襄臺。在睢州北駱駝岡南。臺四面有水環之，相傳宋襄公所築。

楚王臺。在柘城縣西十五里。項羽築。

升仙臺。在柘城縣北二十里。有老子遺跡。

忘憂館。在商丘縣城內。明統志：梁孝王遊於忘憂之館，集諸遊士，各使爲賦。

定婚店。明統志：在府舊城內。唐韋固遇月老卜婚處。

三仁街。在商丘舊城內，微子廟前。

關隘

武津關。在商丘縣東南三十五里。路通江南徐、亳二州，舊設巡司，今裁。

桃園關。在寧陵縣北三十五里。明置巡司，今裁。有桃園集。

濟陽鎮。在商丘縣東南九十里。九域志：穀熟縣有高辛、濟陽、營郭三鎮。金史地理志：穀熟，鎮二：營城、洛場。又有舊高辛鎮。按：府志商丘縣有高辛集、營郭集、濟陽集。金史所載營城當即營郭，洛場當即濟陽之訛。

葛驛鎮。在商丘縣南。九域志宋城縣，有城東、河南、葛驛三鎮。金史地理志：睢陽，鎮一：葛驛。府志：葛驛，今有東、西、中三鄉。

長安鎮。在寧陵縣界。九域志：寧陵縣有新興、長安二鎮。

谷陽鎮。在鹿邑縣東。九域志：衛真縣有谷陽鎮。

新興鎮。在永城縣北。縣志：唐咸通中，康承訓帥師討龐勛，屯兵於新興，即此。今爲新興鋪。

保安鎮。在永城縣東北。九域志：永城縣有保安鎮。縣志：鎮在故芒縣之東，虞山之南。金嘗移碭山縣治此。

治平鎮。在虞城縣界。九域志：虞城縣有治平鎮。

歸化鎮。在睢州界。九域志：襄邑縣有歸化、黎驛二鎮。

重華鎮。在睢州界。金史地理志：襄邑，鎮一：重華。

八橋鎮。在柘城縣東。九域志：柘城縣有八橋鎮。縣志：今有磚橋集，即此。

鹿塘寨。在永城縣東北。縣志：唐咸通中，康承訓將諸道兵，屯柳子之西，自新興至鹿塘，壁壘相屬，即此。

白沙渦。在寧陵縣北。縣志：唐至德初，張巡守雍丘以抗賊。賊衆屯兵於白沙渦，巡乘夜襲擊之，大破其衆。

劉家口。在商丘縣城外。有管河通判駐此。

商丘驛。在商丘縣城西門外。

寧城驛。在寧陵縣治北。

會亭驛。在夏邑縣南三十五里。舊有驛丞，今裁。按：九域志下邑有會亭鎮，即此地也。寰宇記下邑縣有牛成驛，在縣西北五十里。隋大業元年廢，漢梁孝王牧牛成也。今無可考。

太丘驛。在永城縣治東。

石榴堌驛。在虞城縣南六十里。

蔡丘驛。在睢州新城内。

津梁

先春橋。在商丘縣城東門外。又西門外有泝洛橋，南門外有通濟橋，北門外有睢陰橋。

海雁橋。在商丘縣南五里南湖上。宋夏竦自青社移二雁至湖中，因名。

石橋。在寧陵縣北十二里。

乘駟橋。在鹿邑縣北門内。

會仙橋。在鹿邑縣東十里，太清宫後。

通濟橋。在夏邑縣東門外。又南門外有迎薰橋，西門外有普濟橋，北門外有懷遠橋。

狐父橋。在夏邑縣東五十餘里，即秦狐父邑地。

酇城橋。在永城縣南二十里澮河之上。又南五里有薛疃橋。

塔岡橋。在永城縣南五十里包河上。

胡父橋。在永城縣北八十里巴河上。亦名狐浮橋。

南津橋。在虞城縣南二里。又西津橋，在縣西三里，俱跨小股河上。

磚橋。在柘城縣東南十五里，黄、渦二流所會也。

廣濟橋。在柘城縣西五里。係黄河故道。

楊家屯渡。在鹿邑縣西北五十五里。又有安家溜、楊湖口，俱渦河渡口也。

丁家路口渡。在鹿邑縣北。又有丁家路、賈家灘、王家口，俱古黄河渡口也。

梁公渡。在柘城縣東南十里。又有楊章渡、李仲渡、白家渡、陳鐸渡，皆古黄河渡口也。

隄堰

漻隄。在商丘縣北，東接夏邑、虞城二縣界。明統志：漻隄自開封府東至歸德州三百餘里。世傳梁孝王徙都睢陽時所築，俗訛爲蓼隄。按：舊圖經蓼隄自汴州杞縣入，至宋州城東分爲三道，在夏邑縣南者爲南蓼隄。寰宇記謂從穀熟界入，東入永城界是也。中蓼隄，在虞城南三十里。北蓼隄，在虞城西南四十里。

隋隄。在商丘縣舊城外三里。東逕夏邑、永城二縣，即汴河故道，隋時所築。夏邑縣志：隋隄在縣南三十里，西連汴道，東接太丘。永城縣志：隋隄環縣治東南。

護城隄。在商丘縣城外。寧陵、鹿邑、夏邑、睢州皆有之。在商丘者，明嘉靖中築，周十六里，高視城之半；在寧陵者，明呂坤築，周十四里；在鹿邑者，嘉靖十五年築，周十二里；在夏邑者，周八里；在睢州者，即汴城舊隄故地，弘治中增修。

汴隄。在寧陵縣東十里。高阜巋然，亦名隋隄。

賈魯隄。在寧陵縣南七里。元賈魯築。

渦河隄。在鹿邑縣南，東接安徽亳州，西抵陳州府太康縣界。明成化十二年築。

新隄。在夏邑縣南三里。明嘉靖中浚治白河，積土所成。

巴清隄。在夏邑縣北二十里黄河南岸，東接江南蕭縣，西接商丘縣界。明嘉靖十年築。

韓家後隄。在虞城縣北。明萬曆二十九年築。

鳳池口。在商丘縣西北二十二里。金正大九年，蒙古兵圍歸德，守將議決鳳池大橋水以護城，即此口也。明洪武二十三年，河決於此。

丁家道口。在商丘縣北三十里，接虞城縣界。舊管河主簿駐此。明正統十年置巡司，後省。虞城縣志：丁家道口，在縣西四十里。又有羅家口，在縣北，皆河防要地。

陵墓

古

燧皇陵。明統志：在閼臺西北二里。

帝嚳陵。在商丘縣東南四十五里。

朱襄氏陵。在柘城縣東十里。今地名朱堌。

商

湯陵。在商丘縣北。史記殷本紀注：皇覽曰：「湯冢在濟陰亳縣北東郭，去縣三里。有湯塚〔一〇〕。冢四方，方各十步，高七尺，上平，處平地。」水經注：劉向言殷湯無葬處爲疑。杜預曰：梁國蒙縣北有薄伐城，城中有成湯冢。今城内有古冢方墳，疑即所謂湯冢也。

閼伯墓。在商丘縣西南閼臺之下，即古商丘也，世傳閼伯葬此。

商均墓。在虞城縣西南三里。

古倉頡墓。在虞城縣西南四十里。

商

伊尹墓。明統志：在商丘縣東南四十里。按：史記：葬伊尹於亳。注：皇覽曰：「在已氏。亳近已氏。」故水經注、寰宇記，皆云已氏有伊尹墓。

微子墓。在商丘縣西南。寰宇記：在宋城縣北十二里。按：縣志微子墓，在縣西南二十五里青岡。蓋舊城在今縣南也。

箕子墓。在商丘縣北。水經注：薄城西有箕子冢。寰宇記：箕子冢在宋城縣北四十一里三十步古蒙城内〔一一〕。晉伏滔北征記：「望亳、蒙間，成湯、伊尹、箕子之冢皆爲丘墟。」按：古蒙城即大蒙城，水經注所謂蒙薄爲北亳也。

周

李母墓。在鹿邑縣東。水經注：李老君母廟前有李母冢。冢東有碑，是永興元年，譙令長沙王阜所立。碑云老子生於曲、渦間。寰宇記：李母墳在真源縣東十三里。

宋襄公墓。在睢州東北。元和志：在襄邑縣城東隅，故號襄陵。州志：即襄臺舊址〔一二〕。

雙冢。在柘城縣西北三里。世傳長沮、桀溺葬此。

秦

召平墓。明統志：在永城縣北碭山鄉。

漢

橋玄墓。在商丘縣北。水經注：睢陽城北五六里，得漢太尉橋玄墓，即曹孟德親酹處。冢列數碑。寰宇記：橋玄墓，在宋城縣北十里。

陳思王墓。在鹿邑縣西五十里。縣志：漢明帝孫陳王鈞葬此，謚曰思，故名思陵。

汲黯墓。在鹿邑縣西南九十里。縣有引水故瀆，漢元光中汲黯所開。瀆上有祠，後人因以墓附會。

虞詡墓。在鹿邑縣西北四十七里。水經注：武平故城之西南七里許有漢尚書虞詡碑。

陳平墓。明統志：在永城縣太丘城北。

梁孝王墓。在永城縣北。水經注：碭山有梁孝王墓，斬山作郭，穿石爲藏，行一里到藏中，有數尺水，水有大鯉魚，黎民謂藏有神，不敢犯之。寰宇記：在永城縣北五十里碭山南嶺上，高四丈，周一里。

張堪墓。在永城縣北保安鄉。

盛允墓。在虞城縣東三里。水經注：虞縣故城東有漢司徒盛允墓，延熙中立廟，中有石碑。

唐

雷萬春墓。在商丘縣東一里。按：宋范成大詩注：「雷萬春墓，在南京城南，環以小墻，榜曰忠勇雷公之墓。」

張巡墓。在商丘縣北。府志：巡死節後，招魂而葬，從李翰請也。按：李翰表云「宜於睢陽城北擇一高原，招魂葬巡并將士，大作一墓」，即此。

孔德倫墓。在寧陵縣北二十五里楮堌村，孔子三十三世孫，唐貞觀十一年封褒聖侯，卒葬此。

朱仁軌墓。在永城縣東北甫城鄉。

宋

杜衍墓。在商丘縣東南仁孝原，歐陽修銘。

張方平墓。在商丘縣東永定鄉，蘇軾銘。
趙槩墓。在商丘縣北天巡鄉，蘇軾銘。
王堯臣墓。在商丘縣東北平臺鄉，歐陽修銘。
曹彬墓。在永城縣太丘城西北一里許。

明

沈鯉墓。在商丘縣西十里。
宋纁墓。在商丘縣西北二十里。
吕坤墓。在寧陵縣西北十二里鞋城村。
梅思祖墓。在夏邑縣南白河之右。
練國事墓。在永城縣北十五里。
王三善墓。在永城縣東北二十里。
軒輗墓。在柘城縣西三里。

祠廟

莊子祠。在商丘縣東南，宋蘇軾有記。

褒忠祠。在商丘縣城西。祀宋凌唐佐，明董綸、陳聞詩。

吕司寇祠。在寧陵縣北關，今移北門内。祀明吕坤。

韓公祠。在永城縣治西。祀宋韓億。

陳仲弓祠。在永城縣西北太丘集。祀漢陳寔。又縣西亦有祠。

栗王祠。在夏邑縣北郭外。縣志：漢將耿夔以戰功封栗侯，後追封爲王，建祠祀之。

慶順祠。在睢州朱家寨。祀河神。

微子廟。在商丘縣城内西北隅。一名象賢祠。

顔魯公廟。在商丘縣南二里開元寺中。

帝嚳廟。在商丘縣西南高辛里。宋開寶六年建。

協忠廟。在商丘縣城西。祀唐張巡、許遠，以雷萬春、南霽雲、姚誾、賈賁配，唐大曆二年敕建。宋大觀中表廟額。舊在城南，明正德中徙建今所。

閼伯廟。在商丘之巔。

旌忠廟。在寧陵縣城内東南隅。祀唐守臣劉昌。

沙隨廟。在寧陵縣城内。祀宋程迥。

李老母廟。在鹿邑縣東。一名洞霄宫。水經注：渦水之側又有李老母廟。唐書地理志：真源洞霄宫，先天太后祠也。元和志：李母祠，在真源縣東一十四里。乾封元年，册號先天太后。今謂之洞霄宫。縣志：宫前有宋真宗御製碑銘，蔡襄書。

老子廟。在鹿邑縣東十里。一名太清宮。水經注：渦水又北逕老子廟東，廟前有二碑，在南門外。漢桓帝遣宦者管霸祠老子，命陳相、邊韶撰碑。北有雙石闕。唐書地理志：真源有老子祠。天寶二年曰太清宮。元和志：玄元皇帝祠，在真源縣東十四里。寰宇記：太清宮，玄元舊宅，前有闕，魏黄初三年所立。其闕有銘，是鍾繇書。縣志：宋大中祥符七年建太清樓。

漢高祖廟。在永城縣北碭山。漢文帝以高祖嘗隱此，立廟於巖前。今廢。

宋仁宗廟。在虞城縣東南三十里。

河神廟。在睢寧堤工。乾隆五十四年，高宗純皇帝御書扁曰「金隄綏佑」。

寺觀

靈臺寺。在商丘縣城東靈臺上。隋開皇二年建。

靈古寺。在商丘縣城南。宋時賜額。

開元寺。有二：一在商丘縣城南，唐時建，宋更名寶融寺，又名興隆寺，内舊有唐顔真卿書八關齋會報德記石幢；一在虞城縣舊縣城北，宋紹聖三年建，後改建於今縣治西南隅。

黄岡寺。在寧陵縣西南三十里。後魏大定三年建。

福壽寺。在鹿邑縣北。北齊武平四年建。

將軍寺。在夏邑縣東北二十里。縣志：寺旁有古冢，號將軍堌。

白塔寺。在永城縣舊城東。宋大觀五年建。

均慶寺。在永城縣北。唐初建，大曆元年賜額「静林」。宋大中祥符中，真宗幸亳，改今名。

住堙寺。在虞城縣東南五十里。宋元豐五年建。

興國寺。在睢州西門内。宋太平興國中建。

無夏寺。在睢州南四十里中有塔。

三清觀。在虞城縣治東。元至元中建。又有洞元觀，在縣治東南，元泰定中建。

洪慶萬壽宫。明統志：在府城北，正統間因廢址重建。

明道宫。在鹿邑縣治東。唐時建。初名紫微宫，天寶二年改太清宫，宋真宗改今名。宫後爲昇仙臺。

名宦

漢

張武。平陽人。宣帝時爲梁相。梁王驕貴，民多豪强，號難治。武兄敞，問武欲何以治梁，武謙不肯言。敞使吏送至關，戒吏自問武。武應曰：「馭黠馬者利其銜策，梁國大都，吏民凋敝，且當以柱後惠文彈治之耳。」吏還道之，敞笑曰：「審如掾言，武必辦治梁矣。」武既到官，其治有迹。

馮魴。湖陽人。建武三年拜虞令。爲政敢殺伐，以威信稱。

陳寔。許人。元嘉中，除太丘長。修德清静，百姓以安。鄰縣人户歸附者，寔輒訓譬遣還。司官行部，吏欲禁訟者，寔曰：「訟以求直，禁之，理將何伸？其勿有所拘。」竟無訟者。以沛相賦斂違法，解印綬去，吏人追思之。

三國　魏

盧毓。涿郡人。文帝時，爲梁、睢二郡太守。帝以譙舊鄉，故徙民充之，以爲屯田，而譙土地磽瘠，百姓窮困，毓愍之。上表徙民于梁，使就沃衍，失帝意。左遷睢陽典農校尉。心在利民，躬自臨視，擇居美田，百姓賴之。

袁渙。扶樂人。文帝時，爲梁相。渙每敕諸縣，務存鰥寡高年，表異孝子貞婦。爲政崇教訓，恕思而後行。外温柔而内剛斷。以病去官，百姓思之。

唐

李峘。開元時，爲睢陽太守。以清簡爲二千石最。

李錫。成紀人。天寶中，拜虞城令。邑中有大猾，錫訓以義，遂爲純人，易其里曰大中正之里〔一三〕。官宅舊井，水清而味苦，錫嘗之，笑曰：「既清且苦，足符吾志。」後變爲甘泉。

張巡。南陽人。天寶中，調真源令。土多豪猾，大吏華南金樹威恣肆，巡以法誅之，赦餘黨，莫不改行遷善。安禄山反，巡起兵討賊。會賊將楊朝宗謀趨寧陵，巡與太守許遠合兵討賊。拜河南節度副使，守睢陽。賊將尹子奇以十餘萬衆來攻。守數月，城中食盡援絶，殺愛妾饗士，羅雀掘鼠而食。城陷，駡賊死，神色不撓。詔圖巡、遠像於淩烟閣，睢陽立雙忠廟祀之。

許遠。新城人。天寶中，爲睢陽太守。賊圍睢陽，遠與張巡合兵拒守。自以才不及巡，軍事一以稟巡，而己專治軍糧戰具。城陷，被執至偃師，不屈見害。

南霽雲。頓丘人。張巡守睢陽，以霽雲爲將，與雷萬春擊賊寧陵北，殺萬餘人。尹子奇來攻，巡使霽雲數敗之，射子奇中目。圍急，霽雲如臨淮，告急於賀蘭進明。進明無出師意，愛霽雲壯，欲留之，爲大饗，霽雲泣曰：「睢陽士不粒食已彌月矣，義不忍食。」因拔佩刀斷指，一座大驚，爲出涕，卒不食去。城陷，死之。

雷萬春。張巡守睢陽，萬春爲偏將。令狐潮圍雍丘，萬春立城上與潮語，伏弩發，六矢著面，萬春不動。潮疑刻木人，諜得其實，乃大驚，遥謂巡曰：「向見雷將軍，知君之令嚴矣。」後睢陽陷，與巡俱死難。

姚誾。洛陽人。本城父令，與張巡同守睢陽。城陷，死之。

高承簡。幽州人。德宗時，爲宋州史。宣武將李齐反，遣使責財於宋，承簡因之。前後數輩輒繫獄，一日并出斬於牙門，威震部中。齐悉兵來攻，宋有三城，南城陷，承簡保北兩城，數與賊角。會徐州救至，齐爲李質所執。

劉昌。開封人。德宗時攝濮州刺史，以兵三千守寧陵。李希烈率衆五萬攻城，昌深塹以遏地道，令守陴内顧者斬。賊數敗，乃解圍去。

五代 周

趙延進。頓丘人。世宗時，父暉爲宋州刺史，延進從爲牙職。睢陽盜爲民患，領牙兵悉擒戮之。

宋

李防。内黄人。景德中，知應天府。鑿府西障口爲斗門，洩汴水淤旁田數百畝，民甚利之。

王曾。益都人。天禧中，知應天府。民間訛言有妖起，若飛帽夜搏人，自京師以南，人皆恐。曾令夜開里門，敢倡言者即捕之，卒無妖。

韓億。雍丘人。真宗時，知永城縣，有治聲。他邑訟不決者，郡守皇甫選輒屬億治之。

晏殊。臨川人。仁宗時，知應天府。延范仲淹以教生徒，五代以來，天下學校廢，興學自殊始。

劉航。魏人。歷知虞城、犀浦縣。虞城多奸猾，喜寇盗，犀浦民弱而馴。航爲政，寬猛、急緩不同，兩縣皆治。

范純仁。吴縣人。皇祐間，知襄邑縣。有牧地，衛士牧馬踐民稼，純仁捕一人杖之。牧地初不隸縣，主者怒曰：「天子宿衛，令敢爾耶？」白其事於上，刻治甚急。純仁上言：「養兵出於税畝，若使暴民田而不得問，税安所出？」詔釋之，且聽牧地隸縣。時旱久不雨，純仁籍境内賈舟，諭之出糴，所蓄十數萬斛。至春，諸縣皆饑，獨境内民不知也。

孫礜。錢塘人。調武平尉，捕獲名盗數十，謝賞不受。

張田。澶淵人。知應天府司録。歐陽修薦其才。

張亢。臨濮人。仁宗時，爲應天府推官。治白沙、石梁二渠，民無水患。

苗時中。宿州人。神宗時，以蔭主寧陵簿。邑有古河久湮，請開導以溉田，爲利甚溥，人謂之「苗公田」。

蘇頌。南安人。神宗時，知應天府。吕惠卿嘗語人曰：「子容，吾鄉里先進。苟一詣吾，執政可得也。」頌聞之，笑而不應。

杜誼。黄巖人。知永城縣。歲捐俸三十萬，收瘞汴渠之溺死者。又出俸錢新學宫，兩旁爲學舍數十區，旦夕講學於其堂。永城父老稱誼之政爲不可及。

曾幾。贛州人。徽宗時，爲應天府少尹，庭無留訟。時諫官劉安世亡恙，黨禁方厲，無敢窺其門者，幾獨從之談經論事。

郭僎。祥符人。徽宗時，爲鹿邑丞。中貴楊逢周率軍士以捕賊爲名，入邑境，所至騷動。僎檄取所授文書，逢周不與，僎令尉譏察之。逢周歸愬於徽宗，逮赴開封府獄，獄以狀聞，乃使還任。

孫安道。爲應天府兵馬鈐轄。金兵下淮南，城陷不得歸，謀挺身還朝，爲金所害。贈忠州刺史。

凌唐佐。休寧人。建炎中，加直秘閣、知南京。值城陷，劉豫因使爲守，唐佐密疏其虚實，遣人持蠟書告於朝。江淮都督呂頤浩得唐佐從孫憲，俾持帛書遺之。憲至睢陽，事泄。豫捕唐佐，見豫責以大義。豫怒，斬於境上。贈徽猷閣待制。

金

張奕。高平人。熙宗時，爲府通判。劉豫廢，兵在郡者謀爲亂。奕知之，選士人丁壯授以兵，結陣扼其要巷，開小南門以示生路。亂不得作，擒其首惡誅之。都統完顔木補以軍至歸德，欲根株餘黨。奕以闔門保郡人無他，遂止。「完顔木補」舊作「完顔魯補」，今改正。

毛碩。甘陵人。皇統元年，權知拱州。宋將張浚據亳州，柘城酒監房人傑叛應浚，碩發兵討之。至柘城，躬扣城門，呼耆老諭意，遂縛人傑以降。碩逕入縣署，召百姓慰安之。

元

董文貞。獻州人。中統中，爲寧陵達魯噶齊。邑苦盜剽掠，文貞教民習武備，境内以安。「達魯噶齊」舊作「達魯花赤」，今改正。

宋世元。符離人。至元中，爲永城縣尹。治績卓然，有歧麥嘉禾之瑞。

卜天璋。洛陽人。皇慶初，知歸德府。勸農興學，復河渠，河患遂弭。時羣盜據要津，商旅不通。天璋擒數百人，悉磔以狥，盜爲止息。

趙璧。兗州人。至治初，爲寧陵縣尹。勸農賑饑，塞汴河支流，復起隄障，歷有成績。

固影。新州人。泰定間，知歸德府。廉明剛斷，發摘如神。民有銜冤不直者，雖數十年前事，皆千里奔走來訴，立爲剖決，一日悉清。嘗行部至亳，民訴蝗食禾，遂取蝗向天祝之，以水研碎而飲，是歲蝗不爲災。「固影」舊作「觀音奴」，今改正。

許義夫。碭山人。至正初，爲夏邑縣尹。每親詣鄉社，教民稼穡，見民勤謹者，出己俸賞之，怠惰者罰之。三年之間，境内豐足。

額森。瑭古特人。至正中，爲柘城主簿。歲饑，請捐租，民德之。邑多盜，擒其魁；良民有爲盜誘者，自誣服，力辨出之。治豪猾不少恕。在職以廉能稱。「額森」舊作「埜僊」，「瑭古特」舊作「唐兀」，今並改正。

明

盧熙。崑山人。洪武初，以睢州同知攝知府事。適御史銜命捜舊軍，籍民充之，睢民當入伍者千人，檄熙追送。熙令民自實，得嘗隸尺籍者數人畀之。御史怒，械繫曹吏必盡得，熙自詣御史曰：「州軍籍盡此矣。迫之，民且散，獨有同知在耳。請以充役。」御史不能奪，乃罷去。熙卒於官，貧不能喪，官爲具殮。喪歸，吏民挽哭者塞道，大雨無一人却者。

梁祖榮。高要人。永樂中，知柘城縣。值霖雨，教民疏濬溝洫，邑無水災。民有負租者，貧無以償，祖榮捐己俸，倡富民出粟助之，民免流亡。

畢用。博平人。成化中，爲歸德知州。時河水泛溢，用築堤捍水，城得不壞。巨閹過州境，吏皆望塵拜，用獨長揖。閹怒，誣奏逮獄，未幾復官。

王鼎。嵩嵐人。正德中，知永城縣。流賊陷城，鼎繫印於肘，端坐待賊，不屈死。

安宣。山西人。正德中，爲夏邑縣丞。初授官，賊逼其境，或勸無往，宣兼程進。抵任七日，賊大至，宣拒守有功。城陷死之，贈開封通判。

石阯。青城人。嘉靖中，爲寧陵知縣。柘寇師尚詔謀亂，阯先授兵登陴，爲守禦計。尋歸德府陷，阯泣厲將士，誓以死守。寇諜知之，不敢犯。後坐誣去官，民遮道泣送者數千人。

董綸。太谷人。嘉靖中，爲歸德檢校。柘城賊師尚詔入歸德，聚衆剽掠，綸請於知府，願自往捕賊，知府不許。賊尋陷城，綸率民兵巷戰，被執，垂死，猶手刃數賊。妻賈氏及童僕皆從死。贈歸德同知，立祠於死所。

鄭三俊。建德人。萬曆中，知歸德府。持身峻潔，刑不妄用。建范文正公書院，文教蔚興。

劉作民。東明人。萬曆中，知柘城縣。邑西地窪下，鑿渠以洩之，名永利渠，民賴其利。

孫傳庭。振武衛人。萬曆末，知柘城縣。以才調商丘。天啓初，白蓮賊黨居歸德，謀應徐鴻儒。傳庭弭其變，郡以無虞。

成勇。安樂人。崇禎中，爲歸德推官。流賊來攻，乘城設守，擊却之。居官清節，冬月不能具裘，有以裘獻者，却不受。

王世琇。清苑人。崇禎中，爲歸德推官。屢平土寇黄老山等。李自成來犯，時世琇已内遷主事。將行，慨然曰：「久官其地，臨難而去之，非義也。」誓衆堅守，城陷，遂遇害。

盛以恒。潼關衛人。崇禎十年，知商丘縣。明年，張獻忠來攻，時以恒已遷開封府同知。將行，吏民留之，遂登城設守，督家衆殺賊。力屈城陷，罵賊死。贈河南按察司副使。

王徵俊。陽城人。崇禎中，謫歸德照磨。巡按御史李日宣薦於朝，給事吕黄鍾亦請用徵俊，以爲天下必不可少之人，乃移知滕縣。

顏則孔。沂州人。崇禎中，爲歸德同知。城陷，死之。其女亦自縊。

徐一源。海鹽人。崇禎中，爲歸德經歷。賊至，一源分守北城。城陷，巷戰，駡賊死。

夏世英。祥符人。崇禎中，爲商丘教諭。城陷，世英持刀駡賊，死於明倫堂。妻石氏亦自刎。

紀懋勳。膠州人。崇禎中，爲鹿邑知縣。流賊陷城，死之。

孔亮。興平人。崇禎中，爲虞城主簿，署縣事。死流賊之難。

本朝

白明登。漢軍鑲白旗人。順治五年，任柘城知縣。廉潔自守，治尚嚴明。擒賊魁，按以法。卹民荒殘，多方招撫。力請停減，增派河夫，設條教以勸耕讀。十年考最，以升任去。

趙申喬。武進人。康熙二十年，知商丘縣。邑舊多雜派，悉革去之。祀名宦。

武弘祖。奉天人。康熙三十一年，知歸德府。屬邑催科多陋規，弘祖悉爲革除。嚴禁牙帖，胥吏苛取税銀，痛懲以法。

史鑑。仁和人。康熙二十七年，知柘城縣。開溝洫，興水利，凡卑窪之區，俱成膏壤。設立義學百餘所，延師講課，文教振興。

胡國佐。遼陽人。知歸德府。值歲荒，設法賑濟，全活數十萬人。

劉暟。大興人。任歸德府河捕通判。沿河堤岸故卑，暟督役加築堅固。堡夫舊多雜差，皆與蠲除。歲饑，捐俸施粥。

諸晉。餘姚人。康熙五十五年，知夏邑縣。清廉自矢。卒於官，幾不能殯，士民斂貲歸其柩。

校勘記

〔一〕州南二里外城中　「二」，原作「一」，乾隆志卷一五四歸德府古蹟（下同卷簡稱乾隆志）同，據通鑑地理通釋卷七梁改。

〔二〕秦二世二年周市至魏　「市」，原作「布」，乾隆志同，據史記卷九〇魏豹彭越列傳改。按，周市立魏咎爲魏王之時間，徐廣謂秦二世元年十二月，索隱引漢書高祖本紀，作秦二世二年八月。

〔三〕故梁國寧陵縣之徙種龍鄉也　「徙」，乾隆志及水經注卷二三陰溝水引陳留風俗傳同，疑衍。按，文選謝莊宋孝武宣貴妃誄注引陳留風俗傳，無「徙」字。讀史方輿紀要卷五〇河南五在「己吾城」下云：「在縣西南三十里。風俗傳云寧陵縣之種龍鄉也。」亦無「徙」字。

〔四〕公會諸侯及齊世子光於鄫　「鄫」，乾隆志同。按，戴震校水經注，改「鄫」爲「鄬」。左傳襄公十年作「柤」。

〔五〕苦縣東有賴鄉村　「村」，乾隆志作「城」，史記卷六三老子韓非列傳正義作「祠」。

〔六〕故鄉矣　乾隆志同。按，戴震校水經注「鄉」上補「廣」字。

〔七〕元祐六年　「祐」，原作「祜」，據乾隆志改。

〔八〕按複道自宫東出楊州之門左陽門即睢陽東門也　乾隆志同。按，此引水經注原文即有訛誤。戴震校水經注，删「州」字，楊守敬改作「出楊門之左」。楊校當是。又按，陽、楊古字通。

〔九〕連屬於平臺側近矣　「側」，乾隆志同，當作「則」。按，戴震校水經注改「側」作「則」。太平御覽卷一七八引此正作「則」。

〔一〇〕有湯塚　乾隆志同，疑衍文。按，上文既言「湯冢在」，下文再言「有湯塚」，殊爲蛇足。史記集解引皇覽無此三字。

〔一一〕箕子冢在宋城縣北四十一里三十步古蒙城内　「三十步」，乾隆志同，太平寰宇記卷一二河南道宋州作「二十步」。

〔一二〕即襄臺舊址　「址」，原作「志」，據乾隆志改。

〔一三〕易其里曰大中正之里　「中」，乾隆志卷一五五歸德府名宦同，李白虞城縣令李公去思頌碑作「忠」。

大清一統志卷一百九十五

歸德府三

人物

漢

灌嬰。睢陽人。以中涓從高帝定天下，封潁陰侯。吕后崩，吕禄等欲爲亂，齊王舉兵西，禄等以嬰爲大將軍往擊之。嬰乃與絳侯等謀，屯兵滎陽。絳侯既誅諸吕，罷兵歸。以丞相卒。謚曰懿侯。

欒布。梁人。彭越嘗與布遊，布後爲奴於燕。燕將臧荼舉爲都尉。漢擊燕，虜布，越請贖爲梁大夫，使於齊，未反。及越誅，布還奏事越頭下，祠而哭之。吏捕以聞，高帝趨亨之。布曰：「垓下之會，微彭王，項氏不亡。今反形未見，以苛細誅之，臣恐功臣人人自危也。」乃釋布，拜爲都尉。孝文時爲燕相，以功封鄃侯。

申屠嘉。梁人。以材官蹶張，從高帝爲都尉。孝文時爲丞相。嘉廉直，門不受私謁。大中大夫鄧通方愛幸，居上旁怠慢。嘉爲檄召通，責曰：「朝廷者，高皇帝之朝廷也。通小臣戲殿上，大不敬，當斬。」通頓首出血，不解。帝使使持節召通而謝丞相，乃免。卒，謚曰節侯。

韓安國。梁成安人。徙睢陽，事梁孝王爲中大夫。吴、楚反，安國捍吴兵於東界，而名以顯。武帝時，遷御史大夫。其爲人多大略，智足以當世取舍〔二〕，而出於忠厚，所推舉皆廉士。於梁舉壺遂、臧固、郅他，皆天下名士，士以此稱慕之。

壺遂。梁人。與太史令司馬遷等定漢律。歷官至詹事。深中隱厚，内廉行修。武帝方欲倚以爲相，會病卒。

高遂。梁人。栗太子廢，竇嬰争勿能得，謝病屏居藍田南山下。數月，諸竇賓客辨士説莫能來，遂乃説嬰曰：「將軍屏閑處而不朝，是自明揚主之過，有如兩宫螫將軍，則妻子無類矣。」嬰然之，乃起，朝請如故。

丁寬。梁人。梁項生從田何受易，時寬爲項生從者。讀易精敏，材過項生，遂事何。學成，何謝寬。寬東歸，何謂門人曰：「易以東矣。」景帝時，寬爲梁孝王將軍，拒吴、楚，號丁將軍，作易説三萬言。

焦贛。梁人。嘗從孟喜受易，京房師之。

戴德。梁人。從兄子聖，字次君，並受禮於后蒼。德爲信都太傅，聖以博士論石渠，至九江太守。由是禮有大戴、小戴之學。

橋仁。梁人。與楊榮並受小戴禮。仁著禮記章句四十九篇，成帝時爲大鴻臚，家世傳業。榮，琅琊太守。由是小戴禮有橋、楊氏之學。

周慶。梁人。傳穀梁之學，爲博士。

丁姓。梁人。與蔡千秋、周慶皆從榮廣受穀梁春秋。宣帝時，求能爲穀梁者，莫及千秋，乃以爲郎中户將，選郎十人從受。會千秋病死，乃徵周慶、丁姓待詔保宫，使卒授十人。自元康中始講，至甘露元年，積十餘歲，皆明習。姓至中山太傅。

韓伯俞。梁人。嘗有過，其母笞之，泣。母曰：「他日笞子未嘗泣，今泣何也？」對曰：「他日笞常痛，今母乏力，笞不覺痛，是以泣。」

夏恭。梁國蒙人。習韓詩、孟氏易，講授門徒，嘗千餘人。王莽末，盜賊縱横，恭以恩信爲衆所附，擁兵固守，蒙獨安全。光武嘉其忠，召拜郎中，遷泰山都尉。和集百姓，甚得其歡心。恭善爲文，著賦、頌、詩、勵學凡二十篇。卒官，諸儒私謚曰宣明。子牙，少習家業，著賦、頌、贊、誄凡四十篇。舉孝廉，早卒，鄉人號曰文德先生。

車成。梁都人。兄弟並爲赤眉所執，將食之。成叩頭乞以身代，賊哀而兩釋之。

虞詡。武平人。祖父經爲郡縣獄吏，案法平允。詡年十二，通尚書。早孤，孝養祖母，縣舉順孫，辟太尉府，拜郎中。永初四年，鄧隲欲棄涼州，詡異其議，出爲朝歌長，轉懷令。時羌寇武都，以詡有將帥略，遷武都太守。永建元年，爲司隸校尉，奏太傅馮石等，百官側目。案中常侍張防，屢寢不報，詡乃自繫廷尉，書奏，坐論輸左校。防必欲害之，二日之中，傳考四獄。門生百餘人，舉幡言枉狀，乃赦之。復拜議郎，官至尚書令。詡好刺舉，無所回容，數忤權戚，九見譴考，三遭刑罰，而剛正之性，終老不屈。子恭，有俊才，官至上黨太守。

葛龔。寧陵人。和帝時，以善文記知名，性慷慨壯烈。安帝永初中，舉孝廉。爲大官丞，上便宜四事，歷官蕩陰、臨汾二縣令，皆有績。著文、賦、碑、誄、書、記凡二十篇。

審忠。梁人。靈帝時爲郎中。光和二年，連有災異，忠以爲朱瑀等罪惡所感，上書勸帝掃滅醜類，以答天怒。章寢不報。後宦官誅，忠始辟公府。

橋玄。仁七世孫。少爲縣功曹，謁刺史。乞爲部從事。窮案梁冀所厚陳相羊昌贓罪，由是著名。桓帝時爲度遼將軍，邊境安静。靈帝初，累遷司徒。素與南陽太守陳球有隙，及在公位，薦球爲廷尉。光和元年，遷太尉，以疾罷。玄性剛急，然謙儉下士，當時稱之。卒年七十五，家無居業，喪無所殯。

三國　魏

典韋。己吾人。形貌魁梧，膂力過人。任俠，爲襄邑劉氏報讐，豪傑義之。初屬夏侯惇，有功，拜司馬。魏武討吕布於濮陽，賊矢如雨，韋持十餘戟，大呼起，所抵無不應手倒者。布退。拜韋都尉，引至左右，將親兵數百人，常繞大帳。遷爲校尉。性忠至謹重，嘗晝立侍終日，夜宿左右，稀歸私寢。張繡襲魏武營，韋戰於門中，創重死。

梁習。柘人。魏武辟爲漳長，遷西部都督從事，表置屯田都尉，於道次耕種菽粟，以給人牛之費。文帝時，爲并州刺史。在州二十餘年，居處貧窮，無方面珍物，明帝異之。徵拜大司農，卒。

衛臻。陳留襄邑人。父茲有大節，不應三公之辟。魏武初至陳留，茲曰：「平天下者必此人也。」魏武亦異之，數詣茲議事。從討董卓，卒於滎陽。臻爲散騎常侍。文帝踐阼，時羣臣頌魏德，多抑損前朝，臻獨明禪授之義，稱揚漢美。累官右僕射。明帝方隆意於殿舍，臻數切諫。曹爽輔政，欲引臻入守尚書令，及爲弟求婚，皆不許。固乞遜位，官終司徒。

晉

陳頵。谷陽人。少好學，有文義。仕爲郡督郵，檢獲隱匿者三千人，爲一州尤最。太守劉享引爲主簿，州辟部從事。齊王冏起義，州遣頵將兵赴之，拜駙馬都尉。元帝初，典法、兵二曹，頵以孤寒，數有奏議，朝士多惡焉。陶侃表爲梁州刺史，綏懷荒弊，甚有威惠。召還，卒。

焦保。谷陽人。元康中，同縣陳頵舉孝廉。頵薦保曰：「保出自寒素，禀質清沖，若得參嘉命，必能光贊大猷，允清朝望。」州乃辟保。

南北朝　魏

李彦。下邑人。少有節操，好學慕古，爲鄉閭所敬憚。累拜尚書左丞。斷決如流，略無凝滯，臺閣歎其公勤明察。性謙恭，有禮節，雖居顯要，與親黨之間，恂恂如也。輕財重義，好施愛士，時論以此稱之。

唐

盛彥師。虞城人。少任俠。高祖起兵，授行軍總管。李密叛，彥師引衆入熊耳山，出奇兵擊斬之。徐圓朗反，詔彥師爲安撫大使。戰敗，爲所執，圓朗令作書招其弟，彥師書曰：「吾誓死報國，若宜善侍母，勿以吾爲念。」圓朗笑曰：「將軍壯士也。」置之。圓朗平，得還。

程袁師。宋州人。母病，十旬不褫帶，藥不嘗不進。代弟戍洛州，母終聞訃，日走二百里。負土築墳，貌癯，人不復識。常有白狼、黄蛇馴墓左，每哭，羣鳥鳴翔。永徽中，刺史狀諸朝，詔吏敦駕。既至，不願仕，授儒林郎還之。

魏元忠。宋城人。少好兵術。儀鳳中，吐蕃數盜邊，元忠上封事，言命將用兵之要，高宗善之。累遷殿中侍御史。聖曆二年，同鳳閣鸞臺平章事。中宗在東宮，爲檢校左庶子，時二張勢傾朝廷，元忠嘗奏曰：「臣不能徇忠，使小人在君側。」易之等恨怒，因譖元忠下獄，貶高要尉。中宗復位，拜中書令。卒，陪葬温陵，謚曰貞。

朱敬則。永城人。志尚恢博，好學，重節義，善與人交，賑其急難。與三從昆弟同居四十年，貲産無異。武后稱制，興大獄，誅將相大臣。敬則時爲右補闕，上書諫，后善其言，進同鳳閣鸞臺平章事。敬則執政，每以用人爲先，薦裴懷古、魏知古，皆稱職。嘗密謂敬暉曰：「公若假太子令，舉北軍誅易之兄弟，兩飛騎力耳。」暉卒用其策，唐祚復安。卒，謚曰元。

朱仁軌。敬則兄。隱居養母，嘗誨子弟曰：「終身讓路，不枉百步。終身讓畔，不失一段。」有赤烏白鵲栖所居樹。及卒，郭山暉等共謚爲孝友先生。

劉憲。寧陵人。父思立，在高宗時爲名御史，遷考功員外郎，卒於官。憲擢進士，累進左臺監察御史。天授中，按來俊臣罪，欲重繩之，反爲所搆，貶官。後累遷太子詹事。

鄭惟忠。宋城人。天授中，以制舉召見，武后問舉者：「何所事爲忠？」惟忠曰：「外揚君之美，内正君之惡。」后曰：「善。」擢左司禦胄曹參軍政〔二〕，遷鳳閣舍人。中宗時，歷黄門侍郎，進大理卿。節愍太子敗，守衛詿誤皆流，已決。諸韋黨請悉誅之。惟忠奏：「大獄始判，復改訊，恐反側者不自安，且失信。」卒論如前，所全貸爲多。後以賑給河北道稱旨，封滎陽縣男。

五代　唐

張廷藴。襄邑人。從莊宗征伐，先登力戰，金瘡滿體，莊宗壯之，以爲步軍都虞候、魏博三城巡檢使。莊宗在魏，劉后從行，多縱其下爲不法，廷藴輒收而斬之。以平李繼韜功，遷左監門衛上將軍。廷藴武人，識不過數字，而平生重文士。嘗破梁、鄆州，薦判官趙鳳，後鳳爲相。性素廉，歷七州，卒之日，家無餘貲。

宋

劉熙古。寧陵人。後唐長興中舉進士。宋開寶中，累官參知政事。熙古通易、詩、書、春秋，及陰陽象緯之術。性醇謹，雖顯貴不改寒素。嘗集古今事迹，爲歷代紀要十五卷。子蒙正，善騎射。屢著軍功，任終亳州團練副使。蒙叟，由科甲歷任職方郎中，好學，善屬辭，著五運甲子編年曆三卷。

楊大雅。宋城人。素好學，雖飲食不釋卷。第進士，累官集賢院學士。樸學自信，無所阿附，官二十五年不遷，或笑其違世。大雅曰：「吾不學乎世，而學乎聖人，是以至此。」後命知制誥，上原治十七篇。

張去華。襄邑人。幼勵學，敏於屬詞。建隆初，舉進士，擢右補闕。太宗時，著大政要録三十篇以獻，上覽而嘉之。後改工部侍郎，嘗獻元元論，大旨以養民務穡爲急。真宗命以縑素寫其論爲十八軸，列置龍圖閣之四壁。

楊愨。虞城人。力學勤志，不求聞達。戚同文過其學舍，愨異而留之，不終歲，畢誦五經，愨即妻以女弟。

宗翼。虞城人。篤孝恭謹，負米養母。好學强記，能屬文，隱居不仕。戚同文歎爲勞謙有古人風。

楚昭輔。宋城人。事太祖以才幹稱，甚見信任。性剛介，人不敢干以私。累官樞密使、檢校太尉。

李惟清。夏邑人。以三史解褐涪陵尉。時宦官督輸造船木，縱恣，惟清奏殺之，由是知名。遷主客員外郎。雍熙中，判度支議通鹽法，惟清奏言以鹽配民非便，遂罷。改度支使。會遣使河朔治方田〔三〕，大發兵。惟清以盛春妨農，懇求罷廢。至道二年，拜同知樞密院事。惟清倜儻自任，所至稱强幹，除御史中丞，卒。

郭贄。襄邑人。舉進士。太宗尹京，因事藩邸。太平興國中，累遷參知政事。性溫和，能延譽時雋，宋白以文學沈下位，贄薦引之。曹彬爲彌德超所誣，贄極言救解。後爲鹽鐵使，時諸路積逋欠，犯人雖死，猶繫其子孫，贄條陳其事，多所蠲貸。嘗授真宗經，及卒，上以舊學之故，親臨哭之。謚文懿。子昭度，集其文爲三十卷上之，賜名文懿集。

許驤。睢陽人。郡人戚同文以經術聚徒，驤從之學。善屬文，與呂蒙正齊名。太宗初，擢甲科，累官右諫議大夫，知益州。召歸，言蜀民浮窳易揺，宜擇忠厚者撫之，爲預備。既而李順叛，衆服其先見。仕終工部侍郎。

張師德。去華子。真宗祀汾陰，獻大禮頌。舉進士第一，遷集賢校理，判三司。嘗奏事殿中，帝訪以時事，條對甚備。累官左諫議大夫。師德孝謹有家法，不交權貴，在西掖九年不遷，卒官。有文集十卷。

嵇穎。宋城人。天聖中及第。王曾知青州，徙天雄軍，皆辟爲從事。累官兵部員外郎。召入翰林爲學士，未及謝，卒。穎舉進士時，王曾、張知白相繼爲南京留守，見穎謹厚篤學，謂其子弟曰：「若曹師表也。」

王堯臣。虞城人。舉進士第一，累遷翰林學士。陝西用兵，爲體量安撫使。使還，奏邊事，仁宗以其言戒邊吏。又薦韓琦、范仲淹不當置散地，种世衡、狄青有將帥才。皆從之。以户部郎權三司使。時張永和建議收民僦舍錢，轉運使請增鹽井課十餘萬。堯臣諫以爲牟利斂怨，皆罷之。累進參知政事。典内外制十餘年，文詞温麗。執政時，嘗與宰相文彦博、富弼、劉沆勸帝早立嗣，爲詔草挾以進，未果。卒，謚文忠。

王洙。宋城人。舉進士，累官侍講學士、知制誥。嘗言天下田税不均，請用郭諮、孫琳千步開方法，頒州縣以均其税。又請借内藏庫禁錢，乘時和糴，以供邊食。時論善之。後爲翰林學士。洙汎覽傳記，至圖緯、方技、算數、音律、訓詁、篆隸之學，無所不通。著易傳十卷。子欽臣，清亮有志操，歷知成德軍。

石延年。宋城人。跌宕任氣節，爲文勁捷，詩最工。累舉進士不第，真宗以爲三班奉職，延年恥不就。張知白素奇之，謂曰：「母老，乃擇禄耶？」不得已就命。歷大理寺丞，上書章獻太后，請還政。久之，判登聞鼓院，上言天下不識戰三十餘年，請爲二邊之備，不報。及元昊反，始思其言。

張方平。南京人。少穎悟，凡書一閲不再讀。舉茂材異等，又中賢良方正，選著作佐郎。趙元昊叛，方平上平戎十策。命直集賢院，俄知諫院。夏人寇邊，方平首乞合樞密之職於中書，以通謀議。既以修起居注使遼，遼主顧左右曰：「有臣如此，佳哉！」酌玉卮飲之，且贈以所乘馬。還，知制誥，拜三司使。初，王拱辰議榷河北鹽，方平請降手詔罷之。西鄙用兵，兩蜀多所調發，方平爲奏免横賦四十萬，減鑄鐵錢十餘萬緡。神宗時，累官參知政事，出判應天府。高麗使過府，長吏當送迎，方平言臣班視二府，不可爲陪臣屈，詔但遣少尹。方平慷慨有氣節，論事切至，於用兵起獄，尤反覆言之。平居未嘗以顔色假人，守蜀時得眉山蘇洵與其二子軾、轍，深器異之。王安石行新法，方平極論其害，嶷然不少屈，聲望高一時。哲宗立，加太子太保。卒，謚文定。

趙槩。虞城人。少篤學自力，器識宏遠，爲一時名輩稱許。舉進士第，歷官知制誥。蘇舜欽等以羣飲逐，槩言預會者皆館閣名士，舉而棄之，非國之福。爲翰林學士，聘遼。會獵，請槩賦詩，甚見禮重。代韓絳爲御史中丞，絳以論張茂實不宜典宿衛罷。槩至，首言之，茂實竟去。擢參知政事，以太子少師致仕。嘗集古今諫争事，爲諫林百二十卷上之，神宗賜詔褒奬。卒，謚康靖。

張景憲。師德子。神宗初，爲户部副使。韓絳築撫寧、羅兀兩城〔四〕，命景憲往視。始受詔，即言城不可守。未幾，撫寧陷。至延安，又言羅兀邈然孤城，鑿井無水，將何以守？願罷徒勞之役，廢無用之城。後以大中大夫卒。景憲在仁宗朝，爲部使者，時吏治尚寬，獨多舉刺。神宗以後，吏治峻急，反濟以寬。居官不畏彊禦，非公事不及執政之門。自負所守，於人少所許可。母卒，一夕鬚髮盡白，世以此稱之。

田京。鹿邑人。舉進士，歷官提點河北刑獄事。王則據恩州叛，京縋城趨南關，撫士卒。營兵欲爲亂，京捕斬之。遂督士卒攻城，賊縶京妻子，乘城呼之，京督戰益力，射殺其家四人，賊氣奪。恩州平，累遷知滄州，終諫議大夫。京尚氣節，通兵戰、曆、算雜家之學，著天人流術、通儒子十數書。

蔡挺。宋城人。歷知慶、渭諸州。數與夏人戰，大破之。自以意製渡河大索，及兵械鎌槍，皆獲其用。神宗五年，拜樞密副使，問挺涇原訓兵之法，召部將按於崇政殿，帝善之，下以爲諸部法。後遼議雲中地，挺請罷沿邊戍人，示以無事，因乞置三十七將。皆行其策。兄抗，第進士，英宗時同知諫院。議安懿王典禮，抗引禮爲人後之誼，指陳切至。

張整。酇陽人。神宗時，爲荆湖將領，拓溪蠻地，築九城，董兵鎮守。又破蠻於大田。猺狑迫黔江城，整擊之，殺獲甚多。涖軍嚴明，官至威州刺史。

孫諤。睢陽人。少挺特不羣，爲張方平所器。登進士，遷左正言。紹聖中，治元祐黨，諤言漢、唐朋黨之禍，其鑒不遠。又言朝廷當示信，以静安天下，請一切勿問。帝每患臺諫乏人，諤立疏可用者二十二人。章惇惡其拂己，出知廣德軍。徽宗立，復爲司諫，帝以鯁直稱之。

徐處仁。穀熟人。舉進士，歷東安、金鄉二縣令，以薦除太常博士，累拜尚書右丞。忤童貫，落職。宣和中，除侍讀，言宜節浮費、罷橫斂，百姓既足，軍儲必豐。帝稱善，詔置裕民局，討論振兵裕民之法。蔡京不悦，出知揚州，上備邊十策。欽宗立，拜太宰兼門下侍郎，與吳敏異議，罷。高宗仍起爲大名尹，卒於郡。

許翰。襄邑人。第進士。宣和中爲給事中。爲書抵時相，請罷雲中之師。張邦昌爲太宰，翰力争之。高宗朝，拜尚書右丞、權門下侍郎。黄潛善等欲罷宗澤，翰極論不可。李綱罷，遂求去，終資政殿學士。翰通經術，正直不撓。歷事三朝，致位政府，與黼、攸、潛善輩不合，不展其用。議論剴切，所著有論語解、春秋傳。

趙俊。宋城人。舉進士，官至朝奉郎。隱居杜門，雖鄉里不妄交。建元末，士大夫皆避地，俊獨不肯，曰：「但固吾所守爾。死生命也，避將安之？」晏然不動。劉豫以爲虞部員外郎，辭疾不受。以告畀其家，卒卻之。如是再三，豫亦不復强。凡家書文字，不用豫僭號，但書甲子。卒，贈承直郎。

滕康。宋城人。第進士。高宗時，爲諫議大夫。旬日間封章屢上，進同簽書樞密院事。宰相吕頤浩議欲盡棄中原，徙居於東南。康力持不可，乃止。累官資政殿學士。

許忻。拱州人。舉進士。高宗時爲吏部員外郎，極論和議不便。疏入不省，乞外補。謫居撫州。

程迥。寧陵人。舉進士，歷宰泰興、德興、進賢、上饒。政寬令簡，綏强撫弱。暇則賓禮賢士，進其子弟之秀者，爲之陳説詩書。隱德潛善，無問幽明，皆表而出之，以勵風俗。嘗授經學於崑山王葆、嘉禾聞人茂德、嚴陵喻樗。所著有古易考、古占法、古易章句、易傳外編、春秋傳顯微例目、淳熙雜志等書。學者稱沙隨先生。卒官朝奉郎。朱子以書告其子絢曰：「敬惟先德博聞至行，釋經訂史，開悟後學。當世之務，又所通該，非獨章句之儒也。」子絢，巴陵尉，能理寃獄。孫仲熊，亦有名。

元

陳思濟。柘城人。世祖在藩邸，召備顧問。即位，命掌敷奏，事無巨細，悉就準繩。憲章程式，多出其手。至元時，拜監察御史。阿合瑪立尚書省，權在中書右，思濟劾其不法。累官僉河南、江北行中書省事，多有惠政。「阿合瑪」舊作「阿合馬」，今譯改正。

孔全。鹿邑人。父病，刲股肉啖之。父卒，居喪盡哀。廬墓側，負土爲墳，日六十肩，風雨有虧，侯霽則補之，三年成墳。又陳乞兒，夏邑人。年九歲，母喪哀毁，親負土爲墳。人憫其幼，欲助之，則拜泣而辭。

盛昭。歸德人。至正間，爲淮南行省照磨。遣諭張士誠，被拘。士誠使將兵，昭叱曰：「吾奉命招諭汝，汝拘留詔使，罪不容斬，又欲吾從汝爲賊耶？」駡不絶口，士誠怒，磔之。

明

韓政。睢州人。嘗爲義兵元帥，率衆歸太祖，授江淮行省平章政事。李濟據濠，命政討平之。從克平江，定山東，取元都。進封東平侯，鎮山東、河北，招撫流移，出居庸、應昌，取和林，大獲而還。卒，追贈鄆國公。

梅思祖。夏邑人。明初，兵下淮南，思祖率衆來歸。從伐吴，取浙西，屢立戰功。洪武中，平四川散毛諸洞，與傅友德克雲南，署雲南布政司事。善撫輯，吏民安之。

梅殷。思祖從子。尚主，拜駙馬都尉。有謀略，能騎射，兼通經史。視山東學政，賜敕褒美，謂堪爲儒宗。受遺詔輔建文，鎮守淮安，扼燕兵不使南下。燕遣使假道，殷割使者耳鼻，縱之還。成祖即位，召還京。爲譚深、趙曦所害。

徐永達。歸德人。洪武中，由太學生授侯官教諭。永樂間，召拜翰林編修。宣德初，累遷鴻臚寺卿。時交阯臣黎利謀叛，南徼騷然。遣永達往諭禍福，利稱罪貢獻。累擢湖廣、山西按察使。在職清正，資家人紡織以供衣食，吏人畏敬之。後卒，少卿于謙往唁，見其官舍蕭然，解帶賻其喪。

朱謙。夏邑人。永樂時，爲指揮僉事。正統中充總兵官，鎮守宣府。屢立戰功，封撫安伯。子永，襲父爵，治軍嚴肅，有威重，前後佩八將軍印，内總十二團營，兼掌都督府。以延綏戰功，進封保國公。一時列侯，勳名無與比。

軒輗。鹿邑人。永樂進士，擢御史，出按福建，剔蠹鋤奸。正統中，遷浙江按察使。天性廉介，布袍疏食，俸資之外，一無所取。遷右副都御史，巡撫浙江，討平閩吴賊金八等。天順初，大學士李賢薦爲刑部尚書，以太監曹吉祥等怙勢侵官，力請致仕。帝詔見，問曰：「昔浙江廉使考滿歸，行李僅一篋，乃卿耶？」尋以左都御史督理南京糧儲。告歸，卒。

楊敬。歸德人。父殁於陣，求遺骸不得，爲木主招魂以葬。每讀書至戰陣之事，輒殞涕。母柩在堂，鄰火將及，敬撫柩哀號，風止火滅。正統中旌表。

潘禮。商丘人。天順進士，授給事中，剛直敢言。弘治中，累遷工部侍郎，督易州山廠。故有園圃菜蔬利，主者歲收其利，以遺中貴人，禮悉以需國用。比解任，敝衣之外，圖書數卷而已。盜入其室，僅粟數升，盜叩頭曰：「使在官者皆若公，我輩敢爲盜乎？」正德初，巡撫韓邦問奏其清節，詔有司月給米三石。

沈忠。歸德衛軍。祖母患瘡生蛆，忠泣取吞之。曰：「使食吾心，勿傷吾祖母。」吮之而愈。父疾，籲天乞減己算一紀，以延父壽。父卒，果及其數。暨母卒，俱廬墓三年。成化中旌表。子二：滐、瀚，並有孝行。

蔡天祐。睢州人。弘治進士，改庶吉士，授給事中。謇諤不避權貴，歷山東副使，分巡遼陽。歲歉，活饑民萬餘，闢海濱圩田數萬頃。累遷山西按察使，所至有殊績。大同兵亂，巡撫張文錦被害，擢天祐僉都御史代之，從數騎馳入城，諭軍士獻首惡，亂遂定。在鎮七年，威德大著。進兵部侍郎，告歸，卒。

孫清。睢陽人。爲諸生，幼孤，事母以孝聞。母殁未葬，流寇至，居民盡逃，清獨守柩不去。賊兩過其門，皆不入，里人有賴以全者。正德中旌。

任鏜。夏邑人。早喪母，事嫡母孝。及卒，廬墓三年。時河決，將齧塋，鏜伏地號哭，河即南徙。嘉靖中旌。

陳聞詩。柘城人。嘉靖中舉於鄉，以親老不仕。親歿，居喪哀毀。賊師尚詔陷城，欲劫爲帥，脅之百端，聞詩紿之曰：「欲我行，毋殺人，毋放火。」賊許之，至鹿邑，自經死。詔贈鳳陽同知，立祠死所。

魯邦彦。睢州人。嘉靖進士，授行人。考滿當選科道，大學士嚴嵩欲引之，遂乞養歸。杜門掃軌，潛心經術。同邑徐養相，亦嘉靖進士，除主事，守正不阿，忤時貴罷歸。與邦彦並以名行推重。

宋纁。商丘人。嘉靖進士，授永平推官。擢御史，按山西，擒大盜李九經。俺答陷石州，將士捕七十七人當斬，纁訊得其誣，釋者殆半。歷僉都御史，巡撫保定。獲鹿諸縣饑，先賑後以聞。尋遷户部尚書。石星嘗語纁曰：「其郡有奇羨，可濟國需。」纁曰：「朝廷錢穀，可使蓄久勿用，不可搜括無餘。」星善之。調吏部，奬廉抑貪，於執政一無所關白。與申時行忤，乞休不允。卒，謚莊敏。從子沾，知福山縣，有惠政。

沈鯉。歸德人。嘉靖中進士，授檢討。神宗立，進贊善，每直講，舉止端雅，所陳説獨契帝心。累遷吏部侍郎。屏絶私交，好推轂賢士，不使人知。拜禮部尚書，詳稽先朝典制，定中制頒天下。又奏行學政八事，請復建文年號，修景帝實録，拜東閣大學士，加少保，進文淵閣。首勸帝聽言圖事，以薦賢爲第一義，乃列謹天戒、恤民窮等十事書於碑。極陳礦税害民狀，幾得停止。與沈一貫共事相左，遽致仕歸。卒，謚文端。

吕坤。寧陵人。萬曆進士，知襄垣縣。有異政，歷吏部郎中。清介自持，門無私謁，累遷右僉都御史，巡撫山西。嚴薦舉連坐法，境内大治。入爲刑部侍郎，疏稱天下安危。不報，遂稱疾乞休。坤剛介峭直，留意正學，家居日與後進講習，多所著述。

李汝華。睢州人。萬曆進士，徵授給事中。在垣多所糾擿。擢僉都御史，巡撫南贛，威惠甚著，拜户部尚書。汝華練達勤敏，立朝無黨阿，尤於國計盈縮、邊儲虚實，與鹽漕屯牧諸大政，殫心裁劑。加太子太保，致仕，卒。從子夢辰，崇禎進士，官給事中。疏請收拾人心，禁額外之徵，緩不急之需。又歷指將驕軍悍，節制不行。帝頗採其言。遷通政，罷歸，爲賊羅汝才所執，扼吭而死。其妻王氏聞之，亦不食死。

侯執蒲。商丘人。萬曆進士，授御史。疏論相臣李廷機、朱賡、方從哲、樞臣孫鑛不稱職。天啓初，擢太常卿。魏忠賢竊政，有指執蒲爲東林倔强老者，致仕歸。子恪，萬曆進士，官編修。以纂神宗、光宗實録，忤魏忠賢，削籍。崇禎初，起中允。與韓爌等更定三朝要典，終南京祭酒。子方鎮，諸生，壬午殉難。

楊東明。虞城人。萬曆進士，歷官給事中。請定國本，出閣豫教，早朝勤政。值歲凶，河決齊、梁、淮、徐，東明繪飢民圖上之。神宗惻然，出帑金三十萬往賑。建首善書院，與馮從吾、鄒元標闡明聖學。官至刑部侍郎。

王三善。永城人。萬曆進士，累遷太常少卿。天啓初，擢僉都御史，巡撫貴州。安邦彦反，三善進討，大破賊衆，解貴陽圍。進擊邦彦，食盡援兵不至，退師遇賊衝墜馬，解印綬付家人，拔劍自刎。不死，羣賊擁之去，不屈，遂被害。贈兵部尚書。

周士樸。商丘人。萬曆進士，歷官給事中。侃侃論列，數與中官忤。崇禎初，拜工部尚書。時中官張彝憲奉命監出納，士樸恥與共事，引罪求罷，以他事削籍歸。李自成陷商丘，士樸與妻曹氏、妾張氏、子舉人業熙、子婦沈氏，同日縊死。

彭端吾。夏邑人。萬曆進士，爲御史，有直聲。巡鹺淮、揚，禁翦單、續掣諸弊，鹺政以理。改按四川，方用兵，請以劉綎爲帥，從之，土酋遂平。泰昌初，官通政，卒。

練國事。永城人。萬曆進士，天啓初，歷官御史。時閣臣葉向高、史繼階俱以病告，國事疏請留向高而黜繼階，又疏糾魏忠賢辱尚書鍾羽正失朝廷體。前後疏凡三十餘上，皆切時政。尋爲忠賢黨所劾，落職。崇禎初，以僉都御史巡撫陝西，勦流賊有功。

崔泌之。鹿邑人。家陳州。天啓進士，崇禎中，爲清苑知縣。邑舊令黄宗昌爲御史，劾周延儒，延儒嗾保定守史躬盛摭其遺事。躬盛以囑泌之，泌之曰：「殺人以媚人，可乎？」躬盛怒，誣訐之。時泌之已遷户部主事，復下獄遣戍，久之釋歸。後流賊陷陳州，泌之用鐵杖擊數賊，自刎死。本朝乾隆四十一年，賜謚烈愍。

王應昌。柘城人。天啓中舉於鄉，初知交河縣。縣地畝率爲權璫豪右所占，應昌按籍覈徵之。大盜張某，聚黨數千人，爲民害，應昌率健卒搗其穴，殲之。

唐鉉。睢州人。崇禎進士，歷定州知州，城陷死之。又楊汝經，亦州人，由進士歷僉都御史，巡撫甘肅。遇賊戰敗，被執。説之降，不從，賊斃諸獄。本朝乾隆四十一年，賜謚節愍。

夏云醇。永城人。崇禎中，舉於鄉。城破罵賊死。本朝乾隆四十一年，予入忠義祠。

沈試。鯉之孫。爲工部郎中。家居，李自成陷歸德，試罵賊死。一時同死者，主事朱國慶，中書侯忻，廣西知府沈仔，威縣知縣張儒，舉人徐作霖、吴伯裔、周士美、楊昰、王風普、李明開，官生田國賴、沈泌、侯晙，貢生侯恒、劉梲、周士貴、喬文煒、張元曜、田國命、沈誠、范奇勝，監生侯悰、沈倜、安念祖、徐纘武，諸生劉伯愚、吴伯引、張渭、侯忱、賈開明等一百十餘人。本朝乾隆四十一年，賜沈試謚烈愍，朱國慶等俱予入忠義祠。

史能仁。鹿邑人。崇禎中，歷山東新城、淄川二縣，擢御史，未任。道遇流賊，檢其裝僅錢數百，兩邑德政歌二軸，賊歎息曰：「此廉吏也。」捨之去。卒，無子，殯古廟中。牧兒日擲瓦礫其上，積爲巨冢，至今人稱「清官冢」云。

閻學夔。鹿邑人。崇禎末，爲代州參將，城破，抗節死。本朝乾隆四十一年，賜謚烈愍。

徐道興。睢州人。崇禎末，銓授雲南都司經歷，署師宗州事。廉潔愛民，孫可望破曲靖，道興見賊逼，集士民諭之曰：「力薄兵寡，不能抗賊。吾死，分也，若等可速去。」士民請偕行，厲聲曰：「封疆之臣死封疆，吾將安之。」言訖，鬚眉奮張，衆洒淚而出。及賊入，道興死之。本朝乾隆四十一年，賜謚烈愍。

劉熙。鹿邑人。崇禎末，父爲賊擄。熙自縛詣賊，曰：「父年老，恐不堪役，熙願備前驅。」賊因歸其父。熙度父已入堡，乃罵賊曰：「吾良家子，肯從爾作賊耶？」賊怒磔之。本朝乾隆四十一年，予入忠義祠。

張瑾。夏邑人。崇禎十三年，流寇突至，瑾率衆捍禦，賊引去。越數日，復集大衆攻城，邑人惶怖，瑾曰：「賊忌者獨我耳。」挺身出，喻以大義。被執，迫之降，瑾罵不絶口，遂遇害。邑人立石墓前。本朝乾隆四十一年，予入忠義祠。

劉夢祥。虞城人。邑諸生。崇禎末，土寇猖獗，夢祥募義兵拒戰。賊衆敗去，復親督義勇，圍賊黨於念吾砦，破之，虞城獲全。

本朝

吳友名。商丘人。以材武從戎。順治初，從追闖逆有功，累官山東膠州參將，謫江西吉安守備。吳耿之叛，巡撫董衛國督江西軍務，奏爲督標副將。時江右所在被賊，友名身先搏戰，所至克定，加右都督。會師進討，賊踞武岡楓林嶺，峭壁不可上。友名誘致鄉導，從別隘進武岡下，遂復鎮遠。世襲雲騎尉，以疾乞休，卒。

侯憲武。永城人。順治二年，知績溪縣。土寇破城，殉難。賜祭葬，贈按察使僉事。又任佐君，鹿邑人。順治二年，任廣德州同知，土寇作亂，被執不屈，死之。

陳武。睢州武舉。順治中，授金華鎮遊擊，調廣東，從攻南雄、韶州、廣州，俱有功，署參將。剿高州，攻化州，斬賊首冷雄傑、施上義，復吳川、信宜、茂名等縣。李定國犯高州，城陷不屈，自刎死。賜祭葬，廕子瀛雲騎尉。

侯方域。商丘人。博學能文，東南名士多與交。明季客金陵，阮大鋮使其客通款，拒不納，且移文逐之，幾被重禍。有壯悔堂集若干卷行世。

王依書。柘城人。順治丙戌進士，授刑部主事。讞決平恕，累遷福建福寧道。時洋禁嚴甚，邏卒獲巨艘，所載悉珍貨，以獻依書，力拒之。討平山寇趙子章、郭爾隆，擒海寇林察等，郡邑獲安。

李培正。夏邑人。順治丙戌進士，由贊善出爲揚州兵備道副使。時海寇猖獗，奸民朱錤聚衆千人爲内應。培正設方略，擒賊首，民賴以安。旋以病歸里。置贍族田數頃，歲飢，出積穀賑濟。里中童子有貧不能就傅者，輒召至家，延師課之。

蔣奇猷。睢州人。少孤，事母以孝聞。順治丙戌舉於鄉。會黄河水漲溢，至州西界，奇猷出布囊堵水築隄，城賴以全。每值歲飢，出所儲粟以賑貧乏，遠近就食者，日數百人。順治年間旌，入祀鄉賢。

侯服。永城人。舉人。性純孝，父繩武患痰疾，每焚香禱天，願以身代，父病尋愈。後父司訓信陽，病卒，時服在家心悸，星夜赴任所，未至，遇柩於途，一慟幾絶。歸葬悉遵古禮。年六十餘，事母猶嬰兒。雍正年間旌。

王培。柘城人。順治戊子舉人。柘邑頻遭水患，培率村鄰濬東渠三十餘里。初授新河知縣，與同官陸隴其輩講論吏治，建立義學、義倉諸制。巡撫于成龍薦授户部主事，卒。所著有綱目刊誤、二十一史刊誤等書。

陳天清。柘城人。順治己丑進士，初授平鄉知縣。邑與邢之西山鄰接，巨盗出没其間，天清出奇計取之。平鄉地卑下，襟帶漳、滏，天清修堤濬渠。陞工部主事，分司南河。運河兩岸姦民穿穴盗水，每歲輸金於分司，可得萬餘金；又河工所用工料，率藉以肥橐。天清悉屏絶之。乞假歸里，卒。

彭舜齡。夏邑人。事繼母盡孝。順治己丑進士，授嘉興府推官。執法平允，郡無冤獄。再補山東登州府。會賊首于七率衆數萬臨城，守令皆望風遁，舜齡晝夜登陴守禦，城賴以全。以勞卒官。

劉超鳳。商丘人。順治己丑武進士，官詔安營守備。耿逆之變，不屈自刎死。

王震生。睢州人。順治壬辰進士，以户部主事理通州糧儲。通爲奸蠹藪，震生釐剔積弊。轉員外郎，協審八旗事務，有不可者，持之必力。遷刑部郎中，視學江南，以疾乞歸。

湯斌。睢州人。生而端慤，年十二，聽里塾講小學，退而見之於行。順治壬辰成進士，由檢討出爲陝西按察司副使，備兵潼關，陞嶺北道參政，治贛郡，所至皆有治績。以親老乞歸。康熙十七年，以博學宏詞薦，授翰林院侍講，超擢内閣學士，巡撫江蘇。以教化爲先務，痛除吴中侈汰之習，禁婦女毋遊觀，撤淫祀。下令期必行，吴民翕然向風。累擢工部尚書。卒，祀賢良。乾隆元年賜謚文正。斌於學無所不窺，自贛州歸，復師事孫奇逢，所得益邃。其立身以忠孝誠正爲本。所著有洛學編、潛庵語録行世。

李天馥。永城人。順治戊戌進士，由檢討洊升兵部尚書。嘗薦舉循吏三河知縣彭鵬、靈壽知縣陸隴其，官至武英殿大學士。卒，謚文定。

李遥。睢州人。順治己亥進士，授彭澤知縣。縣苦里役，當之者輒破産，遥畫爲均平之法，歲省民間數千金。吴逆未反時，歲販私鹽數萬石過境，遥械繫其人，申請督撫，移文三桂治其罪。旋以詿誤鐫職。起補當陽知縣，縣産炭，王官採買動踰數十萬，炭户不支，遥爲申論之，得減額。未幾，以病乞歸。遥内行純備。所著有學庸説注、易經注疏、春秋三傳鈔行於世。

趙應奎。商丘人。有勇略，歷官袁臨鎮總兵。募勇健千餘人，拊循訓練，皆成精鋭。吴三桂以書招之，應奎立斬其使。遣子衍祥上書，聖祖仁皇帝嘉納之，授衍祥鴻臚寺少卿。袁地襟塞數省，應奎兀踞其中，閩、楚二逆卒不得交通者，應奎力也。耿逆寇袁，率諸道兵大破之，進二等輕車都尉。後從大軍進取湖南有功，擢廣西左江提督。卒，贈少保，謚襄壯。

宋犖。商丘人。父權，明進士。入本朝，歷官至國史院大學士，卒謚文康。犖年十四，入宿衛。世祖章皇帝親試擢第一，改文資，通判黄州府，榷贛關，擢刑部郎中。值通倉官百五十人負米萬石，詞連本管官。部議，抵衆立斬，官免責。犖争之强，卒坐衆償負，而官亦奪俸，時論韙之。累遷江蘇布政使，巡撫江西。時夏逆爲亂，破蘄、黄，南昌人心洶洶，犖單舸疾行，設方略，縛爲亂者斬之，除病民十數事，黜貪吏之甚者，江右遂安。調撫江蘇，升吏部尚書。康熙四十七年，予告歸里，晉太子少師。

李元振。柘城人。康熙甲辰一甲二名進士，由編修累遷副都御史。疏請考察督撫，言極剴切，聖祖仁皇帝嘉納之，擢授工部侍郎。慎出入，清浮冒，監修大同右衛廨舍營房，省帑銀三十萬兩。管寶源局，剔除夙弊，廉能大著。致仕歸，卒。

褚有聲。睢州人。康熙己未進士。崇禎末，奉親避難，顛沛中孝養無缺。昆弟八人，至老無間言。授福建順昌知縣，政尚廉明，吏民畏服。耿逆餘黨楊起明爲地方害，有聲以大義曉諭，不聽，率兵殲之，邑賴以安。

劉坤。睢州人。康熙乙丑進士，官編修。事親孝，進饌必躬親。置田宅，分贍諸弟及諸親族。州南地勢卑下，常患水灾，坤相度地宜，開渠導水，悉成膏腴，居民至今賴之。

竇克勤。柘城人。父大任，邑諸生，爲學以不欺爲本，性喜成就後學。克勤以康熙壬子舉於鄉，仕泌陽教諭，倣朱子白鹿洞遺規，分立五社長，月朔稽善過而勸懲之。每月五日，集童子習禮儀，稍長者解性理，人皆力學興行。戊辰成進士，改庶吉士，授檢討。以病乞歸。常與湯斌、耿介往復論學，士林宗之。著有理學正宗、孝經闡義、泌陽學條規諸書。

趙邦試。柘城人。授福建興化營守備，擢同安遊擊。恢復海澄縣，尅取厦門、金門，攻取漸山等處十九寨，敘功授左都督，世襲雲騎尉。康熙二十二年，隨征澎湖，戰死。賜卹廕。

彭樹葵。夏邑人。乾隆丙辰進士，由編修官至倉場侍郎。天性孝友，居官清介，門無私謁。供職三十年，以清白終。

林元臣。睢州人。武生，任千總。嘉慶二年，隨勦湖北教匪，於欒州鎮擊賊陣亡。事聞，予雲騎尉世職。

流寓

漢

鄒陽。齊人。從梁孝王遊。爲人有志略，慷慨不苟合。羊勝、公孫詭等惡之王，下陽吏，將殺之。乃從獄中上書，王立出之，卒爲上客。

枚乘。淮陰人。爲吴王濞郎中。諫不納，去而之梁，從孝王遊。梁客皆善屬詞賦，乘尤高。在梁時娶小妻，生子皋。年十七，上書梁共王，得召爲郎。

司馬相如。成都人。事孝景帝爲武騎常侍〔五〕。是時梁孝王來朝，從游説之士，鄒陽、枚乘、嚴忌夫子之徒，相如見而説之，因病免，客遊梁，得與諸侯遊士居，數歲，乃著子虚之賦。

唐

李勉。鄭惠王曾孫。少貧俠，客梁、宋，與諸生共逆旅，諸生疾且死，出白金曰：「左右無知者，幸君以此爲我葬，餘則君自取之。」勉許諾。既葬，密置餘金棺下。後其家謁勉，共啓墓，出金付之。

高適。渤海人。少落魄不治生事，客梁、宋間。宋州刺史張九皋奇之，薦舉有道科中第。

宋

杜衍。山陰人。清介不殖私産。寓南都十年，第室卑陋，才數十楹，居之易如也。

范仲淹。吴縣人。之應天府，依戚同文學，晝夜不息。冬月憊甚，以水沃面。食不給，至以糜粥繼之。人不能堪，仲淹不苦也。

列女

漢

梁寡婦。夫早逝，梁王聞而聘焉。婦曰：「妾夫死，今撫其幼孤，婦人之義，一醮不改。」乃持刀割其鼻，曰：「王之求妾，以色也。今妾刑矣，何以事王？」王重其義，復其身，號曰「高行」。

金

完顔珠魯妻尹氏。珠魯系出蕭王。天興二年，從哀宗爲南面元帥，戰死黄陵岡。其妻金源郡夫人，聞珠魯死，聚家貲焚之，遂自縊。「完顔珠魯」舊作「完顔珠兒」，今改正。

明

徐儀女。歸德人，名雪梅。正德中，流賊至，不從被害。又嚴清女鋭兒，亦歸德人，同時死節。衛指揮張金妹，城破不屈死。俱被旌表。

龔秀女存兒。柘城人。年十八未字。正德中，爲流賊所得，不從見害。詔旌其門。

解貞女。商丘人。父母兄弟相繼歿，女撫幼弟孤姪，皆成立。年八十九，以處子卒。弟達，爲廬墓側一年。

楊桃兒。鹿邑人。嘉靖初，山東流賊入境，桃兒年十六，爲男子裝，隨兄楊世威避至鄲城。遇賊，世威與弟世寵力戰死。賊獲桃兒，知其非男，欲獻之賊首，桃兒大罵，撾賊墜地，衆攢刃砍之。事聞旌表。

王佩玉妻謝氏。永城人。歸二年而夫死，引刀自裁。越日，面如生。

解孝女。寧陵人。年十四，同母浣衣河濱，母誤溺水，女號泣即投水中。俄兄紹武至，救之，母良久方甦，女已死，手挽母甚堅。兄哭撫之曰：「母已生，妹可慰乎。」手始解。

劉樸妻司氏。商丘人。嘉靖中，柘城師尚詔之亂，城破，擁氏去，罵賊被害。

張氏二烈女。柘城人。長曰大艾，次曰小艾，俱未字。師尚詔之亂，罵賊不從，俱爲所殺。

馬士俊妻孫氏。夏邑人。崇禎八年，爲流賊所執，紿之曰：「縱吾夫，則從汝。」賊許之，氏度夫去已遠，乃大罵見殺。

梁以樟妻張氏。以樟爲商丘知縣。崇禎十五年，流賊圍急，氏積薪樓下，以子燮屬乳媪匿民家，率婢女縊死，家人舉火，諸屍俱燼。

侯執蒲妻田氏。執蒲爲太常卿，罵賊被害。子忭妻劉氏、恕妻朱氏，守姑不去，俱被害。

沈仔母孫氏。商丘人。仔禦賊於城頭殉難，孫聞變自縊。次子佑、佑妻任氏、佑子妻王氏，俱縊以殉。

本朝

湯祖契妻趙氏。睢州人。知書有志節。崇禎末，流寇將抵睢，命其子斌讀書北郭外，斌不忍行，叱遣之。城陷，語祖契急負姑匿蘆茨中，得免。趙遂投繯，爲家人所解，怒曰：「吾義不苟全。」語未畢，賊已環刃相向，趙厲聲訶之，遂遇害。順治十七年，以子斌具陳母節，得旌。

宋沾妾丁氏。商丘人。沾歿，姑與沾妻繼逝，遺孤權，甫八歲，晝就傅，夜則自督之。權或倦就寢，丁泣曰：「予冀孤子立，故隱忍以俟。今不説學，予何望，不如早從爾父地下。」權感泣力學，後爲大學士。

張鵠妻張氏。寧陵人。年十九守節，歿年百有三歲。

周蘊香。父祺，居商丘，許聘金某。金以阻寇別娶，寄言令改適，曰：「父母有成命矣。」遂不食死。

李春茂女。商丘人。同縣高某妻翟氏，皆以拒暴遇害。康熙年間旌。

李佩妻張氏。永城人。同縣傅常美妻張氏、董位妻王氏，皆以拒暴遇害。康熙年間旌。

張珍妻苗氏。商丘人。拒暴遇害。雍正年間旌。

燕大成妻周氏。商丘人。夫歿，姑以思子發狂，家人莫敢近。周進食冒刃者再，血流至踵，終不避。

張瑾妻章氏。夏邑人。崇禎末，瑾罵賊死，章忍死撫孤。鄉人以夫婦守義，刻石墓前。

何公掄妻程氏。夏邑人。夫歿，投繯者再，舅姑勸止，乃取從子爲嗣以守。及病，不肯服藥而卒。

王邦進妻梁氏。永城人。夫卒，家極貧，躬紡織以奉姑。年逾六十，嘗曰：「一息尚存，事姑不敢懈也。」

封得印妻李氏、子特錫妻劉氏。睢州人。家極貧，得印歿，李晝夜紡織，以養孀姑。特錫嘗苦飢，輟書而泣，李勉之曰：「片時飢不能忍，豈能辦大事耶？」迨特錫歿，劉事李亦如之，私啖糠秕，不令姑知。李年九十餘，不能自衣食者十七載，劉服勤如一日。姑歿而哀，飲食俱廢，以毀卒。雍正年間並旌。

解士燦妻張氏。商丘人。夫亡守節。同縣節婦楊坦妻王氏、紀中瞻妻田氏、張元淇妻侯氏、侯衣振妻汪氏、劉世典妻李氏、孫君保妻南氏、孫維舜妻李氏、畢振封妻淩氏、郭瑢妻高氏、李曰培妻楊氏、王允厚妻萬氏、王輔世妻何氏、袁璽妻高氏、陳國福妻郭氏、陳棘妻劉氏、王檠妻李氏、楊肇基妻宗氏、楊作霖妻武氏、沈惇妻蕭氏、李豹彩妻陳氏、孫承德妻陸氏、楊起福妾馬氏、夏曰文妻王氏、高起宗妻丁氏、楊景丹妻盧氏、殷輅妻郭氏、田在玉妻盧氏、張綬妻牛氏、吴大純妻趙氏、李琳妻張氏、宋如梅妻田氏、宋齊仁妻汪氏、周旭妻張氏、曹家羣妻王氏、王緎妻喬氏、張亦閎妻劉氏、劉元昌妻逯氏、李文斗妻劉氏、任渭妻劉氏、韓廷勳妻金氏、宋齊馮妻劉氏、郭育遠妻韓氏、杜樞妻李氏、張士英妻韓氏、郭準妻徐氏、宋聖優妻趙氏、侯矚妻褚氏、林貴生妻張氏、侯曾妻房氏，烈婦周二小妻余氏、史璉妻馬氏〔六〕、張林妻李氏、劉黑漢妻吴氏、趙胖妻劉氏、虎繼安妻劉氏、許純妻高氏、尼清海妻張氏、趙生聘妻楊氏、趙西崖妻張氏、劉文童妻邢氏、韓永光妻劉氏、李三疇妻楊氏，烈女韓氏女，均乾隆年間旌。

魯喬齡妻王氏〔七〕。寧陵人。夫亡守節。同縣節婦陳琰妻高氏〔八〕、吴爾紳妻李氏、路元良妻徐氏、張聯璧妻吕氏、黄欽妾馮氏、李監妻史氏、路建邦妻郭氏、李德祖妻粱氏、郭光陛妻賈氏、孫有廉妻盧氏、胡于陳妻喬氏、鄧琯妻黄氏、史文瑞妻王氏、李孔昭妻蔡氏、甯汝聰妻王氏、闞嶸妻陳氏、孔傳寬妻秦氏、劉汝爲妻郭氏、王錫綸妻李氏、符如岱妻吴氏、王爾福妻董氏、常紹永妻張氏、孟懷瑾妻張氏、孟蓁妻張氏、姬興周繼妻黄氏、徐宏道妻符氏、郭岷妻路氏、張中道妻曹氏、宋楚妻李氏、張坪妻喬氏、符朋妻郭氏、高執信妻袁氏、郭維英妻盛氏、郭元文妻解氏、翟瑋妻王氏，烈婦焦玉妻王氏、吕三妻繆氏、王四妻楊氏、杜效孔妻王氏、華永林妻王氏及趙氏婦，烈女袁馬姐、魏氏女、張氏女、馬氏女，均乾隆年間旌。

劉宗堯妻張氏。鹿邑人。夫亡守節。同縣節婦丁植妻邢氏、李洹妻謝氏、李某妻谷氏、孟存信妻李氏、李栩妻閻氏、吴濬妻徐氏、胡注行妻劉氏、黄相吉妻劉氏、孔毓召妻鄭氏、楊珍妻張氏、李有三妻解氏、曹應芳妻劉氏、張鑑妻傅氏、楊東方妻任氏、胡廷叢妻周氏、葛梅妻周氏、寇英妻崔氏、張陳魏妻郭氏、劉元福妻杜氏、王震妻薛氏、閻質妻周氏、宋灣妻閻氏、李泳妻劉氏、崔學詩妻陳氏、王杲妻閻氏、崔學易妻王氏、王式度妻羅氏、劉洪任妻王氏、傅良貴妻張氏、張岳妻王氏、韓美妻宋氏、薛教成妻吴氏、周尚禮妻鄭氏、周尚仁妻齊氏、劉望久妻王氏、狄宗襄妻張氏、王瑞妻張氏、劉洪聞妻張氏、周珍繼妻張氏、張成義妻何氏、張光宗妻李氏、王卑妻郭氏、王逢加妻盧氏、張泳妻丁氏、韓應運妻王氏，烈婦耿山妻葉氏、李彩妻杜氏、胡秉順妻謝氏、蔡保玉女蔡氏、劉貴成女劉氏，孝女李氏女王姐，烈女蘇氏女、皇甫氏女、王氏女、韓酉姐，貞女孫芳聘妻尹氏、鄧永甲妻劉氏，均乾隆年間旌。

孫參妻李氏。夏邑人。夫亡守節。同縣節婦司汝諧妻楊氏、程仲元妻陳氏、司尚仁妻謝氏、孟履垣妻李氏、闞允載妻羅氏、孟克楷妻陳氏、韓寅妻王氏、孟志仁妻陳氏、馬仞千妻高氏、王以睿妻魏氏、吕鍾妾段氏、程堯年妻金氏、余襄妻司氏、秦元福妻高氏、張宗聖妻秦氏、劉吾省妻孟氏、孟肯堂妻彭氏、房謀妻郭氏、閻史標妻趙氏、楊艮妻何氏、陳龍見妻閻氏、韓炎妻劉氏、何晫妻崔氏、鄭拾遺妻黄氏、徐瑛妻司氏、李倓繼妻吴氏、張克慶妻闞氏、孟文妻李氏、李昌妻王氏、李去伐繼妻闞氏、李擴妻陳氏、楊志賢妻竇氏、羅方曾妻張氏、崔秉禮妻楊氏、劉日明妻樊氏、李端履妻范氏、李仙本妻郭氏、何隹龍妻張氏、彭志青妻李氏、朱鵬程妻張氏、彭象觀妻張氏、王思純妻范氏、鄒珝妻周氏、何珝妻班氏、彭堃妻孟氏、李某妻崔氏，烈婦穆某妻許氏、李虎妻駱氏、邢三妻王氏、張有成妻周氏，烈女陳隔姐、任潤姐、謝氏女，馬氏女，均乾隆年間旌。

李廷直妻周氏。永城人。夫亡守節。同縣節婦何潤妻王氏、喬瑄妻劉氏、王溶妻張氏、丁擇善妻劉氏、趙敏妻閻氏、馬珣妻蔣氏、洪瑜妻張氏、洪爾瑄妻謝氏、劉漢忠妻趙氏、吕遵端妻劉氏、洪璣妻孟氏、邱君誥妻李氏、陳芝妻郭氏、王青臣妻洪氏、易汝漢妻孟氏、何源妻鄭氏、蔣居廣妻翟氏、李系妻彭氏、王廷極妻馬氏、趙作肅妻黄氏、闞正懋妻丁氏、丁湝妻吴氏、李守身妻王氏、曹伸妻武氏、劉永璠妻郭氏、曹夢錫妻李氏、張之維妻任氏、王諫臣妻丁氏、張延祺妻喬氏、孫湜妻劉氏，烈婦姬去欺妻蔣氏、孔毓藩妻潘氏、鍾大妻郝氏、趙三妻梁氏、趙九妻張氏、盛四妻孫氏、曹二妻翟氏、胡至養媳夏氏、李惺妾高氏，烈女常氏女、鮑氏女、張蒞姐、閻格姐、王氏女、魏氏女，均乾隆年間旌。

黃寅妻劉氏。虞城人。夫亡守節。同縣節婦李克明妻陳氏、范源妻李氏、張夢駱妻張氏、楊履乾妻朱氏、范山峯妻錢氏、劉瓚妻孫氏、楊維遷妻范氏、蕭露浥妻黄氏、蕭露泥妻朱氏、蕭露濃妻潘氏、种兆祥妻王氏、耿光妻趙氏、李夢麟妻孫氏、張秉仁妻申氏、宋簡妻韓氏、宋協妻范氏、史克敬妻范氏、馬鈖妻劉氏、張湛妻杜氏、劉欽琮妻石氏、劉仁麟妻范氏、潘廷選妻李氏、耿鐸妻汪氏、耿鉽妻李氏、許超妻劉氏、范麟獻妻許氏、李芝山妻陸氏、劉存義妻范氏、李考祥妻劉氏、張本漢妻薛氏、潘坦妻劉氏、劉克讓妻范氏、劉存智妻某氏、范嘉謨妻李氏、許履謙妻劉氏，烈女孟玉姐，均乾隆年間旌。

侯居孟妻李氏。睢州人。夫亡守節。同州節婦楊玫妻郭氏、吴元瑜妻蔣氏、趙獲錦妻符氏、馬徵庸妻鄭氏、蔣瑺妻劉氏、蔣藻妻陳氏、蔣珅妻袁氏、劉琢妻吴氏、朱自邦妻王氏、張良玉妻王氏、張高妻龐氏、蔣璟妾符氏、李文運妻楊氏、孟榛妻張氏、鄭道仁妻翟氏、李義妻林氏、王應彩妻楊氏、袁份妻劉氏、覃文妻余氏、田椿齡妻趙氏、褚棻妻趙氏、袁倬妻王氏、劉如璉妻張氏〔九〕、湯秉哲妻袁氏、王元標妻張氏、柴明妻滕氏、黄王啓妻鄭氏、陳希參妻吴氏、陳瀛妻孫氏、陳元章妻田氏、湯之昂妻楊氏、皇甫永培妻李氏、蔣雲路妻劉氏、劉如琰妻盧氏〔一〇〕、李修妻徐氏、李教士妻徐氏、趙博妻魏氏、劉蔚曾妻唐氏、李元士妻黎氏、魯仲妻盧氏、蔣環妻袁氏、李遲妻許氏、蔣萬吉妻袁氏、柴良妻趙氏、王肇麟妻張氏、周克文妻潘氏、趙琈妻董氏、汪化龍妻張氏、周克明妻潘氏、蘇應取妻黄氏、徐鞏妻褚氏、周中玉妻喬氏、楊汝梅妻湯氏、王榯妻袁氏、蔣篝妻董氏，烈婦王禹妻王氏、蔣予琛妻楊氏、徐海妻李氏、李玉妻趙氏、杜準妻任氏，烈女張氏女、王氏女、馬氏女、徐氏女、李氏女，均乾隆年間旌。

王渠妻杜氏。柘城人。夫亡守節。同縣節婦王練一妻邱氏、李洹妻謝氏、皮天祺妻傅氏、王桐妻路氏、劉元昌繼妻張氏、劉其泗妻高氏、李純妻宋氏、陳孟堅妻朱氏、朱煜嶧妻孫氏、竇玉立妻王氏、梁玉傑妻陳氏、竇玉杓妻王氏、張默妻趙氏，烈婦王永振妻竇氏，烈女宋惠姐，均乾隆年間旌。

孫遴妻劉氏。商丘人。夫亡守節。同縣節婦李魁儒妻陳氏、劉文煌妻高氏、王雲標妻陳氏，烈婦王某妻秦氏、張某妻王氏、張大任妻黃氏、沈萬一妻陳氏，烈女劉氏女，均嘉慶年間旌。

徐殿鰲妻李氏。寧陵人。夫亡守節。同縣節婦王謨妻駱氏、胡翰遠妻賈氏、喬元龍妻史氏、梁殿魁妻徐氏、戴聖智妻尤氏、郭宗玉妻任氏、路知節妻賈氏，烈婦張懷珍妻常氏、解釗妻劉氏、孫貴林妻史氏，孝婦呂令法妻王氏，均嘉慶年間旌。

傅諿妻藺氏。鹿邑人。夫亡守節。同縣節婦薛士珂妻陳氏、吴學孔妻孫氏，烈婦張夢鳳妻許氏、王河妾邊氏、張士玉妻劉氏，烈女李氏女、張氏女，均嘉慶年間旌。

彭昭華妻王氏。夏邑人。夫亡守節。同縣李堉妻張氏，烈婦楊世炘妻彭氏、李燈妻彭氏、劉柱妻傅氏、徐某妻趙氏、楊某妻李氏、劉某妻吴氏、魏某妻閻氏、路某妻王氏、彭暎辰妾馮氏，烈女彭氏女，均嘉慶年間旌。

王學易妻李氏。永城人。夫亡守節。同縣節婦任愉妻邵氏、洪文浤妻王氏、王旦臣妻張氏、蔣鼎寬妻蔡氏、夏倜世妻李氏、丁椿妻李氏、孫鳳臨妻王氏、蔣燦書妻李氏、羅有鵬妻張氏，烈婦郝懷武妻李氏、李愛妻趙氏、盧芳妻楊氏、蔡從義妻尹氏，貞女縱氏女，烈女劉氏女，均嘉慶年間旌。

周嶧妻范氏。虞城人。夫亡守節。同縣齊學曾妻周氏，烈婦范鏞妻李氏、陳山妻宋氏，又余氏、藍某妻吴氏、楊某妻王氏、劉某妻姚氏，貞女史氏女，均嘉慶年間旌。

蔣儀温妻王氏。睢州人。夫亡守節。同州節婦楊六言妻朱氏、劉芳遠妻陳氏，烈婦張大起妻程氏、張有成妻趙氏、王常春妻了氏、薛冬興妻傅氏、孟玉章妻蔡氏、申恭妻張氏、劉美妻胡氏，均嘉慶年間旌。

竇玉珂妻高氏。柘城人。夫亡守節。同縣節婦王鳳來妻霍氏，烈婦李祿妻喬氏、余允化妻宋氏、魏某妻李氏，均嘉慶年間旌。

仙釋

宋

陳摶。真源人。後唐末，舉進士不第，遂隱武當山九室巖，服氣辟穀。移居華山，寢處多百餘日不起。太宗時，賜號希夷先生。摶好讀易，自號扶摇子。著指玄篇八十一章，言導養及還丹之術。

丁少微。真源人。爲道士，隱華山潼谷，密邇陳摶所居。志尚清潔，善服氣，多餌藥，百餘歲康强無疾。太祖召赴闕，以金丹、巨勝、南芝、玄芝爲獻，留數月，遣還山。

土産

綿絹。元和志：宋州貢。寰宇記：宋州土産綿絁縠絹。

絺。寰宇記：宋州土産。

棗。府志：出永城者佳，俗呼貢棗，以入貢得名。

木瓜。府志：出虞城商丘。

石榴。府志：河陰石榴名「三十八」者，其中有三十八子，最佳。近柘城所出，大者名岡榴，入土貢。

枲。寰宇記：宋州土産。

漆。寰宇記：宋州土産。

藥。明統志：枸杞子、香附子、瓜蔞仁、何首烏、蟾酥、半夏、天南星、天花粉、茱萸、麥門冬、兔絲子、地骨皮，各縣俱出。

校勘記

〔一〕智足以當世取舍　「取舍」，乾隆志卷一五五歸德府人物（下同卷簡稱乾隆志）同，史記卷一〇八韓長孺列傳作「取合」。按，漢書韓安國傳亦作「取舍」。

〔二〕擢左司禦胄曹參軍政　「胄」，原脱，乾隆志同，據新唐書卷一一八鄭惟忠傳補。

〔三〕會遣使河朔治方田　「會」，原作「令」，乾隆志同，據宋史卷二六七李惟清傳改。

〔四〕韓絳築撫寧羅兀兩城　「寧」，原作「凝」，據乾隆志及宋史卷三三〇張景憲傳改。按，本志避清宣宗諱改字也。

〔五〕事孝景帝爲武騎常侍　「常」，原作「長」，據乾隆志及史記卷五七上司馬相如列傳上改。

〔六〕史璉妻馬氏　「璉」，原作「連」，據乾隆志改。按，本志蓋避乾隆太子永璉諱改字。

〔七〕魯喬齡妻王氏　「王」，乾隆志作「黄」。

〔八〕陳琰妻高氏　「琰」，原作「炎」，據乾隆志改。按，本志避清仁宗諱改字也。

〔九〕劉如璉妻張氏　「璉」，原作「連」，據乾隆志改。按，本志蓋避乾隆太子永璉諱改字。

〔一〇〕劉如琰妻盧氏　「琰」，原作「炎」，據乾隆志改。按，本志避清仁宗諱改字。

彰德府圖

直隸沙河界
紫金山
直隸邯鄲界
武安
直隸成安界
直隸磁州界
漳河
豐樂鎮
臨漳
直隸元城界
洹河
彰德府
安陽
韓陵山
內黃
直隸清豐界
鶴山
湯陰
永通河
宜溝驛
衛水
直隸開州界
濬縣界

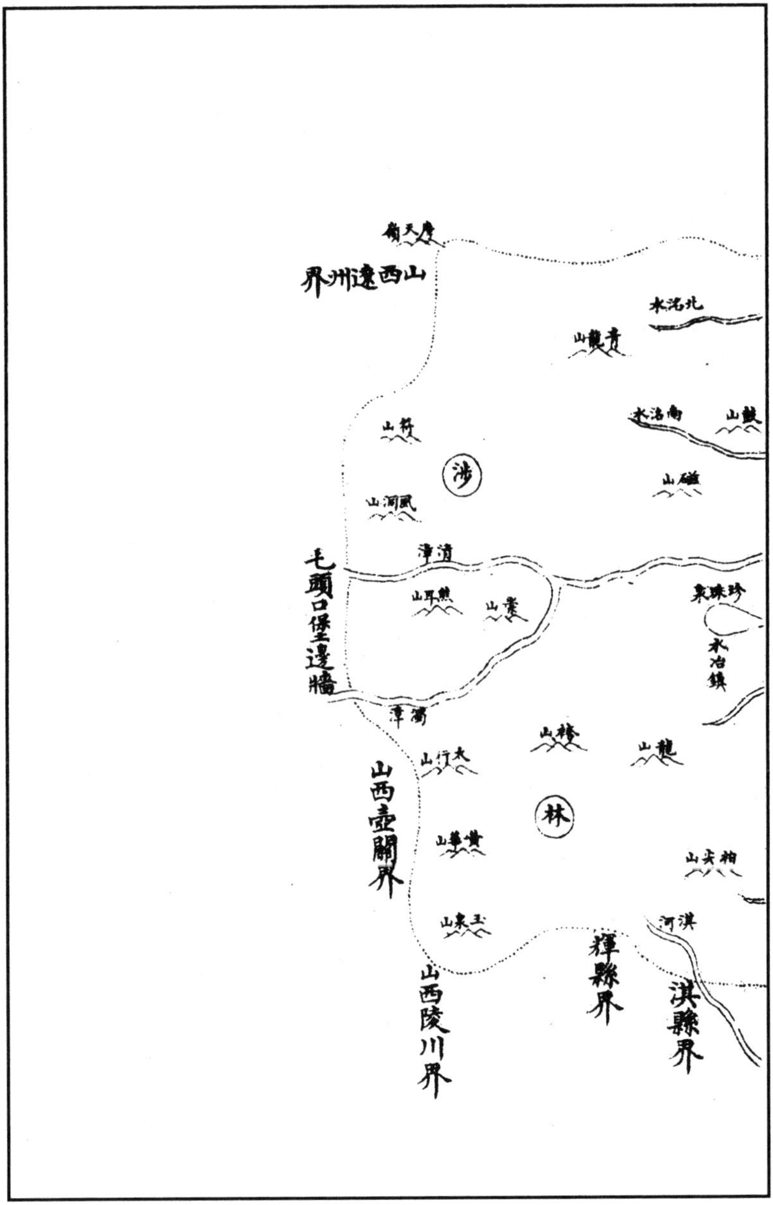
山西遼州界
北洺水
青龍山
南洺水
鼓山
符山
涉
磁山
風洞山
清漳
毛頭口堡邊牆
熊耳山
珍珠泉
濁漳
太行山
龍山
林
山西壺關界
黃華山
柏尖山
玉泉山
淇河
輝縣界
淇縣界
山西陵川界

彰德府表

	彰德府	安陽縣
秦	邯鄲、上黨二郡地。	安陽地。
兩漢	魏郡治鄴，屬冀州。後漢爲冀州治。	漢省入蕩陰縣。
三國	鄴郡魏建鄴都。	
晉	魏郡屬司州。	安陽縣屬魏郡。
南北朝	司州魏尹魏天興中置相州。東魏天平初建都，改名。齊改爲清都尹。周復名相州魏郡，大象初移治安陽。	鄴縣東魏省安陽入鄴縣。周自鄴移相州來治，改名。
隋	魏郡初廢郡。大業初廢州，復置郡。	安陽縣開皇十年復舊名，又分置相縣。大業初并入，爲郡治。
唐	相州鄴郡武德初復置州，天寶初改郡名，乾元初復曰相州。	安陽縣州治。
五代	相州晉天福二年置彰德軍節度。	安陽縣
宋金附	相州鄴郡屬河北西路。金明昌三年升爲彰德府。	安陽縣金爲府治。
元	彰德府初屬真定路，至元初屬中書省。	安陽縣路治。
明	彰德府屬河南布政司。	安陽縣

續表

	臨漳縣
邯會侯國 屬魏郡。後漢省。 內黃縣地。	
長樂縣 屬魏郡。	
靈泉縣 周置，屬相州。 長樂縣 齊省入臨漳。	臨漳縣 東魏天平初分鄴縣置，屬司州。
靈泉縣 屬魏郡。 堯城縣 開皇十年復置長樂縣，十八年更名，入魏郡。	臨漳縣 屬魏郡。
武德四年省。 堯城縣 屬相州，天祐中更名永定。	臨漳縣 屬相州。
永定縣 梁開平中改曰長平。唐同光初復舊名。	臨漳縣
輔巖縣 金興定三年分置。 天聖七年更名永和，熙寧七年省入安陽。	臨漳縣 金屬彰德府。
至元六年省入安陽。	臨漳縣 屬彰德路。
	臨漳縣 屬彰德府。洪武十八年移治。

	湯陰縣	林縣
鄴縣 魏郡治。後漢初平中爲冀州治。	蕩陰縣 屬河内郡。後漢建安十七年改屬魏郡。	
鄴縣 魏建鄴都。	蕩陰縣	
鄴縣 仍爲郡治。建興初更名臨漳，尋復舊名。	蕩陰縣	
靈芝縣 魏天興初置相州。東魏天平初改爲司州魏尹治。齊建都。周改縣名。	東魏天平初省入鄴。 魏德縣 東魏天平二年置，屬林慮郡。齊廢。	林慮郡 魏永安初置。齊廢。周復置。
鄴縣 開皇十年復舊名，屬魏郡。	湯陰縣 開皇六年復置，屬汲郡，大業初廢。	開皇三年廢郡，十六年置巖州，大業初廢。
鄴縣 屬相州。	湯陰縣 武德四年置蕩源縣，屬衛州。六年屬相州。貞觀初復舊名。	武德二年復置巖州，旋廢。
鄴縣	湯陰縣	
熙寧中省入臨漳。	湯陰縣 宣和二年改屬濬州，尋屬相州。金屬彰德府。	金貞祐三年置林州。
	湯陰縣 屬彰德路。	林州 太宗七年廢爲縣，憲宗二年復升州，屬彰德路。
	湯陰縣 屬彰德府。	林縣 洪武三年降縣，屬彰德府。

續表

	武安縣	涉縣
隆慮縣屬河内郡。後漢更名林慮，建安十七年屬魏郡。	武安縣屬魏郡。	
林慮縣魏屬朝歌郡。	武安縣屬廣平郡。	
林慮縣屬汲郡。	武安縣	
林慮縣太平真君六年省入鄴縣，太和二十一年復置，後爲郡治。天平初又析置臨淇縣，尋廢。	武安縣東魏天平初復，屬魏郡。	
林慮縣屬魏郡。開皇十六年復置臨淇縣，又分置淇陽縣。後俱廢。	武安縣屬武安郡。開皇初分置陽邑縣，大業初仍省入。	
林慮縣屬相州。	武安縣初屬磁州，旋屬洺州，永泰元年復屬磁州。	涉縣初屬韓州，貞觀中移治，屬潞州。
林慮縣	武安縣	涉縣
林慮縣	武安縣	涉縣屬隆德府。金置崇州。
林慮縣州治。	武安縣至元二年省入邯鄲。後復置，仍屬磁州。	涉縣初廢州，以縣屬真定路。至元二年省入滏陽，後復置。
洪武三年省。	武安縣	涉縣屬磁州。

	內黃縣	
沙縣 屬魏郡。後漢爲侯國。	內黃縣 屬魏郡。	繁陽縣 屬魏郡。
沙縣	內黃縣	繁陽縣
涉縣 初改名，屬廣平郡。	內黃縣	繁陽縣 屬頓丘郡。
魏省入刈陵。	東魏省。	繁陽縣 魏太平真君六年省入頓丘，太和中復置，天平二年改屬魏郡。齊廢。
涉縣 開皇十八年復置，屬上黨郡。	內黃縣 開皇六年復置，屬相州。大業初屬汲郡。	開皇十六年復置，大業初省入內黃。
	內黃縣 武德四年屬黎州，貞觀中屬相州，天祐三年改屬魏州。	武德四年復置，屬黎州。貞觀初又省。
	內黃縣	
	內黃縣 屬大名府。金屬滑州。	
	內黃縣	
	內黃縣 屬大名府。	

續表

大清一統志卷一百九十六

彰德府一

在河南省治北三百六十里。東西距三百二十里，南北距二百里。東至直隸大名府清豐縣界一百五十里，西至山西潞安府壺關縣界一百七十里，南至衛輝府淇縣界一百三十里，北至直隸廣平府磁州界七十里。東南至衛輝府濬縣界六十五里，西南至山西澤州府陵川縣界二百五十里，東北至廣平府成安縣界九十里，西北至山西遼州界四百四十里。自府治至京師一千二百里。

分野

天文室、壁分野，娵訾之次。

建置沿革

禹貢冀州之域。商時，河亶甲所都。春秋屬晉，戰國屬魏。秦爲邯鄲、上黨二縣地。漢高帝分置魏郡，治鄴，屬冀州。後漢初平中，爲冀州治。元和志：韓馥爲冀州牧，始居鄴，其後袁紹、曹操皆因之。三國魏建鄴都。晉仍曰魏郡，屬司州。後入於趙燕及苻秦。咸康初，石虎改太守爲魏尹。升平初，慕容儁置司隸校尉。太和末，苻堅仍置冀州。後魏天興四年，改置相州。東魏天平元年，遷都之，改曰司州魏尹。元和志：後魏孝文帝於鄴立相州。按：魏書庾岳傳太祖以岳爲鄴行臺，及罷鄴行臺，以所統六郡置相州，即拜岳爲刺史。則相州之立，當從地形志作天興四年，元和志誤。北齊改魏尹爲清都尹。周建德六年，復曰相州魏郡。大象二年，移治安陽。隋開皇初，郡廢。大業初，州廢，復曰魏郡。唐武德元年，復曰相州。舊唐書地理志：置總管府，四年罷。六年復置，九年罷。貞觀十年復置都督府，十六年罷。天寶初，改曰鄴郡。乾元初，復曰相州，屬河北道。廣德以後，常置節度使。唐書方鎮表：廣德元年，置相衛節度使，治相州。大曆元年，賜號昭義軍節度。建中元年，徙治潞州，而相州屬魏博節度。太和三年，復置相衛澶節度使，治相州。尋罷，仍屬魏博。五代史職方考：相州故屬天雄軍節度，梁分置昭德軍，後唐復屬天雄。五代晉天福二年，於州置彰德軍節度。宋曰相州鄴郡彰德軍，屬河北西路。金明昌四年，升爲彰德府，仍屬河北西路。元太宗四年，立彰德總帥府。憲宗二年，爲散府，屬真定路。至元二年，爲彰德路，直隸中書省。明仍爲彰德府，屬河南布政使司。本朝因之，屬河南省，領州一，磁。縣六。安陽、臨漳、湯陰、林、武安、涉。雍正二年，以舊屬直隸大名府之内黄縣來隸。四年，以磁州改屬直隸。今領縣七。

安陽縣。附郭。東西距一百八十里，南北距七十里。東至直隸大名府元城縣界一百里，西至林縣界八十里，南至湯陰縣界三十里，北至直隸廣平府磁州界四十里。東南至湯陰縣界二十五里，西南至湯陰縣界六十里，東北至臨漳縣治八十里，西北至磁州界八十五里。戰國魏寧新中邑，秦昭襄王改曰安陽。漢爲蕩陰縣，屬河内郡。晉始置安陽縣，屬魏郡。東魏天平初，併入鄴縣。後周大象二年，自鄴移相州治此，改縣曰鄴。隋開皇十年，復曰安陽。大業初爲魏郡治。唐復爲相州治，五代、宋因之。金爲彰德府治。元爲彰德路治。明爲彰德府治，本朝因之。

臨漳縣。在府東北七十里。東西距七十五里，南北距一百里。東至直隸大名府元城縣界五十里，西至直隸廣平府磁州界二十五里，南至安陽縣界五十里，北至廣平府成安縣界五十里。東南至内黄縣界五十里，西南至安陽縣治八十里，東北至廣平府廣平縣治六十里，西北至廣平府邯鄲縣治七十里。春秋鄴邑，屬晉。戰國屬魏。漢置鄴縣，并置魏郡。後漢因之。初平中，又爲冀州治。三國魏黄初二年，建鄴都。晉仍爲魏郡治，建興元年改曰臨漳，後復曰鄴。石虎、慕容儁皆都此，苻秦仍爲冀州治。後魏天興四年，於縣置相州。東魏天平元年遷都，改爲司州魏尹治，又分鄴東界置臨漳縣屬之。北齊亦都此。後周復爲相州治，大象二年，州移治安陽，改鄴爲靈芝縣。隋開皇十年，復改曰鄴，與臨漳縣皆屬魏郡。唐屬相州，五代因之。宋熙寧五年，省鄴縣入臨漳，仍屬相州。金屬彰德府。元屬彰德路。明屬彰德府，本朝因之。

湯陰縣。在府西南四十五里。東西距一百五十里，南北距五十五里。東至直隸大名府開州界七十里，西至林縣界八十里，南至衛輝府濬縣界二十五里〔一〕，北至安陽縣界三十里。東南至濬縣治七十里，西南至衛輝府淇縣界八十里，東北至安陽縣界七十里，西北至林縣治一百四十里。戰國魏蕩陰邑。漢置蕩陰縣，屬河内郡。後漢因之，建安十七年，改屬魏郡。魏、晉因之。後魏天平初，并入鄴縣。隋開皇六年，復置湯陰縣，屬汲郡。唐武德四年，改置蕩源縣，屬衛州。六年，改屬相州。貞觀元年，復曰湯陰縣。五代因之。宋宣和二年，改屬濬州，尋還屬相州。金屬彰德府。元屬彰德路。明屬彰德府，本朝因之。

林縣。在府西南一百二十里。東西距九十里，南北距一百八十里。東至安陽縣界四十里，西至山西潞安府壺關縣界五十里，南至衛輝府輝縣界一百里，北至涉縣界八十里。東南至湯陰縣界一百里，西南至山西澤州府陵川縣界一百里，東北至安陽縣界八十五里，西北至壺關縣界八十五里。戰國韓臨慮邑。漢置隆慮縣，屬河内郡。後漢延平時，改曰林慮。建安十七年，改屬魏郡。三國魏屬朝歌郡。晉屬汲郡。後魏太平真君六年，省入鄴縣。太和二十一年，復置。永安元年，并置林慮郡。北齊郡廢。後周復置。隋開皇三年，郡廢，縣屬相州。十六年，於縣置巖州。大業初，州廢，縣屬魏郡。唐武德二年，復置巖州。五年，州廢，縣仍屬相州。五代、宋因之。金貞祐三年，置林州。元太宗七年，廢爲縣。憲宗二年，復爲州。至元二年，復爲縣，尋復爲州，屬彰德路，後廢。明洪武元年復置，二年，降州爲縣，屬彰德府。本朝因之。

武安縣。在府西北一百六十里。東西距一百八里，南北距一百里。東至直隸廣平府邯鄲縣界二十八里，西至涉縣界八十里，南至廣平府磁州界五十里，北至直隸順德府沙河縣界五十里。東南至邯鄲縣界五十里，西南至涉縣界八十里，東北至廣平府永年縣界五十里，西北至山西遼州界一百二十里。戰國趙武安邑。漢置武安縣，屬魏郡。後漢因之。魏、晉屬廣平郡。東魏天平初，仍屬魏郡。隋開皇三年屬相州，十年改屬磁州。大業初，屬武安郡。唐武德四年屬磁州，六年屬洺州。永泰元年，還屬磁州。五代、宋、金因之。元至元二年，併入邯鄲。後復置，仍屬磁州。明因之。本朝雍正四年，屬彰德府。

涉縣。在府西北二百二十里。東西距一百三十里，南北距一百四十里。東至直隸廣平府磁州界一百里，西至山西潞安府黎城縣界三十里，南至林縣界七十里，北至武安縣界七十里。東南至磁州治一百六十里，西南至黎城縣治六十里，東北至武安縣治一百三十里，西北至山西遼州治一百六十里。漢置沙縣，屬魏郡。後漢曰沙侯國。晉曰涉縣，屬廣平郡。後魏省入刈陵。隋開皇十八年，復置，屬潞州。大業初，屬上黨郡。唐武德元年，屬韓州。貞觀十七年，屬潞州。五代因之。宋屬隆德府。金貞祐三年，於縣置崇州。四年，州廢。興定五年，復置。元初州廢，以縣屬正定路。至元二年，併入滏陽，後復置。明屬磁州。本朝雍正四年，屬彰德府。

内黄縣。在府東一百十里。東西距五十五里，南北距八十五里。東至直隸大名府清豐縣界十五里，西至安陽縣界四十里，南至大名府開州界三十五里，北至大名府元城縣界五十里。東南至開州治六十里，西南至衛輝府濬縣治九十里，東北至大名府元城縣界九十里，西北至臨漳縣界五十里。漢置内黄縣，屬魏郡。魏、晉因之。東魏省。隋開皇六年復置，屬相州。大業初，屬汲郡。唐武德四年，屬黎州。貞觀十七年，還屬相州。天祐三年，改屬魏州。宋屬大名府。金改屬滑州，元因之。明屬大名府。

本朝雍正二年，改屬彰德府。

形勢

旁極齊、秦，結湊冀、道，開胷殷、衛，跨躡燕、趙。山林幽映，川澤迴繚。晉左思魏都賦。西蹸澤、潞，東接大名，南衛輝而北洺、磁，兼岡脊而帶沃土。圖經。其地平廣闊大，挾上黨，撫襄國，蹠澶膔衛，常爲天下要。相臺志。

風俗

魏都鄴郡，士女被服，咸以奢麗相高。其性所尚，習得京、洛之風。隋書地理志。土狹人稀，雅重儒術，而耕鑿甚勤。府志。

城池

彰德府城。周九里有奇，門四，池廣十丈。明洪武初築。本朝康熙十六年修，雍正七年、乾隆二十五年、二十六年、二十七年重修。安陽縣附郭。

臨漳縣城。周四里有奇，門四，池廣一丈，外城周六里。明洪武二十七年築。本朝順治五年修。

湯陰縣城。周四里，門六，池廣二丈。明洪武三十年築，崇禎中甃甎。本朝乾隆二十三年修，二十七年重修。

林縣城。周三里，門四，池廣一丈五尺。明洪武七年築。本朝乾隆十年修，二十七年重修。

武安縣城。周三里有奇，門五，池廣一丈，外城周十三里。明洪武十七年築。嘉靖二十三年修。

涉縣城。周四里，門二，池廣三丈。明洪武十八年築，嘉靖二十有一年甃甎。

内黄縣城。周五里，門八，池廣五丈，外城周九里，亦有池。明洪武初築，萬曆二十五年甃甎。本朝康熙二十年修，雍正六年重修。

學校

彰德府學。在府治西。宋韓琦始建，明洪武三年重建，本朝順治十五年修。入學額數二十名。

安陽縣學。在縣治西。元至元中建，明洪武三年重修，本朝康熙三十一年修。入學額數二十名。

臨漳縣學。在縣治西。明洪武二十七年改建，本朝順治八年修，雍正六年重修。入學額數十五名。

湯陰縣學。在縣治東南。宋大觀元年建，明洪武三年重建，本朝順治十五年修。入學額數十二名。

林縣學。在縣治東南。元至元中建，明洪武七年重建。入學額數十二名。

武安縣學。在縣治東南。金天會中建，明洪武五年重建，本朝順治十八年修。入學額數十二名。

涉縣學。在縣北門内。明洪武三年建，本朝康熙中修。入學額數八名。

内黄縣學。在縣治東北。元至正末建。本朝康熙中修。入學額數十五名。

晝錦書院。在府城内。本朝乾隆五年建。

演易書院。在湯陰縣署東南。本朝乾隆二十三年建。

紫金書院。在武安縣治東。明萬曆中建，本朝乾隆二十五年修。

户口

原額人丁二十六萬三百五，今滋生男婦大小共一百三十六萬七千七百九十三名口，計二十八萬五千四十户。

田賦

田地五萬七千四百七頃三十二畝，額徵地丁正、雜等銀三十四萬七千二百二十六兩五錢五分有奇，正兑、改兑米一萬三百五十二石五斗有奇，麥五千九百五十八石八斗有奇，豆一萬七千八百八十一石六斗有奇，耗米二千四百七十石二斗有奇，耗麥一千三百九十二石五斗有奇，耗豆四千三百八十六石五斗有奇。

山川

蒙賫山。在安陽縣西南二十五里。相傳後魏孝文帝遷洛，於此頒賫從臣，故名。

寶山。在安陽縣西南五十里。舊名白石谷，産白石，陶人取以爲器。山有八峯，峯下有泉，其西北爲青涼、馬鞍二山，接林縣界。

龍山。在安陽縣西四十里。魏都賦：「虎洞龍山，相爲倚伏。」隋書地理志：靈泉有龍山。舊志：一名善應山，山東南有善應邨，洹水伏流出焉。又涉縣北三十里亦有龍山。

藍嵯山。在安陽縣西。後漢書袁紹傳：袁尚救鄴，曹操逆擊破之，尚還保藍口。杜佑通典：安陽縣有藍嵯山，藍口蓋藍山之口也。

銅山。在安陽縣西北四十里。舊産銅，有冶，久廢。又魯山，在縣西北七十里。高望山，在縣西北八十里。

韓陵山。在安陽縣東北十七里。魏劉公幹詩：「朝發白馬，暮宿韓陵。」後魏泰常八年，帝畋於鄴南韓陵山。普泰二年，高歡敗尒朱兆於韓陵，於此立定國寺旌功，温子昇爲碑文。陳徐陵使北，過韓陵，讀而愛其才麗，手自録之。既南歸，論北朝人物，曰：「惟有韓陵片石耳。」隋書地理志：安陽有韓陵山。元和志：在縣東北十五里。舊志：俗名七里岡。

黑山。在湯陰縣西南三十五里，與濬縣接界。長沙溝水出焉。又淺山，在縣西南侯趙川，接林縣界。

牟山。在湯陰縣西四十里。湯河出此。水經注所謂石尚山也。又飛鳳山，在縣西五里。

五巖山。在湯陰縣西四十里。中有五谷，故名。北有仙人洞。

鶴山。在湯陰縣西四十五里。美水出此。

柏尖山。在湯陰縣西五十里。孤峯特峙，淇水經流其下，匯爲白龍潭。

萬泉山。在林縣東南五十里。山多泉，山半有石門寺。寺南一泉，飛騰噴薄，響振山谷。

孔尖山。在林縣南八十八里。淇水經其後。

玉泉山。在林縣西南二十里。有玉泉谷，故名。有望仙、朝霞、迎霞三峯，有溪曰甘露溪、滴乳泉。又澤陽谷，在玉泉谷南七里。𡶶峪，在澤陽南八里。有十二峯，景物與天平埒。又棲霞谷，在𡶶峪南十里，去縣四十里。

將軍山。在林縣西南三十里。明統志：昔齊侯伐晉，趙勝率東陽之師追之，駐兵於此。

紫團山。在林縣西南五十里，接山西潞安府壺關縣界。山產紫團參，亦名截谷參，以生山谷口也。

隆慮山。在林縣西二十里。亦名林慮山。漢書地理志「隆慮」注：應劭曰：「隆慮山在北，避殤帝名，故曰林慮也。」後漢更始二年，光武遣更始將謝躬邀擊尤來賊於隆慮山，後改名林慮。漢夏馥、隋盧太翼皆避地於此。水經注：縣北有隆慮山。隋書地理志：林慮有林慮𡶶、仙人臺。元和志：山多鐵，南接太行，北連恒嶽。寰宇記：山有三峯，南第一峯曰仙人樓，第二峯曰玉女臺，北第三峯曰魯般門。

黃華山。在林縣西二十里。史記：趙武靈王十九年，北至無窮，西至河，登黃華之上。注：「黃華，蓋西河側之山名。」水經注：黃水出隆慮縣神囷山黃華谷北崖，山高十七里，水出木門帶。帶即山之第三級也，去地七里。寰宇記：隆慮山南第一峯下有黃華谷，北巖山瀑布，水下注成池，谷西北有洞穴，去地千仞，下有小山孤聳謂之玉女臺。

天平山。在林縣西二十六里。宋柳開遊天平山記：山有大峯六，小峯五，其西又有二峯。諸峯皆於茂林喬松間，拔出石壁數千尺，迴環連接，嶄巖峭翠，雖善工亦不能圖畫。府志：在黄華谷南二十里。

大頭山。在林縣西北二十五里。晉書庾衮傳：石勒攻林慮，父老謀曰：「此有大頭山，可共保之。」衮乃相與登於大頭山，而田於其下。水經注：倉石水逕偏橋東，即林慮之嶠嶺抱犢堌也。石磴西上五里餘，崿路中斷，以木爲偏橋而行。自此而上，猶須攀蘿捫葛，方至山頂。府志：大頭山，一名殿子山。

倚陽山。在林縣西北四十里。東向平川，西臨深澗，南抵魯般門，北至劉家梯。周迴八十里，四面石崖峻險，山巔一峯突兀，惟東偏有路，可通人行，其上平坦，水泉七十餘處。一名蟻尖砦。

袴山。在林縣北三十五里，周迴三十里。又北五里爲柏山。

礪山。在林縣北六十里。産礪石。

礦山。在林縣東北三十五里。有青鐵礦。又武安縣西北二十五里亦有礦山。

粟山。在武安縣東南十二里。相傳昔白起扼廉頗於此，命將士以布囊盛粟，積至山巔，趙軍乃退，土人因呼爲粟山。

靈山。在武安縣東南二十五里。洺河經其下。

赭山。在武安縣東南三十五里。寰宇記：武安縣赭山，在縣東南十八里，出赭土。

鼓山。在武安縣南三十里。一名滏山。魏書地形志：臨漳有鼓山。後魏建義初，尒朱榮自晉陽東出滏口，討葛榮於鄴。隋書地理志：臨水有鼓山、滏山。元和志：滏陽縣鼓山，亦名滏山，在縣西北四十五里，滏水出焉。亦名滏口，即太行第四陘也。山嶺高深，實爲險扼。寰宇記：山有石鼓形二所，南北相當，俗語云，南鼓北鼓，相去十五。府志：鼓鳴則兵起，有脱甲、鸞駐二嶺。

磁山。在武安縣西南三十里。一作慈石山。隋書地理志：臨水有慈石山。元和志：磁州滏陽縣西九十里有磁山，出磁石，因名。

閼與山。在武安縣西南。史記趙世家：惠文王二十九年，趙奢拒秦軍於閼與，先據北山，大破秦軍於閼與下。隋書地理志：武安縣有閼與山。元和志：在縣西南五十里。

四見山。在武安縣西二十里。明統志又有玉峯山，在縣西二十里，巖石皓然，望之如玉。

百尖山。在武安縣西四十里。舊志又有虎頭山，在縣西三十里。又青龍山在其西。

三門山。在武安縣西北八十里。寰宇記：山有三足，峻峙如門，洺水出焉。

儒山。在武安縣東北八里。府志：元曹生居山中修儒行，山後有曹公泉，可溉田。

紫金山。在武安縣東北三十里，亦名紫山。唐天寶六年改爲朱衣山。山下有水北流，中有鮒魚，名朱衣鮒，鱗色若金。舊志：山有泉，名紫泉。泉側有王喬洞，産九節菖蒲暨烏石。

韓王山。在涉縣東五里。山麓有玉泉出焉，東南入於漳。相傳韓信嘗駐兵於此。

崇山。在涉縣東南三十里。寰宇記：在縣東南七十里。明統志：金陞縣爲崇州，故名，亦名青頭山。

熊耳山。在涉縣南十里。有望海、掛月、石人、超雲、朝陽諸峯，有泉下注於漳。又五里有神頭山，又縣南十五里有玉几山。

風洞山。在涉縣西南十里。舊名積布山。又西十里爲唐王山。

符山。在涉縣西北四十里。寰宇記又有瘦姑山，在涉縣西北八十里。又有肥婦山，地脉相連。

五馬山。在内黄縣西。宋史李全傳：寶慶元年，彭義斌與元兵戰於内黄縣之五馬山。

流沙嶺。在林縣西南三十里。明統志：其嶺多沙，遇暴風飛走如流。

鐵滓嶺。在武安縣西十五里。又滴翠嶺，在縣西五十里，石泉飛瀑，四時不涸。

摩天嶺。在武安縣西北，接山西遼州界。

愁思岡。在安陽縣西南十五里。唐書肅宗紀：乾元二年，郭子儀及安慶緒戰於愁思岡，敗之。寰宇記：愁思岡，隋文帝改曰崇義岡。府志：在縣南十五里，俗亦曰望喜岡。岡上有防城，又名防城岡。

野馬岡。在安陽縣北三十三里。北齊書神武紀：永熙元年，尒朱天光等同會鄴，衆號二十萬，挾洹水而軍。神武於韓陵合戰，大敗之。高季式以七騎追奔，度野馬岡。

焦岡。在武安縣西六十里。唐末，李克修敗邢州兵於此。

博望岡。寰宇記：内黄縣博望岡，在縣東南十三里，接汲縣界。

寶泉巖。在林縣西北三十里。府志：寶泉巖在太行山半，漢夏馥棲隱處。

定晉巖。在武安縣西北八十里。高百餘仞。下有涌碑池，池畔有透影碑。

鐵馬巖。在涉縣西三十五里。

黄戔谷。在臨漳縣西南十五里。寰宇記：鄴縣有黄戔谷。

魯般門。在林縣西北二十五里。水經注：倉石水東北逕魯般門西。雙闕昂藏，石壁霞舉，左右結石修防，崇基仍存。

天井關。在武安縣西八十里。通山西要路，削壁如井狀。後燕慕容垂滅西燕，出滏口入天井關，即此。

紫雲洞。在涉縣東南四十里。洞口僅容一人，内寬廣，有泉，極清冷。

新河。自安陽縣東北，流經臨漳縣西南，又東入直隸成安縣界，洹水枝流也。水經注：洹水枝津東北流，逕鄴城南，謂之新河。又東分爲二水，北水逕東明觀下，又北逕建春門石梁下，又逕魏武玄武故苑，西流注於漳；南水又東北逕女亭城北，又東北逕高陵城南，又東逕鸕鷀陂北，與台陂水合，注白溝河。舊志：在臨漳縣西南四十里，今混入漳河。

黄河故道。有二。一在臨漳縣界，漢志云「鄴故大河，在東北入海」是也。其時河流已經變遷，今不可考。一在内黄縣界，自直隸開州流入，東北入清豐縣界。水經注云河水自戚城逕繁陽縣故城東，又北逕陰安至昌樂是也。考宋河渠志：元豐八年，梁邨上下漲水壅潰，西決内黄，北出鬬邨。元符二年，河決内黄口，東流遂絶。舊志：金初，河道始南徙，不經縣界，今有故渠，在縣東十里。有南北古堤，俗謂之黄灘。

儒教河。在武安縣北八里。明統志：儒教河，源出太行山麓〔二〕，流至縣西沙窩里伏流，至縣北儒教里復溢出，入洺河。

響水河。在武安縣東北四十五里。源出直隸沙河縣趙村土溝。水注石崖，淙聞數里，流入洺河。

硝河。在内黄縣南。自衛輝府滑縣流經縣南，又遶縣東北，流入直隸大名縣，合衛水。

溝河。在内黄縣西。自衛輝府滑縣流入，經縣西北，於孟家潭入衛河。又界河，在縣南，西通清河，東南流入直隸開州界，夏潦則溢而北流，入於衛河。

衛水。自衛輝府淇縣流入，經湯陰縣東南五十里，與濬縣接界。又自濬、滑二縣，東北流，經内黄縣西北，又東北入直隸大名縣界。其在内黄界者，即古淇水，一名清河，亦名永濟渠。漢志：内黄有清河水南出。水經注：淇水自頓丘枉人山東、牽城西，逕石柱岡，又東過内黄縣南，爲白溝。又東北逕并陽城西，又北左合陽水，又東北逕内黄故城南，又東北逕戲陽城東，又北逕高城亭東，洹水從西南來注之，又北入魏縣界。元和志：内黄縣永濟渠，本名白渠，隋煬帝導爲永濟渠，一名御河，北去縣二百步。府志：衛河，在湯陰縣東南五十里。源發輝縣蘇門山，歷五陵、堨河、任固故城百餘里，爲小灘，兑運從此達京師。堤口屢潰，本朝順治十三年修築。

漳水。有二。濁漳水，自山西壺關縣流入，經林縣北，又東至涉縣東南。清漳水，自山西黎城縣流入，經涉縣南，又東南與濁漳河合流，謂之交漳口，又東逕安陽縣北，又東過直隸磁州南，又東經臨漳縣西北，流入直隸成安縣界。本朝乾隆二十六年，漳水衝決臨漳縣，動帑修築沙家莊土堤三百七十八丈。二十八年，又於五學村至後村，築土堤五百八十餘丈，自後屢有添築，以防水患。史記河渠書：西門豹引漳水溉鄴，以富魏之河内。三國魏志武帝紀：建安十八年，鑿渠引漳水入白溝以通漕。水經注：漳水自潞縣東逕磻陽城北，倉谷水入焉。又東逕葛公亭北，又東逕武安縣東，清水自涉縣東南來注之。世謂決入之所爲交漳口也。又東逕三户峽，爲三户津。又東，汙水注之，又東逕武城南，又東北逕西門豹祠前，右與枝水合，自豹祠北，逕趙閲馬臺西，又北逕祭陌西，又對趙氏臨漳宫，又北滏水入焉。又東逕梁期城南，又逕平陽城北，又東逕斥丘。又清漳水自合轑水，東過涉縣西，屈從縣南，漳水於此有涉之稱。又東至武安縣南黍窖邑，入於濁漳。元和志：鄴縣濁漳水在縣北五里，今天井堰，即西門豹遺址。涉縣濁漳水，一名涉河，在縣南一里。寰宇記：漳水在縣東北，有永樂浦，浦西五里，俗謂之紫陌河。王應麟通鑑地理通釋：濁漳水，出潞州長子縣發鳩山，東至相州鄴縣，入清漳。清漳，出太原府樂平縣少山，東北流至德州長河縣、瀛州平舒縣，入於河。周定王五年，河徙而東，故漳水不入河，而自達於海。

洹水。自山西潞安府長子縣流入，經林縣東北，又流經安陽縣北，又東流經内黄縣西北，入衛河。左傳成公十七年：聲伯夢涉洹。戰國策：蘇秦説趙肅侯，令天下將相，盟於洹水之上。史記注：應劭曰：「洹水在蕩陰縣界。」瓚曰：「在今安陽縣北。」後漢書郡國志：林慮，洹水所出，蘇秦合諸侯盟處。水經注：洹水出泫氏縣洹山，東過隆慮縣北，又東北出山東，逕殷墟北，又東枝津出焉。又東北流逕鄴城南，又東逕安陽縣故城北，又東逕長樂縣故城南，過内黄縣北，東流注於白溝。寰宇記：源出林慮山東平地，俗謂之安陽河。府志：在府北四里，其源出上黨之故垣氏縣，經林縣洑，而瀑於善應、高平二山，自府城西南，遶而東下，流入衛河。

淇水。自衛輝府輝縣流入，東逕林縣南，又東逕湯陰縣西南，流入衛輝府淇縣界。水經注：淇水自沮洳山，歷羅城北，合女臺水，又東北逕淇陽川、石城西北，又東逕馮都壘南，又東出山，逕朝歌縣北。

洺水。有二。北洺出武安縣西北門道川，東流逕縣北。南洺出縣西白草坪，東流逕縣南，又東北合流，入直隸邯鄲縣界。元和志：武安縣洺水，西北去縣八十三里。寰宇記：洺水亦名漳水，源出縣西北三門山下。又有白鴻水，在縣西北八十五里。明統志：洺水源出山西遼州太行山，至縣西柏林里伏流，至縣南洺遠里復出。

湯水。自湯陰縣北，東流至内黄縣，西南入衛河。本名蕩水，亦曰湯水。漢書地理志：蕩陰縣蕩水，東至内黄澤。水經注：蕩水出蕩陰縣西石尚山。泉流逕其縣故城南，又東北至内黄縣，合羑水，又東與長沙溝水合，又逕内黄城南，東注白溝。寰宇記：湯陰縣湯水，在縣北，源出縣西牟山下。府志：蕩水在湯陰縣北二里。唐貞觀元年，以水微温，又改名湯。水經注謂水出石尚山，或其别名。湯陰縣志：湯水東流，與宜師溝合，又東合洹水，入衛河。明萬曆初，湯水屢決，因改濬，由大坡、青塚、高城入衛〔三〕，歲久復淤。本朝順治十四年，復疏河道二十里，乾隆三年重加挑濬。

羑水。自湯陰縣北，流入安陽縣，又東流至内黄縣西南，入湯河。本朝乾隆三年疏濬。漢書地理志：蕩陰西山，羑水所出，東至内黄入蕩。水經注：羑水出蕩陰西北韓大牛泉，東逕韓附壁北，又東流逕羑城北，故羑里也。水積成淵，東至内黄，與防水會。又東歷黄澤，入蕩水。府志：在湯陰縣北八里，今與蕩水别流入衛。又府志有西河在羑水南，隋圖經云即卜子夏、田子方、段干木所遊也。

防水。在安陽縣西南二十二里。水經注：防水出西山馬頭澗，東逕防城北，東南流注於羑水。府志又有靈泉水，在縣西南四十里，東流十五里，入防水。

汙水。在臨漳縣西。史記項羽本紀：羽悉引兵擊秦軍汙水上。注：徐廣曰：「在鄴縣西。」漢書項籍傳注：師古曰：「汙水在鄴西南。」後漢書郡國志：鄴有汙水。水經注：汙水出武安縣山，東南流經汙城北，東注於漳水。府志：汙水在臨漳縣西入漳，其源出武安山，今絶。

滏水。在臨漳縣西十五里，自直隸磁州流入，至縣西入漳。後漢書郡國志：鄴有滏水。注：「魏都賦曰：『北臨漳滏，則冬夏異沼。』注云：『水經鄴西北。滏水熱，故名滏口。』」元和志：滏水出縣西北四十里滏山，泉源奮湧，若釜之揚湯，故以滏口名之。舊志：滏有二源，一出神麕山黑龍洞口，一出武安鼓山南巖下，合流經磁州南關，遶城東南至臨漳縣十五里，入漳水。

浙水。在林縣南三十里。源出山西陵川縣界，東流經縣西南，俗稱三陽河。又東南入於淇。舊志有三擁水，在縣西南三十里，源出山西壺關縣界。東流至縣淇陽城西北入淇。

女臺水。在林縣西南。水經注：女臺水，發西北三女臺下，東南流注於淇水。

新開水。在林縣西五里，源出天平山龍洞，東流數里，阻巨石，伏入地下。元至元五年，知州事李漢卿，始鑿渠引水，自西南直抵城濠，民甚便之。明弘治十七年，又鑿渠自西北引黄華山水入城濠，與新開水合，名曰廣會泉，今分爲南、北二池。

倉谷水。在林縣西北。水經注：倉谷水，出林慮縣之倉谷溪，東北逕魯般門西，又北逕偏橋東，又北合白水溪，又北逕磻陽城東，而北流注於漳水。

黄水。在林縣西北五里。亦名陵陽河，俗名逆頭河。水經注：黄水出神麕山黄華谷北崖，懸水東南注壑，直瀉巖下，狀若雞翹，故謂之雞翹洪。東流注谷口，潛入地下，東北十里復出，名柳渚。渚周四五里，又東流與葦泉水合，謂之陵陽水。又東入於洹水。魏書地形志：林慮有陵陽河，東流爲洹。舊志有史家河，在縣西北二十里，源出倚陽山，東南流與雙泉水合。又武平水，在縣東北三十里，源出武平寺後，皆流入陵陽河〔四〕。

葦泉水。在林縣西北三十里。水經注：葦泉水，出林慮川北澤中，東南流與雙泉合，水出魯般門東，下流入葦泉，又東流注黄水。舊志：雙泉水，在縣西北二十里，一名靈巖水，東入葦泉，俗名埋子莊河。

繁水。在内黄縣東二十六里。自直隸開州流入，東北入清豐縣界，亦名浮水。春秋襄公二十年：盟於澶淵。注：「澶淵，在頓丘縣南，今名繁汙，此衛地。」水經注：河水左會浮水故瀆，上承大河於頓丘縣而北出，東逕繁陽故城南。昔魏徙大梁，趙以中牟易魏，故志曰趙南至浮水、繁陽，即是瀆也。通典：内黄縣有繁河。

鸕鷀陂。在臨漳、内黄二縣界。魏書地形志：臨漳有鸕鷀陂。水經注：洹水枝津，東逕鸕鷀陂北，與台陂水合，陂東西三十里〔五〕，注白溝河。元和志：洹水縣鸕鷀陂，在縣西南五里，周迴八十里，蒲魚之利，州境所資。寰宇記有黄衣水，自安陽縣野馬岡，東南注萬金渠，入鸕鷀陂。府志：陂内有牛臺，又有毛象陂，在臨漳縣東北二十里，洹水漲，則由鸕鷀陂北注於此。

集賢陂。在内黄縣東門外，南達硝河，北通衛河，積雨水溢，彌望無際。

黄澤。在内黄縣西北。漢書溝洫志：哀帝時，賈讓奏言，内黄界中有澤，方四十里，環之有隄，往十餘歲，太守以賦民。應劭曰：「在縣西。」水經注：内黄縣右對黄澤。元和志：内黄縣黄澤，在縣西北五里，今堙廢。縣志有孟家潭，在縣西北二十里，其水無源，夏潦則硝河匯於此，溢入衛河，或以爲即故黄澤也。

長明溝。在臨漳縣西。水經注：魏武引漳流自鄴城西，東入逕銅雀臺下伏流，入城東注，謂之長明溝。又南逕止車門下，北宫有文昌殿，溝水南北夾道，枝流引灌，所在通溉，東出石竇下，注之湟水。故魏武登臺賦曰「引長明，灌街里」，謂此渠也。寰宇記：鄴縣有長明溝。

宜師溝。在湯陰縣西南二十五里，即長沙溝也。水經注：長沙溝水，導源黑山北谷，東流逕晉鄙故壘北，又東，謂之宜師溝，又東逕蕩陰縣南，又東逕枉人山東北，至内黄澤，右入蕩水。亦謂之黄雀溝。寰宇記：湯陰縣長沙溝，在縣南二十里，一名宜師溝。又有永通河，源出柏尖山，東流經縣南，又南入湯河。

虎澗。在安陽縣北三十里野馬岡下。魏都賦虎澗龍山是也。府志：俗曰彪澗。澗有小泉，名黃花水。東南流七里，入於洹。又有清流澗，在野馬岡北，東流入漳。

司馬泊。在湯陰縣東三十里，周十七里。

高平渠。唐書地理志：安陽西二十里有高平渠。咸亨三年，刺史李景引安陽水，東流溉田，入廣潤陂。舊志：渠起縣西高平村，故名。宋至和中，韓琦判相州，瀹渠入城，又於城西北隅傍濠置二水磑，明弘治後漸淤。又有濁渠，在縣西南，北流入高平渠。歲久淤塞，正德中重開，今皆廢。通志：在安陽縣東南二十里。

天平渠。在安陽、臨漳二縣界。魏書地形志：天平中，決漳水爲萬金渠，世號天平渠。唐書地理志：堯城北四十五里有萬金渠。引漳水入故齊都領渠以溉田，咸亨三年開。府志：渠在縣西北二十里。又有清河渠，在安陽縣北三十里。北齊河清二年，於野馬岡南堰水爲渠，東流入鄴，今廢。又有濁渠，在縣西南二十里。水冶渠、廣遂渠，皆在縣西四十里。

菊花渠。在臨漳縣東南四十里。唐書地理志：臨漳南有菊花渠，自鄴引天平渠水溉田，屈曲經三十里。咸亨四年，令李仁綽開。府志：菊花渠，在臨漳縣東南，久廢。又有伯陽渠，在縣西南四十五里，亦自天平渠引漳水，南入安陽縣界，亦曰安陽渠。又金鳳渠，引天平渠下流溉田。府志：在臨漳縣西南，自天平渠引漳水東注，經金鳳側，故名。

西門渠。在臨漳縣西南，今廢。後漢書安帝紀：元初二年，修理西門豹所分漳水爲支渠，以溉民田。寰宇記：一名安澤陂，齊天保五年，僕射魏收遺碑存焉。

通利渠。在武安縣西一里許。縣西北界多山，每遇霖雨，則水齧城。明成化二十二年，知縣奈永昂穿渠注水，入洺河。

城西渠。在涉縣西一里。金承安三年，縣尹李遹所開。溉田千畝，引入城中，以資民用，久廢。明嘉靖末疏濬。

湯池。在安陽縣城外。晋太元八年，慕容垂自鄴至安陽之湯池。

天池。在安陽縣西四十五里龍山北，水冶鎮南。又有海池，在縣東北四十里，每秋平地湧水，俗名「海子」。

玄武池。在臨漳縣西南。三國魏志武帝紀：建安十三年春，公還鄴，作玄武池，以肄舟師。魏都賦：苑以玄武。注：「在鄴西。」鄴中記：玄武池在漳水之南。水經注：玄武池有魚梁釣臺，竹木灌叢，今略無遺跡。又有靈芝池，在臨漳縣西。三國魏志文帝紀：黄初三年，穿靈芝池。四年，有鵜鶘鳥集此。鄴中記：靈芝池在城西三里，周靈芝縣蓋以此名，今皆堙廢。

蒲池。在臨漳縣西，故鄴城外。晋書慕容儁載記：讌羣臣於蒲池。太元八年，慕容農自鄴中出至蒲池奔列人，今堙。

青巖池。在湯陰縣西。府志：青巖池在師家溝西石巖下，周二里。久旱不涸，居民賴之。

羊兒池。在林縣東南四十五里。世傳池清，則縣有兵。又黑墨池，在縣西南二十里，亦名黑龍潭，歲旱禱雨有應。

照碧池。在林縣治西南，清澈可鑒。又洗參池，在縣治西，相傳爲王母洗藥處。

聖水池。在武安縣西六十里。池闊十五畝，其地無井，居民千家，仰給不匱。

陷馬泉。在安陽縣西南二十三里。鄴都故事：尒朱兆與高歡戰，兆敗走，經此泉馬陷，故名。

三泉。在安陽縣天禧鎮東北十五里。冬夏常温，村民千百人聚汲之不損，停蓄不溢，俗呼爲「聖水」。

灰泉。在湯陰縣東南二十里。

王老泉。在湯陰縣西北五十里。上有仙人橋。入羑水。

龍泉。有二。一在湯陰縣西南二十五里，東北流一里，入宜師溝。一在林縣西南鉷峪山。

七泉。在林縣東南七泉社，地出泉有七竅。又康王泉，在縣西南三十五里。柳泉，在縣東北三十里。

白龜泉。在武安縣東北二十里。上有廟，每雩祭，龜見則雨。

玉泉。在涉縣東一里韓王山麓。又有暖泉，在虎頭山東一里許。縣志：歲旱漳流常竭，惟玉、暖二泉，合流注漳，匯成巨浸，東南境之田，多資灌溉。

墨井。在安陽縣西。井中有石如墨，久湮。左思魏都賦：墨井鹽池，玄滋素液。

龍井。在湯陰縣西三十里真人社。晉孫登居此。天旱，里人禱龍洞得雨，登曰：「此病龍雨，安能蘇稼？」嗅之，果腥穢。時龍患大疽，化爲老人，求登治，治良已，數日即大雨，於巨石中裂開一井，水色湛然，龍以報登也。

校勘記

〔一〕南至衛輝府濬縣界二十五里　「二」，原作「一」，據乾隆志卷一五六彰德府建置沿革(下同卷簡稱乾隆志)改。按，上文云南北距五十五里，此作「二十五」始合。

〔二〕源出太行山麓　「行」，原作「原」，據乾隆志及嘉靖武安縣志卷一地理志山川、雍正河南通志卷七山川改。

〔三〕由大坡青塚高城入衛　「坡」，原作「破」，據乾隆志及行水金鑑卷一六二兩河總説改。

〔四〕皆流入陵陽河　「河」，原作「汀」，據乾隆志改。

〔五〕陂東西三十里　乾隆志同。按，戴震校水經注，謂此句下當有脱文。

大清一統志卷一百九十七

彰德府二

古蹟

永定故城。在安陽縣東四十里。本内黄縣地，晉置長樂縣，屬魏郡。後魏因之。水經注洹水又東至長樂縣左側，又東逕長樂縣故城南是也。北齊省入臨漳縣。隋開皇十年，分臨漳、洹水二縣，復置長樂縣。十八年，改曰堯城，屬魏郡。唐屬相州，縣西至州四十里，因所理堯城爲名。天祐中，改曰永定。梁開平中，改曰長平。後唐同光初復曰永定。宋天聖七年，避真宗山陵名，改曰永和。熙寧五年，省爲鎮，入安陽。

安陽故城。在安陽縣南。本戰國魏邑，秦昭襄王五十年，攻魏，王齕從張唐拔寧新中，更名安陽。漢景帝二年，封周昌孫左車爲安陽侯〔二〕。昭帝始元二年，又以封上官桀，表在蕩陰。晉始置安陽縣。東魏天平初，併入鄴縣。水經注：魏土地記曰「鄴城南四十里有安陽城，城北有洹水東流」者也。舊唐書地理志：相州安陽故城，在湯陰東，後周移鄴，置縣於安陽故城，仍爲鄴縣。隋又改爲安陽縣，州所治。元和志：安陽，漢初廢，以其地屬湯陰。晉於今理西南三里置安陽縣，屬魏郡。後魏併入湯陰。隋開皇十年，置安陽縣，屬相州。通鑑地理通釋：洹水南岸三里有安陽城，即相州外城。府志：安陽凡四遷，秦城在今府東南四十三里；晉置縣，在今府西南；隋開皇十年，復徙於洹水南；大業初，移郡郭内，即今治。

五里。

靈泉故城。在安陽縣西南。後周置靈泉縣，屬相州。隋屬魏郡。唐武德元年，領靈泉縣，四年省。

相縣故城。在安陽縣西。書序：河亶甲居相。帝王世紀：亶甲城在安陽縣西北五里洹水南岸。隋書地理志：安陽，開皇十年，分置相縣。大業初，廢相入焉。舊唐書地理志：相州，武德元年，領相縣。五年，仍省相縣。府志：相縣故城，在府西十五里。

輔巖故城。在安陽縣西。金史地理志：林慮升爲林州。興定三年，以安陽縣水冶村爲輔巖縣，隸焉。元史地理志：至元四年，以林慮升爲林州，復立輔巖縣隸之。六年，併輔巖入安陽。縣志：水冶鎮在縣西四十里，即故縣。

邯會故城。在安陽縣西北，本魏伯陽城。史記：趙惠文王十六年，樂毅將趙師攻魏伯陽。漢元朔二年，封趙敬肅王子仁爲邯會侯國，屬魏郡。後漢省。水經注：漳水右與枝水合，其水上承漳水於邯會西，而東别與邯水合。水發源邯山，東北逕邯會縣故城西，北注漳水，故曰邯會也。張晏曰：「漳水之别，自城西南與邯山之水會，今城旁猶有溝渠存焉。」括地志：伯陽故城，一名邯會城，在相州鄴城縣西五十五里。

魏郡故城。在安陽縣東北。春秋晉獻公始封畢萬於此，爲魏國。秦置郡。漢高帝十二年，置魏郡，治鄴縣。後分魏郡置東、西部都尉，故曰三魏。漢書地理志：魏郡，高帝置，屬冀州。後漢書岑彭傳：岑熙遷魏郡太守。舊唐書地理志：安陽，漢魏郡城，在縣西北七里。寰宇記：安陽縣魏郡城，即漢以來爲郡之所，故城在今縣東北。

鄴縣故城。在臨漳縣西。本齊桓公所築，管子築五鹿、中牟、鄴以衛諸侯。徐之才聖賢城塚記：翟滅邢，齊桓公築鄴城以衛諸侯，鄴由此始。戰國趙悼襄王六年，魏與趙鄴。秦始皇十一年，王翦等攻鄴，取八城。後漢初平二年，袁紹爲冀州牧，鎮鄴。建安元年，以紹爲太尉，封鄴侯。後又以封曹操。魏黄初二年置鄴都，爲五都之一。晉爲魏郡治。建興二年，避懷帝諱，改鄴爲臨漳，爲石虎所陷。咸康元年，虎遷都於此。升平元年，慕容儁亦都之。苻堅滅燕，仍爲冀州治。太元十年，慕容垂取之。後魏皇始三年，拓跋儀入鄴，置行臺，尋置相州。太和十七年，將遷洛都，因巡省至鄴，築宮於鄴西。天平元年，高歡遷魏主都鄴。興和元年，令高隆之領營構大將軍，發畿内民夫，增築南城，周圍二十五里。元象二年，復城鄴。後周建德六年，滅齊，置六府於鄴城。宣政初，移六府於洛陽，以相州爲總管府。大象二年，韋孝寬破尉遲迥於鄴城，相州平，移相州於安陽，徙其居人，南遷四十五里，其鄴城及邑居皆毁廢之，改舊鄴縣爲靈芝縣。隋開皇十年，復故。煬帝初，於鄴故都大慈寺置縣。唐貞觀八年，始築今治所小城。寰宇記：相州鄴縣，後漢冀州刺史嘗寄理於此。晉改鄴爲臨漳，歷東魏、北齊皆都此。輿地廣記：相州臨漳縣，本漢鄴縣，曹操以爲鄴都，作三臺。名勝志：鄴城，宋廢爲鎮，去臨漳縣西二十里。府志：魏故鄴邑，即今鄴鎮。鄴都北城在鎮東北，鄴都南城在鎮東南。

臨漳故城。在臨漳縣西南。晉愍帝時，嘗改鄴爲臨漳。東魏天平初，分鄴、内黄、斥丘、肥鄉四縣地置。元和志：相州臨漳縣，西南至州六十里。縣志：故城在今縣西南十八里舊縣村。明洪武十八年，避漳水患，因移理王店，即今治。

魏德故城。在湯陰縣南三十里。水經注：長沙溝水東流逕晉鄙故壘北，謂之晉鄙城，亦名魏將城。東魏天平二年，置魏德縣，屬林慮郡。北齊廢。括地志：魏德故城，一名晉鄙城，在魏縣西北五十里。

蕩陰故城。在湯陰縣西南。戰國時魏邑。史記魯仲連傳：魏安釐王使將軍晉鄙救趙，止於蕩陰不進。漢置蕩陰縣。晉惠帝永安初〔二〕，討成都王穎，穎犯駕於蕩陰。永和五年，石虎子遵自河内舉兵趨鄴，軍於蕩陰。魏書地形志：蕩陰有蕩城。元和志：縣北至州四十里，隋開皇六年，重置湯陰縣，屬相州。十六年，改屬黎州。舊唐志：湯陰，漢蕩陰縣也，併入安陽。武德四年，分安陽置蕩源縣〔三〕，屬衛州。六年，改屬相州。貞觀元年，改爲湯陰。府志：唐初湯源縣在今湯陰縣西南三十里。貞觀初，還治古湯陰城，即今治。按：顔師古注：「蕩，音湯。」新唐志以爲貞觀省蕩源入湯陰，而舊唐志、元和志皆云改蕩源爲湯陰，未知孰是。

隆慮故城。今林縣治。戰國時韓臨慮邑。荀子：秦地東在韓者，乃有臨慮。漢置臨慮縣，高帝六年，封功臣周竈爲隆慮侯。漢書地理志「隆慮」注：應劭曰：「避殤帝名，改曰林慮。」水經注：縣北有隆慮山，縣因山以取名。元和志：相州林慮縣，東至州一百一十里。寰宇記：林慮縣城，東魏天平元年築。

臨淇故城。在林縣東南。東魏天平初，分朝歌、林慮、共三縣置，屬林慮郡。尋廢。隋開皇十六年復置，屬魏郡，隋末廢。府志：臨淇縣，在林縣南七十里。

淇陽故城。在林縣南。水經注：淇水又東逕馮都壘南，世謂之淇陽城。隋開皇初，分林慮置淇陽縣。大業初仍省入。府志：淇陽城，在林縣南七十二里，俗呼郎子城。

武安故城。在武安縣西南。戰國趙邑。史記：趙悼襄王封李牧爲武安君。秦昭王三十六年，秦軍武安西，鼓譟勒兵，武安屋瓦皆震。漢置武安縣。高歡起義，時林慮郡守赫連子悦，請以武安、臨水二縣東屬魏郡。隋大業初，羣盜張金稱陷武安。括地志：武安故城，在武安縣西南七里。舊志有東故城，在縣西南。又有西故城，在縣西。

陽邑故城。在武安縣西。隋開皇十年，分武安置陽邑縣。大業初，仍省入焉。舊志：陽邑故城，在武安縣西六十里，今爲陽邑鎮。

涉縣故城。在涉縣西北。本漢沙縣，後漢末始改曰涉。建安九年，曹操圍鄴，涉長梁岐以城降。後魏省入刈陵。魏書地形志：刈陵有涉城。隋復置。元和志：潞州有涉縣，南至州一百八十里，本漢舊縣，屬魏郡，因涉河水爲名，隋於故涉城重置。舊志：唐貞觀十三年，遷今治，故城在西北二里。

内黄故城。在内黄縣西北。戰國魏黄邑。史記：趙肅侯十七年，圍魏黄不克。注：正義曰：「黄城在魏州。」漢書注〔四〕：「應劭曰：陳留有外黄，故加内云。」後漢書：建武二年，幸内黄。又銚期傳：時檀鄉五樓賊入繁陽、内黄。初平三年，曹操擊黑山賊於内黄。東魏天平初，併入臨漳。隋開皇六年復置。章懷太子曰：「内黄故城，在今縣西北。」元和志：相州内黄縣西北，至州八十里。寰宇記：隋於故城東南十九里重置。文德初，朱全忠引兵至内黄，敗魏州兵，即今縣也。縣志：舊縣城在縣西二十里。

繁陽故城。在内黄縣東北。戰國時魏邑。史記：趙孝成王二十一年，廉頗攻魏繁陽，拔之。漢置縣，屬魏郡。應劭云：「在繁水之北，故名。」後漢因之。晉屬頓丘郡。後魏太平真君六年，併入頓丘。太和十九年復置。天平二年，改屬魏郡。北齊廢。隋開皇十六年復置。大業初，廢入内黄。唐武德四年又置，屬黎州。貞觀元年，又省。括地志云：繁陽故城，在相州内黄縣東北二十七里。

防陵城。在安陽縣南。史記廉頗傳：廉頗攻魏之防陵、安陽，拔之。注：正義曰：「防陵城，在相州安陽縣南二十里，因防水爲名。」水經注：防水東逕防城北。府志：在縣南愁思岡上。又有頃城，在縣北虎澗南五里，相傳爲衛頃公所築。

高陵城。在臨漳縣東。水經注：洹水東北逕高陵城南。府志：在縣東北二十里。縣志：高陵城，在臨漳縣東南三里，俗呼訛爲岡陵城。

神武城。在臨漳縣西南十五里。東魏興和中，高歡所築。其後高洋改名。周平齊，改爲日光寺。

平陽城。在臨漳縣西。史記秦始皇紀：桓齮攻趙，敗趙將扈輒於平陽。注〔五〕：正義曰：「括地志云：平陽故城，在相州臨漳縣西一十五里。」又靳歙傳：從攻下邯鄲，別下平陽。注：徐廣曰：「鄴有平陽城。」水經注：漳水逕平陽城北。寰宇記：臨漳縣有平陽故城。

汙城。在臨漳縣西。後漢書郡國志：鄴有汙城。水經注：汙水東南流逕汙城北。府志：汙陽城，在臨漳縣西南十五里。城臨汙水，故名。

雍城。在臨漳縣西鄴鎮東北四里。相傳高歡克劉誕於鄴，作此城以旌功。又定䔒城，在鄴鎮東南，周武帝平齊時所築。

西又有倉忙城。

邶城。在湯陰縣東南。周初所分之國。史記：周武王初，封商紂子禄父殷之餘民。注：「邶以封紂子武庚。」鄭康成詩箋：「周初自紂朝歌而北爲邶國。」舊志：今曰邶城鎮，在縣東三十里。相近又有爵城，相傳武王封爵功臣於此。又有雀城，在縣東北開信社。魂城，在縣東北隆化社。

羑里城。在湯陰縣北九里，亦名牖里。史記：紂囚西伯羑里。漢書地理志：湯陰有羑里城，西伯所拘。水經注：羑水東流，逕羑城北，故羑里城也。夏曰夏臺，殷曰羑里，周曰囹圄，皆圜土也。魏書地形志：鄴有牖里。牖、羑，聲相近，古字通用也。括地志：在湯陰縣北九里。

石城。在林縣西南八十五里。史記：趙惠文王十八年，秦拔我石城。注：正義曰：「括地志云：石城，在相州林慮縣西南九十里。」水經注：淇水逕石城西北，城在原上，帶澗枕淇。

磻陽城。在林縣西北八十里。水經注：漳水逕磻陽城北。九域志：林慮縣有磻陽務。縣志：宋端拱元年，於此城置採造務。採林慮北山材木。又有雙泉務，在縣南五十里淇水之北，採南山材木。金廢。

葛公城。在林縣北七十里。古名葛公亭。水經注：漳水逕葛公亭北。縣志：葛公城在縣北七十里。

利城。在林縣東北二十五里。唐初置鐵冶於此。宋至和二年，韓琦奏罷之。又有營城，在縣北三十二里。武城，在縣北七十里。

毛城。在武安縣西。漢建安九年，曹操攻鄴。袁尚使武安長尹楷屯毛城。府志：毛城即毛嶺，在涉縣西四十五里。

趙簡子城。在涉縣東北二十里。

故殷城。在内黄縣南。亦名亶甲城。史記殷本紀：河亶甲居相。注：正義曰：「括地志云：故殷城在相州内黄縣東南十三里，即河亶甲所築都之，故名殷城也。」通鑑地理通釋：安陽縣亶甲城，在洹水南岸。又有河亶甲故都，在臨漳縣西南五十里。又有亳城，在縣西南二十五里，今爲亳城集，城東有殷中宗陵。

羛陽城。在内黄縣南。後漢書光武帝紀：建武三年，幸内黄，大破五校於羛陽。郡國志：内黄有羛陽聚。水經注：淇水逕并陽城西，世謂之辟陽城，非也。即郡國志所謂内黄縣有并陽聚者也。寰宇記：永定縣羛陽聚故城，在今縣東。按：水經注并陽即羛陽。羛、并字相似，并、辟音相近，故傳訛耳。其地在内黄南。其戲陽則在内黄北。唐章懷太子以羛陽爲即戲陽，誤。

戲陽城。在内黄縣北。左傳昭公九年：晉荀盈如齊逆女，還，卒於戲陽。注：「魏郡内黄縣北有戲陽城。」水經注：白溝逕戲陽城東，世謂之義陽郭。

柯城。在内黄縣東北。春秋襄公十九年：叔孫豹會晉士匄于柯。注：「魏郡内黄東北有柯城。」

齊宫。在臨漳縣西南鄴南城内，即東魏宫也。城周六里，其正殿曰太極殿。

魏宫。在臨漳縣西鄴北城中。水經注：魏武封於鄴，爲北宫。其外朝正殿曰文昌殿。

九華宫。在臨漳縣西，故鄴城東北隅。石虎所建。以三三爲位，故謂之九華。梁沈約詩「照耀三雀臺，徘徊九華宫」是也。舊志：九華正殿曰顯陽殿，又有逍遥樓、披雲樓、玳瑁樓。又明光宫，亦虎所建。晉永和七年，劉顯攻冉閔於鄴，軍於明光宫。又赤橋宫，在今縣東南七里。石虎自鄴徙都襄國，相去二百餘里，每舍輒立一行宫，並在今安陽、臨漳、湯陰諸縣境。

高歡避暑宫。在林縣西北黄華山插天峯下。相傳高歡築以避暑，其址猶存。又武安縣，有高歡避暑宫，在縣南鼓山之麓。

太武殿。晉書石季龍載記：咸康二年，起太武殿，皆漆瓦金鐺，銀楹金柱，珠簾玉壁，窮極伎巧。建元初，季龍饗羣臣於太武殿前，有白雁百餘集於馬道南。水經注：石氏於文昌故殿處造東、西太武二殿於濟北穀城之山，採文石以爲基，一基下五百武直宿衛，屈柱趺瓦，悉鑄銅爲之，金漆圖飾焉。寰宇記：石虎於衛武故臺立太武殿。窗户宛轉，畫作雲氣。又作金龍吐酒於殿前，金樽可容五十斛，供正會。

玄武苑。在臨漳縣西。魏武所築。左思魏都賦：「苑以玄武。」注：「在鄴西。」水經注：洹水枝津，逕魏武玄武故苑。寰宇記：鄴縣玄武苑，新河水所經，亦魏武帝新築，有釣臺曲池焉。

東明觀。在臨漳縣西。石虎建。晉升平三年，慕容儁發虎墓，購其尸，得之東明觀下。水經注：東城上石氏立東明觀。觀上加金博山，謂之鏘天。又晉建元初，石虎大閲於宣武觀。永和五年，石閔以兵守其主鑒於御龍觀。皆在鄴城。又有戲馬觀、凌霄觀、如意觀，皆石虎所築。

清都觀。在臨漳縣西。鄴中記：清都觀，在閶闔門上。其觀兩相屈曲，爲閣數十間，連闕而上，觀下有三門，門扇以金銅爲浮漚釘，懸鐸振響。天子講武、觀兵及大赦，登觀臨軒，其上坐容千人，下亦數百。門外御路直南及東西兩旁有大槐柳，十步一株，清陰合其上，緑水流其下。

殷墟。在安陽縣北。竹書紀年：盤庚自奄遷於北冢，曰殷墟。史記項羽本紀：章邯使人見項羽，欲約項羽，乃與期洹水南殷墟上。注：應劭曰：「洹水在湯陰界。殷墟，故殷都也。」瓚曰：「洹水在今安陽縣北，去朝歌殷都一百五十里。此殷墟非朝歌也。」水經注：洹水逕殷墟北。括地志安陽城西有城，名殷墟，即所謂北冢，南去朝歌百四十六里。按：通鑑地理通釋引春秋桓公十二年「公會宋公于虚」，據杜注「虚，宋地」，疑當在今歸德，非此殷墟也。殷墟乃盤庚所都。御覽、寰宇作紂都。考紂都在今衛輝，與此相距百里，蓋亦屬都畿之内也。

紫陌。在臨漳縣西。本名祭陌。水經注：漳水逕祭陌西。戰國時，俗巫爲河伯取婦，祭於此陌。西門豹爲鄴令，投巫於河中，淫祀雖斷，地留祭陌之稱焉。田融以爲紫陌也。石趙建武十一年，造紫陌浮橋於水上。後魏永安末，高歡克鄴城，出頓紫陌。齊天保七年，南巡，百官辭於紫陌。後周建德六年，伐齊，師至紫陌橋。通鑑地理通釋：紫陌在鄴西。

翕村。在内黃縣北，今名翕村。漢書功臣表：翕侯邯鄲，孝景中三年封。翕侯趙信，孝武元光四年封。史記索隱：翕，漢表在内黃。

浣衣里。在湯陰縣西南。寰宇記：湯陰縣浣衣里，晉侍中嵇紹葬所。按鄴中記，惠帝師敗蕩陰，千官皆走，獨紹端冕帝側，以身捍主，遂至見害，血濺御衣。及事平，左右欲浣之，帝曰：「此嵇侍中血，勿去也。」詔葬縣南，因名此里爲浣衣里。府志：浣衣村在湯陰縣西南七里。

曹洪故宅。在府城内。寰宇記：安陽縣曹洪宅，隋圖經云：曹洪宅南有景穆寺，西有石竇橋。

魏徵故宅。在府城内。寰宇記：安陽縣魏徵宅。徵，鉅鹿人，有宅存，後爲唐睿宗潛龍之地。

斛律光宅。在臨漳縣西。今爲南、北斛律二村。

韓琦故宅。在府城東南隅。宅有清風樓、御書亭、休逸臺。有晝錦堂，歐陽修爲記；醉白堂，蘇軾爲記。又有康樂園、忘機堂，堂前有狎鷗、觀魚二亭。又有抱螺臺，形如水螺，盤曲而上。

孫登石室。在安陽縣西四十八里仙人澗南。深廣可一丈。

西園。在臨漳縣西。魏武所作。曹植詩：「清夜遊西園，飛蓋相追隨。」

靈芝園。魏武受封於鄴，東置芳林園，西置靈芝園。黃初二年，甘露降於園中。

華林園。在臨漳縣西。魏武築芳林園，後避齊王諱，改曰華林。晉書：石季龍運土築華林苑長墻於鄴北，廣袤數十里，起三觀四門。三門通漳水，皆爲鐵扉，鑿北城，引水於華林園。太元九年，慕容垂圍鄴，飲於華林園。東魏武定三年，高歡來朝，魏主宴之於華林園。鄴中記：齊武成增飾華林園，若神仙所居，遂改仙都苑。苑中封土爲五岳。五岳之門，引水分流四瀆曰四海，匯爲大池曰大海。寰宇記：鄴縣華林苑，石季龍築。苑垣周旋數十里。高齊時，名遊豫園，有凌雲城、金花洲、光碧堂、飛雲殿、御宿堂、五迴路、蘼蕪島、杜若洲、貧人村，皆在華林苑中。

逍遥樓。在臨漳縣西。石虎建。鄴中記：九華宫北有逍遥樓，南臨宫宇。虎每獵，獲珍禽奇獸歸，大宴鄴城樓上。酒酣，北望漳水，極目遊戲，謂羣臣曰：「直逍遥之奇觀也。」逍遥樓北有披雲樓，南連殿闕，北矚城池，繡欄凌雲，彤彩接霧。

齊午樓。在臨漳縣西。亦名齊斗樓。水經注：北城上有齊午樓，超出羣榭，孤高特立。其城東西七里，南北五里，飾表以磚，百步一樓。凡諸宫殿門臺隅雉，皆加觀榭，層甍疊宇，飛檐拂雲，圖以丹青，色以輕素。當其全盛之時，去鄴六七十里，遠望苕亭，巍若仙居。

紫金樓。在武安縣北城上。元建。

雙桂堂。在湯陰縣治東。元許熙載故居。子有壬、有孚相繼登進士，因建。

會盟亭。在安陽縣北洹水上。楚項羽與章邯盟此，後人作亭其處。

安陽亭。在臨漳縣界。晉書石季龍載記：石遵至安陽亭，張豺懼而出迎，遵命執之。

擁翠亭。在林縣隆慮山一峯之半。宋建。

五松亭。在林縣治西南。元李弼建。

樂山亭。在林縣西。元道士高道崇建，王沂爲記。亭中望西山，歷歷在目。

飛仙臺。在府治東。高十丈。宋杜純築，公暇與官僚登眺，望之若飛仙，時人因以名之。又有紅芳亭，亦純建。又府治内有思古臺，宋太守馮元建。

涼馬臺。在安陽縣北。寰宇記：安陽縣有涼馬臺，石虎所造以涼馬。府志：在縣北十二里。又有髑髏臺，在縣西南二十八里，相傳高歡敗尒朱榮所築，今俗訛爲獨樂臺村。

三臺。在臨漳縣西南鄴城内西北隅。三國志：魏建安十五年，作銅雀臺。十八年，作金虎臺。其後，又有冰井臺。相去各六十步。其上複道樓閣相通，中央懸絶〔六〕。晉咸康初，石虎徙鄴，名銅雀臺曰鸛雀臺。升平元年，慕容儁都鄴，復作銅雀臺。北齊天保七年，修廣三臺宫殿，三年乃成。更名銅雀曰金鳳，金虎曰靈應，冰井曰崇光。河清二年，詔以三臺宫爲大興聖寺。後周建德六年，周主入鄴，詔毁三臺宫殿，惟土阜存焉。李善曰：「銅雀園西有三臺，中爲銅雀臺，高十丈，亦曰中臺；南爲金虎臺，高八丈，亦曰南臺；北爲冰井臺，高八丈，亦曰北臺。上有冰室臺，有數井，藏冰及石墨。又有粟窖及鹽窖云。」

鬬雞臺。在臨漳縣西南，漳水東五里。曹植詩：「鬬雞東郊道。」鄴中記：廣門南有玄武池〔七〕，次東北五里有鬬雞臺，石虎作。

閲馬臺。在臨漳縣西。水經注：漳水逕閲馬臺西。基高五丈，列觀其上，石虎每講武其下，升觀望之。自於臺上放鳴鏑之矢，爲軍騎出入之節。通志：一名戲馬臺。又有看臺，在鄴城東南十五里，又名榼臺。

靈風臺。在臨漳縣西。石虎起靈風臺九殿於顯陽殿後。置女官十有八等，教宫人星占及馬步射；置女太史於靈臺，仰觀災祥，以察外太史之虚實。

仰觀臺。在臨漳縣西。東魏興和元年築。相近又有青牛臺。

演易臺。在湯陰縣北羑里城，即文王演易處。本朝乾隆十五年，高宗純皇帝巡幸河南經此，有御製演易臺謁周文王祠詩，勒石。

石聖臺。在武安縣南。金泰和中，鳳凰見此。

關隘

固鎮關。在武安縣西五十里。即古固鎮，據太行之險，道出澤、潞、遼、沁諸州。明設巡司，今裁。

博望關。在内黄縣東南博望岡上，接衛輝府汲縣界。

宜溝鎮巡司。在湯陰縣南二十五里。有城，明崇禎八年築。本朝雍正十二年置巡司，以驛丞兼理。

天禧鎮。在安陽縣西南四十里。宋天禧中，徙林慮北齊鎮於此，因名。九域志：安陽縣有天禧鎮。

豐樂鎮。在安陽縣西四十里，接直隸磁州界。本朝乾隆十五年，高宗純皇帝巡幸河南經此，有御製回豐樂鎮詩，勒石。

隆鎮。在臨漳縣東南五十里，接内黄縣界。南臨御河，舊名御河鎮。明嘉靖中，改置總兑河南糧儲之所於此。

鄴鎮。在臨漳縣西南四十里。即故鄴縣。西屬安陽。

鶴壁鎮。在湯陰縣西北五十里。金史地理志：湯陰縣有鶴壁鎮。又五陵鎮，在縣西南五十里。

索堡鎮。在涉縣西北。又井店鎮，在縣東北二十里。

高堤鎮。在内黄縣西四十里衛河濱。河南糧運皆經於此，爲津途要隘。又泊口鎮，在縣北五十里，接直隸元城縣界。明置河泊所，今廢。

尾尖寨。在安陽城東。地當要衝，徑路險隘。明建文三年，遣兵扼尾尖寨，以塞燕師餉道，即此。

馬武砦。在湯陰縣南。元史史天澤傳：天澤攻武仙，取蟻尖、馬武等砦而相、衛降。

蟻尖砦。在林縣西北四十里，倚陽山巔。金末置砦於此。元光二年，林州儀尖寨衆亂，張開撫定之。又雞冠砦，在縣西北四十五里。元至正中，鄉人避兵處。

黄澤砦。在武安縣西北一百二十里，接山西遼州界。山勢盤曲，亦名十八盤。宋史地理志：武安有固鎮、永安、黄澤、海回四砦。元時立黄澤關，割屬遼州。

李靖堡。在内黄縣西南三十里。又單雄信營，在縣北二十餘里，相傳單雄信常駐兵於此。

新口。在武安縣西。唐會昌三年，討劉稹於澤、潞，自遼州開新路達磁州、武安，謂之新口。光化五年，朱全忠攻李克用，使張文恭引魏博兵入自新口是也。

吾兒峪口。在涉縣西南二十餘里。元至正中，察罕特穆爾屯上黨，塞吾兒峪。明洪武中，置巡司於縣北三十里偏店關。嘉靖十九年移此，有守備駐劄。「察罕特穆爾」舊作「察罕帖木兒」，今改正。

毛嶺口。在涉縣西北，接山西黎城縣界，有邊墻。

鄴城驛。在安陽縣西南。

臨漳驛。在縣治。

宜溝驛。在湯陰縣南二十五里，有驛丞。又置宜溝遞運所。

武安驛。在縣治。

涉縣驛。在縣治。

榆林店。在臨漳縣西南四十里。五代史晉紀：開運二年，馬全節及遼兵戰於榆林。又皇甫遇傳：遇等覘賊渡漳河，至榆林店，布陣力戰。救者至，乃得還。

臨清棧。在林縣西南八十五里。又西南至陵川縣八十七里。

史魏社。在林縣南五十里。元至正七年置巡司，明洪武十一年廢。

紅礬場。在湯陰縣西南山中。周二里，產紅礬充貢。相近又有甆窑場，今廢。

津梁

永和橋。在安陽縣東永和鎮。

安陽橋。在安陽縣北四里安陽河上，亦名洹橋。石晉開運二年，遼兵犯相州，晉步卒五百人守安陽橋。元至元間，伐石改建，東徙里許，更名鯨背橋，許有壬有記。

建隆橋。在安陽縣北四十里，跨漳水。

長橋。在臨漳縣東漳河上。唐書：建中二年，馬燧等討田悦軍於漳濱，悦遣王光進築月城，以守長橋。燧於下流以鐵鏁維車數百輛絶河，載土囊遏水而後渡，縱兵擊悦。悦敗走，王光進以長橋降。

紫陌橋。在臨漳縣西二里。

混橋。在臨漳縣西故鄴城東北。晉書姚弋仲載記：冉閔之亂，弋仲率衆討閔，次於混橋。

伏道橋。在湯陰縣東十五里。

優曇橋。在湯陰縣東二十里。

高暵橋。在湯陰縣東二十五里，宜師溝入湯水處。

永通橋。在湯陰縣南，跨宜溝河。

廣濟橋。在湯陰縣北湯水上。

天生橋。在林縣東，跨洹河。

斷金橋。

忘歸橋。俱在林縣西南，跨天平山澗。

升龍橋。在林縣西南峡峪山下。

白龍橋。在武安縣北門外。明永樂間建。

文濟橋。在武安縣北五十里。

郭口橋。在涉縣東北六十里。

集賢橋。在内黄縣東門外。又廣惠橋，在縣南門外。皆通硝河。

隄堰

鯀隄。在府城東。寰宇記：安陽縣鯀隄，鯀所築以捍孟門水，今謂之三刃城。舊志：在永和鎮東。

景公隄。在臨漳縣南二里許。明弘治間，知縣景芳築以護城，延亘四十五里。萬曆二十五年，漳水逼城，知縣袁應泰增築。又務本隄，在縣西南務本村。漳城隄，在縣西南十五里。

秦王隄。在林縣西十里，約長五十里，以禦西山之水。

高隄。在内黄縣西北，衛河南岸。西南起高堤鎮，東北接泊口鎮，長百里，以防衛河泛漲。又有古金隄，在縣東一里，東北接衛河。

石竇堰。在臨漳縣西，亦名石竇橋。左思魏都賦：「石杠飛梁，出控漳渠。」注：「魏武於鄴西十里引漳水爲渠，東入鄴城，經宫中，分南北二溝，夾道東行出城，所謂石竇也。」晉永和六年，冉閔之亂，後趙將張賀據石瀆，即石竇也。水經注：長明溝水，東出石竇，下注之湟水。魏書地形志：鄴有石竇堰。

天井堰。在臨漳縣西。水經注：魏武揭漳水，迴流東注，號天井堰。二十里中，作十二磴，磴相去三百步，令互相灌注。一源分爲十二流，皆懸水門，水所溉之處，名曰晏陂澤。寰宇記：紫陌橋之下有天井堰。

陵墓

殷

中宗陵。在内黄縣西南二十五里，高一丈五六尺。宋開寶間樹碑，梁周翰撰文。

河亶甲陵。在湯陰縣北五里。府志：府城西北開元寺後有河亶甲冢，在洹水南。未知孰是。

三國　魏

武帝西陵。在臨漳縣西三十里。

文帝陵。在臨漳縣西南十里彭城村。

甄后陵。在臨漳縣西。寰宇記：鄴有三陵，即魏武帝、文帝、甄后陵也。舊志：甄后陵在縣西南靈芝村。

南北朝 齊

神武陵。在臨漳縣南鼓山。通鑑：高歡卒，高澄虚葬歡於漳水之西，而潛鑿鼓山石窟佛寺之旁爲穴，納其柩而塞之。

古丹朱墓。在安陽縣東。元和志：堯城縣丹朱墓，在縣東一里。

周

扁鵲墓。在湯陰縣東南。

楚宋義墓。在内黄縣北楚王鎮。

漢

張耳墓。在安陽縣東二十里。周一百二十步，土人曰常山陵。

欒巴墓。在安陽縣永和鎮東，有廟。

袁紹墓。元和志：在臨漳縣西北十六里。

周黿墓。在林縣南五十里。

杜喬墓。在林縣北二十五里。

晉

佛圖澄墓。在臨漳縣西。晉書佛圖澄傳：澄自起塋墓于鄴西紫陌。水經注：趙建武十一年，爲佛圖澄先造生墓于紫陌。建武十五年卒，葬焉。即此地也。

嵇紹墓。在湯陰縣西南。寰宇記：湯陰縣浣衣里，晉侍中嵇紹葬所。

後周

尉遲迥墓。在臨漳縣界。

唐

李君羡墓。在武安縣北得義里。

宋

韓國華墓。在安陽縣西水冶鎮。

韓琦墓。在安陽縣西。子忠彦等祔。元一統志：在舊輔巖城。

周同墓。在湯陰縣東二十里。又岳飛祖塋亦在此。

陳薦墓。在武安縣東。

韓令坤墓。在武安縣北。

金

胡礪墓。在武安縣西。

元

許熙載墓。在府城武安村。子有壬祔焉。

杜瑛墓。在安陽縣西王裕村。

明

郭朴墓。在府城北韓陵山東南。

崔銑墓。在安陽縣城西。

佛母冢。在臨漳縣西。寰宇記：鄴縣黄戔谷中有冢，俗謂佛母冢。

仙母冢。在林縣西北。寰宇記：林慮縣黄花谷内有仙母冢。顔修内傳云，仙母即仙人王津母也。墓前有樹九株存。

祠廟

西門豹祠。在臨漳縣西十五里。明弘治中，以史起祔食，題曰鄴二大夫祠。水經注：漳水經西門豹祠前。祠東側有碑，隱起爲字。祠堂東頭石柱勒銘，曰趙建武中所修也。

岳武穆祠。在湯陰縣治西南。府志：舊在南關外，明景泰初移此。本朝乾隆十五年，高宗純皇帝巡幸河南經此，有御製岳武穆祠詩，勒石。

王母祠。在林縣西北。寰宇記：在縣西，仙人王津母也。舊志：墓在黄花谷。

蘧公祠。在内黄縣城内。祀蘧伯玉。

商王廟。在府治東南。祀殷河亶甲。

韓忠獻公廟。在府治東南晝錦坊。祀宋韓琦。

尉遲迥廟。在府治西北。有顔真卿碑，蔡有鄰書，在祠前。石刻存。

堯廟。在安陽縣東四十里。金承安二年建。名勝志：堯廟有古碑刻，金趙秉文作祠記。

藺相如廟。在安陽縣西五十里。名勝志：相如之家廟也，子孫散處其旁，歲時祀之。

魏孝文廟。在安陽縣大孟村。帝南征時，駐蹕於此，後人立廟祀之。

嵇紹廟。在臨漳縣西南七里。宋韓琦製碑。

張騫廟。在湯陰縣東三十里。

扁鵲廟。在湯陰縣東南十五里。

周文王廟。在湯陰縣北十里。明統志：廟後方城，即羑里。

湯廟。有二。一在林縣南，元大德間建。一在内黄縣西北，金泰和四年建。明嘉靖六年，移於楚王鎮。

郭巨廟。在林縣南關，元大德間建。

白起廟。在武安縣城内。

李衛公廟。有二：一在武安縣徘徊鎮，俗稱靈顯王祠；一在涉縣馬鋪村。俱祀唐李靖。

比干廟。在涉縣北十五里。按：舊統志有比干墓。注引魏志武帝紀云「車駕幸鄴，經比干之墓，親爲弔文，樹碑而刊之」。然考比干墓在今衛輝府，魏志言幸鄴而經過比干墓，非謂墓即在鄴也。删去而附注于此。

媧皇廟。在涉縣北二十里。

欒巴廟。在内黄縣西。

楚王廟。在内黄縣西北三十里楚王鎮。祀項羽。

寺觀

靈泉寺。在安陽縣西南。唐景龍中建。

乾明寺。在安陽縣西南。五代周顯德中建。
孝親寺。在安陽縣西，宋大中祥符初建。
定國寺。在安陽縣東北韓陵山。東魏高歡所建，有温子昇旌功碑。
清行寺。在臨漳縣仁壽里。唐貞觀中建。
天樂寺。在臨漳縣西。寰宇記：鄴縣天樂寺，石虎因佛圖澄造。内有文石香爐，即澄所執供養者。
興隆寺。有二：一在湯陰縣東，宋皇祐中建；一在武安縣西，魏武定四年建。
柏林寺。在湯陰縣南南陽村。隋開皇元年建。
西明寺。在湯陰縣西南。北齊武平二年建。
法隆寺。在湯陰縣西。唐貞觀二十四年建。
崇善寺。在林縣曲陽社，俗名上莊寺。唐永昌中建。
妙覺寺。在武安縣治東。宋元祐中建，門外浮圖十三級。
常樂寺。在武安縣南鼓山，即高齊石窟寺。天統中改名智力寺，宋嘉祐中又改今名。金胡礪有碑記。
禪果寺。在武安縣西北。東魏高歡所建，後唐天成元年重修。
洪福寺。在涉縣北。唐開元中建。
奉聖寺。在涉縣北青龍山。宋大中祥符初建。
太虛觀。在安陽縣西北。元至順初建。

葆光觀。在湯陰縣西鶴壁社。明統志：葆光觀，在湯陰縣西二十里。唐天寶中建，金大定間重修。蓋晉孫登學道之所，有嘯臺，又煉丹井、白雲洞存焉。

棲霞觀。在林縣西棲霞谷。周末，仙人盧子綦隱居之所。

洞陽觀。在涉縣東南三十里。元延祐三年建。

玉虚觀。在涉縣西五里。宋淳熙元年建。

太清觀。在涉縣北。宋大中祥符五年建。

明教禪院。在林縣西天平山碧霄峯下。晉天福中建，今改名天平寺。

延壽宫。在林縣西天平山。元至大初建。

名宦

漢

京房。頓丘人。元帝時，爲魏郡太守，得以考功法治郡。房自請願無屬刺史，得除用他郡人，自第吏千石以下，歲竟，乘傳奏事。天子許焉。

銚期。郟人。光武時，爲魏郡太守。更始將卓京謀欲反鄴城，期發兵擊破之。進擊繁陽、内黄，郡界清平。大吏李熊，鄴中之豪，其弟陸，謀欲反城迎檀鄉。期召問熊，熊首服，願就死。使吏送熊出城，熊行求得陸，將詣鄴城西門，陸愧感自殺以謝期。期以禮葬之，而還熊故職。郡中服其威信。

張酺。細陽人。和帝初，遷魏郡太守。郡人鄭據時爲司隸校尉，奏免執金吾竇景。景後復位，遣掾夏猛私謝酺曰：「鄭據小人，爲所侵冤，聞其兒爲吏，放縱狼籍，取是曹子一人，足以警百。」酺大怒，即收猛繫獄，檄言執金吾府，疑猛矯稱卿意，以報私仇。會有贖罪令，猛乃得出。

葛龔。寧陵人。永初中，拜蕩陰令，居縣有政績。

黄香。安陸人。延光元年，遷魏郡太守。郡舊有内外園田，歲收穀數千斛。香曰：「食禄之人，不與百姓争利。」乃悉以賦人，課令耕種。時被水年饑，乃分俸禄及所得賞賜，班贍貧者。于是豐富之家，各出義穀，助官禀貸，荒民獲全。

岑熙。棘陽人。順帝時，遷魏郡太守。招聘隱逸，與參政事，無爲而化。視事二年，輿人歌之曰：「我有枳棘，岑君伐之。我有蟊賊，岑君遏之。狗吠不驚，足下生氂。含哺鼓腹，焉知凶災。我喜我生，獨丁斯時。美矣岑君。於戲休兹。」

陳球。淮浦人。陽嘉中，遷繁陽令。時魏郡太守諷縣求納貨賄，球不與，太守怒而撾督郵，欲令逐球。督郵不肯，曰：「魏郡十五城，獨繁陽有異政，今受命逐之，將致議於天下矣。」太守乃止。

高彪。無錫人。靈帝時，遷内黄令。到官有德政，上書薦縣人申屠蟠等。

三國　魏

楊沛。萬年人。魏武出征在譙，聞鄴下頗不奉科禁，乃發教選沛爲鄴令。未到鄴，豪右曹洪、劉勳等畏沛，各遣家馳騎告子弟，使各自檢敕。沛爲令數年，以公能轉爲護羌校尉。

王修。營陵人。魏武時，遷魏郡太守。爲治抑强扶弱，明賞罰，百姓稱之。

陳矯。東陽人。魏武時，遷魏郡太守。時繫囚千數，至累年不決。矯以爲：「周有三典之制，漢約三章之法，今惜輕重之理，而忽久繫之患，可謂謬矣。」悉自覽罪狀，一時論決。

賈逵。襄陵人。文帝即位，以鄴縣户數萬，在都下多不法，乃以逵爲鄴令。月餘，遷魏郡太守。魏郡官屬聞逵當爲郡，舉府皆詣縣門外，逵出門，悉當門謁逵于車下，逵抵掌曰：「詣治所，何宜如是！」

徐宣。海西人。文帝初，爲魏郡太守。或言可易諸城守用譙、沛人，宣厲聲曰：「今者遠近一統，人懷效節，何必譙、沛而沮宿衛者心！」文帝聞曰：「所謂社稷之臣也。」

鄭渾。開封人。文帝時，轉魏郡太守。以郡下百姓苦乏材木，乃課樹榆爲籬，並益樹五果，榆皆成藩，五果豐實，民得材足用饒。明帝聞之，下詔稱述，布告天下。

晉

唐彬。鄒人。太始初，出補鄴令。道德齊禮，期月化成。

喬智明。鮮卑前部人。惠帝時，爲隆慮令。縣人愛之，號爲「神君」。部人張兑，爲父報仇，母老單身，有妻無子，智明愍之，停其獄。歲餘，令兑將妻入獄，于獄産一男，會赦得免。其仁感如是。

南北朝　魏

游肇。廣平任人。高祖時，出爲北府長史，兼魏郡太守。爲政清簡，加以匡贊，歷佐二王，甚有聲迹。

惜之。

張蒲。修武人。太武即位，以蒲清貧，妻子衣食不給，以爲相州刺史。扶弱抑强，進善黜惡，教化大行。卒于官，吏民痛惜之。

李訢。范陽人。文成時，爲相州刺史。爲政清簡，百姓稱之。上疏請州郡各立學官，使士望之流就而受業，其經藝通明者，貢之王府。書奏，從之。政爲諸州之最。

陸馛。代人。興安初，爲相州刺史。爲政清平，抑强扶弱。州中有宿老重望，以友禮待之，得十人，號曰「十善」。又簡諸縣强門百餘人爲耳目，發奸摘伏，事無不驗。

李平。頓丘人。宣武時，司徒長史行相州事。勸課農桑，修飾太學，簡試通儒以充博士，圖古聖賢像于講堂，親爲立贊。

北齊

赫連子悦。勃勃之後。除林慮守。世宗往晉陽，路由是郡，因問所不便，子悦答云：「臨水、武安二縣去郡遥遠，山嶺重疊，車步艱難。若改屬魏郡，則地平路近。」世宗笑曰：「卿徒知便民，不覺損幹。」子悦答曰：「所言因民疾苦，不敢以私潤負公心。」世宗云：「卿能如此，甚善，甚善。」仍敕依事施行。

隋

梁彦光。烏氏人。高祖時，轉相州刺史。彦光前在岐州，奏課爲天下第一。及居相，如部岐州法。鄴都雜俗多變詐，爲之作歌，稱其不能理化。上聞而譴之，竟坐免。歲餘，拜趙州刺史，彦光請復爲相州，上從之。豪猾者聞彦光自請而來，莫不嗤笑。彦光下車，發摘姦隱，有若神明，合境大駭。招致山東大儒，每鄉立學，非聖哲之書不得教授。及大比，當舉行賓貢之禮，又于郊外祖道，并以財物資之。于是人皆尅勵，風俗大改。吏人感悦，略無争訟。

樊叔略〔八〕。陳留人。高祖時，遷相州刺史，政爲當時第一。帝降璽書褒美之，百姓爲之語曰：「智無窮，清鄉公，上下正，樊安定。」徵拜司農卿，吏人莫不流涕，相與立碑，頌其德政。

長孫平。洛陽人。高祖時，鄴都舊號難治，前後刺史多不稱職。朝廷以平所在善稱，轉相州刺史，甚有能名。

薛胄。汾陰人。開皇中，檢校相州事，甚有能名。

唐

吕珉。武德二年，竇建德連突厥侵相州，刺史吕珉死之。

房晃。武德五年，劉黑闥陷相州，刺史房晃死之。

許圉師。安陸人。高宗時，遷相州刺史。專以寬治，州人刻石頌美。部有受賕者，圉師不忍按，但賜清白箴，其人自愧，後修飾，更爲廉士。

李景。咸亨三年，爲相州刺史。開高平、金鳳、萬金諸渠，引洹水溉田，民獲其利。

李仁綽。咸亨四年，爲臨漳令。開菊花、利物二渠，引天平渠水以溉田，民甚德之。

裴懷古。壽春人。武后時，徙相州刺史，吏民懷愛。

宋璟。南和人。中宗時，歷相州刺史。政清毅，吏下無敢犯者。

張嘉祐。猗氏人。開元末，爲相州刺史。舊刺史多死官，衆疑畏。嘉祐以周總管尉遲迥死國難，忠臣也，立祠房解祓衆心。後吴兢爲刺史〔九〕，又加神冕服，遂無患。

王燾。郿人。天寶中，歷鄴郡太守，治聞於時。

田廷玠。盧龍人。與承嗣爲從昆弟。大曆中，從相州刺史。承嗣盜磁、相，廷玠無所回染。

宋

錢文敏。新安人。太祖時，歷相州録事參軍。先是，府帥多以筆牘私取官庫錢。韓重贇領節制，頗仍其弊，文敏不從。重贇假他事廷責之，文敏不爲屈，太宗嘉其有守。

索湘。鹽山人。太宗時，知相州。時有羣盜聚西山下，謀斷澶州河橋，入攻磁、相州，白晝抄刼。鄰郡發兵捕逐，無敢近。湘擇州軍得精鋭三百人，偵其入境，掩擊盡擒之。

韓億。雍丘人。真宗時，知相州。河北旱，轉運使不以實聞，億獨言歲饑，願貸民租。

崔立。鄢陵人。真宗時，歷知相州。識韓琦于布衣，人服其鑒。

王獵。長垣人。仁宗時，徙林慮令。縣依山，俗以蒐田爲生，不知學。獵立學宫，擇秀民誨之。漢杜喬墓在境中，往奠謁，建祠其旁。居官無絲髮擾，吏民愛信，共目爲「清長官」。

高化。正定人。仁宗時，知相州。部有大獄已具，皆當論死。化疑之，遣移訊，果出無罪者三人。

李復圭。豐人。仁宗時，徙知相州。自太宗時，聚夏人降者五指揮，號「廳子馬」〔一〇〕，子弟相承，百年無他役。復圭斥不如格者，選能騎射士補之。

趙不試。太宗六世孫。建炎元年，知相州。金兵大入，州久被圍，軍民無固志。不試謂之曰：「今城中食乏，外援不至。不試，宗子也，義不降，計將安出？」衆不應。不試知事不可爲，遂登城與金兵約勿殺。許之。既啓門，乃納其家井中，然後以身赴井，命提轄官實以土。州人皆免於死。

金

田灝。興中人。太祖時，遷彰德軍節度使。是時新定力役，灝躅籍之半而上之，故相之繇賦比他州獨輕。

梁肅。奉聖州人。世宗時，爲彰德軍節度使，召拜參知政事。上謂侍臣曰：「梁肅以治入異等，遂至大任，廉吏亦可以勸矣。」

洪郭玖柱。臨潢人。明昌中，知彰德府事。戰殁。「洪郭玖柱」舊作「黄摑九住」，今改。

陀滿色勒。咸平路明安人。承安中，徙知彰德府事。貞祐四年，元兵復取彰德，色勒死焉。「陀滿色勒」舊作「陀滿斜烈」，「明安」舊作「猛安」，今改正。

元

王琚仁。河間人。延祐中，爲涉尹。在職二年，流民復業者百四十餘户。滹沱之役，計民之貧富，以上中下爲則，百姓皆便之。

明

蔡誠。巢縣人。洪武初，知安陽縣。時百姓新附，田蕪不治，誠買耕牛給貧民，由是地闢民富。凡縣廨學校，皆誠所建。

劉安。零陵人。永樂中，爲武安知縣。嘗以事逮詔獄，民相謂曰：「廉官去矣，吾儕安歸？」多相攜逃山中。後安事釋復任，逃者皆返。奏最爲河南第一。卒於官。

葛守禮。德平人。嘉靖中，授彰德推官。巨盗誣富家，株連以百數，守禮盡出之。藩府獄久不決，御史以屬守禮，一訊即得，乃大驚服。冬至，趙王戒百司朝服賀，守禮獨不可，乃止。

許文獻。長洲人。嘉靖間，爲涉縣知縣。性狷介，不名一錢，僮僕常至饑寒。去任，家人取一氊，立令發回，人稱其廉。

袁應泰。鳳翔人。萬曆中，授臨漳知縣。築長堤四十餘里，捍禦漳水。

袁化中。武定人。萬曆中，知内黄縣，有善政。

曹鳴鶚。崇禎六年，流賊犯武安，時鳴鶚爲守備，戰死。

本朝

王象天。富平人。順治四年，知臨漳縣。河決壞民田，力請蠲賦。協濟磁州驛站。縣人詣州供役，甚苦之，請仍舊例，解銀免役。不果，遷太僕丞去。後令萬廷仕復請之，象天爲言於部，得報允。後督湖廣學政，過邯鄲，漳民越境迎之，老弱塞路。

張沐。上蔡人。康熙元年，任内黄知縣，潔己愛民。縣苦賦役不均，輸糧者或無田，沐令田主自首，地畝不丈而清。嚴行十家牌法，奸宄斂跡。適苦旱，自八月不雨，至次年九月，民饑甚思竄，沐先捐資賑救，並勸富民貸粟，官爲書其數，俟秋穫取償，多方獎諭，人争應之，藉免轉徙。按：内黄本屬直隸，雍正初始隸河南，故沐以上蔡籍仕内黄。

高啓元。萊陽人。康熙十二年，知安陽縣。勸墾荒，除雜派。大兵征滇逆，休士四十日，蒭茭悉自捐備，不以累民。

李适。壽光人。知内黄縣。爲政仁恕，務與民休息。歲終，胥吏以荒地羨金三千進，适叱却之，以充來歲額賦。又申減學田歲征之半，立五社課士，文學蔚興。遷官去，行李蕭然，邑民立祠祀之。

武達觀。岐山人。乾隆間，任武安知縣。冰糱矢志，凡擾民之事，悉爲革除。民爲歌曰：「官之清，民之福。昌其後，崇其禄。」會縣有蝗蝻，達觀自責祈禱，蝗旋滅。以卓薦入都，百姓焚香泣送，祝其復來。比再任，悲喜交集，如見慈父母焉。祀名宦。

校勘記

〔一〕封周昌孫左車爲安陽侯　「左車」原作「左徒」，乾隆志同，據史記卷一一孝景本紀及漢書卷四二周昌傳改。

〔二〕晉惠帝永安初　「惠」，原作「魏」，顯誤，據乾隆志改。

〔三〕分安陽置蕩源縣　「蕩」，新唐書卷三九地理志同，乾隆志、舊唐書地理志皆作「湯」。下文同。

〔四〕漢書注　「注」，原作「志」，據乾隆志改。按，下文引應劭語明是注文，非志文。

〔五〕注　原作「江」，據乾隆志改。

〔六〕中央懸絶　「央」，原作「尖」，據乾隆志及明一統志卷二八彰德府、雍正河南通志卷五一古蹟改。

〔七〕廣門南有玄武池　「廣門」，乾隆志同。按，廣門未詳，疑有脱誤。今通行清人輯本鄴中記無此語。考歷代帝王宅京記引鄴中記一條云：「漳水南有玄武池，次東北五里有鬬雞臺。」或爲一統志所本。修志史臣改「漳水」爲「廣門」，不知何據。

〔八〕樊叔略　「樊」，原作「礬」，乾隆志同，據隋書卷七三樊叔略傳改。

〔九〕後吴兢爲刺史　「兢」，原作「競」，乾隆志同，據新唐書卷一二七張嘉祐傳改。

〔一〇〕號廳子馬　「廳」，原作「聽」，乾隆志同，據宋史卷二九一李復圭傳改。

大清一統志卷一百九十八

彰德府三

人物

漢

蓋寬饒。魏郡人。明經爲郡文學，以孝廉爲郎。舉方正，對策高第，遷諫大夫，擢司隸校尉。刺舉無所避。平恩侯許伯入第，衆皆賀，寬饒後至，曰：「毋多酌我，我乃酒狂。」坐客皆屬目。寬饒爲人剛直高節，志在奉公。家貧，俸錢月數千，半以給吏民爲耳目言事者。身爲司隸，子常步行自戍北邊，公廉如此。是時上方用刑法，信任中尚書宦官。寬饒奏封事，上以寬饒怨謗，遂下寬饒吏。寬饒引佩刀自剄。

杜鄴。繁陽人。鄴少孤。其母張敞女，鄴從敞子吉學問，得其家書。以孝廉爲郎，與車騎將軍王音善。舉侍御史，遷涼州刺史。元壽元年，詔舉方正直言，扶陽侯韋育舉鄴方正。未拜，卒。鄴子林，清静好古，亦有雅材。建武中，歷位列卿，至大司空。

馮勤。繁陽人。八歲善計。初爲太守銚期功曹，有高能稱。期常從光武征伐，政事一以委勤，薦于光武，除爲郎中給事尚書，以圖議軍糧。在事精勤，遂見親識，拜尚書僕射。職事十五年，以勤勞賜爵關内侯。累遷司徒，勤愈恭約盡忠，號稱任職。勤母年八十，每會見，詔敕勿拜，令御者扶上殿，謂諸王曰：「使勤貴寵者，此母也。」其見親重如此。中元元年，卒。帝悼惜之。

臺佟。鄴人。隱于武安山。鑿穴爲居，采藥自給。建初中，州辟不就。刺史行部，乃使從事致謁，佟載病往謝。刺史乃執贄見佟，曰：「孝威居身如是，其苦何如？」佟曰：「佟幸得保終性命，存神養和。如明使君奉宣詔書，夕惕庶事，反不苦耶？」遂去隱逸，終不見。

杜喬。林慮人。少爲諸生。舉孝廉，辟司徒府，累官大司農。時梁冀子弟五人，及中常侍等，以無功並封。喬上書諫，不省。建和元年，代胡廣爲太尉。桓帝將納冀妹，冀欲令以厚禮迎之，喬不聽，因此日忤于冀。李固見廢，内外喪氣，惟喬正色無所回撓。于是海内歎息，朝野瞻望焉。在位數月免。宦者唐衡、左悺等共譖于帝，梁冀遂諷有司劾喬及李固與劉鮪等交通，繫死獄中。

霍諝。鄴人。年十五，諝舅宋光坐繫獄。諝愬舅冤，奏記梁商。商高諝才，即奏原光罪，由是顯名。累官金城太守，再遷北海相，入爲尚書僕射。是時大將軍梁冀貴戚秉權，自公卿以下，莫敢違牾。諝數奏其事，又因陛見陳聞罪失。及冀誅後，桓帝嘉其忠節，封鄴都亭侯。前後固讓，不許。出爲河南尹，遷司隸校尉，轉少府廷尉。卒官。

欒巴。内黄人。性質直，學覽經典，拜郎中，四遷桂陽太守。荆州刺史李固薦巴治迹，徵拜議郎，守光禄大夫，遷沛相。所在有績，徵拜尚書。靈帝時，竇武、陳蕃被誅，巴上書極諫，理陳、竇之冤。帝怒，收付廷尉，巴自殺。

審配。魏郡人。少忠烈慷慨，有不可犯之節。袁紹領冀州，以配爲治中，甚見器任。紹卒，配等奉尚爲嗣。尚使配守鄴，曹操進攻鄴，鑿塹圍城，引漳水以灌之。配令士卒堅守死戰，操出行圍，配伏弩射之，幾中。兄子榮開門納操兵，生獲配。操意欲活之，配意氣壯烈，終無撓辭，見者莫不歎息，遂斬之。

晉

邵續。安陽人。樸素有志烈，博覽經史，善談理義，妙解天文。初爲成都王穎參軍，王浚假續樂陵太守。石勒破浚，續孤危無援，權附于勒。勒亦以其子乂爲督護。既而段匹磾遺書，要續俱歸元帝，續從之。其下諫曰：「今棄勒歸匹磾，任子危矣。」續垂泣曰：「我出身爲國，豈得顧子而爲叛臣哉！」遂絶于勒。勒乃害乂。元帝以續爲平北將軍、假節。勒遣季龍乘虚圍續，季龍掠其居人，續率衆出救，遂爲所得。使續降其城，續呼兄子竺等曰：「吾志雪國難，以報所受，不幸至此。汝等努力自勉，勿有二心。」季龍遣使送續于勒，勒厚撫之，久之竟遇害。

南北朝　魏

孔伯恭。鄴人。父昭，以密皇后親，賜爵汝陰侯。性柔曠有才，用爲趙郡太守，進爵魯郡公。伯恭以父任拜給事中。顯祖初，領鎮東將軍，率兵援彭城。破劉彧將張永、沈攸之等。進攻下邳、宿豫，擢散騎常侍，都督徐、南、兖州諸軍事。卒，贈鎮東大將軍、東海王，謚曰桓。

北齊

慕容儼。清都人。容貌出羣，衣冠甚偉。頗學兵法，工騎射。魏河間王元琛辟爲左廂軍，破梁將馬元達等。累有功，累遷安東將軍。天保初，除開府儀同三司，遣鎮郢城。人信阻絶，城守孤懸，儼導以忠義，信賞必罰，人無異志。顯祖召還，封成陽郡公。儼從征討，每立功効，有將帥之節。卒，贈司徒、尚書令。

周

申徽。魏郡人。少與母居，盡力孝養。及長，好經史。性審慎，不妄交遊。孝武初，爲記室參軍，察徽沉密有度量，每事信委之，乃爲大行臺郎中。時軍國草創，幕府務殷，四方書檄皆徽之詞也。大統十二年，拜瓜州刺史，徵兼尚書右僕射，加開府儀同三司。徽性勤敏，凡所居官，案牘無大小，皆親自省覽，以是事無稽滯，吏不得爲奸。後雖歷公卿，此志不懈。歷小司空、少保〔一〕，卒謚曰章。

隋

陸彦師。臨漳人。少有行檢，魏襄城王元旭引爲參軍事，以父艱去職，哀毀殆不勝喪，兄弟相率廬墓，負土成墳。齊文宣表其廬，號其所住爲孝終里。歷中書黄門侍郎，以不阿宦者，出爲中山太守。高祖受禪，拜吏部侍郎。隋承周制，官無清濁，彦師在職，凡所任人，頗甄别于士庶，論者美之。兄卬〔二〕，博覽羣書，善屬文，卬子乂，于五經最精熟，人爲之語曰：「五經無對，有陸乂。」

陸爽。臨漳人。少聰敏，九歲就學，日誦二千餘言。周武帝聞其名，與楊休之等十餘人俱徵入關。諸人多將輜重，爽獨載書數千卷至長安，授宣納上士。高祖受禪，遷太子洗馬。與宇文愷等撰東宫典記七十卷。朝廷以其博學有口辯，陳人至境，常令迎勞。開皇十一年，卒官。子法言，敏學有家風，釋褐承奉郎。

馬光。武安人。少好學，晝夜不息，尤明三禮。開皇初，授太學博士。高祖幸學，光升座講禮，諸儒以次論難，光剖析疑滯，理義宏贍，論者咸共推服。後數年，丁母憂，歸鄉里，遂有終焉之志。以疾卒于家。

杜正玄。鄴人。世以文學相授，正玄尤聰敏，博涉多通。兄弟數人，並以文章才辯籍甚三河之間。開皇末，舉秀才。尚書試方略，正玄應對如響，下筆成章。僕射楊素負才傲物，正玄抗辭酬對，無所屈撓。素甚不悦。會林邑獻白鸚鵡，素促召正玄，令作賦，正玄倉卒之際，援筆立成，辭理華贍，素歎曰：「此真秀才，吾不及也。」授晉王行參軍，轉豫章王記室。卒官。弟正藏，好學善屬文。大業中，應詔舉秀才，著碑、誄、銘、頌、詩、賦百餘篇，又著文章體式，大爲後進所寶，時人號爲「文軌」，乃至海外高麗、百濟亦共傳習，稱爲「杜家新書」。

堯君素。湯陰人。煬帝爲晉王時，君素以左右從。及嗣位，累遷鷹擊郎將。大業末，署河東通守。唐遣呂紹宗、韋義節等攻之，圍甚急。又賜君素金券，待以不死。君素卒無降心，其妻至城下招之，君素引弓射，應弦而倒。泣厲將士，誓以死守。歲餘，城中乏食，爲左右所害。

唐

傅奕。鄴人。高祖時，拜太史丞，遷令。上疏極詆浮屠法。貞觀十三年卒。臨終，自誌，曰：「傅奕，青山白雲人也。」奕雖善數，然嘗自言其學不可以傳。武德時所改漏刻，定十二軍號，皆詔奕云。

戴胄。安陽人。性堅正，幹局明强。隋末，王世充謀篡，切諫不納。太宗引爲府士曹參軍，擢大理少卿。胄犯顔據正，參處法意，至析秋毫，隨類指摘，言若泉湧，帝益重之。遷尚書左丞，矜其貧，賜錢十萬。胄所敷納，緣政得失，咸有可觀。奏已，即削藁。檢校吏部尚書，卒，謚曰忠。子至德，乾封中累遷西臺侍郎，同東西臺三品。卒，謚曰恭。

李君羨。武安人。高祖時，任上輕車都尉。秦王引置左右，從破宋金剛、于介休，加驃騎將軍。從討王世充，爲馬軍副總管。從破竇建德、劉黑闥，所向必先登，摧其鋒，累授左衛府中郎將。突厥至渭橋，君羨與尉遲敬德擊破之。帝曰：「使皆如君羨者，敵何足憂。」改左武候中郎將，封武連縣公。在仗讀書不休，帝嘉勞。歷蘭州都督、左監門衛將軍、華州刺史。

鄧世隆。相州人。隋末，變姓名，號隱玄先生，棲白鹿山。貞觀初，召授國子主簿，與崔仁師、慕容善行、劉顗〔三〕、庾安禮、敬播，俱爲修史學士。歷衛尉丞，終著作郎。

李延壽。相州人。貞觀中，歷御史臺主簿，兼直國史。初，延壽父大師，多識前世舊事，思擬春秋編年，刊究南北事，未成而殁。延壽乃追終先志，作南史、北史二書，合百八十篇上之。其書甚有條理，删落釀辭，過本書遠甚。遷符璽郎，兼修國史，卒。嘗撰太宗政典，高宗觀之，咨美直筆，賜其家帛五十段。

馮元常。安陽人。舉明經及第。高宗時，歷尚書左丞。嘗秘奏中宫權重，宜少抑，由是爲武后所惡。元常在職修舉，識鑒澄遠，帝委遇特厚。武后擅朝，出爲隴州刺史，徙眉州，轉廣州都督。凡三徙，終不得至京師。卒爲酷吏周興所陷，下獄死。從弟元淑，武后時，歷清漳、浚儀、始平三縣令，所至不挈妻子，斥俸餘以給貧窮，人咸譏其近名。元淑曰：「吾性也，不爲苦。」終祠部郎中。

王同皎。安陽人。長安中，尚太子女安定郡主。桓彦範等誅二張，遣同皎迎太子。太子猶豫，同皎即扶上馬，從至玄武門，斬關入。兵趨長生殿太后所，奏誅易之等狀。帝復位，封琅琊公，拜駙馬都尉，遷光禄卿。神龍時，謀殺武三思。三思令李悛上急變，言同皎欲擁兵闕下，廢皇后。帝大怒，斬同皎于都亭驛。同皎且死，神色自若。睿宗立，詔復官爵，謚忠壯。從子丘，舉制科中第，遷考功員外郎。務核實材，登科纔滿百，議者謂數十年來，采録精明無丘比。遷吏部侍郎，典選復號平允。以禮部尚書致仕。孫潛，元和中，擢將作監，吏或藉名北軍，驕惰不事，潛悉奏罷之。拜涇原節度使，遷檢校尚書左僕射，卒。

沈佺期。内黄人。及進士第，官至太子少詹事。善詩，與宋之問齊名。學者宗之，號「沈、宋」。

盧從愿。臨漳人。擢明經，爲夏尉，又舉制科高第。睿宗立，累拜吏部侍郎。吏選自中宗後，綱紀耗蕩，從愿精力于官，僞牒詭功，擿檢無所遺。銓總六年，以平允聞。帝異之，特官其一子，贈其父敬一爲鄭州長史，授吏部尚書。致仕，卒，謚曰文。

源乾曜。臨漳人。第進士。神龍中，以殿中侍御史，黜陟江東。奏課最，遷諫議大夫。開元初，累遷黄門侍郎、同中書門下三品，進位侍中。建言大臣子求京職，俊乂授外官，非平施之道，請出二子補外，時嘉其讓。位至太子少傅、安陽郡公。卒。族孫光裕亦有名，居官號清愿，撫諸弟友義，卒官鄭州長史。子洧，擢進士第。天寶中，安禄山犯河、洛，爲江陵大都督長史，以禦賊卒。贈禮部尚書，謚曰懿。

宋

韓令坤。武安人。周世宗時，歷殿前都虞候，領定武軍節度。從征淮南，下揚州，又下壽州。太祖親征李筠，詔令坤率兵屯河陽。澤、潞平，以功兼侍中。建隆二年，改成德軍節度。令坤有才略，識治道，鎮常山凡七年，北邊以安。太祖聞其卒，甚悼惜之。

韓重贇。武安人。少以武勇，隸周太祖麾下，從世宗戰高平，以功遷鐵騎指揮使。宋初，以翊戴功，擢領永州防禦使，從征澤、潞。乾德五年，出爲彰德軍節度。開寶二年，太祖征太原，過其郡，命爲北面都部署。遇遼兵于定州，大破其衆。太祖優詔褒美。七年卒。子崇訓，延平中屯鎮州。遼兵至，崇訓折其要路，敵遁去。後拜檢校太傅，分司西京。卒。子允恭，有謀略，好學能世其家。

蔡審廷。武安人。少能騎射，從周世宗戰高平有功，遷軍使。宋初，授殿前散都頭指揮使。從征李筠，爲飛石傷足，車駕幸其官署問之，賜賚甚厚。乾德初，授冀州刺史。征太原時，屯兵易州，審廷訓練士卒甚整。太祖過鎮陽，見于行在，命爲鎮州兵馬都鈐轄。開寶八年卒。

魏丕。相州人。爲作坊副使。在職盡力，以久次轉正使。凡典工作十餘年，討澤、潞、維揚，下荆、廣，收川、陝，征河東，平江南，皆令修創器械，無不精辦。太祖幸洛郊祀，三司使王仁贍議僱民車牛運法物〔四〕。丕揀本坊匠少壯者二千餘，分爲遞鋪輸之，時以爲便。出爲黄州刺史，還朝召對，賜御書急就章、朱邸集。歷知鳳州、襄州，遷左驍衛大將軍。卒。丕好歌詩，頗與士大夫遊接，有時稱。

師頏。內黃人。少篤學，與兄頌齊名。建隆二年，舉進士，擢上第。歷知邠、簡、資、眉四州，超拜工部郎中。真宗累召對，詢其文章，頏謙遜自晦，帝益嘉之。命知制誥，兼史館修撰。咸平二年，同知貢舉，召入翰林爲學士。五年卒。頏曠達夷雅，縉紳多慕其操尚。

劉用。相州人。曉音律，善騎射。端拱初，領涼州刺史，李順亂蜀，爲西路行營鈐轄。賊平，遷祁州刺史。咸平中，烽候數警，用建議益邊兵，俟其南牧，即率驍鋭出東路，以牽制其勢，因圖上地形。帝召宰相閲視，可其奏。景德初爲邢州部署，以城守之勞，進爵邑。歷知齊、陳、潞三州。大中祥符二年卒。

李防。內黃人。舉進士，歷官三司户部判官。景德初，江南旱，詔與張知白分東西路安撫。上言秦羲嘗增江淮、兩浙、荆湖榷酤錢〔五〕，民頗煩擾，詔悉罷之。防好建明利害，所至必有論奏。朝廷頗施行之。在江南，晏殊以童子謁見，防命賦詩，使還，薦之，後至宰相。

韓國華。安陽人。性純直，有時譽。太平興國二年，舉進士。雍熙中，假太常少卿使高麗。既至，其俗獷驁恃險，遷延未即奉詔，國華移檄，諭以朝廷威德，宜亟守臣節，于是俯伏聽命。使還，遷左司諫，充鹽鐵判官。淳化二年，遼人請和，朝議疑其非實，遣國華使河朔以察之。既至，盡得其詐以聞。三年，命直昭文館。祥符初，累遷右諫議大夫，代還，卒。

竇舜卿。安陽人。以蔭爲三班奉職，辟府州兵馬監押。夏人犯塞，舜卿求援于大將王凱，凱弗應，舜卿提州兵出戰，勝之。明日經略使問狀，凱懼，要以同出爲報，舜卿驩然相許，不白以爲功。熙寧中，歷邠寧環慶路副總管，改刑部侍郎。卒，謚康敏。

韓琦。國華子。天聖中，舉進士。方唱名，太史奏五色雲見。初授將作監丞，歷官陝西經略安撫、招討使。與范仲淹在兵間久，名重一時，人心歸之，朝廷倚以爲重，天下稱「韓范」。嘉祐三年，拜同中書門下平章事。請建立皇嗣，擇宗室之賢者以爲宗廟社稷計。英宗嗣位，拜右僕射，封魏國公。神宗立，拜司徒、兼侍中，判相州，相人愛之如父母。八年，換節永興軍。卒。謚忠獻。帝爲治冢，篆其碑曰「兩朝顧命，定策元勳」。配享英宗廟庭。琦天資樸忠，識量英偉。臨事喜愠不見于色。嘉祐、治平間，再決大策以安社稷。時朝廷多故，琦處危疑之際，知無不爲。在魏都久，遼使每過，移牒必書名，曰「韓魏公在此故也」。其見重于外國如此。

韓忠彦。琦子。舉進士，累官尚書左丞、知樞密院事。哲宗親政，更用大臣，言者觀望，争言垂簾時事。忠彦言：「昔仁宗始政，當時亦多譏斥章獻時事，仁宗惡其持情近薄，下詔戒飭。陛下能法仁祖用心，則善矣。」徽宗即位，拜門下侍郎。忠彦陳四事：一曰廣仁恩，二曰開言路，三曰去疑似，四曰戒用兵。踰月，拜尚書右僕射。上用忠彦言，數下詔蠲天下逋負，盡還流人而甄敘之。以觀文殿大學士致仕，卒。

韓浩。琦孫。以奉直大夫守濰州。建炎二年，金師攻城，浩率衆死守。城陷，力戰死。特贈三官，官其家三人。

韓肖胄。忠彦孫。以蔭補承務郎，歷開封府司録，詔除直秘閣、知相州。王師傅燕，肖胄策幽薊且有變，宜陰爲守備。已而金騎入境，野無所掠而去。建炎二年，爲祠部郎，遷左司。應詔陳五事，擢工部侍郎。時召問戰守計，肖胄條奏千餘言，帝稱其所對事理簡當。紹興二年，遷吏部侍郎。時條例散失，吏因爲奸。肖胄立重賞，俾各省記，編爲條目，以次行之，舞文之弊始革。三年，拜端明殿學士，同僉書樞密院事，充通問使，至金，金人甚重之。使還，除資政殿學士，知紹興府。尋奉祠，卒，謚元穆。

岳飛。湯陰人。少負氣節，沈厚寡言。家貧力學，尤好左氏春秋、孫吴兵法。宣和四年，應募隸留守宗澤。紹興元年，張俊請飛同討李成〔六〕，飛請爲先鋒，大破成軍，江淮平。累授武安軍承宣使，帝手書「精忠岳飛」字以賜之。歷授少保、河南北路招討使，討平羣盜，屢破金兵。既敗烏珠于郾城，累戰皆捷，中原大震。方指日渡河，秦檜風臺臣請班師，一日奉十二金字牌，飛憤惋泣下，曰：「十年之力，廢於一旦。」既歸，授樞密副使。檜以飛終梗和議，風万俟卨等劾飛，遣使捕飛父子，命何鑄鞫之，飛裂裳以背示，有「盡忠報國」四大字，深入膚理。坐繫兩月，無可證者，歲暮獄不成，檜手書小紙付獄，即報飛死。飛至孝，母有痼疾，藥餌必親。母卒，水漿不入口者三日。好賢禮士，覽經史，雅歌投壺，恂恂如書生。然忠憤激烈，議論持正，不挫于人，卒以此得禍。孝宗詔復飛官，謚武穆。後改謚忠武。嘉定四年，追封鄂王。「烏珠」舊作「兀朮」，今改正。

岳雲。飛養子。年十二，從張憲戰，多得其力。每戰，先諸軍登城。襄漢平，功在第一，飛不言。逾年，銓曹辨之，始遷武翼郎。楊么平，功亦第一，張浚廉得其實，奏乞擢異數，飛力辭不受。潁昌大戰，無慮十數出入行陣，體被百餘創，甲裳爲赤，以功遷忠州防禦使。終左武大夫、提舉醴泉觀。万俟卨誣雲與張憲書，令措置使飛還軍〔七〕，棄市。時年二十三。孝宗初，與飛同復原官，贈安遠軍承宣使。

楊再興。飛將。飛屯襄陽以圖中原，再興取長水，盡復西京險要。又得馬萬匹，芻粟數十萬，中原響應。後以三百騎遇烏珠兵十二萬于小商橋，再興戰死。獲其尸焚之，得箭鏃二升。

姚興。相州人。靖康中，以武功累遷荆湖南路兵馬副都監。金人渝盟，王權遣興拒之。與金兵遇，麾兵力戰，父子俱死。詔贈容州觀察使，謚忠毅。

李道。相州人。初歸宗澤。澤卒，依襄陽副使桑仲。仲以爲副都統制兼知隨州。仲爲霍明所殺，道率兵縞素，圍明于郢，明亡去。劉豫遣人持書招道，道執其使以聞，詔嘉獎之。領榮州團練使，除唐、鄧、郢州、襄陽都統制。從岳飛收復襄陽等郡。累陞御前諸軍統制。武興蠻楊再興連歲寇掠，道破其衆。再爲湖北副總管。卒，謚忠毅。

韓同卿。琦五世孫。女爲寧宗后。同卿累官慶遠軍節度使，加太尉。季父侂胄自以有定策功，聲勢熏灼，同卿每懼滿盈，不敢干政。同卿殁，侂胄竟敗，人始服其善遠權勢云。

金

王競。彰德人。博學能文，善草隸書。皇統初，參政韓昉薦之，召權應奉翰林文字。二年，試館閣，競文居最，遂爲真。遷尚書禮部員外郎。時海陵當國，欲令百官避堂諱，競言人臣無公諱，遂止。天德初，轉翰林待制，累擢禮部尚書，同修國史。大定四年，卒官。

胡礪。武安人。少嗜學。天會間至燕。韓昉見而異之，使賦詩以見志。礪操筆立成，思致清婉。昉因館置門下，自是學業日進。舉進士第一，授右拾遺，權翰林修撰。皇統初，改同知深州軍州事，再補翰林修撰，遷禮部郎中。一時典禮，多所裁定。天德初，累遷翰林學士，改刑部尚書。扈從至汴，卒。

韓玉。相州人。明昌五年，經義、辭賦兩科進士，入翰林，爲應奉。應制一日百篇，文不加點。泰和中，建言開通州潞水漕渠船運至都，授同知陝西東路轉運使事。與夏人戰，敗之。當路者忌其功，驛奏玉與夏寇有謀，朝廷疑之，授玉河平軍節度副使，道出華州，被囚，死于郡學。臨終書二詩壁間，士論冤之。子不疑，以父死非命，誓不禄仕。

元

蔡珍。安陽人。素驍勇，從憲宗攻宋合州釣魚山。中統三年，從征李璮〔八〕，後從鎮襄陽，徇安慶，攻五河，所至有功。南方平，入備宿衛。至元十四年，扈駕駐黑城，珍遣兵士儲芻藁，築土室，軍府賴其用，陞忠武校尉。時白海初建行營，命珍督役，卒事，民不知擾。二十七年，進後衛親軍千户。元貞元年，進階武略，告老歸。

杜瑛。其先信安人，中書葉赫珪開府于相，瑛赴其聘，遂家焉。與良田千畝，辭不受。歲己未，世祖南伐至相，召見問計，瑛從容對數事，帝納之。中統初，詔徵瑛，辭不就，杜門著書，優游道藝以終其身。天曆中，贈資政大夫，追封魏郡公，謚文獻。葉赫珪舊作粘合珪，今改正。

胡祗遹。武安人。少孤，既長讀書，見知于名流。至元元年，授應奉翰林文字，轉右司員外郎。時阿合瑪當國，進用羣下，官冗事煩，祗遹建言省官莫如省吏，省吏莫如省事，以是忤權奸，出爲太原路治中。以最聞。十九年，爲濟寧路總管，召拜翰林學士，不赴，改江南浙西提刑按察使。未幾，以疾歸。二十九年，朝廷徵耆德者十人，祗遹爲之首。卒。謚文靖。「阿合瑪」舊作「阿合馬」，今改正。

郭昂。林州人。習刀槊，能挽强，稍通經史，尤工詩。至元二年，上書言事，平章廉希憲材之。歷官至廣東宣慰使，卒。

許有壬。湯陰人。幼穎悟，讀書一目五行。延祐二年進士，累拜監察御史。泰定初，上章言圖瑺德爾之子瑣南與聞大逆，請正典刑。繼上正始十事。爲左司員外郎。京畿饑，白丞相發糧四十萬斛濟之，民賴以活者甚衆。三年，陞左司郎中，每遇公議，屢爭事得失，汛掃積滯，幾無留牘。至正六年，召爲參知政事，極論帝當親祠太廟，徽政院當罷，冗職當沙汰，錢糧當裁節，人皆韙之。累官集賢殿大學士，階至光禄大夫。致仕，卒。有壬歷事七朝，垂五十年，遇國家大事，無不盡言，皆一根至理，而曲盡人情。當權臣恣睢之時，事有不便，明辨力諍，不知有死生利害，君子多之。「圖瑺德爾」舊作「鐵木迭兒」，今改正。

明

郭資。武安人。洪武進士，累官户部尚書。治錢穀有能稱，性强毅，人不能干以私。

任禮。臨漳人。起行伍，累官都督同知。從征樂安及烏梁海，俱有功。正統初，進左都督。以破阿台功，封寧遠伯，鎮甘肅。沙州衛都督納穆噶兄弟乖異，禮乘其饑窘，督兵徑詣其地，收其全部而還。卒，贈侯，謚僖武。「烏梁海」舊作「兀良哈」，「納穆噶」舊作「喃哥今」，並改正。

石璞。臨漳人。永樂中，舉於鄉，選授御史。歷江西副使。著聲績，累遷工部尚書。景泰時，討貴州苗賊有功，改兵部。致仕歸，室廬不完。英宗復位，謂大學士李賢曰：「石璞純臣，聞其尚健，爲我降璽書召之。」比至，遷南京左都御史。罷歸，卒。

崔克昇。内黄人。幼以孝聞。父年九十九而終，克昇已老，猶徒跣負土成壟，廬居三年。宣德中旌表。

史五常。内黄人。父萱，官廣東僉事，卒，葬南海縣和光寺側。五常方七歲，母攜以歸。比長，常以不得返葬爲恨，母語之曰：「爾父櫬内置大錢十，爾謹志之。」及母殁，廬墓終喪，即往迎父櫬。寺廢，櫬無可覓，忽老人以杖指其處，乃得父櫬，内置錢如母言。扶歸合葬，復廬墓三年。正統六年旌表。

郭本。安陽人。善醫。早孤，事母孝。母喪廬墓，白鶴來棲。成化中旌表。

崔陞。安陽人。成化進士，歷兵部員外郎。因星變，上言閹豎放恣，妖僧蠱惑，宜亟誅竄。又言兵部尚書王恕，今之伊、傅，不宜置之南京，皆不報。後歷延安知府、四川參政，並以廉惠著稱。

張士隆。安陽人。弘治進士，歷御史。正德中，乾清宫災，上疏譏切時政。巡按鳳陽，劾奏中官史宣罪。錦衣千户廖鎧，錢寧所暱也〔九〕，大爲奸利，士隆偕同官劾之。寧大怒，搆之下詔獄，謫晉州判官。世宗立，召復其故官，終陝西副使。

崔銑。陞子。弘治進士，選庶吉士，授編修。以不附劉瑾，出爲南京户部主事。嘉靖初，歷南京國子祭酒。會大學士蔣冕、尚書汪俊等以争大禮去位，而張璁、桂萼輩用事。銑極言忠邪不分，忤旨，罷。後以薦起，仕至南京禮部侍郎。初，銑家居，作後渠書屋，讀書講學其中，學者稱後渠先生。晚歸，門人益進，嘗曰：「道在五倫，學在治心，功在慎獨。」卒，謚文敏。

馬卿。林縣人。弘治進士，選庶吉士，授給事中。出爲大名知府。嘉靖初，歷浙江布政使，以裁抑中官吴勳，謫鶴慶知府，政績甚著。卿性强直，有才略，善處艱劇。歷官右副都御史，總督漕運，兼撫鳳陽。卒于官。

王勳。湯陰人。由太學生爲淶水知縣。正德初，以事忤劉瑾。瑾欲加罪，陰使人入縣署覘之，婦子紡織，惟衣帶掛壁，乃釋之，清名徹于内廷。擢汾州知府。尋去官，躬耕食力，不履城市者三十年。

王科。涉縣人。正德進士，知藍田縣，有善政。嘉靖時，擢給事中。帝遣内官織造陝西，科力言其擾民。尋巡視京營，劾奏郭勛奸利，不報。李福達獄起，復劾勛，遂下獄，削籍。隆慶初，贈太常少卿。

郭樸。安陽人。嘉靖進士，改庶吉士，授編修。累官吏部尚書，掌銓一秉至公，愛惜人才。進武英殿大學士。在相位，以大權歸朝廷，以職守還百司，挈綱敦要。隆慶初政，一時稱治。會言者劾高拱，樸與拱鄉里相得，不自安，亦求去。家居三十年卒。謚文簡。

吴定。安陽人，萬曆進士，歷御史。疏請停内操，忤旨奪俸。歷官大理卿。會御史傅好禮以諫稅使被黜，定抗疏救之，亦除名。後爲雲南巡撫，罷歸，卒。

王橓徵。安陽人。萬曆末舉于鄉。授蒲州知州，以孤介拂上官意，致仕歸。崇禎十七年，爲賊所執，憤恨不食而死。本朝乾隆四十一年，賜謚節愍。

尚大倫。安陽人。崇禎進士，歷官刑部郎中。國學生白夢謙以救黄道周繫獄，大倫議寬之，忤尚書意，遂罷歸。流賊陷安陽，抗節死。本朝乾隆四十一年，賜謚烈愍。

司五教。内黄人。篤學有志行。崇禎時，爲内丘訓導。邑被兵，佐長吏拒守有功。十六年，賊據關中，郡縣風靡，五教激勵士民且戰且守。賊悉兵來攻，四日城陷，厲聲罵賊，被磔死。本朝乾隆四十一年，賜謚烈愍。

本朝

司九韶。内黄人。任潞安府推官。姜瓖反，被執不屈，嚙指血作書請援。賊覺，遇害。

李塤。湯陰人。順治進士，任福建尤溪令。耿逆之變，嬰城固守，力竭見擒。不屈，死。

王伯勉。湯陰人。順治進士，由行人遷選曹郎。性孝友，居官廉介。改御史，轉京卿，歸里卒。祀鄉賢。

蘇宏祖。湯陰人。順治進士，知山西和順縣。會姜瓖叛，陷遼州，逼和順。宏祖訓厲鄉勇，擒賊將王歌。

流寓

許三禮。安陽人。順治辛丑進士，任海寧令。以嚴明稱，行取御史，歷督捕郎中。

李丹。林縣人。知羅定州。鄰寇剽掠，率鄉勇一鼓擒之。歷刑部郎中。

司琨。内黄人。官淮、徐僉事，翦土豪以除民害。修白洋堤。值官軍北上，僱僱兵船，不累里甲。以勞瘁卒。

漢

夏馥。陳留圉人。桓帝初，爲中官誣陷，乃剪髮變形，入林慮山中爲冶家傭。

晉

庾衮。潁川鄢陵人。元康末，張泓等肆掠于陽翟，衮方攜其妻子適林慮山。事其新鄉，如其故鄉，言忠信、行篤敬。比及期年，而林慮之人歸之，咸曰庾賢。

北齊

元文遥。洛陽人。太尉東閤祭酒，解官侍養，隱于林慮山。

隋

盧太翼。河間人。隱于白鹿山。數年，徙居林慮山茱萸澗。請業者自遠而至，初無所拒。

唐

温佶。并州祈人。後居鄴。薛嵩薦之朝，授太常丞。一謝嵩即去，屏處郊野，世推其高節。

金

王庭筠。河東人。明昌元年，召庭筠試館職，中選。御史臺言庭筠不當以館閣處之，遂罷。乃卜居彰德，買田隆慮，讀書黄華山寺，因以自號。

元

劉秉忠。邢州人。年十七，爲邢臺節度使府令史。居常鬱鬱不樂，一日投筆歎曰：「丈夫不遇於世，當隱居以求志耳。」即棄去，隱武安山中。久之，天寧虚照禪師遣徒招致爲僧，以其能文詞，使掌書記。

列女

晉

劉遐妻邵氏。續之女。驍果有父風。遐嘗爲石季龍所圍，妻單將數騎，拔遐出于萬衆之中。及田防等欲爲亂，遐妻止之，不從，乃密起火，燒甲仗都盡。

宋

韓肖胄母文氏。紹興三年，肖胄充通問使。將行，母語之曰：「汝家世受國恩，當受命即行，勿以我爲念。」帝稱爲賢母，封榮國夫人。

元

趙美妻王氏。内黄人。至治元年，美溺水死。王氏誓守志。舅姑念其年少無子，欲使更適人。王氏曰：「婦義不再醮，且舅姑在，妾何棄而去耶？」舅姑乃欲以族姪與繼婚，王氏拒不從。舅姑迫之力，王氏知不免，即自經死。

趙洙妻許氏。有壬之姪女。至正十九年，紅巾賊陷遼陽。洙時爲儒學提舉，夫婦避亂，匿資善寺。洙以叱賊見害，許氏不知也。賊甘言誘許氏，令指示金銀之處。許氏大言曰：「吾詩書冠冕故家，不幸遇難，但知守節而死，他皆不知也。」賊以刃脅之，許氏色不變。已而知其夫死，因慟哭仆地，罵聲不絶口，遂遇害。寺僧見許氏死狀，哀其貞烈，賊退，與洙合葬之。

明

李士能妻楊氏。安陽人。士能殁，哀毁逾禮。歲饑，其兄弟諷令改適，楊斷髮自誓。成化中旌。

李諒妻陳氏。安陽人。諒殁，絶粒三日，姑强之乃進食。成化中旌。

王世昌妻楊氏。臨漳人。弘治中，世昌兄坐事論死，世昌請代其刑。時楊未笄，願訴于朝，代夫死，遂入京陳情。敕法司議，得並釋。

高氏女。名小梅，武安人。正德中，爲流賊所掠，露刃脅之。小梅怒駡曰：「殺即任爾，無望得污我也。」遂遇害。

王弼妻鄭氏。安陽人。太行賊斬關入，掠王貲，鄭躍身墜樓死。事聞旌表。

劉夢祥妻龐氏。安陽人。崇禎末，夫婦並爲流賊所掠。龐佯好語賊，縱其夫，乃大駡被害。同時抗節死者二十五人。

本朝

李塤妻傅氏。湯陰人。塤以龍溪令殉難，傅自縊。

徐滚妻張氏。安陽人。守節遇害。同縣蔣文德妻蕭氏，亦以拒暴見殺。均康熙年間旌。

張玉生妻程氏。涉縣人。守正捐軀。康熙年間旌。

員清繼妻張氏。安陽人。清守備宣化殁，姑憐張少，勸令改適。氏以頭觸地，血流被面。清權厝宣化，氏攜子迎柩歸。

艱苦備嘗，事姑甚謹。雍正年間旌。

崔進經妻郭氏。林縣人。夫亡守節，其兄迫改適，自縊。同縣王邇遴妻李氏，亦以夫亡殉節。

崔正繼妻宋氏。安陽人。正歿無子，氏撫嗣子成立，備歷艱辛。同縣節婦申存義妻劉氏、劉極妻許氏、史陳編妻郭氏、蘇參妻陳氏、温佶妻劉氏、王鳳彩妻魯氏、孫體元妻王氏、王授繼妻邢氏、楊繼翰妻孟氏、周吉徵妻王氏、王沈妻劉氏、許迪治妻楊氏、吳爾禮妻許氏、鄭益妻王氏、申福錫妻馬氏、黄文玉妻璩氏〔一〇〕、師得亮妻劉氏、吕玖妻郭氏、崔田妻張氏、楊天泰妻宋氏、盧應時妻李氏、馮又京妻彭氏、吳文嚴妻高氏、倪端士妻衛氏、陳元勳繼妻邢氏、妾閻氏、樂純聲妻郭氏、李本敬妻王氏、田九增妻姚氏、李維新妻陶氏、張廷彦妻宋氏、楊若震妻張氏、謝宣妻芈氏、程雲龍妻盧氏、劉希古妻王氏、田玉妻吳氏、張丕才妻邢氏、趙元勳妻賈氏、趙耀妻王氏、申君弼妻程氏、邢鐮妻劉氏、妾郭氏、沈文桐妻許氏、路永禄妻吳氏、蘇文妻盧氏、盧瑞九妻范氏、郭永慶妻畢氏、楊發天妻唐氏、桑大用妻朱氏、邢節菴妻劉氏、邢連妻郭氏、尚宗文妻姚氏、黄本新妻胡氏、李温妻賈氏，烈婦王成妻秦氏、鄭之榮妻杜氏、劉成子妻宋氏、陳希亮妻華氏、張懷玉妻崔氏、李某妻王氏，烈女吳閏姐、閻胖姐、王秀姐，均乾隆年間旌。

陳讜妻賈氏。臨漳人。夫亡守節。同縣節婦劉永命妻牛氏、岳好學妻薛氏、王慎言妻張氏、李馨妻任氏、常鹿齡妻史氏、郭步雲妻楊氏，烈婦李喜妻張氏、孫義成妻吳氏、高一琴妻杜氏，均乾隆年間旌。

臧釗妻孫氏。湯陰人。夫亡守節。同縣節婦蘇郇妻王氏、郭榮祖妻韓氏、吕大功妻許氏、田定國妻裴氏、王鉦妻蘇氏、王夢槃妻黄氏、高士鳳妻鄭氏，均乾隆年間旌。

牛星妻萬氏。林縣人。夫亡守節。同縣節婦田中裕妻牛氏、蘇淩雲妻郭氏、李星次妻黄氏、王爾宣妻桑氏、閻永祺妻傅氏、趙麗中妻靳氏、黄騏妻劉氏、郭天平妻陳氏、傅璞妻郭氏、劉勘妻楊氏、李壎妻張氏、方名妻杜氏，烈婦郝從周妻陳氏、原勳妾張氏、李玉臣妻郭氏、馬雲德妻魏氏、宋應子妻胡氏、雷克化妻王氏、傅克喜妻楊氏，烈女桑多姐，均乾隆年間旌。

白廷魁妻張氏。武安人。夫亡守節。同縣節婦李鈊妻任氏、賈鳴珩妻李氏、趙貴妻龐氏、楊旭妻張氏、胡建吉妻郭氏、智期妻賈氏、齊士臣妻韓氏、任步蟾妻陳氏、白乃玉妻張氏、徐纘業妻張氏、韓起妻程氏、李配元妻田氏、胡基永妻高氏、胡玉禄妻高氏、白成瑞妻王氏、張澤久妻陳氏、王大器妻馬氏、李煜妻趙氏、張薇妻李氏、李于妻崔氏、賈懋章妻趙氏、程起復妻李氏、張信史妻李氏、徐允宜妻尹氏、李體亨妻張氏、安士玠妻孟氏、李魯妻馮氏、野俊妻楊氏、王維增妻孟氏、韓維業妻趙氏、趙勳繼妻武氏、王楷妻喬氏、韓英妻楊氏、王文焕妻白氏、魏天禄妻韓氏、王心妻郝氏、韓自懋妻李氏、李宸樞妻侯氏、趙自興妻譚氏、賈偉妻祈氏、李棠滋妻張氏、袁璧妻郝氏、李克成妻邵氏、龐鎮國妻韓氏、白世訓妻張氏、龐守舉妻温氏、賈棟妻孫氏、張占先妻姜氏、李德統妻王氏、李佳蓮繼妻張氏、張全初妻賈氏、何清妻王氏、李棠芳繼妻謝氏、劉可廷妻張氏、郝鐸妻黄氏、胡萬禄妻李氏、任倜妻張氏、韓奇英妻劉氏、王枚妻李氏、張鉽鉚妻胡氏、李濬妻胡氏、張積昌妻田氏，烈婦孫有科妻龍氏、郭某妻朱氏、李公妻齊氏，烈女麻氏女，均乾隆年間旌。

程世微妻王氏。涉縣人。夫亡守節。同縣節婦牛超德妻王氏、康奪粹妻申氏，均乾隆年間旌。

馬兆徵妻王氏。内黄人。夫亡守節。同縣節婦馬達德妾徐氏、李培棟妻王氏、楊毓秀妻趙氏、黄廷任妻張氏、潘世禄妻王氏、劉琦妻李氏、王良孝妻楊氏、黄爾祉繼妻劉氏、王勳懋繼妻楊氏、王時懋繼妻郭氏、黄峻妻崔氏、傅養材妻劉氏、楊溥妻黄氏、蘇瑞妻李氏，烈婦左谷多妻董氏、田存敬妻宋氏、韓三星妻丁氏，均乾隆年間旌。

趙三典妻楊氏。安陽人。夫亡守節。同縣節婦張盡孝妻沈氏、張汝恭妻喬氏、陳文燦妻牛氏、盧元成妻王氏，烈婦王前驅妻裴氏，烈女袁引姐、何氏女，均嘉慶年間旌。

李滿場妻房氏。臨漳人。守正捐軀。同縣烈婦喬某妻張氏，均嘉慶年間旌。

胡三戒繼妻馮氏。湯陰人。夫亡守節。同縣節婦蘇好善繼妻孫氏、冀治平妻楊氏，烈婦李黑子妻吴氏、韓谷獨妻蕭氏，均嘉慶年間旌。

石文明妻譚氏。林縣人。夫亡守節。同縣烈婦劉領羣妻牛氏、李更妻楊氏，均嘉慶年間旌。

徐環妻王氏。武安人。夫亡守節。同縣節婦李在湄妻白氏、李祥麟妻程氏、崔步墀妻申氏、韓日昌妻李氏、張廷梧妻陳氏、胡進孝妻李氏、張瑨妻李氏、王銀妻韓氏，烈婦韓兆科妻李氏、韓福妻楊氏、王香才妻李氏，均嘉慶年間旌。

趙麟兆妻李氏。涉縣人。夫亡守節。嘉慶年間旌。

劉允中繼妻董氏。內黄人。夫亡守節。同縣烈婦黄二塔妻耿氏、劉士達妻王氏、白照亮妻王氏、喬典媳胡氏，烈女王氏女、喬氏女，均嘉慶年間旌。

仙釋

漢

犢子。鄴人。少在黑山，採松子、茯苓餌服之，且數百年。陽都沽酒家有女，生而連眉，衆以爲異。會犢子牽一黄牛過，女悅之，遂隨犢子出門，共牽犢而走，人不能追也。後有人於潘山下，見其冬賣桃李云。

扈謙。魏郡人。精於易占。常於建康筮卦，每卦百錢。日限錢五百，以三百養母，以二百飲酒。

蕭綦。隆慮人。修道天平山延壽宫。善吹簫，能致鳳鸞翔集，號碧霄真人。道成，白日冲舉。

晉

佛圖澄。天竺人。石季龍遷都於鄴，傾心事澄。澄時止鄴城寺中，遣弟子法常北至襄國，弟子法佐從襄國還，相遇于梁基城下，對車夜談，言及和尚，比旦各去。佐始入，澄逆笑曰：「昨夜爾與法常交車，共説汝師邪？」佐愕然愧懺。于是國人每相語莫起惡心，和尚知汝。卒于鄴宫寺。後有沙門從雍州來，稱見澄西入關，季龍掘而視之，惟有一石而無尸。

單道開。敦煌人。石季龍時到鄴，初止鄴城西沙門法綝祠中，後徙臨漳昭德寺。于房内造重閣，于上編菅爲禪室，常坐其中。季龍資給甚厚，道開皆以施人。自云能療目疾，就療者頗驗。佛圖澄曰：「此道士觀國興衰，若去當有大亂。」及道開南渡許昌，鄴中果大亂。

宋

張常清。林慮人。宣和中，學道于冲和處士。後入聖符山修煉，人稱爲竹馬先生。徽宗以璽書召，延便殿賜坐，問方外事，欲拜爲諫議大夫，固辭還山，授以金符。後冲舉去。

金

李志方。安陽人。宣宗時，補爲户部令史。棄官隱隆慮山，坐煉久之，謁丘處機，賜號重元子。嘗主天慶宫，有萬鶴繞壇之異。平生不作詩，惟羽化時留頌曰：「四大既還本，一靈方到家。白雲歸洞府，明月落棲霞。」投筆而逝。

土産

紗絹。安陽出。唐書地理志：相州土貢紗、絹、隔布。元和志：相州貢紗。宋史地理志：相州貢暗花、牡丹花紗絹。

木棉。府志：武安田宜木棉。

鐵。各縣出。漢書地理志：隆慮、武安有鐵官。後漢書郡國志：武安有鐵。唐書地理志：涉、鄴、林慮有鐵。元和志：林慮縣林慮山有鐵，縣有鐵官。

銅。府志：安陽縣銅山舊産銅。又涉縣産自然銅。

錫。府志：武安産錫。

席。安陽出。唐書地理志：相州土貢鳳翮席。

紙。府志：涉縣産桑皮紙。

煤木。府志：湯陰産煤木。

紅礬。府志：武安産紅礬。

胡粉。唐書地理志：相州土貢胡粉。

花口葫蘆。安陽出。唐書地理志：相州土貢花口瓢。

藥。安陽出。唐書地理志：相州土貢知母。攬轡録：扁鵲墓旁伏道艾，醫家貴之。

校勘記

〔一〕歷小司空少保　「小」，原作「少」，據乾隆志卷一五七彰德府人物（下同卷簡稱乾隆志）及周書卷三二申徽傳改。

〔二〕兄卬　「卬」，原作「邛」，乾隆志同，據隋書卷七二陸彦師傳及北齊書卷三五陸卬傳改。

〔三〕劉顗　「顗」，原作「愷」，乾隆志同，據新唐書卷一〇二鄧世隆傳改。

〔四〕三司使王仁贍議傭民車牛運法物　「贍」，原作「瞻」，乾隆志同，據宋史卷二七〇魏丕傳改。按，王仁贍宋史卷二五七亦有傳。

〔五〕上言秦羲嘗增江淮兩浙荆湖榷酤錢　「羲」，原作「義」，乾隆志同，據宋史卷三〇三李防傳改。按，秦羲字致堯，宋史卷三〇九亦有傳，言其咸平四年「議增榷酤錢歲十八萬緡，所增既多，尤爲刻下」。

〔六〕張俊請飛同討李成　「張俊」，原作「張浚」，乾隆志同，據宋史卷三六五岳飛傳改。按，張俊討李成，岳飛爲先鋒，宋史卷三六九張俊傳亦詳敘之。

〔七〕令措置使飛還軍　「飛還」，原誤倒，乾隆志同，據宋史卷三六五岳飛傳乙正。

〔八〕從征李壇　「壇」，原作「壇」，據乾隆志及元史卷一六六蔡珍傳改。

〔九〕錦衣千户廖鎧錢寧所暱也　「鎧」、「寧」，原作「愷」、「凝」，據乾隆志及明史卷一八八張士隆傳改。按，本志改「寧」爲「凝」，避清宣宗諱也。下文同改。

〔一〇〕黄文玉妻璩氏　「玉」，原作「王」，據乾隆志改。

衛輝府圖

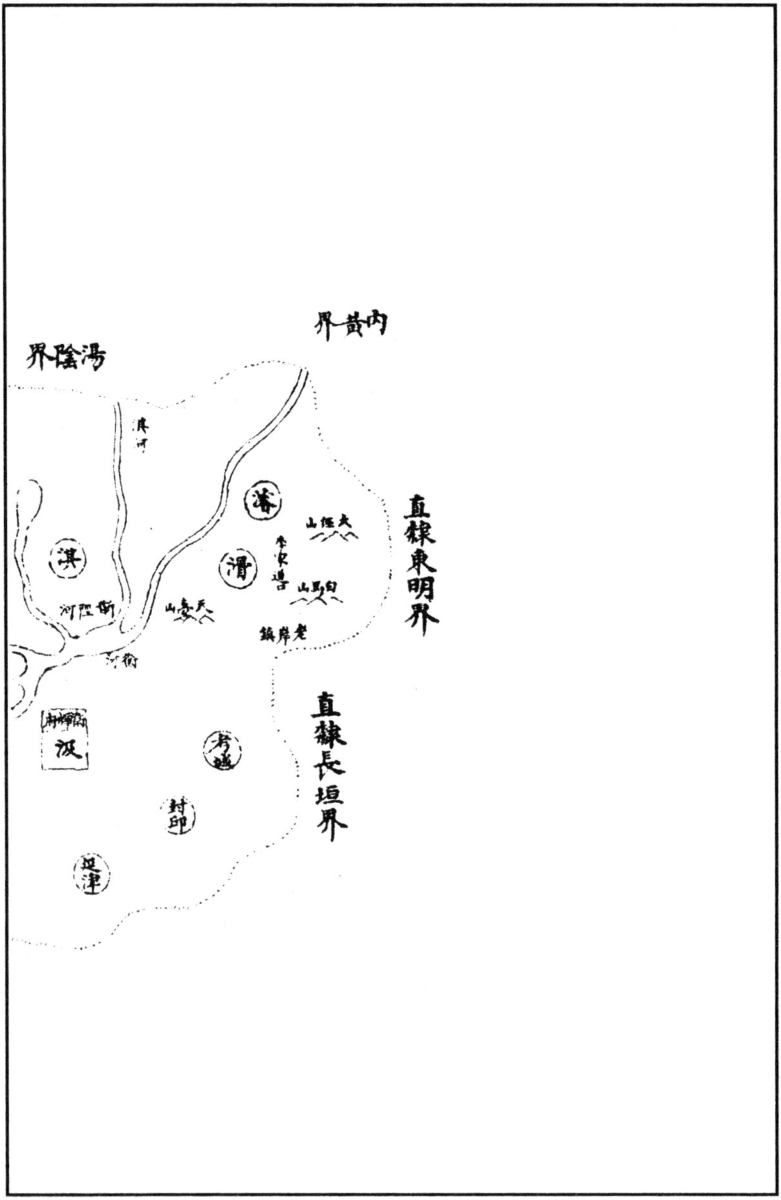
湯陰界
内黃界
直隸東明界
直隸長垣界
濬
滑
淇
衛輝府
汲
封邱
延津
老岸鎮
白馬山
大伾山
天臺山

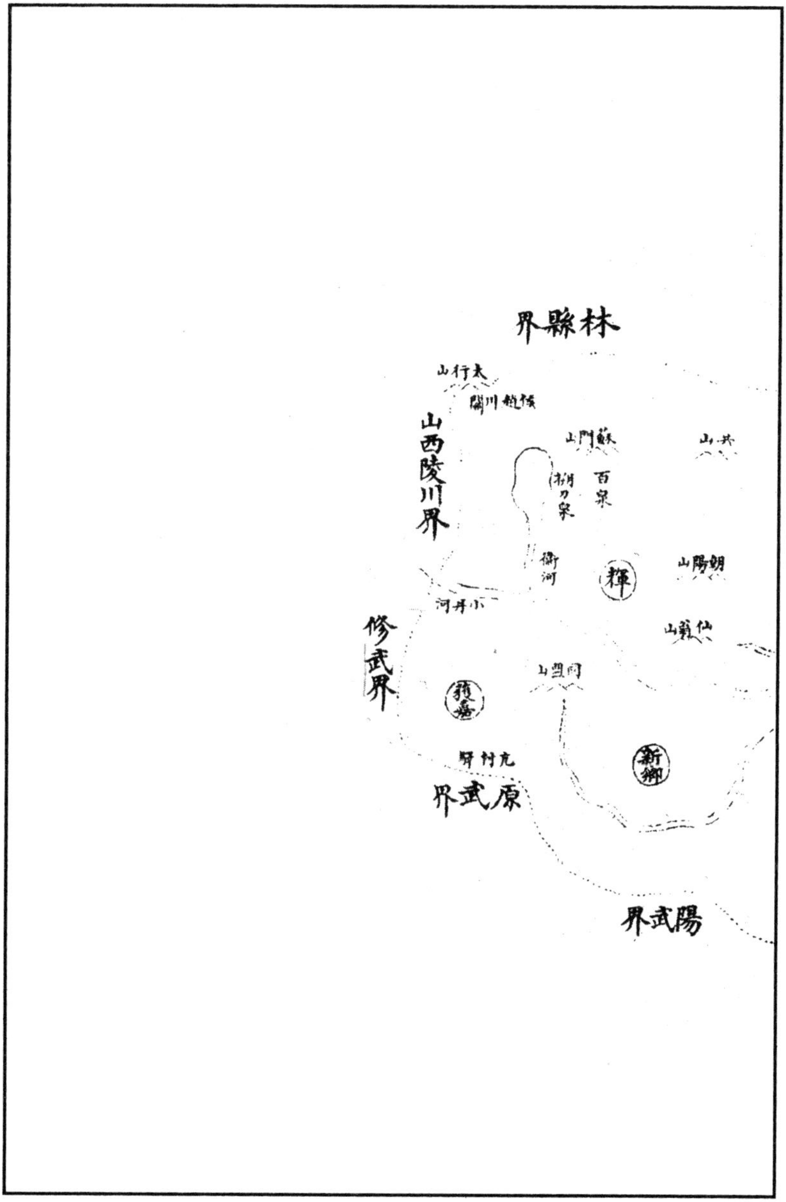
林縣界
太行山
山西陵川界
蘇門山
共山
百泉
搠刀泉
衛河
輝
朝陽山
小丹河
仙翁山
修武界
同盟山
獲嘉
新鄉
原武界
陽武界

衛輝府表

	衛輝府	汲縣
秦	東郡及三川郡地。	
兩漢	河內郡地。	汲縣屬河內郡。
三國	朝歌郡魏初置，後廢。	汲縣魏屬朝歌郡。
晉	汲郡泰始二年置。	汲縣郡治。
南北朝	義州伍城郡東魏興和二年置州，併改郡名。齊廢州。周改置衛州及修武郡，治朝歌。	伍城縣東魏置郡治。周屬衛州。汲縣東魏郡治。齊省入伍城。
隋	開皇初廢郡，大業初以州爲汲郡，治衛縣。	汲縣開皇六年改名，屬汲郡。
唐	衛州汲郡武德初復置義州，旋廢。貞觀初移衛州來治，屬河北道。	汲縣州治。
五代	衛州	汲縣
宋金附	衛州汲郡屬河北西路。金明昌三年升爲河平軍，置節度。	汲縣
元	衛輝路中統初升路，屬中書省。	汲縣路治。
明	衛輝府初改府，屬河南布政司。	汲縣府治。

續表

	新鄉縣	獲嘉縣	淇縣
		修武縣	
	獲嘉縣屬河内郡。後漢爲侯國。	修武縣屬河内郡。	朝歌縣屬河内郡。後漢建安中屬魏郡。
	獲嘉縣	修武縣	朝歌縣初置朝歌郡，尋罷。
	獲嘉縣屬汲郡，後廢。	修武縣屬汲郡。	朝歌縣屬汲郡。
	新鄉縣魏太和二十三年復置。齊廢。	南修武縣魏孝昌中更名。周置修武郡。	朝歌縣宋屬河内郡。東魏又析置臨淇縣，屬林慮郡。
隋興縣開皇十六年置，尋又析置陽源縣，大業初省入，屬汲郡。	獲嘉縣開皇初改置，屬河内郡。	獲嘉縣開皇初廢郡，改縣名。初屬衛州，後屬河内郡。	衛縣大業初改名，爲郡治。
武德初省入汲縣。	新鄉縣初屬義州，州廢，屬殷州。貞觀初屬衛州。	獲嘉縣武德初復置殷州，貞觀初廢，屬懷州。	衛縣屬衛州。
	新鄉縣	獲嘉縣	衛縣
	新鄉縣熙寧六年省入汲縣，元祐二年復。	獲嘉縣天聖四年仍改屬衛州。	衛縣天聖中屬安利軍，熙寧中廢入黎陽。元祐初復置，屬濬州。
	新鄉縣屬衛輝路。	獲嘉縣屬衛輝路。	淇州憲宗五年置州，又置臨淇縣，爲州治。中統初屬大名路，至元三年屬衛輝路。
	新鄉縣屬衛輝府。	獲嘉縣洪武十年省入新鄉，十四年復置，屬衛輝府。	淇縣洪武初降縣，屬衛輝府。

輝縣	延津縣		
	酸棗縣屬三川郡。		
共縣屬河内郡。	酸棗縣屬陳留郡。		南燕縣
共縣魏屬朝歌郡。	酸棗縣		燕縣
共縣屬汲郡。	酸棗縣屬陳留國。		初廢縣，光熙初置東燕國。
共縣東魏太平中屬林慮郡。齊廢。	酸棗縣宋初屬陳留郡。魏屬東郡。齊省。		東燕縣魏改縣，屬東郡。
共城縣開皇六年復置，屬河内郡。	酸棗縣開皇六年復置，屬滑州。大業初屬滎陽郡。	胙城縣開皇十八年置，屬滑州。	開皇中省入胙城。
共城縣武德初置共州，又分置凡城縣。四年廢州，省凡城入共，屬殷州。貞觀初屬衛州。	酸棗縣初屬東梁州，貞觀八年屬滑州。	胙城縣武德二年置胙州，後廢，仍屬滑州。	武德初復置南燕縣，屬胙州，四年廢。
共城縣	酸棗縣梁屬開封府。唐屬滑州。晉還屬開封府。	胙城縣	
共城縣金大定二十九年改名河平，明昌三年改曰蘇門，貞祐三年置輝州。	延津縣政和七年更名。金貞祐三年升延州。	胙城縣金改屬衛州，貞祐中徙治。	
輝州至元三年省蘇門入州，屬衛輝路。	延津縣至元九年復降縣，屬汴梁路。	胙城縣泰定初仍還舊治，屬衛輝路。	
輝縣洪武初降縣，屬衛輝府。	延津縣屬開封府。	胙城縣洪武十年省入汲縣，十四年復置，屬衛輝府。	

續表

濬縣	
	黎陽縣 屬魏郡。
	黎陽縣
永和中嘗置黎陽郡，太元中廢。	黎陽縣
黎陽郡 魏孝昌中復置。周宣政初又分置黎州。	黎陽縣 郡治。
開皇初州郡皆廢，十六年復置黎州，大業初廢。	黎陽縣 屬汲郡。
武德二年復置黎州，貞觀十七年廢。	黎陽縣 初爲州治，州廢，屬衛州。
	黎陽縣 晉天福中改屬澶州。
濬州 初置通利軍，政和五年升州，屬河北西路。金皇統八年改曰通州，天德三年復舊名。	黎陽縣 初爲軍治，軍廢，屬衛州。政和五年移就大伾三山之間，爲州治。
濬州 初屬正定路，至元二年改屬大名路。	省入州。
濬縣 洪武三年降爲縣，徙治浮丘山東北，屬大名府。	

	滑縣
周分朝歌置修武郡。	東郡 魏天興二年置兗州，治滑臺。後歸晉，兼置東郡。宋時復入魏，太和十八年廢州爲郡。
衛縣 初名朝歌，大業初改名，爲汲郡治。 清淇縣 開皇十六年置，大業初廢，旋復。	東郡 開皇九年置杞州，後改滑州。大業二年又改兗州，尋復爲郡。
衛縣 貞觀初屬衛州。 清淇縣 貞觀初省入衛縣，長安三年復置，神龍初又省。	滑州靈昌郡 武德初復置州，天寶初改郡治，屬河南道。乾元元年復曰滑州。
衛縣	滑州靈河郡 唐改郡名。
衛縣 天聖四年改屬安利軍。熙寧六年廢入黎陽。元祐初復置，屬濬州。	滑州靈河郡 熙寧五年州廢，元豐四年復置，屬京西北路。金屬大名府。
省。	滑州 大定六年改屬大名路。
	滑縣 洪武七年降爲縣，屬大名府。

續表

白馬縣			
白馬縣屬東郡。			
白馬縣			
白馬縣屬濮陽國。			
白馬縣魏天興中移置滑臺，爲郡治。	涼城縣魏置東郡治。齊省入白馬。	平昌縣魏孝昌四年分白馬置，屬東郡。齊省。	長樂縣魏武泰初分涼城置，屬東郡。齊省。
白馬縣	韋城縣開皇十六年分置，屬東郡。	衛南縣開皇十六年置，初曰楚丘，尋改名，屬東郡。	
白馬縣州治。	韋城縣	衛南縣屬滑州。儀鳳初移治新城，永昌初移治楚丘城南。	
白馬縣	韋城縣	衛南縣	
白馬縣	韋城縣金省入白馬。	衛南縣金省。	
白馬縣			
洪武初省入滑縣。			

	封丘縣	考城縣
		甾縣屬碭郡。
	封丘縣屬陳留郡。	甾縣屬梁國。後漢元和初更名考城，隸陳留郡。
	封丘縣	考城縣
	封丘縣屬陳留國。	考城縣初省，尋復置，屬濟陽郡。
	封丘縣魏太平真君九年省入酸棗，景明二年復。齊省。	考陽縣魏孝昌中改置。齊天保中更名城安。 北梁郡魏置，齊廢。
靈昌縣開皇十六年置，屬東郡。	封丘縣開皇十六年復置，屬東郡。	考城縣開皇十八年復名，屬梁郡。
靈昌縣屬滑州。	封丘縣屬汴州。	考城縣武德四年置東梁州，旋廢，屬曹州。
靈河縣後唐改名。	封丘縣屬開封府。	考城縣梁更名戴邑，後唐復故，屬開封府。
熙寧三年省入白馬。	封丘縣	考城縣崇寧四年改屬拱州，大觀四年復爲開封府。金初屬曹州，正隆中又屬睢州。
	封丘縣屬汴梁路。	考城縣
	封丘縣屬開封府。	考城縣正統二年徙治。

大清一統志卷一百九十九

衛輝府一

在河南省治西北一百六十里。東西距三百九十里，南北距一百七十八里。東至直隸大名府東明縣界一百八十里，西至山西澤州府陵川縣界二百一十里，南至懷慶府陽武縣界七十三里，北至彰德府湯陰縣界一百五里。東南至直隸大名府長垣縣界一百五十五里，西南至懷慶府修武縣界一百十里，東北至彰德府内黄縣界一百八十里，西北至彰德府林縣界一百四十里。自府治至京師一千四百里。

分野

天文室、壁分野，娵訾之次。

建置沿革

禹貢冀、兖二州之域。殷末遷都於此。周初爲邶、鄘、衛三國〔一〕，後并爲衛國。春秋時衛遷楚丘，地尋屬晉。戰國屬魏。秦爲東郡及三川郡地。漢爲河内郡地，後漢因之。三國魏置朝歌郡，後省。晉泰始二年，改置汲郡。治汲。後魏因之。興和二年，置義州。治汲。北齊廢。元和志：後魏孝靜帝於汲縣置義州，以處歸附之人。後周宣政元年，改置衛州，又分置修武郡。治朝歌。隋開皇初，郡廢。大業初，以州爲汲郡。治衛縣。唐武德元年，復置義州，改汲郡爲衛州。四年，廢義州。貞觀元年，移衛州治汲縣。天寶元年，又改曰汲郡。乾元元年，復故，屬河北道。五代亦曰衛州。宋曰衛州汲郡，屬河北西路。金天會七年，置防禦使。明昌三年，升爲河平軍，置節度，以滑州爲支郡。大定二十六年，以避河患，徙於共城，尋復故。貞祐三年，徙治胙城。金史地理志：貞祐二年，城宜村。三年，徙治於宜村新城，以胙城爲倚郭。元初仍治汲。元史地理志：憲宗元年，還州治於此。中統元年，置衛輝路總管府，屬中書省。

明爲衛輝府，屬河南布政使司。本朝因之，屬河南省。領縣六。汲、胙城、新鄉、獲嘉、淇、輝。雍正二年，以舊屬開封之延津縣來隸。三年，以舊屬直隸大名府之濬、滑二縣來隸。五年，省胙城入延津。乾隆四十八年，以舊屬歸德府之考城縣、開封府之封丘縣來隸。今領縣十。

汲縣。附郭。東西距八十五里，南北距四十二里。東至滑縣界五十里，西至輝縣界三十五里，南至延津縣界十二里，北至淇縣界三十里。東南至延津縣界七十里，西南至新鄉縣界三十里，東北至濬縣界四十里，西北至彰德府林縣界一百里。殷牧野地。周爲鄘、衛。戰國魏汲邑。漢置汲縣，屬河内郡。後漢因之。三國魏屬朝歌郡。晉泰始二年，置汲郡，後廢。後魏太和十二年，復置。興和二年，於此置義州及伍城郡伍城縣。北齊廢州。後周廢郡，以伍城縣屬衛州。隋開皇六年，仍改曰汲縣。大業初屬汲郡。唐武德元年，復置義州。四年，州廢，縣屬衛州。貞觀元年，自衛縣移衛州來治。五代及宋因之。金遷州治於共城及胙城，尋復故。元爲衛輝路治。明爲衛輝府治，本朝因之。

新鄉縣。在府西南五十里。東西距四十五里，南北距七十里。東至汲縣界二十里，西至獲嘉縣界二十五里，南至懷慶府陽武縣界五十里，北至輝縣界二十里。東南至陽武縣界二十五里，西南至懷慶府原武縣界四十里，東北至汲縣界三十里，西北至輝縣界二十里。周爲鄘國。漢初爲汲縣地，元鼎六年分置獲嘉縣，屬河内郡。後漢爲侯國。晉屬汲郡，後省。後魏太和二十三年，復置。北齊廢。隋開皇初，改置新鄉縣，屬河内郡。唐武德初，屬義州。四年，州廢，屬殷州。貞觀元年，還屬衛州。五代因之。宋熙寧六年，省入汲縣。元祐二年，復置，屬衛州。金因之。元屬衛輝路。明屬衛輝府，本朝因之。

獲嘉縣。在府西南九十里。東西距四十五里，南北距七十五里。東至新鄉縣界二十里，西至懷慶府修武縣界二十五里，南至懷慶府原武縣界五十里，北至輝縣界二十里。東南至延津縣治一百二十里，西南至懷慶府武陟縣治七十里〔二〕，東北至輝縣治五十里，西北至山西澤州府陵川縣治一百二十里。古甯邑，春秋晉南陽地。秦置修武縣。漢屬河内郡，後漢因之。晉改屬汲郡。後魏孝昌中，曰南修武。後周置修武郡。隋開皇初，郡廢，改縣曰獲嘉，屬衛州。十八年，置殷州。大業初，州廢，縣屬河内郡。唐武德四年，復置殷州。貞觀元年，又廢，縣屬懷州。五代因之。宋天聖四年，仍屬衛州。金因之。元屬衛輝路。明洪武十年，省入新鄉縣。十三年，復置，屬衛輝府。本朝因之。

淇縣。在府北五十里。東西距四十五里，南北距四十五里。東至濬縣界十五里，西至輝縣界三十里，南至汲縣界二十里，北至濬縣界二十五里。東南至延津縣界七十里，西南至輝縣界五十里，東北至濬縣界三十里，西北至彰德府林縣治一百八十里。殷沬邑。周初爲衛國。春秋屬晉，爲朝歌邑。漢置朝歌縣，屬河内郡。後漢建安十七年，屬魏郡。三國魏置朝歌郡，尋廢。晉屬汲郡。劉宋仍屬河内郡。後魏廢。東魏復置，又析置臨淇縣，屬林慮郡。隋大業初，改曰衛縣，移汲郡來治。唐武德初，爲衛州治。貞觀元年，仍移州治汲，以縣屬之。五代因之。宋天聖四年，屬安利軍。熙寧六年，廢入黎陽。元祐初復置，屬濬州。金因之。元憲宗五年，改置淇州。又置臨淇縣爲倚郭。中統元年，屬大名路。至元三年，屬衛輝路，省臨淇縣入州。明洪武初，廢州爲淇縣，屬衛輝府。本朝因之。

輝縣。在府西六十里。東西距一百里，南北距一百一十里。東至汲縣界二十五里，西至懷慶府修武縣界七十五里，南至新鄉縣界二十里，北至彰德府林縣界九十里。東南至新鄉縣界二十里，西南至獲嘉縣界三十里，東北至淇縣界五十里，西北至山西澤州府陵川縣界六十五里。周共伯國。漢置共縣，屬河内郡。後漢因之。三國魏屬朝歌郡。晉屬汲郡。東魏天平中，改屬林慮郡。北齊廢。隋開皇六年，復置共城縣，屬懷州。大業初，屬河内郡。唐武德元年，於縣置共州。四年，州廢，屬殷州。貞觀初，屬衛州。五代、宋因之。金大定二十六年，移衛州治此，尋復故。二十九年，改曰河平。明昌三年，改曰蘇門。貞祐三年，於縣置輝州，屬河南路。元至元三年，省蘇門縣入州，屬衛輝路。明初，改州爲輝縣，屬衛輝府。本朝因之。

延津縣。在府南七十里。東西距八十五里，南北距七十五里。東至封丘縣界五十里，西至新鄉縣界三十五里，南至懷慶府陽武縣界三十五里，北至汲縣界四十里。東南至開封府祥符縣治九十里，西南至陽武縣治四十里，東北至滑縣治九十里，西北至淇縣治七十里。春秋鄭廩延邑。秦置酸棗縣〔三〕，屬三川郡。漢屬陳留郡。後漢及魏、晉因之。後魏省，尋復置，屬東郡。北齊復省。隋開皇六年，復置，屬滑州。大業初，屬滎陽郡。唐初屬東梁州。貞觀八年，屬滑州。五代、梁屬開封府，後漢復故，晉還屬開封。宋政和七年，改曰延津。金貞祐三年，升爲延州，屬河南路。元至元九年，復爲延津縣，屬汴梁路。明屬開封府。本朝雍正二年，屬衛輝府。五年，省胙城縣入焉。

濬縣。在府東北一百十里。東西距八十里，南北距一百二十里。東至滑縣界十里，西至淇縣界七十里，南至延津縣界八十里，北至彰德府湯陰縣界四十里。東南至滑縣界十五里，西南至汲縣界七十里，東北至彰德府内黄縣界七十里，西北至湯陰縣界五十里。春秋衛牽地。漢置黎陽縣，屬魏郡。後漢及魏、晉因之。東晉時，燕嘗置黎陽郡，尋廢。後魏孝昌中，復分置黎陽郡。周宣政元年，分置黎州。隋開皇初，州郡皆廢。十六年，復置黎州。大業初，州廢，縣屬汲郡。唐武德二年，仍置黎州。貞觀十七年，州廢，縣屬衛州。五代晉天福中，改屬滑州。宋端拱元年，以縣建通利軍。天聖元年，改安利軍。明道中，復爲通利軍。熙寧三年，軍廢，縣屬衛州。元祐初，復爲軍。政和五年，升爲濬州，尋改平川軍，屬河北西路。金皇統八年，改爲通州。天德三年，復故。元初屬正定路，省州治黎陽縣入之。至元二年，屬大名路。明洪武二年，降爲濬縣，屬大名府。本朝雍正三年，屬衛輝府。

滑縣。在府東北九十里。東西距一百里，南北距一百六十五里。東至直隸大名府東明縣界九十里，西至濬縣界十里，南至封丘縣界九十五里，北至直隸大名府開州界七十里。東南至直隸大名府長垣縣界九十里，西南至延津縣界九十里，東北至開州界九十里，西北至濬縣治二十五里。殷豕韋國。春秋衛漕邑。秦置白馬縣，屬東郡。二漢因之。晉屬濮陽國。後魏天興二年，於縣置兗州。東晉義熙中收復，仍爲州治，并置東郡。宋永初末，地仍入魏，州廢。隋開皇九年，置杞州。十六年，改滑州。大業二年，又改兗州。三年，復曰東郡。唐初仍爲滑州，屬河南道。天寶元年，改靈昌郡。乾元元年，復故。大曆七年，爲永平節度使治。貞元元年，更號義成軍。光啓二年，改宣義軍。五代唐同光元年，復爲義成軍。宋以靈河縣省入，爲滑州治。太平興國元年，改曰武成軍。熙寧五年，州廢，屬開封府。元豐四年，復置，屬京西北路。金仍曰滑州，屬大名府。元屬大名路。明洪武初，以州治白馬縣省入。七年，降爲滑縣，屬大名府。本朝雍正三年，屬衛輝府。

封丘縣。在府東南一百里。東西距七十五里，南北距六十里。東至蘭陽縣界四十五里〔四〕，西至懷慶府陽武縣界三十里，南至開封府祥符縣界三十里，北至滑縣界三十里，東南至陳留縣治一百十里，西南至中牟縣治一百二十里，東北至直隸大名府長垣縣界三十五里，西北至延津縣界三十五里。古封父國。漢置封丘縣，屬陳留郡。後漢及晉因之。後魏太平真君九年，省入酸棗。景明二年，復置，仍屬陳留郡。北齊省。隋開皇十六年，復置，屬滑州。大業初，屬東郡。唐屬汴州。五代屬開封府，宋因之。元屬汴梁路。明屬開封府，本朝因之。乾隆四十八年，改屬衛輝府。

考城縣。在府東南三百里。東西距五十五里，南北距七十五里。東至山東曹州府曹縣界三十五里，西至開封府儀封廳界二十里，南至寧陵縣界三十五里，北至直隸大名府長垣縣界四十里。東南至商丘縣界五十五里，西南至開封府杞縣治九十里，東北至曹州府定陶縣治九十里，西北至長垣縣治一百六十里。春秋戴國。秦置甾縣，屬碭郡。漢屬梁國。後漢改曰考城，屬陳留郡。晉初省，尋復置，屬濟陽郡。後魏孝昌中，改置考陽縣，兼置北梁郡。北齊天保七年，郡廢，改縣曰成安。隋開皇十八年，復曰考城，屬宋州。大業初，屬梁郡。唐武德四年，於縣置東梁州。五年，州廢，屬曹州。元和十四年，屬宋州，尋復屬曹州。五代梁開平元年，改曰戴邑，屬開封府。後唐復曰考城。宋崇寧四年，改屬拱州。大觀四年，還屬開封府。金初屬曹州。正隆中，屬睢州。元、明因之。本朝屬歸德府，乾隆四十八年，改屬衛輝府。

形勢

左孟門而右漳、滏，前帶河，後被山。戰國策。左孟門，右太行，常山在其北，大河經其南。史記。南濱大河，西壓上黨。宋史地理志。峯巒奇峻，地當衝要，泉甘水温。元統志。

風俗

衛國地，濱大河。其地土薄，故其人氣輕浮；其地平下，故其人質柔弱。宋張載語。地饒俗淳，勤於播種。孝悌之風，有聞於時。元統志。人知向學，彬彬有文。續郡志。

城池

衛輝府城。周六里有奇，門三，池廣三丈五尺。東魏時築。明正統間甃甎，萬曆中增築。本朝順治十一年修，十三年、乾隆十五年、十八年、二十二年、二十八年重修。汲縣附郭。

新鄉縣城。周五里，門四，池廣二丈。唐武德元年築。明崇禎中甃甎。本朝順治年間修，康熙四年、乾隆九年重修。

獲嘉縣城。周三里有奇，門四，池廣二丈。明洪武三年築。本朝康熙二十三年甃甎，雍正十一年修，乾隆九年、十五年重修。

淇縣城。周八里有奇，門四，池廣一丈二尺。明正統中建。本朝雍正七年修，乾隆十五年、二十九年重修。

輝縣城。周四里，門三，池廣八尺。明景泰二年築，崇禎五年甃甎。本朝順治十五年修，康熙三十九年、乾隆十三年、二十二年重修。

延津縣城。周七里，門四，池廣一丈二尺。元大德間築。明萬曆中甃甎。本朝康熙四十一年修，乾隆十年、二十八年重修。

濬縣城。周七里，門四，池廣二丈五尺。元在浮丘山，明洪武初徙山北。萬曆中重築，包浮丘山之半。崇禎中甃甎。本朝乾隆十一年修，二十二年、三十年重修。

滑縣城。周九里，門五，池廣二丈。明崇禎十一年甃甎。本朝雍正七年修，乾隆十八年重修。

封丘縣城。周五里，門五，池廣一丈三尺。明洪武初建。本朝順治十八年修，雍正五年、乾隆九年、二十八年重修。

考城縣城。周四里，門四，池廣一丈。原建南岸，隸歸德府。乾隆四十八年，黄河漫溢，城没於水，改建北岸。其地近衛輝府，因改隸焉。

學校

衛輝府學。在府治東南隅。元至元中建。明末遷於西關，衛河之北岸。本朝順治十一年修。入學額數二十名。

汲縣學。在縣治西北。明洪武三年建。弘治中遷府學西。本朝康熙二十三年修，乾隆六年重修。入學額數十五名。

新鄉縣學。在縣治東南。宋元祐五年建。明洪武三十年重建。本朝順治十二年修，康熙二十七年、乾隆十一年重修。入學額數十五名。

獲嘉縣學。在縣治西南。宋初建。明洪武三十年重建。本朝順治十年修，康熙二十三年、乾隆十八年重修。入學額數十二名。

淇縣學。在縣治東南。元至元九年建。明洪武三年重建。本朝順治六年修，康熙二十五年重修。入學額數八名。

輝縣學。在縣治西。元至元十三年建。明洪武九年重建。本朝順治八年修，康熙、雍正、乾隆年間重修。入學額數十二名。

延津縣學。在縣治西南。明洪武三年建。本朝順治中修，康熙四十一年重修。入學額數十五名。

濬縣學。在縣治東。明洪武三年建。本朝康熙年間修。入學額數十八名。

滑縣學。在縣治東南金舊址。明洪武八年建。本朝順治四年修，康熙、雍正、乾隆年間重修。入學額數二十三名。

封丘縣學。在縣治東南。明洪武五年建。本朝順治十五年修。入學額數十二名。

考城縣學。在縣治東南。本朝乾隆四十八年没於水，改建北岸新城内。入學額數十二名。

百泉書院。在輝縣西北七里蘇門山麓。明成化十七年建，中祀周、程、張、邵、朱五子。崇禎十五年，移貢院於此。本朝順治十六年，貢院移置省城，仍改爲書院。乾隆十五年，高宗純皇帝巡幸中州，經臨於此，有御製詩二章、奇樹歌一首。

省身書院。在新鄉縣治西。本朝康熙三十四年建。

性道書院。在濬縣豫備倉後。明時建。本朝康熙七年修。

户口

原額人丁二十萬二千八百二十七，今滋生男婦大小共一百五十一萬九千七百六十五名口，計三十五萬九十四户。

田賦

田地五萬四百九十五頃九十六畝，額徵地丁正、雜等銀三十七萬二千二百九十兩六錢七分有奇，正兑、改兑米一萬一千三百一十八石六斗有奇，麥四千一百八十九石二斗有奇，豆一萬二千八百一十七石二斗有奇，耗米二千六百二十七石五斗有奇，耗麥九百二十四石九斗有奇，耗豆三千三十七石七斗有奇。

山川

仙翁山。在汲縣西二十里。一名神山。其北爲黄花洞。

霖落山。在汲縣西北三十五里。衛郡諸山，獨此最稱幽勝，重巒疊巘，瑰特千狀。一作林落山。中有獅子巖、香泉。

蒼峪山。在汲縣西北四十里。水經注：蒼峪，有蒼玉珉石，故名。縣志：一作蒼山，中有棋盤山、龍化巖、塔兒岡、白龍潭。

黄山。在汲縣西北四十里。名勝志：黄山，土皆黄色，與蒼山相對。

壇山。在汲縣西北四十里。

華蓋山。在汲縣東北四十里。

寺兒山。在新鄉縣東北二十里。山巔有寺，因名。

同盟山。在獲嘉縣東北五里。元和志：武王伐紂，與諸侯同盟於此，故名。縣志：山舊有武王廟，其右有飲馬池。

青巖山。在淇縣西南三十里。唐天寶末，甄濟隱此，安禄山辟不就。亦曰蒼峪山。名勝志：有水簾洞，出泉澄徹可鑒。

朝陽山。在淇縣西十五里。林壑佳勝，與青巖相對。

靈山。在淇縣西北三十里。劉之推九州要記〔五〕：靈山有黑龍潭，其北有四井，上有千佛洞。隋開皇中，滎陽鄭元伯斵石造佛萬四千軀。

浮山。在淇縣北三十里。山勢聳削，高出雲表。

太行山。在輝縣西五十里，接修武縣界。有白陘，太行第三陘也。詳見懷慶府。

白鹿山。在輝縣西五十里，接修武縣界。水經注：長泉水出白鹿山。元和志：在共城縣西五十四里。舊志：山西與太行接連，上有天門谷、百家巖。盧思道西征記云：有石自然爲鹿形，遠視皎然獨立，故以白鹿名。又縣西北三十里，有鹿臺山。

蘇門山。在輝縣西北七里。一名蘇嶺，即太行支山也。本曰柏門山。魏書地形志：共有柏門山。元和志：山在衛縣西北八十一里，即孫登隱處。寰宇記：俗名五巖山。

天門山。在輝縣西北五十里，亦名石門山。水經注：天門山，石自空，狀若門焉。廣三丈，深丈餘，東五百餘步，中有石穴西向，裁得容人，平行東南入，徑至天井，攀躡而升，至上平，東西二百步，南北七百步，四面險絶，無由升陟。一石泉方丈餘，清水湛然，常無增減，山居者資以給飲。北有石室。元和志：山在共城縣西五十里。明李濂記：兩山壁立相距，下有三潭，水皆黛色，能興雲雨，蓋蛟龍之所宮也。三潭之上有三龕，其東有峯，曰挂鏡臺。

淇山。在輝縣西北，淇水所出。一名沮洳山，亦名大號山。山海經：沮洳之山，淇水出焉。淮南子地形訓：淇出大號。水經注：淇水出河内隆慮縣西大號山側，頽波瀾注，衝激横山，山上合下開，巨石磥砢，交積隍澗，傾瀾渀盪，勢同雷轉，激水散氛，曖若霧合。按：淇水之源，水經云出淇山，漢志云出共山，地形志又云王莽嶺源河流爲淇〔六〕，大約諸山相近，故各指而言之也。

共山。在輝縣北九里。漢書地理志：共北山，淇水所出。水經注：共山在共伯國北，所謂共北山也。寰宇記：在縣北十里，昔共伯復歸於國，逍遥得意，遊共山之首。縣志：亦謂之九峯山，蘇門之别阜也。

九山。在輝縣北十里。孤峯聳出，俯視羣山，邑人每以重九日登高於此，故名。又曰韭山。

方山。在輝縣東北。水經注云：以山四方，故曰方山。又一里爲滑山。又有白佛山，在縣東北十五里。

黑麓山。在輝縣東北五十里。兩崖壁立，直逼霄漢。亦曰黑山。水經注：黑山在縣北白鹿山東，清水所出也。瀑布垂巖，懸河注壑，二十餘丈，雷撲之聲，震動山谷。左右石壁，層深隍中，散水霧合，視不見底。

酸棗山。在延津縣東北十五里。一名土山。寰宇記：土山在酸棗縣東南二里。

紫金山。在濬縣東五里大伾山之東。翠石稜稜，山無餘土。相傳玉女修煉其上，丹成飛去。有白金泉、拖裙石、玉女巖、玉女觀。

鳳凰山。在濬縣東故河東岸，與紫金山東西並峙，皆大伾支龍也。控扼淇、衛交流之口。禹貢錐指：宋河渠志有居山、汶子二小山，即縣志之紫金、鳳凰也。

大伾山。在濬縣東南二十里。山高四十丈，周五里，亦曰黎山。峯巘秀拔，若倚屏障。書禹貢：至于大伾。漢書注：臣瓚曰：「今黎陽縣山，臨河，乃大伾也。」唐書地理志：山一名黎陽山。通典：今名黎陽東山。又名青壇山，在縣南七里。禹貢錐指：山上有青壇。漢光武平王郎，還至黎陽，築壇祭告天地百神，劉公幹賦所謂「青壇承祀，高碑頌靈」者也。

浮丘山。在濬縣西南隅，半在城内，高三十餘丈，盤踞六里。有峯巖三層，縣治正跨其上。縣志：山顛平峯突起，下有洞二，閎邃如室。

同山。在濬縣西南三十里。一曰童山。水經注：五穴口，一水又南分，東入同山陂。隋書：宇文化及度永濟渠，與李密決戰於童山。寰宇記：童山在衛縣東九十里。

白祀山。在濬縣西二十里。秦始皇曾祀西岳於此，故名。有巨碑無字，土人呼爲秦皇碑。水經注：五穴口，一水東入白祀陂。縣志：山南岡上有藏軍洞。

善化山。在濬縣西北三十五里，高六十餘丈，周三十里。舊名枉人山。水經注：淇水東北逕枉人山東。元和志：在黎陽縣西北四十二里，俗言紂殺比干於此，故名。庾信哀江南賦「終則山稱枉人」是也。縣志：南北連跨巨岡，西南一峯傑出，近西有黑龍潭，上有龍洞。

黑山。在濬縣西北七十里，周五十里。後漢書袁紹傳：沮授曰：「還討黑山，則張燕可滅。」魏志武帝紀：于毒、白繞、眭固等十餘萬衆〔七〕，以掠魏郡，號黑山賊。寰宇記：一名墨山，以墨子昔居此爲名。在衛縣西北五十里。名勝志：黑山多削壁怪石，迴溪曲澗，盤鬱其中。有風穴，口大如斗，風從中出，附口處草皆外偃。縣志又有陳家山，在西南，與黑山連亘，下臨淇水，石壁峭拔，高二十仞。

白馬山。在滑縣東三十四里。水經注：東郡白馬縣之神馬亭，實中層峙，南北二百步，東西五十餘步，狀若斬成也。自外耕耘墾斫，削落平盡。正南有陟躔陛上〔八〕，方軌是由。西南側城有神馬寺，樹木修整。西去白馬津可二十里許，東西距白馬縣故城可五十里，疑即開山圖之所謂白馬山也。元和志：山在白馬縣東北三十四里。縣志：今縣東有村曰白馬墻，尚沿舊名。

天臺山。在滑縣西。宋史河渠志：天禧三年，滑州河溢城西北天臺山旁，遣使治之。天聖五年，塞河成，以其近天臺山麓，名曰天臺埽。

狗脊山。在滑縣西北，地出狗脊草，故名。山麓有龍潭。

雙人峯。在輝縣西北一百里。太行山巔，二峯並峙，高可百尺。

玉柱峯。在輝縣北五十里。有石柱屹立雲表，高三丈，圍五尺。又有道人峯，在縣西六十里。

金牛嶺。在淇縣西十五里。

駝峯嶺。在輝縣西七十里。又有瘦驢嶺，在縣西北三十里。華巖嶺，在縣西北七十里。

黄土岡。在汲縣西北十里。逶迤接太行山，土色皆黄。

三岡。在新鄉縣北三里。龍岡、鳳岡、龜岡，東西逶延數里，亦名茹家岡，皆太行之尾。

五陵岡。在新鄉縣北三十里。其阜有五，故名。又紅土岡，在縣北十里。

龍脊岡。在濬縣西三十里童山之麓。延亘四十餘里，形若游龍。又西爲達西岡，皆崇岡連絡不絶，直達太行。

葛岡。在考城縣南二里。世傳葛仙鍊丹處。又縣南二十里有卧龍岡，西南二十五里有固德岡。

黄陵岡。在考城縣北。金天興二年，金主自黄陵岡濟河。元至正十一年命賈魯治河於黄陵岡。

石丘。在延津縣東北。元和志：石丘在酸棗縣東北三十里，俗傳漢成帝時星隕爲石處。九域志又有星丘，秦始皇時星墜處。

師延丘。在滑縣東南。寰宇記：在韋城縣東南二十里。延，紂之樂師，死於濮水，收葬於此。

龍洞。在濬縣東二里許。

古黄河。舊河東經延津縣北，又東經故胙城縣北，其北岸則新鄉、汲縣，又東北至濬縣西南，其南岸則滑縣，北曰黎陽津，南曰白馬津。書孔傳：河至於大伾而北行。黄度尚書説：導河南至華陰，折而東行，至大伾折而北行，所謂千里而一曲也。漢賈讓言：決黎陽遮害亭，放河使北入海。河西薄大山，東薄金隄，勢不能遠泛溢。水經注：河水東至酸棗縣西，濮水東出焉。又東北，通謂之延津。又東逕燕縣故城北，有濟水自北來注之。又東，淇水入焉。又東，逕遮害亭南，又東，右逕滑臺城，又東北過黎陽縣南，河水自津東北逕涼城縣，又東北爲長壽津。唐元和八年，以河溢侵滑州羊馬城之半，滑州薛平、魏博田弘正徵役萬人，於黎陽界開古黄河道十四里，經黎陽山，東會於故瀆，名曰新河。乾寧三年，河圮於滑州，朱全忠決其隄，因爲二河，散漫千餘里。梁龍德三年，段凝自酸棗決河東注於鄆，以限唐兵，謂之護駕水。決口日大，屢爲曹、濮患。宋太平興國八年，河大決滑州韓村。淳化四年，梁睿請於迎陽村鑿渠引水，凡四十里至黎陽，合大河以防暴漲。許之。五年，新渠成。天禧三年，滑州河溢城西北天臺山旁，俄復潰於城西南，歷澶、濮、曹、鄆，注梁山泊，又合清水、古汴渠，東入於淮，遣使治之，四年河塞。熙寧十年，河復溢衛州王供埽，及汲縣上下埽，滑州韓村，北流斷絶，河道南徙，東匯於梁山張澤濼，分爲二派，一合南清河入於淮，一合北清河入於海。元豐三年，陳祐甫謂禹故瀆尚存，在大伾、太行之間，地卑而勢固，乞自衛州王供埽按視，訖於海口。從之。金大定二十年，河決衛州及延津京東埽。舒穆魯和卓言河水失故道，勢益南行，乃自衛州埽下接歸德府，南北兩岸增築隄以捍湍怒。二十六年，河決衛州，隄壞，泛溢及於大名，由是徙州共城以避之。貞祐四年，温察克什言新鄉縣西河水可決使東北流。不從。禹貢錐指：黄河在延津縣北者，明成化中，河徙從縣南入封丘界，其流始絶；在故胙城縣北者，金明昌五年，河徙自陽武，灌封丘而東，其流始絶；在新鄉縣西南者，元至元九年，廣盈倉南河北岸決，其後河徙自原武，出陽武南，其流始絶；在府治汲縣東南者，與胙城分水。本朝嘉慶八年九月，封丘衡家樓無工處所隄身墊陷，動帑興修，於九年三月合龍。「舒穆魯和卓」舊作「石抹輝」，「温察克什」舊作「温撒可喜」，今並改正。

衛河。源出輝縣西蘇門山百泉，東南流入新鄉縣界，又東入府治汲縣界，又東北經淇縣，與淇水合流，東北至濬縣城西，又東北經滑縣内黄界，又受漳、洹二水，至山東之臨清州城西會於漕河，至直沽入海。百泉一名搠刀泉，魏地形志所謂共有柏門水是也。南流名太清水。水經注：重門城南有安陽陂，次東又得卓水陂，次東有北門陂。陂方五百步，在共縣故城西。其水三川南合，謂之清川。又南逕凡城東，又西南總爲一瀆，謂之陶水，南流注於清水。元和志：百門陂方五百餘步，百姓引以溉稻田，其米明白香潔，魏、齊以來，嘗以薦御。隋煬帝引之爲永濟渠，亦曰御河。宋史河渠志：御河自通利、乾寧入界河達海。熙寧九年，熊本言河北州軍給賞茶貨，及榷場要用之物，並自黄河運至黎陽出卸，轉入御河。其後河徙而南，清水遂合淇水東北出，不復入河。元人漕江、淮之粟達於河，至封丘陸運一百八十里，至淇門入御河。按：衛河經新鄉、汲縣而東，至濬縣境，淇水入焉，謂之白溝，亦曰宿胥瀆。其河北抵臨清，與汶河會流，行九百二十三里。其間水之入者六，曰小丹河、鬦脛河、淇河、陽河、安陽河、漳河。自臨清州板閘以北，賴衛水濟運。本朝康熙二十九年，河臣王新命以衛河在輝縣境内，民間設立仁、義、禮、智、信五閘，蓄水灌田，例於五月朔封板，放水濟運，有妨農務，請用竹絡裝石，量渠口高下堵塞，使各渠之水日盈，而所餘水得常流濟運，自此漕、民兩便。乾隆二年，隄岸衝缺數處。三年，動帑修築，自曲里村至雙河頭，計一百四十五里。

沁河。故道自懷慶府武陟縣流入獲嘉縣南，又東南經新鄉縣南，又東北經汲縣北入清河。按：沁河支流，自懷慶府武陟縣紅荆口，經衛輝入衛河。隋大業中，開永濟渠，嘗引以通涿郡。元郭守敬言沁餘水引至武陟，北流合御河灌田。此沁入衛之故迹也。明初，河逕入淮，不與沁合，乃鑿渠引之，令河仍入沁。後沁全注黄河，而入衛故道盡堙。萬曆十五年，沁決武陟東岸，新鄉、獲嘉被淹，時議引沁入衛，因沁水多沙不可漕，遂止。本朝重濬，詳懷慶府。

孟姜女河。即沁河故道。自新鄉縣西南任旺村白水坡折而東北，由延津界西馬村，達汲縣小白古橋，入衛河。每年天雨時如此，否則僅有其形。府志載入古蹟。

小丹河。在獲嘉縣北。自懷慶府修武縣流入，經縣東北，合清水入衛。一曰蔣河。

鯉河。源出輝縣太行山五谷口。東南流經獲嘉縣西北，又東至新鄉縣界入衛。又沙河，源出輝縣石門口，南流入獲嘉縣界，入鯉河。二河久淤，山水暴至，每成巨浸。明萬曆三十一年，築隄障之。

小石河。在淇縣北，即古美溝水也。水經注：美溝水出朝歌西北大嶺下，東出逕駱駝谷，於中逶迤九十曲，故俗有美溝之目。歷十二崿，崿流相承，泉響不斷，返水捍注深隍〔九〕，隍間積石下通〔一〇〕，水穴萬變，其水東逕朝歌城北，又東南流注馬溝水，入淇。縣志：源出縣西北三十里，東流與思德河合。名勝志：思德河，源出武公廟前，東流入淇水，本朝乾隆三年重濬。

三度河。在輝縣西四里。引百泉水，南至雲門鎮溉田。宋史河渠志：熙寧六年，内侍程昉言，得共城舊河漕，若疏導入三度河，可灌西垙稻田。縣志又有新河，在縣南二里。明萬曆四十五年，以衛河東下逕直，乃分爲支渠，自張家灣東南至小屯入衛，歲久淤塞。

波羅河。在濬縣西南童山西麓。南流至龍口峽，伏流地中，值潦溢，則匯於長豐泊。一名淶河。

硝河。在滑縣東北六十五里。縣志：水出濬縣，有二道，一流經縣北界，入直隸開州之馬駕河；一入彰德府内黄石村界，以兩岸産硝，故名。

沙河。在考城縣南十二里。又南二十五里有故城河，俱明嘉靖二十七年濬。

倉水。源出淇縣。東南流至汲縣北，入清河。亦曰倉河。水經注：倉水出西北方上山西倉谷（一二），東南流，潛行地下，又東南復出，俗謂之雹水。東南歷坶野，又東南入於清水。縣志：源出府西北百里管家井。

泉源水。在淇縣南。亦名陽河，即古肥泉也。詩「泉源在左」，又「我思肥泉」。毛傳：「所出同，所歸異，爲肥泉。」水經注：泉源水有二源，一水出朝歌城西北，南流，東屈逕朝歌城南，又東與左水合，謂之馬溝水；一水出朝歌城北，東流南屈至共城東，又東流與美溝合，又東南注淇水爲肥泉也。博物志謂之澳水。寰宇記：陽河水即紂斮朝涉之脛處。縣志：斮脛河源出縣西北三里，東南流逕縣南五里，又東南過縣東南二十里，入衛。本朝乾隆三年重濬。

清水。自輝縣西南東流，經獲嘉縣北，又東流經新鄉縣西北，至合河店西，入衛河。水經注：清水出修武縣之北黑山南流，谿曰瑶溪，又曰瑶澗水。又南與小瑶水合，又東南流，吴澤陂水注之，謂之長清河。又東周永豐城，陶水南流注之，又東周新豐塢，又東周新樂城，又東逕故石梁下，又東與倉水合，又東南逕合城南故三會亭也，以淇、清合河，故授名焉。清水又屈而南，逕鳳皇臺東北，南注之謂之清河，即淇河口也。縣志：清水自山陽鎮東南流入獲嘉縣北界，分爲二，一東流至合河村入衛，一西流入三橋陂復逆流入清水，名泥河。

長泉水。在輝縣西南六十里。東南流至獲嘉縣界入清水。水經注：長泉水源出白鹿山東南，伏流逕一十三里，重源濬發於鄧城西北，世謂之重泉水。又逕七賢祠東，廟南又有一泉，東南流注於長泉水，其水又南逕鄧城東，名之爲鄧瀆，又謂之爲白屋水，昔司馬懿征公孫淵，還達白屋，即於此也。其水入東南流，逕隤城北，又東南合吴澤，又東流，謂之八光溝。又東流注於清水，謂之長清河。縣志又有温玉河，在縣西南七十里，久淤，明萬曆六年，知縣聶良杞開。

卓水。在輝縣西八里。魏書地形志：共有卓水陂。縣志：水泉平地湧出，瀠紆數畝，亦名筠溪。西二里有萬泉。又蓮花泉，在縣西南二里，亦名小百泉。俱南入衛。

淇水。在輝縣西北。東北流，接彰德府林縣界，東南逕彰德府湯陰縣界，南流復入，經淇縣東南入衛。詩：淇水在右。漢書地理志：共縣北山，淇水所出，東至黎陽入河。溝洫志：賈讓言：黎陽南七十餘里，至淇水口。三國魏志武帝紀：建安九年，太祖遏淇水入白溝，以通糧道。水經注：淇水出河内隆慮縣西大號山，東北流，活水注之〔一二〕。又逕南羅川，又歷之羅城北〔一三〕，東北與女臺水會，又東北逕淇陽川，逕石城西北，又東北，西流水注之，又東出山，分爲二水，會立石堰遏水〔一四〕，以沃白溝，左爲宛水，右則淇水。自元甫城東南，逕朝歌縣北，又東屈而西轉，逕頓丘西，又南與泉源水合，又南歷枋堰，又南逕枋城西，分爲二水，一水南入清水，一水東北入頓丘界。通典：淇水至衛州衛縣界入河，謂之淇水口，古朝歌也。衛居河、淇之間。

濮水。在今延津滑縣境。水經注：濮水上承濟水於封丘縣，東逕匡城北，又東，左會别濮水，受河於酸棗縣，逕酸棗縣故城南，又東逕胙亭東，又東北逕燕城内，又東北與酸水故瀆會，又東逕蒲城北，又東逕韋城南，東絶東馳道，逕長垣縣故城北，又東分爲二瀆，北濮出焉。又東逕須城北，又北逕襄丘亭南，東逕濮陽縣故城南。按：濮水本大河分流，自黄河遷決，濮流亦堙。今通志不載。縣志有衛南陂水，受故胙城縣孟華澤、王德口諸水，自縣南東北流，逕縣東，又迤北逕桃園而東南匯於衛南陂，東北逕柳青河，達於澶淵。又有沙河，在縣南五十里，皆濮渠之餘流也。

酸水。在延津縣北。自縣流入東北，入直隸長垣縣界。今堙。水經注：酸瀆首受河於酸棗縣，東逕酸棗城北，延津南，謂之酸水。又東北逕燕城北，又東逕滑臺城南，又東南逕瓦亭南，又東南會於濮，世謂之百尺溝。

宛水。在濬縣西南。水經注：宛水上承淇水於元甫城西北，自石堰東注宛城，西屈逕其城南，又東南流，歷五軍東北〔一五〕，得舊石沮〔一六〕，故五水分流，世號五穴口，今惟通并爲二。一水西注淇水，謂之天井溝。一水逕五軍東，分爲蓼溝，東入白祀陂。又南分，東入同山陂。二陂所結，即臺陰野矣。宛水東南入淇水。縣志：白祀陂，在縣西二十里。同山陂，在白祀陂東南。二陂皆宛水所匯。又有亭子陂，亦在縣西里許。

宿胥水。在濬縣西南，今堙。戰國策：蘇代曰：「決宿胥之口。」史記索隱：宿胥，蓋亦津名。水經注：淇水右合宿胥故瀆。瀆受河於頓丘縣遮害亭東，黎山西北，會淇水處，立石堰遏水，令更東北注。魏武開白溝，因宿胥故瀆而加其功也。按：宿胥故瀆，即淇水合衛河處。

白馬水。在滑縣北，舊爲河水分流處。一曰白馬津，今堙。戰國策：張儀説趙王曰：「守白馬之津。」蘇代説燕王曰：「決白馬之口，魏無外黄、濟陽。」韓非見秦王曰：「決白馬之口以灌魏氏。」史記荆燕世家：「劉賈將二萬人，騎數百，渡白馬津，入楚地。」正義：「黎陽一名白馬津，在滑州白馬縣北三十里。」晉書慕容德載記：德欲退保黎陽，其夕流澌凍合，是夜濟師。旦，魏師至而冰泮，若有神焉。遂改黎陽津爲天橋津。水經注：鹿鳴津，又曰白馬津，津之東南有白馬城，故津取名焉。河水舊於白馬縣南溢通濮、濟、黄溝。金隄既建，故渠水斷，尚謂之白馬瀆。故瀆東逕鹿鳴城南，又東北逕白馬縣之涼城北，又東南逕濮陽縣，散入濮水。唐書地理志：衛州黎陽有白馬津。

古泡水。自考城縣南東流，逕府城北，又東逕虞城縣北，又東入山東單縣界。水經注：泡水即豐水之上源也。水上承大薺陂，東逕貰城北，又東逕孟諸澤。

古黄水。在考城縣北。自開封府杞縣流入，又東北流入山東曹縣界。水經注：黄水自外黄，東逕葵丘下，又東注大澤陂，又東北流至定陶。寰宇記：黄溝在縣西三十六里。

延津。在延津縣北，今堙。左傳杜預注：陳留酸棗縣北有延津。水經注：河水又東北，通謂之延津。石勒之襲劉曜，途出於此。以河冰泮爲神靈之助，號是處爲靈昌津。括地志：淇縣西南二十五里，即延津。

棘津。在延津縣東北，故胙城之北。一名南津，亦名石濟津，今湮。左傳昭公十七年：晉荀吴帥師涉自棘津。水經注：河水東逕燕縣故城北，有濟水自北來注之，於是有棘津之名，亦謂之濟津，故南津也。春秋僖公二十一年：晉將伐曹，曹在縣東，假道於衛，衛人不許，還自南河濟，即此也。河水於是亦有濟津之名。晉伐陸渾，亦於此渡。通鑑：宋元嘉二十七年，王元謨謀取滑臺，遣垣護之帥百舸，屯石濟。後魏太和十七年，自河南城如虎牢，舍於石濟。胡氏注：「石濟在滑臺百二十里。」

文石津。在延津縣東北，今堙。晉書石勒載記：永嘉四年，勒爲王讚所敗，退屯文石津。六年，勒聞汲郡向冰聚衆壁枋頭，使支雄等自文石津縛筏潛渡，襲取其船。勒自棘津渡河，擊冰破之。通鑑注：「津在東燕之東北，枋頭之東南。」

吴澤陂。在獲嘉縣西北。左傳定公元年：魏獻子田於大陸。注：「大陸疑即汲郡吴澤陂，近寧。」水經注：修武城西北二十里有吴澤水。陂南北二十里許，東西三十里，西則蔡溝入焉。又次北有苟泉水入焉，南爲苟泉，北則吴瀆。二瀆雙導，俱東入陂。山陽縣東北二十五里有陸真阜，南有皇母、馬鳴二泉，東南合注於吴陂。次陸真阜之東北，得覆釜堆，堆南有三泉，相去四五里，參差合次，南注於陂。又東，長泉水注之。縣志：陂在縣西南十三里，名三橋陂，亦名太白陂。

九里陂。在滑縣東。寰宇記：在衛縣東北五里，自白馬縣流入。隋開皇六年開。

大薺陂。在考城縣西南。水經注：黄水東注大澤，蒹葭莞葦生焉，即世所謂大薺陂也。元和志：國都城記曰，縣西南有戴水，今名戴陂。週迴可百餘里，蓋本戴國，取此陂水爲名也。又大薺陂則戴陂也，在考城縣西南四十五里，週迴八十七里，與宋州襄邑縣中分爲界。

烏巢澤。在延津縣東南。三國魏志裴松之注：許攸説曹操曰：「今袁氏輜重有萬餘乘，在故市、烏巢屯。」晉書地理志：酸棗烏巢，地在東南。水經注：濟瀆又東逕酸棗縣之烏巢澤北，澤有故亭。晉太康地記曰：澤在酸棗之東南。

滹沱澤。在滑縣西北，周五里，亦大河餘浸也。

黃溝。在考城縣北。自杞縣流入，下流逕夏邑縣界。水經注：黃溝自外黃城南，東逕葵丘下，又東注大薺陂。寰宇記：黃溝在考城縣西三十六里。九域志：考城縣有黃溝，下邑縣有黃水。

盤馬寺溝。在考城縣。自開封府儀封廳流至王家橋，西南入沙河。又林皇寺溝，自縣南田家莊，東北流入沙河。本朝乾隆二十二年，俱修濬。

慕化潭。在汲縣東三十五里，漫衍十餘里。又黑龍潭，在縣西，舊時河決所瀦。又緣水潭，在縣西北八十里。

絡絲潭。在新鄉縣西南十里。又白馬潭，在縣東北三十里。

三仙潭。在輝縣西五十里石門山中。縣志：水自山西陵川縣，經平田河，初匯爲一潭，曰黑龍。稍西奔注巨壑〔一七〕，復爲巨潭，曰白龍。又南流四五里，至峪河口，鍾一小潭，名曰二女。

裴家潭。在濬縣西。即宋李垂所請疏河東北注處。

寸金潭。在滑縣東北。舊爲大河經流處，今涸。宋史河渠志：宣和二年，王黼言滑州韓村埽河流衝至寸金潭，方議開濬，忽自成直河。

長豐泊。在濬縣西。即宋李垂所謂牧馬陂，古河道所經也。明統志：泊在縣西二十里，今爲牧馬池。縣志：即白祀、同山二陂所匯，明嘉靖中疏濬，延袤九十餘里。

老鬲陂渠。在輝縣西南十五里。明萬曆六年，知縣聶良杞開。又花村渠，在老鬲陂東。又秀才莊新渠，在縣西南七十里，皆良杞所開。

古濮渠。在封丘縣西南，東北流入直隸長垣縣界。漢書地理志：濮渠首受泲，東北至都關，入羊里水，過郡三，行六百三十里。水經注：濮水上承濟水於封丘縣。闞駰曰：「首受別濟，即此濟也。」其故瀆自濟東北流，左迤爲高梁陂，又東逕匡城北，又東北，左會別濮水。

聖水池。在汲縣北。歲旱禱雨多應。

黄池。在封丘縣南。春秋哀公十三年：公會晉侯及吴子於黄池。杜預注：「封丘縣南有黄池，近濟水。」國語：吴王掘深溝於高壘之間，西屬之濟，以會晉侯午於黄池。寰宇記：在縣西南七里，東西廣三里。

太公泉。在汲縣西北二十五里，流十餘里，伏流入地。水經注：汲城北三十里有太公泉，上有太公廟。

美貴泉。在新鄉縣北金燈寺後。逢旱，禱之輒應。

丁公泉。在輝縣西五十里。水經注：丁公泉發於焦泉之右，次東又得焦泉，泉發於天門之左，次東得魚鮑泉，次東得張坡泉，次東得三淵泉，是四川在重門城西，並單川南注也。縣志：丁公泉東過蘭橋入衛，又東爲焦泉，又東爲金沙、銀沙二泉，交匯爲池，奔流里許，伏流入地。又有寶泉，在縣西七十里風門山下，自石竇中出。

百泉。在輝縣西北七里。一名百河。通志：泉通百道，故名。本朝乾隆十五年，高宗純皇帝巡幸中州經此，有御製駐蹕百門詩。

冰井。在延津縣西南二十里。寰宇記：韓襄王藏冰之所。

八角井。有二。一在滑縣北。寰宇記：在州子城外北濠下，唐貞元初，賈耽所鑿。一在封丘縣東二十里潘店，世謂宋樞密使潘美故居，有井八角。旁又有九井云。

校勘記

〔一〕周初爲邶鄘衛三國　「邶」，原作「邲」，乾隆志卷一五八衛輝府建置沿革（下同卷簡稱乾隆志）同，據明一統志卷二八衛輝府建置沿革改。

〔二〕西南至懷慶府武陟縣治七十里　「七十里」，原作「一十里」，據乾隆志改。按，考本志卷二〇二懷慶府武陟縣云，武陟東北至獲嘉縣界四十里，可證此「一十里」爲誤。

〔三〕秦置酸棗縣　「縣」，原作「郡」，據乾隆志改。

〔四〕東至蘭陽縣界四十五里　乾隆志同，據志文例，「蘭陽縣」上當有「開封府」三字。按，本條下文東南、西南二至亦當補「開封府」三字。

〔五〕劉之推九州要記　乾隆志同。按，鄭樵通志卷六六藝文略著録九州要記四卷，未注撰人，同卷又著録文括九州要略三卷，注爲劉之推撰（新唐書藝文志著録同），則似九州要記非劉之推撰。修志史臣蓋誤九州要記、九州要略爲一書。

〔六〕地形志又云王莽嶺源河流爲淇　乾隆志同，魏書卷一〇六上地形志「流」上有「東」字。

〔七〕于毒白繞眭固等十餘萬衆　「繞」，原作「統」，乾隆志同，據三國志卷一魏書武帝紀改。

〔八〕正南有陟躔陛上　乾隆志同。按，戴震校水經注，移「陟」於「陛」下，當是。

〔九〕返水捍注深隍　乾隆志同，水經注卷九淇水「深隍」上有「卷复」二字。

〔一〇〕隍間積石下通　「下」，乾隆志同。按，戴震校水經注，改「下」爲「千」。下文云「水穴萬變」，則此作「千」爲是。

〔一一〕倉水出西北方上山西倉谷　「方上山」，乾隆志同，戴震校水經注，改「上」作「山」，下「山」字屬下句，並於「西」之下添「有」字。按，本卷前文有方山，在輝縣東北，與此淇縣西北方位合，作「方山」爲是。

〔一二〕活水注之　乾隆志同。按，戴震校水經注，改「活」爲「沾」，是。

〔一三〕又歷之羅城北　「之」，乾隆志同。按，戴震校水經注，改「之」爲「三」，是。

〔一四〕會立石堰遏水　乾隆志同。按，戴震校水經注，於「會」上添「水」字，是。

〔一五〕歷五軍東北　「五軍」，乾隆志同。按，戴震校水經注改爲「土軍」，注云：「考土軍，漢書地理志屬西河郡，北魏立吐京郡，『吐京』即『土京』音聲之轉。」「五軍」當改「土軍」，下文同。

〔一六〕得舊石沮　「沮」，乾隆志同。按，戴震校水經注，改「沮」爲「逗」。又按，太平寰宇記引作「洰」，北堂書鈔引作「竇」。

〔一七〕稍西奔注巨壑　「巨」，原作「口」，據乾隆志改。

大清一統志卷二百

衛輝府二

古蹟

伍城故城。即今汲縣治。古汲郡陳城。東魏置伍城縣，爲義州郡治。魏書地形志：義州，興和二年置，寄治汲郡陳城，領伍城、泰寧、新安、澠池、恒農、宜陽、金門七郡十九縣。其伍城郡領縣曰伍城，永安中置。隋書地理志：東魏僑置七郡，後齊省以置伍城郡，後周廢郡爲伍城縣；開皇六年，改爲汲縣。唐、五代、宋、元、金、明因之。宋白續通典：衛州，隋以前謂之陳城，武王伐紂於此列陳，故名。

汲縣故城。在今汲縣西南。本戰國魏邑。史記：秦莊襄王三年，蒙驁攻魏汲，拔之。又始皇七年，驁還兵攻汲是也。漢置縣，屬河内郡。高帝十一年，封功臣公上不害爲汲侯。晉置汲郡。水經注：縣故汲郡治，晉太康中立。魏書地形志：汲郡領縣汲。晉屬，後罷。太和十二年復治汲城。又汲郡治枋頭城，蓋縣已非郡治也。北齊省縣入伍城，隋改伍城曰汲，而故城遂廢。括地志：汲故城在衛州所理汲縣西南二十五里。

隋興故城。在汲縣北。隋書地理志：汲郡統縣隋興，開皇十六年置，後析置陽源縣，大業初并入焉。府志：隋興城在汲縣北二十里，唐武德初廢入汲。

新樂故城。今新鄉縣治。晉書：太和五年，燕慕容暐使弟臧城新樂。水經注：新樂城，在獲嘉縣故城東北，即汲水新中鄉也。魏書地形志：獲嘉，太和二十三年復，治新樂城，北齊廢。舊唐書地理志：隋割汲、獲嘉二縣地，於古新樂城置新鄉縣。元和志：縣東至衛州四十八里。

獲嘉故城。在新鄉縣西南十二里。漢置縣，屬河内郡。漢書武帝紀元鼎六年，將幸緱氏，至汲新中鄉，得吕嘉首，以爲獲嘉縣是也。後漢爲侯國，仍屬河内郡。馮魴子柱，尚顯宗女獲嘉公主，柱子石，襲母封獲嘉侯。晉改屬汲郡，後省。北魏太和二十三年復置，改治新樂城。魏書地形志：有獲嘉城，即故城也。隋地理志：新鄉舊有獲嘉縣，後齊廢。開皇初，廢修武郡，別置獲嘉縣。縣西南有馮石城，在縣南十里，漢封馮石爲侯，築城於此。

修武故城。今獲嘉縣治，即古修武，亦即甯邑。左傳文公五年：晉陽處父聘於衛，反過甯。注：「甯，晉邑，汲郡修武縣也。」韓詩外傳：周武王伐紂，勒兵於甯，因名修武。韓非書：秦昭王去邯鄲，西攻修武。史記：漢二年，定河内，軍於修武，尋置縣，屬河内郡。晉屬汲郡。後魏孝昌中，分置北修武於山陽，因名此爲南修武。隋改獲嘉。括地志：獲嘉，古修武縣。元和志：獲嘉縣，東南至懷州一百六十里，高齊自故縣移於共城，隋又自共城移於今理。縣志：故城在縣城外西北。隋殷州城，在縣西南三十里。

南陽故城。在獲嘉縣北。左傳僖公二十五年：晉于是始啓南陽。史記：秦昭襄王三十三年，魏入南陽以和。注：徐廣曰：「河内修武，古曰南陽。」漢書注：應劭曰：「晉始啓南陽，今南陽城是也。秦改曰修武。」後漢志：修武有南陽城。水經注：修武，故甯也，亦曰南陽。馬季長曰：「晉地，自朝歌以北至中山爲東陽，朝歌以南至軹爲南陽。」通鑑地理通釋：南陽有二：修武，即魏之南陽也。南陽郡，今鄧州也。

朝歌故城。在淇縣東北，古沬邑，武乙所都，紂因之。周武王滅殷，封康叔爲衛國。書酒誥：「明大命於妹邦。」孔傳：「紂所都，朝歌以北是也。」春秋閔公二年：狄滅衛，地後屬晉。左傳襄公二十三年：齊代晉，取朝歌。戰國屬魏。史記：秦始皇六年，伐魏取朝歌。漢元年，項羽立司馬卬爲殷王〔一〕，都朝歌，即此地。晉灼曰：「史記樂書，紂爲朝歌之音。朝歌者，歌不時也。故墨子聞之，惡而迴車，不逕其邑。」元和志：故城在衛縣西二十二里。縣志：在今縣北關西社，其故衛縣〔二〕。明弘治間，割屬濬縣。本朝乾隆十五年，高宗純皇帝巡幸中州，有御製淇縣覽古詩。

共縣故城。今輝縣治。周共伯國。汲冢紀年：厲王出奔，共伯干王位，後復歸於國。水經注：共縣故城，即共和之故國也。春秋時屬衛。左傳隱公元年：鄭太叔出奔共。注：「共國，今汲郡共縣。」戰國策：信陵君曰：「通韓上黨於共、甯。」史記：秦始皇二十六年，遷齊王建於共。漢高帝封盧罷師爲共侯。後爲縣，屬河内郡。晉屬汲郡，後魏屬林慮郡。章懷太子曰：「故城在今縣東，蓋隋時移治也。」寰宇記：高齊天保七年，省共縣，移就獲嘉縣古城以處之。隋開皇四年，移獲嘉治於修武城，始復置共城。

凡城故城。在輝縣西南。周凡伯國。左傳隱公七年：天王使凡伯來聘。注：「汲郡共縣東南有凡城。」水經注清川又南逕凡城東是也。唐武德九年，置凡城縣，屬共州。四年，復省入共。元和志：故凡城，在共城縣西南二十里。

酸棗故城。在延津縣北十五里。本鄭廩延邑，亦曰酸棗。左傳隱公元年：太叔又收貳以爲己邑，至於廩延。又襄公三十年：鄭游吉奔晉，駟帶追之，及於酸棗。史記：魏文侯三十二年，伐鄭，城酸棗。又秦始皇五年，將軍驁攻魏，定酸棗。漢置縣，武帝封廣川惠王子晏爲侯邑。水經注：濮水又東北，左會別濮水，受河於酸棗縣，逕酸棗縣故城南。漢官儀曰：舊河隄謁者居之，城北，韓之市地也。聶政死，其姊哭之於此。城内有後漢酸棗令劉孟陽碑。元和志：故城在縣西南十五里，六國時，韓王所理處。舊址猶存。

胙城故城。在延津縣北三十五里。周爲胙國。左傳：富辰曰：「凡蔣、邢、茅、胙、祭，周公之裔。」杜預注：「燕縣西南有胙亭。」後漢書郡國志：東郡有胙城，古胙國是也。隋開皇十八年置縣。元和志：隋文帝因覽奏狀，見東燕縣名，因曰「今天下一統，何東燕之有？」遂改胙城，屬滑州。唐武德二年，於此置胙州，領胙城。後廢，仍屬滑。宋因之。寰宇記：縣在州西南九十里。

金初屬南京，泰和八年，以限河不便，改屬衛州。縣志：始自東燕故城移治西三十五里華里店。金貞祐中，又徙治宜村。元泰定甲子，仍屬華里店，即今治。

南燕故城。在延津縣北故胙城東。左傳隱公五年：衛人以燕師伐鄭。注：「南燕國，今東郡燕縣。」史記：秦始皇五年，將軍驁攻魏，定燕虛。注：括地志云：「南燕城，古燕國也。」漢初，盧綰、劉賈與彭越擊破楚軍於燕郭西，尋置南燕縣。後漢初，封樊儵爲侯邑。晉初省，光熙元年，進東瀛公騰爵爲東燕王。東燕之名始此。永嘉二年，詔車騎將軍王堪屯東燕以拒石勒。晉志：石虎分東燕郡屬洛州，蓋改晉之東燕國爲郡也。魏書地形志：東郡領縣東燕。唐書地理志：武德二年，置胙州，并置南燕。四年，州廢，省南燕。縣志：故址在縣東三十五里，俗呼爲城上。

衛縣故城。在濬縣西南五十里。隋縣也。初名朝歌，大業初，改曰衛，爲汲郡治。唐貞觀初，屬衛州。宋天聖四年，隸安利軍。熙寧六年，廢入黎陽。元祐初復置，屬濬州。元和志：衛縣在衛州東北六十八里。縣志：今爲衛縣集。

清淇故城。在濬縣西。隋開皇十六年，置清淇縣。大業初，廢清淇入衛，尋復置。唐貞觀十七年，省清淇入衛縣。長安三年，又置清淇縣。神龍元年，又省入衛縣。

頓丘故城。在濬縣西。本衛邑。詩：「送子涉淇，至於頓丘。」毛傳：「丘一成爲頓丘。」水經注淇水又北逕頓丘縣故城西是也。戰國時屬魏。史記蘇代約燕王曰：「決宿胥之口，魏無虛、頓丘。」即此。漢置縣屬東郡。晉太始二年，兼置頓丘郡。後魏太和十八年，屬汲郡，後屬黎陽。永安元年，分入内黄，天平中罷。隋開皇六年復置，屬武陽郡。唐大曆七年，置澶州。晉天福四年，以州爲德清軍。宋熙寧六年省入澶州清豐縣。舊唐書志：頓丘，漢縣，後移治所於陰安城，今縣北陰安城是也。寰宇記：故城在衛縣西北二里。

黎陽故城。在濬縣東北。漢置黎陽縣，屬魏郡。漢志注：晉灼曰：「黎山在其南，河水經其東，縣取山之名，取水之陽以爲名。」水經注：河水又東北過黎陽縣南，今黎山之東北故城蓋黎陽縣之故城也。山在城西，城憑山爲基，東阻爲河。魏書地形志：黎陽郡，孝昌中分汲郡置，治黎陽城。宋史河渠志：大觀三年，都水監言慮水溢爲患，乞移軍城於大伾山，居山之間，以就高仰。按：宋時郡治黎陽，即漢時故城也。政和五年，升安利軍爲州，是時濬州與黎陽各治。蓋濬州別治三山，而黎陽則仍舊治也。明初，復徙治於山東北平陂，即今縣治。

滑臺故城。即今滑縣治。晉書：慕容德自鄴至滑臺。景星見於尾箕，漳水得白玉，狀若璽，時德始都滑臺。魏書地形志：東郡，秦置，治滑臺城。晉改爲濮陽，後復。天興中，置兖州，太和十八年改。宋書州郡志：兖州，武帝平河南，治滑臺。水經注：滑臺城有三重，中小城，謂之滑臺城。舊傳滑臺人自修築此城，因以名焉。城即故鄭廩延邑也。元和志：滑州治白馬城，即古滑臺城。昔滑氏爲壘，後人增以爲城。又有都城，周二十里，相傳衛靈公所築，甚爲高峻，堅險臨河。寰宇記：小城，翟遼所築，小城外大城，高昌所築。按：大河南徙，滑州白馬皆在河北，而滑州故城已淪河中。縣志云縣東二里有滑臺故城，誤。

白馬故城。在滑縣東二十里。本衛漕邑。詩：言至于漕。左傳閔公二年：衛人立戴公以廬於曹。陸璣詩疏：衛本河北，東徙渡河，則在河南是也。秦置白馬縣。史記：高祖西與秦將楊熊戰白馬。漢屬東郡。晉屬濮陽國。後魏置兖州於滑臺，白馬亦隨州徙治，故城遂廢。水經注：白馬，濟津之東南有白馬城。衛文公東徙渡河都之，故濟取名焉。括地志：白馬故城，在滑州衛南縣西南二十四里。

封丘故城。今封丘縣治。左傳定公四年：祝佗曰，武王分曹公以封父之繁弱。漢置封丘縣。水經注：濟瀆東逕封丘縣〔三〕，南燕縣之延鄉也，其在春秋爲長丘。元和志：縣南至汴州五十里，古之封國。左傳「封父之繁弱」是也，後屬衛，不屬魏。漢高祖與項羽戰敗於延鄉，有翟母者免其難，故以延鄉爲封丘縣，以封翟母。元史地理志：封丘縣，金大定中河水湮没，遷治新城。元初，新城又爲河水所壞，乃因故城遺址稍加完葺，而還治焉。

甾縣故城。在考城縣東南。本周戴國。漢置縣，屬梁國。春秋隱公十年：宋人、蔡人、衛人伐戴。史記：漢元年，靳歙略梁地，別將擊邢說，軍甾南。漢書地理志：甾縣，故戴國。注：應劭曰：「章帝改爲考城。」元和志：考城縣西南，至曹州九十五里，古戴國也。後屬宋，楚滅宋改名曰穀。後漢兵起，邑多甾年，故改爲甾縣。章帝柴於岱宗，過甾縣，詔御史改爲考城。至晉屬濟陰郡。高齊天保七年，省考城縣，仍移城安縣理此。舊志：元時移治賀丘，明洪武中移治江墓店。正統二年，又以河患，徙築今城。漢故城在縣南二十五里。

山陽廢縣。在輝縣西南七十里。金史：興定四年，以修武縣之重泉村置山陽縣，屬輝州，即古重泉城也。元史地理志：至元三年，省山陽縣爲鎮，入輝州。

衛南廢縣。在滑縣東六十里。本衛楚丘地。詩：作于楚室。左傳：齊桓公封衛於楚丘。漢書地理志：衛爲狄所滅。齊桓公率諸侯伐狄，而更封衛於河南，曹楚丘是也。隋開皇十六年，置縣屬東郡，唐屬滑州。舊唐書志：滑州衛南，隋楚丘縣，後以曹有楚丘，乃改爲衛南縣，治古楚丘城。儀鳳元年，移治西北濱河之新城。永昌元年，又移於楚丘之故城南。宋仍屬滑州。金省。按：隋志有西濮陽，大業初廢入衛南。又平昌縣，魏孝昌四年，分白馬置長樂縣。武泰初，分涼城置，皆屬東郡。後齊皆廢。

韋城廢縣。在滑縣東南。本古豕韋國。後漢書注：白馬縣東南有韋城，古豕韋氏之國是也。隋開皇十六年，置縣，屬東郡。唐、宋屬滑州。金時，縣圮於水，廢入白馬。

靈昌廢縣。在滑縣西南。隋開皇十六年置，屬東郡。唐屬滑州，後唐避諱，改曰靈河。宋熙寧三年，廢入白馬。元和志：靈昌縣東北至滑州七十里。按：九域志云治平三年廢，與宋史異。

涼城廢縣。在滑縣東北。後魏置縣，爲東郡治。宋書：晉義熙十二年，遣北兗州刺史王仲德，破魏於東郡涼城。水經注：河水東北逕白馬縣之涼城北。耆舊傳云：東郡白馬縣之神馬亭，實中層峙。隋志：白馬舊置東郡，後齊并涼城縣入焉。

守節廢縣。在封丘縣西。寰宇記：在封丘縣西北三十里。武德三年，李勣於酸棗縣置黎州，乃分胙城、酸棗二縣地置守節縣屬之。時東州未平，人思效節，縣新創立，故以守節爲名。四年廢。

鄘城。在汲縣東北。周初所分之國。鄭氏詩譜：自紂城而南，謂之鄘。通典：鄘城在新鄉縣西南三十二里，古鄘國也。寰宇記：在汲縣東北十三里。

吴城。在獲嘉縣西。魏書地形志：南修武有吴城。府志：一名吴亭。

隤城。在獲嘉縣西北。左傳隱公十一年：桓王與鄭蘇忿生之田，攢茅、隤、懷。注：「攢茅、隤皆在修武縣北。」水經注：吴陂水之北陂澤側有隤城〔四〕，今世俗謂之皮垣。際陂北隔水一十五里，俗所謂藺丘也。西十里又有一丘際山，世謂之敕丘，形狀相類，疑即古攢、茅。杜預謂二邑皆在縣北，非也。括地志：茅亭在獲嘉縣東北二十五里，即古攢茅。

鄧城。在輝縣西南六十里，周九里。水經注長泉水重發於鄧城西北，又南徑鄧城東是也。縣又有王莽城。寰宇記：王莽所築，在縣西北八十五里，凡有三城，如鼎足。

重門城。在輝縣西北。三國魏志齊王芳紀：使者持節送衛，營齊王宫於河内重門。水經注：重門城在共縣故城西北二十里。

羅城。在輝縣西北。水經注：淇水又歷羅城北。寰宇記：共城縣治西北六十里大山中有羅門，即山峽陘東之所，内有南羅、中羅、北羅三城，各相去六七里〔五〕。縣志有平羅村，在縣西北六十里侯趙川中，蓋其遺址。又有方城，在縣西北二十里。

桃城。在延津縣北，戰國魏邑也。史記春申君傳：拔燕、酸棗、虚、桃入邢。注：徐廣曰：「燕縣有桃城。」漢書功臣表：桃侯劉襄，高祖十二年封。括地志：桃城在胙城縣東四十里。按：縣又有故虚城。春秋桓公十二年「會宋公于虚」注「虚，宋地」是也。縣志，故虚城在縣東南。

吴起城。在延津縣西北二十里。相傳起仕魏，曾將兵屯此，因名。俗謂之鵝城。

黎陽鎮城。在濬縣東南。元和志：黎陽城，在黎陽縣南一里。翟遼於此僭號，亦曰翟遼城。唐初改曰白馬鎮。

雍榆城。在濬縣西南。春秋襄公二十三年：叔孫豹帥師救晉，次于雍榆。注：「雍榆，晉地。汲郡朝歌縣東有雍城。」水經注：淇水又東北流逕雍榆城南。明統志：在濬縣西南四十八里。縣志：今呼爲甕城。

袁譚城。在濬縣西南。述征記：黎陽城西南七里有袁譚城。城西南三里又有一城，曹操攻譚時所築。元和志：袁譚故城，在黎陽縣西南一百步。曹操故城，在縣西南一里。縣志：袁譚城，今呼爲團城。

黎陽倉城。在濬縣西南三十里。隋開皇三年，置黎陽倉，漕河北之粟以輸京師。唐書：李密以麾下兵五千付李勣，與郝孝德等濟河，襲黎陽，守之，開倉縱食。括地志：黎陽城西南有故倉城，相傳袁紹聚粟之所，亦即隋置倉處。金初，河易故道，倉城始廢。

枋頭城。在濬縣西南八十里，即今之淇門渡，古淇水口也。晉書：苻堅自鄴如枋頭，讌諸父老，改枋頭爲永昌縣，復之終世，其後仍爲枋頭。水經注：漢建安九年，魏武王於水口下大枋木以成堰，遏其水東入白溝，以通漕運，故時人號其處爲枋頭。自後遂廢，魏熙平中復通之。魏書地形志：汲郡治枋頭城。元和志：在衛縣東一里，後魏嘗移汲郡治此。寰宇記：城去河八里，南對酸棗棘津。隋初，嘗置爲永昌縣，大業中廢。

宛城。在濬縣西。水經注：宛水自石堰東注宛城，西屈逕其城南。魏書地形志：朝歌有宛城。寰宇記：在衛縣北四十里。

牽城。在濬縣北十八里。本衛邑。左傳定公十四年〔六〕：公會齊侯、衛侯於牽。注：「魏郡黎陽縣東北有牽城。」又：晉人圍朝歌，公會齊侯、衛侯於脾、上梁之間。注：「脾梁間，即牽。」寰宇記：牽城在内黄縣西十二里。

鉏城。在滑縣東。左傳襄公四年：魏絳曰：「后羿自鉏遷於窮石。」注：「鉏，羿本國名。」後漢書郡國志：濮陽有鉏城。

水經注：濮陽西南十五里有鉏丘城。括地志：在衛南縣東十里。

成公綏城。在滑縣東。寰宇記：在衛縣西南二十里，晉成公綏居此。

須城。在滑縣東南。詩：「思須與漕。」朱傳：「須、漕，衛邑。」水經注：濮渠東逕須城北。寰宇記：在衛南縣東南二十八里。

平陽城。在滑縣南。左傳哀公十六年：衛侯飲孔悝酒於平陽，醉而遣之。注：「燕縣北有平陽亭。」水經注：廩延南故城即平陽亭。寰宇記：在韋城縣西二十里。

沙店城。在滑縣西南三十里。宋史宗澤傳：建炎初，澤留守東京，使王彦屯於滑州之沙店。按：滑縣又有董固城，在縣南七里，金時屯營。又向固城，在縣北八里，唐時都督府兵及宋埽兵並屯此。

鹿鳴城。在滑縣東北。水經注：按竹書紀年，「梁惠成王十三年與鄭鹿」，即是城也。今城内有故臺，尚謂之鹿鳴臺，又謂之鹿鳴城。王玄謨自滑臺走鹿鳴者也。濟取名焉，亦曰鹿鳴津。元和志：故城在滑州北三十里。按：五代晉天福二年，馮暉引兵至六明鎮。周廣順中，河決六明鎮。胡三省曰：「鎮即大通軍之地。」縣志云：鎮在縣東北胡良渡口，蓋「六明」即「鹿鳴」之訛也。

大通城。在滑縣東北，當胡良渡口，舊時大河津濟處，爲月城以防渡口。隋義寧二年，王世充自鞏北走入大通城，即此。五代晉天福四年，置大通軍，其浮橋亦曰大通橋。城北即鹿鳴鎮也。

期城。在封丘縣南七里。城塚記云：夏禹理水時所築，今呼爲簸箕城，又云響城，在縣南十里。吴、晉會諸侯於黄池，莫不雲集響應，共築此城，因名。

斜城。在考城縣東。水經注：汲水東逕斜城下。續述征記曰，黄嵩到斜城五里。陳留風俗傳曰，考城縣有斜亭。

簸箕城。在考城縣北。寰宇記：在縣北四十六里。皇甫鑒城塚記：禹治水時築。

北薄城。通典：考城縣有北薄城。寰宇記：北亳城，在考城縣東北五十三里。通鑑地理通釋：北薄在蒙，即今拱州之考城。古謂之蒙，漢謂之薄。詳見歸德府古蹟薄縣故城下。

擊磬處。在汲縣南里許，舊有碑石，圮廢。明知府周思宸建餘韻亭，後亦廢。本朝乾隆十五年，因其舊基復建亭。高宗純皇帝御題「孔子擊磬處」五字，并有御製詩。

小修武聚。在獲嘉縣境。漢書：高祖三年，自成皋北渡河，宿小修武傳舍，既得韓信兵，軍於小修武。注：晉灼曰：「小修武聚，在大修武東。」

葵丘聚。在考城縣東三十里。左傳僖公九年：會於葵丘。注：「陳留外黄縣東有葵丘。」後漢書郡國志：外黄有葵丘聚，齊桓公會此城中。元和志：葵丘在考城縣東南一百五十步。縣志：葵丘東南有盟臺，其地名盟臺鄉。

雍鄉。在延津縣北。後漢書郡國志：胙城有雍鄉。

鉅橋鄉。在濬縣西五十里。明統志：即武王發鉅橋之粟處。

牧野。在淇縣南。書序：武王與受戰於牧野，作牧誓。傳：「牧野，紂南郊地名。」後漢志：朝歌南有牧野。劉昭注：「去縣十七里。」説文「牧」作「坶」。水經注：自朝歌以南，南暨清水，土地平衍，據皋跨澤，悉坶野也。通典：即紂都近郊三十里是。

周塢。在考城縣東。水經注：斜城東三里。晉義熙中，劉公遣周超之自彭城緣汳故溝，斬樹穿道七百餘里，以開水路，停薄於此，故兹塢取名焉。

石柱店。在滑縣南。唐書藩鎮傳：興元初，李希烈據汴州，滑州刺史李澄初降於希烈，既而希烈使澄攻寧陵，澄至石柱，使衆陽驚，燒營而遁，密請内附。

草市。在滑縣西南。通鑑：晉天福二年，范延光舉兵魏州，遣使渡河，焚草市，以草舍成市而名。縣志：由縣南門外，出草市，穿隄有大路，挾東西龍潭，謂之龍河道口。

淇園。在淇縣西北三十三里，即詩所咏淇澳也。漢武帝塞瓠子決河，下淇園之竹以爲楗。東漢初，寇恂爲河内太守，講武肄射，伐淇園之竹，爲矢百餘萬。章帝建初七年，幸淇園，即此。

畫舫齋。在滑縣治。宋歐陽修建，蔡襄書額，今廢。六一居士集：予至滑，即其署東偏之室，治爲燕私之居而名畫舫齋。齋廣一室，其深七室，以户相通。凡入於室者，如入乎舟中。

筠溪軒。在輝縣治西卓水泉上。明統志：元李重元、王伯達建，王磐爲記。

邀月樓。在府治中。明統志：唐刺史李憲建。

飛雲樓。在府治北城上。明統志：金大定間，防禦使楊伯傑建。

挹翠樓。在輝縣西北。元時建。左有洗心亭。

清風樓。在滑縣治内。宋梅摯建。元守杜金吾重修。

仁亭。在獲嘉縣境。後漢書封歐陽參爲修武仁亭侯，即此。

涌金亭。在輝縣西百門泉上。亭在泉側，泉從地涌，日照如金。宋蘇軾書「蘇門山涌金亭」六大字。西有百泉亭，一名噴玉，金明昌間建。

明農亭。在輝縣西清水之涯。元王惲建。

思親亭。在輝縣西北。明統志：元許衡寓居是邑，與門人時至百泉亭吟咏爲樂。衡殁後，其子師可爲衛輝路總管，覩其遊息之所而思之，故立此亭。

鴻濛亭。在濬縣。名勝志：在大伾南嶺，其北有懋功宅，唐徐世勣守黎陽時別墅也。又有杏花臺，在大伾、浮丘兩山之間，金時所營，以資遊觀。

遮害亭。在濬縣西南五十里。舊爲大河所經。

歸雁亭。在滑縣城内，臨河。宋歐陽修有詩。

瓦亭。在滑縣南。春秋定公八年：公會晉師於瓦。注：「燕縣東北有瓦亭。」水經注：酸瀆水東南逕瓦亭南。按：隋末，翟讓亡命瓦岡，即此。今縣東南有瓦岡集。

桐牢亭。在封丘縣北。春秋成公五年：同盟於蟲牢。杜預注：「蟲牢，鄭地。陳留封丘縣北有桐牢。」後漢書郡國志：封丘有桐牢亭，或曰古蟲牢。寰宇記：亭在封丘縣北二里，今俗謂之桐渦。

蒲亭。在考城縣界。後漢書仇覽傳：縣選爲蒲亭長。注：「考城有蒲亭。」

鹿臺。即今淇縣治。書武成：散鹿臺之財。水經注：朝歌城南有殷鹿臺，紂昔自投於火處也。竹書紀年曰武王親禽帝受辛於南單之臺，蓋鹿臺之異名也。括地志：在衛縣南二十二里。元史地理志：淇州本衛州之鹿臺鄉。縣志有殷墟，在縣北三里。又有鉅橋及糟丘、酒池諸遺跡焉。

嘯臺。在輝縣西北蘇門山巔。水經注：仙者孫登之所處，其上有聚遠亭。本朝乾隆十五年，高宗純皇帝巡幸中州，有御製登嘯臺詩。

韓王臺。在延津縣南。魏書地形志：酸棗有望氣臺。水經注：酸棗，故韓國，城西有韓王望氣臺。孫楚韓王臺賦序云：酸棗縣門外夾道左右有兩臺，訪之故老，云韓王聽訟、觀臺也。高十五仞。寰宇記：二臺在縣西南十五里。

上宮臺。在濬縣西。詩：要我乎上宮。通典：衛縣有上宮臺。寰宇記：在宛城東二里。南臨淇水，有沙丘臺，俗名妲己臺，在縣北之宛城。縣志又有招鷹臺，在故衛縣西北里許，淇河東岸，紂時虞人呼鷹之所。

青陵臺。在封丘縣東北。彤管編：宋康王欲奪其舍人韓憑妻，築臺望之。憑妻何氏曰：「南山有鳥，北山張羅。鳥自高飛，羅當奈何。」遂自縊死。唐李商隱有青陵臺詩。

龍門臺。在考城縣西南。水經注：汳水又東，龍門故瀆出焉。西征記曰，龍門，水名也，門北有土臺，高三丈餘，上方數十步。寰宇記：龍門臺，在考城縣西南十五里，臺南渠岸有門，與臺下水相連，高齊時於此置倉，至後周廢。

封丘臺。魏書地形志：封丘有封丘臺。寰宇記：封丘臺在縣東五里。世本：「東郡燕國侯伯儵子卒葬此，遂於城内作地道向子墓，亦名慕子臺〔七〕。」

安樂窩。在輝縣西北蘇門山中百泉上。宋儒邵雍讀書處。本朝乾隆十五年，高宗純皇帝巡幸中州，駐蹕百泉，有御製題安樂窩詩。

蔡邕斷碑。在延津縣。邕嘗爲酸棗令，劉書譔去思碑。唐王建詩云：「不向圖經中舊見，無人識是蔡邕碑。」

關隘

銅關。在汲縣南。晉地道記：汲縣有銅關。府志：今名衛關，爲大河津濟處。

臨清關。在新鄉縣東二十里黄河北岸。隋書煬帝紀：帝初即位，幸洛陽，發丁男數十萬掘塹，自龍門東接長平、汲郡，抵臨清關。又楊玄感傳：修武縣民相率守臨清關，玄感不得濟，遂於汲郡南渡河。唐書地理志：新鄉東北有故臨清關。寰宇記：在縣東北十八里，自河南入汲郡大驛路。府志：今有臨清鋪，蓋以故關爲名。

延津關。在新鄉縣東南。後漢書袁紹傳：紹自黎陽渡河，沮授諫曰：「今宜留屯延津，分兵官渡。」唐書地理志：新鄉東南有故延津關。寰宇記：關在縣東南三十五里。

侯趙川關。在輝縣西北六十里。宋史岳飛傳：建炎初，敗金兵於侯趙川。縣志：關北接林慮，西接陵川，重山四障，儼若城郭。明洪武三年，設巡司戍守。其西爲雁翅坡，連山跨水，關門險隘天成。

香臺關。在延津縣西北東沙門鎮。本置於項城縣西，明弘治十一年移置於此，舊有巡司。

黎陽關。在濬縣東。隋書地理志：黎陽有關官。唐書地理志：黎陽有白馬關，一名黎陽關。元和志：白馬關，在縣東一里五步，即白馬津。高齊文襄征潁城，移石濟關於此，即造橋焉，改名曰白馬關。周又改黎陽關。

老岸鎮巡司。在滑縣東南七十里。明正統中置巡司，後裁。本朝雍正十二年復置，又有把總駐此。

杏園鎮。在汲縣東南。舊爲黄河津濟處，設戍守。通鑑：郭子儀自杏園濟河，東至獲嘉，破安太清。九域志：衛州汲縣有杏園鎮。按：杜甫詩「土門壁甚堅，杏園渡亦難」，即此。史思明遣薛岌圍令狐彰於杏園，李忠臣爲濮州刺史，移鎮杏園渡，亦此地也。

淇門鎮。在汲縣東北五十里。唐大順初，朱温寇魏博，分遣其將龐師古等下淇門、衛縣。梁龍德二年，與晉軍夾河相持。戴思遠襲衛州，攻陷淇門。元時運道，自封丘中欒鎮陸運至淇門。明初，徐達定中原，規取河北，自中欒渡河，下衛輝，至淇門鎮，即此。

青龍鎮。在淇縣東十五里。

早生鎮。在淇縣西。金史地理志：共城鎮大寧、早生〔八〕。縣志：早生鎮，今爲棗生村，在縣西焦泉之東。

西沙門鎮。在延津縣西二十里，其東十里爲東沙門鎮。明弘治中，改置香臺巡司於此。

新鎮。在濬縣西南五十里，接汲縣界。有城爲戍守處，元置巡司，明初裁，尋復置。

曹村鎮。在滑縣東。又有什村鎮，在縣東北。

潘店鎮。在封丘縣東二十里。九域志：封丘縣有潘店鎮。

中欒鎮。在封丘縣西南三十五里，大河北岸。舊有城。元至元中，以運道堙塞，命轉運使歲漕江南米數十萬，由淮入汴，至中欒城，陸運赴淇，仍以舟載送京師。蓋運道以此爲中頓。後以勞費不貲，改從海運，而中欒遂廢。明洪武中，嘗設驛及巡司。

鴨子口。在輝縣西五十里。舊有關口，山路險阻，西通陵川，爲兩省襟喉。明成化元年，設巡司於此，其東北爲石門口。

李家道口。在濬縣南二十五里。有城，周六里有奇。明嘉靖間設税課局，本朝嘉慶十九年設縣丞及把總駐此。縣志又有王二莊城，在縣東北。屯子城、宜溝鎮城，在縣西北。

李臺寨。在新鄉縣南三十里。相傳元總管孫公懋屯兵處。明初置李臺驛，永樂初廢。今爲李臺鋪。

馬武寨。在輝縣西北七十里太行山内。

萬户營。在延津縣東北。舊傳元末萬户陳榮置營於此。

周太祖營。在封丘縣西北一里。相傳漢乾祐末，周太祖自鄴趨汴，屯兵於此。

朝歌砦。在淇縣西二十五里。相傳紂避兵處。

王鐵槍砦。在滑縣東北四十里。五代梁將王彦章嘗屯兵。

通安堡。在考城縣北。金史地理志：考城有黄陵岡。元光二年，改爲通安堡。

孫就柵。在濬縣西北。晉太和中，劉牢之攻後燕黎陽太守劉撫於孫就柵，即此。又有谷口戍，在縣西南枋頭西，晉太元十年，秦苻丕就穀枋頭，既而將歸鄴，與晉將檀玄戰於谷口是也。

袁曹遺壘。在滑縣東北十五里。每大營左右環以二小營，大營九，小營十八。

衛源驛。在汲縣西關、衛河南。又河平遞運所，亦在縣西。

新中驛。在新鄉縣治東。又有新鄉遞運所。

崇寧驛。在獲嘉縣治東南。

亢村驛。在獲嘉縣南三十五里，有驛丞。又有亢村遞運所。

淇門驛。在淇縣西南。

廩延驛。在延津縣治東南。又有廩延遞運所。

考城驛。在考城縣治。

津梁

德勝橋。在汲縣西衛河上。明正統四年建，成化六年修，本朝順治十六年重修。

蒼河橋。有二：一在汲縣北三十里，一在淇縣南十五里蒼河。

通汴橋。在汲縣通汴門外。

衍慶橋。在新鄉縣西門外。

邵公橋。在新鄉縣北門外，跨衛水。宋政和初縣令邵博建。

永濟橋。在獲嘉縣西北十五里。元延祐間建。

獃脛河橋。在淇縣南五里。又西巖橋，亦跨獃脛河。

高村橋。在淇縣北衛河上。

善明橋。在輝縣西二里。又縣南二里有利涉橋，衛水流逕其下。其西爲三渡橋，百泉支流逕其下。

雲橋。在輝縣西北百泉南洲上，百泉分流其下。又雲門橋，在縣南十五里雲門鎮，百泉水所經。

雙溪橋。在輝縣西北，百泉水至是分流，形如釵股，二橋相連。又西南有藺氏橋，相傳藺氏九女建。

清風橋。在延津縣南二十里。

拱極橋。在延津縣北。

雲溪橋。在濬縣西門外。一名廉川橋。

山河橋。在濬縣西北二十里。

陳公橋。在滑縣東一里。又新橋，在縣北一里。愛翁橋，在縣北四十里。

白皋渡。在滑縣北，大河津渡處，亦作白高。唐書史思明傳：乾元二年，思明兵四出，寇河南，身出濮陽，使令狐彰絶黎陽，朝義出白高，周萬志自胡良渡河圍汴州。

胡良渡。亦曰胡梁渡，在滑縣東北，接直隸開州境。五代史范延光傳：延光遣其牙將以兵距黎陽，晉高祖以楊光遠爲招討使，引兵自滑州渡胡梁攻之。

隄堰

護城隄。在汲縣。有二：一自縣西迤南折而東，至城隅止。一自縣北環城外直抵淇門鎮，名新隄。又延津縣東北故胙城縣亦有護城隄〔九〕，在縣南，西南接延津，北抵滑縣。

漢隄。有四：一在獲嘉縣南四十里，下接新鄉縣。一自新鄉縣西南入境，東北至故胙城縣，又北入汲縣。一自胙城縣西南，上接新鄉縣，西北接汲縣。一自汲縣東北入濬縣。金時復修，以障黄河，河久南徙，隄址尚存。

太行古隄。在新鄉縣，隄亘七十里。連獲嘉、延津、滑縣境。舊名太行隄。本朝乾隆十六年，動帑修築，改稱古隄。

塊村隄。在新鄉縣西北二十里。明洪武間，知縣胡南溟築，以防衛河。又賈橋隄，在縣西北，前代修築，以防沁河。

沙隄。在延津縣西北，舊築以障河水。又縣西南三十里有武家隄，又西有㚏村隄，舊時黄河經此，後唐同光三年，治酸棗遥隄，以禦決河。周廣順中，亦修塞酸棗決隄是也。

金隄。在濬縣西南及滑縣東。史記河渠書：孝文時，河決酸棗，東潰金隄，於是東郡大興卒塞之。漢書溝洫志：成帝時，河決於館陶，及東郡金隄。河隄使者王世延塞之，河隄成。哀帝初，待詔賈讓上言：近黎陽南故大金隄，從河西西北行，至西山南頭，乃折東，與東山相屬〔一〇〕，民居金隄東，爲廬舍，更起隄，從東山南頭直南與故大隄會。東郡白馬故大隄亦復數重，民皆居其間，從黎陽北盡魏界。故大隄去河遠者數十里，内亦數重。河從河内北至黎陽爲石隄，激使東抵東郡平剛。又爲石隄，使西北抵黎陽、觀下。又爲石隄，使東北抵東郡津北。又爲石隄，使西北抵魏郡昭陽。又爲石隄，激使東北。百餘里間，河再西三東。括地志：金隄一名千里隄，在白馬縣東五里。沈亞之魏滑分河記：靈河縣有廢金隄關，在西南五十三里，隋大業三年置關，十二年罷。滑縣志：金隄在滑縣西南二十三里。其西南又有瓠子隄，又東、西夾隄，西接府城，東達直隸開州界。浚關隄，在縣東北六十里。皆金隄遺址也。又陳公隄，在縣南門外，宋時陳堯佐築。

董家隄。在封丘縣西。障黑洋山水，順隄北注，入沁、衛二河。

長隄。在考城縣西南二十餘里。起開封府儀封，届商丘，上下七十里。

稻田所堰。在輝縣西南五里。自百泉之西，分流南注，爲三渡河，下至雲門十五里。

雲門堰。在輝縣西南五十里。明嘉靖中，知縣許琯疏樓溪渠，導萬泉水以溉田。

沙堰。在輝縣西十里，引筠溪水溉田。

馬家橋上閘。在輝縣西北五里百泉之南。其南有下閘。又有張家灣閘，在縣西南五里。裴家莊閘，在縣西南十里。皆引百泉水溉田。

陵墓

古

顓頊陵。在滑縣東北。山海經：鮒魚之山，帝顓頊葬其陽，九嬪葬其陰。皇覽：顓頊墓在頓丘城門外廣陽里中。水經注：淇水經顓頊冢西。通典：頓丘縣有鮒鰅山，顓頊所葬處，今名廣陽山。

帝嚳陵。在滑縣東北。水經注：淇水經帝嚳冢西，皇覽曰，帝嚳冢在東郡濮陽頓丘城南臺陰野中。元和志：秋山，在頓丘縣西北三十五里，帝嚳陵在焉。按：直隸高陽縣亦有顓頊陵，陝西郃陽縣亦有帝嚳陵。

商

比干墓。在汲縣北。魏書高祖紀：太和十八年，自鄴南巡，過比干墓，祭以太牢。水經注：朝歌南牧野有比干墓。前有石銘，題隸云「殷太師比干之墓」。元和志：在汲縣北十三里，本朝乾隆十五年，高宗巡幸中州，有御製過殷比干墓詩。

周

魏襄王墓。在汲縣西二十里。晉書束皙傳：太康二年，汲縣人不準盜發魏襄王墓，或言安釐王冢，得竹書數十車，皆簡編科斗文字，世號汲冢周書。

蘧伯玉墓。在汲縣西北三十里君子村。班昭東征賦：蘧氏在城之東南，民亦尚其丘墳。

張平墓。在延津縣東南十五里。良之父也。

胙伯墓。在延津縣故胙城縣東。

端木子墓。在濬縣大伾山東南三里。

趙盾墓。在濬縣善化山南。

滑伯墓。在滑縣治西北。

仲子墓。在滑縣城内。寰宇記：在滑州城中。明統志：子路墓有四，一在開州，一在清豐，一在長垣，併此爲四。

惠施冢。在滑縣東五里。九域志：滑州有惠子冢。

倉野冢。在滑縣東北八里。寰宇記：白馬縣有倉野冢，衛賢大夫也。

漢

汲黯墓。在滑縣東。寰宇記：在濮陽縣西南六十里。

百里嵩墓。在封丘縣東五里。

翟母墓。寰宇記：在封丘縣西七里。統志：漢高帝厄於楚，餒甚，母嘗饋食。及帝業成，母已逝，因封其墓。

黄霸墓。在考城縣東南。寰宇記：在考城縣東北十二里，有碑存。

晋

成公綏墓。在滑縣廢衛南縣西北三十里。

南北朝　魏

徐孝肅墓。在汲縣白婁村。

梁

江淹墓。在考城縣西南二十里。

隋

韓擒虎墓。在滑縣東北七十里。

唐

羅公遠墓。在輝縣西南。

劉政會墓。在延津縣西南。崇龜、崇望、崇魯皆葬焉。

李密墓。在濬縣南。唐書李密傳：葬黎陽縣西南五里，魏徵爲誌。

李勣墓。在考城縣東南二十里。

宋

杜大忠墓。在輝縣東十里。大忠官至太尉，有軍功。

杜貴墓。在濬縣東北十里。宋政和三年，擊賊戰殁，葬此。

元

姚樞墓。在輝縣北五里九山之南。

明

潞王園。在新鄉城西五陵岡。

王越墓。在濬縣大伾山西。

宋訥墓。在滑縣北。

祠廟

共姜祠。舊在府學東。元時建，並祀共伯。本朝乾隆九年，又建祠於蘇門山麓。

王公祠。在府城西北隅，祀王昌齡。元翰林學士徒單公履有記。

蘧伯玉祠。在汲縣西北三十里。

周公祠。在淇縣城内西北，祀周惠。舊傳惠，隰州人，任江淮都轉運使。時元兵南下，惠撫安百姓，轉輜重，給饋餉，軍不乏食，民不告勞，故立祠祀之。

七賢祠。在輝縣西南六十里。今爲竹林寺。水經注：清水又經七賢祠東，魏步兵校尉陳留阮籍、中散大夫譙國嵇康、晉司徒河内山濤、司徒瑯琊王戎、黄門郎河内向秀、建威將軍沛國劉伶、始平太守阮咸等，同居山陽，結自得之遊，時人號之爲「竹林七賢」。向子期所謂山陽舊居也。後人立廟於其處。

衛源祠。在輝縣西北蘇門山百門泉上。宋封威惠王，元加封洪濟威惠王，明洪武中改稱衛源之神，有司致祭。本朝乾隆十五年，高宗純皇帝巡幸中州，駐蹕百泉，有御製謁衛源祠詩。

孫公祠。在輝縣蘇門山巔。祀孫登。

邵子祠。在輝縣蘇門山上。明成化中建。

冉子祠。在滑縣東七十里。有裔孫奉祀。

河侯祠。在滑縣。元和志：在白馬縣南一里。後人嘉王尊壯節，因此立祠。

堯祠。在滑縣西南五十里。唐寶曆中，禱雨有應，白敏中爲記。寰宇記：堯祠在靈河縣西南五十里，漢劉盆子所立。

廣佑祠。在封丘縣。本朝嘉慶九年，衡家樓大工告成，敕建祀河神。

箕子廟。在汲縣南。唐柳宗元有碑。又有三仁祠，在淇縣南門内。

比干廟。在汲縣北十里。每歲四月四日，有司致祭。魏書劉芳傳：高祖遷洛，路由朝歌，見比干墓，愴然悼懷，爲文以弔，芳爲注解，表上之。唐李翰碑：貞觀十九年，太宗東征，師次殷墟，下詔追贈殷少師比干爲太師，謚忠烈公，申命郡縣，封墓葺祠，置守冢五家，以少牢時享，著於甲令，刻之金石。

太公廟。在汲縣北。水經注：汲城東門北側有太公廟，廟前有碑云：「縣民故會稽太守杜宣，白令崔瑗曰：太公甫生於汲，舊居猶存，國老王喜、廷掾鄭篤、功曹邵勤等咸曰宜遂立壇祀，爲之位主。」城北三十里有太公泉，上又有太公廟。相傳云太公之故居也。晉太康中，范陽盧無忌爲汲令，立碑於其上。元和志：在汲縣西北二十五里，廟有後魏穆子容碑，今存。

崔公廟。在新鄉縣内。祀崔珏，碑載：珏，祁州人。貞觀中爲衛縣令。值河水暴汎，浸没民田，珏設祭河上，爲文祝之，水患遂息。

湯王廟。在新鄉縣南門内。元重建。

岳忠武廟。在新鄉縣東二里。忠武平新鄉有功，故祀之。明萬曆四年建，本朝乾隆五年修。宋史本傳：忠武從王彦渡河至新鄉，金兵盛，彦不敢進，忠武獨引所部鏖戰，奪其纛而舞，諸軍争奮，遂拔新鄉。

周文王、武王廟。俱在獲嘉縣。文王廟在縣東南五里，武王廟在縣東北八里。

衛武公廟。有二，俱在淇縣，一在縣東隅，一在縣西北三十里。

關帝廟。在滑縣城内。嘉慶十九年修，御書扁曰「佑民助順」，並加封「仁勇」二字。

李衛公廟。在考城縣西南三十五里。祀唐李靖。

寺觀

寧境寺〔一二〕。在府治西南隅。五代晉開運二年建。

香泉寺。在汲縣西北霖落山。元延祐間重建。寺近香泉，因名。

六度寺。在汲縣西北四十里壇山之麓。唐開元初建。

白池寺。在汲縣西北蒼峪山。宋建炎三年建。

熙寧寺[一二]。在汲縣東北。東晉建。

華藏寺。在新鄉城内。明洪武初建。

寂照寺。在獲嘉縣西南。元至正九年建。

崇興寺。在獲嘉縣治西北。

朝陽寺。在淇縣西十五里朝陽山下。隋建。

竹林寺。在輝縣西南六十里。舊名七賢觀，後改尚賢寺，又改今名，即晉七賢所遊之地。

白雲寺。在輝縣西五十里。肇建於唐。舊名白茅寺，又稱夢覺寺，明季改今名。本朝康熙年間屢修，乾隆十五年增葺，高宗純皇帝經此，有御製白雲寺詩。

落伽寺。在輝縣西八十里駝峯嶺上。宋建。

白鹿寺。在輝縣西北五十里白鹿山。

南湖寺。在輝縣西北七十里。元至正初建。其北爲中湖寺，唐建。又北爲北湖寺，元建。

大覺寺。在延津縣治北街中。有長明燈記，元揭傒斯撰，趙孟頫書。

華嚴寺。在延津縣故胙城縣西北隅。

裴莊寺。在濬縣城内。

白鶴觀。在新鄉縣治東。宋建。

紫微觀。在輝縣西八里卓水泉上。元許衡有紫微觀詩。

太虛觀。在封丘縣北門外。明正統間建。

玉皇觀。在考城縣南三里。明景泰間建。

紫極宫。在汲縣崇道里。元王惲建，有紫極宫記。

名宦

漢

虞詡。武平人。安帝時，朝歌賊甯季等數千人屯聚連年，州郡不能禁，乃以詡爲朝歌長。及到官，募求壯士，使入賊中，誘令劫掠，乃伏兵以待之，遂殺賊數百人。又潛遣貧人能縫者，傭作賊衣，以綵綖縫其裾爲識，有出市里者，吏輒擒之，賊由是駭散，咸稱神明。

崔瑗。安平人。順帝時，遷汲令。數言便宜，開稻田數百頃，視事七年，百姓歌之。

李雲。甘陵人。初舉孝廉，遷白馬令。桓帝封中常侍單超等五人並爲列侯，專權選舉，又立掖廷民女亳氏爲后，后家封者四人，賞賜巨萬。雲憂國將危，心不能忍，乃露布上書，移副三府，逮死獄中。

王渙。河内人。桓帝時，爲考城令，政尚嚴猛。聞仇覽以德化人，署爲主簿，謂覽曰：「枳棘非鸞鳳所棲，百里豈大賢之路！」乃以一月奉資覽入太學，覽由是知名。

桓鸞。龍亢人。桓帝時爲汲令，甚有名迹。

宗慈。安衆人。爲修武令，時太守出自權豪，多取貨賂，慈遂棄官去。

三國 魏

吴質。濟陰人。爲朝歌令，臨淄侯植與書，訓以政事，質對曰：「墨子迴車，而質四年，雖無德與民，式歌且舞已久矣。」

鄭袤。開封人。爲黎陽令。吏民悦服，太守班下屬城，時見甄異，爲諸縣之最。

晋

王宏。高平人。泰始初爲汲郡太守，撫百姓如家，耕桑樹藝，屋宇阡陌，莫不躬自教示，曲盡事宜。司隸校尉石鑒上其政術，武帝下詔稱之，賜穀千斛。

南北朝 魏

明亮。平原人。世宗時轉汲郡太守，譽宣遠近，民吏追思之。

高祐。渤海人。高祖時爲西兗州刺史，鎮滑臺。祐以郡國雖有太學，縣黨宜有黌序，乃縣立講學，黨立教學，村立小學。又令一家之内自立一碓，五家之外共造一井，以給行客，不聽婦人寄舂取水。又設禁賊之方，令五家相保，若盗發，則連其坐，風化大行，寇盗止息。

北齊

房超。爲黎陽太守，趙道德以事屬之，超不發書，棓殺其使。齊主善之，令守宰各置棓以誅屬請之使。

孟業。安國人。皇建二年，遷東郡太守，以寬惠著名，其年麥一莖五穗，餘或二穗、四穗共一莖者，合郡咸以政化所感。河清三年，敕人間養驢，催買甚切。業令權出庫錢，貸人取辦，後爲憲司所劾。被攝之日，郡人皆泣而隨之，詣闕訴冤者非一人，乃敕放還。

石曜。安喜人。武平中爲黎陽郡守。值斛律武都爲兖州刺史，性甚貪暴，先過衛縣，令丞以下，斂縑數千匹遺之，及至黎陽，令左右諷動曜，曜手持一縑，謂武都曰：「此是老石機杼，聊以奉贈。」武都知曜清素純儒，笑而不責。

隋

郎茂。新市人。高祖爲丞相，授衛州司録，有能名。尋除衛國令。時有繫囚二百，茂親自究審，釋免者百餘人。民張元預與從父弟思蘭不睦，丞尉請加嚴法，茂曰：「元預兄弟，本相憎疾，又坐得罪，彌益其忿，非化民之意也。」遣縣中耆舊更往敦諭，元預等各生感悔，詣縣請罪。茂曉以義，遂相親睦。

元亨。魏常山王五世孫。高祖受禪，出爲衛州刺史。衛土俗簿，亨以威嚴鎮之，風化大洽。後以老病乞骸骨，吏人詣闕上表，請留卧治，上嗟歎者久之。

敬肅。蒲坂人。仁壽中爲衛州司馬，有異蹟。

王仁恭。上邽人。大業中爲汲郡太守，有能名，遷信都太守。汲郡吏民，叩馬號呼於道，數日不得出境。

唐

李元慶。高祖子，爲滑州刺史。以治績聞，數蒙褒賜。

敬暉。平陽人。聖曆初爲衛州刺史，時河北爲突厥所擾，方秋而城。暉曰：「金湯非粟不守，豈有棄農畝，事城隍哉？」縱民歸斂，闔部賴安。

徐彦伯。瑕丘人。中宗時爲衛州刺史。政多善狀，璽書嘉勞。

孔若思。山陰人。中宗時爲衛州刺史。故事，以宗室爲州別駕，見刺史驁放，不肯致恭。若思劾奏別駕李道欽，請訊狀，有詔別駕見刺史致恭，自若思始。以清白擢銀青光禄大夫。

潘好禮。宗城人。開元初爲邠王長史。王爲滑州刺史，好禮兼府司馬、知州事。農月王出獵，家奴羅列，好禮遮道諫，王不許，乃卧馬下，諍曰：「今農在田，王何得非時暴禾稼，以損下人？要先踐殺司馬，然後聽所爲。」王慚而還。

五代　晉

陳思讓。盧龍人。天福中爲衛州刺史。連丁内外艱，時武臣罕有執喪禮者，思讓不俟詔，去郡奔喪，聞者嘉之。

周

郭進。博野人。顯德初爲衛州刺史。衛、趙、邢、洺間多亡命者，伺間椎剽。進備知其情狀，因設計發擿之，數月間，翦滅無餘。

宋

周渭。恭城人。建隆初爲白馬主簿。縣大吏犯法，渭即斬之。帝奇其才，擢右贊善大夫。

張岐。崇安人。太宗時調延津尉，治行第一。

陳堯佐。閬中人。天禧中河決，起知滑州。造木龍以殺水怒，又築長隄，人呼爲陳公隄。

許逖。歙州人。真宗時，試汲尉二年。汲人德之，羣詣京師，請逖爲令。遷校書郎，知縣事。

寇瑊。臨汝人。仁宗時知滑州。總領修河，既以歲饑罷役。瑊言：「楗芻已集，若積之經年，則朽腐爲棄物，後復興工斂之，是重困也。」乃再詔塞河。

高繼勳。蒙城人。仁宗時知滑州。河暴溢，繼勳躬自督役，露坐河上，暮夜不輟，水乃殺怒。滑人德之。

李若谷。豐人。仁宗時知滑州。河嚙韓村隄，夜督兵爲大埽，至日隄完。

梅摯。新繁人。知滑州。州歲備河，調丁壯伐灘葦，摯奏用州兵代之。河大漲將決，督工完隄防，水不爲患。

陳希亮。青神人。仁宗時知滑州。河溢魚池埽且決，希亮悉召河上使者，發禁民捍之，廬於所當決。吏民涕泣更諫，希亮堅卧不動，水亦去，人比之王尊。

燕度。益都人。仁宗時知滑州。滑與黎陽對境，河埽下臨魏郡，霖潦暴至，薪芻不屬。度曰：「魏實爲河朔根本，不可坐視成敗。」悉以所儲茭楗禦之，埽賴以不潰。

傅堯俞。濟源人。神宗時監黎陽縣倉草場。守遣他吏代主出納，堯俞不可，曰：「居其官，安得曠其職？」雖寒暑必日至庚中治事，凡十年。

魯有開。譙人。神宗時知衛州。水災，人乏食，貸常平錢穀與之，奏蠲其息。

陳瓘。沙縣人。哲宗時知衛州。專以仁慈及民，庭無滯訟。兩被内除，皆辭不就。

石公弼。新昌人。徽宗時調衛州司法參軍。淇水監牧馬逸食人稻，爲田主所傷，時牧法至密，郡守韓宗哲欲坐以重辟。公弼謂但當償圉者，民不可罪。宗哲委以屬吏，既而使者來慮囚，如公弼議。

金

王政。熊岳人。金兵伐宋，滑州降，留政爲安撫使。政從數騎入州，是時民多以饑爲盜，坐繫，政皆釋之。發倉廩以賑貧乏，於是州民皆悦，不復叛。旁郡聞之，亦多降者。

富察鼎壽。哈蘇河人。大定初爲濬州防禦使。有惠政，百姓刻石紀之。「富察鼎壽」舊作「蒲察鼎壽」，「哈蘇河」舊作「曷速河」，今並改正。

孟奎。遼陽人。大定中遷汲令，察廉，改定興令。

劉瑋。咸平人。大定中河決於衛，自衛抵清、滄，皆被其害。詔瑋兼工部尚書，往塞之。或謂當徙民以避其衝，瑋不然，齋戒禱於河，功役齊舉，河復故道。

張簴。爲新鄉令。大定時以河水入城。閉塞救護有功，與縣丞唐古堂固齊、主簿温屯威赫，俱遷賞有差。「唐古堂固齊」舊作「唐括唐古出」，「温屯威赫」舊作「温敦偎喝」，今並改正。

胥鼎。繁時人。正大二年，行尚書省於衛州。力疾赴鎮，來歸者益衆，屢上章乞老，且舉朝賢練軍政者自代，詔不允。

張洵。以廷尉出守白馬，屢鞫大獄，辨活者衆。以兵變城陷，赴井死。

元

董文用。藁城人。中統十三年爲衛輝路總管。諸郡運江淮粟於京師，衛當運十五萬石。文用曰：「民籍河役者無幾，且江淮風水，舟不能以時至，而先爲期會，是未運而民已困矣。」乃集旁郡通議，立驛置法，民力以紓。

陳祐。晉寧人。至元三年授衛輝路總管。衛當四方之衝，號爲難治。祐申明法律，創學宫，修比干墓，且請立祀典。及去官，民爲立碑頌德。

王昌齡。滄州人。世祖時守衛輝路。泉水自鄘城而來，東流會於淇。每秋潦，輒溢入金隄。昌齡乃築隄黑蕩陂以禦之，患遂息。又以清水出輝縣山陽鎮，流入衛河，乃度原隰，濬畎澮，溉田數百餘頃。在任八年，惠化大行。

鞏顯祖。河陰人。遷延津尹。值歲饑，勸民貧富相通，流移四方者，招之復所。

素克察哩。西夏人。累功授濬州達魯噶齊。時軍旅數興，中外徵需繁重，户漸凋耗。察哩撫綏教養，曲盡機宜。卒，葬濬之黎陽山。「素克察哩」舊作「速哥察理」，「達魯噶齊」舊作「達魯花赤」，今並改正。

尚文。深澤人。至元中出守輝州。時河朔大旱，輝獨以禱得雨，境内大稔。懷孟民馬氏、宋氏誣服殺人，積歲獄不能決。提刑使者命文讞以論報，文推迹究情，得獄吏羅織狀，兩獄乃釋。

李稷。勝州人。泰定中授淇州判官。淇當衝要，稷至，能理其劇。歲大饑，告於朝以賑之，民獲蘇。

劉秉直。武清人。至正八年爲衛輝路總管。賊有刦縣民鈔而殺之者，捕不獲，秉直具詞禱於神，得賊姓名及所在，命尉襲之，果得賊於汴，遂正其罪。

許義夫。碭山人。爲封丘縣尹。至正四年大饑，盜賊羣起抄掠，義夫聞賊至近境，乃單馬出郊外十里迎之，見賊數百人，義夫力言縣小民貧，皆已驚惶逃竄，幸無入吾境也。言詞愿款，賊皆他往。封丘之民，得免於難。

王士元。恩州人。爲濬縣尹。至正十七年賊逼濬，民悉潰散。士元坐堂上，顧其子致微使避賊，曰：「吾守臣居此，職也；若則可逃。」子涕泣抱士元不去，俱爲所害。

明

李驥。郯城人。洪武中知新鄉縣。招流亡，給農具，復業者數千人。

孫鎮。合肥人。建文時知衛輝府。興學課士，教民樹畜，禱雨驅蝗，政績甚著。燕師至，堅守不下。成祖即位，謫戍山海。

王士廉。永樂中知濬縣。邑大蝗，士廉齋戒率僚屬禱八蜡祠，以失政自責。越三日，有鳥數萬食蝗盡。

邢表。文安人。天順中知獲嘉縣。境多盜賊，表專尚德教，均徭賦，復流民千七百家。建社學，訓子弟，盜寇衰息。

楊勳。三原人。成化中知濬縣。勵志清苦，二子皆不令入官。來省侍，輒遣還。敝袍布履，蕭然自得。去之日，民有致賮者，語之曰：「某在濬數載，曾受人一錢否？」

張謙。肥城人。成化時知衛輝府。創建百泉書院，修學校，課農桑，平賦役，政多可紀。

王憲。東平州人。弘治中知滑縣。嚴毅自持，以扶善鋤强、緩賦均役爲政。

劉繹。代州人。正德中知衛輝府。時薊寇倡亂，繹身親戎伍，率民死守，賊不能下，遁去，民賴以安。

高進。錦衣衛人。嘉靖中知滑縣。吏事詳密，裁革宿弊。每歲俵馬舊無定制，勢者屬免，奸者攬應，進編以爲例，歲有定名，民便之。

楊麒。上饒人。嘉靖中知濬縣。廉謹不擾，時稱良吏。宜溝店逆旅主人殺客而有其貲，置屍井中，麒發治之，因得劇賊數十人，境内以安。

陸光祖。平湖人。嘉靖中知濬縣。政務大體，遇事有不便民者，必力爲建白。出廬柟於獄，人尤稱之。

張佳胤〔一三〕。銅梁人。嘉靖中知滑縣。賑恤有方，世宗賜以金褒之。時有盜僞爲緹騎，逮佳胤因欲刦庫帑者，佳胤以計悉擒縛之，人服其智。

孟重。渭南人。嘉靖中知滑縣。清釐浮派銀數及欺隱田畝，以廉敏稱。

劉焕。睢州人。萬曆時知濬縣。濬介淇、衛，屢患水潦。焕親疏瀹，築隄防，措置有條，不擾而辦。

李呈祥。隰州人。崇禎時知延津縣。建築甕城。

本朝

祖可法。奉天人。順治元年爲衛輝鎮總兵。時流賊李自成寇濟源，可法援懷慶，因率將士拒守，號令嚴明。賊穴地潛攻，可法命城内掘坎，用火焚之。賊架雲梯上，復以火箭射燒，賊死無算。數遣壯士縋城斫營，賊遂遁去。

紀國相。開原衛人。順治元年知輝縣。當流寇破殘之後，國相修治城隍，招撫流散，通商賈，設義學，甚著能績。

劉元芳。清苑人。順治二年知延津縣，省徭役，恤驛站〔一四〕，以報最内擢。

陳起泰。蓋州人。順治四年知滑縣。讞斷明決，吏民不能欺。嚴飭武備，萑苻屏跡。

佟國璽。撫順人。順治七年知輝縣。以崇學校、勸農桑爲務，有貧民不能開墾者，給以牛種，勸令復業。邑遭水患，五閘衝決，國璽親督修築，使水歸故道，稻田之利復興。

王克儉。海州人。順治中知新鄉縣。威重有度，撫黎庶如赤子，轉餉建城，著有勞績。比歲歉，捐賑公溥，民免流亡。黄河夫役，舊爲民累，克儉申請留修衛河，立釋重困。去後，民立祠以祀。

李登瀛。華亭人。康熙中知新鄉縣。政尚寬和，不喜紛更，政暇，即與多士講業，人文蔚起。

馮雲朝。昌平州人。康熙中知獲嘉縣。值兵荒後，地曠民稀，驛站衝疲。雲朝撫綏流移，以墾荒田，置馬匹以充傳遞。興廢舉墜，政績茂著。

岳峯秀。汶上人。康熙中知封丘縣。發奸摘伏，捷若神明。好延士大夫，詢其利弊。嘗躬行田野，督課農桑。邑濱大河，一切供億轉輸，悉心籌畫，民不知擾。

呂文光。山陽人。乾隆中知滑縣。邑故多盜，文光懲擊無少縱。修學宫，及歐陽修畫舫書院，士服其化，民歌其惠。

周壎。龍泉人。乾隆中知淇縣。創西泉書院以課士。每春秋輒載酒饌郊行，勞民之有勤力者，民是以大勸。

强克捷。韓城人。任滑縣知縣。嘉慶十八年，教匪李文成與林清潛通逆謀，克捷先期訪獲李文成等，嚴訊得實，刑夾監禁。匪黨馮克善等糾集逸犯，入城劫獄，克捷全家被害，嗣李文成以刑傷，不能遠逸，迅就殲戮。奉旨以克捷首破逆謀，厥功甚大，照知府例賜卹，入祀京城昭忠祠，賜謚忠烈，世襲騎都尉。又命於滑縣地方，爲克捷建立專祠。其從難之强京課、强克勳、徐雲章、李槐蔭、諸自涵、梁廷輝、梁霈、梁泰來、張炎、孫鼎、章冠山，及家丁祁陞等三十五人，俱從祀焉。

呂秉鈞。新安人。任滑縣教諭。嘉慶十八年，教匪滋事，在署投井未死，旋遇害。全家及幕友唐會等十七人同時殉難。事聞，照知縣例議卹，世襲雲騎尉。

劉斌。咸寧人。任滑縣老岸司巡檢。嘉慶十八年，教匪滋事，稟縣拏獲逆首李文成。旋值匪黨入城，在署被戕，全家同時殉難。事聞，照知縣例議卹，世襲雲騎尉。

陳寶勳。宛平人。任滑縣典史。嘉慶十八年，教匪滋事，在署被戕，全家及幕友呂會亭等同時殉難。事聞，議卹。又徐沆，長興人，河南候補從九品，因解兵米赴營，至濬縣小河口，遇賊被戕，賞卹如例。

戚名彰。陝州人。任滑縣把總。嘉慶十八年，教匪滋事，擊賊陣亡。子戚蕙、雙喜，女存子，妾郭氏、楊氏並婢二人，同時殉難。賞卹如例。

校勘記

〔一〕項羽立司馬卬爲殷王　「卬」，原作「邛」，乾隆志卷一五八衛輝府古蹟（下同卷簡稱乾隆志）同，據史記卷七項羽本紀改。

〔二〕在今縣北關西社其故衛縣　「其」，乾隆志作「北」，屬上，疑是。

〔三〕濟瀆東逕封丘縣　乾隆志同。按，戴震校水經注，謂「縣」下脱「北」字。

〔四〕吴陂水之北陂澤側有隤城　「吴陂」，原作「吴城」，據乾隆志及水經注卷九清水改。「陂澤」，乾隆志同，戴震校水經注改作「際澤」，是。際澤蓋即下文之際陂也。

〔五〕各相去六七里　「六七里」，原作「六十里」，乾隆志同，據太平寰宇記卷五六河北道衛州改。按，寰宇記原文下有「其山南北約二十里，東西約十五里」之文，三城既在此山中，自不得出其範圍，「各相去六七里」始合。

〔六〕左傳定公十四年　乾隆志同。按，下引文字乃春秋經文，非左傳文。

〔七〕遂於城内作地道向子墓亦名慕子臺　「墓」，原作「基」，乾隆志同，據太平寰宇記卷一河南道改。「慕子臺」，寰宇記作「向子臺」。

〔八〕共城鎮大寧早生　「寧」，原作「安」，據乾隆志及金史卷二五地理志改。按，此摘引金史地理志文頗謬亂。早生鎮屬蘇門縣（本共城，明昌三年改名），大寧鎮乃屬獲嘉縣，「大寧」二字疑衍。

〔九〕又延津縣東北故胙城縣亦有護城隄　「城」，原作「村」，乾隆志同，據文意改。

〔一〇〕與東山相屬　「東山」，原作「山東」，乾隆志同，據漢書卷二九溝洫志乙。

〔一一〕寧境寺　「寧」，原作「安」，據乾隆志改。按，本志避清宣宗諱改字也。

〔一二〕熙寧寺　「寧」，原作「安」，據乾隆志改。按，本志避清宣宗諱改字也。

〔一三〕張佳胤　「胤」，原作「允」，乾隆志同，據明史卷二二二張佳胤傳改。按，一統志避清世宗諱改字也。

〔一四〕恤驛站　「站」，原作「坫」，據乾隆志改。

大清一統志卷二百一

衛輝府三

人物

漢

賈護。黎陽人。從胡常受左氏傳。哀帝時，待詔爲郎。授蒼梧陳欽子佚。由是言左氏者，本之賈護。

向長。朝歌人。性尚中和，好通老、易。王莽大司空王邑欲薦之於莽，固辭乃止。潛隱於家，讀易至損、益卦，歎曰：「吾已知富不如貧，貴不如賤，但未知死何如生耳。」建武中，男女娶嫁既畢，敕斷家事勿相關，遂肆意與北海禽慶，俱遊五嶽名山，不知所終。

杜詩。汲人。少有才能，仕郡功曹，有公平稱。建武元年，遷侍御史，安集洛陽。時將軍蕭廣放縱兵士，暴横民間。詩敕曉不改，遂格殺廣，還以狀聞。帝賜以棨戟，復使之河東，誅降逆賊楊異等。歷轉汝南都尉，所在稱治。遷南陽太守。詩雅好推賢，數進知名士。身雖在外，盡心朝廷，讜言善策，隨事獻納。後被徵，會病卒。

衛颯。修武人。家貧好學問，隨師無糧，常傭以自給。建武二年，辟大司徒鄧禹府，舉能案劇。除襄城令，遷桂陽太守。

視事十年，郡内清理。光武欲以爲少府，會颯被疾不能拜起，敕以桂陽太守歸，須後詔書。後卒於家。

趙咨。東郡燕人。少孤有孝行。桓帝時舉至孝有道，遷博士。靈帝時，累遷敦煌太守，以病免還。躬率子孫耕農爲養。盗常夜往劫之，咨恐母驚懼，乃先至門迎盗，因請爲設食，謝曰：「老母八十，疾病須養，貧居朝夕無儲，乞少置衣糧。妻子物餘，一無所請。」盗皆慚歎奔出。拜東海相，以疾自乞，徵拜議郎。臨終，敕子薄葬，時稱咨明達。

百里嵩。封丘人。爲徐州刺史。部車所至，甘雨輒降。及卒，民立祠祀焉。

仇覽。一名香，考城人。幼而淳默，鄉里無知者。年四十，縣招補蒲亭長。勸人生業，令子弟就學，賑恤孤寡，期年稱大化。令王涣聞其賢，署爲主簿，尋資覽入太學。同郡符融與郭林宗齎刺就房謁之，遂請留宿，林宗嗟嘆，下牀爲拜。學畢歸鄉里，不就請辟。雖晏居必以禮自整，妻子有過，輒免冠自責。妻子廷謝，覽冠，乃敢升堂。家人莫見喜怒聲色之異。後徵方正。會疾卒，少子玄，最知名。

史弼。考城人。少篤學，辟公府，爲北軍中候，遷尚書，出爲平原相。桓帝時，詔書下舉鈎黨，弼獨無所上。從事切責，弼曰：「他郡自有，平原自無，胡可相比？」濟活千餘人。遷河東太守，考殺侯覽私人，覽大怒，詐作飛章誣弼。檻車徵，前孝廉裴諭送之曰：「明府摧折虎臣，選德報國，願不憂不懼。」弼曰：「誰謂荼苦，其甘如薺。」下廷尉詔獄，得減死歸田里。何休訟弼有幹國之器，拜議郎。出爲彭城相，卒。

向詡。向長之後。性卓詭不倫，恒讀老子，常於竈北坐板牀上，積久，板有膝踝足指之處。後特徵拜趙相，遷侍中。每朝廷大事，侃然正色，百官憚之。

三國　魏

張範。修武人。性恬静樂道，徵命無所就。弟承，亦知名，仕爲諫議大夫。範子陵，及承子戩，爲山東賊所得，範直詣賊請二子，賊以陵還範。範請以易戮，賊義其言，悉以還範。後爲議郎，參丞相軍事，甚見敬重。救恤窮乏，家無所餘，中外孤寡皆歸焉。

楊俊。獲嘉人。受學陳留邊讓，讓器異之。以兵亂，乃扶持老弱，詣京密山間，同行者百餘家，俊賑濟貧乏，通其有無。武帝除俊曲梁長，遷南陽太守，徙爲征南軍師，遷中尉。文帝踐阼，復任南陽。俊自少至長，以人倫自任。同郡審固、陳留衛恂，皆出自兵伍，俊資拔獎致，咸作佳士。黄初二年，車駕至宛，以市不豐樂下獄，遂自殺。衆冤痛之。

晉

孫登。共人。無家屬，於蘇門山爲土窟居之。夏則編草爲裳，冬則被髮自覆。好讀易，撫一弦琴。文帝使阮籍往觀，既見，與語，不應。嵇康從之遊，三年，問其所圖，終不答。將别，謂曰：「先生竟無言乎？」登乃曰：「子識火乎？火生而有光而不用其光，人生而有才而不用其才。故用光在乎得薪，所以保其耀。用才在乎識真，所以全其年。」康不能用，果遭非命。登竟不知所終。

成公綏。白馬人。性寡欲，不營資產，家貧歲饑，晏如也。少有俊才，詞賦甚麗，張華雅重綏，每見其文，歎服以爲絶倫。薦之太常，徵爲博士，歷遷中書郎。每與華受詔，並爲詩賦。又與賈充等參定法律，所著詩、賦、雜筆十餘卷行於世。

成公簡。東郡人。性樸素，不求榮利，潛心道味，默識過人。張茂先每言公簡清静比揚子雲，默識擬張安世。官至散騎常侍。

桑虞。黎陽人。父沖，有深識遠量，河間王顒執權〔一〕，引爲司馬。沖知其必敗，稱疾求退。虞年十四，喪父，毁瘠過禮。諸兄仕於石勒，咸登顯位，惟虞欲避地海東，會丁母憂，遂止，哀毁骨立，廬墓五年。後朝廷遣人授虞青州刺史，虞曰：「功名非吾志也。」乃附使者啓讓刺史。靖居海右，不交境外，雖歷僞朝而不豫亂，世以此高之。虞五世同居，閨門邕睦。青州刺史苻朗常升堂拜其母，時人以爲榮。

蔡克。考城人。博涉書記，性公亮守正。爲成都王穎記室。穎爲丞相，擢東曹掾。克素有格量，及居選官，苟進之徒望風畏憚。後以病乞歸。東嬴公騰鎮河北，辟爲從事中郎。騰爲汲桑所攻，城陷，克見害。

蔡謨。克之子。元帝時，爲中書侍郎。蘇峻搆逆，吴國内史庾冰出奔會稽，以謨爲吴國内史。既至，與張闓、顧衆、顧颺等起義兵。峻平，以勳賜爵濟陽男，遷太常，領秘書監。成帝臨軒，遣使拜太傅、太尉、司空，將作樂，門下奏非祭祀燕享，則無設樂之制。事下太常，謨議臨軒遣使，宜有金石之樂，遂從之。臨軒作樂，自此始也。皇后每年拜陵，勞費甚多，謨議古者皇后廟見而已，不拜陵也，由是遂止。拜征北將軍，都督徐、兗、青諸軍事，隨宜防備，甚有算略。遷侍中、司徒，固讓不拜。卒，謚文穆。

南北朝　宋

江夷。考城人。爲宋武帝鎮軍行參軍，豫討桓靈寶功，累遷大司馬。武帝命大司馬府、琅邪國事，一以委焉。後爲右僕射。歷任以和簡著稱。

蔡廓。謨曾孫。博涉羣書，言行以禮。起家著作佐郎，以方鯁閑素爲武帝所知。遭母憂，三年不櫛沐，殆不勝喪。補御史中丞，多所糾奏，百僚震肅。出爲豫章太守，徵爲吏部尚書。徐羨之方録尚書事，廓曰：「吾不能爲徐干木署紙尾。」遂不拜。廓奉兄軌如父，家事大小，皆諮而後行，公禄賞賜，一皆入軌，有所資需，悉就典者請焉。

江湛。夷之子。居喪以孝聞。愛好文義，兼明算術。爲彭城王義康司徒主簿。固求外出，乃以爲武陵内史。元嘉中，累遷吏部尚書。家甚貧約，不營財利，餽餉盈門，一無所受。在選職，公平無私，不受請謁。後爲太子劭所害。孝武初，追贈左光禄大夫，謚忠簡。

江智淵。夷之弟子。爲隨王誕後軍參軍。元嘉末，累遷中書侍郎。智淵愛好文雅，辭采清贍，孝武深相知待，恩禮冠朝。兄子槩早孤，智淵養之如子。歷黃門吏部郎。

江秉之。考城人。少孤，弟妹七人並幼，撫育姻娶，盡其心力。少帝時，爲烏程令，以善政著名東土。後爲山陰令，人户三萬，政事煩擾，訟訴殷積，秉之御煩以簡，常得無事。歷官新安太守。元嘉中，轉臨海，並以簡約見稱。所得禄悉散之親故，妻子常饑寒，人有勸其營田，秉之正色曰：「食禄之家，豈可與農人競利？」在郡作書案一枚，去官留以付庫。

蔡興宗。廓少子。十歲喪父，哀毁有異凡童。孝武初，拜侍中，每正言得失。爲左民尚書，轉吏部尚書。僕射顔師伯謂王耽之曰：「蔡尚書常免昵戲，去人實遠。」耽之曰：「蔡豫章昔在相府，亦以方嚴不狎，武帝晏私，未嘗相召。蔡尚書可謂能負荷矣。」明帝時，遷尚書右僕射。封樂安縣伯。後歷中書監，卒。興宗幼立風概，家行尤謹，奉歸宗姑，事寡嫂，養孤兄子，有聞於世。遺令奏還封爵，表十餘上，見許。子順方，雅有父風，位太尉從事中郎。

齊

江斆。湛之孫。母文帝女淮陽公主。幼以戚屬召見，孝武謂謝莊曰：「此小兒方當爲名器。」尚孝武臨汝公主。袁粲見斆，嘆曰：「風流不墜，政在江郎。」庶祖母王氏老疾，斆侍膳嘗藥，七十餘日不解衣。及累居内官，每以侍養陳請。歷遷都官尚書。時紀僧真幸於帝，承旨詣斆，登榻坐定，斆便命左右曰：「移吾床遠客。」僧真喪氣而退。時人重斆風格，不爲權倖降意。領秘書監，卒，謚曰敬。

江洪。濟陽人。竟陵王子良開西邸，招文學，洪以善辭藻遊焉。按：漢之濟陽縣故城在今開封府儀封廳北，山東曹州府曹縣亦有濟陽故城，唐武德中，分冤句縣西界置。河南通志辨疑謂濟陽在今陳留縣北，原本江洪、江重欣、蔡仲熊並濟陽人，似皆不應載入衛輝人物志，但卷内江、蔡諸人並籍隸考城，而考城與儀封接壤，南齊書南徐州有南濟陽郡，領考城縣，蓋僑置也。故仍存之，而考正附注焉。

江重欣。濟陽人。性清介，雖處暗室，如對嚴賓。位至射聲校尉。

蔡仲熊。濟陽人。禮樂博聞，執經議論往往與時宰不合，亦終不改操求同。仕至尚書左丞，當時恨其不遇。

江泌。考城人。少貧，晝日砍屧爲業，夜讀書隨月光，光斜則握卷升屋。母亡後，以生缺供養，遇鮭不忍食。武帝以爲南康王子琳侍讀。建武中，明帝害諸王後，泌憂念子琳。及子琳被害，泌往哭之，淚盡續以血，親視殯葬乃去。泌尋卒。泌族人與泌同名，世謂泌爲「孝泌」以别之。

梁

江淹。考城人。少孤貧，好學，沈静少交遊。起家南徐州從事，尋以秀才對策上第。齊明帝時，爲御史中丞，彈劾不避貴近，内外肅然。明帝謂曰：「自宋以來，不復有嚴明中丞，君可謂近世獨步。」遷祕書監。入梁爲左衛將軍，封醴陵侯。卒，謚曰憲。所著有前後集，並齊史十志，行於世。

江革。考城人。幼而聰明，六歲解屬文。家貧，與弟觀入太學。謝朓常候革，時大寒雪，革敝絮單席，耽學不倦，朓割半氊與充卧具而去。入梁爲御史中丞，彈奏權豪，一無所避。後隨豫章王鎮彭城。及失守，爲魏人所執，魏徐州刺史元延明聞革才名，厚相接待，革稱脚疾不拜。延明將害之，見革詞色嚴正，更加敬重，遂放還。明帝晏勞曰：「今日始見蘇武之節。」累遷度支尚書。卒，謚曰强。

蔡撙。興宗子。少方雅退默。丁母憂，廬於墓側。入梁爲吴興太守，不飲郡井，齋前自種白莧、紫茄，以爲常餌，詔褒其清。天監中，累遷吏部尚書，在選宏簡有名稱。又爲侍中，領祕書監，風骨梗正，氣調英嶷，當朝無所屈讓。後爲中書令，卒，謚曰康。

范岫。考城人。早孤，事母以孝聞，名行爲時輩所與。仕齊爲太子家令，累官尚書左丞。入梁，終祠部尚書。岫博述多通，尤悉晉、魏以來吉凶故事。南鄉范雲嘗謂人曰：「諸君進止威儀，當問范長頭。」以岫多識前代舊事也。自親喪後，終身布衣疏食。每所居官，恒以廉潔著稱。所著有禮論、雜儀、字訓。

江蒨。斅之子。幼聰警，讀書過目便能諷誦。仕齊起家祕書郎。居父憂以孝聞，廬於墓側。服闋，累遷建安内史。入梁歷尚書吏部郎，領右軍。蒨方雅有風格，僕射徐勉權重，惟蒨及王規與抗禮，不爲之屈。遷光禄大夫，卒，謚曰肅。蒨好學，尤悉朝儀故事，撰江左遺典三十卷，未就。有文集十五卷。

江紑。蒨之子。幼有孝性。年十三，父患目疾，紑衣不解帶者期月。夜夢一僧云：「患眼者，飲慧眼水必差。」及覺，説之，莫能解者。紑第三叔禄與草堂寺智者法師善，往訪之，智者曰：「無量壽經云：慧眼見真，能度彼岸。」乃因智者啓捨同夏縣界牛屯里舍爲寺，敕以「慧眼」爲名。及就創造，泄故井，井水清洌，異於常泉，依夢取洗，遂差。及父卒，廬於墓側，終日號慟不絶聲，月餘亦卒。子總，篤學有文辭，仕梁、陳、隋，有文集三十卷。

江子一。考城人。少好學，有大志。以家貧缺養，因蔬食終身。起家爲王國侍郎。其姑夫左衛將軍朱异，權要當朝，欲引子一爲助，子一未嘗造門。後爲南津校尉。弟子四，歷尚書右丞；子五，爲東宫殿直主帥。兄弟性並剛烈，子四自右丞上封事，極言得失。侯景之亂，子一及子四、子五，並力戰死。元帝時，贈子一侍中，謚曰義；子四黄門侍郎，謚曰毅；子五中書侍郎，謚曰烈。

蔡大寶。考城人。少孤，篤學不倦，性嚴整，有智謀。雅達政事，文辭贍速。蕭詧引爲諮議參軍，及詧稱帝，爲侍中尚書令，章表書記、教令詔册，並專掌之，推心委任，以爲謀主。所著有文集三十卷，及尚書義疏。

陳

江德藻。革之子。性至孝，事親盡禮，與異産昆弟居，恩惠甚篤。涉獵經籍，善屬文。仕梁爲尚書比部郎，以父憂去職。服闋之後，容貌毀瘠，如居喪時。入陳爲中書舍人。天嘉中，使齊，著北征道里記三卷。還遷御史中丞，自求宰縣，出知新喻令，政尚恩惠，頗有異績，六年卒於官。有文集十五卷。子椿，亦善屬文，位尚書左丞。

江從簡。德藻弟。少有文情，位司徒從事中郎。後爲任約所害。子兼，叩頭流血，乞代父命，以身蔽刃，遂俱見殺，天下痛之。

蔡景歷。考城人。少俊爽，有孝行，家貧好學，善尺牘，工草隸。仕梁爲海陽令，政有能名。入陳遷祕書監。文帝時，以定策功，封新豐縣子，累遷度支尚書，卒。景歷屬文，不尚彫靡，而長於敘事。應機敏速，爲當時所稱。有集三十卷。

蔡凝。撙之孫。博涉經傳，有文詞，尤工草隸。仕吏部侍郎，才地爲時所重。遷給事黄門。後主嘗置酒，懽甚，將移宴弘範宮，衆人皆從，惟凝不行。曰：「長樂尊嚴，非酒後所過，臣不敢奉詔。」衆皆失色。出爲晉熙王府長史，製小室賦以見志，甚有詞理。陳亡入隋，道病卒。

魏

江文遥。考城人。父悦之，好兵書，有將略，仕宋歷諸王參軍。入梁，以討賊劉季連功，進冠軍將軍。正始二年，與夏侯道遷俱歸魏，尋卒，贈輔國將軍、梁州刺史，謚曰莊。文遥少有大度，輕財好士。仕魏爲咸陽太守，政爲諸郡之最。遷安州刺史，時幽、燕以南悉没，文遥孤城獨守，鳩集荒餘，且耕且戰，百姓皆樂爲用。

隋

翟普林。楚丘人。事親以孝聞，躬耕色養。父母疾，親易燥濕，不解衣者七旬。大業初，父母俱終，哀毁殆將滅性，廬於墓側，負土爲墳。家有烏犬，隨其在墓，若普林哀臨，犬亦悲號。二鵲巢其廬前柏樹，入廬馴狎，無所驚懼。司隸巡察，奏其孝感，擢授孝陽令。

華秋。臨河人。幼喪父，事母以孝聞，家貧傭賃爲養。母患疾，秋容貌毁悴，鬚鬢頓改。母終，遂絶櫛沐，髮盡禿落，廬於墓側，負土成墳，人欲助者，輒拜而止之。有一兔常宿廬中，馴其左右。郡縣以狀聞，煬帝遣使勞問，表其門閭。後羣盜起，往來廬之左右，咸相誡曰：「勿犯孝子。」鄉人賴以全者甚衆。

徐孝肅。汲郡人。早孤不識父，及長問其母父狀，因求畫工圖其形象，搆廟置之，而定省焉，朔望享祭。養母至孝，母終，茹蔬飲水，盛冬單縗，哀毁骨立。祖父母、父母墓，皆負土成墳，廬於墓所四十餘載，被髮徒跣，遂以身終。其弟德備，聰敏通涉五經，河朔間稱爲儒者。德備終，子處默又廬於墓側，奕世稱孝焉。

蔡徵。景歷子。幼聰敏，精識强記。七歲丁母憂，居喪如成人禮。繼母劉氏視之不以道，徵供侍益謹，初無怨色。仕陳，累遷中書令，於當朝制度、憲章儀軌、户口風俗、山川土地，問無不對。隋文帝聞其敏贍，召見顧問，言輒會旨，除太常丞，轉給事郎。卒。

唐

劉政會。胙人。隋大業中，爲太原鷹揚府司馬，以兵隸高祖麾下。王威等貳心，政會執而囚之。武德初，授衛尉少卿，留守太原，調輯戎政，遠近懽服。歷光禄卿，封邢國公。貞觀初，轉洪州都督，卒。太宗手詔：政會昔預義舉，有殊功，葬宜異等。於是贈民部尚書，謚曰襄，後追贈渝國公。

王恭。白馬人。少篤學，教授鄉閭，弟子數百人。貞觀初，拜太學博士，講三禮別爲義證，甚精博。蓋文懿、文達皆當時大儒，每講徧舉先儒義而必暢恭所説。

謝偃。衛人。貞觀初，應詔對策高第，歷高陵主簿。上書陳得失，帝稱善，引爲弘文館直學士。遷魏王府功曹。嘗爲塵影賦二篇，帝美其文。又獻惟王誠德賦，其賦蓋規帝成功而自處至難云。時李百藥工詩，而偃善賦，時人稱「李詩謝賦」。官終湘潭令。

趙元。河間人。祖掞，徙居汲。元少負志略，好論辯。遊雒陽，士争慕嚮。武后稱制，調宜禄尉，尋卒。其友魏元忠等共謚昭夷先生。

劉奇。政會子。長壽中，爲天官侍郎。薦張鷟、司馬鍠爲監察御史，二人因申屠瑒以謝，奇正色曰：「舉賢本無私，何見謝？」聞者皆竦。

崔日知。靈昌人。少孤貧力學，以明經進，至兵部員外郎。與張説同爲魏元忠朔方判官，以健吏稱。會譙王重福之變，官司逃，日知獨率吏卒助屯營擊賊。遷殿中少監，終潞州長史。

崔日用。日知從父弟。擢進士第，爲芮城尉，歷遷修文館學士。時韋后專制，謁臨淄王以自託，且密贊大計。韋氏平，以功授黄門侍郎，封齊國公。尋爲荆州長史，入奏計，因言太平公主逆節有萌，請捕逆黨，帝納之。以功進吏部尚書。會帝誕日，日用采詩大、小雅二十篇，及司馬相如封禪書獻之，借以諷諭，且勸告成事。後徙并州長史，卒。子宗之，好學寬博有風檢，與李白、杜甫以文相知。

盧懷慎。滑州人。范陽著姓。祖悊，仕爲靈昌令，遂爲縣人。懷慎第進士，歷中丞，上疏陳時政，遷黄門侍郎。與魏知古分領東都選。開元初，進黄門監，自以才不及姚崇，故事皆推而不專。卒時遺言薦宋璟等，帝悼而歎之。懷慎清儉，不營産，服器無金玉文綺之飾，雖貴而妻子猶寒饑，所得禄賜，於故人親戚無所計惜，隨散輒盡。子奂，早修整，爲吏有清白稱，仕終尚書右丞。

盧奕。懷慎少子。天寶初，爲鄠令，治最。積功擢給事中，拜御史中丞。自懷慎、奂及奕，三居其官，清節似之，時傳其美。俄留臺東都，兼知武部選。安禄山陷東郡，吏亡散，奕朝服坐臺被執。將殺之，即數禄山罪，徐顧賊徒曰：「爲人臣者，當識順逆。我不蹈失節，死何恨！」臨刑西向再拜而辭，罵賊不空口，逆黨爲變色。肅宗詔贈禮部尚書，謚貞烈。

甄濟。無極人，家衛州。少孤好學，以文雅稱。居青巖山十餘年，遠近服其仁，環山不敢畋漁。天寶中，以左拾遺召。安禄山求濟於帝，授范陽掌書記，居府中，論議正直。久之，察禄山有反謀，不可諫，密置羊血左右，至夜若嘔血狀，陽不支，舁歸舊廬。禄山反，使蔡希德封刀召之，濟色不動，希德嗟嘆止刀，以實病告。東都平，肅宗召館之三司署，使汙賊官羅拜，以愧其心。授秘書郎，歷侍御史，卒。

甄逢。濟子。幼而孤，及長，耕宜城野，自力讀書，不謁州縣。歲饑，節用以給親里，大穰則賑其餘於鄉黨貧狹者。朋友有緩急，輒出家資周賑，以義聞。逢嘗以父名不得在國史，欲詣京師自言。元和中，袁滋表濟節行，而逢與元稹善，稹移書於史館修撰韓愈，由是父子俱顯名。

班宏。汲人。父景倩，國子祭酒，以儒名家。宏，天寶中擢第。高適鎮劍南，表爲觀察判官。貞元初，賦調益急，以户部侍郎副度支使韓滉。竇參代滉，德宗以宏熟天下計，進尚書副參，尋判度支。清潔勤力，晨入官署，夕而出，吏不堪勞而已益恭。卒，謚曰敬。

高郢。衛州人。父伯祥，爲好時尉。安禄山陷京師，將誅之，郢尚幼，解衣請代，賊義並貸之。寶應初及第。代宗爲太后營章敬寺，郢上書諫。以茂才異行高第，累擢咸陽尉。李懷光引佐邠寧府〔二〕。懷光反，欲悉兵鼓而西，時渾瑊提孤軍抗賊，郢恐爲懷光所乘，與李鄘固止之。因與呂鳴岳、張延英謀間道歸國〔三〕。事洩，懷光斬二將，引郢詰誚，郢抗辭無所愧隱，觀者爲泣下。懷光慙，赦之。懷光已誅，李晟表其忠，召拜主客員外郎，進禮部侍郎。凡三歲，甄幽獨，抑浮華，流競之俗爲衰。順宗時，以尚書右僕射致仕，卒。謚曰貞。子定，早慧，長通王氏易，仕至京兆府參軍。

盧元輔。奕孫，杞子。少以清行聞，擢進士，補崇文校書郎。歷杭、常、絳三州刺史，課最。累官兵部侍郎。元輔端靜介正，能紹其祖，故歷顯劇，而人不以杞之惡爲累云。

劉崇望。政會七世孫，字希徒。及進士第，以員外郎主南曹，選事清辦。僖宗幸山南，王重榮不肯率職，崇望以諫議大夫持節往。既至，陳君臣大義動之，重榮順服。昭宗時，爲門下侍郎，判度支。楊守信反，帝列兵延喜門，命崇望守度支庫。禁卒將大掠，崇望駐馬勞曰：「公等不帝前殺賊，取功名，而苟欲剽掠成惡名乎？」士皆唯唯。至長樂門，賊望兵至，乃遁去。仕終兵部尚書。兄崇龜，擢進士，仕累華要，終清海軍節度使。蒞政精明，姻舊或干以財，率不答，但寫荔枝圖與之。弟崇魯，景福中以水部郎中知制誥。時昭宗以李磎爲相，崇魯掠其麻曰：「今雖乏人，豈宜取憸人爲之！」磎由是不得相。著有忠臣孝子録、節義傳等編行世。

鄭遨。白馬人。少好學，敏於文詞。唐末，入少室山爲道士。與李振故善，振後事梁貴顯，欲以禄遨，遨不顧，聞者高其行。後徙居華陰。唐明宗時，以左拾遺召。晉高祖復以諫議大夫召，皆不起。自號爲逍遥先生，好飲酒弈棋。時爲詩章，人間多寫以縑素，相贈遺以爲寶，至或圖寫其形，玩於屋壁。其迹雖遠而名愈彰。

宋

魏仁浦。汲人。幼孤貧，母爲假黄縑製暑服，仁浦年十三，歎曰：「爲人子不克供養，乃使慈母求貸以衣我。」因辭母詣洛陽，隸樞密院爲小吏。周祖即位，爲羽林將軍，充承旨。嘗閲仁浦諸州屯兵之數，及將校名氏，手疏於紙，校簿無差，周祖倚重焉。世宗時，由樞密使命爲相。宋初，進位右僕射。性寬厚，務以德報怨，當時稱其長者。子咸熙，性仁孝寬厚，仕至太僕少卿。咸信，官陝州大都督府長史、保平軍節度，頗知書，善待士。孫昭亮，拜西上閤門使，加領恩州團練使。

崔頤正。封丘人。與弟偓佺，並舉進士。明經術。頤正雍熙中爲高密尉，遷殿中丞。帝召説莊子一篇，賜錢五萬。咸平初，召説尚書大禹謨，賜牙緋。自是日令侍講，説尚書至十卷。年老，表求致仕。偓佺，淳化中歷連江尉、判國子監，李至奏爲直講。真宗幸國學，召説尚書。景德後，令講道德經。三年卒。嘗撰帝王手鑑十卷。

王昭素。酸棗人。篤學不仕，有志行，爲鄉里所稱。鄉人争訟，不詣官府，多就昭素決之。昭素博通九經，尤精詩、易，著易論二十三篇。開寶中，召赴闕，見於便殿，令講易乾卦，因訪以民間事，昭素所言，誠實無隱，帝嘉之。以衰老求歸鄉里，拜國子博士，致仕。昭素頗有人倫鑒。初，李穆兄弟從昭素學易，嘗語人曰：「穆兄弟皆令器，穆尤沈厚，他日必至廊廟。」後果參知政事。子仁著，亦有隱德。

張珪。衛州人。七世同居。真宗時旌表，仍寬其租調。

傅求。考城人。有吏能幹局，由甲科通判泗州，歷梓州路轉運使。縣吏冒取播州田，夷獠恐而叛，求馳往按所以狀，黜吏置嶺南，夷人聞之散去。進秩，徙陝西。關中行當十錢，盜鑄不可計。求亟下令更爲當三，民出不意，盜鑄遂止。召爲户部副使。番酋蘭氈獻古渭州地，范祥納之，請繕城屯兵；又括熟户田，諸羌叛。夏人欲得渭地，移文來索。張昇請棄之〔四〕。詔求往視，求以爲城已訖役，且已得而棄，非所以强國威。乃諭羌衆，反其田，報夏人以渭非其有，不應索，正其封疆而還，兵遂解。遷樞密直學士、知開封府〔五〕，改知兖州，卒。

劉隨。考城人。及第，爲永康軍判官。有惠政，遷右司諫。隨在諫職數言事，嘗論丁謂奸邪，不宜遷之内地。又因太后未歸政，隨請軍國常務專禀帝旨；入諫太后，不宜數幸外家。與孔道輔、曹修古皆以清直聞。遷天章閣待制，卒。

趙賀。封丘人。事繼母至孝。舉毛詩及第，補臨朐主簿。有才幹，改大理寺評事。鹽池吏欺緡錢，選賀往解州，鉤校出入，悉得其姦。以太子中舍安撫京東，累遷工部郎中，爲江淮制置發運使，歲漕米溢常數一百七十萬。流民歸占者二萬六千户，歲出田租三十萬。累遷光禄卿，入判大理寺，歷知鄧、越、濠、廬、鄭、蔡、壽等州，卒。

欒崇吉。封丘人。少爲吏部令史，上書言事。補臨淄主簿。令坐贓敗，即以崇吉代之。復以書判優等，改舒州團練判官，累遷殿中丞。明習文法，清白勤事。至道初，擢度支員外郎、度支副使。時以楊文質爲秘書丞，提點五房事。帝謂曰：「汝見擢用欒崇吉否？當自勗勵。」真宗時，累擢江南轉運使。後遷司農少卿、知洪州。有司歲斂民財造舟，崇吉奏罷之。遷衛尉少卿，以將作監致仕。

韓璹。汲縣人。登進士第，知安喜縣，韓琦稱其才。爲開封司録，具傜役利害上之，詔司馬光、陳洙詳定條式，遂革大姓漁并之弊。神宗初，爲梓州路轉運使，朝廷命諸道議更役法，璹議上，帝褒之。知澶州，河決，晝夜扞禦，以勞官大中大夫。

杜常。衛州人，昭憲太后族孫。折節學問，無戚里氣習。中第，調河陽司法參軍事，富弼禮重之。歷任工部尚書。崇寧中知河陽軍。會苦旱，及境而雨。大河決，常親護役，郡賴以安。

陳興。衛南人。開寶中，應募爲卒，累官本州團練使。興起行伍，有武略，所至著聲績。真宗言軍校之材，必以興爲能。

陳伯玉。臨河人。及第，遷太常博士、監察御史。丁父喪，哀毁，墳木連理。憂除，遷殿中侍御史。天聖五年，祀南郊，中外以爲丁謂復還，伯玉上疏請不原赦，帝然之。歷任户部度支鹽鐵副使。汴倉納糧綱，槩量不實，伯玉始奏選官監視，謂之定計斗面。積遷至尚書工部郎中。

李載。黎陽人。少苦學，隆暑讀書，置足於水，雖得疾不舍去。登第，知寇氏縣，吕夷簡薦其才。凡六爲州，以寬厚稱。性篤孝，侍母病不解帶，至病亟不能食，載亦不食，母知之，爲强食。仕至光禄卿。

賀鑄。衛州人。喜談當世事，雖貴要權傾一時，小不中意，極口詆之無遺辭，人以爲近俠。是時江、淮間有米芾，以魁岸奇譎知名，鑄以氣俠雄爽，適相先後，二人每相遇，瞋目抵掌，論辨鋒起，終日各不能屈。鑄所爲詞章，往往傳播在人口，自裒歌詞，名東山樂府。

楚衍。胙城人。少通四聲字母，於九章、緝古、綴術、海島諸算經，尤得其妙。善推步陰陽星歷之數，間語休咎無不中。自陳試宣明歷，補司天監學生，遷保章正。天聖初，授靈臺郎，與掌歷官宋行古等九人制崇天歷。進司天監丞。皇祐中，同造司辰星漏曆十二卷〔六〕。

金

陳顔。汲縣人。父光，宋季調壽陽尉，未赴，值金兵取汴，光病圍城中，顔間關渡河，往省其父，因扶疾北歸。家奴誣告光與賊殺人，光繫獄，搒掠不勝，因自誣服。顔詣郡請代父死，太守哀之，不敢决。適帥臣至郡，以其狀白，帥曰：「此真孝子也。」遂并釋之。天會七年，詔旌其門。

閻忠。滑州人。衛王時，開州刺史賽噶叛，忠單騎入城，縛賽噶以出，由是漸被擢用。蔡城破，與磁州人郝乞同日戰死。

「賽噶」舊作「賽哥」，今改正。

元

王惲。汲縣人。操履端方，好學，善屬文。中統初，左丞姚樞宣撫東平，辟爲詳議官，上書論時政。累擢中書省都事，治錢穀，擢才能，議典禮，考制度，咸究所長。至元五年，拜監察御史，論列凡百五十餘章。裕宗在東宮，惲進承華事略二十篇。成宗即位，獻守成事鑑十五篇，所論悉本經旨。又纂修世祖實録，集聖訓六卷上之。後乞致仕。授其子公孺衛州推官〔七〕，以便養。卒，謚文定。所著述有百卷。

張思明。其先獲嘉人，徙居輝州。思明穎悟過人，讀書日記千言。由侍儀舍人累擢湖廣都事。元貞初，召爲中書省檢校，六曹無滯案。延祐三年，拜中書參知政事。皇慶初，浮屠妙總統有寵，敕中書官其弟五品〔八〕，思明執不可，曰：「選法，天下公器。徑路一開，來者雜沓。雖違旨獲戾，不忍隳祖宗成憲。」久之，近臣疾其持法峭直，日搆讒間，改工部尚書，勤政如初。天曆初，以中書左丞入覲，敷陳累朝任賢使能、治民足國之道，因以衰老辭。思明平生不治産蓄財，收書三萬七千餘卷，尤明於律，與謝仲和、曹鼎新同稱三絶。卒，謚貞敏。

王遜志。惲曾孫。至正末，遷太常禮儀院事。明師入燕，公卿争出降，遜志獨家居，衣冠而坐。其友王翼來告曰：「新朝寬大，不惟不死，且仍與官。盍出詣官自言狀？」遜志拂然斥之曰：「君既不忠，又誘人不義耶？」因戒其子曰：「汝謹繼吾宗。」即自投井死。

李鉉。濬縣人。守延平，擊寇於政和泗州橋，弗克，死。贈隴西郡公。兄鈞，累以戰功至懷遠大將軍，亦以討寇没於難，閭人號曰「雙忠」。

明

宋訥。滑縣人。元至正進士，任鹽山尹，棄官歸。洪武初，授國子助教，遷翰林學士。撰文廟碑稱旨，改文淵閣大學士，轉祭酒，嚴立學規，講解無虚晷。卒謚文恪。訥性持重，學問該博，嘗應詔陳邊防長策，帝多用其言。

靳義。淇縣人。洪武中，以太學生授御史。永樂初，出按畿輔，治貪墨，決疑獄，日恒蔬食，在官如僧。遷湖廣按察司副使，奏劾吴公悦、王玉奸貪罪狀，風紀肅然。

王越。濬縣人。景泰進士，爲御史有聲。歷官兵部尚書，總制大同及延綏甘寧軍務。凡三出塞，收河套地，身經數十百戰。於邊徼險易，將士勇怯，瞭如指掌。出奇取勝，謀定後發，人莫測其際。御下嚴而有恩，故所統將校，皆效死力。以功封威安伯。卒謚襄敏。

黄紱。封丘人。正統進士，除行人，擢南京刑部郎中。大猾譚千户者，占民蘆場，莫敢問，紱奪還之民。後巡撫延綏，捕豪猾，問病苦。弘治三年，拜南京户部尚書，就改左都御史。歷官中外四十餘年，操履潔白，所至有建樹。

陳瑛。封丘人。母早喪，事繼母翟氏孝謹。翟卒，瑛廬墓三年，白兔、烏鵲並集於舍。成化間，詔旌其門。

張衍瑞。汲縣人。弘治進士，知清豐縣。以執法忤劉瑾，逮下詔獄。瑾誅，復起。歷吏部郎中。諫武宗南巡，受杖謫官。嘉靖初擢太常少卿。時同縣人刑部照磨劉珏，亦以諫南巡杖死，肅宗時贈刑部主事。

李可登。輝縣人。弘治末，舉於鄉。嘉靖初，爲兵部司務，以忠義自許。及争大禮，廷杖死。穆宗立，贈光禄寺丞。

李光翰。新鄉人。進士，授南京給事中。正德初，以災異求言，光翰疏劾中官苗逵、保國公朱暉督師無功，顧受厚賞；及司禮高鳳、李榮納賂招權。又偕同官奏留劉健、謝遷，遂逮繫，廷杖除名。後起台州知府。

宋明。濬縣人。初授户部主事，督倉臨清，中官監儲横肆，明一裁以法。遷員外郎。有中貴乞莊田，濫及容城諸邑，明往按，廉得其情，抗疏釐正之。後爲兩浙鹽運使，卒。

盧柟。濬縣人。博聞强記，落筆數千言。性跅弛，嘗爲具召邑令，日晏不至，柟撤席而卧。令至，柟已醉，不具賓主禮，令銜之。誣以殺役夫罪，論死，獄中作幽鞫、放招二賦。後陸光祖知濬縣，反其獄，乃得出。柟騷賦爲王世貞所稱，詩亦雄放。

鄧伯裕。滑縣人。萬曆進士，歷官甘肅巡撫。著邊功，仕至兵部尚書。

屈可伸。延津人。天啓進士,授檢討,遷侍講。與修神宗實録。嘗作神器局記數千言,皆古名將所未言者。位終詹事。

賀仲軾。獲嘉人。萬曆進士,詣闕上書,極陳時事,語皆痛切,不報。後歷官陝西副使。甲申之變,慷慨自經,妻妾皆從死。本朝乾隆四十一年,賜謚節愍。

閻祺。滑縣人。諸生,兄禧,被流賊李自成所擄。祺千里尋兄,遇寇,不屈死。

本朝

任文華。新鄉人。明崇禎舉人。李自成僭據西安,迫之仕,棄家逃避。本朝成進士,授廣信府推官,廉直有聲。

李嵩陽。封丘人。明崇禎舉人,本朝累官監察御史。時有冤獄,久不得直,嵩陽至,即力爲昭雪。尋巡鹽兩淮,夙弊浩繁,以私販係獄者纍纍,嵩陽爲疏滯壅而課以法,商民大悦。累遷廣西按察使。

李實發。汲縣人。明崇禎舉人,本朝任襄陽府推官。值逆弁作亂,被執不屈,罵賊死。贈僉事。

劉源湛。新鄉人。順治丁亥進士。知大冶縣,勇於有爲。時江西鎮兵譁,頑民聞風反側,源湛殲其巨魁,餘悉就撫。報最,遷鞏昌府同知,分轄凉州。逆𤞤作難,復殄平之,昇禮部郎中。歷山東監司,攝臬篆,案牘煩積,日夜檢閲,不假手於人,疑獄頓清。卒,祀鄉賢。

馬大士。濬縣人。幼失恃,事繼母孝養倍篤。登順治戊戌進士,由庶吉士改監察御史。條奏時政,請嚴加派處分、熱審減等,及停追俸禄、嚴禁私販硝磺等疏,悉被嘉納。尋巡視兩淮鹽政,掌京畿道事,以憂回籍。建立義塾,延師迪後學,成就甚衆。

孫博雅。本容城人,父奇逢遷輝縣,遂家焉。博雅沈潛理學。康熙八年,舉山林隱逸,博雅以親老固辭。父殁,偕兄望雅、弟韻雅結廬墓側,三年不見齒。韻雅有罪繫獄,爲具橐饘,日事奔籲,竟客死長安。學士大夫高其義,稱文孝先生。

李實秀。汲縣人。順治丙戌進士，任湖東道。時永豐、鉛山、玉山等處盜賊盤踞，實秀招撫賊首，散其黨羽，四境獲安。後遷鳳宿道，平海寇有功，歷鬱林道。

楊毓蘭。新鄉人。父文秀，性純孝。歲饑，捐穀賑濟。毓蘭登順治丙戌進士，授江寧推官，聽訟明決。巡按兩浙鹽漕，以廉明稱。歷官衡永郴道參議。

暢泰兆。新鄉人。父策，順治舉人，以孝行稱。泰兆登康熙己未進士，任祁門知縣。土豪蠹胥，悉繩以法，無敢犯者。再任稷山，革除雜派，平反冤抑。官至工科給事中。

陳起元。汲縣人。康熙舉人，任邵陽知縣。設學田，延師以教俊秀，聽訟明慎，民無冤獄。

高遐昌。淇縣人。康熙丙辰進士。事繼祖母、繼母，以孝稱。除東莞知縣，調茂名，俱有政績。累遷兵科給事中，疏陳免糧兼及租户，請京師每歲煮賑，展限三月，永爲定例。

郭遇熙。新鄉人。父士楝，孝友端方，學以濂洛關閩爲宗。遇熙康熙乙未進士。兄弟同居數十載，迨析爨，田宅盡讓與諸兄弟。仕廣東從化知縣，著有循聲。擢刑部主事，卒。

郭培墉。新鄉人。優貢生。乾隆元年，舉孝廉方正。性至孝。母殁，廬墓三年，晨夕哀號。塋外舊有先世祠，一夕被火，培墉抱木主，冒火而出，倉卒中遺生母像，復衝入烈焰，檢得之。有藥賈宿其家，遺金百兩，培墉追還之。

耿之翰。輝縣人。父患痿痺，卧牀褥不能轉側者六年，之翰日夜侍牀下，飲食便溺，不假他人手。母病，侍奉如父。學使者聞於朝，祀忠孝祠。

孫用正。輝縣人。父喪，寢處柩旁，三年不飲酒茹葷。母殁亦如之，廬墓側者三年。乾隆年間旌。

賈龍圖。獲嘉人。武生，任陝州營千總。嘉慶四年，赴陝州漫川關堵禦賊匪〔九〕，撫防得宜，授行營千總。旋調赴湖北，屢戰奮勇，擢守備。七年，於東湖縣霧渡河擊賊陣亡。事聞，予雲騎尉世職。

秦一清。滑縣人。諸生。嘉慶十八年，教匪滋事，與同縣諸生秦秉鐸、許九牧皆遇賊被戕。事聞，旌卹。

朱繼連。滑縣人。諸生。嘉慶十八年，教匪滋事。繼連與村人王大小、朱振邦等團練鄉勇，拒賊被戕。賞卹如例。

流寓

唐

李勣。離狐人，客衛南。家富，積粟常數千鍾，與其父蓋皆喜施貸，所周給無親疏之間。

宋

邵雍。其先范陽人，徙共城。堅苦刻勵，冬不爐，夏不扇，夜不就席者數年。

張鑑。范陽人。幼嗜學，入衛州霖落山肄業，凡十餘年。

元

姚樞。柳城人。太宗時，爲燕京行臺郎中，棄官，攜家居輝州。作家廟，別爲室，奉孔子及宋儒周子像，刊諸經惠學者。時許衡在魏，至輝就録程、朱所注書以歸。

列女

梁

江淹母。淹年十三，時孤貧，嘗採薪以養。曾於樵所得貂蟬一具，將鬻以供養。母曰：「汝才行若此，豈長貧賤者？可留待得侍中著之。」果如母言。

唐

劉寂妻夏侯氏。胙城人。氏父長雲喪明，時適劉已生一女，求歸侍父疾。又事後母，以孝稱。父亡，身負土作冢，廬其左，寒不綿，日一食者三年。詔賜粟表閭。後其女居母喪，亦如母行。

元

李聚妻王氏。獲嘉人。夫亡守節，紡績自給。子全，及長躬耕養母，母歿，廬墓三年，人稱其孝。

明

吳思敬妾趙氏。汲縣人。主婦不能容，迫令別適。趙號泣歸宗，聞翁喪，仍爲持服，懇親通意，願執箕帚以斃於吳門。

不納。父乃訟於官，斷令改適，氏夜自縊死。

彭儀妻吴氏。封丘人。儀卒，欲殉，以姑老子幼不果。未幾，姑與子俱歿，母欲嫁之，吴曰：「異日何面見夫地下？」潛詣夫塚，縊棠樹下。是年，棠樹冬花，霜雪不隕。成化初旌。

張善女小春。胙城人。正德六年，薊賊陷城，氏被執，賊欲犯之，不從，逼以刃，遂厲駡，賊怒，支解之。時濬縣郭彦妻齊氏、劉進興妻李氏、路逵妻王氏，滑縣武禄妻周氏、張氏女、劉氏女、康氏女、段氏女，俱駡賊不屈死。

朱能妻張氏。封丘人。正德七年，流賊至，欲污之，不從，以火燔之，裂其支體，棄諸道三日，面如生。事聞旌表。同時死賊難者，有王玹妻徐氏。

田付妻趙氏。汲縣人。付爲伯後，未婚而付見逐，且索聘錢於趙，父欲女改適以償之，氏乃自縊。事聞旌表。

賀仲軾妻王氏。獲嘉人。仲軾死寇難，王與妾李氏、張氏、王氏偕死。

王建中妻毛氏。滑縣人。建中歿時，氏有娠。及孕生女，未幾殤，氏遂自縊。事聞旌表。

張信妻馮氏。輝縣人。信爲襄城訓導。明末遇寇難，馮與夫同死，媳崔氏亦從之。同邑李岳妻盧氏、劉良臣妻王氏、王尚義妻白氏、周尚惠妻倪氏，新鄉劉瑾妻朱氏、張汝桂妻王氏，輝縣袁濬妻孔氏、連廷魁妻蔡氏、齊秀妻吴氏，俱夫歿自縊。其未婚死節者，汲縣蘇時霽妻張氏。

張鐸妻荀氏。考城人。收秫田中，爲强暴所迫，衣裂手足傷折，終不受污以死。盛暑逾月始殮，色如生，扶之僵立不仆。

本朝

張廷璧妻傅氏。汲縣人。廷璧没，年十八，父母令改適，遂自縊。

魏一經妻馮氏。胙城人。夫歿，忍死撫孤。子死，遂自縊。

楊九業妻張氏。獲嘉人。九業早逝，夫兄欲奪其志，張與幼女偕縊。

耿大剛女。滑縣人。年十七，家遭寇劫，義不受汚，駡賊遇害。又同縣馬永國女、郭中元妻郭氏〔一〇〕，新鄉金才妻齊氏，獲嘉蔣成龍妻王氏、董明緒二女，濬縣郭太曾妻寇氏，俱拒暴不辱死。

郭文蔚妻邢氏。新鄉人。夫歿，遺孤生甫五日，邢日夜紡績，撫之成立，敬事舅姑。康熙年間旌。

司氏女。獲嘉人。鄰人窺女美，乘其母他往，越牆入室，欲污之。女呼且駡，遂褫其衣，兩手牢握不可解，救至得免，忿而自縊。雍正年間旌。

張煜妻杜氏。汲縣人，夫亡守節。同縣展大業妻宋氏、王明福妻張氏、陳敬儒妻劉氏〔一一〕、王澤興妻劉氏，烈婦李建成妻王氏、馬起鳳妻張氏、沙進才妻侯氏、郭建東妻徐氏，均乾隆年間旌。

李永秀妻張氏。新鄉人，夫亡守節。同縣節婦杜子立妻盧氏、張鵬翼妻杜氏、暢中振妻郭氏、劉治國妻田氏、馮允恭妻李氏，任邑周妻郭氏、郭培容妻趙氏、曹標妻張氏、王邑妻郭氏、杜召禄妻王氏、常體仁妻張氏、張資澐妻杜氏、史克智妾楊氏、崔學典妻魏氏、劉世賢妻許氏，烈婦馬良妻王氏、劉進都妻朱氏、王端妻姜氏、韓朝相妻姜氏，烈女張九孩、女尼名普焕，守正捐軀，均乾隆年間旌。

鄧楷妻桑氏。獲嘉人。夫亡翁故，姑目雙瞽，子方在抱，氏備極艱辛，奉姑撫子，矢志不渝。同縣節婦方世揚妻居氏、賀鍾文妻王氏、賀鍾秀妻浮氏、郭永祚妻浮氏、王才鼎繼妻秦氏、張霖宰妻賀氏、趙興祖妻司氏、趙延昌妻董氏、職懋妻冷氏、方觀貞繼妻孫氏、王洙若妻方氏、郭應祥妻江氏、賀振世妻張氏、賀鳴玉妾馮氏、樊永祚妻李氏、郭爽妻聶氏、趙維世妻職氏、李世虎妻呂氏、趙琠妻呂氏、職洮妻張氏、秦國安妻陳氏、賈世臣妻趙氏、賀長發繼妻郭氏、妾郭氏、齊學詩妻岳氏、李會妻張氏、郭元勳妾閻氏、李學孔妻張氏、邢大行妻賀氏、岳鍾彦妻李氏、孟因孟妻郭氏、吴大恒妻孫氏、王希孔妻馮氏、鮑成義妻郭氏、李鵬紹妻孟氏，烈婦吴國臣妻馬氏、朱殿颺妻李氏、又張氏，均乾隆年間旌。

李棐妻王氏。淇縣人。夫殁家貧，有子方乳，翁姑且老，氏紡紝充食，敬事翁姑，撫孤成立，苦節終身。同縣節婦郭廷彦妻秦氏、朱文魁妻李氏、楊之綱妻闞氏、闞殿玫妻竇氏、李萬玉妻張氏、張大本妻李氏，烈婦趙貴妻劉氏、張英妻趙氏、王宗武妻郭氏、馮琚妻李氏，均乾隆年間旌。

張師孔妻馬氏。輝縣人，夫亡守節。同縣節婦鹿泓妻孔氏、楊名杰妻孫氏、王景達妻馬氏、王銑妻牛氏、王良卿妻楊氏、郭悳妻孫氏、孫湨妻李氏、孫用霖繼妻劉氏、吴維振妻趙氏、李廷臘妻王氏、張鎮妻李氏、張湜妻劉氏、崔光治妻袁氏、馬柱妻曹氏、魏廷光妻牛氏、張守福妻陳氏，烈婦韓世賢妻楊氏、郭安妻魏氏，烈女王氏女，均乾隆年間旌。

段偉妻盧氏。延津人。生一子一女，以拒暴殞母子三命。同縣節婦申淑潞妻孫氏、王廷秀妻董氏、張文澤妻楊氏、秦世藩妻王氏、趙鋭妻周氏、申視履妻陳氏、申無疆妻尹氏，烈婦張六妻静氏、閻正妻趙氏、婢女春妮，均乾隆年間旌。

李魯璠妻孫氏。濬縣人。夫亡，矢志不渝，立繼承嗣，孝事孀姑，以終身焉。同縣節婦劉延賞繼妻沈氏、許隨龍妻郭氏、劉克振妻侯氏、豐日昌妻韓氏、李化慶妻丁氏、劉暐妻成氏、徐頖妻程氏、馬國正妾王氏、劉復盛妻孟氏、張峒妻李氏、徐燦妻王氏、秦廷標妻熊氏、袁大才妻張氏、寇攀鱗繼妻劉氏、閻厚倫妻夏氏、盧澤溥妻劉氏、劉駿列妻李氏、王碩妻郭氏、王可則妻王氏、王又曾妾田氏、秦皓妻王氏，烈婦趙宗周妾張氏，烈女張氏女、焦三姐，均乾隆年間旌。

閻能智妻張氏。滑縣人，夫亡守節。同縣節婦劉某妻朱氏、李朝相妻焦氏、王柱妻徐氏、穗松齡妻董氏、許在兹妻齊氏、張宗堯妻徐氏、穗蘊妻徐氏、徐孚隆妻劉氏、趙增禄妻張氏、王得君妻張氏、李蟾桂妻楊氏、王得重妻宋氏、侯昌基妻王氏、石建章妻趙氏、馮宏昌妻盧氏、梁隨方妻高氏、盧御坦妻李氏、盧金鋐妻康氏、王桂妻徐氏、李瑛妻景氏、王浩妻薛氏、于銑妻王氏、李鑑俊妻王氏、賈文雋妻侯氏、李文香妻張氏、王國俊妻岳氏、申榮先妻都氏、陶志國妻巫氏、陶凝遠妻龐氏、張大勳妻郭氏、王錫瑞妻汪氏、曹世能妻王氏、丁國瑞妻盧氏、丁茂公妻高氏、穗相妻陳氏、馬兆麟妻劉氏、劉松齡妻張氏、徐元資妻齊氏、耿宗冉妻魏氏、李元馥妻張氏、高鳳翔妻潘氏、朱繼祖妻徐氏、楊文瑞妻雷氏、趙霖妻張氏、魏璞妻苑氏、賈三公妻吕氏、毛乘龍妻時氏，烈婦楊席柱妻蒙氏、又趙氏、劉成名妻胡氏、劉某妻張氏、胡某妻趙氏，烈女張氏女雪姐、張氏女，均乾隆年間旌。

趙世爵妻閻氏。封丘人，夫亡守節。同縣節婦張仲妻張氏、黄玫妻李氏、楊紹孟妻李氏、孫承緒妻任氏、張濂妻李氏、王珽美妻張氏、王鎬妻李氏、任克泰妻周氏、閻可繼妻郭氏、李連妻丁氏、康興衛妻萬氏、劉景泗妻丁氏、郭道恕妻王氏、高永明妻申氏、張昇妻黄氏、何溥妻姚氏、趙守禮妻郭氏、步有倫妻黄氏、李渭妻宋氏，烈婦王三驢妻翟氏、王某妻孟氏、王江妻程氏、汪化禄妻王氏，烈女王梅妮、古氏女，均乾隆年間旌。

宓慤妻王氏。考城人。夫亡守節。同縣節婦劉澗妻焦氏、董鳳彩妻底氏、司世緯妻邊氏、盧文炳妻張氏、尚志妻張氏、王廷榛妻趙氏、張淮妻孫氏、張朝貴妻王氏、李宏妻李氏、廉如珣妻盧氏、賀琯妻焦氏、廉如松妻宋氏、陳琰妻張氏〔一二〕、南仁信妻何氏、孫昭妻蘇氏、宋如珠妻李氏、王剽妻袁氏、田方成妻李氏，烈婦李霖樞妻徐氏、于忙來妻王氏、謝貴妻韓氏，均乾隆年間旌。

李九思妻宋氏。輝縣人。夫亡守節。同縣節婦張雨金妻李氏、張少元妻袁氏、施政妻徐氏、何培棕妻吴氏、張三樂妻趙氏、趙楷妻孫氏、鄭世傑妻郭氏、宋孔惠妻周氏，烈婦田景全妻賀氏、崔珩妻周氏，烈女景氏女，均嘉慶年間旌。

韓孟江妻陳氏。獲嘉人，夫亡守節。同縣土永耀妻趙氏、李天保妻徐氏、職錫璋妻宋氏、王保仁妻郭氏、郭晏妻李氏，貞女靳氏女，均嘉慶年間旌。

董林妻高氏。淇縣人，守正捐軀。嘉慶年間旌。

張聚德妻李氏。濬縣人。夫亡守節。同縣節婦任學普妻李氏、孫青山妻周氏，烈婦邢氏、端木毓魁妻任氏，烈女謝氏女、任有姐，均嘉慶年間旌。

馮喜成妻彭氏。滑縣人。守正捐軀。同縣文某妻武氏、蕭某妻車氏、又張氏、常氏，烈女王氏女、田氏女，均嘉慶年間旌。

杜永濂妻鄭氏。封丘人。夫亡守節。同縣烈婦高可明妻李氏、張有福妻陳氏，均嘉慶年間旌。

畢二妻高氏。考城人。守正捐軀，嘉慶年間旌。

仙釋

唐

薛頤。滑州人。善天步律曆。武德初，直秦王府，密語曰：「德星舍秦分，王當帝天下。」王表爲太史丞。貞觀時，固丏爲道士，帝爲築觀九嵏山，號曰「紫府」。即祠建清臺，候辰次災祥以聞。

昶公。輝縣人。幼穎悟，精勤戒律，住持白茅寺。一日策杖閑遊，謂其徒曰：「寺東山塢間，修篁古柳，異於他境，乃吾棲真之所。」竟如其言。

土產

綾。絹。綿。汲縣出。唐書地理志：衛州土貢。寰宇記：又產絲布。

林檎。府志：獲嘉出。

竹。舊出淇縣。明統志：輝縣出。

官粉。輝縣出。唐書地理志：衛州土貢。明統志：輝縣出官粉。

石榴。府志：輝縣出。

珉石。明統志：汲縣蒼山出。

鹻。府志：滑黄以北，地斥鹵，居民多煮鹽以贍生。

萵笋。濬縣出。志云：惟濬境種植，偉茂異常，他處不能及。

藥。明統志：栝蔞根，胙城縣出。仙茅，新鄉縣魯包村出。知母，輝縣出。按：明統志汲縣蒼山出青鐵，淇縣出錫、青甆。濬縣善化山出紫斑石。謹附記。

校勘記

〔一〕河間王顒執權　「顒」，原作「容」，據乾隆志卷一五九衛輝府人物（下同卷簡稱乾隆志）及晉書卷八八孝友傳改。按，本志避清仁宗諱改字也。

〔二〕李懷光引佐邠寧府　「寧」，原作「安」，據乾隆志及新唐書卷一六五高郢傳改。按，本志避清宣宗諱改字也。

〔三〕因與呂鳴岳張延英謀間道歸國　「呂」原作「李」，「延」原作「廷」，乾隆志並同，據新唐書卷一六五高郢傳改。

〔四〕張昪請棄之　「張昪」，乾隆志同。按，宋史卷三三〇傳求傳舊本亦作「張昪」，中華書局點校本據宋史仁宗紀、宰輔表及東都事略卷七一等改作「張昪」，是。

〔五〕遷樞密直學士知開封府　乾隆志同。按，此節略史文未當。宋史傳求傳原文云：「遷樞密直學士、知定州，復以龍圖閣學士權開封。」

〔六〕同造司辰星漏曆　「漏」，原作「滿」，乾隆志同，據宋史卷四六二楚衍傳改。

〔七〕授其子公孺衛州推官　「公孺」，原作「公儒」，據乾隆志及元史卷一六七王惲傳改。

〔八〕敕中書官其弟五品　「中書」，原倒作「書中」，乾隆志同，據元史卷一七七張思明傳乙。

〔九〕赴陝州漫川關堵禦賊匪　「漫川」，原作「漫州」。考陝州並無所謂「漫州關」，本志陝西山陽縣有漫川關，舊名豐陽關，路通鄖陽，爲陝、楚之交界，乃歷來軍事要隘，當即此，因據改。

〔一〇〕郭中元妻郭氏　「郭氏」，雍正河南通志卷六七列女同，乾隆志作「霍氏」。

〔一一〕陳敬儒妻劉氏　「陳」，乾隆志作「程」。

〔一二〕陳琰妻張氏　「琰」，原作「炎」，據乾隆志改。按，本志避清仁宗諱改字也。

懷慶府圖

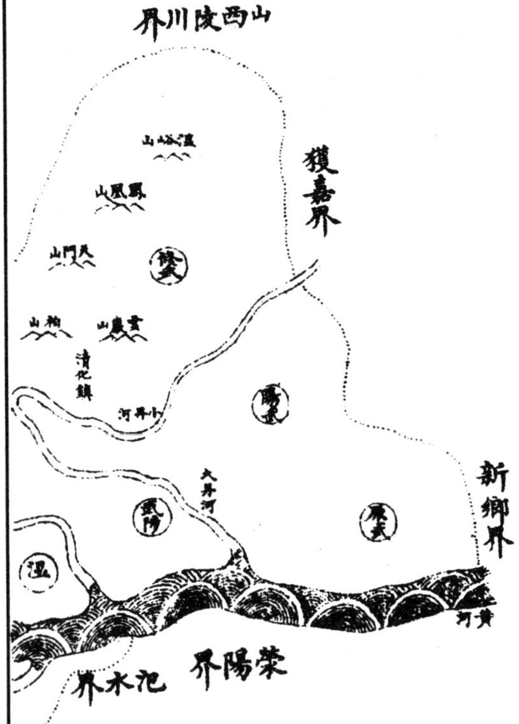
山西陵川界
温谷山
鳳凰山
天門山
柏山
雲臺山
修武
獲嘉界
清化鎮
小丹河
陽武
大丹河
武陟
原武
新鄉界
温
黃河
滎陽界
氾水界

山西鳳臺界
紫金頂
五層山
月華峯
日精峯
太行山
盤谷
方山
沁河
丹河
廣濟河
濟水
析城山
邵源鎮巡司
山西垣曲界
五指山
濟源
懷慶府
河內
秦嶺
孟
黃河
孟津界

懷慶府表

	懷慶府	河內縣
秦	三川郡地。	
兩漢	河內郡高帝二年置。	壄王縣屬河內郡。
三國	屬魏。	野王縣
晉	河內郡徙治野王，屬司州。	野王縣郡治。
南北朝	懷州河內郡魏天安二年置州，太和八年廢。東魏天平初復置。	野王縣州郡治。 武德郡東魏（入）〔天〕平初置
隋	河內郡開皇初廢郡，大業初廢州復郡。	河內縣開皇十六年更名，郡治。
唐	懷州河內郡武德二年復置州，屬河北道。	河內縣武德三年析置太行、忠義、紫陵三縣，四年仍省入爲州治。
五代	懷州河內郡	河內縣
宋金附	懷州河內郡屬河北西路。金天會六年曰南懷州，天德三年復舊名，屬河東南路。	河內縣
元	懷慶路憲宗七年改懷孟路，延祐六年更名，屬中書省燕南河北道。	河內縣路治。
明	懷慶府屬河南布政司。	河內縣府治。

	濟源縣
	軹縣地。
州縣屬河内郡。	軹縣屬河内郡。 波縣屬河内郡。 沁水縣屬河内郡。
州縣	軹縣 波縣 沁水縣
州縣	軹縣 省。 沁水縣
州縣郡治。	軹縣 沁水縣北齊廢。
安昌縣開皇十八年更名邢丘，大業初又改屬河内郡。	濟源縣開皇十六年分軹縣置。 大業初廢入河内。
武德縣武德二年更名，兼置北義州。四年州廢，屬懷州。	濟源縣武德二年置西濟州，又析置湨陽、蒸川、邵源三縣。四年州廢，三縣省入。初屬懷州，會昌三年屬孟州。 初復置，屬懷州。貞觀初省入濟源。
武德縣	濟源縣
熙寧六年省入河内。	濟源縣
	濟源縣太宗六年改原州，七年復爲縣，仍屬孟州。
	濟源縣洪武十年改屬懷慶府。

	修武縣
	修武縣
	修武縣 山陽縣 屬河内郡。
	修武縣 山陽縣 魏爲國。
	修武縣 屬汲郡。 山陽縣 屬河内郡。
長平縣 魏皇興四年置，屬邵郡。周明帝改名王屋，兼置王屋郡。	東魏置西修武縣，屬廣寧郡，尋廢。齊移修武縣來治。 北修武縣 魏孝昌二年分置。齊廢入修武。 山陽縣 魏孝昌二年置山陽郡。東魏改爲廣寧郡。齊廢入修武。
王屋縣 廢郡，屬河内郡。	修武縣 屬河内郡。大業十年徙廢。
王屋縣 武德初更名郡伯，屬邵州。貞觀元年屬懷州。顯慶二年復舊名，屬河南府。	修武縣 武德四年置，屬殷州。貞觀初屬懷州。武德二年復置修武縣及陟州。四年州廢，縣徙。
王屋縣	修武縣
王屋縣 熙寧五年改屬孟州。	修武縣 熙寧六年省入武陟，元祐初復。
王屋縣 至元三年省入濟源。	修武縣 屬懷慶路。
	修武縣 屬懷慶府。

續表

武陟縣	孟縣
武德縣	
懷縣 河内郡治。 武德縣 屬河内郡。	
懷縣 武德縣	
懷縣 屬河内郡。 省。	
懷縣 東魏天平初屬武德郡。	魏置北中府。齊廢。
開皇十六年分修武置武陟縣，大業初廢，十年移修武縣來治。 大業初省入安昌。	
武陟縣 武德四年更名，屬殷州。貞觀初屬懷州。 武德初復置，屬懷州。貞觀初廢。	
武陟縣	
武陟縣	濟源郡 初仍曰孟州，政和二年改郡，屬京西北路。全天會中復舊，屬河東南路。
武陟縣 屬懷慶路。	孟州 屬懷慶路。
武陟縣 屬懷慶府。	孟縣 洪武十年降，屬懷慶府。

	河陽縣 屬河内治。
	河陽縣
	河陽縣
	河陽縣 魏孝昌中因宋置，屬河内郡。齊省入温、軹二縣。
	河陽縣 開皇十六年復置，移治，屬河内郡。
孟州 武德四年置盟州，八年廢。建中初置河陽三城節度，會昌三年改置州，屬河北道。	河陽縣 屬懷州。武德三年析置穀旦縣，尋省。又分集城縣置盟州，八年州廢，集城省入。顯慶二年屬洛州，後爲孟州治。
孟州	河陽縣
	河陽縣
	河陽縣
	洪武初省入州。

	温縣
	温縣 開皇十六年復置，屬河内郡。大業十三年移治李城。
河清縣 武德二年置大基縣，屬懷州。先天二年更名，屬洛州。會昌中廢，咸通中復置。又咸亨四年置柏崖縣，尋省。	温縣 武德四年更名李城，旋復故。八年屬懷州。顯慶二年改屬洛州。建中初屬河陽三城使。會昌三年屬孟州。
	温縣
開寶初徙廢。	温縣
	温縣
	温縣 屬懷慶府。

	原武縣
	陽武縣
温縣 屬河内郡。 平皋縣 屬河内郡。	卷縣 屬河南郡。
温縣 平皋縣	卷縣
温縣 平皋縣	卷縣 屬滎陽郡。
温縣 東魏天平初改屬武德郡。齊省。 平皋縣 屬武德郡。齊廢。	卷縣 魏太平真君中省，太和中復置。齊廢。
	原武縣 開皇十六年移置，屬滎陽郡。
	原武縣 屬鄭州。
	原武縣
	原武縣 熙寧中省，元祐中復屬鄭州。金貞祐三年分屬延州。
	原武縣 屬汴梁路。
	原武縣 屬開封府。

續表

陽武縣	
原武縣屬河南郡。	陽武縣屬河南郡。
原武縣	陽武縣
省。	陽武縣屬滎陽郡。
原武縣魏孝昌中復置。東魏屬廣武郡。齊廢。	陽武縣東魏改屬齊武郡。齊廢。
	陽武縣開皇中復置，屬滎陽郡。
陽武縣武德四年移置，屬管州。貞觀初屬鄭州。	徙廢。
陽武縣屬開封府。	
陽武縣	
陽武縣初屬延州，至元九年屬汴梁路。	
陽武縣屬開封府。	

大清一統志卷二百二

懷慶府一

在河南省治西北三百里。東西距三百九十里，南北距一百三十五里。東至衛輝府獲嘉縣界一百四十里，西至山西絳州垣曲縣界二百五十里，南至河南府孟津縣界七十里，北至山西澤州府鳳臺縣界六十五里。東南至開封府滎澤縣界一百五十里，西南至河南府洛陽縣界一百四十里，東北至衛輝府輝縣界一百里，西北至山西鳳臺縣界一百二十里。自府治至京師一千八百里。

分野

天文室、壁分野，陬訾之次，兼角、亢分野，壽星之次。

建置沿革

禹貢冀州、覃懷之域。商、周畿内地。春秋爲晉南陽。通鑑地理通釋：今孟州、懷州皆春秋南陽之地。戰國屬魏。秦爲三川郡地。漢初屬殷國，後改置河内郡，屬司隸部，治懷縣。元和志：項羽立司馬卬爲殷王，王河内。高帝二年，卬降，以其地置河内郡，理懷。按：漢書昭帝紀，始元元年，有司請以河内屬冀州，而地理志仍屬司隸。後漢因之。三國屬魏。晉徙郡治野王，屬司州。後魏天安二年，置懷州。太和八年，州罷。東魏天平初復置。并析置武德郡。隋開皇初，郡廢。大業初，州廢，復爲河内郡。寰宇記：後魏置懷州，兼置河内郡，治古野王城。隋開皇三年，郡廢而州存。十三年，改野王縣爲河内縣。大業二年，州廢，復爲河内郡。唐初，復置懷州，立總管府。舊唐書地理志：武德二年，於濟源西南柏崖城置懷州，其年置總管府。四年，移懷州於今治野王城。貞觀元年，府罷。天授元年，仍曰河内郡。乾元元年復故，屬河北道。寰宇記：會昌三年，河陽升爲孟州，時河陽節度使以懷州爲理所。會昌四年，移理所於孟州。五代因之。宋曰懷州河南郡，屬河北西路。金天會六年，曰南懷州，金史地理志以臨漢府有懷州，故加「南」字。置沁南軍節度。天德三年，仍曰懷州。大定五年，置行元帥府，屬河東南路。元初曰懷州，憲宗七年改懷孟路總管府。延祐六年，改懷慶路，屬中書省燕南河北道。

明曰懷慶府，屬河南布政使司。本朝因之，屬河南省，領縣六。河内〔一〕、濟源、修武、武陟、孟、温。雍正二年，以舊屬開封府之原武縣來隸。乾隆四十八年，以舊屬開封府之陽武縣來隸。今領縣八。

河内縣。附郭。東西距九十五里，南北距九十里。東至武陟縣界六十里，西至濟源縣界三十五里，南至孟縣界三十里，北至山西澤州府鳳臺縣界六十里。東南至温縣界二十五里，西南至孟縣界三十五里，東北至澤州府陵川縣界七十里，西北至鳳臺縣界七十里。春秋晉野王邑。漢置野王縣，屬河内郡。後漢因之。晉爲河内郡治。後魏爲懷州治。隋開皇十六年，改河内縣爲懷州治。大業初爲河内郡治。唐爲懷州治。五代及宋因之。金爲南懷州沁南軍治。元爲懷慶路治。明爲懷慶府治，本朝因之。

濟源縣。在府西七十里。東西距二百五里，南北距八十里。東至河内縣界三十五里，西至山西絳州垣曲縣界一百七十里，南至河南府孟津縣界五十里，北至山西澤州府陽城縣界三十里。東南至孟縣治六十里，西南至河南府新安縣治一百二十里，東北至澤州府鳳臺縣治一百七十里，西北至垣曲縣治二百里。周爲原國。春秋晉原邑。漢置沁水、軹二縣，屬河内郡。後漢、晉、魏因之。北齊省沁水縣。隋開皇十六年，始分軹縣置濟源縣，屬懷州。大業初，屬河内郡。唐武德二年，於濟源縣置西濟州，四年州廢，縣屬懷州。貞觀元年，省軹縣入焉。顯慶二年，改屬洛州。廣德後，屬河陽三城使。會昌三年，屬孟州。五代、宋、金因之。元太宗六年，改置原州。七年，復爲濟源縣，屬孟州。明洪武十年，改屬懷慶府。本朝因之。

修武縣。在府東北一百二十里。東西距八十里，南北距九十里。東至衛輝府獲嘉縣界二十里，西至河内縣界六十里，南至武陟縣界二十里，北至山西澤州府陵川縣界七十里。東南至陽武縣治一百里，西南至武陟縣界三十里，東北至衛輝府輝縣治九十里，西北至山西澤州府鳳臺縣治一百里。春秋晉南陽邑。漢置山陽縣，屬河内郡。後漢因之。三國魏改爲山陽國。晉仍爲山陽縣，屬汲郡。後魏孝昌二年，置山陽郡，又分置北修武縣。東魏改爲廣安郡，又置西修武縣，尋廢。北齊移修武縣治於西修武，併北修武入之。後周郡廢。隋曰修武縣，屬河内郡。大業十年，徙廢。唐武德二年，復置修武縣，并置陟州。四年州廢，縣徙，別置修武縣於西修武故城，屬殷州。貞觀元年，屬懷州。五代因之。宋熙寧六年，省爲鎮，入武陟。元祐元年，復爲縣，仍屬懷州。金因之。元屬懷慶路。明屬懷慶府，本朝因之。

武陟縣。在府東一百里。東西距一百里，南北距四十五里。東至原武縣界六十里，西至河内縣界四十里，南至開封府滎澤縣界三十里，北至修武縣界十五里。東南至開封府滎澤縣界五十里，西南至温縣界五十里，東北至衛輝府獲嘉縣界四十里，西北至河内縣界三十五里。周畿内邑。漢置懷縣，爲河内郡治，又置武德縣屬焉。後漢因之。晉移郡治野王，以懷爲屬縣，省武德入懷。後魏因之。東魏天平初，改屬武德郡。隋開皇十六年，分修武置武陟縣。大業初，與懷縣皆廢。十年，移修武縣來治。唐武德四年，改曰武陟，屬殷州。貞觀元年，屬懷州。五代、宋、金因之。元屬懷慶路。明屬懷慶府，本朝因之。

孟縣。在府南五十里。東西距六十五里，南北距四十三里。東至温縣界二十里，西至濟源縣界四十五里，南至河南府孟津縣界十八里，北至河内縣界二十五里。東南至河南府鞏縣界十五里，西南至濟源縣界四十里，東北至温縣界二十五里，西北至濟源縣界四十五里。周畿内地。春秋晉河陽邑。漢置河陽縣，屬河内郡。後漢及魏、晉因之，晉末省。後魏孝昌中復置，仍屬河内郡。北齊省入温、軹二縣。隋開皇十六年復置，仍屬河内郡。唐武德四年置盟州，八年州廢，縣屬懷州。顯慶二年屬洛州，建中二年，置河陽三城節度使，治此。會昌三年，改孟州屬河北道。五代因之。宋初曰孟州河陽軍。政和二年，改濟源郡，屬京西北路。金天會六年，降爲孟州，屬河東南路。元屬懷慶路。明洪武初，省河陽縣入州，十年降孟州爲孟縣，屬懷慶府。本朝因之。

温縣。在府東南五十里。東西距六十里，南北距四十里。東至武陟縣界三十里，西至孟縣界三十里，南至開封府汜水縣界二十里，北至河内縣界二十里。東南至汜水縣界三十里，西南至河南府鞏縣界二十七里，東北至武陟縣界六十里，西北至河内縣界二十五里。周畿内温邑。漢置温縣，屬河内郡。後漢及魏、晉因之。東魏天平初，改屬武德郡。北齊省。隋開皇十六年復置，屬河内郡。唐武德四年，改縣曰李城，并置平州。是年州廢，縣復故名，屬孟州。八年屬懷州。顯慶二年屬洛州。建中二年屬河陽三城使。會昌三年屬孟州。五代、宋、金、元皆因之。明屬懷慶府，本朝因之。

原武縣。在府東一百八十里。東西距四十里，南北距五十五里。東至陽武縣界二十里，西至武陟縣界二十里，南至開封府鄭州界二十里，北至衛輝府新鄉縣界三十五里。東南至開封府中牟縣界二十五里，西南至開封府滎澤縣界十八里，東北至陽武縣界二十五里，西北至衛輝府獲嘉縣界十五里。戰國魏卷邑。漢置卷縣，屬河南郡。後漢因之。晉改置滎陽郡。魏太平真君八年省，太和十一年復置。北齊天保七年省。隋開皇十六年，移置原武縣於此，屬滎陽郡，後改曰原陵。唐初復曰原武，武德四年屬管州，貞觀元年屬鄭州。五代因之。宋熙寧五年，省爲鎮，入陽武。元祐元年復爲縣，屬鄭州奉安軍。金屬鄭州，貞祐三年分屬延州。元初屬鄭州，後屬開封府，尋又屬延州，至元九年屬汴梁路。明屬開封府。本朝雍正二年，改屬懷慶府。

陽武縣。在府東二百里。東西距五十里，南北距六十里。東至衛輝府封丘縣界三十里，西至原武縣界二十里，南至開封府中牟縣界三十里，北至衛輝府新鄉縣界三十里。東南至開封府祥符縣界三十五里，西南至原武縣界三十里，東北至衛輝府延津縣界三十五里，西北至衛輝府新鄉縣界三十里。秦置陽武縣，漢分置原武縣，皆屬河南郡。後漢因之。晉省原武，以陽武屬滎陽郡。後魏因之。東魏改屬廣武郡。北齊省。隋開皇中復置，仍屬滎陽郡。唐武德四年，屬管州。貞觀元年，改屬鄭州。五代屬開封府。宋、金因之。元初屬延州，至元九年屬汴梁路。明屬開封府，本朝因之。乾隆四十八年，改屬懷慶府。

形勢

帶河爲固，北連上黨，南迫洛陽。後漢書寇恂傳。山川延袤，雄跨衛、孟。圖經。太行北峙，沁水東流，近帶黄河，遠挹伊、洛。府志。

風俗

其地險要富實，其俗樸野易治，熙熙向風，不靡不暴。漢書地理志。風土得四方之正，是以習俗好尚，奢簡得中。元史地理志。民多敦本，力耕桑而鄙販鬻。府志。

城池

懷慶府城。周九里有奇，門四，池廣五丈。元至正中建。明洪武初重築。本朝順治十二年修，雍正七年、乾隆二十七年重修。河内縣附郭。

濟源縣城。周五里有奇，門四，池廣二丈五尺。隋開皇中建。明景泰四年增築，崇禎十一年甃甎。本朝乾隆九年修，十九年、二十八年重修。

修武縣城。周四里，門四，池廣二丈。明景泰初增築。本朝康熙二十三年修，雍正七年重修。

武陟縣城。周四里有奇，門三，池廣一丈五尺。唐武德中建。明洪武、景泰、嘉靖間增築。本朝康熙十四年修，二十六年、乾隆二十七年重修。

孟縣城。周九里有奇，門四，池廣二丈二尺。金大定中築。明景泰二年增築。本朝乾隆十年修，二十七年重修。

温縣城。周五里有奇，門三，池廣一丈二尺。唐武德中建。明景泰初修築。本朝康熙五十五年修，雍正八年、乾隆十年重修。

原武縣城。周四里有奇，門四，池廣一丈五尺。明洪武初築，正統中增築。本朝康熙二十一年修，乾隆九年、二十七年重修。

陽武縣城。周九里，門五，池廣一丈四尺。漢建。明正統中增築，崇禎十二年甃甎。本朝順治七年修，雍正七年、乾隆二十八年重修。

學校

懷慶府學。在府治東南。元至元八年創建，明洪武六年重建。本朝順治十六年修，康熙二十二年、乾隆二十五年、四十六年重修。入學額數二十名。

河内縣學。在縣治西。明洪武十四年建。本朝順治十四年修，康熙三十八年、乾隆十年、二十五年重修。入學額數二十名。

濟源縣學。在縣治東南。元至元十年創建。明洪武三十年重建。本朝順治十四年修，康熙四十九年、乾隆九年、十九年、二十五年重修。入學額數十五名。

修武縣學。在縣治西南。金天會中建。元至元中重建。本朝康熙六年修，乾隆五年、三十三年重修。入學額數十二名。

武陟縣學。在縣治東南。元至正十年建。明洪武三年重建。本朝順治十二年修，康熙十五年、乾隆十五、十九等年重修。入學額數十五名。

孟縣學。在縣治東南。金大定中創建。明洪武三年重建。本朝康熙十四年修，乾隆二十七年增修。入學額數十五名。

温縣學。舊在縣治東南。元至元十二年建。明嘉靖十年徙建今縣治南。本朝順治十五年修，乾隆七年重修。入學額數十五名。

原武縣學。在縣治東。元至元中建。明洪武四年重建。本朝順治六年修，乾隆四年重修。入學額數十二名。

陽武縣學。在縣治西。明洪武二十三年建。本朝康熙二十八年修。入學額數十五名。

懷仁書院。在河內縣治北。明萬曆十九年，推官王如堅改察院爲之。本朝順治十三年，分守道張藩重建。康熙四十九年修。

昌黎書院。在河內縣治西，祀唐韓愈。明萬曆十九年建。

啓運書院。在濟源縣西門外。明萬曆三十年建。本朝康熙四十四年重建，五十七年修。

河陽書院。在孟縣南。本朝康熙二十三年建。

學山書院。在孟縣縣署西。本朝康熙二十三年建。

正誼書院。在陽武縣南。本朝雍正十三年建。

户口

原額人丁一十一萬八千七百三十一，今滋生男婦大小共一百八十萬二千七百六十一名口，計三十一萬六千二百七十三户。

田賦

田地四萬七千八百七十六頃一十三畝，額徵地丁正、雜等銀三十四萬八千九百二十七兩四錢五分有奇，正兑、改兑米一萬一千五百五十五石五斗有奇，麥七千九百八十四石三斗有奇，豆二萬三千八百二十五石九斗有奇，耗米二千六百七十八石三斗有奇，耗麥一千九百三十石六斗有奇，耗豆五千七百六石二斗有奇。

山川

太行山。一名五行山。府境河内、濟源、修武三縣皆在其麓。東接衛輝府輝縣界，北接山西澤州府界。書禹貢：太行、恒山至於碣石。孔傳：二山連延，東北接碣石。左傳襄公二十三年：齊侯伐晉，登太行。注：「太行山在河内郡北。」史記韓世家：秦擊我於太行。注：「山在懷州河内縣北二十五里。」漢書地理志：山陽、野王，太行山在西北。隋書地理志：濟源縣有母山。述征記：太行山首始河内，北至幽州，凡百嶺，連亘十三州之界。有八陘：第一軹關陘，第二太行陘，第三白陘，皆在河内界。括地志：太行山南屬懷州，北屬澤州，又東北連亘河北諸州，凡數千里，爲天下之脊。元和志：太行山，又在武德縣北五十里。太行陘，在河内縣西北三十里，闊三步，長四十里，羊腸所經，瀑布懸流，實爲險隘。寰宇記：太行山起於濟源，相傳爲皇母山，或名女媧山。金史地理志：濟源縣有太行山，以沁水爲界，西爲王屋，東爲太行。通鑑地理通釋：秦、漢之間，稱山北、山南、山東、山西者，皆指太行。太行在漢屬河内郡，野王、山陽之間，今屬懷州。在天下之中，故指此山以表地勢焉。按：淮南子「武王欲築宫於五行之山」，高誘注：「即太行。」秦白起攻太行道絶，而韓之野王降。後魏永安三年，誅爾朱榮，使將軍史仵龍等守太行嶺。隋仁壽末，漢王諒舉兵并州，遣其將余公理自太行趨河陽。大業三年，北巡，發河北丁男鑿太行山，達於并州，以通馳道。既而自太原還，上太行，開直道數千里至濟源。唐武德三年，攻王世充於東都，分遣將劉德威自太行東圍河内。八年，突厥寇并州，詔總管任瓌屯太行以備之。光化三年，朱全忠寇易、定，李克用遣李嗣昭將兵下太行，拔懷州，攻河陽以救之。明年，全忠攻克用，分遣其將氏叔琮入自太行。宋建隆初，昭義節度使李筠謀舉兵，從事閭丘仲卿説筠南下太行，直抵懷、孟，東向而争天下。太祖遣石守信等擊筠，敕使急引兵阨隘，勿縱筠下太行，筠遂破滅。謀并北漢，亦以開太行運路。靖康元年，訥默亨下太行，入懷州。明洪武元年，兵克元都，遂西下太行，收山西州郡。則太行山實據南北之咽喉。「訥默亨」舊作「粘没喝」，今改正。

馬頭山。在河内縣西北三十里。上有石柱鐵環，相傳洪水懷襄時，民繫舟於此。

三尖山。在河内縣西北四十里。三峯聳列，故名。

懸谷山。在河内縣西北四十里。俗名真谷。巖壑幽邃，山腰有靈泉迸出，多唐、宋人遺跡。

倍澗山。在河内縣西北四十里。兩山夾澗，長五里許，倍澗水出焉。

沐澗山。在河内縣西北四十五里紫金壇後。山勢四合，飛泉細流，匯爲一池，瑩碧可沐，故名。其西有蛟脊龕。

陽落山。在河内縣西北五十里。内多仙跡。

水峪山。在河内縣北二十五里。泉流石磴間，夜静時如聞琴瑟聲。

方山。在河内縣北四十里。又孤山，在縣北五十里。二山位勢方正，介然特立，故名。

栲栳山。在河内縣北五十里。遠望如栲栳然，四面陡絶，丹水蜿蜒繞其下。

碗子城山。在河内縣北五十里。其形如碗，上有古城。

十二迴山。在河内縣北六十里。山路旋繞，凡十二迴。

明月山。在河内縣東北四十里。有古刹自山坳層構而上，最後曰憑虚閣，高峻舒豁，可以登眺。

金纖山。在河内縣東北五十里。峯形崒嵂，最爲奇秀。

雲巖山。在河内縣東北五十里。山谷深邃，雲氣氤氳。

柏山。在河内縣東北五十里。上多松柏。

青山。在河内縣東北六十里，倚太行之側。

西釜山。在濟源縣西二十里。四高中窪，其形如釜。

玉陽山。在濟源縣西三十里。有二峯相對，曰東玉陽、西玉陽。通志：相傳唐睿宗女玉真公主修道之所，有尚書谷，谷内有憩鶴堂。

五指山。在濟源縣西五十里。五峯峙立如指，故名。又有金鑪山、禪堂山、鳳頭山，洞壑深邃。

王屋山。在濟源縣西八十里，與山西平陽府垣曲縣接境。山有三重，其狀如屋，故名。書禹貢：底柱、析城，至于王屋。山海經：王屋山上有金玉，下有陽石。漢書地理志：在河東郡垣縣東北。魏書地形志：在蒼平縣。括地志：在王屋縣北十里。元和志：在王屋縣北十五里，周一百三十里，高三十里。通志：王屋山形四面如削玉，名爲天下第一洞天，世傳軒轅訪道處。明李濂記略：山上有黑龍洞，洞前有太乙泉，蓋濟水發源處。

天壇山。即王屋山絶頂。軒轅祈天之所，故名。東曰日精峯，西曰月華峯，即唐司馬承禎得道之所。唐李白詩有「願隨夫子天壇上，閒與仙人掃落花」句。壇北有王母洞，壇東有八仙嶺，又有華蓋峯，在天壇南。通志：山頂有老子煉丹池、軒轅亭，山北有麻籠山。

藥櫃山。在濟源縣西一百五十里。多產藥草。

武山。在濟源縣西北十三里許，北接猴嶺山東麓。

陵山。在濟源縣西北十五里。亦名靈山。岡阜突起，西即軹關。寰宇記：濟源縣有陵山，在原城西北，以孤絶似陵，故名。

琮山。在濟源縣西北三十里。湨水所出，即占原山也。相連者爲莽山，瀧水出焉。其麓爲姑嫂山。

猴嶺山。在濟源縣西北五十里，北接太行。有阻猿麓，俗稱侯景山。

析城山。在濟源縣西北九十里，入山西界；又小淅山，在縣西北九十里。乃析城之麓，舊有成湯廟，俗呼聖王坪。

共山。在濟源縣北十二里。即蒸川南山。水經注：沇水潛行地下，至共山南復出。

白澗山。在濟源縣東北二十里。懸瀑如練，下注沁水。縣西北又有西白澗山。

孔山。在濟源縣東北二十五里。上有數峯，峯皆玲瓏，遠近洞見。水經注：山上石穴洞開，穴内石上有車轍牛跡，自然成者，非人工所能也。名勝志：孔山泉下注沁水。白居易詩「孔山刀劍立，沁水龍蛇走」，即此。

熊山。在濟源縣東北五十里。三面距沁水，惟西向一峯特立。

嵇山。在修武縣西北三十五里。晉嵇康居焉。亦名狄山。寰宇記：陽城北有狄山，即晉嵇康園宅。

天門山。在修武縣西北四十里。兩山對峙，其狀如門。山麓有百家巖，有嵇康鍛竈。

六真山。在修武縣北二十五里。下有六真洞。水經注：山陽縣東北二十五里有陸真阜。

温峪山。在修武縣北五十里。上爲石峽，高數百仞，下有温峪潭。又二十里爲石峽山，峭壁千仞，懸瀑下注，匯而爲潭，即黑、白二龍潭。

鳳凰山。在修武縣北六十里，高出諸峯之上。相傳宋神宗時有鳳集此，故名。

覆釜山。在修武縣北。魏書地形志：北修武縣有覆釜山。按：水經注次陸真阜之東北，得覆釜堆，即此。

貓兒山。在孟縣西南。寰宇記：在河清縣西十里。

紫金山。在孟縣西八里，北接太行。舊名嶺山。地宜麥，亦名麥山。唐書太宗紀：貞觀十一年，如懷州，獵於濟源麥山。

筆架山。在温縣城内東南隅。

寰宇記：嶺山在河陽縣西北三十里。岡嶺橫亘，故名。輿程記：紫金山下即孟津。通志：又西七里有高端岡。

太平山。在温縣西二十里。

黑洋山。在原武縣東北二十五里。

聚來峯。在武陟縣西三十里。通志：今石佛臺其遺址也。

金莎嶺。在濟源縣南二十五里。

秦嶺。在濟源縣西五十里。一名齊子嶺。西魏大統十二年，高歡圍玉壁〔二〕，别使侯景將兵趨齊子嶺。後周建德五年，周主攻齊晉州，分遣大將軍韓明守齊子嶺。皆此地。元和志：嶺在王屋縣東十二里，周、齊分境處也。明李濂記略：縣西四十里至虎嶺，折而西南十五里至秦嶺。縣志：高歡、宇文泰争戰之界，故齊、秦嶺兩呼之。

九芝嶺。在濟源縣西九十里。又縣北四十里爲韓王嶺，與山西陽城縣分界。

獅子嶺。在濟源縣東北二十五里盤谷東南。

清風嶺。在武陟縣南十里。通志：西連孟、温，南瞷廣武，東抵黄、沁之匯流〔三〕。

脾沙岡。在陽武縣東三十五里。一名黑古阜。昔時商賈輻輳，今淪於河。

花石崖。在孟縣西三十五里。崖谷幽邃，其石色淺黄，隱隱成花木形。

羊腸坂。在河内縣北太行山。張守節史記正義：「羊腸，太行山坂道名。」括地志：「羊腸坂，在懷州河内縣北二十五里。」

高槲坡。在濟源縣西一百里。多産槲樹。

十八盤坡。在濟源縣西一百五十里。形勢極險峻，盤旋而上。

孔陽坡。在修武縣西北太行之西。形勢突兀，巖磴縈紆。又有伏諸坡，形勢最低，伏於太行之内，故名。

天井谷。在濟源縣盤谷西北。府志：水流爲天井溪，石上有數坎，深若井，水自上溢，相接而落，遠視若倚劒然。韓愈詩：「是時新晴天井溢，誰把長劒倚太行。」

盤谷。在濟源縣北二十里。唐李愿隱居於此。韓愈送愿歸盤谷序：「盤谷之間，泉甘而土肥。草木叢茂，居民鮮少。」本朝乾隆三十五年，高宗純皇帝考訂盤谷歧誤，御製濟源盤谷考證，磨崖刻之。

當路峪。在修武縣北太行山下。又有甕澗，皆故陶處，今陶器猶存。

紫金壇。在河内縣西北四十三里，太行之陽，諸峯之上。每歲九日，郡人登高於此。其下有魏夫人祠，久廢，宋碑尚存。

黄河。自山西絳州垣曲縣，流入府界，經濟源縣南，又東經孟縣南，又東經温縣南，又東經武陟縣南，又東經原武縣南，流入陽武縣界。水經注：河水西會瀵水，又東過平陰縣北，湛水從北來注之。又東逕河陽縣故城南，河水至斯有盟津之目，尚書所謂「東至於孟津」者也。按：河陽有三城：北中城，後魏太和中築〔四〕；南城、中潬城，東魏元象初築。中有河橋，杜預所造。歷代爲拒守攻戰要津。唐貞觀十一年河溢，壞陜州河北縣，毁河陽中潬，太宗幸白司馬坂觀之。此河決府界之始也。永淳二年，河溢，壞河陽橋。如意元年，河溢，壞河陽縣。大順二年，河陽河溢。五代晋開運三年，河決原武。漢乾祐元年、三年，河決原武。宋建隆二年，孟州河決。乾德三年，河溢孟州，壞中潬城。太平興國二年，孟州河溢，壞温縣堤七十餘步。七年，河決懷州武陟縣。

淳化元年，孟州河漲。大中祥符四年，河溢孟州温縣。嘉祐三年，原武河決。熙寧十年，河陽河水湍漲，壞南倉。元豐五年，河決原武埽。元至元九年、二十年，河溢孟州。明洪武十四年，河溢原武；二十四年，河決原武之黑洋山。正統二年，原武河漲；十三年，河決原武。先是，河流經原武縣北，至是改經縣南。天順元年，河溢原武。弘治二年，河復決原武。萬曆十五年，原武河溢。崇禎四年，河決原武湖村鋪。本朝順治初，温縣河北堤塌三十里。十年，築原武河隄。康熙元年、二年、九年、二十三年，屢築原武河隄。六十年河決武陟縣之詹家店、馬營口、魏家口等處，尋建壩堵築。六十一年，河水復漲漫，總河陳鵬年於廣武山下王家口挑引河一道，水勢始平。雍正元年，秦家厰、馬營口堤壩工竣，河歸故道。尋以沁、黄交漲，由銚期營漫灘而出〔五〕，經原武舊河，流七十餘里。命大學士張鵬翮同河臣齊蘇勒等協力修築。又各築小隄，接合大隄，以防秋汛。二年，以兵部侍郎嵇曾筠疏奏，於銚期營、秦家厰建雁翅壩一座，挑水壩二座，倉頭對面開引河六百三十丈，而沁、黄頂衝之勢始減。乾隆十六年，銚期營增築大隄。嘉慶二十四年，河決於武陟之馬營口，命尚書吴璥會同河臣葉觀潮等，相機堵築。先是，武陟沁河原村民隄漫溢，璥請豫行堵合民隄缺口，濬舊沁河，導令歸黄。於二十五年三月合龍。

廣濟河。在濟源縣北。東南流經河内縣南，又東經温縣北，又東南入黄河。本沁水支流，其在濟源、河内者，即古朱溝水。其至温縣入河者，即古沙溝水。水經注：朱溝水上承沁水，於沁水縣西北，自枋口東南流，奉溝水右出焉。又東南流，右洩爲沙溝水。其水又東南於野王城西，枝渠左出焉。東逕野王城南，又屈逕其城東，而北注沁水。朱溝自枝渠東南逕州城南，又東逕懷城南，又東逕殷城北，又東南注於湖。沙溝水分朱溝水南派，東南逕安昌城西，又東逕隰城北，又逕殷城西，東南流入於陂。元史河渠志：中統二年，於太行山下沁口古跡，置分水渠口，開浚大河四道，歷濟源、河内、河陽、温、武陟，五縣入黄河，約五百餘里，溉民田三千餘頃。渠成名曰廣濟。府志：古枋口秦渠，元世祖時，始名廣濟。明弘治間，鄉民張志奏於城西北六十里，開五龍口。萬曆二十八年，河内知縣袁應泰同濟源知縣史記言，鑿山穿洞，懸閘於兩崖間，啓閘受水，閉閘障水，引水由濟源、河内、孟縣、温縣、武陟至唐郭入黄河，渠長一百五十里，分爲二十四堰。其在永利堰者曰永利河，南入濟源縣界。在永福堰者曰利人河，東流經府城西北，又東至東闞閘口入沁。在廣福堰者曰豐稔河，至府城西南崇義鎮入溴。在永濟堰者曰通濟河，東北流至府城東尚香鎮入沁。又自通濟河分流曰支堰河，至府城東北石澗村入沁。舊志：今之廣濟蓋即朱溝，永利即支津，豐稔即奉溝也。

新河。在修武縣西北七里。唐書河渠志：修武縣西北二十里有新河，自六真山下，合黄母泉水，南流入吴澤陂。大中間，杜令開。縣志：新河久淤塞，明弘治中修濬，并引馬坊諸泉入焉。其後復塞，萬曆中復疏云。

東道山河。在武陟縣西北十七里。源出太行山，經府城東北流入縣境，復由縣西北東經修武縣，東流入衛。今淤。

餘濟河。在孟縣北。上接河内縣之豐稔渠，及濟源縣之永利支渠，亦沁水分流也。府志：明萬曆中，引沁水爲廣濟渠，又分廣濟爲永利渠〔六〕，其支流所注，爲渠有二：一渠東南流，一渠南流，皆入溴。東南流者，天啓初引爲餘濟河；其南流者甚微，本朝順治初，始鑿渠引水北流，匯於餘濟河。

澇河。在温縣北二十里。積澇而成。明永樂十四年疏通，經縣東南，與溴水合流，入於黄河。嘉靖三十年重濬，今東通豐稔河。

賈魯河。在原武縣南馬家渡二里。每秋水漲，由板廠泛而東。

小沁水。在河内縣西北。水經注：水出北山臺渟淵，南流爲臺渟水，東南入沁水。

倍澗水。在河内縣西北。水經注：倍澗水出北五行之山，南流注於沁水。

邘水。在河内縣西北三十里。水經注：邘水出太行之阜山，其水南流逕邘城西，又東南逕孔子廟東，又東南逕邘亭西，又南流注於沁。

絶水。在河内縣東北。自山西澤州府流入，又東南入沁。漢書地理志：上黨郡泫氏有絶水，南至野王入沁。水經注：絶水出泫氏縣西北楊谷，東南流，左會長平水，又東南流逕泫氏縣故城北，東南與泫水會，亂流東南入高都縣，右入丹水。

光溝水。在河内縣東北。水經注：光溝水首受丹水，東南流，界溝水出焉，又南入沁水。

界溝水。在河内縣東北二十五里。水經注：界溝水上承光溝水，東南流，長明溝水出焉。又南逕中都城西，而南流注於沁水。府志：今遺沼尚存，淵而不流。

白馬溝水。在河内縣東北。水經注：白馬溝水首受白馬湖。湖一名朱管陂，陂上承長明溝，湖水東南流，逕金亭西，分爲二水，一水東出爲蔡溝，一水南流注於沁。府志：白馬湖在府東北二十里。今湖水流入小丹河。按：以上諸溝，皆丹水支流。元和志云，丹水分溝灌溉，百姓資其利。今府城北丹河東岸有上秦渠、三郭渠、董下渠、白沽渠、張濟渠、老武渠、太保渠、張金渠、陳添渠，西岸有郭魯渠、流澇渠、花園渠、上清渠、下清渠、中泗渠、貝澗渠、廣濟民渠，俱上承丹河，尾入沁河，蓋即諸溝故瀆。

寒泉水。在河内縣東北。水經注：寒泉水出雍城西北，泉流南注，逕雍城西，又東南注長明溝。

天漿水。源出濟源縣南，東北流入孟縣，至縣西北合湨水。水經注：天漿水出軹南、罼向城北，其水有二源俱導，各出一溪，東北流合爲一川，名曰天漿溪。又東北逕一故城，俗謂之冶城，亦曰冶水。又東流注於湨。通志：天漿溪在濟源南二十里。按：濟源縣志，今軹南有四澗水，一出紅土溝，一出怪潭，東北流逕鍾公壘東，又北會塗溝水，又東注於湨。即天漿溪也。

同水。源出濟源縣南，東北流入孟縣，至縣西北合湨水。水經注：同水出南源下〔七〕，東北流逕白騎塢南，又東北流逕安國城西，又東北注湨水。金史地理志：孟州河陽有同水。縣志：同水有二，一在濟源，出金莎嶺北崖下，一在孟縣，出金莎嶺南蘧家溝，俱東北流至林泉村相合，又東經冶城、白牆，又東注於湨。

塗溝水。在濟源縣西南。水經注：塗溝水出軹縣西南山下，北流，東轉入軹縣故城東，又屈而北流，出軹郭，又東北流注於湨。縣志：今軹城西北留村之南，平地一源，東北流會塗溝水，東注於湨。

漫流水。在濟源縣西南。水經注：漫流水出軹關南，東北流，又北注於湨，謂之漫流口。縣志：漫流有二：一出花石偏崖溝，逕南姚村；一出留陽村西南，逕馬棚村，俱東北流，注於溴。

湛水。在濟源縣西南。水經注：湛水出河内軹縣西北山，東過其縣北，又東過波縣之北，又東過毋辟邑南，又東南當平縣之東北，南入於河。其水自谿之南流〔八〕，南逕向城東而南注，又東南逕鄧，南注於河。故河濟有鄧津之名。金史地理志：孟州河陽有湛水。

濟水。一名沇水。源出濟源縣西王屋山，東流經縣北，又東經孟縣北，又東南入河。書禹貢：導沇水東流爲濟，入於河。孔傳：「泉源爲沇，流去爲濟，在温西北平地。」山海經：王屋之山，𣻌水出焉。注：「𣻌、沇，聲相近。即沇水也。潛行地下，至共山南復出於東丘。」劉熙釋名：「濟，濟也。源出河北，濟河而南也。」水經注：濟水重源出温城西北平地，水有二源，東源出原城東北，南逕其城東，又南流與西源合；西源出原城西，東流逕原城南，東合北水。亂流東南注，分爲二水：一水東南流，俗謂之衍水，即沇水也，又東南逕絺城北而出於温。其一水枝津南流注溴水，濟水於軹縣西北與故瀆分，南逕温縣故城西，南歷虢公臺西，南流注於河。濟水故瀆，東南合奉溝水，又逕隤城西，屈而東北流，逕其城北，又東逕平皋城南，又南注於河。括地志：沇水出王屋山頂，崖下石泉，停而不流，其深不測，既見而伏，至濟源西北二十里平地，其源重發而東南流。禹貢錐指：酈注濟水故瀆，即漢志所謂東南至武德入河者，蓋禹跡也。又酈注奉溝水東南流，右泄爲沙溝，東南注於陂，陂水又東南流入河。先儒咸謂是爲濟渠，古濟水由此入河。按：濟河自縣東南流至柏鄉鎮，分爲二，一於鎮之東北流至河内縣，穿郡城，經龍潤村入沁河；一於鎮之西南，流經豬龍河，自小營村入黄河。

沁水。自山西澤州府陽城縣流入，東南流經濟源縣北，又東南經河内縣北，又東經武陟縣北，折而南，經縣東入河。其枝河自武陟縣北，東引入修武縣，經縣西南，又東入衛輝府獲嘉縣界。漢書地理志：沁水東南至榮陽入河。注：師古曰：「今沁水至懷州武陟縣界入河。」水經注：沁水過陽阿縣東，又南出山，逕石門，謂之沁口，晉司馬孚所造，夾岸累石，結以爲門，舊有枋口之稱。入南分爲朱溝，又逕沁水縣故城北，又東逕沁水亭北，又東，右合小沁水，又東，倍澗水注之，又東逕野王縣故城北，又東朱溝枝津入焉。又東與丹水合，又東光溝水注之，又東逕中都亭南，又合界溝水，又東過州縣北，白馬溝水注之，又東逕懷縣北，又東過武德縣南，積爲陂，通結數湖，朱溝水注之，又西納沙溝水，又東南入於河。元和志：沁水在河内縣北四里，在武陟縣東一里，北去武陟縣二里。金史河渠志：設黄沁都巡河官於懷州。舊志：明永樂九年，沁水溢，淹没武陟田廬。詔修決口禦之。嘉靖三十五年，決武陟縣西北大樊村。萬曆七年、十五年，決蓮花口，東入衛，尋復隄塞。沁水性善變，舊由縣東南二十里入河，後又徙去縣四十餘里。十八年水漲，又徙由賈村直入河，去縣僅十五里。崇禎十二年旱竭。本朝順治十年河決，水入武陟縣城。康熙六十一年，於沁河口東建挑水壩。是年六月，沁水暴溢，全河盡注，河臣陳鵬年於廣武山官莊峪挑引河一百四十餘丈，以洩水勢。按：沁水至武陟界與黄會合，其湍激之勢，較黄河益甚，而武陟東岸之蓮花池、金屺當最其衝射要害處也。有舊沁河，在原武縣西北，乾隆二十六年，修築隄防。嘉慶二十三年，武陟古樊村民隄漫溢。二十四年，原村民隄漫溢，均經發帑堵合，以資鞏固。

湨水。

在濟源縣西南。東流經孟縣北，又東南入河。爾雅：梁莫大於湨梁。左傳襄公十六年：公會諸侯於湨梁。注：「湨水出河内軹縣東南，至温入河。」水經注：湨水出原城西北原山勳掌谷，俗謂之白澗水，南逕原城西，又東南逕陽城東，與南源水合，水出陽城南溪，東北流與漫流水合，北注於湨。湨水又東合北水，亂流東南，左會濟水支渠，又東逕鍾繇塢北，又東南塗溝水注之，又東北流經波縣故城北，又東南流，天漿水、澗水注之。又東南流，右會同水，東南逕安國城東，又南逕無辟邑西，又南注於河。舊志：湨源有三：一出姑嫂山南紅嶺，經澗水北村西、武山南；一出五指山紙坊，會靈都宫、麻姑河二水而東；一出秦嶺山下，逕曲陽故城西南。俱至官橋村西北，地名三河口，匯爲一川，逕縣城南，東流與㳅水合，又東南入孟縣界，入河。

丹水。

自山西澤州府鳳臺縣南流入，逕府城東北，又南入沁河。水經注：丹水出上黨高都縣故城東北阜下，俗謂之源源水。山海經曰沁水之東有丹林，丹水出焉。即斯水矣。丹水自源東北流，又屈而東注，左會絶水，東南流注於丹谷，又經二石人北，又東南歷西巖下，又南白水注之，又東南出山，逕鄈城西，又南屈而西轉，光溝水出焉，又西逕苑鄉城北，南屈東轉，逕其城南，東南流注於沁，謂之丹口。隋書地理志：河内有丹水。唐書地理志：丹水，開元十一年更名懷水。元和志：丹水北去河内縣七里。府志：丹水穿太行山而南，中間分爲溝渠凡十有八道，其經流南入沁，首尾三十餘里。本朝康熙二十九年，河臣王新命以丹河發源太行山，至丹口分渠九道，大丹河直歸沁河，其餘六渠，民引溉田，惟小丹河、上秦河一渠所餘水用以通衛，每歲三月初塞入河渠，使水歸小丹河入衛濟漕。至五月盡，則開入河渠，塞小丹河口，以防山水漫溢。至今民稱便焉。

長明溝水。在河内縣城東北。與河分流，經清化鎮南，又東經武陟縣北，又東經修武縣南，流入衛輝府獲嘉縣界。一名預河，今曰小丹河。水經注：長明溝上承河内野王縣東北界溝，分枝津，東逕雍城南，寒泉水注之。又東逕射犬城北，東入石澗，東流，蔡溝水入焉。又東逕修武縣之吴亭北，東入吴陂。明統志：預河在修武縣南五里，積潦而成，東入衛河。修武縣志：小丹河，舊在縣南五里，明嘉靖間改流縣北，爲三里河。萬曆十三年，復導經縣南，附城而東，經獲嘉縣入衛。

古蔡溝水。在河内縣城東北，分流入武陟縣，經縣西北，又東經修武縣南，又東合於小丹河。水經注：蔡溝水上承州縣北白馬溝，東分謂之蔡溝，東會長明溝水。武陟縣志：上清河在縣西北十七里，上通河内小丹河，舊自白馬溝南流入沁。後沁水淤塞，始改從今道。

濝水。在濟源縣西。水經：河水西會濝水。注：水出王屋西山濝溪，夾山東南流，逕故城東，西屈逕關城南，歷軹關南，逕苗亭西，又東注於河。縣志：濝水東逕避秦溝南，俗呼爲澗河，亦曰劒河，西南逕大峪、岸坎二村，又南流入沁。按：隋書地理志濟源有淇水，即濝水之訛也。

浝水。源出濟源縣西北四十里。遶城北而東合湨河。金王藏器橋記：浝水自西北來，稍折而東，湍流悍急，而縣治適當其衝，至於東門下，高岸陡落，幾及數尋，廣狹三倍之。按：劉漪浝水論云，浝水出莽山，經動掌村東里許，分爲二。其一南流，自石牛村北，又東漫衍平地，經石露頭南、泥河頭東，離縣西六里，南入於湨。古通稱爲湨水，今涸。其一東流，抵北石村西，又東南至石露頭東，騰湧而出，抵縣城西垣下，北遶，轉東三里，南入於湨。土人稱爲莽河，蓋以出於莽山而名。又訛爲蟒河，今通稱爲浝河。莽、蟒、浝，聲相同也。湨之三河，並流逕縣南，浝水獨經縣北，勢可相敵，其實皆湨水云。

陰溝水。在原武縣南。自開封府滎澤縣流入，東逕陽武，復入祥符縣界。水經注：陰溝水首受大河于卷縣，東南流逕卷縣故城南，又東分爲二：右瀆東逕陽池城北，又東南絶長城，經安亭北，又東會左瀆；左瀆東絶長城，經垣雍城南，又東合右瀆。今亦混入黄河。

孟津。在孟縣南十八里。書禹貢：導河又東至于孟津。傳：「孟，地名，在洛北，都道所凑，古今以爲津。」左傳隱公十一年：王與鄭人蘇忿生之田有盟。注：盟即河陽縣南孟津。以武王濟此，近代呼爲武濟。水經注：武王伐紂，與八百諸侯咸同此盟，故曰孟津，亦曰盟津，又曰富平津。晉杜預造橋於富平津，所謂「造舟爲梁」也。又謂之陶河，魏尚書僕射杜畿以帝將幸許，試樓船，覆於陶河。隋書地理志：河内郡河陽有盟津。

冶坂津。在孟縣西南孟津之西。魏書太宗紀：泰常八年，幸陳留、東郡，濟河而北，西之河内，造浮橋於冶坂津。

錦溪。在濟源縣東南金莎嶺東。

望仙溪。在濟源縣西八十里。源出王屋山北，其水伏流，南入於河。

馬頭溪。在濟源縣西北馬頭村。即濟水下流，有六十餘泉俱入此溪。

七谷溝。在濟源縣西一百三十里。有七山之水合流於此。

百尺溝。在濟源縣東北六里，引濟水灌溉。隋仁壽三年置，見元和志。

古白溝。在陽武、封丘二縣界。孟康曰：「春秋傳敗狄于長丘。今封丘縣翟溝是。」魏書地形志：封丘有白溝。水經注：濟水東南流入陽武縣，又東爲白馬淵，淵東西二里，南北一百五十步，名爲白溝。九域志：陽武縣有白溝河，其水至封丘境内，又曰翟溝。舊志：在陽武縣東南三里。又翟溝，在封丘縣南八里，即白溝也。南接黄河支流，引瀆東入，今堙。

東陽澗。在濟源縣西百里。源出花園溝西北，下流與鐵山河合，東南逕逢石里，又南入河。

西陽澗。在濟源縣西百餘里。源出王屋山北，逕下正村，南入於河。

宣聖陂。在修武縣北十里。舊傳孔子欲北至趙，聞殺竇鳴犢，乃還，即此地，故以名陂。

吴澤陂。在修武縣北十里。東流入衛輝府獲嘉縣界。詳見衛輝府。

平皋陂。在温縣東平皋城西南。魏書地形志：武德郡平皋有平皋陂。元和志：平皋陂在武德縣南二十三里，周迴二十五里，菱芡蒲葦，百姓資其利。寰宇記：陂南即黄河。

李陂。在温縣西南，即奉溝水也。水經注：奉溝水上承朱溝于野王城西南，東南逕陽鄉城北，又東南流逕陽鄉城東，又東南逕李城西，於城西南爲陂，水淹地百許頃，蒹葭萑葦生焉，號曰李陂。

石根潭。在濟源縣西。上有石山，下有水潭，南流入河。

萬艘潭。在孟縣南黄河側。潭水深平，舟楫湊泊。

黑龍潭。在原武縣北磁磵隄北。方十餘步，明萬曆中濬以溉田。

觀灘。在武陟縣東四十五里，沁水之北。舊爲決溢處。

順利渠。即府城濠塹。元至元中，總管石抹斯益遜引濟水穿城而入，作二橋，曰利津，曰覽勝，由東關閘口入沁。歲久淤塞，本朝康熙二十九年重濬。「石抹斯益遜」舊作「石抹宜孫」，今改。

安阜渠。在河内縣北。源出堯池，自太行之麓，邐迤至清河。明萬曆中開，東西長十五里，引以溉田。

千倉渠。在濟源縣東，濟水分流也。唐温造所鑿。縣志：千倉渠，有上下二堰，上堰池水，分爲六閘，下堰用龍潭水，分爲五閘，皆以溉田。

永利渠。在濟源縣東北。明萬曆中開，置天平閘。

永濟渠。在武陟縣北。隋書煬帝紀：大業四年，開永濟渠，引沁水南達於河，北通涿郡。

温潤渠。在温縣西北。隋開皇中，刺史盧賁於河内引沁水東注，派入温縣以溉瀉鹵。府志有豐稔河，分廣濟河水南至温縣入河，即此。

堯池。在河内縣西北三十里堯廟前。發源太行麓，匯廟前諸泉，東南流二十餘里入於沁。

濟源池。在濟源縣西北三里。元和志：濟有二源，東源周圍七百步，其深莫測，西源周圍六百八十五步，深一丈，皆繚之以周牆。明李濂記：濟瀆祠後有池，是謂東池，西有石橋，橋之西曰西池。濟水自王屋山頂，流入太乙池，乃伏流地中，東行九十里，復見此，匯爲二池。東即東源，周僅百餘步，亦不甚深，西即西源，周如東池，深纔三四尺耳。王屋山頂太乙池亦涸。按：劉漪西源辨云：據水經注，二源，一在原城東北，一在原城西，爲地殊遠，不可以一橋之界，遂分東西，而謂二源俱在是也。意此池之爲東源信矣。池西二里有一源，舊稱爲龍潭，時出時没，不關水旱，下流逕濟廟南，會池水於東北，當爲濟之西源耳。

淬劒池。在修武縣西北嵇山下。宋嘉祐四年，河北提刑使曹涇大書「淬劒池」三字〔九〕，石刻存。九域志：懷州有淬劒池，晉嵇康淬劒之所。

明月池。在修武縣西北百家巖下。

蓮花池。在武陟縣東北木欒店，亦名蓮花口。明萬曆中，沁水從此決入衛河。

畜魚池。在孟縣治旁。水泊尚存，居人以種蓮蒲。唐書地理志：孟川河陽有池，永徽四年，引濟水灌之，開元中以畜黄魚。

五龍池。在原武縣西門外。明萬曆十五年大旱，鑿池取水禱雨，甘霖立澍。

玉泉。在濟源縣東一里漶水北。唐盧仝嘗汲泉煮茶。亦名玉川井。

五色泉。在濟源縣北。泉下有五色沙石，故名。或云昔有異人濯五色綺於此。唐温造别墅在焉。又有鑑泉，亦名琵琶泉，在縣東北。珍珠泉、二色泉，亦在縣東北，有金沙湧出。有月泉，在縣北，東流入濟。又拔劒泉，相傳王喬拔劒於此，泉湧出，宋文彦博有詩。

荀泉。在修武縣西南，流入吴澤陂。水經注：荀泉水出山陽縣故修武城西南，同源分派，裂爲二水，南爲荀泉，北爲吴瀆。二瀆雙導，俱東入陂。

皇母泉。在修武縣西北十五里。水經注：陸真阜南有皇母、馬鳴二泉，東南合注於吴陂。

熨斗泉。在修武縣北。又有靈泉、陶泉、濁鹿泉、會泉。魏書地形志：汲郡北修武有熨斗泉。

馬鳴泉。在修武縣東北。又有王烈泉、昭烏泉、巧婦泉、五里泉。按：水經注覆釜堆南有三泉，相去四五里，參差合次，南注於吴陂。泉在濁鹿城西，蓋即以上諸泉也。

雙泉。在武陟縣西北。明天啓初，知府王景於安郭鎮西北開渠，引修武縣荀泉南流五里，爲安郭鎮城濠水。崇禎初，復濬之。又郭村西北有泉久塞，亦疏之，引入石橋下交流，因名雙泉。

青龍泉。在孟縣西二十五里。東北流入湨河。

温泉。有二：一在孟縣西北，東流入湨河。一在温縣西，縣之得名以此，今涸。

靈井。在濟源縣西四十里軹關城内。寰宇記：魏時刺史平鑒祝井得水，故名。

燕家井。在濟源縣西王屋里。相傳晉燕真人煙蘿子常於此洗參食之，故名。

原昌井。在濟源縣西北。即元大尹梁貞投檄處。

校勘記

〔一〕河内　原作「河南」，顯誤，據本志下文改。

〔二〕高歡圍玉壁　「壁」，原作「璧」，據乾隆志卷一六〇懷慶府山川（下同卷簡稱乾隆志）及資治通鑑卷一五九梁紀改。

〔三〕東抵黄沁之匯流　「黄」，原作「南」，據乾隆志及雍正河南通志卷七山川改。

〔四〕北中城後魏太和中築　「北中城」，乾隆志同，雍正河南通志卷五一古蹟及通鑑地理通釋卷一四無「中」字。

〔五〕由銚期營漫灘而出　「漫灘」，乾隆志作「觀灘」。按，觀灘在武陟縣東四十里，沁水之北，舊亦爲決溢處。似亦可通，待考。

〔六〕又分廣濟爲永利渠　「永利」，原作「水利」，據乾隆志改。

〔七〕同水出南源下　「南源」，乾隆志同。按，戴震校水經注，謂「源」爲「原」之訛。

〔八〕其水自谿之南流　「之」，乾隆志同，水經注卷六湛水作「出」。按，谿指湛溪，此節去上文，頗顯突兀。

〔九〕河北提刑使曹溼大書淬劍池三字　「三」，原作「二」，顯誤，據乾隆志改。

大清一統志卷二百三

懷慶府二

古蹟

野王故城。今河内縣治。左傳宣公十七年：晉人執晏弱于野王。史記始皇本紀：衛君角率其支屬徙居野王，阻其山以保魏之河内。漢書地理志：河内郡野王。後漢書：王梁從平河北，拜野王令。三國魏志：漢興平中，以張揚爲河内太守。屯野王。晉書地理志：屬河内郡。後魏因之。天興二年，穆崇救洛陽，即鎮野王，除豫州刺史。天安中，爲懷州治。隋改縣曰河内，仍爲州郡治。

州縣故城。在河内縣東南。本周畿内州邑。左傳隱公十一年：王與鄭人蘇忿生之田有州。後又屬晉，爲欒豹邑。昭公二年，晉人以州賜鄭公孫段。七年，子産歸州田于韓宣子，宣子因徙居之。漢置縣，屬河内郡。後漢、晉因之。東魏天平初，置武德郡治此。隋初郡廢，開皇十八年，改縣曰邢丘。大業初，又改曰安昌，仍屬河内郡。唐武德二年，改曰武德，兼置北義州。四年，州廢，屬懷州。五代因之。宋熙寧六年，省爲鎮，入河内。九域志：河内縣有武德鎮。府志：武德鎮，即武德城，在河内縣東南四十里。

波縣故城。在濟源縣東南。漢置縣，屬河内郡。後漢因之。晉省。水經注：湨水經波城北。寰宇記：波城在濟源縣東南三十八里。按：縣志有裴城，在縣東南二十里，疑即波城。波、裴，聲相近而訛也。

軹縣故城。在濟源縣南十三里。戰國魏軹邑。竹書紀年：梁惠成王十三年，鄭釐侯使許息來致地，我取軹道，與鄭鹿。史記：蘇秦説趙曰：「秦下軹道，則南陽危。」又秦昭襄王十六年，伐魏取軹。漢書：文帝元年，封舅薄昭爲軹侯。杜佑通典：濟源縣，漢軹縣地，故城在今縣東南。括地志：軹故城在濟源縣東南三十里。

柏崖故城。在濟源縣西南。本名柏崖戍。唐武德二年，懷州僑治濟源之柏崖城。四年，州還治河内。咸亨四年，置柏崖縣，尋省。杜佑通典：柏崖故城在河清縣西，即東魏將侯景築。寰宇記：柏崖城在河清縣西三里，臨黄河。

王屋故城。在濟源縣西八十里。後魏置長平縣屬邵郡。後周改曰王屋，並置王屋郡。隋初郡廢，縣改屬河内郡。唐武德元年，更名邵伯，隸邵州。貞觀元年，州廢，隸懷州。顯慶元年，復故名，隸河南府。宋神宗時，改屬孟州。金因之。元至元三年，省入濟源縣。九域志：王屋故城，在孟州西北一百三十里。

沁水故城。在濟源縣東北。漢置沁水縣。北齊廢。水經注：沁水經沁水縣故城北，蓋藉水以名縣矣。又東經沁水亭北，世謂之小沁城。縣志：廢城在縣東北沁水南沁臺西，今呼王寨城。

廣寧故城〔一〕。在修武縣東南。隋書地理志：修武有東魏廣寧郡，後周廢。寰宇記：大寧故城，在修武縣東南二十八里，舊名西邸閣城。大寧蓋即廣寧，避隋諱而訛也。

山陽故城。在修武縣西北三十五里。史記：秦始皇五年，將軍驁攻魏山陽，拔之。注：「河南有山陽縣。」後漢書獻帝紀：奉帝爲山陽公。魏書地形志：汲郡山陽，二漢、晉屬河内。孝昌一年，置郡治共城，後移治山陽城，尋罷。括地志：山陽故城，在修武縣西北。

北修武故城。在修武縣北。魏書地形志：北修武，孝昌中分南修武置，治清陽城。寰宇記：東魏置西修武縣，尋省。

高齊天保七年，自今獲嘉縣移修武縣於西修武故城。隋大業十一年移今武陟縣界。唐武德二年，又移於濁鹿城，四年又移還西修武縣，即今治。按：後漢書獻帝紀：帝爲山陽公，居於山陽之濁鹿城。注：「濁鹿城一名青陽城。」元和志：濁鹿故城，在修武縣東北二十三里。

武德故城。在武陟縣東南。秦縣也，始皇東巡置。漢屬河内郡。後漢延康元年，封曹睿爲侯邑。晉省。隋析置武陟縣，後併入修武。元和志：隋武陟縣，理武德故城，在今武陟縣東二十里。

懷縣故城。在武陟縣西南。禹貢：覃懷底績。孔安國傳：「覃懷，近河地名。」鄭玄曰：「懷即河内懷縣。」左傳隱公十一年：王與鄭田有懷。後屬晉。史記：趙成侯四年，魏敗我懷。又魏安釐王九年，秦拔我懷。漢置懷縣爲河内郡治。後漢建武元年，幸懷。晉建興後，不復爲郡治。東魏改屬武德郡。隋大業初，省入安昌。唐武德初復置，屬懷州。貞觀元年，省入武陟。括地志：懷縣故城，在懷州武陟縣西十一里。

河陽故城。在孟縣西三十五里。春秋晉河陽邑。僖公二十八年，天王狩于河陽。戰國屬魏。史記：趙惠文王十一年，董叔與魏氏伐宋，得河陽於魏。漢置縣，屬河内郡。晉省。水經注：河水東逕河陽縣故城南。魏孝昌中復置，高齊省，隋時復置，移治北中府城，而此城廢。隋志：河陽有古河陽城治。寰宇記：在今河陽縣西三十五里。

平皋故城。在温縣東。本晉邢丘邑。左傳宣公六年：赤狄伐晉圍邢丘。注：「今河内平皋縣，戰國屬魏。」史記：秦昭襄王四十一年，攻魏取邢丘。漢書地理志「河内郡平皋」注：應劭曰：「晉號曰邢丘，以其在河之皋，處勢平夷，故曰平皋。」後漢、晉因之。東魏改屬武德郡，北齊廢。括地志：平皋故城在武德縣東南二十里。寰宇記：平皋城，在武德縣西。府志：平皋城在温縣東二十里，邢城在平皋東北隅。

温縣故城。在今温縣西南三十里。亦曰蘇城。周爲畿内邑。左傳隱公三年：鄭祭足帥師取温之麥。注：「温，今河内温縣。」成公十一年：劉康公曰：「蘇忿生以温爲司寇，蘇氏即狄，又不能於狄而奔衛，於是襄王勞文公而賜之温。」戰國時，爲魏地。漢置縣，屬河内郡。東魏天平中，移縣於古城東北七十里。隋大業十三年，又移治於李城。

卷縣故城。在原武縣西北。戰國魏邑。史記蘇秦列傳：據魏取淇、卷，則齊必入朝秦。又秦本紀：昭襄王三十三年，客卿吴傷攻魏卷，取之。注：正義曰：「卷城在鄭州原武縣西北七里。」二漢屬河内郡。晉、魏屬滎陽郡，北齊省。輿地廣記：故城在原武縣東。

陽武故城。在今陽武縣東南。秦置。史記：秦始皇二十九年，東遊至陽武博浪沙中。漢初，曹參自曲遇從攻陽武。魏書地形志：陽武有陽武城，蓋非故治也。寰宇記：陽武故城在陽武縣東南二十八里。高齊天保七年，移治汴水南一里，今無遺址。隋開皇五年，復理此城。唐武德四年，又移理漢原武城，即今治也。

原武故城。今陽武縣治。魏置縣，晉省，後魏孝昌中復置。魏書地形志原武有原武城，蓋非故治也。高齊天保七年又廢。寰宇記：唐武德四年，於漢原武城復置陽武縣，即今理也。

忠義廢縣。在河内縣西南三十里。唐書地理志：武德三年，析河内置忠義縣，四年省。府志：今崇義鎮，即舊忠義縣。

紫陵廢縣。在河内縣西北三十里。唐書地理志：武德三年，析河内置紫陵縣，四年省。寰宇記：河内縣有紫陵磵。縣近磵，故以爲名。通志：今爲紫陵村。

太行廢縣。在河内縣東北四十里。唐書地理志：武德三年，析河内置太行縣，四年省。府志：今清化鎮即舊太行縣。

湨陽廢縣。在濟源縣東，湨水之北。唐書地理志：武德二年，析濟源置湨陽縣，四年省。

長泉廢縣。在濟源縣西南。唐書地理志：武德二年，析垣縣置，屬懷州，後省。縣志：今縣西南有長泉里，以故縣得名。

邵原廢縣。在濟源縣西一百二十里。古曰郫，亦曰郫邵，亦曰邵亭。左傳文公六年：晉趙孟殺公子樂於郫。襄公二十三年：齊伐晉取郫邵。後漢郡國志：垣縣有邵亭。注：博物記：「河東垣縣東九十里有郫邵之阨。」唐書地理志：武德二年，析濟源置邵原縣，四年省。寰宇記：邵原在王屋縣西四十里。府志：今爲邵原鎮。

蒸川廢縣。在濟源縣北十三里。唐書地理志：武德二年，析濟源置，屬西濟州，四年省。

集城廢縣。在孟縣東南。唐書地理志：武德四年，析集城置盟州。八年，州廢，省集城入河陽。縣志：今名城子村。

河清廢縣。在孟縣西南五十里。本漢軹縣地。唐武德二年，於柏崖東置大基縣，屬懷州，八年省。咸亨四年，復置，屬洛州。先天二年，改曰河清。會昌三年，改屬孟州，後仍屬河南府，尋廢。咸通中復置。大順元年，因亂毀壞，移在柏崖隙地權置。宋開寶元年，移治白波鎮，今改曰孟津，故城遂廢。金史地理志：孟津有河清鎮。

穀旦廢縣。在孟縣北十五里。俗訛爲郭旦。唐書地理志：武德三年，析河陽置穀旦縣，屬懷州，四年省。縣志：今爲穀旦鎮。

成鄉城。在河内縣東南。水經注：沁水東南流逕成鄉城北。

絺城。在河内縣西南。左傳隱公十一年：桓王以蘇忿生之田與鄭有絺。注：「絺城在野王西南。」漢書地理志「波」注：孟康曰：「今有絺城。」水經注：濟水流逕郄城北。郄，即「絺」字之訛也。括地志：故絺城在河内縣西南三十里。明統志：付逯城，即古絺城。

陽鄉城。在河内縣西南。晉大興初，耿稚襲擊劉粲，粲奔陽鄉，即此。水經注：奉溝水東南逕陽鄉城北。

邘城。在河内縣西北。周初邘國。史記周世家：文王伐邘。左傳：邘、晉、應、韓，武之穆也。隱公十一年：王取蔿、邘之田于鄭。京相璠春秋土地名：野王西北三十里，有故邘城、邘臺。水經注：邘水南流逕邘城西，故邘國也。城南有邘臺，今故城當太行南路，道出其中。括地志：故邘城，在河内縣西北二十七里。通志：今爲邘臺鎮，在河内縣西北三十里。

�城。在河内縣北。水經注：丹水又東南出山，逕郹城西。城在水際，俗謂之期城。京相璠曰：河内山陽西北有郹城。

竹書紀年梁惠成王元年趙成侯、韓懿侯伐我葵，即此城也。舊志期城在府西北三十里。此又一期城，非古郟城。按漢書郡國志：山陽有蔡城，蓋「蔡」、「葵」字相類，故訛。

碗子城。在河内縣北太行山頂。其路羊腸百折，中有平地僅畝許。唐初築城，以控懷慶澤州之衝，其城甚小，故名。

苑鄉城。在河内縣北。水經注：丹水西逕苑鄉城北，南屈東轉，逕其城南，東南流入沁水。

雍城。在河内縣東北。周初雍國。左傳：郜、雍、曹、滕，文之昭也。注：「雍國在山陽縣西。」後漢書郡國志：山陽邑有雍城。水經注：長明溝水逕雍城南，寒泉水逕雍城西。京相璠曰「今河内山陽縣西有故雍城」。魏書地形志：州縣有雍城。郡國地道記：故雍城在武德縣西北三十五里。寰宇記：武德縣有南斗城，在縣北三十里。北斗城在縣北五十里，疑即故雍城也。

射犬城。在河内縣東北。後漢書光武紀：更始二年，世祖破赤眉於射犬。注：「射犬故城，在武德縣北。」又司馬彪郡國志：野王有射犬聚。三國魏志：漢建安四年，眭固以其衆屬袁紹，屯射犬，曹公大破之。水經注：長溝水東逕射犬城北。

沙城。在河内縣東北。晉太元八年，慕容垂使鮮卑可足渾譚集兵於河内之沙城〔二〕，即此。水經注：滎澤際又有沙城，城在佩濟瀆。

中都城。在河内縣東北。魏書地形志：州有中都城。水經注：沁水逕中都城南。

金城。有東、西二金城，俱在河内縣東北四十里。魏書地形志：州有金城。水經注：白馬河水，東南流經金城西。

向城。在濟源縣南。周畿内向邑。詩：作都于向。左傳隱公十一年：桓王以蘇忿生之田與鄭，有向。注：「軹縣西有地名向上。」竹書紀年：魏襄王二十四年，鄭使韓辰歸陽及向。二月，城陽、向，更名陽爲河雍，向爲高平。水經注：天漿水出軹南罼向城北，俗謂之韓王城。闞駰十三州志：軹縣南山西曲有故向城，即周向國也。括地志：韓王故城，在河陽縣西北四十里。

湛城。在濟源縣南。後漢書郡國志：河陽有湛城。水經注：湛水自向城南逕湛城東，或謂之隰城，非也。

陽城。在濟源縣西南。周畿内樊邑。左傳隱公十一年：桓王以蘇忿生之田與鄭，有樊。注：「樊一名陽樊，野王縣西南有陽城。」又僖公二十五年：晉文公定王室，次于陽樊。國語：王以陽樊賜晉。後漢書郡國志：修武有陽樊。注：服虔曰：「樊，仲山甫之所居，故名陽樊。」水經注：溴水南源出陽城南谿。府志：陽樊城在濟、孟之交，溴水南岸，今呼皮城。

原城。在濟源縣西北。周初原國。左傳隱公十一年：王以蘇忿生田與鄭，有原。注：「原在沁水縣西。」後漢書郡國志：軹有原鄉。水經注：濟水東源，出原城東北。昔晉文公伐原以信而原降，即此城也。俗以濟水重源所發，因復謂之濟源城。隋書地理志：濟源有古原城。括地志：城在濟源西北二里。寰宇記：在今縣九里。

勳掌城。在濟源縣西北二十五里。水經注：溴水出原城西北二里勳掌谷。北齊書斛律光傳：河清二年，光築勳掌城於軹關西，仍築長城二百里，置十二戍。

攢城。在修武縣西北二十里。左傳隱公十一年：王以蘇忿生田與鄭，有攢。注：「攢在修武縣北。」後漢書郡國志：修武有攢茅田。注：「縣西北有攢城。」通鑑地理通釋：攢茅在修武縣北，今爲大陸村。

殷城。在武陟縣東南。水經注：朱溝東逕殷城北。述征記曰，河之北岸，河内懷縣有殷城，或謂楚、漢之際，殷王卬治之，非也。按：竹書紀年秦師伐鄭，次于懷，城殷。殷即是城也。晉劉聰以郭默爲殷州刺史，都督緣河諸軍，治此。元和志：殷城在縣東南十里。

隰城。在武陟縣西南十五里。左傳隱公十一年：王以蘇忿生田與鄭，有隰城。又僖公二十五年：寬侯殺太叔于隰城。注：「在懷縣西南。」

樊城。在武陟縣西南四十里。今名古樊城。相傳樊噲屯兵於此。

永橋城。在武陟縣西。高齊有永橋大都督，蓋城近河陽，設以控三城之險。後周書：大象二年，韋孝寬討尉遲迥，進次永橋城之東南，諸將士以此城當路，請先攻之。孝寬以城小而固，引軍次於武陟。寰宇記：隋大業十年，移修武縣於永橋。縣志：永橋即今縣西虹橋鎮。

沁陽城。在武陟縣西。水經注：懷縣北有沁陽城。魏書地形志：山陽有沁陽城。府志：沁陽城在沁水北，河内、武陟之交，今呼爲沁陽村。

無辟城。在孟縣東。後魏太和二十年，廢太子恂，置於河陽無鼻城，在河橋北二里。水經注：湨水逕無辟邑西，世謂無比城，亦曰馬髀城。

北中城。在孟縣南。水經注：河北側岸有二城相對，置北中郎府，徙諸縣隸府户并羽林虎賁，領隊防之。後魏武泰初，尒朱榮自晉陽南下，胡太后遣將守河橋及北中城以拒之。永安元年，元顥入洛，遣陳慶之守北中城，自據南岸，分兵守河中渚；又遣别將緣河固守。三年，魏主誅尒朱榮，遣將軍奚毅等將兵鎮北中。東魏元象元年，又築南城及中潬城，是爲三城，使潘樂屯北中城，高永樂守南城。其後汗薩出爲五城都督，鎮河陽。蓋有五城矣。寰宇記：孟州城，即北中府城也，後魏太和二十年置，高齊於其中置行臺，周武平齊，改爲河陽鎮，隋開皇十六年，復置河陽縣治此。按：元史地理志，孟州，金大定中爲河水所害，北去故城十五里築今城徙治焉。故城謂之下孟州，新城謂之上孟州。元初仍治下孟州，憲宗八年復治上孟州。州今有下孟鎮，在縣南十八里，即故孟州治。

鄧城。在孟縣西南。戰國魏邑。史記秦本紀：昭襄王十六年，左更錯取軹及鄧。注：「南陽有鄧縣。」括地志：故鄧城在河陽縣西三十一里。

冶坂城。在孟縣西南冶坂津。述征記：即春秋踐土。水經注：冶坂城，舊名漢祖渡，城險固，南臨孟津城。

中潬城。在孟縣西南河陽三城之一也。元和志：東魏元象元年築，仍置河陽關。洪邁容齋隨筆：河中一洲，名曰中潬，上有河伯祠，水環四周，喬木蔚然。嘉祐八年秋，大水懷襄，了無遺跡，中潬由此遂廢。明統志：中潬城，今夾灘。縣志：即今黄河中郭家灘。

南城。在孟縣西南。寰宇記：南城與河陽縣接，東魏元象元年築。通鑑地理通釋：南城在河陽縣西，四面臨河，即孟津之地。

安國城。在孟縣西南。水經注：同水東北流逕安國城西，湨水東南逕安國城東。

程莊城。在孟縣西南。元統志：程莊城，在河陽縣北十五里，遺址存焉。

冶城。在孟縣西北。水經注：天漿水東北逕一故城，俗謂冶城。縣志：冶城，俗呼爲冶墻，今縣西北路有冶墻村。

李城。即今温縣治。後漢書郡國志：平皋有李城。水經注：奉溝水逕李城西。秦攻趙邯鄲，李同説平原君勝，分家財饗士，得敢死者三千人，李同與赴秦軍，秦軍退，李同死，封其父爲李侯，即此城也。元和志：隋大業十三年，自故温縣移於今理，西南至河南一百三里。

司馬城。有二：一在温縣西二十里招賢鎮，司馬懿所築；一在武陟縣西南三十里，晉司馬氏所居，其鄉有司馬村。

安昌城。在温縣東北。水經注：沙溝水東南逕安昌城西。漢成帝河平四年，封丞相張禹爲侯國。魏書地形志：平皋有安昌城。元和志：安昌故城在武德縣東南十三里。新志有南、北二平皋。安昌，蓋即北平皋也。

陽池城。今原武縣治。竹書紀年：魏惠王十五年，遣將龍賈築陽池以備秦。水經注：陰溝右瀆東南逕陽城北。元和志：原武縣，隋復置，縣理即古陽池城。

安城。在原武縣東南。史記魏世家：昭王十三年，秦拔我安城〔三〕。又：無忌謂魏王曰：「通韓上黨於共、甯，使道安城，出入賦之。」通鑑地理通釋：安城在鄭州原武縣東南二十里。

垣雍城。在原武縣西北五里，即衡雍也。左傳僖公二十八年：晉侯敗楚師於城濮，還至於衡雍。注：「衡雍，鄭地，今滎陽卷縣。」史記秦本紀：昭襄王四十八年，韓獻垣雍。又魏世家：信陵君謂魏王曰：「秦有鄭地，得垣雍。」注：「徐廣曰：垣雍城在卷縣，卷屬魏也。」水經注：陰溝左瀆絶長城，逕垣雍城南，昔晉文公戰勝於楚，周襄王勞之於此。故春秋書「甲午至於衡雍，作王宫於踐土」，吕氏春秋曰「尊天子於衡雍」者也。

長城。在原武縣西北。竹書紀年：梁惠成王十二年，龍賈帥師築長城於西邊。戰國策：蘇秦説魏王曰：「西有長城之界。」漢書郡國志：卷有長城，經陽武到密。

博浪城。在陽武縣東南。史記：張良爲韓報仇，得力士爲鐵錐，狙擊秦皇帝博浪沙中。索隱：「地在陽武南，今浚儀西北四十里有博浪城。」元和志：博浪沙，在陽武縣東南五里。

棣城。在陽武縣北。左傳襄公五年：諸侯戍陳，子囊伐陳，會於城棣以救之。杜預注：「城棣，鄭地，陳留酸棗縣西南有棣城。」元和志：南棣、北棣二故城，在陽武縣北十里。

懷宫。在河内縣治。後漢書光武紀：建武元年，祠高祖、太宗於懷宫。注：「懷，河内縣名，有離宫。」周書武帝紀：宣政元年，行幸懷州，置懷州宫。

河陽宫。在孟縣南。寰宇記：河陽縣，隋煬帝置河陽宫，入唐宫廢。

深井里。在濟源縣南故軹城旁，即聶政所居。史記刺客傳：聶政者，軹深井里人也。

鐵岸。在濟源縣北，濟瀆廟東。夾濟河，岸如鐵石，因名。

竹塢。在河内縣東北明月山之南。乾隆十五年高宗純皇帝巡幸嵩、洛，經此。有御製駐蹕竹塢詩。

鍾繇塢。在濟源縣東南鍾王村。水經注：湨水東逕鍾繇塢北，世謂之鍾公壘。

白騎塢。在孟縣西北。水經注：同水東北流逕白騎塢南，塢在源上，爲二溪之會，北帶深隍，三面阻險，惟西版築而已。縣志：漢末，賊將張白騎所築，故名。今名爲白墻。縣北西路有白墻村。

新城壘。在河内縣東北九里。元和志：武德三年，劉德威置營於此。

東吴壘。在孟縣西南。晉升平元年，泰山太守諸葛攸率水陸軍擊燕，入自石門，屯於河渚，燕將慕容詳等與攸戰於東吴，即此。

鉤陳壘。在孟縣西南四十里。水經注：河南有鉤陳壘，世傳武王伐紂，八百諸侯所會處。紫微有鉤陳之宿，主兵陣，是以壘資其名。

七賢鄉。在修武縣北。晉初，阮籍、嵇康、山濤、王戎、向秀、劉伶、阮咸同居山陽，時人號爲「竹林七賢」。避暑録語：七賢竹林，在今懷州修武縣，初若欲避世遠禍者，然反以此得名。本朝乾隆十五年，高宗純皇帝經此，有御製七賢詠詩。

文侯鄉。在陽武縣西北二十五里。漢丞相張蒼故里。

聃村。在修武縣西二十里。周老聃所居。孔子與南宫敬叔適周，問禮於此，亦名孔莊。

義門村。在修武縣西二十里。宋張弘毅家於此。有連理槐兩樹，相去三步許，上枝交貫爲一，今猶盛茂。前有龍、虎二石，不假雕刻，形象天成。

懷慶舊衛。在河内縣治東。明洪武七年建，今廢。

沁園。在河内縣東北沁水北岸。金時官僚宴會之所，有石圖本，今廢。

吏隱園。在濟源縣治。有唐元和年碑記。

竇氏園。在濟源縣北鐵岸之北。宋王巖叟詩云：「李郭名園竇氏隣，傳林花竹遠相親。」言李、郭、傳三園相去不遠也。
會春園。在濟源縣北沁河北岸。五代周顯德中建。
桑園。在陽武縣。曹大家止宿處。按：文選班昭東征賦云「宿陽武之桑園」，即此。
許衡別墅。在河南縣東北十五里景賢村。
韓愈別墅。在孟縣西十里，今呼韓莊。
盧仝別墅。在濟源縣西北二十里石村之北。有玉川烹茶館在焉。仝詩：「買得一片田，濟源花洞前。」
石晉別墅。有二：一在濟源縣西六十里韓村社，俗呼特進莊；一在孟縣東十五里，今呼駙馬莊。皆傳晉高祖微時居此。
張旨宅。在河內縣城內。
司馬故宅。在温縣城内東南隅。舊爲學宫，今爲興化寺。晉書宣帝本紀：司馬氏，河内温縣孝敬里人。
望嶽樓。在河内縣治。元初建。面嵩、少，背太行，得一郡勝槩。
迎風樓。在河内縣北。宋王巖叟有詩。
避暑樓。在修武縣西北百家巖西。舊傳漢獻帝避暑於此，址磴猶存。
江樓。在陽武縣。唐韋承慶有詩。
懷川閣。在府城内。宋尹洙建，有詩。
平嵩閣。在孟縣南，舊孟州治後圃。因城爲閣，北倚太行，南憑嵩、少，俯瞰黄河，爲河陽勝觀。宋司馬光有記。
揚清閣。在孟縣西，舊河陽縣治後圃。宋慶曆中，縣令鮮于亨建。高令元敏復新之。黄庭堅有詩。

懷古堂。在府治内，舊懷州治。唐太守杜正倫建。

草堂。在濟源縣西北，濟瀆廟西。宋傅堯俞建，司馬光、蘇軾有詩。久廢，人猶呼爲傅家園。又有别墅，在濟源縣北盤谷。

德威堂。在孟縣南，舊孟州治。宋文彦博以司空判河陽，後其子及甫亦爲河陽守，彦博以太師就養，建此堂，蘇軾作銘。又有太師堂，亦及甫所建，刻父三詩于石，范祖禹作記。

鎮山亭。在河内縣城内。金沁南軍節度使耿光禄建，於此厲兵秣馬，鎮遏太行之寇。碑刻尚存。

萬柳亭。在濟源縣西。唐白居易、温庭筠皆有詩。

苗亭。在濟源縣西。水經注：溱水逕苗亭西，春秋苗賁皇采邑〔四〕。

裴公亭。在濟源縣西北，濟瀆廟側。唐裴休所居。李洞有詩。

房公亭。在濟源縣北，濟瀆廟西。唐房琯建。

望懷亭。在濟源縣東北三十里，下臨枋口。

曲亭。在修武縣北。後漢延熹二年，封尚書令張敬爲山陽曲亭侯。

郇人亭。在武陟縣西南十五里。左傳成公十一年：晉郤至與周争郇田。注：「郇，温别邑。懷縣西南有郇人亭。」

聯芳亭。在孟縣西，舊河陽縣治後圃。宋慶曆中，縣令鮮于亨建。

修武亭。在原武縣東。左傳成公十五年〔五〕：晉人及鄭子然盟于修澤。注：「卷縣東有修武亭。」亦名修魚。史記秦本紀：惠文王後七年，韓、趙、燕、齊共攻秦，秦使庶長疾與戰修魚。注：「正義曰：修魚，韓邑。」水經注：濟水自滎澤東，經滎陽卷縣之修武亭南。

扈亭。在原武縣西北。左傳莊公二十二年：公與齊侯盟于扈。文公七年：趙盾與諸侯盟于扈。注：「扈，鄭邑。卷縣西北有扈亭。」水經注：河水又東北逕卷之扈亭北。竹書紀年：晉出公二十二年，河絶于扈。即此地也。

烏巢亭。在陽武縣東北。後漢建安五年，袁紹與曹操相持于官渡，紹遣淳于瓊北迎運車，瓊宿烏巢，去紹軍四十里。水經注：濟瀆東逕酸棗縣之烏巢澤北，澤有故亭。晉太康地記曰，澤在酸棗之東南，昔曹操納許攸之策，破袁紹軍處也。

大臺。在河内縣治東。寰宇記：河内縣有大臺，光武遣王梁擊赤眉賊處。

憩鶴臺。在濟源縣西。寰宇記：在河清縣西北三十里。相傳王子喬、浮丘公遊王屋，憩鶴於此。

沁臺。寰宇記：在濟源縣東北三十里，與沁水故城相去五里。

醒酒臺。在修武縣西北百家巖前。傳是晉劉伶遺跡。宋曹涇大書石刻存。

鬬雞臺。在孟縣西五里。唐時洛陽王公貴家歲時令節相聚會，走馬鬬雞於此。今臺址尚存。

虢公臺。在温縣西南十五里。水經注：濟水南歷虢公臺西。皇覽曰，温縣南有虢公臺，基尚存。寰宇記：俗名賀酒臺，晉宣帝故邑，集温父老登此臺宴飲，父老捧觴慶賀，因謂之賀酒臺。

鳳凰臺。有二：一在温縣西十五里王羊店。本草：遠志，出温縣西鳳凰臺下。即此。今臺基尚存。一在縣治北五里渠河。明嘉靖中，鳳凰集於渠河東臺，因名。

青蘿齋。在濟源縣西王屋山下，唐岑參别業也。參詩所謂「早年家王屋，五别青蘿春」者。今廢。

禮賢館。在孟縣南舊孟州治後圃。宋吕公著守河陽，司馬光、范鎮往謁，館之於此，因名。二賢皆有詩。

關隘

碗子城關。在河内縣北碗子城山。

大斛關。在河内縣北二十里。元和志：在武德縣北一百六里。名勝志：大斛關、碗子城關，俱在太行山畔，實險隘之地。又太行山上有天井關。

虎嶺關。在濟源縣西，亦名胡嶺關。宋紹定三年，元史天澤攻金將武善於衛州，善敗走胡嶺關，即此。「武善」舊作「武仙」，今改。

箕關。在濟源縣西，王屋山南，亦名漛關。後漢書鄧禹傳：建武元年，禹自箕關入河東。王梁傳：建武二年，以梁爲中郎將，北守箕關。水經注：漛水逕故城東，即箕關也。

軹關。在濟源縣西北十五里。關當軹道之險，因曰軹關。述征記：太行八陘，第一曰軹關陘。魏書地形志：王屋有軹關。唐書地理志：濟源縣西有軹關。按：魏景初二年，司馬懿在汲，詔懿自軹關西還長安。晉永嘉三年，王彌寇洛陽，敗走渡河，自軹關入平陽。咸和三年，石虎自軹關西入，擊趙之河東。永和六年，苻健西入長安，遣其弟雄自潼關入，兄子菁自軹關入。太和十九年，慕容垂伐慕容永，永悉斂諸軍屯軹關，杜太行口。北齊河清二年，斛律光築勳掌城於此，周揚摽來伐，出軹關深入，爲齊所敗。周建德四年，韋孝寬陳伐齊之策，曰：大軍出軹關，方軌而進。蓋自昔險隘，爲軍出入必争之地。

黄河關。在孟縣南，黄河北岸。今廢。

河陽關。在孟縣西南。唐書地理志：河陽有河陽關。注：「河陽關，東魏置於中潬城。」

邵源鎮巡司。在濟源縣西一百二十里。設巡司駐此。

尚香鎮。在河内縣東三十里。

武德鎮。在河内縣東南四十里。九域志：河内縣有武德鎮。

崇義鎮。在河内縣西南三十里。

柏香鎮。在河内縣西三十五里，西去濟源亦三十五里。金史地理志：河内鎮柏鄉，舊有城，明崇禎四年築。

邘臺鎮。在河内縣西北三十里。

萬善鎮。在河内縣北二十里。舊有驛，今廢。九域志：河内縣有萬善鎮。按：唐會昌三年，河陽節度使王茂元討劉稹，以兵守萬善，别將劉公直潛師過萬善鎮南五里，焚雍店。中和四年，李克用討黄巢，將兵出天井關。河陽别帥諸葛爽辭以河橋不完，屯兵萬善以拒之，克用乃西自陝津及河中渡。即此。

清化鎮。在河内縣東北四十里。金史地理志：河内鎮清化，明正德中築城，置税大使。本朝乾隆十五年，高宗純皇帝巡幸嵩、洛，道經覃懷，有御製清化鎮詩。二十八年裁税大使，設通判，移駐於此。

待王鎮。在修武縣西二十里。又有永安鎮，在縣東二十里。

承恩鎮。在修武縣西三十五里。金史地理志：修武鎮承恩，舊置驛及税課司於此。今裁。

沇河鎮。在孟縣東二十里，沇水逕其左。金史地理志：河陽鎮沇水。

白波鎮。在孟縣西南，故河清城東。或謂之白波谷，宋開寶中嘗爲河清縣治。又有野戍鎮，在縣西四十里；禹寺鎮，在縣西北二十里。

轂羅鎮。在孟縣北二十里。今名羅莊。金史地理志：河陽鎮轂羅。

城北鎮。在孟縣東北十五里。今名城北村。

趙堡鎮。在溫縣東北十五里。又有招賢鎮，在縣西二十里；古賢鎮，在縣西北十五里。

陳橋鎮。在原武縣南，黄河南岸。九域志：原武縣有楊橋、陳橋二鎮。金史地理志：原武鎮陳橋。

太平鎮。在陽武縣東三十里。有祥符北岸同知駐此。又延州鎮，在縣東北二十里，土人謂即元故州。

覃懷驛。在河内縣治。又有河内遞運所。

武安驛。在修武縣治西。又有遞運所。

武陟驛。在武陟縣治。

寧郭驛〔六〕。在武陟縣西北四十里，舊名宋村。本隋祭酒宋通居第，後爲宋郭鎮。金史地理志：武陟鎮宋郭，後又改爲寧郭，置驛於此。有城，明景泰中築。舊有驛丞，今裁。又有遞運所。

河陽驛。在孟縣治。又有孟縣遞運所。

木欒店。在武陟縣東北四里，瀕沁河。邑中市集之最，有河汛。本朝乾隆元年，設立長夫。十六年、二十六年，屢加修築，詳見堤堰。

津梁

沁河橋。在河内縣北五里。

丹河橋。在河内縣東北十里。

臨濟橋。在濟源縣北，濟池東南。

通濟橋。有二：一在濟源縣東北，跨瀧河上；一在濟源縣東門外。

生聚橋。在修武縣東關外。舊名龍渠，本朝順治十五年重建，改今名。

政濟橋。在武陟縣東北沁河上。

河橋。在孟縣南。晉泰始十年，杜預造河橋于富平津。永和六年，苻健入關中，自枋頭西至孟津，爲浮梁以濟。既濟，焚河橋。後魏太和十七年，幸孟津，于栗磾編次大船，構橋於冶坂〔七〕，六軍以濟。永安二年，元顥入洛，分兵守河中渚。介朱兆等縛材爲筏，自馬渚西硤石夜渡，顥軍遂潰。永熙三年，魏主親統六軍，次于河橋。後周建德四年，大舉伐齊，宇文憲縱火焚河橋，橋絶。唐武德二年，行軍總管劉弘基遣將襲王世充，焚其河橋。三年，懷州總管黄君漢，分道以舟師襲世充，斷河陽南橋。天寶十四載，封常清詣東都，斷河陽橋，爲守禦之備。乾元二年，郭子儀以朔方軍斷河陽橋，保東京。後唐清泰中，晉兵南下，唐主命諸將分守南北城，以衛河橋。既又專守南城，斷浮橋而還。宋乾德三年，水漲，壞中潬橋梁。政和七年，都水監孟揚言〔八〕：舊河陽南北二河皆有浮梁，頃緣北河淤澱〔九〕，止於南河修築一橋，水勢衝激，多致損壞，請開修北河，如舊修繫南北兩橋。從之。元和志：浮橋以船爲脚，竹簹亘之。寰宇記：河陽有南浮橋，在縣南一里，即杜預所造也。

瀫臼橋。在孟縣北十五里溴河上。

侯村橋。在孟縣北二十里大澗上。

龍津橋。在温縣西北十八里。

沁水渡。有二：一在府城北，一在武陟縣東。

黄河渡。在武陟縣東南六十里。

馬家渡。在原武縣東南十里。

趙家口渡。在陽武縣南三十里。

隄堰

古陽隄。在河内縣西北二里。府志：史公隄即古陽隄。明知府史東昌輦其家金，築石障水，民爲立碣。本朝乾隆二十六年增修。

沁隄。在武陟縣東北，西抵河内，亘數十里。本朝乾隆二十六年，沁水漫溢，增修。

遮馬隄。在孟縣南。後魏尒朱榮殺朝士千三百餘人於此。元和志：遮馬隄，在河陽縣西南十三里。

小金隄。在孟縣西三十里。濟、溴二河夏、秋澇溢，明洪武十七年築隄防之，長四里，名沇河隄。成化間增築，長二十里，易今名。本朝乾隆二十年修築。

縷水隄。在原武縣南。有二隄：北隄西起甄家莊，東至小灘孤堆；南隄西起陳橋，東至董家莊。長六十里。

八激隄。在原武縣西。水經：河水又東逕八激隄北注，漢安帝永初七年，令謁者泰山于岑，于石門東積石八所，皆如小山，以捍衝波，謂之八激隄。

磁硐隄。在原武縣北。舊爲黄河津要處。

二十四堰。在河内縣南。明河内令袁應泰鑿廣濟渠，分二十四堰，曰永益、永利〔一〇〕、長豐、天富、永福、廣福、和豐、廣豐、大豐、大有、太平、廣有、永濟、廣阜、新興、廣隆、萬盈、長濟、興隆、興福、宏福、萬億、大濟、永通。本朝乾隆五十八年，培築河内縣馮家莊沁河民堰，挑濬引河一千餘丈。

枋口堰。在濟源縣東三十里，即古秦渠也。秦時以枋木爲門，以備蓄洩，故名枋口，亦作「方口」。韓愈盤谷子詩「平沙緑浪榜方口」是也。今爲利豐渠，詳見「五龍口」。

千工堰。在濟源縣東北，馬頭溪之西。

五龍口。在濟源縣利豐渠西，即今永利渠。府志：五龍口，即古枋口，秦渠。魏司馬孚壘石爲門。隋懷州刺史盧賁引沁水灌田，名曰利民渠，唐節度使崔弘禮、刺史李元淳相繼疏濬，後温造奏復秦渠枋口堰，以溉濟、河、温、武四縣田五千頃。元中統二年，提舉王允中、大使楊端仁奉詔開渠修堰，歷濟源、河内、河陽、温、武陟五縣村坊四百六十三處，名曰廣濟河。本朝乾隆四十九年，河臣何裕誠疏濬五龍口廣利、豐利、永利各渠，濱河麥苗，均資澆灌之力。按：枋口、五龍口俱在濟源。且檢河内縣志載濟源永利圖。所謂永利渠，即在五龍口，不得載在河内。以地考之，在河内西。舊志謂在東北，誤也。

陵墓

漢

獻帝陵。在修武縣北三十五里濁鹿城後小風村，名禪陵。皇甫謐帝王世紀：在濁城西北，去濁城直行十一里，斜行七里，去山陽十五里。

晉

三陵。在温縣西三十里。府志：相傳爲晉武帝之祖陵。

周

虢公冢。在温縣西南故温城東。水經注：濟水故瀆東逕虢公冢北。皇覽曰「虢公冢在温縣郭東，濟水南大冢」是也。

聶政墓。名勝志：戰國聶政墓，在濟源軹城里，俗呼爲刺客墓。

趙盾墓。在温縣西五里方陵村。

鉏麑墓。在温縣西岳村。

韓厥墓。在温縣西南五里方陵村東北。

漢

郭巨墓。在府北沁水北岸。按：城冢記，孝子丁蘭、郭巨墓俱在沁水北岸。而府志又載巨墓在林縣西。括地志則云濟有鄴郭巨墓。陝西通志又載丁蘭墓在興平縣東北十里。諸説不同，今並附著於此，以備參考。

郅惲墓。在濟源縣南天漿村西南。

蒯徹墓。在武陟縣東北十八里蒯村。

銚期墓。在孟縣北十五里銚村。

許負墓。名勝志：在温縣西鳴雌城内。楚漢春秋：高祖封負爲鳴雌侯。

陳平墓。在陽武縣東三十里。

張蒼墓。在陽武縣東北四里。

三國　魏

管輅墓。在河内縣東北。

許褚墓。在武陟縣東四里中許村。

晉

山濤墓。在武陟縣西二十里。子簡及孫遐墓，稍前並列。

習鑿齒墓。在修武縣西南習村。寰宇記：在修武縣西太平鄉。

南北朝　魏

太子恂墓。在孟縣北七里太子村。

北齊

封隆之墓。在孟縣西北蘇家莊前。

隋

宋通墓。在武陟縣西北樂上鄉。碑記尚存。

唐

徐有功墓。在濟源縣東青龍里。

盧仝墓。在濟源縣西北武山之巔。

温佶墓。在濟源縣左家山。舊作温造墓，按墓表乃造父佶也。

令狐楚墓。在濟源縣西北劉紹谷。

屈突通墓。在濟源縣北動掌谷東麓，或云在屈冢村南。通爲洛州都督，因葬焉。

李愿墓。在濟源縣北盤谷上。

裴休墓。在濟源縣東北裴村西。

韓愈墓。在孟縣西十五里韓家莊。皇甫湜銘。子昶墓，在縣西二十里尹村。

李元淳墓。在孟縣北，潘孟陽爲墓誌曰：葬河陽太平鄉高端岡。
張建封墓。在孟縣北。鄭士林爲墓誌曰葬河陽太平鄉虢村。
婁師德墓。在原武縣東北七里小宋村。城冢記：在縣東北二十里。
韋思謙墓。在陽武縣北三里。

宋

傅堯俞墓。在濟源縣西北龍潭塔。
蘇立墓。在修武縣北魏村東。
馮拯墓。在孟縣西三里曹家坂。子行己、伸己祔焉。
郭熙墓。在温縣西五里方里村北。

元

許衡墓。在河内縣東北六十里。元史本傳：衡卒之日，懷人無少長，皆哭於門。四方學士，有數千里來祭哭墓下者。
胡節婦墓。在武陟縣西富樂村。
郝經墓。在孟縣西許村。

明

何瑭墓。在河内縣南郭。

趙烈女墓。在河内縣北。

祠廟

包公祠。在河内縣東門内。祀宋包拯。

何文定公祠。舊在府南郭後，徙建河内縣東。祀明何瑭。

孝子祠。在河内縣東南。祀漢孝子郭巨、丁蘭。宋紹興間建，明洪武十七年重建。

韓文公祠。有三：一在河内縣西南，一在修武縣北南陽城，一在孟縣南門内。

許文正公祠。在河内縣西。元皇慶二年敕建，祀許衡。

趙烈女祠。在河内縣西北。明正德間建。

寇公祠。在河内縣北。祀後漢寇恂。

霍節使祠。在河内縣北。祀宋知州霍安國。

北海祠。在濟源縣西北。唐書地理志：濟源有北海祠。縣志：祠在濟瀆祠後，祀北海之神。

四令公祠。在濟源縣西北龍潭里。祀宋時陳省華子堯叟、堯佐、堯咨。熙寧七年，堯佐孫知儉行部至此，因搆祠。司馬光爲作記。

河平侯祠。在孟縣南。水經注：河上舊有河平侯祠。祠前有碑，今不知所在。郭頒世語曰：晉文公之世，大魚見孟津，長數百步，高五丈。河平侯祠，即斯祠也。

楊忠愍公祠。在孟縣南十五里。祀明欽天監五官監候楊源。源，豐城人，正德初疏劾劉瑾，謫戍肅州，行至河陽驛，卒。其妻斬蘆荻覆而瘞之。至嘉靖十一年，河決古城，墓廢。萬曆二十六年，賜謚，葬衣冠驛門東，因立祠。

潘令祠。舊在孟縣西野戍鎮，明成化中移入縣城南門内。祀晉潘岳。

婁公祠。在原武縣儒學東。祀唐婁師德，每歲春、秋致祭。

張公祠。在陽武縣治南。祀漢縣令張玘。

張文侯祠。在陽武縣東北四里。祀漢相張蒼。

帝堯廟。在河内縣西北三十里。宋紹聖二年建。

成湯廟。在河内縣西北府境。湯廟凡十有一，其在大淅山者，即古桑林地，元郝采麟有記。

華嶽廟。在河内縣北。水經注：沁水北有華嶽廟。廟側有攢柏數百株，對郭臨川，負岡蔭渚，青青彌望，懷州刺史頓丘李洪之所經構也。廟有碑焉，是河内郡功曹山陽荀靈龜以河平四年造，天安元年立。

禹廟。有二：一在濟源縣東逯村，一在孟縣東。

三公廟。在濟源縣治西，祀周公、召公、畢公。

召康公廟。在濟源縣西。寰宇記：在王屋縣西十五里。後魏書高允傳：孝文時，允爲懷州刺史，秋月巡境，見召公廟廢毁，表修葺之。

濟瀆廟。在濟源縣西北。唐書地理志：濟源有濟瀆祠。府志：隋開皇二年始立廟，唐天寶六載封其神爲清源公，宋時加封清源王。明洪武二年，改正嶽瀆神號，止稱北瀆大濟之神。明統志有靈源閣，俗呼水殿，縣人奉香禱祀。本朝乾隆三年，高宗純皇帝頒「流清普惠」扁額。

神農廟。在修武縣東南經理村，有五穀臺遺址。

光武廟。在孟縣西南隄北頭村。

武王廟。在温縣東孟封村。

文王廟。有三：一在温縣東南平皋，一在縣東孟封村，一在縣西北王村。

漢高祖廟。在温縣東北趙堡鎮。

寺觀

天安寺。在河内縣東。金大定元年建。

興隆寺。在河内縣西北。即元仁宗潛邸也，延祐二年建。

寶光寺。在河内縣東北四十里明月山，一名明月寺。元泰定中建，明永樂中修。本朝乾隆十五年，高宗純皇帝巡幸嵩、洛經此，有御製登月山寶光寺詩。

延慶寺。在濟源縣西北。唐垂拱初建。明統志：西有龍潭，上有澄源閣。

長興寺。在濟源縣北一里。北齊河清四年建。

盤谷寺。在濟源縣盤谷山北。齊建元元年建。

化城寺。在濟源縣東北三十里。唐咸通中建。名勝志：巖洞幽邃，乃裴休舊學之所。

西明寺。在修武縣西。唐麟德元年建，開元二十四年修。有碣。

居德寺。在修武縣西五十五里。唐開元八年建。

妙樂寺。在武陟縣西十里。五代周顯德二年建。中有舍利塔，高淩雲漢，雄峙一方。

金山寺。在孟縣西十里紫金山。唐垂拱三年建。

盤龍寺。在孟縣西三十五里。唐開元二年建。

興化寺。舊在温縣南門内，明嘉靖元年徙建城東南隅司馬懿故宅。

善護寺。在原武縣東門外。縣志：寺有玲瓏塔，宋徽宗時建。

聖水觀。在府治東南。唐時建。

奉仙觀。在濟源縣西北。唐垂拱元年建，元至元中修。宋賀蘭棲真居此。

六真觀。在修武縣北六真山後。唐天成中建。

嘉應觀。在武陟縣。本朝雍正元年奉旨建，御書「敕建嘉應觀」扁額。乾隆十五年，高宗純皇帝巡幸嵩、洛，御書「瑞應榮光」扁額。

通玄觀。在武陟縣西北。元至元初建。

隆禧觀。在武陟縣西北。宋元豐中建。

長春觀。在孟縣西。元至元四年建。

玉清宫。在府治西北。明宣德五年建。

南嶽仙宫。在河内縣西北紫金壇西。祀紫虚元君魏夫人，亦稱魏夫人祠，有宋碑存。名勝志：晉陽武令劉幼彦妻學仙得道，飛昇於南嶽。後人立祠祀之，稱紫虚元君。

靈都宫。在濟源縣西三十里尚書谷。唐天寶間建，爲玉真公主修道所。元至元中修。有金蓮泉。

清虚宫。在濟源縣西王屋山東南。唐樞遊王屋山録：有清虚宫，遠在東偏，是爲「小有洞天」。

紫微宫。在濟源縣西王屋山下，唐司馬承禎棲真之所。宋紹聖初建。

陽臺宫。在濟源縣西王屋山下，晉煙蘿子棲真之所。唐開元二十三年，司馬承禎奏建。

天慶宫。在濟源縣西北。隋開皇中建。

名宦

漢

周亞夫。沛人。文帝時爲河内太守。

寇恂。昌平人。光武定河内，而更始大司馬朱鮪盛兵據洛陽，乃拜恂河内太守。恂講兵肄射，伐淇園竹，爲矢百餘萬，養馬二千匹，收租四百萬斛，轉以給軍。鮪遣蘇茂、賈强攻温，恂勒軍馳赴，大破之。光武得檄大喜，曰：「吾知寇子翼可任也。」時軍食急乏，恂以輦車驪駕，轉輸前後不絶。

王梁。安陽人。光武平河北，拜野王令。與河内太守寇恂，南拒洛陽，北守天井關，朱鮪等不敢出兵，光武以爲梁功。

趙熹。宛人。光武時，拜懷令。大姓李子春先爲瑯琊相，豪猾并兼，爲人所患。熹下車，聞其二孫殺人，事未發覺，即窮詰其奸，收考子春，京師爲請者數十，終不聽。

牟長。臨濟人。建武二年，遷河内太守。諸生講學者，常有千餘人。著尚書章句，皆本之歐陽氏，俗號爲「牟氏章句」。

宋均。安衆人。永平中，爲河内太守，政化大行。嘗寢病，百姓耆老爲禱請，旦夕問起居，其爲民愛若此。

曹褒。薛人。永元七年，爲河内太守。時春、夏大旱，糧穀踊貴。褒到，洒省吏併職，退去奸殘，澍雨數降，其秋大熟。

王涣。郪人。永元中，除温令。縣多奸猾，涣以方略討擊，悉誅之。境内清爽，商人露宿於道，有放牛者，輒云以屬稚子，終無侵犯。

樊準。湖陽人。永初五年，爲河内太守。時羌屢入郡界，準輒將兵討逐，修理塢壁，威名大行。

周景。舒人。安帝時，爲河内太守。好賢愛士，拔才薦善，常恐不及。

魏朗。上虞人。桓帝時爲河内太守。政稱三河表。

宗慈。安衆人。桓帝末，爲修武令。時太守出自權豪，多取貨賂，慈遂棄官去。後徵拜議郎。

朱儁。上虞人。初平初，黑山賊張燕等漸寇河内，逼近京師。於是出儁爲河内太守，將家兵擊卻之。

晉

郭奕。陽曲人。武帝時，爲野王令。羊祜常過之，奕歎曰：「羊叔子何必減郭大業！」少選復往，又歎曰：「羊叔子去人遠矣。」遂送祜出界數百里，坐免官。

棗據。長社人。弱冠辟大將軍府，出爲山陽令，有政績。

劉頌。廣陵人。武帝時，轉河内太守。臨發，上便宜，多所納用。郡界多公主水碓，遏塞流水，轉爲侵害。頌表罷之，百姓獲其便利。

夏侯湛。譙人。武帝時，爲野王令。以卹隱爲急，而緩於公調。政清務閑，優游多暇。居邑累年，朝野多歎其屈。

潘岳。中牟人。武帝時，爲河陽令，轉懷令，頻宰二邑，勤於政績。

張輔。西鄂人。轉山陽令。太尉陳準家僮暴横，輔擊殺之。

李密。中牟人。惠帝時，爲温令，在縣清慎。

南北朝

魏

于栗磾。代人。永興中，轉鎮遠將軍、河内鎮將。撫導新邦，甚有威惠。劉裕之伐姚泓也，栗磾慮其北擾，遂築壘於河上，親自守焉。禁防嚴密，斥堠不通，裕甚憚之。

高允。渤海人。孝文時，授懷州刺史。勸民學業，風化頗行，不以斷決爲事。後常景追思允，帥郡中故老爲允立祠於野王之南，樹碑紀德焉。

元萇。魏宗室。世宗時，爲北中郎將，帶河内太守。以河橋船緶路狹，不便行旅，又秋水汎漲，年常破壞，乃爲船路。空車從京出者，率令輸石一雙，累以爲岸。橋闊，往來便利，近橋諸郡無復勞擾，公私賴之。

平鑒。薊人。齊高祖起義，授懷州刺史。鑒請於州西故軹道，築城以防西寇。尋西魏來攻，城舊乏水，南門内有一井，隨汲即竭，鑒具衣冠，俯井而祝，至旦井泉湧溢，合城取之。

李擢。平棘人。武定末，除河内太守。居數載，流人盡復。代至，將還都，父老號泣追送，生爲立碑。

隋

盧賁。范陽人。開皇中，遷懷州刺史。決沁水東注，名曰利民渠。又派入温縣，名曰温潤渠，以溉舄鹵，民賴其利。

張定和。萬年人。大業中，爲河内太守，有惠政。

唐

李育德。趙州人。武德初，拜陟州刺史。引兵拔賊河内堡三十一所，王世充怒，悉鋭士攻之，城陷，猶力戰，與三弟俱殁。

員半千。全節人。咸亨中，調武陟尉。歲旱，勸令殷子良發粟賑民，不從。及子良謁州，半千悉發之，下賴以濟。刺史大怒，囚半千於獄。會薛元超持節度河，讓太守曰：「君有民不能恤，使惠出一尉，尚可罪耶？」釋之。

賈敦實。冤句人。高宗時，歷懷州刺史，有美跡。

李元素。譙人。高宗時爲武德令。刺史李文暕橫調民黄金，造常滿尊以獻，官屬無敢諫，元素固争。文暕爲少損，更以私財助之。

王丘。安陽人。開元中，守懷州，清廉爲下畏慕。

劉晏。南華人。天寶中，補温令。所至有惠利可紀，民皆刻石以傳。

徐浩。越州人。張説稱其才。歷河陽令，治有績。

段秀實。汧陽人。肅宗時署懷州長史，知州事。時師老財乏，秀實督餽相繼，募士市馬以助軍。

馬燧。郟城人。代宗時，徙懷州刺史。時師旅後，歲大旱，田苐不及耕。燧務勤教化，止横調，將吏有親者，必造之，厚爲禮。瘞暴骴，止煩苛，是秋稆生於境，人賴以濟。

畢坰。偃師人。德宗時，調王屋尉，以謹廉聞。

李元淳。敦煌人。貞元中，爲懷州刺史。開渠七十餘里，置屯三十餘所。

張鷟。陸源人。宣宗時，爲河陽尉。有客失驢，捕之急，盜放驢匿鞍。鷟令客勿秣，夜縱之，驢尋向所餵處，遂捕其家得鞍。人服其智。

宋

馬令琮。大名人。太祖初，出刺懷州。李筠叛，將親征，令琮日夜儲蓄，以俟王師。太祖善之，命授團練使。執政言令琮方供億大軍，不可移他郡，故升懷州爲團練，以令琮充使。

高保寅。硤石人。開寶中，知懷州。蘇易簡、王欽若並妙年始趨學，保寅一見皆奬拔，許以遠大，議者多其知人。

吴元扆。太原人。太宗時，再知河陽。淳化五年，秋霖河溢，奔注溝洫，城壘將壞。元扆躬涉泥滓，督工補塞。民多構木樹杪以避水，元扆命濟以舟楫，設餅餌以食。時澶、陝悉罹水災，元扆所部，賴以獲安。

陳省華。閬中人。太宗時，爲濟源令。勤政施仁，惠及黎庶，後遂家焉。子堯叟、堯佐、堯咨相繼知濟源縣，後堯叟以右僕射知河陽，堯咨以武信軍節度使知河陽，俱有政績。

張知白。清池人。真宗時，遷河陽節度判官。奏疏言當今要務，真宗異之。

富弼。河南人。仁宗時，授簽書河陽判官。

陳襄。侯官人。仁宗時知河陽縣。始教民種稻，富弼爲郡守，一見即禮遇之。襄留意教化，進縣子弟於學，或譏之於弼，謂其誘邑子以資過客，弼疑焉，人勸毁學舍以塞謗，不聽。久之，弼以語襄，襄曰：「自反而縮，雖千萬人往矣。公苟有惑志，何名知己。」益講説不少懈。

李之才。青社人。仁宗時，調孟州司法參軍。時范雍守孟，亦莫之知也。雍初自洛建節，守延安，送者皆出境外。之才獨別近郊。或病之，謝曰：「故事也。」頃之，雍謫安陸，之才見之洛陽，前日遠送之人無一來者，雍始恨知之之晚。

蘇緘。晉江人。仁宗時，爲陽武尉。劇盜李，囊橐于民，賊曹莫能捕。緘訪得其處，萃衆大索，火旁舍以迫之，李從中逸出，緘馳馬逐斬其首，送府，府尹賈昌朝驚曰：「儒者乃爾輕生耶？」

李琮。江寧人。神宗時，吕公著守開封，薦知陽武縣。役法初行，琮處畫盡理，旁近民相率撾登聞鼓，願視以爲則。神宗召對〔一一〕，擢利州路、江東轉運判官。

向經。開封人。神宗時，知河陽。會旱蝗，民乏食，經度官廩，歲用無餘，乃先以圭田租入賑救之，富人争出粟，多所濟活。

張景憲。河南人。元豐初，知河陽。時方討西南蠻，景憲入辭，因言：「小醜跳梁，殆邊吏擾之耳。且其巢穴險阻，若動兵遠征，萬一餽餉不繼，則我師坐困矣。」帝曰：「卿言是也。」

吕公孺。壽州人。元豐中，徙知河陽。洛口兵千人，以久役思歸，奮斧鍤，排關不得入，西走河橋，諸將請出兵掩擊。公孺曰：「此皆亡命，急之，變且生。」即乘馬東去，遣牙兵數人迎諭之，索倡首者，黥一人，餘復送役所。語其校曰〔一二〕：「若復偃蹇者，斬而後報。」衆帖息。乃自劾專命，詔釋之。

杜常。衢州人。崇寧中，以龍圖閣學士知河陽軍。時苦旱，及境而雨。大河決，直州西上埽，勢危甚，常親護役，徙處埽上。埽潰水溢，及常坐而止。於是役人盡力，河流遂退，郡賴以安。

任諒。汝陽人。徽宗時，爲懷州教授。徽宗見其所作新學碑，曰：「文士也。」擢提舉夔路學事。

仇悆。益都人。徽宗時，爲武陟令。朝廷方調兵數十萬於燕山，悆餽餉畢給。時主將縱士卒過市掠物，不予直，他邑官逃避，悆先期趣備，申嚴約束，遂以不擾。已而悆送軍餉於涿，值大軍潰於盧溝河，囊橐往往委以資敵，悆間關營護，無一毫棄失。

張旍。宣和中，通判河陽，權州事。奏河陽累有軍馬經過，舉隨身軍器於市肆博易熟食，名曰寄頓，其實棄遺，逃避征役。

宣諭民首納，免貽他患。帝善其奏。

霍安國。宣和末，知懷州。靖康元年，路允迪奉使至懷，表其治狀，加直龍圖閣。金騎至，遂被圍，安國捍禦不遺力。城陷，將官王美投濠死。尼雅哈問不降者爲誰，安國曰：「守臣安國也。」通判州事林淵、兵馬鈐轄張彭年、都監趙士詝、張諶、于潛〔一三〕，鼎、澧將沈敦、張行中及隊將五人，同辭對曰：「淵等與知州一體，皆不肯降。」及解衣面縛，殺十三人，而釋其餘。安國一門無噍類。「尼雅哈」舊作「粘罕」，今改正。

蔣興祖。宜興人。徽宗時，知陽武縣。陽武土脈脆惡，大河薄其南，積雨汎溢，埽具輒潰。興祖躬救護，露宿四旬，隄以不壞。治爲畿邑最。靖康初，金兵過縣，或勸走避，興祖曰：「當死於是。」與妻留不去。金師益至，力不敵，死焉。

金

王競。彰德人。熙宗時，爲河内令。時歲饑盜起，競設方略以購賊，不數月盡得之。夏、秋之交，沁水泛溢，歲發民築堤，豪民猾吏，因緣爲奸，競覈實減費幾半，民爲之諺，曰：「西山至河岸，縣官兩人半。」蓋以前令韓希甫與競相繼治縣，皆有幹能，正平令張元亦有治績，而差不及，故云。

舒穆魯元。懿州路明安人。章宗時，爲沁南軍節度副使。河内民家有多美橙者，歲獲厚利。仇家夜入殘毁之，主人捕得，乃以劫財誣其人，仇家引服，贓不可得。元攝州事，究得其情。「舒穆魯元」舊作「石抹元」，「明安」舊作「猛安」，今并改正。

路鐸。冀州人。泰和末，爲孟州防禦使。貞祐初，城破，投沁水死。

元

森徹赫。薩穆珠台氏。太祖時，以本部兵就鎮懷孟。同僚王榮，潛畜異志，欲殺森徹赫，伏甲繫之，置佛祠中。森徹赫妻沙勒布爾聞之，率衆攻榮家，奪出之。森徹赫裹瘡從二子馳旁郡請兵討榮，殺之。朝廷遣使以榮妻貲産賜森徹赫家，且盡驅懷民萬餘口郭外，將戮之。森徹赫力争曰：「爲惡者止榮一人耳，其民何罪？苟朝廷罪使者以不殺，吾請以身當之。」使者還奏，帝是其言，民賴不死。森徹赫給榮妻孥券，放爲民，遂以其宅爲官廨，秋毫無所取。「森徹赫」舊作「純只海」，「薩穆珠台」舊作「散术台」，「沙勒布爾」舊作「喜禮伯倫」，今并改正。

譚資榮。懷來人。中統元年，爲懷孟路總管。明年入覲，賜金符。四年易虎符。居官時，訟至立決，教民力田務本。

譚澄。懷來人。世祖時，擢懷孟路總管。歲旱，令民鑿唐温渠，引沁水以溉田，民用不饑，教之種植，地無遺利。

王倚。宛平人。至元二十六年，皇孫出鎮懷孟，帝爲選老成練達舊臣護之，乃以屬倚。陛辭，帝目之良久，謂侍臣曰：「倚修潔人也。左右皇孫，得人矣。」及行，營幕所在，軍政肅然。

尚野。滿城人。至元末，改懷孟河渠副使。會遣使問民疾苦，野建言水利有成法，宜隸有司，不宜復置河渠官。事聞於朝，河渠官遂罷。

明

廖欽。吉水人。洪武初，爲河内丞。以忠信導民，民有侵課逃匿者，欽列姓名榜於市招之，民素信欽，皆還，未及期而課足。後坐事謫戍，以老病放還。道經河内，河内民競持羊酒爲壽，且遺之縑。欽固辭不獲，遁去。

沃墅。蕭山人。洪武初，知温縣。時民艱於食，墅令墾闢荒蕪，樹藝桑棗，百姓歌曰：「田野闢，沃公力。衣食足，沃公育。」比代去，民遮道留之。

王興宗。洪武中，遷懷慶知府。上計至京，帝方以事詰諸郡守，至興宗，獨曰：「是公勤不貪，不須問。」

方徵。莆田人。洪武中，爲懷慶知府。志節甚偉，遇事敢直言。居郡時，因星變求言，疏言風憲官以激濁揚清爲職，今不聞旌廉拔能，專務羅織人罪，多徵贓罰，此大患也。帝令具寔，徵指河南僉事彭京以對。

王德明。清苑人。嘉靖中，爲懷慶知府。歲饑，緩徵貸賑，民以不困。居數年，政化大洽，嘉禾瑞麥異瓜生焉。

袁應泰。鳳翔人。萬曆進士，爲河内知縣。遊枋口，度地形，命工鑿山脊，引沁水下瀉，成二十四堰，溉河内、濟源、武陟、孟、温五縣田數萬頃，名廣濟河。河決朱旺，役夫多死者，應泰設席爲廬，飲食作止有度，民歡然趨事。治行冠兩河。

石維嶽。灤州人。萬曆進士，天啓中知懷慶府。於廳事後建告帝亭，事無巨細，皆日自紀録，焚而告之。捐孟縣荒糧三千，衣食簡淡，嘗一冠三載，一被數年。

王漢。掖縣人。崇禎進士，爲河内知縣。歲饑，人相食。漢繪饑民圖，籲闕請蠲，築城以傭饑民，所活數萬。巨寇劉二將犯濟源，漢出其不意，擒以歸。又乘雪夜破妖僧智善。夜半渡河，破賊楊六郎。李自成圍開封，漢馳金龍口柳林，燃火爲疑兵，遣死士入賊中，聲言援軍大至。賊懼，圍稍解。漢有膽決，而能虚己受言。在行間，與士卒同甘苦，善用間諜，威名大著。

丁泰運。澤州人。崇禎進士，除武陟知縣，調河内。著廉直聲。十七年，賊將劉方亮自蒲坂渡河，東窺懷慶，巡按御史蘇京託言塞太行道，先遁去。叛將陳永福引賊至，賊遂逼懷慶，監司以下皆竄。泰運獨守南城，力不能支，被執。賊擁見方亮，使跪不屈。燒鐵鎖炙之，亦不從，乃遇害。

本朝

常鼎。漢軍鑲紅旗人。順治元年，以副將隨總兵金玉和討流寇。時李自成黨圍濟源，攻孟縣，蔓延及清化鎮。鼎隨玉和援濟源，陣歿。時懷慶鎮標同日陣亡者，守備則白忠順、佘國棟、陳應傑、石斗耀、康虎，千總則宋國俊、趙國相、李中、王國臣、楊虎、劉奉相、高友才，把總則張進仁、張光裕、陳廷機、張景泰、許養和、党忠直、廖得仁、薛貴。事聞，鼎廕鑾儀衛指揮僉事。

俞國才。順治元年，爲懷慶鎮參將。值賊圍孟縣，國才堅城守，賊攻七晝夜不能下。將引去，會大雨，城壞，賊入。國才率兵巷戰，被戕。事聞，廕鑾儀衛百户。

史耀麟。祥符舉人。順治元年，署清化鎮同知。蒞任甫兩月，執法嚴，奸民憾之，引賊入，執耀麟，怒罵不屈，賊忿磔其屍。妻高氏及婢僕同日殉。事聞賜卹。

王曰俞。陽城人。順治元年，知孟縣，綏輯有方。寇猝圍城，率士民固守七日，守將引兵夜遁，曰俞死之。事聞賜卹。時濟源縣典史李應選，永康人，亦朝服端坐，罵賊死。邑人葬之東郊，題曰「死節典史之墓」。

張可舉。奉天人。順治五年，爲捕盗通判，駐武陟之寧郭驛。值寇起，僞稱獵者，入驛西郭門，騎百餘，披甲持刀仗，焚劫入通判署，可舉力鬭遇害。事聞賜卹。

張瑃。陽城人。順治中，知原武縣。承殘破之後，勞來安集，期年，流亡歸，倉庫實，乃興學教士，絃誦不絶。邑濱大河，力請閉渡口以除民累。蒞任四載，以卓異去。

卜永升。安東人。順治十四年，知修武縣。以廉感民，民逃而歸者百餘家。堂刻左右箴以自警，日用儉薄，一如寒素。謝絶商人饋遺，嚴禁額外浮鹽，人得按丁食鹽，照額銷引，官民免累。至今利賴焉。

謝包京。浙江人。康熙元年，知陽武縣。撫輯流移，遍給牛種，凡闢草萊百餘頃。又請酌濟驛站，裁派河夫，平鹽價，疏鹽引，民力獲舒。祀名宦。

沈光榮。正白旗人。康熙中，知河内縣。葺學宫，勤勸課。凡徭役區處有方，毫不累民。祀名宦。

夏錫貴。山陰人。雍正中，判糧捕水利。裁革水碓，及辦漕陋規，採買軍需均平無擾。佐郡十四年，民思慕如父母焉。

沈榮昌。浙江人。乾隆中，守懷慶。以振興文教爲第一。其他興利除弊，肅吏安民諸務，悉次第舉行。屬沁水暴漲，決古陽隄，漂没廬舍，榮昌即日開倉撫恤，全活無算。所興水利甚夥，又嘗輯府志，未及刊，去。士民至今戴之。

校勘記

〔一〕廣寧故城　「寧」，原作「安」，據乾隆志卷一六〇懷慶府古蹟（下同卷簡稱乾隆志）改。下同。按，本志避清宣宗諱改字也。

〔二〕慕容垂使鮮卑可足渾譚集兵於河内之沙城　「足」，原脱，乾隆志同，據資治通鑑卷一〇五晉紀補。按，「譚」或作「潭」。

〔三〕秦拔我安城　「我」，原作「武」，乾隆志同，據史記卷四四魏世家改。

〔四〕春秋苗賁皇采邑　「邑」，原作「色」，據乾隆志改。

〔五〕左傳成公十五年　「十年」，原作「十五年」，乾隆志作「十一年」，皆誤，據左傳成公十年改。

〔六〕寧郭驛　「寧」，原作「安」，據乾隆志改。下文同改。按，本志避清宣宗諱改也。

〔七〕構橋於冶坂　「構」，原作「横」，乾隆志同，據魏書卷三一于栗磾傳改。

〔八〕都水監孟揚言　「孟揚」，原作「孟陽」，乾隆志同，據雍正河南通志卷一三河防及宋史卷九三河渠志改。

〔九〕頃緣北河淤澱　「北河」，原倒作「河北」，乾隆志同，據雍正河南通志卷一三河防及宋史卷九三河渠志乙。

〔一〇〕永利　「永」，原作「水」，據乾隆志及雍正河南通志卷一七水利改。

〔一一〕神宗召對　「神宗」，宋史卷三三三李琮傳作「徽宗」。按，李琮傳下文又稱「元祐初」云云，則「徽宗」似有誤，故一統志史臣以意改之也。

〔一二〕語其校曰　「曰」，原作「白」，據乾隆志改。

〔一三〕于潛　「于」，原作「於」，乾隆志同，據宋史卷四四七霍安國傳及三朝北盟會編卷六一改。

大清一統志卷二百四

懷慶府三

人物

漢

陳平。陽武户牖鄉人。少時家貧，好讀書。因魏無知求見漢王，漢王拜平爲都尉，使參乘，典護軍，累拜護軍中尉。楚急攻，絶漢甬道，圍漢王於滎陽城，漢王患之。平曰：「大王能出數萬觔金，行反間，間其君臣，必内相誅，破楚必矣。」乃縱反間於楚軍，項王果疑亞夫。亞夫歸，漢王得出。漢六年，封平爲户牖侯。明年，從擊韓王信於代，至平城，爲匈奴所圍，用平計，圍以得開，更封平爲曲逆侯。平自初從至天下定後，凡六出奇計，輒益邑封。吕后崩，與太尉周勃合謀誅諸吕，立文帝，以功讓勃爲左丞相。後勃謝病免，平顓爲丞相。孝文二年薨，謚獻侯。

張蒼。陽武人。沛公略地過陽武，蒼以客從漢定三秦，以爲常山守。徙代相，備邊寇，從攻臧荼有功。六年，封北平侯，遷爲計相。文帝時，歷御史大夫，爲丞相。漢家言律曆者本張蒼，蒼本好書，無所不通，而尤邃律曆。爲丞相十餘年，病免。孝景五年薨，年百餘歲，謚文侯。

石奮。温人。高祖過河内，奮爲小吏，侍高祖。高祖曰：「若能從我乎？」奮曰：「願盡力。」以爲中涓。孝文時，官大中大夫，恭謹無與比。孝景即位，以爲九卿，迫近憚之，徙爲諸侯相。奮長子建、次甲、次乙、次慶，皆以馴行孝謹，官至二千石。於是號奮爲萬石君。以上大夫禄，歸老於家。萬石君家以孝謹聞於鄉國，雖齊魯諸儒質行，皆自以爲不及也。

石建。爲郎中令。建老白首，萬石君尚無恙，每五日洗沐，歸謁親，入子舍，竊問侍者，取親中裙厠牏，身自澣洒，復與侍者，不敢令萬石君知之，以爲常。奏事上前，即有可言，屏人乃言極切，至廷見如不能言者。上以是親禮之。萬石君卒，建哭泣哀思，杖乃能行，歲餘，建亦死。

張恢。軹人。鼂錯從學申、商刑名。

趙子。河内人。事燕韓生受詩，授蔡義，義授同郡食子公與王吉，吉授長孫順。由是韓詩有王、食、長孫之學。

蔡義。温人。以明經給事大將軍幕府，數歲遷補覆盎城門候。久之，詔能爲韓詩者，徵義待詔，上召見義説詩，甚悦之，擢爲光禄大夫、給事中，進授昭帝。後遷御史大夫，代楊敞爲丞相，封陽平侯，又以定策安宗廟益封。薨，謚節侯。

傅喜。温人，哀帝祖母定陶傅太后從父弟。少好學問，有志行，選爲太子庶子。哀帝即位，以爲衛尉，遷右將軍。傅太后始預政事，喜數諫，由是太后不欲令喜輔政，以光禄大夫養病。大司空何武、尚書令唐林，皆上言喜行義修潔，忠誠憂國，内輔之臣也。今以寢病，一旦遣歸，衆庶失望。上亦自重之。明年拜大司馬，封高武侯。傅太后欲求稱尊號，喜終不順，遂策免。平帝即位，賜爵特進。卒，謚曰貞。

鄭興。河内人。少學公羊，晚善左氏傳，學者師之。更始拜興涼州刺史，會反者攻殺郡守，興坐免。隗囂虚心禮請，而興耻爲之屈，稱疾不起。建武六年，徵爲大中大夫。帝嘗問郊祀事，曰：「吾欲以讖斷之，何如？」對曰：「臣不爲讖。」帝怒曰：「卿非之耶？」對曰：「臣於書有所未學，而無所非也。」帝意乃解。興數言政事，依經守義，文章温雅，然以不善讖，左遷蓮勺令。遂不復仕。

鄭衆。興之子。從父受左氏春秋，精於曆學，作春秋難記條例，兼通易、詩。建武中，皇太子及山陽王荆，因梁松以縑帛聘衆爲通義，引籍出入殿中，衆謂松曰：「太子儲君，無外交之義。漢有舊防，藩王不宜私通賓客。」遂辭不受。及梁氏敗，賓客多坐之，惟衆不染。永平中，嘗使北庭，單于欲使之拜，衆不爲屈，拔刃自誓，單于恐而止。遷左馮翊，政有名迹。代鄧彪爲大司農，以清正稱。後奉詔作春秋，删十九篇。子安，亦傳家業。

野王二老。光武於野王獵，路見二老者即禽，光武問曰：「禽何向？」并舉手西指，曰：「此中多虎，臣每即禽，虎亦即臣，大王弗往也。」光武曰：「苟有其備，虎亦何患？」曰：「昔湯即桀於鳴條而大城於亳，武王即紂於牧野而大城於郟鄏，彼二王者，具備非不深也。是以即人者，人亦即之。雖有其備，庸可忽乎？」光武悟其旨，顧左右曰：「此隱者也。」將用之，辭而去，莫知所在。

蔡茂。懷人。哀、平間，以儒學顯，徵試博士，以高等擢拜議郎，遷侍中。遇王莽居攝，以病自免。素與竇融善，因歸之，融欲以爲張掖太守，固辭不受。每所餉給，計口取足而已。後與融俱徵，復拜議郎，再遷廣漢太守。茂欲令朝廷禁制貴戚，乃上書，光武納之。建武二十年，代戴涉爲司徒，在職清儉匪懈。薨年七十二，賜賻贈甚厚。

李章。懷人。五世二千石。章習嚴氏春秋，經明教授。歷州郡吏。光武爲大司馬，召章置東曹屬，數從征伐。光武即位，拜陽平令，累遷侍御史，出爲瑯琊太守。

張玄。河陽人。習嚴氏春秋，兼通數家法。建武初，舉明經，補弘農文學，遷陳倉丞。清静無欲，專心經書，諸儒皆服其多通，著録千餘人。右扶風瑯琊徐業，大儒也，見之與語，驚曰：「今日相遭，真解矇矣。」遂請上坐，問難極日。卒官博士。

藥崧。河内人。天性樸忠。永、平間爲郎。家貧，常獨直臺上，無被枕，衹食糟糠。帝夜入臺見崧，問其故。自此詔大官賜尚書以下朝夕餐，給帷被皂袍，及侍史二人。崧官至南陽太守。

趙承。河内人。梁冀收李固下獄，承等數十人，腰鈇鑕，詣闕通訴。太后明之，乃赦焉。

司馬儁。温人。博學好古，倜儻有大度，儀狀偉岸，與衆有異，鄉黨宗族，咸景附焉。位至潁川太守〔一〕。子防，性質直公方，累拜騎都尉。防有子八人，朗〔二〕、懿、孚、馗、恂、進、通、敏，俱知名，時號爲「八達」。

司馬直。河内人。靈帝時，除鉅鹿太守。時刺史二千石遷除，皆責助軍修宫錢，大郡至二三千萬。直新除，以有清名，減責三百萬。直被詔，悵然曰：「爲民父母，而反刻剥百姓，以稱時求，吾不忍也。」辭疾不聽。行至孟津，上書極諫當世之失、古今禍敗之戒，即吞藥自殺。書奏，帝爲暫絶修宫錢。

丁蘭。河内人。少喪母，刻木爲像事之，朝夕定省不少怠。鄰人張叔妻從蘭妻借貸，蘭妻跪告木像，像不悦，不以借之。張叔醉罵木像，以杖扶其首。蘭還，見像不懌，怪問故，妻具以告，蘭即奮擊張叔。吏捕蘭，蘭辭木像，像爲垂涕。郡縣以聞，詔圖其像。後流寓西華。詳陳州府。

郭巨。温人。家貧事母孝。巨有子三歲，每供飯，母常減與之。巨謂妻曰：「兒分母饌，母不飽，子可再有，母不可再得。」乃謀埋其子，掘地三尺，得金一釜，有丹書云：「天賜孝子郭巨，官不得奪，民不得取。」

三國　魏

司馬芝。温人。少爲書生，避亂荆州。於魯陽山遇賊，同行者皆棄老弱走，芝獨坐守老母。賊至，以刃臨之，芝叩頭曰：「母老，惟在諸君。」賊曰：「此孝子也，殺之不義。」遂得免害。以鹿車推載母，居南方十餘年，躬耕守節。魏武平荆州，以芝爲管長。遷大理正，歷甘陵、沛、陽平太守，所在有績。黄初中，入爲河南尹，後爲大司農。芝性亮直，不矜廉隅，與賓客談論，有不可意，便面折其短，退無異言。卒於官，家無餘財。

韓浩。河内人。漢末起兵，浩聚徒衆，爲縣藩衛。太守王匡以爲從事，將兵拒董卓於盟津。時浩舅杜陽爲河陰令，卓執之，使招浩。浩不從，袁術聞而壯之，以爲騎都尉。夏侯惇聞其名，請與相見，大奇之，使領兵從征伐。時大議損益，浩以爲當急田，魏武善之。遷護軍，從征張魯。魯降，議者以浩智略足以綏邊，欲留使都督諸軍，鎮漢中。魏武曰：「吾安可以無護軍！」乃與俱還，其見親任如此。及卒，魏武愍惜之。

常林。温人。避地上黨，耕種山阿，當時旱蝗，林獨豐收，盡呼比鄰，升斗分之。魏武以爲縣長，宰南和。超遷博陵太守、幽州刺史，所在有績。魏國既建，拜尚書。文帝踐阼，遷少府，轉大司農。明帝即位，進封高陽鄉侯，徙光禄勳、太常。晉宣皇以林鄉邑耆德，每爲之拜。或謂林宜止之，林曰：「司馬公自欲敦長幼之序，爲後生法。貴非吾之所畏，拜非吾之所制也。」時論以林節操清峻，欲致之公輔，而林遂稱疾篤。拜光禄大夫，卒，謚曰貞。

荀緯。河内人。少喜文學，累官散騎常侍、越騎校尉。

王象。河内人。少爲楊俊所知拔，有才智，累官常侍，封列侯。受詔撰皇覽，使象領秘書監。象從延康元年始，撰集數歲成，藏於秘府。象既性器和厚，又文采温雅，用是京師歸美，稱爲儒宗。文帝收楊俊，象叩頭流血，請俊減死一等。帝不答。象自恨不能濟，後遂發病死。

司馬岐。芝之子。自河内丞轉廷尉正，遷陳留相，超爲廷尉。是時大將軍曹爽專權，尚書何晏、鄧颺等爲之輔翼。南陽圭泰嘗以言忤旨，考繫廷尉。颺訊獄，將致泰重刑，岐數颺曰：「夫樞機大臣，王室之佐，既不能輔化成德，齊美古人，而乃肆其私忿，枉論無辜。使百姓危心，非此焉在？」颺於是慙怒而退。岐恐久獲罪，以疾去官，卒。

司馬孚。儁之曾孫。温厚廉讓，博涉經史。陳思王植以爲文學掾，遷太子中庶子。武帝崩，羣臣號哭，無復行列，孚厲聲曰：「今大行晏駕，天下震動，當早拜嗣君，以鎮海内，而但哭耶？」遂奉太子即位，是爲文帝。及明帝嗣位，轉度支尚書，累官太傳。高貴鄉公遇害，百官莫敢奔赴，孚枕尸哭之。晉武帝受禪，陳留王就金墉城，孚拜辭，執王手，流涕歔欷，不能自勝，曰：「臣死之日，固大魏之純臣也。」後封安平王，雖見尊寵，不以爲榮。臨終遺命曰：「有魏貞士河内温縣司馬孚，字叔達，不伊不周，不夷不惠，立身行道，終始若一。當以素棺單槨，斂以時服。」泰始八年薨。

司馬順。初封習陽亭侯。及晉武帝受禪，順嘆曰：「事乖唐虞，而假爲禪名。」遂悲泣。由是廢黜，徙武威姑臧縣，雖受罪流放，守意不移。

晉

司馬攸。文帝子。少而岐嶷，及長，清和平允，親賢好施。愛經籍，能屬文，尺牘爲世所楷。居喪哀毀過禮，杖而後起。武帝踐阼，封齊王。時朝廷草創，攸總統軍事，撫綏内外，莫不景附焉。太康三年，詔以大司馬都督青州諸軍事，攸入辭出，嘔血而薨。攸以禮自拘，鮮有過事，雖武帝亦敬憚之。

向雄。山陽人。初仕郡爲主簿，事太守王經。經死，雄哭之盡哀，市人咸爲之悲。司隸鍾會辟爲從事，會死，無人殯殮，雄迎喪而葬之。

山濤。懷人。少有器量，介然不羣。舉秀才，累遷尚書吏部郎。武帝時，守大鴻臚。時人欲危裴秀，濤正色保持之，失權臣意，出爲冀州刺史。尋遷尚書，以母老辭職，疏數十上，乃見聽。後遭母喪，年逾耳順，居喪過禮。詔起爲吏部尚書，甄拔人物，各爲題目，時稱「山公啓事」。後拜司徒，固讓，輿疾歸家，薨，年七十九。謚曰康。子簡，性温雅有父風，卒，贈征南大將軍、儀同三司。

向秀。懷人。清悟有遠識，少爲山濤所知，雅好老莊之學。莊周著内、外數十篇，秀爲之隱解，發明奇趣，振起玄風，讀之者超然心悟。仕至黄門侍郎、散騎常侍。

孫鑠。懷人。大司馬石苞辟爲掾，鑠將應命，行達許昌，會臺已密遣輕車襲苞，於時汝陰王先識鑠，以鄉里之情，私告鑠曰：「無與禍。」鑠即馳詣壽春，爲苞畫計，苞賴以獲免。遷尚書郎。在職駮議十有餘事，爲當時所稱。

司馬彪。高陽王睦之長子。少篤學不倦，注莊子，作九州春秋。又討論衆書，綴其所聞，起於世祖，終於孝獻，編年二百，録世十二，通綜上下，旁貫庶事，爲紀、志、傳凡八十篇，號曰續漢書。泰始中，拜散騎侍郎。惠帝末年，卒。

郭文。軹人。少愛山水，尚嘉遯。父母終，不娶，辭家遊名山，歷華陰之崖，觀石室之石函，又步擔入吴興餘杭大辟山中。時猛獸爲暴，文獨宿十餘年，卒無患害。恒著鹿裘葛巾，不飲酒食肉，區種菽麥，採竹葉木實，貿鹽以自供。食有餘穀，輒恤窮匱。人有致遺，取其麤者，示不逆而已。王導聞其名，迎至西園，居七年，未嘗出入。一旦忽求還山，不聽，乃逃歸臨安，結廬山中，及蘇峻之亂，臨安獨全，人皆異之。後卒，葛洪、庾闡並爲作傳贊，頌其美云。

毛寶。陽武人。爲温嶠平南參軍。蘇峻作逆，嶠赴難，寶領千人爲前鋒。時峻送米萬斛饋祖約，寶設變力戰，悉奪其米。嶠嘉其勳，表爲廬江太守。復進攻祖約軍，破合肥，陶侃欲南還，寶説留之。賊平，封州陵縣侯〔三〕。隨庾亮平郭默，遷豫州刺史，守邾城。石季龍遣兵攻之，城陷，寶突圍出，赴江溺死。

毛穆之。寶子。果毅有父風，爲庾翼參軍。翼卒，其將干瓚等作亂，穆之討平之。從桓温平蜀有功，又隨温平洛入關，遷寧州刺史，封建安侯。後爲西蠻校尉、益州刺史，假節戍巴郡。卒，謚曰烈。

毛安之。穆之弟。有武幹，累拜遊擊將軍。孝武即位，妖賊盧悚突入殿廷，安之聞難，直入雲龍門，手自奮擊。既而殷康、桓秘等至，悚因勦滅。遷右衛將軍，卒官。

毛璩。穆之子。初爲謝安參軍，累遷建威將軍、益州刺史。隆安末，桓玄遣使加散騎常侍，璩執留玄使，傳檄遠近，列玄罪狀。

遣巴東太守柳約之等擊破賊將桓希於梁州。及安帝反正，進璩征西將軍，加散騎常侍。爲譙縱所害〔四〕。義熙中，追封歸鄉公。

毛德祖。璩宗人。兄弟五人，相攜南渡，皆有武幹。荆州刺史劉道規以德祖爲始平太守。盧循之役，復參道規軍事，伐徐道覆於始興，轉南陽太守。從劉裕伐姚泓，所在克捷，賜爵灌陽縣男。戍虎牢，爲魏所没。次弟嶷，嶷弟辯，並有志節。嶷死於盧循之難，辯没於魯宗之役〔五〕。皆奮不顧命，爲世所歎。

南北朝　宋

向靖。山陽人。與武帝有舊，從平京城，參建武軍事，進平建鄴，又從征廣固，討盧循，所在著績。及西伐司馬休之，平關中，並見任使。武帝受命，以佐命功，封曲江縣侯，位太子左衛率，加散騎常侍。卒於官。靖立身儉約，不營室宇，無田園商貨之業，時人稱之。

向柳。靖之子。有義學才能，立身方雅，太尉袁淑、司空徐湛之、揚州刺史顔竣〔六〕，皆與友善。及竣貴，柳猶以素情自許，不推先之，曰：「我與士遜心期久矣，豈可一旦以勢利處之？」

齊

毛惠素。陽武人。性至孝，母服除後，每向帷悲泣。仕齊爲少府卿，有讒惠素納利，誅死後，家徒四壁，武帝甚悔恨之。

梁

司馬褧。温人。父燮，喜三禮，仕齊，位國子博士。褧少傳家業，强力專精，手不釋卷。沛國劉瓛爲儒者宗，嘉其學，深相賞好。與樂安任昉善，昉亦推重焉。天監初，除尚書祠部郎。時創定禮樂，翺所建議，多見施行。每吉凶禮，當世名儒明山賓、賀瑒等疑不能斷，皆取決焉。累遷御史中丞，出爲晉安王長史，卒。王命庾肩吾集其文爲十卷，所撰嘉禮儀注一百十二卷。

司馬筠。温人。孤貧好學，師事沛國劉瓛，爲瓛所器異。既長，博通經術，尤明三禮。天監初，爲暨陽令，有清績。入拜尚書祠部郎，後爲尚書左丞，卒。子壽，傳父業，明三禮，仕爲曲陽令。

陳

司馬暠。温人。幼聰警，有至性。年十二，丁内艱，孺慕過禮。及丁父艱，哀毁愈甚，廬於墓側，墓在新林，舊多猛獸，暠結廬數載，豺狼絶跡，常有兩鳩棲宿廬所，馴狎異常。仕梁，除太子庶子。江陵陷，隨例入關，而梁室屠戮，太子瘞殯失所，暠乃抗表周朝，求還江陵改葬，辭甚酸切。周朝優詔答之，即敕荆州以禮安厝。太建八年，自周還朝，歷位通直散騎常侍、大中大夫，卒。子延義，居喪踰禮，亦以孝聞，位司徒從事中郎。

毛喜。陽武人。少好學，善草隸。仕宣帝，累官給事黄門侍郎，兼中書舍人，典軍國機密。時議北侵，敕喜撰軍制十三條，詔頒天下。以定策功封東昌縣侯，加侍中。宣帝委政於喜，喜數有諫争，言無迴避。太子每共親幸人爲長夜之宴，喜嘗言之。後主即位，稍見疏遠，出爲永嘉内史。

魏

司馬楚之。温人。少有英氣，能折節待士。及劉裕自立，楚之規欲報復，收衆據長社，歸之者常萬人，劉裕深憚之。太宗末，遣使請降，假征南將軍、荆州刺史。世祖初，封瑯琊王，尋拜雲中鎮大將、朔州刺史。在邊二十餘年，以清儉著聞。卒，謚曰貞。

子金龍，有父風，襲爵拜侍中、雲中鎮大將、朔州刺史。金龍弟躍，代兄爲雲中鎮將、朔州刺史。楚之父子相繼鎮雲中，朔土服其威德。

常爽。温人，林六世孫。少而聰敏，嚴正有志概，篤志好學，博聞强識，五經百家，多所研綜。世祖嘉之，賜爵六品，拜宣威將軍。是時戎車屢駕，貴游子弟未遑學術，爽置館温水之右，教授門徒七百餘人，京師學業翕然復興。爽立訓甚有勸罰之科，崔浩、高允并稱之。允曰：「文翁柔勝，先生剛克，立教雖殊，成人一也。」其爲通識嘆服如此。因教授之暇，述六經略注，以廣制作，甚有條貫。爽不事王侯，獨守閒静，講肄經典二十餘年。時人號爲「儒林先生」。

常景。爽之孫。有才思，雅好文章。廷尉公孫良舉爲律博士，累遷積射將軍、給事中，受敕撰門下詔書凡四十卷，又敕撰太和之後朝儀已施行者凡五十餘卷。普泰初，除車騎將軍、秘書監，以預詔命之勤，封濮陽縣子。自少及老，恒居事任，清儉自守，不營産業。後除儀同三司，卒。景善與人交，始終如一。每讀書見韋弦之事，深薄之危，乃圖古昔可以鑒戒，指事爲象，讚而述之。所著述數百篇行於世。

門文愛。山陽人。早孤，供養伯父母以孝謹聞。伯父亡，服未終，伯母又亡，文愛居喪持服六年，哀毁骨立。鄉人魏仲賢等相與標其孝義。

張安祖。河陽人。襲世爵山北侯。時有元承貴曾爲河陽令，家貧，且赴尚書求選，逢天寒甚，遂凍死路側，一子年幼，停屍門巷，棺殮無託。安祖悲哭盡禮，買木爲棺，手自營作，殮殯周給，朝野嘉歎。尚書聞奏，標其門閭。

齊

司馬膺之。温人。性方古不會俗，名士有素懷者，時相尋候，無雜言，惟論經史。好讀太玄經，又注揚雄蜀都賦，每云我欲與揚子雲周旋。

周

司馬裔。楚之曾孫。少有志操，仕魏爲北徐州刺史。入周，累遷驃騎大將軍、開府儀同三司，封瑯琊縣伯。天和六年，拜大將軍，除西寧州刺史。卒，謚曰定。裔性清約，不事生産。所得俸禄，散之親戚。身死之日，家無餘財，宅宇卑陋，處喪無所，詔起祠堂焉。

隋

士燮。河内人。開皇中爲刑部郎，執法平允。

唐

婁師德。原武人。第進士，調江都尉。揚州刺史盧承業異之，曰：「子台輔器也。」上元初，爲監察御史。會募猛士討吐番，乃應詔從軍，有功，遷殿中侍御史、兼河源軍司馬，并知營田事。與虜戰白水澗，八遇八克。天授初，爲豐州都督，衣皮袴，率士屯田，積穀數百萬，兵以饒裕。歷官鳳閣鸞臺平章事，進納言。卒，謚曰貞。師德深沈有度量，人有忤己，輒遜以自免，不見容色。狄仁傑未輔政，師德薦之。及同列，數擠令外使。武后出其奏，仁傑慙歎曰：「婁公盛德，我爲所容乃不知，吾不逮遠矣。」總邊要，爲相將者三十年，恭勤樸忠，心無適莫。方酷吏殘鷙，人多不免，獨能以功名始終。

韋思謙。陽武人。八歲喪母，以孝聞。及進士第，累擢監察御史。中書令褚遂良市地不如直，思謙劾罷之。及復相，出爲清水令。或弔之，答曰：「丈夫當敢言地，須明目張膽以報天子，焉能碌碌保妻子耶？」改侍御史，累遷御史大夫。性謇諤，顔色莊重不可犯，見王公未嘗屈禮。垂拱初，封博昌縣男，轉納言，以大中大夫致仕，卒。

王友貞。河内人。父知敬，善書隸，仕爲麟臺少監。友貞少爲司經局正字。母病，醫言得人肉啖良已，友貞剔股以進，母病愈。詔旌其門。素好學，訓誨子弟如嚴君，口不語人過，重然諾，時以爲君子。歷長水令，罷歸。神龍初，以太子中舍人徵，固辭。詔給全禄終身，四時州縣存問。明皇在東宫，表以蒲車召，不至。卒年九十九，贈銀青光禄大夫。

韋承慶。思謙子。性謹畏，事繼母篤孝。擢進士第，遷司議郎。儀鳳中，詔太子監國，太子嗜聲色，興土功，承慶上疏極陳其端，又進諭善箴，太子頗嘉納。累遷鳳閣舍人，掌天官選，屬文敏無留思，雖大詔令，未嘗著槀。出爲豫、虢二州刺史，有善政，轉天官郎。凡三掌選，銓授平允，議者公之。長安中，同鳳閣鸞臺平章事。卒，謚曰温。

韋嗣立。承慶異母弟。少友悌。母遇承慶嚴，每笞輒解衣求代，母不聽，即遣奴自捶，母感悟，爲均愛。世比晉王覽。第進士，累調雙流令，即拜鳳閣舍人。時學校廢，刑濫及善人，乃上書極陳。景龍中，同中書門下三品，建言：營立寺觀，廢功害農；食封者衆，侵漁百姓；刺史縣令，宜加簡擇。封逍遥公。唐隆初，拜中書令，以定策立睿宗，賜封百户。卒，謚曰孝。

張廷珪。濟源人。慷慨有志尚。第進士，補白水尉。累遷監察御史，按劾平直。武后税天下浮屠錢，營佛祠於白司馬坂，作大像。廷珪諫，后善之，因是罷役。張易之誅，議窮治黨與，廷珪建言宜一切洗貸，中宗納之。尋爲中書舍人。開元初，再遷黄門侍郎。請復十道按察使巡視州縣，帝因詔陸象先等分使十道。後以太子詹事致仕，卒贈工部尚書，謚貞穆。廷珪偉姿儀，善八分書，與李邕友善。及邕躓於仕，屢表薦之，人尚其方介云。

韋恒。嗣立子。開元初爲碭山令，政寬惠。宇文融薦恒有經濟才，擢侍御史，累轉給事中，爲隴右、河西黜陟使。時河西節度使蓋嘉運恃左右援，横恣不法，妄列功狀，恒劾奏之。出爲陳留太守，卒。

韋濟。恒弟。開元初，調鄄城令。或非之，有詔問所以安人者，濟對第一，擢醴泉令。四遷户部侍郎，爲太原尹。著先德詩四章，世服其典懿。天寶中，授尚書左丞。濟文雅，頗能修飾政事，所至有治稱。終馮翊太守。

穆寧〔七〕。河内人。父元休，有名開元間。寧剛正，氣節自任，以明經調鹽山尉。安禄山反，寧檄州縣，并力捍禦。史思明遣使誘寧，寧斬以徇。始，寧過平原見顔真卿，嘗商賊必反。及是，即遺真卿書，真卿署寧河北採訪使。寧以息屬其母弟，曰：「苟不乏嗣，足矣。」既馳謁真卿，曰：「我可從公死。」真卿見肅宗行在，帝問狀，異之。上元初，爲殿中侍御史，佐鹽鐵轉運。李光弼屯徐州，檄取資糧，寧不與，曰：「命寧主糧者，勑也，可以檄取乎？」時重其能守官。寧性不能事權右，毅然寡合，以秘書監致仕，卒。寧居家嚴，事寡姊恭甚，常撰家令訓諸子。疾病不嘗藥，時稱知命。四子贊、質、員、賞，皆以守道行誼顯。

韓愈。河陽人。生三歲而孤，嫂鄭鞠之。自知讀書，日記數千百言。比長，盡能通六經百家學。擢進士第，張建封辟爲府推官。調四門博士，遷監察御史，上疏極論宫市，貶陽山令。元和中，復爲博士，改比部郎中，知制誥，進中書舍人。憲宗將平蔡，命裴度宣慰淮西，奏愈行軍司馬，愈請乘遽先入汴，説韓弘使協力。元濟平，遷刑部侍郎。憲宗遣使往鳳翔迎佛骨入禁中，愈上表極諫。貶潮州刺史，改袁州。召拜國子祭酒，轉兵部侍郎。鎮州亂，詔愈宣撫之，歸，轉吏部侍郎。長慶四年卒，贈禮部尚書，謚曰文。愈性明鋭，與人交，終始不變。成就後進，往往知名。文章深探本源，卓然樹立，成一家言。其原道、原性、師説等數十篇，皆奥衍宏深，與孟軻、揚雄相表裏，而佐佑六經云。宋神宗七年，從祀孔子廟廷。

盧仝。濟源人。自號玉川子，工於詩。

石洪。河陽人。有至行。爲黄州録事參軍。罷歸十餘年，隱居不出，公卿數薦皆不答。烏重胤鎮河陽，求賢者以自重，具書幣邀洪，後詔書召爲集賢校理。

王智興。温人。少驍鋭，爲徐州牙兵，累遷侍御史。元和十二年，伐李師道，智興以其子晏平、晏宰爲先鋒，自率兵繼之，俘斬萬計。賊平，進御史中丞。長慶中，詔檢校工部尚書，充武安軍節度使。李齐攻宋州，智興悉鋭師破之。齐平，加尚書左僕射。李同捷以滄、德叛，智興請師討賊，降其將士。有功，拜太傅，封雁平郡王。改忠武、河中、宣武三節度，卒。子九人，晏平、晏宰知名。

韋弘景。嗣立孫。擢進士第，數佐節度府，以左補闕召爲翰林學士，再遷給事中。駙馬都尉劉士涇賂權近，擢太僕卿，弘景上還詔書。再遷吏部侍郎，銓綜平序，貴倖不敢慁以私。拜尚書左丞，駁正吏銓所除六十餘官不當進資，郎吏肅然，望風修整。遷吏部尚書、東都留守。卒。弘景以直道進，議論持正有守，當時風教所倚賴，爲長慶名卿。

裴休。濟源人。父肅爲浙東觀察使。休操守嚴正，擢進士第，舉賢良方正異等。歷諸府辟署，入爲監察御史，累進同中書門下平章事。太和後，歲漕江淮米四十萬斛，至渭河倉者纔十三，舟楫僨敗，吏乘爲姦。休遣官詢按其弊，著新法十條，又立税茶十二法，人以爲便。秉政凡五載，罷爲宣武軍節度使，歷昭義、河東、鳳翔、荆南四節度。卒。休不爲皦察行，所治吏下畏信。能文章，書楷遒媚有體法。爲人蘊藉，進止雍閒，宣宗嘗曰：「休真儒者。」

李商隱。河内人。令狐楚帥河陽，奇其文，使與諸子游。開成二年，擢進士第。調弘農尉，又試拔萃中選。王茂元鎮河陽，愛其才，表掌書記，以子妻之，得侍御史。茂元死，更依桂管觀察使鄭亞府爲判官。京兆尹盧弘正鎮徐州〔八〕，表爲掌書記。柳仲郢節度劍南東川，辟判官，檢校工部員外郎。府罷，客滎陽，卒。商隱爲文，瑰邁奇古。及在令狐楚府，楚本工章奏，因授其學。商隱儷偶長短，而繁縟過之。弟羲叟，會昌中進士第二，累爲賓佐。

五代　晋

段希堯。河内人。高祖爲河東節度使，以希堯爲判官，軍屯忻州。軍中有擁高祖呼萬歲者，希堯勸斬其亂首，乃止。高祖將舉兵太原，與賓佐謀，希堯以爲不可，高祖雖不聽，重其爲人，不之責也。高祖入立，遷諫議大夫，使於吴越，過海遭大風，左右皆恐懼，希堯曰：「吾生平不欺，汝等恃吾，可無恐也。」已而風亦止。累遷禮部尚書，卒。

宋

盧億。河内人。少篤學，以孝弟聞。舉明經，調補新鄉主簿。晉天福中，爲鄆州觀察支使。節帥杜重威驕蹇黷貨，幕府賄賂公行，惟億清介自持。周初爲侍御史，大理奏重寫律令格式，統類編敕，詔億同加議定。又以晉、漢及周初事關刑法敕條者，分爲二卷，詔行之。宋初，遷河南少尹。億性恬退，聞其子多遜知制誥，即上章求解，以少府監致仕。多遜，周顯德初舉進士，太平興國初，拜中書侍郎、平章事，尋加兵部尚書。多遜博涉經史，聰明强力，文辭敏給。好任數，有謀略，發多奇中。以交通秦王廷美，流崖州，卒。

李穆。陽武人。幼能屬文，有至行。行路得遺物，必訪主歸之。從酸棗王昭素受易及莊老書，盡究其義。宋開寶中，拜左拾遺，知制誥。五代以還，詞令華靡，至穆獨用雅正矯其弊。時將有事江南，乃召李煜入朝，以穆爲使，所諭要切。太平興國八年，擢左諫議大夫、參知政事。丁母憂，哀毁盡禮。九年，卒。穆性至孝，母嘗卧疾，每動止轉側，皆親自扶掖。善篆隸文，工畫，嘗晦其事。謹言慎行，無有矯飾。弟肅，七歲誦書，知大義。舉進士甲科，歷保静軍節度推官。嘗作大宋樂章九首，取九成、九夏之義，以頌國家盛德，其文甚工。子惟簡，以父任將作監丞，性沖淡，不樂仕進，去官家居二十餘年。大中祥符七年，召拜太子中允。致仕，卒。

向拱。河内人。少倜儻負氣。弱冠，以策干漢祖，不納，客周祖門下。周祖即位，監昭義屯軍。并人來侵，拱逆戰於虒亭南，又敗其軍於壺關。師還，命征慕容彦超。賊平，命爲陜州巡檢，召拜宣徽南院使。劉崇入寇，世宗親征，拱以精騎居陣中。高平之捷，以功兼義成軍節度。蜀人取鳳州，宰相王溥薦拱討之，秦、鳳、階、成悉平。顯德二年，拜淮南節度，兼緣江招討使。時周師久駐淮陽〔九〕，都將驕恣横暴，拱戮其不奉法者數輩，軍政肅然。宋初，加兼侍中。太祖征李筠，從拱言，筠遂擒。累封秦國公。

李重貴。河陽人。資狀雄偉，善騎射。太宗即位，補殿前指揮使，累遷代、并副都部署。咸平二年，遼兵南侵，康保裔大陣爲敵所覆，重貴與張凝赴援，腹背受敵，力戰，敵乃退。時諸將頗失部分，獨重貴與凝全軍還。議上將士功狀，重貴喟然曰：「大將軍陷殁而吾曹計功，何面目也？」上聞而嘉之。景德初，授左武衛大將軍，領潘州防禦使，改左羽林軍大將軍。致仕，卒。

王文寶。陽武人。以任子補殿直。太平興國初，累遷至軍器庫使，監泉州兵。以功領嬀州刺史。文寶歷内職二十年，雅好言外事，太祖、太宗頗信任之，中外咸畏其口。出爲高陽關兵馬鈐轄，卒於官。

馮拯。河陽人。以書生謁趙普，普奇其狀，曰：「子富貴壽考，宜不下我。」舉進士，補大理評事，遷太常丞。江南旱，命馳傳賑貸窮乏，察官吏能否。還奏稱旨，擢右正言。真宗即位，進比部員外郎，歷遷工部侍郎、僉書樞密院事。賜手札，訪邊事，論事多合帝意。累拜右僕射、兼中書侍郎同平章事。乾興元年，封魏國公，遷司空。卒，謚文懿。拯氣貌嚴重，宦者傳詔至中書，不延坐。工部尚書林特嘗詣第，卒不見。錢惟演營入相，拯以太后姻家，力言之，遂出惟演河陽。

陳貫。其先相州安陽人，後葬其父河陽，因家焉。少倜儻。數上疏言邊事，舉進士，真宗識貫名，擢置高第。爲臨安縣主簿，歷知衛州、涇州，擢利州路轉運使，入爲三司鹽鐵判官，領河北轉運使。請疏徐、鮑、曹、易四水興屯田。以刑部郎中直昭文館，知相州。還朝，卒。貫喜言兵，嘗上形勢、選將、練兵論三篇，著兵略，世頗稱之。

張旨。河内人。父延嘉，頗讀書，不仕。州上其行，賜號嵩山處士。旨進保定軍司法參軍，上書轉運使鍾離瑾，願補一縣尉，捕劇賊以自效。瑾壯其請，奏徙安平尉，前後捕盜三百餘人。擢試秘書省校書郎。明道中，淮南飢，詣宰相陳救荒之策，命知安豐縣。累遷都官員外郎，知萊州。葉清臣舉材堪將帥，召對，改知邢州。范仲淹、歐陽修復言其驇武有謀略，除閤門使，固辭。累遷光禄卿，卒。

李渭。其先西河人，後家河陽。進士起家，爲臨潁縣主簿，累官太常博士。會河決滑州，天聖初，上治河十策。參知政事魯宗道奉詔行河，奏爲修河都監。未幾罷，以渭爲鄆州兵馬都監，徙知鳳州，兼階成州鈐轄，歷知原、環、慶三州。詔舉勇略任邊者，李諮以渭應詔，徙益利路兵馬鈐轄，領惠州刺史，擢西上閤門使。寶元中，降白波兵馬都監，卒。

馮行己。拯之子。以父任爲右侍禁、涇原路駐泊都監、知憲州。因治狀增秩，歷石、保、霸、冀、莫五州，所至有能稱。皇祐中知定州，韓琦薦爲路鈐轄，徙知代州，管幹河東緣邊安撫事，進西上閤門使。以衛州防禦使致仕，預洛陽耆英之集。元祐中，終金州觀察使。

馮仲己。行己弟。以蔭補右侍禁，累遷桂州兵馬都監、轉運使，俞獻可辟知廉州，又薦知宜州。天聖中，遷知桂州，兼廣西鈐轄。會安化蠻犯邊〔一〇〕，官軍不利，仁宗趣仲己討之。仲己臨軍，單騎出陣，語酋豪，衆羅拜曰：「不圖今日再見馮公。」棄兵械，率衆降軍門。以勞遷西上閤門使，改右武衛大將軍，分司西京，卒。

傅堯俞。本鄆州須城人，徙孟州濟源。十歲能爲文，及登第猶未冠。嘗監西京税院事，留守晏殊、夏竦皆謂曰：「子有清識雅度，文約而理盡，卿相才也。」累遷監察御史。英宗即位，轉殿中侍御史，上書皇太后，請還政。久之，聞内侍任守忠有讒間語，堯俞諫，於是太后還政，逐守忠。會大臣建言濮安懿王宜稱皇考，堯俞上十餘疏，其言極切，尋出知和州。熙寧三年，至京師，王安石素與之善，方行新法，謂之曰：「舉朝紛紛，俟君來久矣。」堯俞曰：「新法世以爲不便，誠如是，當極論之。」安石愠之，出爲河北轉運使。哲宗立，累遷吏部尚書。元祐四年，拜中書侍郎。卒，謚獻簡。堯俞厚重寡言，遇人不設城府，人自不忍欺。論事君前，略無回隱，退與人言，不復有矜異色。司馬光嘗謂邵雍曰：「清、直、勇之德，人所難兼，吾於欽之見焉。」雍曰：「欽之清而不耀，直而不激，勇而能温，是爲難耳。」

穆衍。河内人。第進士，調華池令，後知淳化，考課爲一路最。元豐中，种諤西征，參其軍事。諤第賞，以死事爲下，衍曰：「此非所以勸忠也。」力争之。元祐初，大臣議棄熙、蘭，衍與孫路論疆事，以爲蘭棄則熙危，熙棄則關中震。議遂止。改陝西轉運判官、户部員外郎。熙河分畫未決，詔衍視之。還，請城李諾平，以控要害，及他城堡皆起亭障，以逼涇原。紹聖初，加直龍圖閣，知慶州，徙泰州，卒。

李伯宗。河陽人。第進士，知内丘、咸陽、太康縣。括縣壯丁爲兵，得千餘人，上其名數與按閱之法，提舉京畿保甲使，增籍二萬。爲將作少監，開封民有鬻神祠故帽飾以龍者，吏以爲乘輿服御，宗伯曰：「此無他，當坐不應爲耳。」尹不從，具以請，如伯宗議。歷大理卿。入對，言今情重法輕者許奏請，而情輕法重者不得焉，恐非仁聖忠恕之道。徽宗納之。遷刑部侍郎。以顯謨閣待制卒，謚曰榮。

陳芳。河内人。爲大理丞，一門十四世，同居三百年。政和中，許光凝薦諸朝，詔表門閭。

傅察。堯俞從孫。登進士第，蔡京聞其名，遣子儵往見，將妻以女，拒弗答。累遷刑部員外郎。宣和七年，接伴金國賀正旦使，至燕，聞金兵將至，或勸毋遽行，察曰：「受使而出，聞難而止，若君命何？」至韓城鎮，金兵擁之東北去。適遇二太子斡里布領兵至，左右促使拜，白刃如林，或捽之伏地，衣袂顛倒，愈植立不顧。斡里布麾令去，察知不免，謂官屬侯彦等曰：「我死必矣，幸記吾言告吾親，使知我死國，少紓其無窮之悲也。」衆皆泣，是夕隔絶不復見。金兵至燕，彦等密訪存亡，曰：「使臣不拜太子，殺之矣。」將官武漢英識其屍，焚之，裹其骨，命卒負歸付其家。贈徽猷閣待制。察自幼嗜學，爲文温麗有典裁，平居恂恂然無喜愠色。及倉猝狥義，犖犖如此，聞者哀而壯之。乾道中，謚忠肅。「斡里布」舊作「斡離不」，今改正。

史抗。濟源人。宣和末，爲代州沿邊安撫副使。金使圍代急，抗夜呼其二子稽古、稽哲謂曰：「今重圍既固，外援不至，吾用六壬術占之，明日城必陷，吾將死事。汝輩亦勿以妻子爲念而負國也，能聽吾言，當令家屬自裁，然後同赴義。」二子泣曰：「惟父命。」明日城果破，父子三人突圍力戰，死於城隅。

傅伯成。察之孫。少從朱子學。登隆興進士，知連江縣。慶元初，進太府寺丞，言吕祖儉不當貶，又言朱子大儒，不可以僞學目之。坐是出知漳州。累拜諫議大夫，抗疏十有三，皆軍國大義。或致史彌遠意，欲使有所彈劾，將引以共政。謝之曰：「吾豈傾人以爲利哉？」嘉定八年，除寶謨閣直學士，致仕。寶慶元年，與楊簡同召，加龍圖閣學士，提舉鴻慶宫。伯成純實無妄，表裏洞達，每稱人善，不啻如己出。語及奸人誤國，邪人害正，辭色俱厲，不少假借。嘗慕尸諫，疏草畢，亟命繕寫，朝服而逝，謚忠簡。

李曾伯。覃懷人。歷官太府卿、淮東制置使。疏奏三事：答天心、重地勢、協人謀。又言邊餉貴於廣積，將材貴於素儲，賞與不可以不精，戰士不可以不惜。淳祐九年，知静江府、廣西經略安撫使，陳守邊五事。累進觀文殿學士。咸淳五年，褫職。德祐元年，追復原官。曾伯初與賈似道俱爲閫帥，邊境之事，知無不言，似道嫉之，使不竟其用云。

金

靖天民。原武人。年二十，以鄉賦魁鄭州，後棄去。學擊刺，當正隆征南，頗欲馳逐戎行。既而大定詔下，兵各罷歸，乃浮湛里社，以詩酒自娱，買田南湖，自號南湖先生，築臺種樹，與賓客歌管琴槊不少休，所與遊皆天下名士。平生喜作詩，樂府尤藴藉。大安中卒，元好問爲作傳。

宋可。武陟人。其姑適大族稾氏，貞祐之兵，夫及子皆死於難，姑以白金五十笏遺可，可受不辭。其後姑得稾氏疏族立爲後，可舁金歸之。北兵駐山陽，聞可名，質其子招之，親舊競勸之往，可謝不從，曰：「吾有子無子，與吾兒生死，皆有命，豈以一子故，併平生所守者亡之？」後竟以無子。

元

許衡。河内人。幼有異質，七歲入學授章句，問其師曰：「讀書何爲？」師曰：「取科第耳。」曰：「如斯而已乎？」師大奇之。稍長，嗜學如饑渴，往來河、洛間，從柳城姚樞，得伊洛程氏及新安朱子書，益大有得。尋居蘇門，與樞及竇默相講習，凡經、傳、子、史、禮、樂、名物、星曆、兵刑、食貨、水利之類，無所不講，而慨然以道爲己任。世祖時，召爲國子祭酒，議事中書省，拜中書左丞。衡見帝，多奏陳，及退，皆削其草，故其言多秘，世罕得聞。阿哈瑪擅權，勢傾朝野，衡論列其事，不報。因謝病，請解機務。至元十八年卒。衡善教，所至無貴賤賢不肖，皆樂從之，隨其才，昏明大小皆有所得，聽其言，雖武人俗士、異端之徒無不感悟者。大德二年，贈司徒，謚文正。皇慶二年，詔崇祀於孔子廟廷。「阿哈瑪」舊作「阿合馬」，今改正。

呂𡌴。河内人。從許衡學。衡爲國子祭酒，舉𡌴爲伴讀。輔成教養，𡌴之功爲多。至元中，授四川行樞密院都事。時宋張珏守重慶，王立守合州，詔樞府分兵取之。𡌴諭立受降，而瀘、敘、崇慶、思、播、夔、萬等郡聞之，相繼送款。以平定四川功〔一二〕，陞行省左右司郎中。改華州知州。皇慶初，召拜翰林侍讀學士。未幾，致仕。延祐元年卒。謚文穆。

楊一。懷孟人。至元間，憐其叔清家貧，密以分契詣神祠焚之，與清同居者三十年，無間言。州縣以聞，旌其家。

逯魯曾。修武人。性剛介，通經術。中天曆進士，除太常博士。武宗一廟未立后主配享，集羣臣廷議，魯曾曰：「莊科皇后在武宗朝已膺玉册，則爲武宗皇后。明宗、文宗二母后固爲妾也，今以無子之故，不爲立主，以妾后爲正宮，是爲臣而廢先君之后，爲子而追封先父之妾，於禮不可。」衆服其議。拜監察御史，劾達什哈雅瓦齊爾等八人，皆黜之，朝廷肅然。至正十二年，丞相托都討徐州賊，超遷魯曾資善大夫、淮南宣慰使，領征討事。徐州平，繼使領所部軍討淮東，卒於軍。「莊科」舊作「真哥」，「達什哈雅瓦齊爾」舊作「答失海牙刺」，「托都」舊作「脱脱」，今並改正。

閔本。河内人。性剛正敏給，而刻志於學。御史大夫布哈，奇本之才，辟以爲掾，平反冤獄，甚有聲。歷官吏部尚書，移刑、户二部，皆以能見稱，授集賢侍講學士。明兵薄京師，本謂其妻程氏曰：「國事至此，愧不能立功補報，敢愛六尺軀苟活哉？」程氏曰：「君能死忠，我尚有愛於君乎？」本乃朝服，與程氏北面再拜，大書於屋壁曰「元中奉大夫、集賢侍講學士閔本死」，遂各縊焉。二女，長真真，次女女，亦自縊其旁。「布哈」舊作「不花」，今改正。

明

淩漢。原武人。洪武中，以明經舉至京師，獻烏鵲論，帝善之，授司經局正字。爲御史，巡按陝西，疏所部疾苦數事。及還京師，有德漢者，邀置酒，欲厚報以金，漢不可。帝聞之嘉歎，擢右都御史。時詹徽爲左，論議不合，爲所劾，貶左僉都御史，尋令致仕。漢有治才，廉直爲帝所知，然出言不檢持，故居官數起數仆云。

李堅。武陟人。父英，洪武初爲驍騎右衛指揮僉事，陣殁。堅有才勇，掌前軍都督府事。建文初，以左副將軍從征伐。及燕師戰，勝負相當，封欒城侯。最後戰滹沱河，燕卒薛禄刺堅墮馬，械送北平，道卒。子莊，嗣侯，成祖即位，納誥券於朝。師事劉溥，放浪詩酒，以壽終。

蕭盛。陽武人。七歲母殁，號慟幾絶。後舉於鄉，父及繼母殁，并廬墓三年，有青蛇馴擾之異。成化中旌。

何瑭。武陟人。弘治進士，選庶吉士，授編修。不爲劉瑾所容，致仕歸。瑾誅，召還。嘉靖初，進南京太常少卿，與湛若水等修明古太學之法，學者翕然宗之。歷工、户、禮三部侍郎，進南京右都御史，致仕。里居十餘年，教子姪以孝弟忠信，一介必嚴。兩執親喪，皆哀毁踰禮。卒，謚文定。所著陰陽律吕、儒學管見、柏齋集，皆行於世。

馮師孔。原武人。萬曆進士，授刑部主事，歷郎中。恤刑陝西，釋疑獄一百八十人。出知真定府，舉治行卓異，遷井陘兵備副使，以憂歸。崇禎時，累擢右僉都御史，巡撫陝西。李自成破潼關，抵西安城下，師孔厲兵拒守。會偏將内應賊，城遂陷，師孔投井死。本朝乾隆四十一年，賜謚忠節。

楊之璋。河内人。萬曆進士，任三原縣知縣。清介自守，擢户部主事。時魏忠賢勢方張，請終養歸。用薦起，歷禮部郎，當陟京卿，首輔張志發欲見之，不可，曰：「古無呈身御史，今豈有識面京卿耶？」即以病告。侍郎顧錫疇留之，投牒徑去。後爲流賊所執，不屈死。本朝乾隆四十一年，賜謚節愍。

李世藩。懷慶衛千户。年少，貌文弱而精悍敢戰。崇禎末，禦賊靈寶，爲伏弩中股，拔之而進。復中臂，猶力戰。及中腦，殿軍而還，士皆泣下，世藩意氣自如。越數日死。本朝乾隆四十一年，賜謚烈愍。

閻士選〔一二〕。濟源人。歲貢，任翠縣教諭，署縣篆。會賊攻城，堅守八晝夜，城陷，不屈死。是時死難者：諸生錢養士、劉國檄、馬雲路、閻善先、李化邦，皆孟縣人；李養麟、李存心、石天禄、張内實、許士彦，皆濟源人。又河内民郜天德父子五人，同罵賊死，張鵬冲、趙湛以戰死。本朝乾隆四十一年，均予入忠義祠。

李毓梁。孟縣人。崇禎舉人。幼有雋才，家貧力學。甲申，京師失守，痛憤不欲生。賊徵赴西安，僞令迫之，毓梁乃遣婦與二子奉母入山，書紙置室内曰：「君恩深重，背之不忍；老母年老，逃則不能。惟一死可謝君親。」遂就縊。明日，母至不哭，曰：「兒不從賊，死得其所，何痛爲？」

本朝

楊運昌。河内人。幼遭寇變，流離中手不釋卷。中順治初進士，由庶吉士歷工部侍郎。以母老乞終養。施惠不倦，里人德之。

范印心。河内人。少豪宕不羈。以順治丁亥進士，授嵱縣知縣，有能聲。會姜瓖叛，僞檄日三四至，輒碎之，斬其來使。賊犯嵱，印心堅守危城，身親矢石，鬚髮爲白。大兵至，協力勦捕，卒平其亂，陞户部主事。歷浙江杭嚴道，尋補河東道，後丁艱歸，卒。祀鄉賢。

張爾見。懷慶人。以歲貢署孟縣教諭。寇陷城，不屈，遇害。

蕭家芝。河内人。順治丁亥進士。歷官刑部郎中。恤刑河南，尚書陰屬以事，家芝曰：「公欲某殺人以求媚乎？」尚書初不懌，已乃悔，卒寢其事。再使山西閲囚，多所平反。坐失出，降調歸。性孝友，弟得癲疾，家芝撫視之，數十年不少怠。

竇可權。河内人。順治壬戌進士，任汾州府推官。屏絶饋遺，去官日，不載一物。性孝弟，先人遺業盡畀其弟。

段志熙。濟陽人。居里有捍賊功，以廕授主事。累升元江知府，疏泉溉田，民皆賴之。時魯魁山有賊數千，志熙單騎往撫，賊感泣解甲，一方以安。歷擢雲南按察使、浙江布政使，所至剔除積弊，昭雪沈冤，屏絶苞苴，澄清吏治。

李珣。濟源人。舉人，仕黄梅知縣，擢永順府同知。所治鳳嶋、行溪諸灘，多巉巖大石，舟觸輒碎，錐鑿莫能勝。珣於水涸時，架木焚燒，石皆崩裂，其害頓除。歷仕永綏同知、辰州知府。久涖苗疆，推心置腹，宣布恩威，莫不向化。終山東按察使，祀鄉賢。

王紹素。陽武人。諸生，性純孝，竭力養親，殁後廬墓三年。好施予，族黨中有失配、乏嗣，力不能婚娶者，輒捐資佽助。同邑耿、李二姓争塋地，訟久不決，紹素出己地，捐價與之，訟遂息。

李褒。濟源人。性至孝，幼隨親避難，猝遇寇至，欲刃之，褒泣涕哀號，求免其父，寇憐而並釋之。父病危，禱於神，願以身代，病旋愈。及殁，廬墓三年。雍正年間旌。

衛哲治。濟源人。貢生。雍正十年，知鹽城縣。清賦籍，覈户口，行保甲法，設六條以治民。在官六年，民氣大和。乾隆中，歷官安徽巡撫，旋調廣西，所至能急民疾苦。尤善救荒，著《災賑條略》數千言，纖悉盡事實。尋擢工部尚書，以疾乞歸。

聶清臣。陽武人。武舉，任趙州汛千總。嘉慶元年，隨勦湖北教匪，於鍾祥縣擊賊陣亡。事聞，予雲騎尉世職。

張殿元。河内人。武舉，任城守營把總。嘉慶三年，隨勦湖北教匪，於鍾祥縣擊賊陣亡。事聞，予雲騎尉世職。

流寓

晋

石崇。渤海南皮人。有别舘在河陽，名梓澤。

嵇康。字叔夜，譙國銍人。寓居河内之山陽二十年，與阮籍、山濤、向秀、劉伶、阮咸、王戎爲竹林之遊。

傅休奕。北地泥陽人。少時避難於河内。

唐

温造。并州祁人，隱王屋山。人號其居曰「處士墅」。

宋

龔大壯。瀛州人。少有重名，清介自立。從兄夬官河陽，曾布欲見之，不可得，乃往謁夬，邀之出，從容竟日，題詩壁間，有「得見兩龔」之語。

韓忠彦。相州安陽人。曾布排忠彦，以欽聖欲復廢后爲忠彦罪，再降大中大夫，懷州居住。

明

朱載堉。鄭恭王厚烷長子。篤學有至性，恭王以非罪見繫，載堉築土室宫門外，席藁獨處者十九年。王還國，始入宫。王薨，載堉以國讓盟津王曾孫載壐，疏七上，乃得報。晚節益務著書，幅巾策杖，雜處農樵間。卒，謚端清世子。詔建「讓國高風」坊。有曆書、樂書行於世。

朱載䄄。鄭簡王元孫。封廬江王，居懷慶。崇禎十七年，賊陷城，王整官服坐堂上。賊欲屈之，厲聲曰：「吾天朝藩王，肯降汝逆賊耶？」遂遇害。又執其長子翊欙，擁之北上，於定興旅店作絶命詞，不食死。

列女

漢

許負。温人，老媪也，姚氏。周亞夫爲河内守，負相之曰：「君後三載而侯，侯八歲爲將相，持國柄，後九年而餓死。」亞夫笑曰：「既已貴，又何餓死？」負指其口曰：「從理入口，此餓死法也。」後果如其言。

河内女子。秦焚書，及孝文帝即位求之，失説卦三篇，後河内女子得之，又得秦誓一篇獻之。

晉

山濤妻韓氏。濤與阮籍、嵇康友善。夫人覺濤與二人異於常交，問濤，濤曰：「我當世可友，惟此二生。」夫人曰：「負羈之妻親觀狐、趙，窺之可乎？」他日二人來，勸濤止之宿，穿墉視之。濤入曰：「何如？」曰：「公才致殊不如，正當以識度相友。」濤曰：「伊輩亦以我度爲勝。」

唐

王琚母。王琚，河内人，爲中書侍郎。母居洛陽，來京師，讓琚曰：「爾家上世皆州縣職，今汝無攻城野戰勞，以諂佞取容，海内切齒，吾恐汝家墳墓無人復掃除也。」琚卒不免。

韓會妻鄭氏。愈之嫂。愈生三歲而孤，隨會貶官嶺表。會卒，鄭鞠之。後鄭卒，愈爲服期以報。

趙氏女。山陽人。父盜鹽，當論死。女詣官訴曰：「迫飢而盜，救死爾，情有可原，能原之耶？否則請俱死。」有司義之，許減父死。女曰：「身今爲官所賜，願毁服依浮屠以報。」即截耳自信，侍父疾，卒不嫁。

宋

張旨妻李氏。旨初遊學，數年不歸。妻之父母欲嫁其妻，妻不從而死。表其坊曰「節婦」。

元

馬英。河内人。性孝友。父喪哀毁，二兄繼殁，英獨事母甚謹，又奉二寡嫂與居，使得保全嫠節。及喪母，卜地葬諸喪，親負土爲四墳，手植松柏，廬墓側終身。

明

王錦妻趙氏。河内人。少許字錦。未婚而錦卒，或勸女他適，女泣曰：「業已許王氏矣，禮無再聘之義。」遂造棺所，哭泣盡哀。既葬錦，乃留以養姑。後姑亦卒，治喪畢，遂自經死。弘治中旌。

陳子英妻孫氏。陽武人。子英以軍事從征迤北，屬孫撫二子，對曰：「君但盡忠，毋以家爲憂。」子英戰死，父母欲奪其志，曰：「吾不忍背夫而生。」即欲自盡，父母懼而止。

王良妻。陽武人。良爲浙江按察使。燕王遣使召良，良未決，妻問故，良曰：「吾分應死，未知所以處汝耳。」妻曰：「君男子，乃爲婦人謀乎？」饋良食已，趨後圃投水死。明末謚貞烈。

費茂元妻賈氏。陽武人。夫歿撫子，子歿撫孫。婢韓氏亦不嫁，侍賈終老。

張國士妻竇氏。河内人。國士死，竇年二十四，自抉其面而死。是日酷暑，忽晝晦，大寒，比殮，顔色如生。鄭恭王以聞，詔旌之。

唐七妻尚氏。河内人。幼字唐某庶子七。七殤，女衰絰赴弔，遂留侍姑。其嫡子豔七産，不利女貞，乃以蜚語誣女兄尚邦才，賂大力者控於官。官嚴拷邦才，趣女歸，女投繯死。

張鳴鳳妻任氏。河内清化鎮人。土寇陷清化，氏被執，大罵，賊斷其軀爲三。

魏氏女。名季姐，武陟人。許字王時宦，未嫁而時宦殤。父更受聘，季姐伏劍死。詔旌之。

蕭友楠妻史氏。河内人。友楠歿，矢志奉姑，有孝行。流寇至，縊死。又王蔭興妻劉氏、范克愚妻王氏、趙躅愚妻李氏、鄒思繹妻王氏、任九敍妻陳氏、孫拱辰妾王氏，皆河内人；秦宗民妻劉氏、韓毓新妻宗氏、王奇品妻趙氏、史國泰妻尚氏、劉洸妻吳氏、劉氏女，皆濟源人；李文蘭妻張氏、璩養心妻申氏、劉應書女，皆武陟人；石顯玉女，温縣人；耿名世妻薛氏、毛文煜妻宋氏、高尚奇妻韓氏、鄭自立妻王氏、妾劉氏，皆孟縣人；黄甲第妻王氏，禹州人，居孟縣。皆遇寇難，不辱而死。

本朝

郭之翰妻段氏。濟源人。夫殁誓殉，以姑老乃止。及姑殁，殮畢，即自縊。又同縣烈婦商彝妻鄒氏，均順治年間旌。

路遐齡妻邱氏。修武人。年少而寡，苦節自矢，所居室不蔽風雨，其父築新室，欲令徙居，邱曰：「此夫死所也，其可去乎？」康熙年間旌。

王自古妻張氏。河内人。自古卒，其叔父欲奪其志，截髮自誓，乃免。同縣節婦趙之福妻李氏、任一貴妻劉氏，均雍正年間旌。

傅文鳳妻薛氏。修武人。將歸而文鳳病劇，至則侍湯藥。及殁，欲以身殉，舅姑止之。越五載，夫弟受室，薛曰：「姑有奉矣，吾當從夫地下。」絶粒八日死。雍正年間旌。

何某妻常氏、媳王氏。武陟人。皆苦節撫孤，常氏年至一百二歲。同縣烈婦張貴友妻黄氏、王星妻李氏、劉正妻索氏、宋曾妻張氏，並先後旌。

謝廷報妻鄧氏。孟縣人。守正捐軀，雍正年間旌。

張以寧妻許氏〔一三〕。温縣人。年百有三歲，守志者八十六年。

高自遜妻李氏。河内人。夫亡守節。同縣節婦蕭潤妻鄒氏、何洪妻周氏、郭珍妻劉氏、賀承綸妻唐氏、董宗元妻鄒氏、辛華曾妻陳氏、郭永清妻劉氏、瞿萬里妻李氏、郭修倫妻朱氏、徐文達妻李氏、熊夢周妻賈氏、李德芳妻劉氏、張文燦妻章氏、賈志蘭妻張氏、李進朝妻曹氏、王儉妻黃氏、丁見吉妻賈氏、許漢妻周氏、王炳妻崔氏、喬之林妻劉氏、李生秀妻傅氏、李廷傑妻張氏、楊大經妻朱氏、李臻妻尚氏、闞曉妻韓氏、孫允武妻王氏、裴建修妻种氏、趙廷弼妻楊氏、栗爾安妻張氏、賈文煜妻丁氏、王湖妻吳氏、楊習昌妻杜氏、范銓妻蔣氏、秦焜妻陳氏、牛廷桂妻張氏、劉玉章妻孫氏、孫允圖妻楊氏、張正統妻曹氏、吳道成妻甄氏、楊道顯妻錢氏、劉燧妻郭氏、王洪士妻范氏、李榮妻戴氏、陳獻本妻靳氏、蘇大儒妻劉氏、賀洛書妻唐氏、賀永緒妻唐氏、王準妻張氏、陳尚任妻任氏、王化周妻瞿氏、封永圖妻劉氏、李之佩妻許氏、閃斗妻王氏、毋元禄妻趙氏、許王楫妻蕭氏、王士驥妻許氏、白天富妻張氏、楊生鶴妻張氏、張廷桂妻鄧氏、郭大高妻葛氏、李思龍妻周氏、衛拱信妻劉氏、李清蘭妻郭氏、郎大士妻李氏、田人倫妻劉氏、毋大文妻孫氏、王居所妻孫氏、鄭世奇妻李氏、趙宗魁妻佘氏、郝化醇妻楊氏、賈聯杰妻劉氏、崔廷鰲妻王氏、陳作舟妻張氏、陳長齡妻原氏、司兆鰲妻李氏、司東陽妻李氏、秦建功妻張氏、郭安邦妻王氏、郭希道妻丁氏、郭名揚妻劉氏、趙錫祉妻王氏、梁衛儒妻侯氏、姬澐妻武氏、茹明錕妻韓氏、賀五瑞妻趙氏、丹桂醖妻袁氏、王宏猷妻張氏，烈婦李建功妻陳氏、許九信妻李氏、李洪勳妻任氏、李有愛妻張氏、温喜辛妻劉氏、王大亮媳穉氏、張文明妻朱氏、張王受妻王氏、又衛氏、拜氏、高如信妻連氏，烈女任氏女、皇甫氏女、婁氏女，均乾隆年間旌。

翟燦儒妻史氏。濟源人。夫亡守節。同縣節婦楊正政妻翟氏、楊大勳妻李氏、楊廷振妻張氏、段廷祚妻馮氏、李尚賓妻楊氏、劉璧珍妻張氏、王懿德妻趙氏、郝世傑妻周氏、鄭文顯妻翟氏、衛洪淙妻王氏、翟有敬妻周氏、盧生富妻陳氏、楊元德妻張氏、劉廷錫妻李氏、周元齡妻李氏、劉化淳妻李氏、賈朝棟妻尹氏、衛哲妻王氏、李連第妻翟氏、何明善妻祁氏、王珮妻吳氏、馮志禮妻趙氏，烈婦趙柱輔妻于氏、王希成妻翟氏、丁功南妻李氏、馮錫瑶妻李氏、楊兆慶妻劉氏、王趙氏、張有奎妻傅氏，烈女牛氏女，均乾隆年間旌。

趙瑶妻劉氏。修武人。夫亡守節。同縣節婦薛守身妻張氏、范廷試妻岳氏、金湘妻朱氏，烈婦龐景元妻徐氏，牛世有妻郭氏，烈女楊氏女，均乾隆年間旌。

馬開泰妻邢氏。武陟人。年二十三歲夫亡，翁姑老，遂翦髮投棺以明志，敬事翁姑，盡孝盡禮。同縣節婦王世表妻張氏、王簡妻何氏、王爾吉妻郭氏、郝士篪妻宋氏、崔瑾妻周氏、宋允中妻朱氏、和肯穫妻徐氏、高崇典妻翟氏、王炎妻孟氏、李來玉妻陳氏、宋大成妻李氏、温毓初妻郝氏、李基妻胡氏、毛韶妻賈氏、職思武妻李氏、馬叢芳妻王氏、王志曾妻賈氏、宋廣著妻商氏、謝天增妻張氏、文成章妻王氏、王甫妻李氏、翟士望妻賈氏、王耀宗妻武氏、孟宏統妻何氏、李大仕妻田氏、王悦衆妻宋氏、宋廣恩妻王氏、程建勳妻丁氏、于胗妻職氏、孟秀妻李氏、王岱妻孟氏、秦琪妻劉氏、劉世璧妻谷氏、馬銲妻王氏，烈婦張梅三妻武氏、閻錫中妻李氏、荆宏妻高氏，烈女樊氏，貞女雒氏，均乾隆年間旌。

耿菁妻湯氏。孟縣人。夫亡守節。同縣節婦席際洽妻陳氏、程珍玉妻陳氏、李法科妻何氏、張武妻席氏、馮挺妻王氏、馬國祥妻王氏、鄭起光妻王氏、張志好妻杜氏、申王遣妻王氏、于元福妻張氏、郭廷翰妻王氏、曹攀桂妻楊氏、毛士英妻薛氏、李生滋妻畢氏、張挺妻苗氏、薛樹聲妻楊氏、薛清泰妻劉氏、王讜妻李氏、雷運妻崔氏、席大才妻王氏。李敬妻潘氏、楊謨生妻張氏、王正印妻郝氏、張惠星妻楊氏、謝傑生妻趙氏、潘世輔妻謝氏、李秉一妻陳氏、李廕妻楊氏、趙振宗妻張氏、李怡妻商氏、喬崔妻劉氏、霍良佑妻田氏、于廷林妻張氏，烈婦張良妻介氏、毛永泰妻楊氏，烈女李玉姐、張春姐，均乾隆年間旌。

朱生洋妻柴氏。温縣人。夫亡守節。同縣節婦朱生濱妻郭氏、朱生潮妻雒氏、王文魁妻程氏、侯方振妻李氏、陳申儒妻高氏、郭掄升妻楊氏、張静涵妻李氏、張翽妻崔氏、吴承宗妻劉氏、朱克家妻董氏、吴宗周妻鄭氏、吴廷儀妻王氏、張纘昌妻王氏、鄭世簡妻吴氏、鄭明心妻李氏、劉玟妻王氏、孫世慶妻周氏、鄭宗襲妻許氏、周森妻張氏、王允文妻范氏、張永禄妻楊氏、吴長德妻薛氏、楊學正妻孫氏、吴元士妻鄭氏、侯琇妻李氏、王猋妻任氏，烈婦鄭生才妻馬氏、牛士達妻崔氏、原文章妻鄭氏，貞女陳氏，均乾隆年間旌。

高不驕妻孟氏。原武人。夫亡，子方乳哺，姑老病篤，氏誓死不貳，紡績維勤，奉姑課子。同縣節婦師傅妻銀氏、婁德樞妻吳氏、薛則武妻靳氏、薛永祉妻婁氏、李文妻婁氏、常吉妻徐氏、孟紹聖妻楊氏、丁上林妻司氏、張秀生妻蔣氏、薛廷璋妻靳氏、司宏修妻王氏、婁繼勳妻張氏，烈婦王牛妮妻卞氏、常殿甲妻孫氏、又路氏，貞女洪氏、李登連妻郭氏、師盛時妻楊氏、許廷諫妻李氏、張倬妻高氏，均乾隆年間旌。

楊來鳳妻王氏。陽武人。夫亡勵志守節，撫孤成立。同縣節婦尹進德妾王氏、楊來凰妻吳氏、謝君禄妻孫氏、毛光緒妻婁氏、李之耀妻魯氏、舉人王廷銓妻孫氏、劉炳妻刁氏、趙晉妻劉氏、毛羽彌妻段氏、吳際雲妻單氏、屠展宗妻孫氏、魯國安妻張氏、夏璧妻李氏，烈婦楊泰妻來氏、李謙妻牛氏、賀宣妻趙氏，均乾隆年間旌。

楊生德妻沈氏。河内人。夫亡守節。同縣節婦何春芳妻原氏、曹士儒妻李氏、郭士先妻賈氏、張丙午妻茹氏、郭廷藩妻郎氏、張念初妻王氏、孫光遠妻王氏、唐朝相妾郭氏、郜瑗妻張氏、曹如玉妻陳氏、孫述祖妻蕭氏、孫正誼妻徐氏、紀清繼妻鄒氏、皇甫士耀妻辛氏、田允元繼妻白氏、張恭繼妻劉氏、劉全仁妻衛氏、王軥妻周氏、程洪福妻皇甫氏、程适妻王氏、毛進彦妻楊氏、王詒穀妻禹氏、秦兆通妻張氏、秦永年妻沈氏、張崑妻邱氏、夏泰履妻崔氏、王大士妻趙氏，烈婦王學儒妻成氏、陳雨中妻王氏、黄小木妻申氏，烈女李氏，均嘉慶年間旌。

郭朝棟妻劉氏。濟源人，夫亡守節。同縣節婦王守文妻鄭氏、楊佩珽妻衛氏、王光臨妻李氏，烈婦張伍瑞妻楊氏，貞女田氏，均嘉慶年間旌。

連添位妻范氏。修武人。夫亡守節。同縣烈女王氏，均嘉慶年間旌。

王氏女。武陟人。許字劉戊，戊外出杳無音信，女年二十六，父母欲爲改字，誓以死守。不獲命，乃亡歸劉氏，孝事孀姑十有三年。姑亡，營葬事畢，自縊而死。同縣節婦原天錫妻田氏、陳騰新妻慕氏、杞望昌妻侯氏、吳大信妻郭氏、王如麟妻秦氏、宗太平妻韋氏、韋九成妻孟氏、閻汝爲妻李氏、李滇妻郭氏、劉士魁妻陳氏、王廷智妻劉氏，均嘉慶年間旌。

馮尚臣妻樊氏。孟縣人。夫亡守節。同縣節婦王本存妻崔氏、王珩妻耿氏、武瑜妻楊氏、張紹華妻趙氏、薛維言妻盧氏、湯顯宗妻趙氏、高進功妻曹氏，烈婦陳學成妻張氏、李文章聘妻常氏，烈女郭氏，均嘉慶年間旌。

王豫儲妻張氏。温縣人。夫亡守節。同縣節婦焦金生妻趙氏、王辛驥妻張氏、王化溥妻張氏、職清泰妻趙氏，烈婦李氏、李守文妻職氏、吴有倫妻張氏、吴士成妻趙氏、吴德裕妻商氏、鄭資棟妻吴氏、鄭長泰妻周氏、鄭君弼妻吴氏、柴子望妻石氏、鄭森妻李氏，烈女石氏、鄭四姐，均嘉慶年間旌。

杜呈瑞妻安氏。原武人。夫亡守節。同縣節婦包天性妻胡氏、戚樂賢妻胡氏、馬登第妻司氏、婁東林妻李氏、婁希棟妻薛氏，均嘉慶年間旌。

李長根妻劉氏。陽武人。守正捐軀。嘉慶年間旌。

仙釋

唐

司馬承禎。温人。事潘師正，傳辟穀、導引術，無不通。睿宗召問其術，對曰：「爲道日損，損之又損，以至於無爲。」帝曰：「治身則爾，治國若何？」對曰：「國猶身也，故遊心於淡，合氣於漠，與物自然而無私焉，而天下治。」帝嗟嘆曰：「廣成之言也。」開元中，詔於王屋山置壇室以居。卒，謚貞一先生，親文其碑。

許碏。高陽人。學道王屋山。嘗醉吟曰：「閬苑花前是醉鄉，誤餐王母九霞觴。羣仙拍手嫌輕脱，謫向人間作酒狂。」自謂在崑崙就宴，失儀見謫。後當春，插花滿頭，把花作舞，上酒樓，醉歌而去。

五代　晉

烟蘿子。姓燕氏，失其名，王屋人。天福間，耕於陽臺宫之側，得異參，舉家食之，遂拔宅上昇。

宋

賀蘭棲真。不知何許人，爲道士。自言百歲。善服氣，不憚寒暑。往往不食，或時縱酒，能啖肉至數斤。居濟源奉仙觀。景德二年，詔赴闕。既至，仁宗作二韻詩賜之，號宗元大師。未幾，求還舊居。卒時大雪，經三日，頂猶熱，人多異之。

古峯和尚。姓周氏。爲盤谷寺僧，甘心守浄，修廢寺三十餘所，悟三空性理，臨終有偈。

土産

絲絹。河内出。元和志：懷州貢絲、絹、紬。唐書地理志：懷州貢平紗、平紬。

茶。河内出。唐書地理志：懷州土貢茶。

朱膠。河内出。寰宇記：懷州土貢朱膠。明統志：河内出礬紅，濟源出石緑云。

煤炭。通志：河内出。府志：濟源亦出。

魚。河陽出。唐書地理志：懷州土貢黄魚鮓。宋祁筆記：河陽出王鮪魚。

竹。河内出。府志：國初貢竹，康熙年間裁免。

石榴。孟縣出。寰宇記：孟縣貢。

柿。府志：河内出。武陟又出梨、棗、西瓜。

藥。各縣出。元和志：懷州貢牛膝。明統志：河内出地黄、山藥，濟源出天門冬。按：明統志濟源縣産鐵，河内、修武二縣俱有磁窑。孟縣産硝。府志武陟縣産白蠟。附注於此。

校勘記

〔一〕位至潁川太守　「川」，原作「州」，據乾隆志卷一六一懷慶府人物（下同卷簡稱乾隆志）及三國志司馬朗傳裴注引司馬彪序傳改。

〔二〕朗　原作「郎」，據乾隆志改。按，司馬朗，三國志卷一五魏書有傳。

〔三〕封州陵縣侯　「州」，原作「川」，乾隆志同，據晉書卷八一毛寶傳改。按，州陵縣，西漢置，屬南郡。

〔四〕爲譙縱所害　「縱」，原作「總」，據乾隆志及晉書卷八一毛璩傳改。

〔五〕辯没於魯宗之役　乾隆志同。按，「之」字當重。魯宗之，字彦仁，歷官南郡太守、雍州刺史，封南陽郡公。宋書卷七四魯爽傳附其生平。

〔六〕揚州刺史顔竣　「竣」，原作「峻」，乾隆志同，據南史卷一七向靖傳附向柳傳改。下文同改。按，顔竣字士遜，宋書卷七五、南史卷三四皆有傳。

〔七〕穆寧　「寧」，原作「凝」，據乾隆志及舊唐書卷一五五穆寧傳改。下文同改。按，本志避清宣宗諱改字也。

〔八〕京兆尹盧弘正鎮徐州　「盧弘正」，乾隆志及舊唐書卷一六三本傳同，新唐書卷二〇三李商隱傳、卷一七七盧簡辭傳附傳皆作「盧弘止」。

〔九〕時周師久駐淮陽　「淮陽」，原作「淮揚」，乾隆志作「淮楊」，皆誤，據宋史卷二五五向拱傳改。按，舊五代史卷一一六周世宗本紀亦言「周師久駐淮陽」。

〔一〇〕會安化蠻犯邊　「化」，原脱，乾隆志同，據宋史卷二八五馮拯傳附馮伸己傳補。

〔一一〕以平定四川功　「四川」，原作「四州」，據乾隆志及元史卷一六七呂彧傳改。

〔一二〕閻士選　「士」，原作「世」，據乾隆志及欽定勝朝殉節諸臣録卷八改。

〔一三〕張以寧妻許氏　「寧」，原作「凝」，據乾隆志改。按，本志避清宣宗諱改字也。